Monika Wohlrab-Sahr (Hrsg.)

Kultursoziologie

AF151636

Monika Wohlrab-Sahr (Hrsg.)

Kultursoziologie

Paradigmen – Methoden – Fragestellungen

VS VERLAG

Bibliografische Information der Deutschen Nationalbibliothek
Die Deutsche Nationalbibliothek verzeichnet diese Publikation in der Deutschen Nationalbibliografie; detaillierte bibliografische Daten sind im Internet über <http://dnb.d-nb.de> abrufbar.

1. Auflage 2010

Alle Rechte vorbehalten
© VS Verlag für Sozialwissenschaften | Springer Fachmedien Wiesbaden GmbH 2010

Lektorat: Frank Engelhardt

VS Verlag für Sozialwissenschaften ist eine Marke von Springer Fachmedien.
Springer Fachmedien ist Teil der Fachverlagsgruppe Springer Science+Business Media.
www.vs-verlag.de

Das Werk einschließlich aller seiner Teile ist urheberrechtlich geschützt. Jede Verwertung außerhalb der engen Grenzen des Urheberrechtsgesetzes ist ohne Zustimmung des Verlags unzulässig und strafbar. Das gilt insbesondere für Vervielfältigungen, Übersetzungen, Mikroverfilmungen und die Einspeicherung und Verarbeitung in elektronischen Systemen.

Die Wiedergabe von Gebrauchsnamen, Handelsnamen, Warenbezeichnungen usw. in diesem Werk berechtigt auch ohne besondere Kennzeichnung nicht zu der Annahme, dass solche Namen im Sinne der Warenzeichen- und Markenschutz-Gesetzgebung als frei zu betrachten wären und daher von jedermann benutzt werden dürften.

Umschlaggestaltung: KünkelLopka Medienentwicklung, Heidelberg
Druck und buchbinderische Verarbeitung: Ten Brink, Meppel
Gedruckt auf säurefreiem und chlorfrei gebleichtem Papier

ISBN 978-3-531-16230-0

Inhalt

Vorwort

Die meisten der in diesem Band versammelten Texte gehen auf eine Ringvorlesung zurück, die im Sommersemester 2008 unter dem Titel „Doing Cultural Sociology" an der Universität Leipzig stattgefunden hat, ergänzt durch mehrere Beiträge, die das thematische Spektrum abrunden.[1] Aufgabenstellung an die Referenten, wie nun auch an die Autoren des Bandes war es, sich selber in ihrer Art Kultursoziologie zu betreiben zu präsentieren: deutlich zu machen, von wo sie ihren Ausgangspunkt nehmen, wie sie sich paradigmatisch in der Soziologie verorten, welche Gegenstände oder Themen für sie vorrangig sind, mit welchen Methoden sie sich diesen nähern und was dabei jeweils als „Kultur" in den Blick kommt.

Der vorliegende Band[2] zeigt, dass aus dieser gemeinsamen Aufgabenstellung keine homogenen, parallel aufgebauten Einführungstexte entstanden sind. Insbesondere die theoretisch ausgerichteten Aufsätze – seien sie an den Klassikern oder an neueren Ansätzen orientiert oder reflexiv auf die wissenschaftliche oder alltägliche Rede von Kultur bezogen – fügen sich dieser Logik schwerer als die empirisch orientierten Zugänge. Bei genauerer Betrachtung allerdings geben alle Texte Antwort auf die Grundfrage nach der Art und Weise, Kultursoziologie zu betreiben und geben damit einen Eindruck von der Vielfalt der existierenden Zugänge und der Art und Weise, Kultursoziologie zu interpretieren. Damit entsprechen sie einem Grundanliegen der Veranstaltung wie auch dieses Buches: die Soziologie in der Vielfalt ihrer Ansätze zu zeigen.

Die Ringvorlesung „Doing Cultural Sociology" gehörte für mich zu den gelungensten Veranstaltungen, die ich an der Universität erlebt habe. Das lag nicht allein daran, dass so viele Referentinnen und Referenten von Rang und Namen nach Leipzig kamen – obwohl dies für alle Beteiligten in Leipzig zweifellos aufregend, eine Ehre und ein großes Vergnügen war. Das Gelingen lag aber nicht zuletzt daran, dass die Studierenden sich darauf einließen, die Veran-

---

1 Neu hinzugekommen sind die Beiträge von Paula Villa, Wolfgang Ludwig Schneider und Andreas Göbel. Hans-Georg Soeffner und Martina Löw waren an der Vorlesung beteiligt, konnten aber aus terminlichen Gründen keine Beiträge beisteuern.

2 Ich danke Melanie Sachs für ihre Unterstützung während der Vorlesungsreihe und für die – wie immer – sorgfältige Redaktionsarbeit bei der Vorbereitung des Bandes.

staltungsreihe nicht nur als passive Rezipienten zu konsumieren, sondern sich darauf mit Texten vorzubereiten, und dass sich kleinere Gruppen intensiver mit den Arbeiten einzelner Referenten beschäftigten. Die Vorbereitungsgruppe war gleichsam in der Pflicht, nach dem Vortrag das kommunikative Eis zu brechen und half so dabei mit, die Scheu der anderen zu mildern, in einem Auditorium, das nicht selten mit 200 Leuten besetzt war, eine Frage zu stellen oder einen Diskussionsbeitrag zu leisten. Die Folge war, dass die Diskussion nicht – wie so oft – ein Gespräch unter wenigen Experten blieb, sondern tatsächlich zum Austausch zwischen Studierenden und Referenten wurde. Wie Thomas Luckmann in einem überfüllten und zudem im Sommer stickend heißen Hörsaal immer wieder zu einzelnen Studierenden ins Auditorium ging, um ihre Fragen besser zu verstehen, um dann wieder zurück zum Mikrofon zu laufen, weil man sonst seine Antwort nicht verstanden hätte, symbolisiert diese Bemühung um Austausch in eindrücklicher Weise. Das nächtliche Gespräch im Biergarten, bei dem nicht nur locker parliert, sondern auch grundsätzlich über wissenschaftstheoretische Fragen gestritten wurde, rundete die Veranstaltung ab.

In einer Situation, in der an den Universitäten Studiengänge zunehmend reguliert werden und studentische Beteiligung ständig geprüft und verrechnet wird, ragte die Vorlesungsreihe in ihrer Verknüpfung aus freiem Zugang und verbindlicher Vorbereitung durch eine Gruppe Studierender hervor. Sie hat gezeigt, dass die Qualität akademischer Veranstaltungen nicht zuletzt von dem Bündnis abhängt, das an der Universität zwischen Lehrenden und Studierenden zustande kommt. Es bleibt zu hoffen, dass solche Bündnisse und die aus ihnen hervorgehenden Veranstaltungen im Zuge von Modularisierung und Verrechnung in Leistungspunkten nicht ganz wegorganisiert und weggerechnet werden oder dass sie nicht zum Privileg solcher Einrichtungen werden, die über die personellen und materiellen Möglichkeiten der Exzellenzinitiative verfügen.

Den Studierenden der Fakultät für Sozialwissenschaften und Philosophie an der Universität Leipzig ist dieser Band gewidmet.

Monika Wohlrab-Sahr
Leipzig im Dezember 2009

Einleitung

Monika Wohlrab-Sahr

Dieser Band skizziert anhand von Texten wichtiger Repräsentanten der Soziologie in Deutschland wesentliche Linien kultursoziologischen Denkens und Forschens. Dabei werden die üblichen Schulengrenzen bewusst überschritten: Der Anschluss an die Perspektiven von Klassikern mit ihrem Ausgang von Prozessen der Sinnkonstitution kommt ebenso in den Blick wie der Versuch, die Kategorien von Sinn und Kultur in den Rahmen einer „erklärenden Soziologie" einzuspannen. Die Orientierung am Horizont des *Cultural Turn* wird gleichermaßen thematisch wie eine kultursoziologische Forschung, die sich davon dezidiert absetzt. Und schließlich befasst sich der Band mit Ansätzen, die in ihren soziologischen Analysen mit dem Begriff der Kultur operieren, wie auch mit solchen, die sich aus der Perspektive einer „Beobachtung der Beobachtung" reflexiv auf die Verwendung des Kulturbegriffs in gesellschaftlichen und wissenschaftlichen Diskursen beziehen.

In den kultursoziologischen Reigen integriert werden in dem vorliegenden Band auch Ansätze, die sich – jenseits der derzeitigen Konjunkturen „praxeologischer" und „diskursorientierter" Programmatiken – eher „klassisch" wissenssoziologisch verorten: so zum Beispiel eine empirische Analyse kollektivbiographischer Formen der Selbstbeschreibung bei Migranten, in der Prozesse kultureller Vereindeutigung des Heterogenen empirisch rekonstruiert werden, die die neueren kultursoziologischen Ansätze bisher primär theoretisch extrapolieren.

Gerade in solchen „Grenzübertritten" versteht sich der hier vorgelegte Band als Brückenschlag: Er will die empirische Studie mit dem theoretischen Entwurf, die Klassikerrezeption mit neueren kultursoziologischen Strömungen, die erklärende Soziologie kultureller Praktiken mit den konsequent auf Sinnverstehen setzenden Ansätzen, und darunter diejenigen, die an der Sinnsetzung von Personen ansetzen, mit denen, die Sinn in den Situationen oder Praktiken selbst verorten, ins Gespräch bringen.

Die erste Sektion dieses Bandes – *Klassiker der Kultursoziologie weiterdenken* – präsentiert Texte von Autoren, die sich mit soziologischen Klassikern befassen bzw. – wie im Fall von Luckmann – mittlerweile selbst zu diesen Klassikern gehören. Wenn man Kultursoziologie unterscheidet nach Ansätzen, die sich (a) im Sinne einer speziellen Soziologie mit verschiedenen Kulturbereichen beschäftigen oder (b) Kultur als grundlegende Codierung des Sozialen auffassen, die sich an verschiedensten Gegenstandsbereichen untersuchen lässt, gehören die ersten drei Texte klar zur zweiten Version der Kultursoziologie.

Wesentlich für deren Begründung war im deutschen Sprachraum – so zeigt *Karl-Siegbert Rehberg*s Aufsatz „Der Mensch als Kulturwesen" – die „philosophische Anthropologie", deren verschiedene Perspektiven in Rehbergs soziologie- und wissenschaftsgeschichtlich orientiertem Text entfaltet werden. Er positioniert die philosophische Anthropologie – anhand der Ansätze von Scheler, Plessner und Gehlen – in einer Linie mit anderen Autoren, denen es gelang, alte Dichotomien zu überwinden: In der philosophischen Anthropologie, die sich bewusst an der Schnittstelle von Soziologie und Philosophie platzierte, war es die Überwindung des Dualismus von Körper und Seele. Die Auseinandersetzung, vor die sich die Autoren dieser Denkrichtung gestellt sahen – und der sie sich stellten – war vor allem die mit den modernen Naturwissenschaften, insbesondere der Evolutionsbiologie. Gerade aus dem Ernstnehmen der Naturwissenschaften erwuchs bei ihnen gleichwohl eine im Kern *kulturalistisch* fundierte Betonung der Sonderstellung des Menschen. Vor dem Hintergrund der gegenwärtigen Revolutionierung der Biowissenschaften und damit verbundenen Debatten zwischen Natur- und Geisteswissenschaften betont Rehberg die Aktualität der naturwissenschaftlich informierten philosophischen Anthropologie. Die Soziologie sehe sich heute einer doppelten Frontstellung von Evolutionsbiologie und Informationstechnologie gegenüber: Entgegen der mit der Evolutionsmetaphorik verbundenen Suggestion einer Parallelentwicklung in den Feldern der Biologie und der Kultur sei allerdings in der Tradition der philosophischen Anthropologie deutlich zu machen, dass die kulturelle Lebensweise des Menschen auf Eigengesetzlichkeiten der Sinnproduktion beruhe, die anderen Regeln folge als die biologische Evolution.

Johannes Weiß widmet sich in seinem Aufsatz „'Der Begriff der Kultur ist ein Wertbegriff' – Über einen problematischen Grundsatz Max Webers" einem weiteren Klassiker der Soziologie, der mit der Kategorie des Sinns und mit der methodischen Grundhaltung des Verstehens wesentliche Grundlagen der gegenwärtigen Soziologie geschaffen hat. Weiß wendet sich in dem Text einer Spannung in Webers Beschäftigung mit gesellschaftlichen „Kulturinhalten" zu: derjenigen zwischen „Sinn" und „Wert" als konkurrierenden Grundbegriffen. Ansetzend an Webers Diktum „Der Begriff der Kultur ist ein Wertbegriff" problematisiert Weiß die Inkonsistenz der Verwendung des Wertbegriffs im Hinblick auf verschiedene gesellschaftliche Sphären und die in ihnen zur Geltung gebrachten Wahrheitsansprüche. Während Weber etwa im Fall der Wissenschaft von einer klaren Disjunktion von erfahrungswissenschaftlichen Urteilen und praktischen Wertungen ausgeht, unterstellt er etwa bei der Religion mehrfach ein grundlegendes Ineinanderfallen von Wahrheitsgeltung und Wertung. Damit werde das religiöse Weltverhältnis tendenziell der Sphäre nicht begründungsfähiger und insofern „irrationaler" Werthaltungen zugeordnet, während seine kognitive Funktion in den Hintergrund gerate. Weiß sieht darin das Erbe einer wertphilosophischen Fundierung wirksam, das dem Potential des für Weber zunehmend zentralen *Sinn*begriffs und der damit verknüpften Methode des *Verstehens* entgegenstehe.

Die Kultursoziologie, die an Weber anschließt, hat in der Regel den Begriff des Sinns und nicht den des Wertes zu ihrem Grundbegriff gemacht. Weiß argumentiert, dass sie sich damit nicht, wie manchmal behauptet, die Möglichkeit der Kritik vergebe. Kritik meint dann aber wesentlich die Fähigkeit zur Unterscheidung: zum Erkennen des eigenen Sinns der untersuchten Gegenstände, sowie zur Selbstunterscheidung und Selbstbegrenzung des Wissenschaftlers.

Der dritte Text in dieser ersten Rubrik hat ein anderes Format als die übrigen Beiträge des Bandes. Es handelt sich um ein öffentlich geführtes Gespräch mit *Thomas Luckmann*, an dem im späteren Teil auch die studentischen Teilnehmer der Veranstaltung partizipierten. Das Gespräch orientierte sich in weiten Teilen an der wissenschaftlichen Biographie Luckmanns, unter anderem auch an dessen enger Verbindung zu Person und Werk von Alfred Schütz. Es zeigt ein nicht-spezialistisches Verständnis von Soziologie, das aufruht auf einem lebendigen Interesse an materialen Wissenschaften wie Geschichtswissenschaft oder Sprachwissenschaft. Auf diesen – so die Idee Luckmanns – sollte die Soziologie erst aufbauen. Das Gespräch zeigt, wie bei Luckmann das Interesse an dem für die Wissenssoziologie so wichtigen Themenkomplex von Sprache und Gesellschaft allmählich hineinführt in die empirische Untersuchung kommunikativer Vorgänge, und „Kultur" entsprechend in den institutionalisierten Formen der Kommunikation untersucht wird.

Deutlich wird aber auch, dass der Sozialkonstruktivismus, für den Luckmann steht, ebenso wie seine Religionssoziologie, trotz allem Interesse für übersubjektive kommunikative Prozesse, immer rückgebunden bleibt an ein Konzept personaler Identität und sich darin von neueren Konstruktivismen grundlegend unterscheidet. Kultur ist in diesem theoretischen Rahmen nicht einfach „Diskurs", „Praxis" oder „Kommunikation"; es gehören dazu wesentlich über gesellschaftliche Sozialisationsprozesse sich herausbildende Formen personaler Identität, die an der kulturellen Formung teilhaben, sich zu dieser aber auch in ein kritisches Verhältnis setzen. Es gibt bei Luckmann keine Kultursoziologie ohne Personen!

Die zweite Sektion dieses Bandes – *Empirische Kultursoziologie in der Tradition der Wissenssoziologie* – dokumentiert empirische Ansätze in der Kultursoziologie, die die wissenssoziologische Perspektive auf neue Gegenstände beziehen: auf Massenmedien, neue Formen der Präsentation von Wissen und den Umgang mit Erinnerung.

Angela Keppler wendet sich in ihrem Text „Perspektiven einer kultursoziologischen Medienanalyse" dem Ineinandergreifen von Kulturproduktion und Kulturaneignung zu. In dezidierter Absetzung von kulturkritischen Analysen der Massenmedien beharrt sie darauf, dass Medien Wahrnehmung nicht nur lenken, sondern auch Spielräume für eine eigensinnige Aneignung offenlassen. Die Funktion von Kommunikationsmedien könne angemessen nur über deren Stellung in der sozialen Welt bestimmt werden, die Dynamik medial geprägter Erfahrungen sei nur zusammen mit der intersubjektiven Aktualität dieser Erfahrungen zu verstehen.

Wenn „Kultur" für die sinnhafte Bearbeitung menschlicher Lebenslagen steht, wird die Erforschung der massenmedialen Kommunikation zum genuin kulturwissenschaftlichen Projekt. Dabei greifen Produktanalyse (als Analyse der Kommunikation des Fernsehens) und Rezeptionsanalyse (als Analyse der kommunikativen Vergegenwärtigung medialer Produkte) ineinander. Keppler argumentiert – wie bereits Johannes Weiß in seiner Auseinandersetzung mit Max Weber – gegen eine vereinfachende Kritik, die von der schlichten Vorstellung einer Steuerung durch Medien ausgeht: Das was die Produkte nahe legen, werde von den Rezipienten nicht einfach übernommen. Eine sinnverstehende Mediensoziologie müsse daher rekonstruieren, welchen Reim sich die Rezipienten auf den Unterschied zwischen ihrer Wirklichkeit und derjenigen der massenmedialen Darbietungen machen. Kritik ist auch hier – so könnte man Johannes Weiß aufgreifen – zu verstehen als Fähigkeit zur Unterscheidung.

Hubert Knoblauch skizziert in seinem Text „Kommunikationskultur und Powerpoint" einen wissenssoziologischen Zugang zu Kultur, den er am Phänomen der Powerpoint-Präsentationen illustriert. Knoblauch betont die intersubjektive Fundierung von Sinn im Rahmen der Wissenssoziologie: Subjekte stellen sich in ihrem Handeln wechselseitig als intentionale Akteure in Rechnung. Sinn ist also gleichermaßen personal gebunden wie auch immer schon sozialer Sinn. Intersubjektivität – so Knoblauch – meine dabei nicht Mimesis, sondern die Reziprozität der Perspektiven und Motive, die Orientierung der eigenen sinnhaften Leistungen an anderen. Notwendig dafür ist die *Objektivation* von Bwusstseinsleistungen in der gemeinsamen Umwelt der Handelnden.

Hier setzt nun der kommunikationssoziologische Zugang Knoblauchs ein: Sinn kommt in zeichenhaften Objektivierungen als Kommunikation zum Ausdruck. Diese Objektivierungen müssen nicht immer wieder neu erfunden werden, sondern dokumentieren sich in den gemeinsamen Formen und Mustern kommunikativen Handelns: der Kommunikationskultur.

Knoblauch erläutert das Konzept der Kommunikationskultur anschließend am Beispiel von Powerpoint-Präsentationen. Präsentationen – so Knoblauch – sind kommunikative Gattungen im Sinne orientierender Ablaufmuster in Bereichen, in denen Wissen vermittelt wird. Gleichzeitig signalisiere die Durchsetzung von Powerpoint eine Umstellung von schriftlichen auf visuelle Muster und zeige, dass sich das derart präsentierte Wissen nicht zuletzt über seine Performanz legitimiere. Wissenssoziologisch habe man es dabei mit der Durchsetzung neuer Formen des Wissens zu tun.

Der dritte Text in dieser Sektion stammt von *Gabriele Rosenthal* und entwirft am Beispiel der „Interdependenz von kollektivem Gedächtnis und Erinnerungspraxis" eine „Kultursoziologie aus biographietheoretischer Perspektive". Dieser Beitrag verschränkt die Perspektive der Biographieforschung mit dem Interesse an gesellschaftlichen Diskursen und fragt am Beispiel der Spätaussiedler aus den GUS-Staaten danach, welche Gruppierungen unter welchen historischen Bedingungen welche Versionen von Kollektivgeschichte durchsetzen und welche Gegendiskurse sich ausbilden. Die gewählte Untersuchungsebene sind Familien, in denen über die Familiengenerationen unterschiedliche zeitliche Horizonte der Erinnerungspraxis in den Blick kommen. Erinnern wird hier als kulturelle Praxis begriffen, die bestimmt, wie an was in welchen sozialen Settings erinnert wird, wer zum Sprechen über die Erinnerung ermächtigt wird und welche Regeln es dabei zu beachten gilt. Auch hier zeigt sich das für die wissenssoziologische Perspektive charakteristische Verständnis von Intersubjektivität: Erinnern ist eine Bewusstseinsleistung in einem gegenwärtigen Kontext, eingebettet in Interaktionen und in Wechselwirkung mit kollektiven Wissensbeständen. Wesentlich für die Praxis des Erinnerns sind aber auch internalisierte soziale Regeln und die in der Situation des Sprechens ausgeübte Kontrolle der Zuhörer. Rosenthal analysiert, wie diese unterschiedlichen Einflussfaktoren bei der Konstruktion eines homogenisierenden Wir-Bildes der Deutschen aus der Sowjetunion zusammenwirken, aber auch, in welchem Maße Kontrolle über diejenigen Familienmitglieder auszuüben versucht wird, deren Vergangenheit sich nicht so leicht in die biographische Konstruktion einfügt.

Die dritte Sektion dieses Bandes – *Sinn, Praxis, Diskurs: Perspektiven nach dem Cultural Turn* – präsentiert eine Reihe von Autorinnen und Autoren, die einerseits an die Grundlagen der Klassiker, insbesondere die Perspektive der Sinnkonstitution bei Weber und Schütz anschließen, andererseits aber auch neuere Anregungen insbesondere der französischen und anglo-amerikanischen Kultursoziologie aufgreifen. Diese als *Cultural Turn* (Alexander 1988) charakterisierte Bewegung in der Kultursoziologie ist aus der deutschen Perspektive nur mit Einschränkungen als Traditionsbruch zu charakterisieren, kommt doch dem Begriff des Sinns bei den soziologischen Klassikern – allen voran bei Max Weber – eine Schlüsselposition zu. Ein Traditionsbruch liegt am ehesten dort vor, wo beim Vorgang der Sinnkonstitution, der bei Weber, Schütz und Luckmann immer doppelt verankert war – in gesellschaftlichen Interaktionen, Kommunikationen und Institutionen *wie auch* in der Sinnorientierung personaler Akteure – von diesen personalen Akteuren weitgehend abstrahiert wird.

Die Sektion beginnt mit einem programmatischen Aufsatz von *Andreas Reckwitz*: „Auf dem Weg zu einer kultursoziologischen Analytik zwischen Praxeologie und Poststrukturalismus.“ Reckwitz sieht die Kultursoziologie durch einen doppelt reflexiven Zug charakterisiert: (1) durch die – vor allem in den Arbeiten von Hirschauer betonte – Befremdung des scheinbar Vertrauten; und (2) durch das Begreifen des derart unvertraut Gewordenen durch Kontextuierung in einen komplexeren Sinnzusammenhang. Es ist diese Einbettung in einen Sinnzusammenhang, die Max Weber in seinen methodologischen Schriften als „Verstehen“ bezeichnet und zur methodischen Grundoperation erklärt, auf der das Erklären erst aufruhe. Reckwitz markiert in seiner ‚Wegbeschreibung’ gleichermaßen den Anschluss gegenwärtiger Kultursoziologie an die deutsche Tradition der verstehenden Soziologie – insbesondere an Weber und Schütz – wie auch an die seit den Sechziger und Siebziger Jahren neu ins Spiel kommenden Anregungen durch den Strukturalismus und Poststrukturalismus, die mikrosoziologischen und ethnologischen Ansätze mit ihrem Interesse an „Ethnomethoden“, die Analysen von Artefakten und kulturellen Technologien und schließlich die Theorien der Postmoderne. Diesen vier Strömungen der neuen Kultursoziologie entspreche ein praxeologischer Analyserahmen mit einem Interesse an Praktiken, Diskursen, Artefakten und Subjektivierungen und eine poststrukturalistische Forschungsheuristik mit einer besonderen Sensibilität für die permanente Destabilisierung kultureller Ordnungen, Strukturen und Grenzziehungen. Kultur wird in dieser Perspektive als Ensemble kultureller Praktiken verstanden, denen Wissensordnungen implizit sind. Eingeschlossen darin sind diskursive Praktiken, in denen diese Wissensordnungen expliziert werden, Subjektivierungen, in denen sie interiorisiert werden und Artefaktsysteme, in Auseinandersetzung mit denen sie verwendet und modifiziert werden.

Auch wenn Reckwitz durchaus an die deutsche Tradition der Kultursoziologie anschließt, ist doch der Traditionsbruch, der in diesen Bestimmungen liegt, unverkennbar. Personale Akteure kommen für diese Art kultursoziologischer Analyse nicht als eigenständige Größe in den Blick, sondern immer nur als Resultat von Subjektivierungsweisen und kulturellen Formungen. Die Differenz zu Weber, Schütz und Luckmann, bei denen „Sinn“ immer auch als personal gebundener gedacht war: als biographische Relevanzstruktur und in Um-zu- und Weilmotive eingebettete Handlungslogik bei Schütz, als „subjektiv gemeinter Sinn“ von Personen oder von Typen von Personen bei Weber, ist offenkundig.

Wie bereits bei Goffman und seinen Nachfolgern sich der Akzent von den Personen weg zu den Situationen verschoben hat (wenngleich in Goffmans subtilen Analysen beschädigter Identität ex negativo immer auch ein Begriff von Identität mit präsentiert wurde, die sich – sofern sie beschädigt werden kann – offenbar nicht allein aus Situationen erklärt), betont auch die neuere Kultursoziologie vor allem die *Formierungen*, als deren Produkt kulturell zugeschnittene Akteure entstehen. Subjektivierung und Prägung liegen hier näher beieinander als es die Begrifflichkeit erkennbar werden lässt.

Stefan Hirschauer repräsentiert einen der von Reckwitz dargelegten Stränge der neueren Kultursoziologie. In seinem Beitrag „Die Exotisierung des Eigenen“ entwirft er eine „Kultursoziologie in ethnografischer Einstellung“. Die Soziologie erscheint darin als eine „besondere Kulturwissenschaft“, die – anders als die Ethnologie – unter einem Mangel an Fremdheit leide und diese Fremdheit insofern methodisch erst herstellen müsse. Kultursoziologie in dieser Perspektive ist keine „spezielle Soziologie“, sondern soziologische Ethnographie der eigenen Gesellschaft, ist Artikulation des impliziten kulturellen Sinns alltäglicher Verrichtungen. Dazu gehören zuerst die Analyse der von Menschen hergestellten Unterscheidungen und die Beobachtung des Alltagswissens.

Wesentlich für den von Hirschauer propagierten Zugang ist der Erkenntnisstil des Entdeckens, wie er für die ethnologische Kulturanalyse, die Subkulturforschung der Chicago School und die Soziologie des Alltagswissens charakteristisch ist. Die Aufmerksamkeit der soziologischen Arbeit verschiebt sich hier von der Vermessung sozialer Tatsachen hin zur Analyse ihrer Herstellung, zum „Doing“. Verstehen (des Fremden) und Verfremdung (des Vertrauten) sind dafür notwendige Haltungen. Daraus resultiert eine Einstellung, die sich – so Hirschauer – den Methodenzwängen des Gegenstandes aussetzt, die soziale Sinnbildungsprozesse aufsucht, an ihnen teilhat und sich von ihren Relevanzen steuern lässt.

Auch *Andreas Hepp* steht mit seinem Zugang zu Massenmedien für die Linie der neueren Kultursoziologie, die Reckwitz skizziert hat. Dazu gehört auch eine programmatische Interdisziplinarität. Hepp verortet seinen Ansatz im Kontext der sich dezidiert als transdisziplinär verstehenden Cultural Studies, die er für die Medienanalyse fruchtbar machen will. Kultur kommt dabei als Feld konflikthafter Auseinandersetzung in den Blick, auf das sich die Cultural Studies dem Anspruch nach interventionistisch beziehen. Die Medienanalyse bewegt sich dabei im Untersuchungsdreieck der Wechselbeziehung von Kultur, Medien und Macht. Neben dem Verhältnis von Produktion und Aneignung – so Hepp – geht es immer auch um Dominanz. Der Autor verdeutlicht dies am Kreislauf der Medienkultur – von Produktion, Repräsentation und Aneignung. Quer dazu verortet er kulturelle Regulation (etwa durch die Politik) und Identifikation (im Sinne der Artikulation bestimmter kultureller Identitäten). Macht – so Hepp – komme dabei nicht nur auf der Ebene der Regulation von Kultur zur Geltung, sondern manifestiere sich auf allen Ebenen des Kreislaufs in Form der Mittel, mit denen Subjekte oder soziale Formationen andere dominieren. Als Forschungsaufgabe bestimmt er die Analyse von Medienkulturen als Verdichtungen bestimmter Muster des Denkens, des Diskurses und der Praxis. Dabei gehe es immer auch um Macht: um die Reflexion kultureller Muster im Hinblick auf die Eröffnung von Möglichkeiten der Hegemonie und Distanz, aber auch von Räumen alltäglicher Handlungsfähigkeit.

In der Kultursoziologie im Gefolge des „Cultural Turn" sind Artefakte, aber auch Körper zu neuer Aufmerksamkeit gelangt. *Paula-Irene Villa* plädiert in ihrem Text „Subjekte und ihre Körper. Kultursoziologische Überlegungen" für die sozialwissenschaftliche Anerkennung eines Eigensinns körperlicher Praktiken, die nicht einfach als Verkörperung von Diskursen zu verstehen seien. Am Beispiel des Tangos argumentiert sie, dass dieser zwar schon immer diskursiv konstituiert war, der Tangodiskurs aber mit der Praxis des „Tangotuns" nicht gleichzusetzen sei. Dabei werden Diskurse als Formen der Normalisierung begriffen, in denen Praktiken nie ganz aufgehen. Zwischen Normen und Praxis bestehe – so Villa – eine körperbezogene Kluft. Diese Kluft will sie mit dem Konzept der Mimesis – der kreativen Nachahmung – überbrücken. „Performative Mimesis" verweise einerseits auf die Norm- bzw. Codebezogenheit jeglicher Praxis, andererseits aber auch darauf, dass jede Wiederholung eine gewisse Verschiebung beinhalte.

In diesem Text wird deutlich, dass auch im Rahmen der neueren kultursoziologischen Ansätze das alte Problem der Relation zwischen gesellschaftlicher Normierung und Eigenaktivität der Handelnden zum Thema wird. Die Verhältnisbestimmung zwischen dem, was mit „Praktiken" bezeichnet wird, und dem, wofür in den klassischen Ansätzen die Begriffe Person oder personale Identität standen, ist dabei eine der noch zu klärenden Fragen.

Die vierte Sektion dieses Bandes – *Diesseits des Cultural Turn: Die Perspektive erklärender Soziologie* – enthält eine doppelte kritische Reflexion: zum einen auf eine Tradition der Soziologie, die sich am Grundmodell rationalen Handelns orientierte, ohne den Dimensionen von Sinn und Motivation besondere Aufmerksamkeit zu schenken; zum anderen – und vorrangig – auf eine Soziologie „Jenseits des Cultural Turn", der das Erklären sozialer Sachverhalte kein primäres Anliegen ist.

Jürgen Gerhards positioniert sich mit seinem Aufsatz bewusst in Abgrenzung zu den im Zuge des *Cultural Turn* (Alexander 1988; vgl. Reckwitz 1999) entstandenen Ansätzen, die er als „Mainstream" der aktuellen Kultursoziologie beschreibt. Er kritisiert wesentliche Prämissen dieser Richtung der Soziologie als entweder nicht neu oder in der unterstellten Konsequenz – etwa was die Relevanz wissenschaftstheoretischer Grundsätze für konkrete Forschungsfragen angeht – als übertrieben. Orientiert am Vorbild von Emile Durkheims soziologischen Studien, die sich – so Gerhards – durch ihre genuin soziologische Erklärungsleistung auszeichneten, präsentiert der Autor Ergebnisse eigener Studien, in denen es darum ging, Veränderungen auf der Ebene alltagskultureller Phänomene (der Vergabe von Vornamen) in ihrem Zusammenhang mit makrosoziologischen Prozessen – mit Transnationalisierungsprozessen und der Integration von Migranten – zu erklären. Untersucht wird die Vergabe ausländischer Vornamen durch deutsche Eltern, die als Anzeichen für Transnationalisierungsprozesse des Alltags angesehen werden können, sowie die Vergabe deutscher Vornamen durch eingewanderte Ausländer, die als Anzeichen für Akkulturationsprozesse interpretiert werden.

Die Transnationalisierung bei der Vergabe von Vornamen durch deutsche Eltern erweist sich – so Gerhards – nicht als Globalisierungs-, sondern als Okzidentalisierungsprozess. Er erklärt dies damit, dass ausländische Namen durch die massenmedial vermittelte Populärkultur in den Aufmerksamkeitshorizont der Eltern rücken, und diese wiederum in ihrer Wahl aus dem variationsreicheren Namenspool eine Präferenz für Kulturkreise ausdrücken, denen ein hohes Prestige zugeschrieben wird. Dabei würden vor allem solche Namen gewählt, die phonetisch im Verhältnis der „dosierten Diskrepanz“ von den deutschen abweichen.

Bei der Namensvergabe unter Migranten in Deutschland zeigt sich, dass diese Praxis der „dosierten Diskrepanz“ für die Zuwanderer aus der Türkei aufgrund der Verschiedenheit türkischer und deutscher Namen kaum zugänglich ist. Entsprechend dieser kulturellen Distanz ist die Akkulturation über Namensgebung bei türkischen Einwanderern deutlich schwächer ausgeprägt als bei anderen Migrantengruppen. Stellt man die kulturelle Distanz in Rechnung, wird deutlich, dass die Türken im Grad der relativen Akkulturation den anderen Einwanderergruppen nicht nachstehen. Insgesamt verweist dies auf die große Bedeutung der Distanz zwischen Herkunfts- und Aufnahmekultur für die Erklärung von Akkulturationsprozessen.

Hartmut Esser begründet in seinem programmatischen Text „Sinn, Kultur, Verstehen und das Modell der soziologischen Erklärung“, warum in dem von ihm ausgearbeiteten Modell der soziologischen Erklärung – anders als in der klassischen Rational-Choice-Theorie – die Konzepte von Sinn, Verstehen und Kultur systematisch vorgesehen sind. Entsprechend den Vorgaben des Hempel-Oppenheim-Schemas und den Grundsätzen des methodologischen Individualismus gehe es im Modell soziologischer Erklärung um nomologische Erklärungen auch des „sinnhaften“ Handelns menschlicher Akteure. Dabei erfolgt die

Rekonstruktion in drei Schritten: Rekonstruiert wird die Logik der Situation (wie sie sich den Akteuren subjektiv darstellt), die Logik der Selektion des Handelns der Akteure und die Logik der Aggregation, d.h. die Überführung individueller Effekte des Handelns über Transformationsregeln in das interessierende kollektive Explanandum.

Bei allen Erklärungen müssten – so Esser – die Intentionen und Deutungsmuster der Akteure vorkommen, und entsprechend gehöre eine hermeneutische Komponente zur nomologischen Erklärung zwingend dazu. Das deutende Verstehen aber – so sein einheitswissenschaftlicher Vorstoß – lasse sich durchaus in die Logik des Hempel-Oppenheim-Schemas einordnen. Entsprechend könnten die Kultur- und Geisteswissenschaften im Prinzip nach den Regeln der Analytischen Wissenschaftstheorie betrieben werden und es gäbe keinen methodologischen Grund mehr für die Trennung zwischen geisteswissenschaftlichen und analytisch-nomologischen Sozialwissenschaften.

Esser diskutiert dies anhand dreier Varianten des Verstehens: dem Verstehen der Intentionen der Akteure als „gute Gründe", die sie mit ihrem Tun verbinden; dem Verstehen über kulturelle Deutungsmuster, wie es vor allem in der Wissenssoziologie angestrebt wird; und schließlich dem Verstehen des „latenten Sinnes", auf den die Objektive Hermeneutik zielt. In allen Fällen, so Esser, sei es möglich, einen allgemeinen kausalen Mechanismus anzugeben, der die Auslösung eines bestimmten Handelns erkläre. Während sich das Verstehen über „gute Gründe" problemlos als Variante der Erklärung im Rahmen der Rational-Choice-Theorie rekonstruieren lasse, sei das Konzept des Verstehens über Deutungsmuster als Spezialfall der Erklärung des Handelns über das Modell der Frame-Selektion zu begreifen. Auch das Verfahren der Objektiven Hermeneutik lasse sich in dieses Modell einordnen.

Insgesamt sieht Esser nach seinem Durchgang durch die Formen des Verstehens im Rahmen der „Verstehenden Soziologie" keinen Anlass für eine grundlegende Unterscheidung zwischen erklärenden und verstehenden Ansätzen.

Die Texte von Gerhards und Esser machen deutlich, dass Anschlüsse zwischen „sinnverstehenden" und „erklärenden" Perspektiven und entsprechend zwischen rekonstruktiven und standardisierten Methoden der Sozialforschung in der Kultursoziologie vor allem dort möglich scheinen, wo der „methodologische Individualismus" als Ausgangspunkt grundlegend geteilt wird, wo es also um das Verstehen/Erklären von Handeln, insbesondere von Entscheidungshandeln geht. In der von den beiden Aufsätzen in dieser Sektion repräsentierten Perspektive fungiert Kultur teils als Explanans, teils als Explanandum: Entweder wird die Wahl bestimmter kultureller Frames zum Element bei der Erklärung eines bestimmten Handelns (Esser), oder es wird kulturelles Handeln selbst (etwa die

Vergabe bestimmter Vornamen) unter Rekurs auf andere soziale Prozesse erklärt (Gerhards).

Ein großer Teil der in diesem Buch behandelten Ansätze allerdings widersetzt sich dem methodologischen Individualismus und dem darauf basierenden Modell des Erklärens und damit auch dem einheitswissenschaftlichen Vorstoß Hartmut Essers. Es bleibt abzuwarten, wie diejenigen Repräsentanten hermeneutischer Perspektiven, die über den Weg des Sinnverstehens durchaus einen Beitrag zum soziologischen Erklären leisten wollen, auf Essers Integrationsvorschlag antworten. Zu diskutieren wäre etwa das Verhältnis zwischen dem, (a) was bei Oevermann (2001) als (erst zu rekonstruierender) Zusammenhang zwischen Deutungsmuster und deutungsbedürftigem Handlungsproblem bezeichnet wird, und dem, (b) was Esser mit der Wahl eines „Frames" in einer bestimmten Situation charakterisiert. Zu klären wäre weiter das Verhältnis zwischen dem, (a) was Esser als „sozialen Sinn" bezeichnet und mit einem kulturellen „Frame" identifiziert, und dem, (b) was in der objektiven Hermeneutik als „objektiver Sinn" bezeichnet wird. Bei letzterem geht es ja nicht allein um die *Übernahme* kultureller Deutungsmuster (d.h. eines vorgegebenen sozialen Sinnes), sondern um den Sinn, der sich in der *Art der Bezugnahme* auf ein Deutungsmuster vor dem Hintergrund eines Problems der Handlungspraxis dokumentiert (und sich in diesem Sinne *objektiviert*). Hier müsste nun freilich ein kontroverses Gespräch zwischen den Vertretern der verschiedenen Perspektiven beginnen, für das Hartmut Esser eine Vorlage geliefert hat.

Die fünfte Sektion des Bandes – *Beobachtungen kultureller und kultursoziologischer Beobachtung* – enthält systemtheoretisch inspirierte Beiträge, die sich mit der Verwendung des Kulturbegriffs – im Alltag wie in den Wissenschaften – befassen.

Wolfgang Ludwig Schneider orientiert sich in seinem Beitrag „Kultur als Beobachtungsform" an Niklas Luhmanns Bestimmung von Kultur als „Gedächtnis" der Kommunikation. Das soziale Gedächtnis – so Schneider – tritt bei Luhmann an die Stelle, die bei Parsons die „Kultur" einnahm. Es fungiert dabei als je aktuelle Konsistenzkontrolle, die laufend neu anfallende Erfahrungen auf erinnerte Muster bezieht und Konsistenz oder Inkonsistenz zwischen Erinnerung und aktueller Erfahrung registriert.

Die unter dem Titel „Kultur" normalisierte gesellschaftliche Beobachtungsweise – so Schneider – macht erkennbare Regularitäten verständlich. Ihre Schwächen liegen dort, wo sie versucht, von Einzelbeobachtungen auf unterschiedliche „Kulturen" zu schließen. Aber auch die Gegenbewegung gegen solchen Kulturalismus entkomme mit ihrer Betonung von Inkonsistenzen und Hybridität diesem Dilemma nicht. Zum einen bleibe die Strategie der Dekonstruktion an die Unterscheidung von konsistent/inkonsistent gebunden und erzeuge den konträren Pol in vereinfachter Weise immer mit. Zum anderen erscheine der Verweis auf Hybridität – so argumentiert Schneider in Auseinandersetzung mit Reckwitz – bisweilen als Verzicht darauf, nach tiefer liegenden Übereinstimmungen zu suchen.

Schneider plädiert für einen dritten Weg, der die Kontingenz von Interpretationen in Rechnung stellt: Diese sind abhängig davon, was als relevanter Kontext in Frage kommt und bestimmt wird. Diese Bestimmung der relevanten Kontexte aber lässt sich in der Kommunikation selbst beobachten.

Armin Nassehi schließt in seinem Text „Kultur im System. Einige programmatische Bemerkungen zu einer systemtheoretisch informierten Kultursoziologie" ebenfalls an die Differenz zwischen Parsons' und Luhmanns Definition von Kultur an. Anders als bei Parsons – so Nassehi – sei Kultur heute nicht mehr als Grundbegriff, sondern als Reflexionsbegriff zu verwenden. Auch könne Kultur nicht als System verstanden werden. Er spricht stattdessen von *Kultur im System*, um darauf aufmerksam zu machen, wie Kultur thematisiert, als Topos erzeugt und behandelt wird. In diesem Plädoyer für einen empirischen Kulturbegriff trifft er sich mit dem Vorschlag Schneiders. *Kultur im System* – so Nassehi – verweist darauf, dass Kultur ein Generator von Identitäten ist. Der Begriff der Kultur diene – als Vergleichsbegriff und nicht zuletzt als Kampfbegriff – dazu, Sprecher in Stellung zu bringen. Dabei würden Figuren hervorgebracht, die über Selbstreflexion Authentizität erzeugen. Beispiele dafür seien die Figuren des „postkolonialen Migranten" und des „Transsexuellen" als prototypische Bewohner einer Welt, in der die eindeutige Repräsentation einer Krise unterliege.

Auch das Plädoyer für einen „Dialog der Kulturen" – so Nassehi – bleibe als Appell, kulturelle Grenzen zu überwinden, letztlich eine kulturalisierende Reaktion auf die Differenzen, die sich in weltgesellschaftlich inszenierten Konflikten zeigten. Eine Soziologie aber, die sich für einen empirischen Kulturbegriff stark mache, so sein Plädoyer, setze eher auf besseres Wissen als auf schlechtes Gewissen.

Den Abschluss dieser Sektion und damit auch des Bandes markiert *Andreas Göbel* mit seinem Aufsatz „Die Kultur und ihre Soziologie – wissenschaftssoziologische Überlegungen". Darin rekonstruiert Göbel die Verwendung des Kulturbegriffs und ein spezifisches Verständnis von Kultursoziologie, das in den späten 70er Jahren im Kontext der Sektion Kultursoziologie in der Deutschen Gesellschaft für Soziologie institutionalisiert wurde und eng mit den kulturtheoretischen Überlegungen Friedrich Tenbrucks verbunden ist. Der Kulturbegriff, der hier entwickelt wurde, so Göbel, lebt aus der Gegenüberstellung zu einem negativ konnotierten Gesellschaftsbegriff und aus der Abgrenzung gegenüber dem Strukturfunktionalismus. Kultursoziologie entwickelte sich zur allgemeinen Soziologie, zu einer Gesellschaftstheorie ohne Gesellschaftsbegriff. Dem entsprach eine spezifische Interventionsform, insofern ein normativ gehaltvoller – bürgerlicher – Begriff von Kultur profiliert wurde. Göbel sieht Theoriegestalt und Interventionsform eng miteinander verwoben: Die Kultursoziologie dieser Phase beanspruchte, eine Art Reflexionsinstanz der Soziologie zu sein. Sie profilierte sich innersoziologisch als alternatives Theorieunternehmen der allgemeinen Soziologie gegen die Theoriedominanz des Strukturfunktionalismus und propagierte nach außen die Soziologie als kulturrelevante Intellektuellendisziplin.

Heute allerdings stehe diese Kultursoziologie vor dem Problem, dass ihr der innersoziologische Gegner abhanden gekommen sei. Die Referenz auf Sinn und Kultur sei im Rahmen der Soziologie weit verbreitet und der Rekurs auf ein Rollenselbstverständnis von Soziologen als Experten der Kultur bleibe außerwissenschaftlich ohne Resonanz.

Es ist interessant, dass Göbel – von einer spezifischeren Ausgangslage her kommend und andere Konsequenzen formulierend – sich in seiner Diagnose doch in mancher Hinsicht mit den Diagnosen Essers und Gerhards trifft: Er beschreibt gleichsam das Auslaufen das Sonderstatus der deutschen Kultursoziologie mit der Konsequenz, dass diese ihren Standort neu bestimmen muss. Es bleibt den Leserinnen und Lesern dieses Bandes überlassen, zu beurteilen, ob sie a) diese Diagnose teilen und b) in den neueren kultursoziologischen Ansätzen, aber auch in den kritischen Anschlüssen an die soziologischen Klassiker adäquate Antworten auf die veränderte Ausgangslage sehen. Deutlich werden in jedem Fall die vielfältigen Bemühungen um eine neue Standortbestimmung. Diese verbinden sich häufig mit einer empirischen Wendung der Kultursoziologie.

Man würde sich im Anschluss an diesen Band, dessen Autoren an vielen Stellen aufeinander verweisen oder sich zumindest an ähnlichen Fragen abarbeiten, eine direkte Auseinandersetzung über eine Reihe von Problemen wünschen. Ohne Anspruch auf Vollständigkeit seien hier genannt: die strittige Relevanz soziologischen Erklärens für die Kultursoziologie; der Status personaler Akteure in neueren kultursoziologischen Ansätzen; das Verhältnis von Kulturanalyse und Kulturkritik; das Verhältnis von kulturanalytischer Programmatik und empirischer Rekonstruktion, einschließlich der Frage nach deren methodischer Absicherung. Eine stärkere wechselseitige Bezugnahme über Schulengrenzen hinweg könnte hier hilfreich sein. Wenn dieser Band dazu einen Beitrag leistet, hat er sein Ziel erreicht.

Literatur

Alexander, Jeffrey (1988): The new theoretical movement. In: Neil Smelser (Hg.): Handbook of Sociology. Beverly Hills: Sage: 77–101

Oevermann, Ulrich (2001): Die Struktur sozialer Deutungsmuster. Versuch einer Aktualisierung. In: Sozialer Sinn 2, 1: 35-81.

Reckwitz, Andreas (1999): Praxis – Autopoiesis – Text. Drei Versionen des Cultural Turn in der Sozialtheorie. In: Andreas Reckwitz; Holger Sievert (Hg.): Interpretation, Konstruktion, Kultur. Ein Paradigmenwechsel in den Sozialwissenschaften. Opladen: Westdeutscher Verlag: 19–49

I. Klassiker der (Kultur-)Soziologie weiterdenken

Der Mensch als Kulturwesen. Perspektiven der Philosophischen Anthropologie*

Karl-Siegbert Rehberg

I. Kultursoziologische Voraussetzungen

Kultursoziologie meint zweierlei: zum einen ist sie, beispielsweise als Kunst-, Musik-, Religions- oder Bildungssoziologie, eine Spezielle Soziologie von Kulturbereichen. Zum anderen jedoch ist dies der Name für eine grundlegende Perspektive, die Kultur als wichtigstes Merkmal des Menschen und somit aller seiner Handlungen und Beziehungen auffasst. „Kultur“ ist also kein Sondergebiet innerhalb der menschlichen Vergesellschaftung und umfassender aufzufassen als Jacob Burckhardt (1982: 254) es mit seiner Unterscheidung von den drei „Potenzen“ vorschlug: neben dem Staat und der Religion gab es für ihn als dritte Lebensmacht „Cultur“. Diese sollte alles umfassen, „was zur Förderung des materiellen Lebens und als Ausdruck des geistigen und gemüthlich-sittlichen Lebens *spontan* zu Stande [!] gekommen ist, alle Geselligkeit, alle Techniken, Künste, Dichtungen und Wissenschaften“, welche auch „keine Zwangsgeltung in Anspruch“ nehme. Wenn Kultur als die der Natur abgerungene, umgearbeitete „Welt“ des Menschen erscheint, sind anthropologisch und kulturtheoretisch alle Formen der Vergemeinschaftung und Vergesellschaftung, des Öffentlichen und Intimen, des Ästhetischen und des Technischen grundsätzlich als Kulturtatsachen zu verstehen, ist „das Soziale“ durch und durch kulturell *codiert*. Für einen derartigen kultursoziologischen Ansatz ist grundlegend, dass eine symbolische Vermittlung für alle Handlungen, Gefühle, Denk- und Wissensformen ebenso zutrifft wie für alle komplexen und hochaggregierten Objektivationen des menschlichen Lebens (vgl. Rehberg 1986; 2007a; 2008). Das nun wird grundlegend vor allem in der Philosophischen Anthropologie thematisiert.

Die deutsche Kultursoziologie war seit ihrer Entwicklung aus dem Historismus oftmals dualistisch: Kultur und Gesellschaft wurden als Gegensätze be-

* Für die Unterstützung bei der Bearbeitung des vorliegenden Textes danke ich Matthes Blank und Tim Deubel sowie Monika Wohlrab-Sahr für ihre Einladung, diese Gedanken in ihrer Leipziger Ringvorlesung vorzutragen, der sich eine ungewöhnlich intensive und aufschlussreiche Diskussion mit den Studierenden anschloss.

griffen. Schon Wilhelm Dilthey (1883: 49–64), der ein systematisches Verständnis von „Kultursystemen" erreichen wollte, unterschied sehr strikt zwischen Sinnzusammenhängen einerseits und der „äußeren Organisation der Gesellschaft" auf der anderen Seite. Das findet sich bei Max Scheler (1923: 1–146), der die Kultursoziologie (als „Geistlehre") von der die „Trieblehre des Menschen" behandelnden „Realsoziologie" als der Untersuchung von „Bluts-, Macht- und Wirtschaftsgruppen und ihrer wechselnden Einrichtungen" unterschied (Scheler 1960 [1924]: 17ff.). Und Alfred Weber (1951: 44–92) setzte die „Kultur*bewegung*" scharf von *Prozessen* der gesellschaftlichen und zivilisatorischen Veränderungen ab, die durch fortschreitende Akkumulation ihrer Leistungen gekennzeichnet seien. Hintergrund solcher Entgegensetzungen war die im Deutschland des 19. Jahrhunderts entwickelte Differenz von (kreativer) „Kultur" und (technisch-perfektionierender) „Zivilisation", die sich – wie Norbert Elias (1976 [1939]: 89–131) im Einführungskapitel zu seinem Hauptwerk „Über den Prozess der Zivilisation" dargelegt hat – aus dem Konflikt zwischen Deutschland und „dem Westen" ergab. Zivilisation wurde mit französischer Höfischkeit und dem amerikanischen Komfort gleichgesetzt, während die geistigen und seelischen Kräfte der alten Völker als „kulturell" angesehen wurden. In der Kultursoziologie wurden solche begrifflichen Antagonismen seither aufgelöst, die hier genannten zuerst durch Georg Simmel und Max Weber, die Marxsche von Basis und Überbau etwa auch in der Kritischen Theorie (Rehberg 1986; Moebius 2009: 14–19). Parallel dazu überwanden die Autoren der Philosophischen Anthropologie den alten jüdisch-christlichen, später dann cartesianischen Körper-Seele-Dualismus.

II. Philosophische Anthropologie

Hatte es Philosophie – wie die Mythen oder Religionen – seit je auch mit anthropologischen Deutungen des Menschen zu tun, so rückte die Frage nach dem „Wesen des Menschen" doch erst in einer modernen Denk-‚Schule' in den Mittelpunkt der Philosophie. Es war dies eine Reaktion darauf, dass insbesondere die naturwissenschaftlichen (z.B. evolutionsbiologischen) Theorien als Bedrohung des Menschlichen ebenso verstanden werden konnten wie die neuen Tendenzen der Massengesellschaft und erst recht die politischen Radikalismen der Zeit nach dem Zusammenbruch des kurzlebigen wilhelminischen Kaiserreiches. Helmuth Plessner sah in der „Nichtigkeit des Einzelnen" und seiner Vergänglichkeit einen Grund für eine anthropologische Philosophie, zumal in einer Zeit, in der das Zerbrechen der religiösen Deutungs-Sicherungen offenbar wurde.

Wilhelm Dilthey (1960: 6) hatte noch zugespitzter gesagt: „Der Typus Mensch zerschmilzt in dem Prozeß der Geschichte".

Schon Max Scheler als ‚Erfinder' des philosophisch-anthropologischen Ansatzes hatte in seine Philosophie die Diskussionen und Ergebnisse der modernen Wissenschaften, besonders der Biologie, einbezogen. Die Philosophen Helmuth Plessner und Arnold Gehlen studierten dann bzw. hörten zumindest auch Zoologie, weshalb der gesamten Denkrichtung (Fischer 2008) oft ein „Biologismus" in der Deutung des Menschen vorgeworfen wurde. Jedoch war es im Gegenteil das Gemeinsame dieser Autoren, die „Sonderstellung" des Menschen in den Mittelpunkt zu rücken, so dass man mit gutem Grund von einer Synthese auf „kulturalistischer" Grundlage sprechen sollte. Übrigens wurden dieselben Fragen auch in anderen Wissenschaftszusammenhängen bearbeitet: In den USA war es die pragmatistische Philosophie, darin besonders die für die Soziologie so folgenreiche Theorie der Intersubjektivität von George Herbert Mead, in der solche Grundlagenfragen der menschlichen Lebensbedingungen und -formen behandelt wurden (vgl. Joas 1980). Seit den 1940er Jahren wurde in Frankreich (vor allem durch Jean-Paul Sartre) der heideggersche Existentialismus prominent, der schon im Deutschland der zwanziger Jahre als Konkurrenzentwurf aufgefasst worden war (vgl. Plessner 1983 [1973]) und einer Aneignung des philosophisch-anthropologischen Ansatzes in dem intellektuell so wichtigen westlichen Nachbarland bis heute nachhaltig entgegenwirkt. Sachlich steht letzterem die Leib-Phänomenologie von Maurice Merleau-Pontys nahe. Und ‚anthropologisch' wirkten neben der großen Tradition der französischen Ethnologie seit Marcel Mauss auch Spielarten einer strukturalistisch beeinflussten Psychoanalyse, wie im Falle Jacques Lacans (vgl. Moebius 2009).

Um die Argumente der Philosophischen Anthropologie und deren Bedeutung für die Kultursoziologie deutlich werden zu lassen, werden im Folgenden die wichtigsten Thesen und Grundbegriffe der genannten drei Hauptautoren kurz erläutert.

1. Max Scheler (1874–1928)

Das zusammenfassende Buch über „philosophische Anthropologie", das Scheler an vielen Stellen seines Werkes ankündigte und das die Fragen danach, „was ist der Mensch, und was ist seine Stellung im Sein?", die das Grundmotiv seiner gesamten Philosophie waren, systematisch behandeln sollte, ist nie erschienen. Vorarbeiten und ausgeführte Teile, von denen man auf den Gesamtentwurf schließen kann, durchziehen alle seine Schriften, seit die Abhandlung „Zur Idee des Menschen" (1972 [1914]) erschienen war. Darin finden sich die wichtigsten Gedanken zur Bestimmung des aus der Evolution sich physisch-mental herleitenden Menschen, der zugleich bestimmt sei durch ein der „Natur" entgegengesetztes, ihn aus der Natur heraushebendes Prinzip – den „*Geist*“. Das war die Hauptthese des schmalen Bandes über „Die Stellung des Menschen im Kosmos“, der 1928 im Jahre seines frühen Todes erschien.

Scheler setzt in seiner Studie mit der Erörterung dreier „Menschenbilder“ an, dem jüdisch-christlichen, dem griechischen und schließlich dem modern-naturwissenschaftlichen. Implizit hat Scheler an das moderne, ‚bürgerliche‘ „Bild des Menschen“ als *animal rationale* vielfach angeknüpft, etwa in allen Passagen seines Werkes, die der rationalen Daseinsgestaltung durch menschliche Weltbeherrschung gewidmet sind, oder wo er auf Max Webers These über die Wahlverwandtschaft zwischen Kapitalismus und reformatorisch-puritanischer Religiosität eingeht. Schelers (1976 [1928]) Stufentheorie der „psychischen Urphänomene des Lebens“ zeichnet eine Entwicklung, eine Komplexitäts- und Wertsteigerung der Lebensprinzipien nach, welche den Grundüberzeugungen der Evolutionsbiologie folgt. Er setzt beim „ekstatischen Gefühlsdrang“ an, geht dann auf die Festgelegtheiten des Instinkts ein, dem die größeren Verarbeitungsfreiheiten des „assoziativen Gedächtnisses“ folgen. Diese Entwicklungsaufstufung führt schließlich zur „organisch gebundenen, praktischen Intelligenz“, die etwa auch Großaffen zugesprochen wird. Das kulminiert in einer Bestimmung des Menschen, der als Resultat der biologischen Evolution in dieser Kontinuitätslinie steht, alle diese Stufen und Prinzipien in sich vereinigend, der aber dennoch von dort her sich nicht in seiner Besonderheit bestimmen lässt, vielmehr einzig durch einen Gegensatz zu dieser Stufenfolge, deren am meisten komplexes Produkt er selbst ist. Das Prinzip des „Geistes“ bestimmt nach Schelers Auffassung den Menschen, wobei er Motive der Schopenhauerschen Willens-Metaphysik, der Philosophie Friedrich Nietzsches und den von Ludwig Klages entworfenen Dualismus von „Geist“ und „Seele“ aufnimmt.

In der Umkehrung der Lebensantriebe durch eine unerhörte Distanzierungsleistung, nämlich die Negierung des Lebens durch den Geist, entsteht ein Wesen, das als „Person“, also von einem Aktzentrum her, zu denken ist und das insofern „nicht mehr trieb- und umweltgebunden, sondern ‚umweltfrei und […] weltoffen' [!]“ ist: „Ein solches Wesen hat Welt“. Also Distanzierung, Sachlichkeit, Selbstbewusstsein und Lebens*führung* sind die Besonderheiten des Menschen. Scheler wertet diesen Gedanken sehr akzentuiert nach der Seite einer asketischen Lebensverneinung aus, dass nämlich der Wille den Triebimpulsen Widerstand entgegensetzen kann, wie er selbst an Widerständen erst sich stärkt. So wird der Mensch zum „Neinsagenkönner“, zum „Asketen des Lebens“, zu einem Lebewesen also, das „kraft seines Geistes sich zu seinem Leben, das heftig es durchschauert, prinzipiell *asketisch* – die eigenen Triebimpulse unterdrückend und verdrängend, d.h. ihnen Nahrung durch Wahrnehmungsbilder und Vorstellungen *versagend* – verhalten kann. Mit dem Tiere verglichen, das immer ‚Ja‘ zum

Wirklichen sagt – auch da noch, wo es verabscheut und flieht –, ist der Mensch [...] der ewige Protestant gegen alle bloße Wirklichkeit“ (Scheler 1976 [1928]: 44).

Von hier aus sind dann auch die Kulturschöpfungen des menschlichen Geistes zu behandeln. So kommt die ganze Sphäre des zwischenmenschlichen Lebens, die Werthierarchisierungen und die verschiedenen Grundformen des Wissens – also genau das, was man die „Soziologisierung“ der anthropologischen Fragestellung nennen kann (Rehberg 1981) – ins Spiel.

2. Helmuth Plessner (1892–1985)

Helmuth Plessners (1981 [1928]) entscheidender Beitrag zur Philosophischen Anthropologie – insbesondere seine biologische Formentheorie in dem Hauptwerk „Die Stufen des Organischen und der Mensch“ – kann unter verschiedenen Gesichtspunkten als zwischen Scheler und Gehlen stehende Position verstanden werden, also zwischen Metaphysik und rein innerweltlicher Daseinsanalyse. Grundbegriff der Plessnerschen Formbestimmungen des Lebendigen ist die „Positionalität“. Die soziologische Dimension, die aus den Grundbestimmungen der Lebensführung, und der Selbstreflexivität des Menschen entwickelt wird, wurde in vielen Einzelanalysen dieses Autors entfaltet, z.B. in seinen Überlegungen zu einer Anthropologie der Macht, der anthropologisch gebotenen Grenzen gegenüber Gemeinschaften und schließlich seinen rollentheoretischen Diskussionsbeiträgen.

Plessners genaue erkenntnistheoretische Positionierung des anthropologischen Projektes geht von Immanuel Kant aus. Wie dieser die Verstandesbedingungen der Erkenntnis, untersuchte Plessner die Sinnesvoraussetzungen der Weltwahrnehmung des Menschen in seiner Ästhesiologie „Die Einheit der Sinne“ (1981 [1923]). Das anthropologische Hauptwerk entfaltet dann den Entwurf der philosophischen Anthropologie als „einer Lehre vom Menschen und den Aufbaugesetzen seiner Lebensexistenz“ (1981 [1928]: 61). Dabei geht er von Henri Bergsons Lebensphilosophie aus (ebd.: 40 ff.), von Wilhelm Dilthey und von dem „Goetheschen Weg der Wissenschaft, den Menschen genetisch aus den Materialien des ganzen Naturgebäudes zu erbauen“. So stellen sich Fragen der

> „Wesensstruktur der Persönlichkeit und der Personalität überhaupt, ihrer Ausdrucksfähigkeit und Ausdrucksgrenzen, der Bedeutung des Leibes für Art und Reichweite des Ausdrucks, die Fragen der Wesensformen der Koexistenz von Personen in sozialen Bindungen und der Koexistenz von Person und ‚Welt‘, also die bedeutungsvolle Frage des menschlichen Lebenshorizontes und seiner Variierungsfähigkeit, die Frage der möglichen Weltbilder“ (ebd.: 61).

Dilthey habe ein solches Programm noch nicht durchführen können, weil die Wissenschaften seiner Zeit unter der absoluten Herrschaft einer empiristischen

Denkweise gestanden hätten. Erst die Phänomenologie Edmund Husserls vermochte es, dafür ein methodisches Instrumentarium bereitzustellen. Nun erst sei eine Grundlegung der Geisteswissenschaften durch Hermeneutik gelungen, sodann der Hermeneutik durch philosophische Anthropologie und schließlich dieser wiederum durch eine „*Philosophie des lebendigen Daseins*“ unter dem „Aspekt einer Begründung der Lebenserfahrung in Kulturwissenschaft und Weltgeschichte“. Im Zentrum der so angelegten Analysereihe steht der Mensch „als Objekt und Subjekt seines Lebens“, der – entgegen allen Dualismen – als „personale Lebenseinheit“ verstanden wird (ebd.: 68ff.).

Gegeben wird eine Theorie der Bedingungen der Möglichkeit menschlichen Seins, welches auf den Grundbegriff der „Positionalität“ gegründet ist. Dabei wird dem „zentrischen“ Leben des Tieres die „Exzentrizität“ als die „für den Menschen charakteristische Form seiner frontalen Gestelltheit gegen das Umfeld“ gegenübergestellt (ebd.: 364). „Exzentrizität“, d.h. die Möglichkeit der Selbstvergegenständlichung des menschlichen Bewusstseinszentrums, begründet die den Menschen bestimmende Form der Reflexivität, also auch seine „Weltoffenheit“ – wie Max Scheler formuliert hatte –, ebenso die prinzipielle Labilisierung durch ständig wechselnde Perspektiven. „Geist“ und „exzentrische Höhe“ sind Begriffe, die Plessner in Variation seines Grundgedankens von der „positionalen Exzentrizität“ des Menschen entwickelt hat. Damit ist für ihn auch die Bedeutung der Historizität, der Wandelbarkeit der (sozialen) Lebensweisen der Menschen, verbunden. So werden auch für Plessner dessen Stabilisierungsnotwendigkeiten und -chancen zu einem zentralen Motiv der Anthropologie, wenn auch ohne das Existenzialpathos Schelers sowie ohne die scharfe Institutionenbejahung Gehlens. Eher werden skeptisch-abwägende Wege der reflexiven Existenz-Selbstvergewisserung aufgezeigt, und bestimmend bleibt auf allen Stufen der philosophischen Analyse des „Lebens“ der Begriff der „Grenze“, oder genauer: „das Verhältnis des begrenzten Körpers zu seiner Grenze“ (ebd.: 30). Der Mensch steht distanziert zu sich und zu seiner „Tierwelt“ und lebt nicht in einem naturalen Milieu, sondern – wie auch für Scheler – in einer hergestellten „Welt“ (vgl. z.B. ebd.: 403ff.), die von Plessner (ebd.: 365–382) phänomenologisch in „Außenwelt, Innenwelt, Mitwelt“ aufgeschlüsselt wird. Die für den Menschen grundlegende Reflexivität setzt Brüche voraus und erlaubt keine Unmittelbarkeit. So bedingen Subjektivität und „soziales Feld“ einander, denn die „Mitwelt“ wird bestimmt als „die vom Menschen als Sphäre anderer Menschen erfasste Form der eigenen Position“ (ebd.: 375). Das führt zu einer intersubjektiven Konstitutionsanalyse einerseits des Sozialen, andererseits auch der Subjektwerdung. Festgehalten wird dabei an einem Lebenszentrum, das – wie offen und labil auch immer – nur auf Umwegen seine „personale“ Form findet, denn als „exzentrisch organisiertes Wesen“ muss der Mensch „sich zu dem, was er *schon ist, erst ma-*

chen" (ebd.: 383). Von dieser Grundlage ausgehend, wird der menschliche „Geist" in der Sphäre des „Wir" verankert, seine – schon kategoriale – Sozialität betont.

Das Resultat seiner Analysen fasst Plessner zusammen in drei „anthropologischen Grundgesetzen" (ebd. 383–425): Das „*Gesetz der natürlichen Künstlichkeit*" reflektiert die Entstehungsbedingungen von Kultur, welche durchaus – ganz wie später von Gehlen – als Kompensation aufgefasst wird. Die exzentrische Lebensform ist ‚ergänzungsbedürftig', denn der Mensch – „nicht im Gleichgewicht, ortlos, zeitlos im Nichts stehend, konstitutiv heimatlos" – muss sich ein Gleichgewicht schaffen durch Objektivationen seines Tuns. „Darum ist er von Natur, aus Gründen seiner Existenzform *künstlich*." In des Menschen „Bedürftigkeit oder Nacktheit liegt das Movens für alle spezifisch Menschliche, d.h. auf Irreales gerichtete und mit künstlichen Mitteln arbeitende Tätigkeit, der letzte Grund für das Werkzeug und dasjenige, dem es dient: die Kultur" (ebd.: 385). Als zweite Gesetzlichkeit wird die „*vermittelte Unmittelbarkeit*" des Menschen hervorgehoben, also zuerst sein Ausdrucksbedürfnis, seine Expressivität, aus der heraus auch die Sprache verstanden wird. Zum anderen zeigt Plessner, dass der so geschaffene Wirklichkeitskontakt in der Direktheit des Vollzuges, in der das Subjekt sich vergisst, nicht befangen bleibt, sondern dass er immer in ein Verhältnis gesetzt wird zur Bewusstseinstätigkeit – das begründet die „indirekte Direktheit" aller menschlichen Erfahrung. Das dritte „Grundgesetz" bezieht sich wiederum auf die „konstitutive Wurzellosigkeit" des Menschen, sein „Bewusstsein der eigenen Nichtigkeit und korrelativ dazu der Nichtigkeit der Welt" (ebd.: 419) und leitet davon Religiosität als anthropologisches Charakteristikum des Menschen ab. Doch ist dies nur eine Seite des „*utopischen Standorts*" des Menschen, denn aus ihm ergibt sich eben so sehr der „Zweifel gegen die göttliche Existenz, gegen den Grund für diese Welt und damit gegen die Einheit der Welt" – sozial entspricht dem der Zusammenhang von Gesellschaftlichkeit einerseits und dem „unverlierbaren Recht der Menschen auf Revolution" andererseits, welche nach Plessner ihre Macht von dem utopischen Gedanken der „endgültigen Vernichtbarkeit aller Gesellschaftlichkeit" gewinnt, der gleichwohl nur ein „Mittel Erneuerung der Gesellschaft" sei (ebd.: 423f.).

3. Arnold Gehlen (1904–1976)

Gehlen nennt seine Anthropologie „*elementar*", denn „dieses Elementare reicht eben beim Menschen ganz außerordentlich weit". Nicht gehe es ihm um einen „naturalistischen" oder biologistischen Ansatz, denn von dieser Seite ließe sich der einmalige „Gesamtentwurf der Natur" (1993 [1940]: 9), welcher im Menschen vorliege, nicht verstehen; auch käme man so an die „Innenseite" des Menschen nicht heran. Erst eine anthropo-biologische Betrachtungsweise, die von den menschlichen „Existenz*bedingungen*" ausgehe, könne alle diese Aspekte behandeln. Anders gesagt: „die Natur hat dem Menschen eine Sonderstellung angewiesen", was soviel heißt, dass sie „im Menschen eine sonst nicht vorhandene, noch nie ausprobierte Richtung der Entwicklung eingeschlagen [hat], sie hat ein neues Organisationsprinzip zu erschaffen beliebt". Vor dem Hintergrund des methodisch grundlegenden Mensch-Tier-Vergleichs wird die Besonderheit des Menschen so beschrieben, wie dies schon Scheler und Plessner taten, dass er sich nämlich in einer Weise zu sich selbst verhalten muss, „wie dies kein Tier tut; er lebt nicht [...], er *führt* sein Leben" (ebd.: 12).

Gehlens anthropologischer Entwurf geht von dem konstitutionellen Zwang des Menschen aus, „zu sich selbst Stellung nehmen zu müssen, wozu eben ein ‚Bild', eine Deutungsformel notwendig ist" (ebd.: 3). Das ist die eine Seite des zur Leitformel seiner Anthropologie gemachten Nietzsche-Wortes vom Menschen als dem „*noch nicht festgestellten Tier*" (Nietzsche 1980: 81). Die andere Seite betrifft des Menschen konstitutionelle Gefährdetheit und Riskiertheit. Das heißt zum einen, dass dieses Wesen nicht festgerückt in einer Anpassungssphäre lebt, zum anderen, dass über ihn Endgültiges nie festgestellt werden kann. So ist der Mensch prinzipiell darauf angewiesen, Selbstdeutungen zu produzieren. Es ist diese doppelte Nicht-Fixiertheit, die ihn bestimmt, eine merkwürdige Labilität, zugleich aber auch Offenheit, Veränderbarkeit, eben: „Plastizität".

Daraus entwickelt Gehlen (1993 [1940]: 3–93) ein prägnant verdichtetes „*anthropologisches Schema*", das kurz zusammengefasst sei: Der Mensch ist zuallererst ein „Mängelwesen", charakterisierbar durch Unangepasstheiten, Unspezialisiertheiten, Organ-Primitivismen, also z.B. das fehlende Haarkleid, durch fehlende Angriffsorgane und Fluchtspezialisierungen, eben durch einen „lebensgefährlichen Mangel an echten Instinkten" und seine in der ganzen Säuglings- und Kinderzeit „ganz unvergleichlich langfristige Schutzbedürftigkeit" (ebd.: 32). Er ist ein „weltoffenes" und darum notwendig „handelndes Wesen", das auf Entlastungen angewiesen, deshalb auch: sprach- und symbolisierungsfähig ist und von seiner reagiblen Welt- und „Selbst-Produktivität" abhängt. Gerade wegen seines „Unfertigseins" bedarf dieses „offene" Wesen aber auch der verpflichtenden Stabilisierung: „Selbstzucht, Erziehung, Züchtung als In-Form-Kommen und In-Form-Bleiben" gehören für Gehlen zu seinen Existenzbedingungen. Schließlich ist dieses „‚riskierte' Wesen mit einer konstitutionellen Chance zu verunglücken" notwendig „vorsehend" – der Mensch muss ein Prometheus sein, ist also „angewiesen auf das Entfernte, auf das Nichtgegenwärtige in Raum und Zeit, er lebt – im Gegensatz zum Tier – für die Zukunft hin und nicht in der Gegenwart" (ebd.: 30). Er ist, wie Thomas Hobbes schön formulierte, das Wesen, das „sogar der künftige Hunger hungrig macht" (Hobbes 1959: 17).

III. Anthropologische Grundlagen der Kultursoziologie

Anthropologische Thesen waren immer auch mit einer Herausarbeitung der Sozialität des Menschen verbunden, woraus sich ihre sozialtheoretische Dimension ergibt. Zwar erweisen sich Formen des Zusammenlebens tierischer Populationen als ebenso bestimmend für deren Überleben und Reproduktion, jedoch ist die menschliche Sozialwelt durch die Art ihres Zustandekommens an die Sonderleistungen symbolischer Kommunikation gebunden. Umgekehrt zeigt sich, dass – zumindest unausgesprochen – jede Gesellschaftstheorie und jeder soziologische Ansatz anthropologische Voraussetzungen hat. Deshalb lassen soziologische Theorien sich von der Anthropologie her interpretieren, wie etwa Wilhelm Hennis (1987) oder Friedrich H. Tenbruck (1975) am Werk Max Webers gezeigt haben (vgl. Rehberg 1994: 625–631). Bereits in den 1930er und 1940er Jahren gab es in den gesamten Geisteswissenschaften eine „anthropologische Wende“ (Seifert 1934/1935), welche von prominenten Soziologen mit vollzogen wurde. Leopold von Wiese (1940) publizierte „Gedanken zu einer zusammenfassenden Anthropologie“ unter dem Titel „Homo sum“, Werner Sombart (1938) veröffentlichte den „Versuch einer geisteswissenschaftlichen Anthropologie“ unter dem Titel „Vom Menschen“, wobei er die Soziologie als „Teil- und Spezialdisziplin“ einer geisteswissenschaftlichen Anthropologie bezeichnete, als Grundlage auch einer kulturellen „Kategorienlehre“ (ebd. besonders: 77–88). Das stimmt mit von Wieses (1966 [1924]: 101) Formulierung in dessen „System der Allgemeinen Soziologie“ überein:

> „Die Soziologie genannte Wissenschaft ist ein Ausschnitt aus der Gesamtlehre vom Menschen […]. Sie ist eine Stück Anthropologie, keineswegs aber die ganze Anthropologie; denn nicht das Menschliche insgesamt, sondern das *Zwischen*menschliche […] ist ihr Gegenstand.“

Für die innerhalb der Philosophischen Anthropologie entwickelten Beziehungen zu soziologischen Fragestellungen ist zudem nicht unwichtig, dass deren Hauptautoren, von der Philosophie kommend, einen Teil ihrer akademischen Laufbahn diesem Fach gewidmet haben, wenngleich die Gründe dafür sehr unterschiedlich gewesen sein mögen.

Max Scheler wurde 1920 in das ein Jahr zuvor mit der Neubegründung der Universität zu Köln eingerichtete Forschungsinstitut für Sozialwissenschaften berufen. Die Idee dieser kommunalen Gründung war es, die Soziologie einerseits interdisziplinär zu verorten, andererseits als Fach eines ‚friedlichen Kampfes‘ unterschiedlicher weltanschaulicher Positionen zu organisieren. Das lag ganz in der Linie der Empfehlungen des preußischen Staatssekretärs und späteren Kultusministers Carl Heinrich Becker, der das Fach in der Weimarer Republik an allen Universitäten als Synthesewissenschaft eingerichtet sehen wollte. Gerade

Scheler konnte ein solches Programm ohne systematisierende Enge und mit weitem Ausgriff in alle möglichen Disziplinen verwirklichen, da er die eigene Epoche als „Weltalter des Ausgleichs" verstand, also als Konvergenz unterschiedlichster Dualismen, ja sogar großer Kulturkreise, als Zeitsignatur *und* als Aufgabe. Heute heißt das „Globalität" oder „Weltgesellschaftlichkeit". Scheler (1976 [1927]) sah diesen zunehmend sich vollziehenden und zugleich zu befördernden „Ausgleich" kultureller Differenzen in der Relativierung der Rassenspannungen wie der Mentalitäten, „der Selbst-, Welt- und Gottesauffassungen der großen Kulturkreise", des Männlichen und Weiblichen („Wert- und Herrschaftssteigerung des Weibes", ebd.: 159), von Kapitalismus und Sozialismus, von Ober- und Unterklassen, von politischen Machtanteilen so genannter „Kultur-, Halbkultur- und Naturvölker", von Jugend und Alter, von Fachwissenschaft und Menschenbildern, von körperlicher und geistiger Arbeit, von „Gesamtkultur und -zivilisation der Menschen" (ebd.: 152). Für ihn war die Soziologie in einem derart weitgespannten Rahmen ein Teilaspekt seiner umfassenden, letztlich metaphysisch fundierten Philosophie. In Köln galt er als „katholischer" Philosoph – aber keineswegs im Sinne der Römischen Kirche. Zahlreiche seiner Arbeiten waren der Veränderung der Werte in der Moderne gewidmet, sein wichtigster soziologischer Beitrag jedoch der Entwurf einer Soziologie des Wissens (der ihn auch zum Schöpfer des Namens der von Mannheim dann aufgegriffenen und systematisierten Wissenssoziologie machte). Diese war für ihn, wie oben erwähnt, ein Teil der Kultursoziologie. Scharf wendet er sich gegen das Comtesche Dreistadiengesetz, denn die unterschiedlichen Denkformen seien nicht in einer historischen Abfolge zu denken, und von „Grund aus irrig" sei die Annahme, dass diese Denkformen einander ablösten. Vielmehr gehe es um unterschiedliche Ziele des erkennenden Geistes, also um Motive, die es immer zugleich gebe. Wissen ist für Scheler ein existenzielles Phänomen, ein Seinsverhältnis des Menschen. Deswegen ist auch die Wissenssoziologie bei ihm in die Metaphysik eingebettet, ebenso in die Anthropologie und in eine spezielle Geistlehre. So unterscheidet Scheler, durchaus an Herbert Spencers Idee einer Differenzierung der Kulturgebiete anknüpfend, die „Gleichursprünglichkeit" von „Heils- resp. Erlösungswissen, Bildungswissen und Leistungs- resp. Naturbeherrschungswissen" (Scheler 1960 [1924]: 29) und setzte diese soziologisch in Beziehung mit den institutionellen Formen der Wissensorganisation. Kategoriale soziale Differenzen von Weltauffassungen suchte Scheler zu erfassen, indem er formale „Denkarten", jenseits aller bestimmten Inhalte, unterschiedlichen Klassenlagen zuordnete: In den *Unterklassen* gebe es ein nach vorne gerichtetes Zeitbewusstsein, eine Betrachtung des Werdens und der Entwicklung, eine mechanische Weltbetrachtung, einen Realismus, der die Welt vorwiegend als Widerstand auffasse, einen Materialismus mit seinem Induktionswissen und einen Pragmatismus (für all das fand er Beispiele in den sozialistischen Theorien und den wissenschaftsgläubigen Bildungsbemühungen der Arbeiterbewegung). Demgegenüber seien dieselben Kategorien des Wissens bei den *Oberklassen* genau entgegengesetzt codiert: ein zurückblickendes, historisierendes Zeitbewusstsein, eine Betonung des Seins, eine zielgerichtete, von Sinnzusammenhängen her gestiftete Weltbetrachtung, ein Idealismus, der sich aus einem Reich objektiver Ideen ableite, Spiritualismus und ein auf Rationalität gestütztes deduktives Wissen, schließlich ein spezieller Intellektualismus (vgl. Scheler 1960 [1924]: 171). All das sollte eingebettet sein in die Grundlagenreflexionen der ebenfalls von ihm so benannten Philosophischen Anthropologie, wie sie oben bereits skizziert wurden. 1928 wurde Scheler als Nachfolger Franz Oppenheimers auf den Stiftungslehrstuhl für Soziologie an der Universität in Frankfurt berufen, starb jedoch im selben Jahr, so dass Karl Mannheim 1929 diese Professur bekam.

Helmuth Plessner hatte sich nach seinem Heidelberger Studium der Philosophie und (besonders bei Hans Driesch, der ihn übrigens auch für Max Webers „jour"[1] empfahl) der Zoologie in Köln habilitiert, um die akademische Laufbahn eines Philosophen einschlagen zu können, ohne dass er damals eine Lehrposition auch für die Soziologie angestrebt hätte. Erst als er vor den Nazis in die Niederlande fliehen musste und an der Universität Groningen eine Anstellung auf einer neu geschaffenen, aus Mitteln der Carnegie- und der Rockefeller-Foundation finanzierten Soziologieprofessur bekam, war sein Überleben im Exil zunächst gesichert und näherte er sich dieser Disziplin an. 1928 hatte es ein Zerwürfnis zwischen ihm und Scheler gegeben, nachdem der Ältere die Wirkung seines geplanten anthropologischen Hauptwerkes gefährdet sah durch die grundlegende Konzeption des jungen Privatdozenten, dem er (doch wohl zu Unrecht) ein „Plagiat" vorwarf (vgl. Rehberg 2010). Mit Scheler verband ihn jedoch nicht nur das anthropologische Philosophieren, sondern ebenso die grundlegende Reflexion über menschliche Lebensformen wie Gemeinschaft oder Phänomene von Macht und Herrschaft, schließlich auch die gesellschaftliche Formulierung des Wissens, wobei beide praktisch durchaus nicht nur an dessen Analyse, sondern nicht weniger an dessen Demokratisierung (etwa durch die Volkshochschulen) interessiert waren. Plessner blieb dem Verlegenheitsfach Soziologie nach 1945 treu, denn er hatte – nach einer nun offiziellen Nachkriegsberufung an die Rijksuniversiteit te Groningen und der Ablehnung einer Rückkehr nach Köln im Jahr 1946 sowie erfolglosen Hamburger Absichten, ihn dorthin zu holen – die Wahl, als Philosoph oder als Soziologe nach Göttingen zu gehen und verband dort

1 Der von Marianne und Max Weber veranstaltete „jour fixe" war ein sonntäglicher Gesprächskreis, zu dem seit 1912 in Webers Heidelberger Villa Studenten und Kollegen zusammenkamen. Dazu gehörten Georg (von) Lukács, Karl Jaspers, Ernst Bloch und viele andere, darunter auch der von dem Biologen und Philosophen Hans Driesch empfohlene junge Helmuth Plessner.

(ähnlich wie Max Horkheimer in Frankfurt) beide Lehraufträge miteinander; auch wurde er zum Vorsitzenden der Deutschen Gesellschaft für Soziologie gewählt.

Deutlich waren inzwischen soziologische Themen ins Zentrum seines Interesses getreten, wobei er auf frühere Schriften zurückgreifen konnte, etwa „Die Grenzen der Gemeinschaft" (Plessner 1981 [1924]). Diese skeptische Absetzung vom damaligen Zeitgeist führte ihn dazu, „Vermittlung" an die Stelle aller Dualismen als Grundlage jeden Radikalismus zu setzen. Darin zeigt sich ein bürgerlich-liberales Erschrecken gegenüber den Vereinnahmungsversuchen des ‚ganzen Menschen' durch Faschismus und Kommunismus, sich (darin Ferdinand Tönnies ähnlich) aber auch von der gemeinschaftsbegeisterten Jugendbewegung, sogar von radikalen Formen des Pazifismus oder Expressionismus (vgl. Rehberg 2007b) abgrenzend. Die anthropologische Fundierung seiner Ideologie-Kritik findet sich gut ausgedrückt in dem Satz: „Der Feind des Radikalismus ist die Natur" (ebd.: 14), welche sich zur „Preisgabe letzter Intimität" unter dem Druck der Gemeinschaft eben in Opposition befinde (ebd.: 78 u. 58). Zur Personalität gehöre nicht nur die Öffnung dem (und den) anderen gegenüber, nicht nur der „Drang nach Offenbarung" (ebd.: 63), sondern auch Distanz und Reserve, welche ein durch die Grenzziehung seiner Körperlichkeit grundlegend bestimmtes Wesen brauche. Hieraus ergibt sich übrigens schon früh auch die anthropologisch-soziologische Thematisierung der Scham – dies auch ein großes Thema der Zivilisationstheorie von Norbert Elias (1976 [1939]) –, allgemeiner dann das Problem der sozialen Rolle.

Die Gedankenreihe wird anthropologisch umgesetzt in die bereits erwähnte Formel einer „vermittelten Unmittelbarkeit" des menschlichen Lebens (Plessner 1981 [1928]: 396–419). Explizit politisch wurde das in Plessners (1981 [1931]) Reflexionen über „Macht und menschliche Natur", in denen er sogar ein „Primat des Politischen für die Wesenserkenntnis des Menschen" (ebd.: 200) behauptete. Seine Anthropologie der Distanz und der Selbstabgrenzungsnotwendigkeit näherte seine Argumentation der „Freund-Feind-These" Carl Schmitts an, ohne dass er deren, noch die Ausmerzung des Fremden rechtfertigende Homogenitätsnorm geteilt hätte (vgl. Rehberg 2009). Es war dies ein Buch, das auf die Konflikte in der Weimarer Republik antwortete, jedoch für die heutige soziologische Analyse verschiedene Anregungen bereit hält. Insgesamt geht es um das Verhältnis von Gesellschaft und Politik, wobei Plessner sich schon damals gegen die heute wiederum wohlfeile Politikverdrossenheit und -verachtung wandte und, anders als Niklas Luhmann, nicht die Ausdifferenzierung politischer Entscheidungssysteme, vielmehr deren notwendige Einbindung in kulturelle Lebensweisen betonte. Entgegen heutigen Auffassungen von „Weltgesellschaft" setzte Plessner mit Johann Gottfried Herder auf das Grundprinzip einer Anerkennung der Verschiedenartigkeit von Kulturen und sah darin ein Korrektiv rücksichtsloser Vereinheitlichungstendenzen im Prozess dessen, was heute „Globalisierung" heißt. Gerade kultursoziologisch hat auch Plessner gezeigt, dass Anthropologie nicht auf eine a-historische Fixierung einzelner menschlicher Merkmale zielt, vielmehr die historische und gesellschaftliche Vielfältigkeit seiner Lebensweise aus der Natur des Menschen heraus begründet.

Nicht weniger waren es bei *Arnold Gehlen* politisch-zeitgebundene Gründe gewesen, die ihn zur Soziologie brachten – aber, wenn man es mit Plessners Lebenslauf vergleicht, sozusagen aus entgegengesetzter Richtung. Auch Gehlen hatte bei Hans Driesch studiert, der nach einer Lehrtätigkeit in Aberdeen und Heidelberg sowie einem kurzen Kölner Zwischenspiel 1921 an die Universität Leipzig gewechselt war. Dieser Biologe und (vitalistische) Philosoph war insbesondere durch seine Arbeiten über die Selbstergänzung und Selbstorganisation von Organismen weltberühmt geworden. Übrigens wurde er durch diese Entdeckung zu einem der Vorgänger des biologischen Autopoiesis-Konzeptes (Humberto Maturana und Francisco Varela), in dem die Selbstreproduktion einer biologischen Einheit durch die Komponenten eben dieser Einheit untersucht wird; seit 1981 hat Luhmann diese Modellvorstellung für die Soziologie fruchtbar gemacht. Gehlen folgte 30-jährig seinem Lehrer auf den Leipziger Lehrstuhl für Philosophie, wurde 1936 auf den Kant-Lehrstuhl nach Königsberg berufen und ging 1938 nach Wien, nun den Schwerpunkt seiner Arbeit auf die Philosophische Anthropologie legend. 1945 als „reichsdeutscher Professor" in Wien amtsenthoben, wurde er – nach erfolgter Entnazifizierung – bereits im Juni 1947 an die von der französischen Militärregierung gegründete Staatliche Akademie für Verwaltungswissenschaften in Speyer berufen. Damals entschied er sich klar für die Soziologie als Disziplin, in der er Forschung und Lehre verankerte, wie das nochmals 1962 bei seiner Berufung an die RWTH Aachen geschah. Mit diesem Fach war er schon in Leipzig durch Hans Freyer und dessen sehr heterogenen Umkreis in Berührung gekommen und hatte noch vor der Gründung der Bundesrepublik sich gemeinsam mit seinem Schüler und Freund Helmut Schelsky (der einer der einflussreichsten Soziologen im Westdeutschland der Nachkriegszeit wurde) Hauptwerke der amerikanischen Soziologie und Kulturanthropologie angeeignet. Soziologie diente ihm in der bundesrepublikanischen Nachkriegssituation zur Beobachtung der gesellschaftlichen Veränderungen, sollte eine empirische, auf große Theoriegebäude verzichtende „administrative Hilfswissenschaft" sein. In diesem Zusammenhang war es vor allem Gehlens (2004 [1957]) „Die Seele im technischen Zeitalter", welche ihn als soziologischen Autor prominent machte. Darin ging er davon aus, dass die industrielle Welt eine „absolute Kulturschwelle" darstelle, wie es zuvor nur das Sesshaftwerden des Menschen im Neolithikum war. Durch eine „Emanzipation der Teilaspekte" (Luhmann wird später von „funktionaler Ausdifferenzierung" sprechen) sei eine neue Umwelt entstanden, „die an Gewaltsamkeit und zugleich Künstlichkeit alle Vergleichbarkeiten hinter sich lässt" (Gehlen 2004 [1961]: 298). Verbunden sei diese industriegesellschaftliche Welt der Prosperität und der schnellen Veränderungen mit einer zunehmenden Anpassungsbereitschaft der Menschen, die Gehlen – darin ganz mit Theodor W. Adorno übereinstimmend – als „Ende der Persönlichkeit" interpretierte. Das sei verbunden mit Erfahrungsverlusten und der Dominanz von Meinungen, die sich zumeist aus „Erfahrungen zweiter Hand" speisten. Zugleich breiteten sich technisch-experimentelle Denkmodelle aus und es entstehe ein „neuer Subjektivismus", der einhergeht mit höherer Reflektiertheit und einer „Psychisierung": „wohl noch niemals waren so viele Menschen mit den feinsten Antennen ausgestattet, und das Zeitalter der Vermassung erweist sich, von der anderen Seite gesehen, als dasjenige, in dem die ausschweifende Zufälligkeit der Subjektivität Anspruch auf öffentliche Geltung und Beachtung erhebt – und das erfolgreich." (Gehlen 2004 [1957]: 68f.)

1950 hatte er sein anthropologisches Hauptwerk „Der Mensch" (1993 [1940]) konzeptionell umgearbeitet, indem er die Stabilisierung durch Weltanschauungen („oberste Führungssysteme") zugunsten einer kulturanthropologisch fundierten Institutionentheorie aufgab. Damals entdeckte er – wie auch die Analyse archaischer Verwandtschaftssysteme durch Claude Lévi-Strauss – als erster deutscher Philosoph die Bedeutung George Herbert Meads (vgl. Rehberg 1985). Die Ausarbeitung seiner Institutionenlehre in dem kulturtheoretischen Buch „Urmensch und Spätkultur" (Gehlen 2004 [1956]) ist bis heute eine produktive Grundlage institutioneller Analyse geblieben, auch wenn man Gehlens normativem ‚Institutionalismus' nicht folgt. Niemand hat die symbolische Struktur der interaktiv sich ergebenden Stabilisierungen besser herausgearbeitet als Gehlen in seiner handlungsbezogenen und eigendynamischen Theorie der Kreation des Institutionellen. Dort setzt er gewissermaßen „materialistisch", nämlich beim Werkzeuggebrauch, jedenfalls bei der Handlung, an, kommt aber nicht zu einer verkürzenden Abtrennung des intellektuellen vom instrumentellen Handeln, sondern zeigt gerade, wie der Umgang mit bestimmten Mitteln einerseits die Anschlusshandlungen festlegt, andererseits erfinderisch macht für „noch nicht vorhandene Zwecke oder für Bedürfnisse, die [die Technik] selbst erst miterzeugt, weil sie noch niemand fühlt" (ebd.: 12). Schon aus dem experimentellen Umgang mit den Dingen ergibt sich eine Überschreitung der unmittelbarsten Bedürfnisbefriedigung, stellen sich „Transzendenzen" her, die Gehlen sehr geistreich beschreibt (z.B. die „Hintergrundserfüllung" oder die „stabilisierte Spannung"). Alles läuft darauf hinaus, dass jedes vom Menschen benutzte Mittel erweiterungsfähig ist und dass es – erfolgreich eingesetzt – eine stabilisierende Rückwirkung haben kann: es wirkt dann orientierend. Entscheidend für die kulturelle Dynamik instrumentellen Handelns ist – was alle Basis-Überbau-Mechanik verfehlt –, dass Handlungen zu Selbstzwecken werden können und dass ein entlastetes Verhalten viele zusätzliche Motive schaffen und verstärken kann; Gehlen nennt das „Trennung des Motivs vom Zweck". So gesehen, besteht die kulturelle, d.h. gegen-natürliche, Leistung der Institutionen zum einen in der Gewinnung eines neuen Indirektheitsgrades (Bedürfnisse werden versachlicht, gefiltert, gebrochen, verstärkt, jedenfalls immer: gedeutet und definiert), und zum anderen in einer ideativen Gesamtdeutung und Normierungsleistung. Die Analyse und Illustration der durch Institutionen produzierten Indirektheit (welche wiederum einem grundlegenden Mechanismus des menschlichen Weltumgangs folgt) ist das Kernstück der Gehlenschen Sozialtheorie. Darin zeigt er, wie primäre Zweckmäßigkeiten transformiert werden können in *„sekundäre"*, wie Motive zu Selbstzwecken werden und wie Handlungsvollzüge neue Motive schaffen können etc. (vgl. dazu Rehberg 1990).

Ganz ähnlich wie Émile Durkheim geht Gehlen hypothetisch vom Totemismus als einer Art „Ur-Institution" aus, und wie dieser verankert er sie im gemeinschaftlich vollzogenen Ritus. Er entwickelt seine These von der geltungsschaffenden Kraft des *„darstellenden"* oder *ritualisierten* Verhaltens (ebd.: 231ff. u. 166–180); die elementaren Formen solchen Verhaltens findet er in den „Riten der Primitiven", in der „bloßen Rhythmisierung irgendeiner Bewegungsform", welche das Handeln nachahmbar und symbolisch besetzbar werden lässt – es entstehen überprägnante Formen des gemeinsamen Handlungsvollzuges, an die man wieder anknüpfen kann oder sogar muss. Damit umgeht Gehlen jede individualistische und rationalistische Interpretation der Entstehung von geltenden Ordnungen (wie sie z.B. in den Vertragstheorien gegeben ist), kann aber gleichwohl zeigen, dass es *soziale* Zweckmäßigkeiten waren, welche die Institutionen als „sterbliche Götter" notwendig machte. Daraus folgte für ihn als einem konservativen Denker der (Fehl-)Schluss, dass Institutionen rational nicht kritisierbar sein sollten, weil das Risiko jeder Änderung immer zu hoch erscheine. Aber das Grundmuster ist auch hier die Variabilität kultureller Lebensweisen. Gehlens Anthropologie der „Plastizität" sowie der weltschaffenden Kraft der Sprache belegen die produktive Verbindung von Anthropologie und Kultursoziologie. Das gilt auch für seine subtile Soziologie der klassischen Moderne und der mit ihr verbundenen Revolutionierung der Künste (Gehlen 1986 [1960]). Über das umfassendere Verhältnis der ‚klassischen' Philosophischen Anthropologie zur bundesrepublikanischen Soziologie hat Joachim Fischer (2006; 2008: 208–478) eine sehr weitgehende Wirkungsannahme formuliert und verschiedene Vertiefungs- und Anknüpfungs- sowie Rezeptionsphasen zwischen 1945 und 1975 unterschieden.

IV. Natur versus Gesellschaft heute

Der Zusammenhang einer grundlegenden Bestimmung der Kultur als der entscheidenden Seinsmodalität des Menschen verbindet biologische Erkenntnisse mit solchen der Kulturwissenschaften. Diese stehen unverändert im Spannungsfeld mit den Naturwissenschaften. Die Konkurrenz zwischen den Disziplinen ist nicht neu und war immer mit der Frage verbunden, ob es eher die „Gesellschaft" oder das „Leben" sei, was die sozialen Beziehungen der Menschen am meisten bestimme. Der Einfluss der Evolutionstheorie Charles Darwins hatte im 19. Jahrhundert zu einer grundlegenden Revolutionierung des Weltbildes durch biologische Modelle geführt. Zu einer zweiten, die ganze Kultur durchdringenden Betonung des „Lebens" kam es am Anfang des vergangenen Jahrhunderts, wobei biologischer Vitalismus, Frühmenschenfunde und die neuartige Verhaltensforschung den Anstoß gaben. Damals hatte Plessner davon gesprochen, dass jede Zeit „ihr erlösendes Wort" finde: das achtzehnte Jahrhundert die *Vernunft* und das neunzehnte den Begriff der *Entwicklung*. Angesichts der tiefen Konflikte am Beginn des zwanzigsten Jahrhunderts gelte hingegen: „Bezaubern konnte nur etwas Unbestreitbares, das diesseits aller Ideologien, diesseits von Gott und Staat, von Natur und Geschichte zu fassen war, aus dem vielleicht die Ideologien aufsteigen, von denen sie aber ebenso gewiss wieder verschlungen werden: das *Leben*" (Plessner 1981 [1928]: 38 – kursiv K.-S.R). Heute erleben wir eine dritte, jetzt *biopolitische Wende*. In ihr werden soziologische Perspektiven häufig bestritten. Deshalb kann diese Kontroverse als Beispiel für den Zusammenhang anthropologischer und kultursoziologischer Argumentationen genommen werden.

Akzeptiert erscheinen in unserer Zeit die Grundzüge der Darwinschen Evolutionstheorie, wenngleich gerade jüngst ein fundamentaler Einwand gegen das Modell der (von männlicher Promiskuitätsneigung gestützten) sexuellen Auslese vorgetragen wurde, in dem das (familiale, eher weiblich konnotierte) Kooperationsverhalten zum entscheidenden Selektionsvorteil gemacht wird (vgl. zu letzterem auch Bauer 2008). Aber selbst in der – durch die protestantischen Fundamentalismen eines bibelstrengen „Kreationismus" eher bestätigte – Akzeptanz des Entwicklungsprinzips klingt immer noch nach, was den Autor der umstürzenden Theorie zur Entwicklung der Arten selbst derart beängstigt hatte, dass er beinahe das „Erstgeburtsrecht" seiner Theorie verschenkt hätte, denn lange hatte Darwin eine Publikation seiner Erkenntnisse herauszögert. Zu bedrohlich erschien es ihm, die biblische Schöpfungsgeschichte öffentlich in Frage zu stellen: nicht die Konstanz der von Gott am Anfang der Welt erschaffenen Lebewesen ist beweisbar, vielmehr die Entwicklung einer unabsehbaren Varietät der Arten durch Anpassung an jeweils veränderte Umweltbedingungen. Die Natur war seither nicht mehr nur in ihrer Vielfalt zu klassifizieren (wie Carl von Linné es getan hatte), sondern sie war selbst geschichtlich, gravierender noch: der Mensch war Teil dieser Naturgeschichte geworden.

Im 19. Jahrhundert hatte Auguste Comte (wie auch Herbert Spencer) eine enzyklopädische Einheitswissenschaft als Grundlage einer Verbindung aller Disziplinen entworfen. Aber erst das Darwinsche Modell schien ihnen ein gemeinsames Fundament zu geben, weil alle empirisch feststellbaren Tatsachen entwicklungsbedingt sind. Daraus folgte, dass die menschliche Welt, wie auch die Natur, nur historisch entschlüsselt werden könne, so dass der frühe Karl Marx formulierte: „Wir kennen nur eine einzige Wissenschaft, die Wissenschaft der Geschichte." (Marx/Engels 1969: 18). Und Friedrich Engels sagte 1883 in der Grabrede auf seinen Freund: „Wie Darwin das Gesetz der Entwicklung der organischen Natur, so entdeckte Marx das Entwicklungsgesetz der menschlichen Geschichte" (zit. in Rubel 1968: 162). Inzwischen hat sich (wie bei Wissenschaften unumgänglich) die Evolutionstheorie selbst weiterentwickelt. Einerseits wurde sie mit der Vererbungslehre, später der Genetik verbunden, andererseits ergaben sich Revisionen früherer Annahmen. Am wichtigsten ist die Entkoppelung vom Fortschrittsfunktionalismus. Die heutige Evolutionstheorie verzichtet auf die, letztlich metaphysische Annahme, die Variation von Lebensformen sei zielgerichtet und stünde im Dienste einer Höherentwicklung. Die Natur tritt nicht an die Stelle eines göttlichen oder menschlichen Kreators, sondern wirkt als Vervielfältigungsmechanismus.

Mochte bereits die Vorstellung einer anpassungsorientierten und entwicklungsblinden Erzeugung der Biodiversität revolutionär sein, so beruht die Heftigkeit des Streites um die Evolutionstheorie doch vor allem auf jenen kurzschlüssigen und gefährlichen Übertragungen von Naturprozessen auf das gesellschaftliche Leben, die als „Sozialdarwinismus" bezeichnet und in vielem dem Werk des Soziologen Herbert Spencer (bzw. seiner Wirkung) zuzurechnen sind. Wissenschaftlich liegt der Kern des Streits jedoch in kontroversen Vorstellungen über die Stellung des Menschen in der Natur, also im Zentrum der Thematik auch der Philosophischen Anthropologie. Die oben dargelegte Einarbeitung biologischer Erkenntnisse in das philosophische Denken vollzog sich wesentlich nicht unter dem Gesichtspunkt einer „Naturgeschichte des Menschen", sondern im Hinblick auf ein naturbedingtes und naturhaftes, aber eben von dieser Natur aus gesehen *gegen*-natürliches Wesen. Das wird schon durch ein wichtiges Vorläuferbuch, nämlich „Menschheitsrätsel" von Paul Alsberg (1922), belegt. Er setzte seine „prinzipielle Lösung" von den Auffassungen der Naturwissenschaftler ab, soweit sie davon ausgingen, dass zwischen Mensch und Tier keine „prinzipielle Schranke", dass vielmehr „Wesensgleichheit" bestehe. Demgegenüber berufe die „anthropistische" Richtung sich darauf, dass der Geist des Menschen sich qualitativ vom tierischen unterscheide (ebd.: 72 u. 95ff.) – womit ein erster Schritt auch schon zu der oben ausgeführten „Soziologisierung" der anthropologischen Fragestellung getan wäre, insofern nämlich die Produkte des Geistes, die „Ausstrahlungen der Vernunft", in sozial konstituierte Zusammenhänge wie Moral, Religion, Wissenschaft, besonders aber in Sprache und Werkzeuggebrauch eingebettet seien.

Um die Differenzpunkte deutlich zu machen, ist das Verhältnis der Philosophischen Anthropologie zur Evolutionstheorie genauer zu bestimmen. Scheler erkannte diese durch den Nachvollzug des Stufenaufbaues der Lebewesen und ihrer Leistungen an. Zugleich rückte er jedoch von ihr ab, weil das Wesen des Menschen in keiner Weise aus dieser Naturentwicklung ableitbar sei, vielmehr aus einem, ihr entgegengesetzten, „Geist"-Prinzip. Plessner setzte die Tatsache einer Evolution ebenfalls als selbstverständlich voraus, scheidet durch seine Form- und Positionstheorie jedoch die genetische Dynamik aus seiner Betrachtung weitgehend aus. Von den drei Hauptautoren war es nur Gehlen, der sich mit der Menschwerdung und den wissenschaftlichen Thesen seiner Zeit detailliert auseinandersetzte, seinerseits aber einer alternativen Deutung zum *mainstream* der Evolutionsforschung folgend. Er präferierte die These des Amsterdamer Anatomen Louis Bolk, wonach die Abstammungslinie des Menschen sich nicht direkt von den uns bekannten Großaffen ableite und vor allem nicht durch eine höhere Organ- und Fähigkeitsspezialisierung zustande gekommen sei. Vielmehr nimmt Bolk eine Rückentwicklung, ein Stehenbleiben in der Kindheitsphase von Primaten an: das nennt er „Neotenie" (vgl. Gehlen 1993 [1940]: 113–140). Was die anatomisch vergleichenden Befunde betrifft, sind diese Annahmen insofern Allgemeingut geworden, als die Jugendlichkeitsmerkmale des Menschen im Vergleich mit den nächstverwandten Primaten vielfältig bestätigt wurden. So hat etwa Stephen Jay Gould 1977 in seinem Buch „Ontogeny and Phylogeny" weitere juvenile Züge zusammengestellt: flaches Gesicht mit gerader Kieferstellung, fehlende Körperbehaarung, Ohrmuschelform, zentrale Lage des Hinterhauptlochs, hohes relatives Hirngewicht, Beibehaltung von Schädelnähten, Bau von Händen und Füßen, Fehlen von Überaugenwülsten, kleinere Zähne, längere Lebensspanne und die längere Aufzuchtsphase (zitiert in: Walter 2008: 61f.). Strittig ist demgegenüber die Erklärung des Funktionsmechanismus, ob evolutionstheoretisch nämlich die Annahme einer endokrin bedingten Entwicklungsverzögerung akzeptabel sei. Aber etwa der amerikanische Paläoanthropologe Ashley Montagu fand die These noch so unwiderlegt, dass er – jenseits allen Interesses an Kultur- und Institutionentheorien oder sogar an der einzelmenschlichen Ontogenese – in den 1980er Jahren die Übersetzung des Gehlenschen Hauptwerkes ins Englische durchsetzte.

Am bekanntesten ist Gehlens (problematische) Formel vom Menschen als einem „Mängelwesen“ geworden. Der Ausdruck war durch Herder angeregt und folgte einer Bestimmung des Menschen als einem Wesen, das weniger gut schwimmen könne als die Fische, weniger fliegen als die Vögel, weniger geschickt klettern als die Affen etc. Zudem sei er durch seine ausgedehnte Kleinkindphase in besonderem Maße hilflos und abhängig. Schon Plinius d.Ä. (Naturalis historia 7, praef.: 1–4) hatte gesagt, dass die Natur sich als „finstere Stiefmutter“ erweise, denn „nur den Menschen setzt sie am Tage seiner Geburt nackt auf dem nackten Boden aus und erniedrigt ihn zu wimmern und weinen“. Der Zoologe Adolf Portmann (1951: 47) sprach von einem „extra-uterinen Frühjahr“, und der Soziologe Dieter Claessens (1980: 60–92) hat daraus die Konsequenz einer gruppenbezogenen Darstellung der speziellen Lebensbedingungen der menschlichen Gattung gezogen und in der erfolgreichen (sozialen) „Insulation“, d.h. geschützten Aufzuchtsräumen, das sie bedingende Zusammenspiel von Natur und Kultur gesehen. Konrad Lorenz (der mit Gehlen in vielem übereinstimmte) betonte gegenüber den vermeintlichen organischen „Mängeln“ die einzigartige Gehirnspezialisierung des Menschen. Diese plausible These würde auch Gehlens Resultate besser mit den heutigen neurobiologischen Forschungen in Verbindung bringen als ein Bild des Menschen es vermag, das dessen konstitutionelle Mängel so stark hervorhebt, um den Zwang zu einer Kompensation durch institutionelle Ordnungen – sozusagen ‚um jeden Preis' – unabweisbar zu machen. Näher standen Lorenz und Gehlen einander in der Analyse der menschlichen „Instinktreduktion“, wenngleich beide unsicher darin waren, in wieweit die menschliche Aggression und mangelnde Tötungshemmung der eigenen Art gegenüber damit erklärt wären. Allerdings schwebte Gehlen (wie er am 6.2.1947 an Nicolai Hartmann schrieb) eine Erweiterung des Instinktbegriffs vor: „Instinkt ist dasjenige, was rationalisiert (sublimiert) werden kann: so wird aus der Rache das Recht, aus dem Geheimkönnen das Experiment, aus dem Opfer vor dem sichtbaren Gott die Demut vor dem Unsichtbaren, Gott usw.“ Entscheidend bleibt jedoch, dass die menschlichen Handlungen unbeschreiblich vielseitig und vor allem: sozial vermittelt sind. Die „Instinkt*reduktion*“ sei mit einer *Entdifferenzierung* der Antriebe verbunden: Verschiedenste Auslöser und unterschiedlichste Situationswerte können zu einem Verhalten anreizen und es im Rahmen eines wiederum selbst nicht leicht abschätzbaren Möglichkeitsspielraums bedingen, d.h. Verhaltensweisen werden kontingent. Die menschliche Sexualität mag hier als Beispiel stehen:

> „Diese Entdifferenzierung ergreift offenbar bis zu einem gewissen Grade sogar das Antriebssystem, das hormonal gesteuert ist: das sexuelle. Es gibt kaum eine Tätigkeit, bis zu den spirituellsten, die nicht von daher einen Teil ihrer dynamischen Besetzung gewinnen *könnte*, während umgekehrt das sexuelle stets noch *anderen* Determinanten Raum gibt: sozialen, ästhetischen, rituellen usw." (Gehlen 1993 [1940]: 390f.)

Obwohl auch Gehlen seine Problemstellung im Horizont der Evolutionsbiologie formuliert hat und trotz mancher sachlicher Berührungspunkte mit dieser, entfaltet er sein anthropologisches Modell doch vor allem *ontogenetisch*, d.h. an der Entwicklung nicht der Gattung, sondern der Person. So rücken die Entlastungsgesetzlichkeit und als deren Grundlage die „Sprachmäßigkeit" des Menschen, eingeschlossen seine Phantasie und Plastizität in den Mittelpunkt der Argumentation. Es ist dies der entscheidende Fund seiner Forschungen, der zugleich begründet, dass die kulturellen Entwicklungszusammenhänge nicht mit dem gleichen methodischen Repertoire analysiert werden können, wie es sich für die zergliedernde Analyse der Natur als erfolgreich erwiesen hat. All das bestärkt die Sonderstellungs-These der Philosophischen Anthropologie, entfernt sich jedoch zugleich von den entwicklungsgeschichtlichen Grundproblemen. Diese kulturwissenschaftliche Deutung der menschlichen Lebensweise wird von Naturwissenschaftlern oft nur deshalb nicht akzeptiert, weil der Begriff „Sonderstellung" ihnen so vorkommt, als wäre der Mensch eben doch aus einer anderen Sphäre als seiner Naturgegebenheit bestimmt. Und tatsächlich mag der Begriff ja auch an den „deutschen Sonderweg" erinnern, den man zeitweise auch in den Wissenschaften zu finden suchte. Allerdings ist der Gegenvorschlag, von einer „Nische" des Menschen (ganz so, wie von jener der Zecke oder anderer Tiere) zu sprechen, angesichts der weltbestimmenden Stellung des homo sapiens doch auch wenig überzeugend. Vielleicht sollte man dieses „Kulturwesen von Natur aus" (Gehlen 1993 [1940]: 88) durch seine „Spezifität" innerhalb der Tierreihe und der Primaten charakterisieren.

Alle diese Fragen spielen auch in aktuelle Debatten hinein: Trotz aller oft sensationistischen Berichterstattung über die von manchem Gehirnforscher lancierte Leugnung der Existenz des Subjekts oder der „Willensfreiheit", wird die für die Philosophische Anthropologie zentrale These einer derartigen ‚Spezifität' des Menschen durchaus auch von Evolutionstheoretikern anerkannt. Unbestreitbar nämlich hat *nur* der Mensch Sprache. Diese dient nicht allein der Kommunikation, vielmehr ist sie das Medium der Weltherstellung und -erfassung, wie schon Wilhelm von Humboldt wusste. Konstitutiv für das menschliche Weltverhältnis ist der Entwurfscharakter seines Handelns auf der Basis der kognitiven Codierungsleistungen. Das meint die sprachanalogen Verknüpfungen aller Eindrücke und Erfahrungen und bedeutet, dass der Mensch nicht nur Sprache, Rede oder dergleichen „hat". Vielmehr ist sein „plastisches" Antriebsleben mitgeprägt durch die nervlichen und zerebralen Vernetzungen aller seiner Kontakterfahrungen mit Dingen, Lebewesen und mit sich selbst. Entscheidend ist dann die freie Kombinatorik der im Gehirn gespeicherten Sinneseindrücke. Daraus ergibt sich eine Verbindung von Sprache und Kultur, welche keine Vorstufen bei den nächsten Verwandten findet: mag sein, dass das Erbgut von Menschen und Schimpansen zu 98,8 Prozent identisch ist, Sprachvermögen und Reflexion sind eben doch zu 100 Prozent menschlich.

Die aus Primatenforschungen abgeleiteten Thesen zur kulturellen Entwicklung des menschlichen Denkens, wie sie beispielsweise Michael Tomasello am Max-Planck-Institut für evolutionäre Anthropologie in Leipzig ausarbeitet, bestätigen die Thesen der Philosophischen Anthropologie vor allem durch die Betonung der Sprache als unvergleichlichem Merkmal des Menschen in der Natur und durch die Bedeutung jener menschlichen „Intersubjektivität", wie sie (der von ihm kursorisch genannte) George Herbert Mead so prägnant herausgearbeitet hat. Vielleicht mag fraglich sein, inwieweit man Fertigkeiten, die durch Lernprozesse an weitere Mitglieder einer Tiergruppe oder sogar intergenerativ weitergegeben werden, „kulturell" nennen sollte, wie Tomasello (2002), aber etwa auch Jane Goodall (1994) oder John Tyler Bonner (1983) es tun. Aber nicht Wortstreite sind wichtig, vielmehr Beobachtungen etwa von Lernprozessen, auf deren Basis Tomasello „Emulationslernen" vom „Imitationslernen" unterschied. Für ihn ist durch eine Fülle von Beobachtungen gesichert, dass die Vorstellung eines gleichstrukturierten Subjekts im Anderen bei Tieren nicht existiere, obwohl alle Beteiligten in tierischen Interaktionen die Besonderheit bestimmter Verhaltensweisen sehr genau wahrnehmen. „Perspektivübernahme" (Tomasello 2002: 195) wird zum entscheidenden Prinzip des menschlichen Sprach- und Kognitionsaufbaus, dass nämlich die natürliche Sprache „die Art und Weise beeinflusst, wie Menschen die Welt begrifflich organisieren" („linguistischer Determinismus"). Auch die von Gehlen gefundenen und in der Sprachentwicklung und -fähigkeit verankerten Entlastungsfunktionen werden von Tomasello – der sich für die Beschreibung des Menschen ebenfalls der Ontogenese zuwendet – facettenreich beschrieben (z.B. ebd.: 268ff.).

Seit Jahren erleben wir eine Revolutionierung der Biowissenschaften, parallel zur informations- und medientechnischen Veränderung des menschlichen Zusammenlebens in globalem Maßstab. In vielen Debatten erscheint es so, als ob die geistes- und sozialwissenschaftlichen Deutungen der menschlichen Lebenswelt abgedankt hätten. Auch im Bereich der Sozialisationsforschung scheinen Axiome der Sozialität oder der frühkindlichen Prägung intellektueller und psychischer Strukturierungen in Frage gestellt durch die Spezifizierung genetischer Determinationen. So könnte selbst der kontrastive Mensch-Tier-Vergleich, wie er – vor dem Hintergrund auch der Experimente mit Schimpansen, die der Gestaltpsychologe Wolfgang Köhler von 1913 bis 1920 auf Teneriffa durchgeführt hatte, und den Fortschritten der Verhaltensforschung – konsequent von der naturwissenschaftlich informierten Philosophischen Anthropologie durchdacht worden war, durch neueste Forschungserfolge der Naturwissenschaften obsolet geworden sein.

Jedoch zeigt sich, dass diese Vermutungen unzutreffend sind. Die Gehirnphysiologie bestätigt alle Modellvorstellungen eines handlungsgeleiteten Selbstausbaues. Also liegt gerade keine zerebrale Determination vor, vielmehr ein ständiger aus der kulturellen Lebensweise des Menschen gespeister Leistungsaufbau (vgl. Hüther 2008). Nur wer die – heute doch wohl kaum mehr geteilte – Meinung hätte, es gäbe seelische und geistige Prozesse außerhalb (oder „oberhalb“) der psychophysischen Strukturvernetzungen, kann sich über gehirnlich erzeugte Präferenzbildungen oder Entscheidungswahrscheinlichkeiten wundern; nur aus dieser Verwechslung zog die von Christian Geyer (2004) angestoßene und dokumentierte öffentliche Debatte über „Willensfreiheit“ eine zeitlang ihre Attraktivität. Meine These ist: Trotz aller Fortschritte der naturwissenschaftlichen Forschungen und Modelle sind die grundlegenden Probleme unverändert geblieben. Insofern kann man noch immer von den Fragestellungen der Philosophischen Anthropologie ausgehen und diese auf die heutige Forschungslage beziehen, und zwar auf unterschiedliche Ansätze in Philosophie, Kultur- und Sozialwissenschaften, sowie auf zwei, für die Bestimmung des menschlichen Wesens besonders ertragreiche Kontrastfolien, nämlich einerseits die Biologie und andererseits die Informatik, *Artificial intelligence*-Forschung oder Maschinentheorie (vgl. Fischer 2002). Denn die Besonderheiten des Menschen lassen sich wissenschaftlich nur in dieser doppelten Abgrenzung thematisieren – gegenüber seiner „ersten Natur“ und ebenso gegenüber der menschlich erzeugten Künstlichkeit technischer Lebenssubstitute und -überbietungen. Beide Herausforderungen, die evolutionsbiologische (die auch die neurobiologische einschließt) und die informationstechnologische, berühren zentrale Dimensionen der Anthropologie, indem sie für das menschliche Selbstverhältnis, sein Weltverhältnis und die Sozialdimension entscheidend sind.

Seit Charles Darwin, aber auch seit den Ethologen Nikolaas Tinbergen, Karl von Frisch und Konrad Lorenz und bis in neueste Resultate der Psychobiologie, Soziobiologie und Kulturbiologie hinein erscheint der Mensch als ein Lebewesen, das – wie alle Organismen – an der Leine des ‚biologischen Imperativs’ der Selbsterhaltung und der genetischen Optimierung der Überlebenschancen hängt. Plessner (1981 [1928]: 367f.; 1983 [1973]: 396–399) hatte den „radikalen“ und „unaufhebbaren Doppelaspekt“ von *Körper* und *Leib* als ein Monopol des Menschen herausgearbeitet, dass dieser also einen Körper (als äußerlich werden könnendes Feld seiner Existenz) *hat* und im psycho-physischen Einheitserlebnis ein Leib *ist*. Aus der Sicht eines körperlich behinderten Menschen hat am eindrücklichsten Andreas Kuhlmann (2003) die Konsequenzen dieser doppelten Gegebenheit unseres Daseins durchlitten und durchdacht (vgl. Honneth 2009); Plessner (1983 [1953]: 95) hatte geschrieben: „Der Schmerz ist das Auge des Geistes“.

Alle menschlichen Selbsterfahrungen sind Epiphänomene autopoietischer Lebensprozesse, alle seine Geselligkeits- und Gesellschaftssetzungen speisen sich aus den Mustern einer vorgegebenen Biokommunikation. So gibt es tatsächlich eine Naturgeschichte der Sexualität und des Tötens, die bis in die Formen der menschlichen Lebensführung hineinreicht – dort aber als bloß naturale nicht mehr zu verstehen ist. Kultur ist eben die grundlegende Lebensform eines auf Sprachlichkeit und Symbolisierung angewiesenen Lebewesens.

Bleibt die Frage, ob die Prozesse der Kulturentwicklung denselben oder zumindest vergleichbaren Gesetzmäßigkeiten unterliegen wie sie in der biologischen Evolution beobachtbar sind. Zweifelsfrei lassen sich Grundeinsichten der Naturforschung auch auf die von Menschen geschaffenen Wirklichkeiten beziehen. Aber von einer „Evolutionstheorie“ politischer Systeme, künstlerischer Leistungen, rechtlicher Regulierungen oder religiöser Deutungssysteme zu sprechen, ist doch nur eine bloße Metapher, die nichts „erklärt“. Zwar gibt es in allen diesen Bereichen Verkettungen, Auslese und Akkumulationsprozesse, und die Einsicht in „Pfadabhängigkeiten“ ist auch für die historische Kulturforschung von Belang. Aber ein umfassender, auf alle Bereiche anwendbarer Mechanismus der Entwicklung ist eben nicht auszumachen. Auch in der menschlichen Kultur sind Ausleseprozesse durchaus wichtig. Ein künstlerisches Werk etwa kann vergessen oder sogar missachtet werden, evolutionär gesprochen: sich als nicht überlebensfähig erweisen. Für Johann Sebastian Bach galt das für mehr als ein Jahrhundert. Aber dieser ‚Verlierer' im Kampf um eine Position im kulturellen Gedächtnis der Menschheit konnte wiederentdeckt und zu einem Heroen der Musikgeschichte werden – ein Vorgang, für den es in der Natur schwerlich Parallelen geben dürfte. So ist die kulturelle Lebensweise des Menschen zwar selbst ein Produkt der Evolution, beruht aber auf Eigengesetzlichkeiten der Sinnproduktion, die anderen Regeln folgt.

Literatur

Alsberg, Paul (1922): Das Menschheitsrätsel. Versuch einer prinzipiellen Lösung. Dresden: Sibyllen

Bauer, Joachim (2008): Das kooperative Gen. Abschied vom Darwinismus. Hamburg: Hoffmann und Campe

Bonner, John Tyler (1983): Kultur-Evolution bei Tieren. Berlin/Hamburg: Parey

Burckhardt, Jacob (1982): Über das Studium der Geschichte. Der Text der „Weltgeschichtlichen Betrachtungen" nach den Handschriften hg. von Peter Ganz. München: Beck

Claessens, Dieter (1980): Das Konkrete und das Abstrakte. Soziologische Skizzen zur Anthropologie. Frankfurt a.M.: Suhrkamp

Dilthey, Wilhelm (1990 [1883]): Einleitung in die Geisteswissenschaften. Versuch einer Grundlegung für das Studium der Gesellschaft und der Geschichte. In: Ders. (1990): Gesammelte Schriften. Bd. I. Hg. von Bernhard Groethuysen. Stuttgart: Teubner/Göttingen: Vandenhoeck & Ruprecht

Dilthey, Wilhelm (1960): Weltanschauungslehre. In: Ders. (1960): Gesammelte Schriften, Bd. VIII. Hg. von Bernhard Groethuysen. Stuttgart: Teubner/Göttingen: Vandenhoeck & Ruprecht

Elias, Norbert (1976 [1939]): Über den Prozess der Zivilisation. Soziogenetische und psychogenetische Untersuchungen. Bd. 1: Wandlungen des Verhaltens in den weltlichen Oberschichten des Abendlandes. Bern/München: Francke

Fischer, Joachim (2002): Androiden – Menschen – Primaten. Philosophische Anthropologie als Platzhalterin des Humanismus. In: Richard Faber; Enno Rudolph (Hg.) (2002): Humanismus in Geschichte und Gegenwart. Tübingen: Mohr: 1–12

Fischer, Joachim (2006): Philosophische Anthropologie. Ein wirkungsvoller Denkansatz in der deutschen Soziologie nach 1945. In: Zeitschrift für Soziologie. 35, 5: 1–25

Fischer, Joachim (2008): Philosophische Anthropologie. Eine Denkrichtung des 20. Jahrhunderts. Freiburg/München: Alber

Gehlen, Arnold (1993 [1940]): Der Mensch. Seine Natur und seine Stellung in der Welt. In: Ders. (2003): Gesamtausgabe. Bd. 3. 2 Teilbde. Hg. von Karl-Siegbert Rehberg. Frankfurt a.M.: Klostermann

Gehlen, Arnold (2004 [1956]): Urmensch und Spätkultur. Philosophische Ergebnisse und Aussagen. Hg. v. Karl-Siegbert Rehberg. Frankfurt a.M.: Klostermann

Gehlen, Arnold (2004 [1957]): Die Seele im technischen Zeitalter. Sozialpsychologische Probleme in der industriellen Gesellschaft. In: Ders. (2004): Gesamtausgabe. Bd. 6: Die Seele im technischen Zeitalter und andere sozialpsychologische, soziologische und kulturanalytische Schriften. Hg. von Karl-Siegbert Rehberg. Frankfurt a.M.: Klostermann: 1–137

Gehlen, Arnold (1986 [1960]): Zeit-Bilder. Zur Soziologie und Ästhetik der modernen Malerei. 3., erw. Aufl. Hg. von Karl-Siegbert Rehberg. Frankfurt a.M.: Klostermann

Gehlen, Arnold (2004 [1961]): Über kulturelle Kristallisation. In: Ders. (2004): Gesamtausgabe. Bd. 6: Die Seele im technischen Zeitalter und andere sozialpsychologische, soziologische und kulturanalytische Schriften. Hg. von Karl-Siegbert Rehberg. Frankfurt a.M.: Klostermann: 298–314

Geyer, Christian (Hg.) (2004): Hirnforschung und Willensfreiheit. Zur Deutung der neuesten Experimente. Frankfurt a.M.: Suhrkamp

Goodell, Jane (1994): Foreword. In: Richard W. Wrangham; W.C. McGrew; Frans B. de Waal; Paul Heltne (Hg.) (1994): Chimpanzee Cultures. Cambridge, Mass.: Harvard University Press: XV–XXI

Hennis, Wilhelm (1987): Max Webers Fragestellung: Studien zur Biographie des Werks. Tübingen: Mohr

Hobbes, Thomas (1958/1959): Vom Menschen. In: Ders. (1959): Vom Menschen. Vom Bürger. Hg. von Günter Gawlick. Hamburg: Meiner

Honneth, Axel (2009): An der Peripherie unserer Lebensform. Zur Erinnerung an Andreas Kuhlmann. In: WestEnd. Neue Zeitschrift für Sozialforschung 6, 1: 3–12

Hüther, Gerald (2008): Gehirnforschung und Soziologie. Die Strukturierung des menschlichen Gehirns durch soziale Erfahrungen. In: Karl-Siegbert Rehberg (Hg.) (2008): Die Natur der Gesellschaft. Verhandlungen des 33. Kongresses der Deutschen Gesellschaft für Soziologie in Kassel 2006. Frankfurt a.M./New York: Campus: 1315–1328

Joas, Hans (1980): Praktische Intersubjektivität. Die Entwicklung des Werkes von George Herbert Mead. Frankfurt a.M.: Suhrkamp

Kuhlmann, Andreas (2003): Schmerz als Grenze der Kultur. Zur Verteidigung der Normalität. In: Petra Lutz et al. (Hg.) (2003): Der (im-)perfekte Mensch. Metamorphosen von Normalität und Abweichung. Köln/Weimar/Wien: Böhlau: 120–127

Lorenz, Konrad (1940): Durch Domestikation verursachte Störungen arteigenen Verhaltens. In: Zeitschrift für angewandte Psychologie und Charakterkunde 59: 2–81, dazu auch die Diskussion Gehlens in GA 3: 136f.

Marx, Karl/Engels, Friedrich (1969): Deutsche Ideologie. I. Feuerbach. In: Marx-Engels-Werke (1969). Hg. v. Institut für Marxismus-Leninismus beim ZK der SED [MEW]. Bd. 3. Berlin: Dietz: 17–77

Moebius, Stephan (2009): Kultur. Bielefeld: transcript

Nietzsche, Friedrich (1980): Jenseits von Gut und Böse. In: Ders. (1980): Sämtliche Werke. Kritische Studienausgabe. Hg. v. Giorgio Colli; Mazzino Montinari. Bd. 5. München: Berlin, New York: De Gruyter: 81 [Aph. 62.]

Plessner, Helmuth (1981 [1923]): Die Einheit der Sinne. Grundlinien einer Ästhesiologie des Geistes. In: Ders. (1981): Gesammelte Schriften Bd. III. Hg. von Günther Dux, Odo Marquard, Elisabeth Ströker. Frankfurt a.M.: Suhrkamp

Plessner, Helmuth (1981 [1924]): Die Grenzen der Gemeinschaft. Eine Kritik des sozialen Radikalismus. In: Ders. (1981): Gesammelte Schriften Bd. V. Hg. von Günther Dux, Odo Marquard, Elisabeth Ströker. Frankfurt a.M.: Suhrkamp: 7–133

Plessner, Helmuth (1981 [1928]): Die Stufen des Organischen und der Mensch. In: Ders. (1981): Gesammelte Schriften Bd. IV. Hg. von Günther Dux, Odo Marquard, Elisabeth Ströker. Frankfurt a.M.: Suhrkamp: 419–425

Plessner, Helmuth (1981 [1931]): Macht und menschliche Natur. Ein Versuch zur Anthropologie der geschichtlichen Weltansicht. In: Ders. (1981): Gesammelte Schriften Bd. V. Hg. von Günther Dux, Odo Marquard, Elisabeth Ströker. Frankfurt a.M.: Suhrkamp: 135–234

Plessner, Helmuth (1983 [1953]): Mit anderen Augen. In: Ders. (1983): Gesammelte Schriften Bd. VIII. Hg. von Günther Dux, Odo Marquard, Elisabeth Ströker. Frankfurt a.M.: Suhrkamp: 88–104

Plessner, Helmuth (1983 [1973]): Der Aussagewert der Philosophischen Anthropologie. In: Ders. (1983): Gesammelte Schriften Bd. VIII. Hg. von Günther Dux, Odo Marquard, Elisabeth Ströker. Frankfurt a.M.: Suhrkamp: 380–399

Portmann, Adolf (1951): Biologische Fragmente zu einer Lehre vom Menschen. 2, erw. Aufl. Basel: Schwabe

Rehberg, Karl-Siegbert (1981): Philosophische Anthropologie und die „Soziologisierung" des Wissens vom Menschen. Einige Zusammenhänge zwischen einer philosophischen Denktradition und der Soziologie in Deutschland. In: M. Rainer Lepsius (Hg.) (1981): Soziologie in Deutschland und Österreich 1918–1945. Sonderheft 23 der Kölner Zeitschrift für Soziologie und Sozialpsychologie. Opladen: Westdeutscher Verlag: 160–198

Rehberg, Karl-Siegbert (1985): Die Theorie der Intersubjektivität als eine Lehre vom Menschen. George Herbert Mead und die deutsche Tradition der „Philosophischen Anthropologie". In: Hans Joas (Hg.) (1985): Das Problem der Intersubjektivität, Beiträge zum Werk G. H. Meads. Frankfurt a.M: Suhrkamp: 60–92

Rehberg, Karl-Siegbert (1986): Kultur versus Gesellschaft? Anmerkungen zu einer Streitfrage in der deutschen Soziologie. In: Friedhelm Neidhardt; M. Rainer Lepsius; Johannes Weiß (Hg.) (1986): Kultur und Gesellschaft. René König zum 80. Geburtstag. Sonderheft 27 der Kölner Zeitschrift für Soziologie und Sozialpsychologie. Opladen: Westdeutscher Verlag: 92–115

Rehberg, Karl-Siegbert (1990): Eine Grundlagentheorie der Institutionen: Arnold Gehlen. Mit systematischen Schlußfolgerungen für eine kritische Institutionentheorie. In: Gerhard Göhler; Kurt Lenk; Rainer Schmalz-Bruns (Hg.) (1990): Die Rationalität politischer Institutionen. Interdisziplinäre Perspektiven. Wiesbaden: Nomos: 115–144

Rehberg, Karl-Siegbert (1994): Kulturwissenschaft und Handlungsbegrifflichkeit. Anthropologische Überlegungen zum Zusammenhang von Handlung und Ordnung in der Soziologie Max Webers. In: Gerhard Wagner; Heinz Zipprian (Hg.) (1994): Max Webers Wissenschaftslehre. Interpretation und Kritik. Frankfurt a.M.: Suhrkamp: 602–661

Rehberg, Karl-Siegbert (2007a): Kultur. In: Hans Joas (Hg.) (2006): Lehrbuch der Soziologie. Frankfurt a.M./New York: Campus: 73–103

Rehberg, Karl-Siegbert (2007b): Begegnung in Bildern. Anthropologische und soziologische Analysen der bildenden Künste bei Helmuth Plessner und Arnold Gehlen. In: Josef Früchtl; Maria Moog-Grünewald (Hg.) (2006): Ästhetik in metaphysikkritischen Zeiten. 100 Jahre „Zeitschrift für Ästhetik und Allgemeine Kunstwissenschaft". Sonderheft 8 der ZÄK. Hamburg: Meiner: 269–284

Rehberg, Karl-Siegbert (2008): Der unverzichtbare Kulturbegriff. In: Dirk Baecker; Matthias Kettner; Dirk Rustemeyer (Hg.) (2008): Über Kultur. Theorie und Praxis der Kulturreflexion. Bielefeld: transcript: 29–43

Rehberg, Karl-Siegbert (2009): Anthropologie unter dem Primat des Politischen. In: Soziologische Revue 32: 150–158

Rehberg, Karl-Siegbert (2010): Macht als Medium bürgerlicher Selbstsicherung bei Helmuth Plessner und Arnold Gehlen. In: Joachim Fischer; Ada Neschke; Hans R. Sepp; Gérard Raulet (Hg.) (2010): Philosophische Anthropologie. Ursprünge und Aufgaben. Bd. 2. Herzberg: Bautz [im Druck]

Rubel, Maxilien (1968): Marx-Chronik. Daten zu Leben und Werk. München: Hanser

Scheler, Max (1972 [1914]): Die Idee des Menschen. In. Ders. (1972): Gesammelte Werke. Bd. 3: Vom Umsturz der Werte. Hg. von Maria Scheler. Bern/München: Francke: 171–195

Scheler, Max (1960 [1924]): Probleme einer Soziologie des Wissens. In: Ders. (1960): Gesammelte Werke. Bd. 8: Die Wissensformen und die Gesellschaft. Hg. von Maria Scheler. Bern/München: Francke: 15–190

Scheler, Max (1976 [1927]): Der Mensch im Weltalter des Ausgleichs. In: Ders. (1976): Gesammelte Werke. Bd. 9: Späte Schriften. Hg. von Manfred S. Frings. Bern/München: Francke: 144–170

Scheler, Max (1976 [1928]): Die Stellung des Menschen im Kosmos. In: Ders. (1976): Gesammelte Werke. Bd. 9: Späte Schriften. Hg. von Manfred S. Frings. Bern/München: Francke: 7–71

Schulz, Walter (1976): Philosophie in der veränderten Welt. 3. Aufl. Pfullingen: Neske

Seifert, Friedrich (1934/1935): Zum Verständnis der anthropologischen Wende in der Philosophie. In: Blätter für deutsche Philosophie. VIII: 393–410

Spengler, Oswald (1923): Der Untergang des Abendlandes: Umrisse einer Morphologie der Weltgeschichte. München: Beck

Sombart, Werner (1938): Vom Menschen. Versuch einer geisteswissenschaftlichen Anthropologie. Berlin: Duncker & Humblot

Tenbruck, Friedrich H. (1975): Das Werk Max Webers. In: Kölner Zeitschrift für Soziologie und Sozialpsychologie 27: 663–702

Tomasello, Michael (2002): Die kulturelle Entwicklung des menschlichen Denkens. Zur Evolution der Kognition. Frankfurt a.M.: Suhrkamp

Walter, Chip (2008): Hand & Fuß. Wie die Evolution uns zu Menschen machte. Frankfurt a.M./New York: Campus

Weber, Alfred (1951): Gesellschaftsprozess, Zivilisationsprozess und Kulturbewegung. In: Ders. (1951): Prinzipien der Geschichts- und Kultursoziologie. München: Piper: 44–92

Wiese, Leopold von (1966 [1924]): System der Allgemeinen Soziologie als Lehre von den sozialen Prozessen und den sozialen Gebilden der Menschen (Beziehungslehre). 4. Aufl. Berlin: Duncker & Humblot

Wiese, Leopold von (1949): Homo sum. Gedanken zu einer zusammenfassenden Anthropologie. Jena: Fischer

„Der Begriff der Kultur ist ein Wertbegriff" – Über einen problematischen Grundsatz Max Webers

Johannes Weiß

1.

Ein unterscheidendes und, wie ich wenigstens glaube, auszeichnendes Merkmal der Weberschen Religionssoziologie – wie mutatis mutandis seiner nur fragmentarisch auf uns gekommenen „Soziologie der Kulturinhalte" überhaupt – liegt darin, dass Weber den Eigen-Sinn des Religiösen (der religiösen Erfahrung, Handlungsorientierung, Vergemeinschaftung etc.) nicht in einen soziologischen Sinn übersetzen und auf diese Weise in seiner eigentlichen Bedeutung und Wahrheit aufdecken will, sondern, jedenfalls im Prinzip, in seiner eigenen Sinnhaftigkeit und Legitimität anerkennt und gleichsam „stehen lässt". Das wird, wie bekannt, von vielen anderen bedeutenden und einflussreichen Religionstheoretikern durchaus anders gesehen und gehandhabt – nicht zwar von Simmel und auch nicht von Luhmann, wohl aber von Marx, Nietzsche, Freud und Durkheim, Habermas (jedenfalls noch im Umkreis der *Theorie des kommunikativen Handelns*) und auch von Bourdieu.

Die Webersche Auffassung hat eine größere Sachnähe und so – erwiesenermaßen – auch eine größere empirische Ergiebigkeit für sich. Dass sie die Erklärungsreichweite der Soziologie begrenzt, mag als Schwäche oder als intellektuell dubiose, jedenfalls außerwissenschaftlichen Motiven entspringende Zurückhaltung erscheinen (so z.B. Bosse 1970), macht aber in Wahrheit ihre besondere Stärke aus – im Hinblick auf das erfahrungswissenschaftliche Erkennen als solches ebenso wie hinsichtlich seiner Vermittlung mit lebensweltlichen Erfahrungs- und Handlungszusammenhängen.

2.

Wenn man in diesen Bahnen denkt und soziologisch arbeitet, treten allerdings früher oder später einige Unklarheiten und Unzulänglichkeiten der Weberschen Sicht- und Argumentationsweise umso deutlicher zutage, und diese sind keineswegs von nebensächlicher Art. Das zeigt sich etwa dann, wenn man die Frage stellt, ob resp. wie jemand, der eingestandenermaßen „religiös unmusikalisch“ sei, wissen könne, was ihm da abgehe. Kann jemand, der in mathematischer oder ästhetischer Hinsicht als „unmusikalisch“ sich zu verstehen allen Grund hat, mit einschlägigen soziologischen Analysen etwas Brauchbares herausbringen? An Beispielen, dass er oder sie eben dies nicht kann, mangelt es nicht. Und sehr ungern lässt man sich von einem Musik-Soziologen belehren, der ausdrücklich resp. nachweisbar keinen Zugang zur Eigenart und zur großen Vielfalt musikalischer Gebilde und zu den spezifischen Voraussetzungen ihrer Erzeugung und (angemessenen) Wahrnehmung besitzt. Und wie sollte man, noch elementarer betrachtet, in der Soziologie etwas auch nur wissenschaftlich Beachtliches leisten können, wenn man keinerlei oder nur geringe lebensweltliche Erfahrung, Praxis und Phantasie in sozialen Angelegenheiten besitzt? Würden wir nicht in allen diesen Fällen annehmen, die Betreffenden vermöchten von der gemeinten Sache nur zu reden „wie die Kuh vom Sonntag“?

Was die Webersche Religionssoziologie angeht, so müssen in diesem Zusammenhang die Bemerkungen irritieren, in denen er sich auf die Aufnahme der Untersuchungen zur *Protestantischen Ethik* bezieht – also der Untersuchungen, an denen sich die auszeichnende Eigentümlichkeit der Weberschen Religionssoziologie am besten ablesen lässt. Weber äußert sich hier angenehm überrascht angesichts dessen, dass sogar – und vor allem – Theologen die Arbeit freundlich aufgenommen hätten, obwohl diese es doch „mit – religiös *gewertet* – oft recht äußerlichen und groben Seiten des Lebens, der Religionen zu tun“ hätten – die allerdings oft „äußerlich auch am stärksten wirkten“ (RS I: 18). Diese bekannte Bemerkung Webers führt zu Fragen, die, so naheliegend und grundlegend sie sind, in der ansonsten ausufernden Weber-Forschung nicht zureichend beantwortet, ja nicht einmal angemessen gestellt worden sind. Worin bestehen diese Fragen?

Weber unterscheidet, nicht nur an dieser Stelle, ausdrücklich zwischen den äußeren und den inneren Dimensionen und Determinanten des Religiösen. Genau damit spricht er dem religiösen Verhältnis einen Eigen-Sinn und ein Eigen-Recht zu, die durch keine erfahrungswissenschaftliche Analyse prinzipiell aufgehoben werden können (so auch im Wertfreiheits-Aufsatz: WL: 504). Und stärker als in seinen späteren religionssoziologischen Studien hebt er in der *Protestantischen Ethik* ausdrücklich darauf ab, den eigenen, autonomen Sinn und die eigenständige und weitreichende Motivationskraft religiöser Welt- und Handlungsorientierungen zumindest an einem – keineswegs marginalen – Beispiel aufzuweisen. Aber gerade im Blick auf diese Untersuchungen betont Weber zugleich seine unvermeidliche Beschränkung auf die äußeren Aspekte des

Geschehens, also seine systematische Ausgrenzung des „dem seiner Religion anhänglichen Theologen [...] *Wertvollen*“ (a.a.O.).

Das unterscheidende Merkmal eines *religiösen* Verhältnisses zum religiösen Gegenstand sieht Weber hier offenbar *nicht* in einer besonderen Form der *Erfahrung* (die üblicherweise als „Glaube“ bezeichnet wird), sondern in einer spezifischen *Wertung*. Noch eindeutiger tut er dies an der angeführten Stelle (WL: 504) in der Abhandlung zur Wertfreiheitsproblematik: „Eine ‚ethische' Überzeugung, welche durch psychologisches ‚Verstehen' sich aus dem Sattel heben lässt, ist nur ebensoviel *wert* (Hervorhebung von Weber; J.W.) gewesen wie religiöse Meinungen, welche durch wissenschaftliche Erkenntnis zerstört werden, wie dies ja ebenfalls vorkommt“. Diese Formulierung – wie auch die soeben zitierte aus der *Protestantischen Ethik* – könnte besagen, dass die (eigene) religiöse Erfahrung als solche dem homo religiosus wertvoller sei, dass sie ihm also prinzipiell mehr bedeute als ihre erfahrungswissenschaftliche (Um-) Deutung und Erklärung. Damit aber wäre kaum mehr als eine Selbstverständlichkeit ausgesprochen. Der keineswegs triviale und entscheidende Punkt liegt aber darin, dass Weber im gegebenen Zusammenhang „religiöse Meinungen“ mit ethischen Überzeugungen insofern gleichsetzt, als sie – wie diese – in Wertsetzungen gründen und *eben deshalb* allem empirischen Wissen gegenüber als „logisch heterogen“ zu gelten haben.

Aber gründet nach Weber nicht *jeder* Gegenstandsbezug und jede Gegenstandsformierung in Wertsetzungen, also auch der erfahrungswissenschaftliche im Allgemeinen, der sozialwissenschaftliche im Besonderen? Und ist für ihn der Begriff der Kultur nicht überhaupt und in jeder Hinsicht „ein Wertbegriff“ (WL: 109)?[1]

3.

Diesen Fragen widmet sich Weber im Objektivitätsaufsatz. Das ist kein Zufall: Schon 1975 hatte Friedrich H. Tenbruck bemerkt, „daß der Objektivitätsaufsatz

---

1 Der Terminus „Wertbegriff“ wird von Weber nirgends präzis bestimmt. Ganz offenbar unter liegt er aber im Laufe der Zeit einer Bedeutungsverschiebung, die gerade im Zusammenhang der vorliegenden Überlegungen sehr beachtenswert ist. Während im Objektivitätsaufsatz primär, obzwar nicht völlig eindeutig, das Verfahren der Wertbeziehung im Blick steht, spricht Weber später dann von Wertbegriffen, wenn mit kulturwissenschaftlichen Begriffen bestimmte Bewertungen einhergehen. In diesem Sinne nennt er „die Idee der Nation“ einen empirisch gänzlich vieldeutigen Wertbegriff“ (WG: 530), und um die logisch unzulässige Einführung eines „Wertbegriffs“ handelt es sich für ihn auch da, wo die – empirisch konstatierbare – zunehmende Differenzierung von „seelischem Verhalten“ als Fortschritt, nämlich als eine Zunahme an „innerem Reichtum“, bewertet wird (WL: 518).

zwar allgemeine methodologische Fragen behandelt, aber wesentlich als methodische Rechtfertigung der PE geschrieben worden ist" (1975: 697, Anm. 22). Dass dieser Tatbestand „immer noch zu wenig beachtet" wird, wie Tenbruck meinte, gilt weiterhin – obwohl nicht nur die zeitliche Affinität, sondern auch die Vielzahl der – exemplifizierenden – Verweise auf die Thematik der *Protestantischen Ethik* (vgl. WL: 161, 184, 197f., 199, 201) es sehr nahelegt, beide Abhandlungen im Zusammenhang zu lesen[2], auch wenn der spezielle Anlass und die sehr allgemeine Zielsetzung des Objektivitätsaufsatzes es verbieten, ihn auf eine Begleit- und Rechtfertigungsfunktion zur *Protestantischen Ethik* zu reduzieren.

Die für die vorliegenden Überlegungen wichtigen Resultate seiner Erwägungen fasst Weber am Ende des Aufsatzes in sehr prägnanter und fast apodiktischer Form zusammen. Einige Seiten zuvor hatte er, im Zuge seiner Erörterung der Unvermeidlichkeit und des logischen Status idealtypischer Konzepte, dargelegt, dass – z.B. – ein idealtypischer, also die „wesentlich" erscheinenden Aspekte rein heraushebender und verknüpfender Begriff des Christentums (im Allgemeinen oder etwa in seiner mittelalterlichen Gestalt im Besonderen) dazu dienen könne und nicht selten auch dazu diene, das zum Ausdruck zu bringen, „was das Christentum nach der Ansicht des Darstellers sein *soll*, was an ihm das für *ihn* ‚Wesentliche', *weil dauernd Wertvolle* ist" (WL: 199; vgl. 197). Wenn das geschehe, seien die Idealtypen „nicht mehr rein *logische* Hilfsmittel [...], an welchen die Wirklichkeit vergleichend *gemessen*, sondern Ideale, aus denen sie wertend *beurteilt* wird". Wenn in dieser Weise Wert*urteile* (hier in Gestalt einer „wertenden *Deutung* des Christentums") an die Stelle des „rein theoretischen Vorgang(s) der *Beziehung* des Empirischen auf Werte" trete, sei „der Boden der Erfahrungswissenschaft [...] verlassen, und es liege ein „persönliches Bekenntnis vor, *nicht* eine ideal-typische *Begriffs*bildung" (a.a.O.).

„Haarfein", so sagt Weber in seinen abschließenden Bemerkungen, sei „die Linie, welche Wissenschaft vom Glauben scheidet" (WL: 212). Dass sie so leicht übersehen und überschritten wird, erklärt sich für ihn aus dem widersinnig oder unverständlich erscheinenden Tatbestand, dass gerade die „*objektive* Gültigkeit alles Erfahrungswissens" an „spezifisch subjektiv(e)" Voraussetzungen gebunden ist, an Wertgesichtspunkte nämlich, die allein die „Auswahl und Formung" bestimmter Erkenntnisgegenstände ermöglichen. Aber die dabei immerhin anerkannte „haarfeine Linie" zwischen theoretischer Wertbeziehung und aktuellem Werturteil muss in anderer Hinsicht sogar überschritten werden: Er-

2 Ich kann mich selbst hier nicht völlig ausnehmen, wiewohl ich in meinem ersten Weber-Buch (Weiß 1975, 2. Aufl. 1992) versucht habe zu zeigen, dass Webers Religionssoziologie insgesamt der Methodologie eines „wirklichkeitswissenschaftlichen" Erkenntnisprogramms entspricht.

fahrungswissenschaft ist nur für den sinnvoll, für den die durch sie erzeugte Form von Wahrheit selbst einen besonderen Wert besitzt: „Wem diese Wahrheit nicht wertvoll ist [...] dem haben wir mit den Mitteln unserer Wissenschaft nichts zu bieten" (a.a.O.). Die Behauptung einer eindeutigen, obzwar haarfeinen Linie zwischen Wissenschaft und Glauben gründet demnach selbst in einem Glauben – „dem Glauben an den Wert wissenschaftlicher Wahrheit" (der, wie Weber feststellt, nichts Selbstverständliches oder „Naturgegebenes" ist, sondern „Produkt bestimmter Kulturen", ein „Kulturideal"). Und jenseits dieses Glaubens an den Wert erfahrungswissenschaftlicher Wahrheit eröffnet sich für Weber noch eine weitere Dimension von Glauben, dessen „Geltung" ebenfalls empirisch nicht nachweisbar und auch keine konstitutive Bedeutung für das empirische Erkennen besitzt – der „uns allen in irgendeiner Form innewohnende *Glaube* an die überempirische Geltung letzter und höchster Wertideen, an denen wir den Sinn unseres Daseins verankern" (a.a.O.).

4.

Das Problem der Objektivität kulturwissenschaftlicher Erkenntnis lautet: Wie gelangt dieses Erkennen zu wohldefinierten Gegenständen, die (a) als derart ab- und eingegrenzte *überhaupt* erforschbar und (b) als nach spezifischen Wertgesichtspunkten ausgewählte und geformte, als besonders *untersuchungswürdig* gelten? Es geht also darum, den „empirischen sozialen Kulturwissenschaften" (WL: 213) einen methodischen und begrifflich-theoretischen Zugang zur Kulturwirklichkeit zu eröffnen, der den Anforderungen strenger Wissenschaftlichkeit entspricht und zugleich den Orientierungs- und Handlungsbedürfnissen des „Kulturmenschen".[3]

Aber ist mit alledem auch, zumindest grundsätzlich, *die* Frage beantwortet, die Weber als *Leitfrage* an den Beginn seiner Abhandlung stellt? Sie lautet: „In welchem Sinne *gibt* es „objektiv gültige Wahrheiten" auf dem Boden der Wissenschaften vom Kulturleben *überhaupt* (WL: 147)? *Diese* Frage wird in Webers Abhandlung weder behandelt noch beantwortet. Nur im genuin Kantischen, also streng transzendentalphilosophischen Sinne wäre der hier verwendete Begriff der Objektivität mit dem bisher thematisierten identisch, vielleicht auch im Rahmen einer neukantianischen, etwa Rickertschen, Erkenntnistheorie, *wenn* ein System letzter, also „absoluter" und universell gültiger Werte angenommen werden könnte.

3 Dieses doppelte Erfordernis bezeichnet der Begriff der „Wirklichkeitswissenschaft", den Weber von Anfang an anders als Rickert auffasst.

In diesem fundamentalen, ja alles entscheidenden Punkt ist Weber aber Rickert nie gefolgt. Er hat also nie erwogen, die Kantische Frage nach den Bedingungen der Möglichkeit wahrer, also gegenstandsgemäßer und „allgemeingültiger und notwendiger“ (Kant) Erkenntnis (und zwar auch in den historischen resp. Kulturwissenschaften) wie Rickert zu beantworten – also dadurch, dass er Kants transzendental-ontologische, auf reine Verstandesbegriffe (Kategorien) und reine Formen der Anschauung rekurrierende Lösung durch eine „deontologische“, also mit universell gültigen obersten Werten und auf diese gerichteten Wertbeziehungen operierende zu ersetzen versucht hätte.

Bei Weber liegt die Leistung der „subjektiven“ Wertbezüge vielmehr ausschließlich in der „Auswahl und Formung“ von Erkenntnisgegenständen. Insofern mögen sie die grundsätzliche, kategoriale Gegenstands*gemäßheit* des Erkennens sichern, sie sorgen aber in keiner Weise – als solche und von vornherein – dafür, dass das auf diese Gegenstände gerichtete Erkennen zu „objektiv gültigen Wahrheiten“ führt.[4]

5.

Um an dieser Stelle weiterzukommen, empfiehlt es sich, zunächst einen Schritt zurückzutreten. Webers Erörterungen zu dem bisher behandelten Problemkomplex sind unabgeschlossen, und sie besitzen, ungeachtet der bewundernswerten Anstrengungen Webers, auch in den ausgeführten Teilen durchaus nicht immer die wünschbare Klarheit. Das ist auch unter eingefleischten „Weberianern“ unbestritten und erklärt sich zunächst daraus, dass Weber nicht mehr dazu gekommen ist, die seit dem Objektivitätsaufsatz entwickelten Überlegungen noch einmal von Grund auf zu durchdenken, aber natürlich auch aus dem Umstand, dass er die Analysen zur Logik und Methodologie kultur- und sozialwissenschaftlicher Erkenntnis bis zuletzt als Mittel zum Zweck materialer Untersuchungen verstand. Dem entspricht es, dass die meisten von ihnen aus konkreten Anlässen, nicht zuletzt zum Zwecke einer – dann allerdings ausufernden und sich verselbständigenden – kritischen Auseinandersetzung mit den Auffassungen anderer Autoren entstanden sind. So hat er, anders als im Falle seiner Vorstellung von ‚Soziologie‘ m.W. auch nie angedeutet, diese Analysen irgend-

4 Auf diese Problematik, und zwar schon hinsichtlich der Gegenstandsadäquatheit, hat G. Dux schon vor Jahrzehnten hingewiesen (Dux 1974: 200). Er konstatiert dort, dass eine „Wertbeziehung“ im Sinne Rickerts bei der Konstitution des Gegenstands keineswegs dafür sorge, dass wir uns z.B. „wirklich mit der Kultur der Inkas befassen und nicht nur mit unseren ganz absonderlichen Vorstellungen von ihr“. Guy Oakes (1990: 164) glaubt – zu Unrecht, meine ich – dieses Problem mit dem Hinweis auf den Begriff des „historischen Zentrums“ bei Rickert lösen zu können.

wann einmal in ihrem Zusammenhang darstellen und in eine systematische Ordnung bringen zu wollen.[5]

Dieses Fehlen einer systematischen Durchführung und Klärung ist gewiss bedauerlich, aber doch nicht grundsätzlich bedenklich. Anders steht es mit dem Tatbestand, dass auch die von Weber ausgeführten und mit großer Entschiedenheit vertretenen Überlegungen nicht immer so differenziert und – insbesondere über die Jahre hinweg – so kohärent dargeboten werden, wie es der jeweils gegebenen Zweck erfordert hätte – derart, dass in mancher Hinsicht sogar von einer „Konfusion" zu reden nicht unangemessen erscheint.

Das betrifft durchaus Webers Umgang mit der Unterscheidung von Tatsachen- und Werturteilen, empirischen Feststellungnahmen und „praktisch wertenden Stellungnahmen". Zwar ist seine – höchst folgenreiche – Behauptung, es handle sich hier um „logisch heterogene" Aussagen, die nicht logisch zwingend auseinander abgeleitet oder begründet werden könnten, völlig überzeugend. Vollkommen klar und von bleibender Überzeugungskraft sind ebenso Webers Ausführungen über die fundamentale Bedeutung von Werten für die kulturwissenschaftliche Forschung – als deren wesentlicher Gegenstand einerseits, in der Form theoretischer Wertbeziehungen, aber auch praktischer Wertbindungen hinsichtlich der „Auswahl und Formung" abgegrenzter Untersuchungsgegenstände andererseits.

Ganz anders steht es aber mit Webers offenkundiger Neigung, die Unterscheidung von empirischen, vor allem erfahrungswissenschaftlichen Urteilen und „praktischen", also das Handeln leitenden Wertungen als vollständige Disjunktion aufzufassen. Eben dies tut er in der schon zitierten Passage (WL: 504), in der er sich selbst richtig verstehende „religiöse Meinungen" dem Zugriff wissenschaftlicher Erkenntnis grundsätzlich entzogen sieht, *weil* sie, wie ethische Überzeugungen, in Wertsetzungen gründen. Dasselbe geschieht da, wo er den methodologisch unzulässigen Umschlag von (theoretischer Wertbeziehung entspringenden) Idealtypen in „Ideale" auf dem Gebiet der Religionssoziologie damit erklärt, dass sich hier eine religiöse, und das heiße: *wertend* beurteilende Einstellung durchsetze. Damit ist, wie Weber an derselben Stelle klarmacht, nicht nur, und nicht in erster Linie, gemeint, dass für bestimmte Menschen, so auch für bestimmte Forscher, religiöse „Meinungen" oder Glaubensüberzeugungen besonders „wertvoll" (also hoch bewertet, wichtig) seien und sein müssten. „Wertvoll" in diesem Sinne sind, wie Weber bemerkt, auch ganz und gar empirische Einsichten für den, der, indem er Erfahrungswissenschaft treibt, vom

4 Zu bezweifeln ist auch, dass er sich irgendwann daran gemacht hätte, seine eigene „Werttheorie" als konstitutives Element eines derartigen methodologischen Systems auszuarbeiten (vgl. dazu Bruun 2007: 34) – ganz abgesehen davon, dass sie im Umkreis der verstehenden Soziologie ihre konstitutive Bedeutung verloren hätte.

„Glauben an den Wert wissenschaftlicher Wahrheit“ bestimmt ist und sein muss. Der „haarfeine“, aber ganz prinzipielle Unterschied liegt, wie Weber nicht nur hier unterstellt, aber darin, dass die „wissenschaftliche Wahrheit“ als solche keine Funktion einer Wertung, ihre Wahrheits-Geltung gerade nicht das logische Korrelat einer wertenden Beurteilung von Wirklichkeit ist, wie Weber es, nicht nur hier, hinsichtlich religiöser Wahrheits-Ansprüche unterstellt.

6.

Allerdings ist Webers Argumentation und Ausdrucksweise in diesem sehr entscheidenden Punkt nicht einheitlich und klar. Das religiöse Weltverhältnis wird von ihm keineswegs immer und überall mit Hilfe der Disjunktion „entweder empirisch/erfahrungswissenschaftlich oder bewertend“ bestimmt und so der Sphäre letztlich „subjektiver“ oder persönlicher, nicht begründungsfähiger und insofern „irrationaler“ Werthaltungen zugeordnet[6]. Mit dieser einfachen Alternative gibt Weber sich so wenig zufrieden, dass er dem „Erfahrungswissen“ gelegentlich (und ohne weiter Ausführung) nicht nur „persönliche Weltanschauungen“, sondern auch die *Möglichkeit* einer „spekulativen Betrachtung und Deutung des Lebens und der Welt auf ihren Sinn hin“ (WL: 152) entgegensetzt.[7] Diese Erwägung findet sich im Objektivitätsaufsatz, ist aber auch da im Spiel, wo er sich des näheren auf die Eigenart des religiösen Weltverhältnisses einlässt. Zwar kommt es auch in diesen Zusammenhängen nicht zu einer expliziten und trennscharfen Bestimmung dieses Verhältnisses, und es soll nicht versucht werden, aus dem Begriffsgebrauch und der schwankenden Wortwahl Webers (Meinungen, Glaube, Überzeugungen, spekulative Betrachtung und Deutung) eine solche Definition herauszuziehen. Stattdessen sei eine Passage angeführt, die sich an einem recht abgelegen Ort findet und doch von grundlegender Bedeutung ist. In der fragmentarischen Untersuchung zum antiken Judentum stellt sich Weber die Frage, warum „ganz neue religiöse Konzeptionen [...] kaum in

6 Das gilt im übrigen auch, was den Status „ethischer Überzeugungen“ (im Unterschied zu den (davon entschieden abgesetzten) bloßen „Kulturidealen“ angeht. Hier ist an Webers scharfe Ablehnung einer Gleichsetzung von moralischen Imperativen mit ästhetischen Geschmacksurteilen und natürlich an seine Rückbindung an die Ethik Kants zu erinnern.

7 In der überarbeiteten Fassung der Protestantischen Ethik ersetzt Weber, wo er von einem „seines metaphysischen Sinnes entkleidete(n) Erwerbsstreben“ gesprochen hatte, „metaphysisch“ durch „religiös-ethisch“ (PE: 154, 202). Das mag nur eine begriffliche Präzisierung sein, könnte aber auch mit einer Umdeutung des religiösen Verhältnisses in ein primär oder ausschließlich wertendes zu tun haben – aus der Sicht der sozialen Akteure, vor allem aber aus der Perspektive und nach den Kriterien erfahrungswissenschaftlicher Erkenntnis.

den jeweiligen Mittelpunkten rationaler Kulturen entstanden“ seien. Seine Antwort auf diese Frage lautet:

> „Um neue Konzeptionen religiöser Art zu ermöglichen, darf der Mensch noch nicht verlernt haben, mit eigenen *Fragen* den Geschehnissen der Welt gegenüberzutreten [...] der einmal inmitten kulturgesättigter Gebiete lebende, in ihre Technik verflochtene Mensch stellt solche Fragen ebensowenig an die Umwelt, wie etwa das Kind, welches täglich auf der elektrischen Bahn zu fahren gewohnt ist, von selbst auf die Frage verfallen würde: wie diese eigentlich anfängt, in Bewegung gesetzt zu werden. Die Fähigkeit des *Erstaunens* über den Gang der Welt ist Voraussetzung der Möglichkeit des Fragens nach ihrem Sinn“ (RS III: 220 f.).

Religion, insbesondere in ihren originären und weltbewegenden Ausprägungen, ist demnach nicht eine Sache des gefühlsmäßigen Erlebens und auch nicht des Bewertens, der „wertenden Stellungnahme zur Welt“. Sie entspringt vielmehr da, wo der Sinn des Weltgeschehens – grundsätzlich und im Ganzen – fragwürdig wird, wo also Antworten auf Fragen dieser Art gesucht und auf die eine oder andere Weise gefunden werden. Religionen, *so verstanden*, erfüllen demnach in erster Linie eine *kognitive* und nicht eine *emotionale* oder *evaluative* Aufgabe, sie suchen und beschreiben, ihrem Selbstverständnis nach, Wirklichkeiten und Wahrheiten, die sich natürlich in vielfältiger Weise mit Wertsetzungen und Gefühlszuständen verbinden, nicht aber in ihnen gründen.

Dies ist der harte Kern der religiösen Erfahrungs- und Deutungsform, wie Weber ihn in seinen materialen Untersuchungen versteht und beschreibt. Darauf, und nicht auf eine spezifische Weise des Bewertens von Wirklichkeit, hat sich so auch die religionssoziologische Erkenntnis vornehmlich zu richten. Dass ein solches Verstehen religiöser Sinnwelten und Sinnorientierungen (nicht: religiöser „Werte“ und Bewertungsweisen) sehr schwierig und voraussetzungsvoll sein kann, hatte er schon in der *Protestantischen Ethik* bemerkt: Kaum nachvollziehbar sei uns modernen Menschen dieses ruhelose Streben nach Erlösungsgewissheit geworden, und eine Annäherung an eine solche Bewusstseins- und Lebensform erfordere es, die Vorstellungswelt verstehend zu erschließen, in der sie gründe.

Im Blick auf die altisraelischen Propheten spricht Weber wiederholt und sehr betont von den „rein religiösen“ Motiven (RS III: 281, 291, 296, 334). Was ist dieses „rein Religiöse“? Weber lässt sich darüber nicht aus, unterstellt aber offensichtlich, dass es in der erfahrungswissenschaftlichen Forschung in seinem genuinen Sinn adäquat erfasst werden kann und, im gegebenen Falle, auch erfasst werden muss. Und soviel ist klar: Was die Beweggründe des prophetischen Sprechens als „rein religiös“ qualifiziert, sind nicht spezifische Gefühlszustände oder Bewertungsweisen, sondern, jedenfalls zunächst und vor allem, die Überzeugung von der machtvollen Wirksamkeit Jahwes in der Geschichte des jüdischen Volkes.

7.

So unvollständig diese Hinweise sind, erlauben sie es doch festzustellen, dass es Weber in diesen Zusammenhängen sehr darum zu tun war, die eigentümlichen Sinngehalte eines religiösen Weltverhältnisses herauszuheben und sich keineswegs damit zu begnügen, es als eine Form von „wertender Stellungnahme“ vom Erfahrungswissen im neuzeitlichen Sinne abzusetzen. Die kognitive resp. explanatorische Dimension der Religionen, und zwar nicht nur der großen „Erlösungsreligionen“ spielt deshalb in seinen Untersuchungen eine sehr wichtige Rolle.[8]

Wie skeptisch Weber – *eben deshalb* – die Zukunft der überkommenen religiösen Weltdeutungen unter den Bedingungen der „Entzauberung“ beurteilte, ist bekannt. Daraus zog er aber, im Unterschied zu vielen zeitgenössischen (Neu-)Kantianern und auch zu Troeltsch, nicht die Konsequenz, dass insbesondere ein Kernbestand der christlichen Überlieferung durch eine entschiedene Ethisierung, also durch „Umgründung“ auf ihre moralische Leistungsfähigkeit und Unverzichtbarkeit, zu bewahren sei. Der Gedanke, dass die lebensbestimmende Kraft religiöser Erfahrungs- und Sinnwelten durch ihre Übersetzung in „Werte“ zu retten, wenn nicht gar zu steigern sei, war ihm offensichtlich sehr fremd.

8.

Sätze, in denen sich eine religiöse Erfahrung oder ein religiöses Verhältnis ausspricht, sind grundsätzlich in denselben Verständigungs- und Erklärungszusammenhang einbezogen, in den auch die Sätze der Erfahrungswissenschaften gehören – den Kommunikationszusammenhang nämlich, in dem Menschen versuchen, sich untereinander über die Natur der sie umgebenden Wirklichkeit und ihren Ort darin Rechenschaft zu geben. Innerhalb dieses Verständigungszusammenhangs können sie sich auch darüber verständigen und einander Rechenschaft geben, warum religiöse Aussagen *nicht* in einen erfahrungswissenschaft-

8 Anders wäre z.B. auch nicht zu verstehen, warum er gerade im Theodizee-Problem ein Kernstück vieler Religionen sah – dasselbe Problem also, um das die philosophische Theologie von Leibniz kreiste.

lichen Argumentationskontext gehören und vice versa. Das aber setzt voraus, dass man die religiöse Deutung und Rede in ihrem *gedanklichen* Anspruch, also nicht bloß gefühlsmäßig resp. als in ihren Gründen ganz dunkle und „subjektive“ *Bewertung*, nachvollziehen kann, und zwar einschließlich der spezifischen Kriterien einer Bewährung, d.h. Bewahrheitung religiöser Aussagen.

Ist aber ein solcher übergreifender Erfahrungs- und Verständigungszusammenhang noch vorstellbar und realisierbar in funktional ausdifferenzierten, also auch säkularisierten Gesellschaften?

Verfügen vor allem die Religionen, die Weltreligionen zumal, selbst noch über eine Sprache, in der sie das Eigene in der Sphäre der Wissenschaft oder der Politik verständlich zu machen vermögen, die sich also nicht auf das Formulieren und Einfordern gesellschaftlich nützlicher und konsensfähiger Werte beschränkt? Und besäße diese Sprache nicht nur dann eine grenzüberschreitende Kommunikabilität, wenn sich *innerhalb* der anderen Sphären ein Bewusstsein von den Grenzen der je eigenen Wahrnehmungs- und Deutungsmöglichkeiten ausgebildet hätte? Ein solches Bewusstsein der Begrenztheit der eigenen Deutungs- und Erklärungsmacht ist der christlichen Religion in der Moderne abgenötigt worden – gegenüber der Wissenschaft vor allem, aber auch gegenüber der Ökonomie, der Politik und der Kunst. Das hat die anderen Sinnsphären– die Philosophie, die Wissenschaft, die Politik, nicht zuletzt die Kunst – nicht davon abgehalten, sondern vielmehr ermuntert, ihrerseits die damit freigewordene Funktion einer gesamtkulturellen Zuständigkeit und „weltanschaulichen“ Führung zu übernehmen. Was die Gesellschaftstheorie bzw. die Soziologie angeht, so tun sich manche ihrer Repräsentanten bis heute schwer damit, auf solche Ambitionen ein für alle mal zu verzichten – ganz ungeachtet dessen, dass Weber sie für die Wissenschaften insgesamt (und für die Politik oder die Kunst sowieso) scharf zurückgewiesen hatte.

9.

Die zuletzt skizzierten Erwägungen bewegen sich im Denk- und Argumentationshorizont Max Webers, wenn man ihn nicht auf eine neukantianische Erkenntnistheorie und Wissenschaftslehre festlegt. Das aber ist nach dem schon Gesagten auch unzulässig. Ein System absoluter, in ihrer universellen Geltung aufzuweisender und die Objektivität (d.h.: Sachgemäßheit und Wahrheit/Richtigkeit) der verschiedenen Weisen des Weltverhaltens sichernder „Werte“ hat Weber nie anerkannt. Darüber hinaus hatte er sogar von Anfang an große Zweifel, ob die Rickertsche Werte-Begrifflichkeit sachgemäß und unverzichtbar sei (s. dazu vor allem Bruun 2001; 2007: 28).

Schließlich und vor allem aber ist folgendes zu beachten: Schon im Logos-Aufsatz von 1913 über *Einige Kategorien der verstehenden Soziologie* und dann ganz deutlich in den begrifflich-theoretischen und methodologischen Überlegungen am Anfang von *Wirtschaft und Gesellschaft* fungiert „Sinn" und nicht mehr „Wert" als Grundbegriff, und das – auf „Kommunikabilität"[9] angewiesene und ihr dienende – „Verstehen", nicht mehr die Wertung (die „wertende Stellungnahme") oder die Wertbeziehung, ist nun der elementare Vollzug, in dem kulturelle Wirklichkeit geschaffen und – in der sozialen Lebenswelt wie in den Sozialwissenschaften – aufgefasst und gedeutet wird. „Verstehend" nennt Weber deshalb auch die von ihm nun systematisch entwickelte Soziologie. G. Simmel und K. Jaspers sind die Philosophen, auf die er nunmehr in methodologischer Hinsicht vor allem verweist. Die wichtigen Beiträge von E. Husserl und W. Dilthey zu dieser Problematik und die in „methodischer" Hinsicht besonders anregenden Analysen von F. Gottl waren schon in den frühen Aufsätzen zur Wissenschaftslehre hervorgehoben worden.[10]

Tatsächlich ist die mit der Hinwendung zu einer verstehenden Soziologie vollzogene Umstellung schon in Webers ersten Arbeiten zur Wissenschaftslehre angelegt. Das ist nicht im Einzelnen nachzuzeichnen.[11] Jedenfalls heißt es schon in Kries und das Irrationalitätsproblem, dass das „kausale Bedürfnis" nach „Deutung" strebe, wo eine solche möglich sei, und sich nicht mit dem Rekurs auf „noch so strenge Regeln des Geschehens" zufrieden gebe: „Wir verlangen die Interpretation auf den ‚Sinn' des Handelns hin" (WL: 69). Diese Interpretation wird regelmäßig als „Verstehen" bezeichnet, und dieses wird als „kausales Verstehen" der (wertenden) „Stellungnahme des erlebenden Subjekts" entgegengesetzt (a.a.O.: 91, vgl. 94). Auch wird klargestellt, dass, etwa im Falle „religiöser, ästhetischer oder ethischer ‚Wertgefühle'" (a.a.O.: 120), das kulturwissenschaftliche Verstehen sich nicht auf den psychischen Vollzug, sondern auf „die Bestimmtheit des Inhalts" (a.a.O.: 123), also den Sinngehalt, solcher „Wertgefühle" richte. Unbefriedigend ist aber, in demselben Kontext, die Fest-

9 Dies ist ein von Weber selbst sehr bewusst und wiederholt verwendeter, obgleich nicht explizierter Begriff, der bei ihm auch dazu dient, die Sinnhaftigkeit des menschlichen Weltumgangs mit einem sehr elementaren Verständnis von („qualitativer") Rationalität zusammenzubringen; vgl. dazu Weiß 1992: 52f., 56f. passim, sowie Weiß 1993: 216–222, passim.

10 Zu diesem von Weber sehr geschätzten, mittlerweile aber weitgehend vergessenen Gelehrten und zum Verhältnis seiner Methodologie zur Weberschen s. Morikawa 2001. Gottls eigenwillige Position steht dem Neukantianismus fern und ist am ehesten als hermeneutisch-phänomenologisch zu kennzeichnen. Das erklärt, warum Martin Heidegger sich im Umkreis seiner „Hermeneutik der Faktizität" veranlasst sah, auf Gottl hinzuweisen.

11 Zu einer wichtigen Zwischenstation s. z.B. die Einleitung von Wolfgang Schluchter zu dem unter Mitarbeit von Sabine Frommer herausgegebenen Band 11 (*Zur Psychophysik der industriellen Arbeit. Schriften und Reden 1908–1912*) der Max Weber Gesamtausgabe (1995: insbes. 37ff., 55f.).

legung des „erlebenden Subjekts“ auf Werte und Wertung sowie die sich durchhaltende (Rickertsche) Prämisse, dass „Sinn und Bedeutung“ (und damit „Kultur“ überhaupt) in letzter Instanz immer eine Funktion von Wertsetzungen oder Werturteilen sei. Diese sachlich nicht einleuchtende „logische“ Vorrangstellung des Wertbegriffs drückt sich auch darin aus, dass Weber (WL: 248) von „Wertanalyse“ und „Wertdiskussion“ spricht, obgleich er ein Sinn auslegendes, „hermeneutisches“ Verstehen im Blick hat. Schließlich leiden seine Erörterungen zur theoretischen Wertbeziehung und zur „wertbeziehenden Interpretation“ daran, dass diese Verfahren nicht in Bezug gesetzt werden zu einem größeren lebensweltlichen und wissenschaftlichen, hier wie dort keineswegs auf die Verständigung über „Werte“ beschränkten Kommunikationszusammenhang.

10.

In seinem immer noch höchst wichtigen und, jedenfalls im Kern, bis heute nicht überholten Buch *Die Einheit der Wissenschaftslehre Max Webers* (1952) unterstellt Dieter Henrich, Weber verwende die Termini Sinn, Bedeutung und Wert fast unterschiedslos, und Henrich hält das für unbedenklich. Das ist eine erstaunliche Auffassung, die sich wohl daher erklärt, dass der Philosoph allein an der einheitsstiftenden *ethischen* Position Webers interessiert ist.

Tatsächlich haben wir es beim Übergang von „Wert“ als Grund- und Leitbegriff zu „Sinn“ mit einem grundlegenden Umbau der Weberschen „Wissenschaftslehre“ zu tun. Er geht zwar mit Webers zunächst eher zögerlichen, dann aber doch ganz fundamental und systematisch ansetzenden Zuwendung zur Soziologie einher, lässt sich aber daraus keineswegs erklären. In Anbetracht der nachfolgenden und bis in die Gegenwart andauernden Karriere des Wertbegriffes in der Soziologie ist es viel eher überraschend, dass er in Webers soziologischer Grundbegrifflichkeit, und zwar der analytischen wie der methodologischen, kaum eine Rolle spielt und keinen terminologischen Status besitzt. Da sich für Weber soziale Wirklichkeit im sozialen Handeln ausbildet, erhält und umformt, hätte es nahe gelegen, den dieses Handeln orientierenden, ausrichtenden und motivierenden Sinn als Inbegriff von „Werten“ zu verstehen. Das geschieht nicht, und zwar nicht einmal bei dem „wertrational“ genannten Handlungstyp.

Mehrere Gründe müssen Weber davon abgehalten haben, Sinn qua „Wert“ zum Grundbegriff der Soziologie zu machen und den Begriff „Wert“ überhaupt terminologisch zu verwenden: die damit einhergehende Beschränkung auf nur eine Form sinnhafter Motivation, die Vorstellung, dass sich auch bei einem wertmotivierten Handeln das Verstehen, und zwar das lebensweltliche wie das wissenschaftliche Verstehen, auf den jeweiligen Sinngehalt und nicht auf den spezifischen psychischen Vollzug (qua „Wertgefühl") richte, schließlich der Umstand, dass die Rede von „Werten" bestimmte Sinn-Vorgaben in einer Weise als wohldefiniert, objektiv und verbindlich unterstellt, der Weber, den handlungsleitenden Sinn als den (jeweils) „subjektiv gemeinten" bestimmend, gerade nachdrücklich und aus wohlerwogenen Gründen entgegentritt.[12]

Es ist hier nicht der Ort, der keineswegs leicht zu beantwortenden Frage nach den Beweggründen und den Einflüssen, die Weber bei diesem Übergang im Einzelnen bestimmt haben, näher nachzugehen.[13] Wohl aber ist einiges über die daraus sich ergebenden Konsequenzen zu sagen. Soweit sie Webers Verständnis von Religion und die Frage betreffen, wie sich das „genuin Religiöse" der erfahrungswissenschaftlichen Erkenntnis darstelle und erschließe, ist das schon geschehen. Tatsächlich lassen sich diese Konsequenzen an diesem Gegenstand besonders deutlich und exemplarisch aufweisen. Sie betreffen aber das Ganze der Weberschen Sozialwissenschaft und deren konstitutives Verhältnis zur „Kultur". Es geht also um die Frage, was jene Umstellung für die Soziologie überhaupt, und zwar als Kulturwissenschaft, und für eine in diesem Rahmen zu betreibende Kultursoziologie bedeutet.

II.

Ein plausibler, offensichtlich auch bei Weber mitspielender Grund, das religiöse Weltverhältnis als ein, jedenfalls in letzter Instanz, bewertendes Verhältnis aufzufassen, liegt darin, dass es so dem Zugriff und dem Herrschaftsanspruch erfahrungswissenschaftlicher Erkenntnis prinzipiell entzogen ist. Der eigene Sinn und das Eigenrecht des Religiösen werden eben, wie auch im Falle der Ethik und der Ästhetik, aus einer spezifischen „wertenden Stellungnahme" zum Weltgeschehen abgeleitet. Darin mag man umso weniger etwas Problematisches oder

12 Es ist eine sehr verbreitete und doch ganz irreführende, aber weder von Weber noch von der nachfolgenden Soziologie (bis heute) und erst recht nicht in der öffentlichen Werte-Debatte klar zurückgewiesene Unterstellung, dass ein von Wertungen bestimmtes, mit der Unterscheidung von mehr oder minder Wertvollem (oder eben Wertlosem) operierendes Handeln sich an – als „geltend" vorausgesetzten – „Werten" in diesem Sinne orientieren müsse. Die Nützlichkeit, vielleicht auch Unverzichtbarkeit solcher „Werte" als analytisches Konstrukt sozialwissenschaftlicher Forschung oder als Gegenstand bzw. Ergebnis philosophischer Reflexion steht auf einem anderen Blatt.

13 Es ist sehr bemerkenswert, dass Weber selbst sich dazu m.W. nirgendwo äußert und so, gewollt oder ungewollt, den Eindruck vermittelt, es gebe hier keine, jedenfalls keine wesentliche, folgenreiche und deshalb erklärungsbedürftige Umstellung. Mir ist nicht bekannt, dass die „Weberforschung" diesem Eindruck in der Zwischenzeit deutlich und wirksam entgegengetreten wäre.

gar Diskriminierendes sehen, als – aus dieser Perspektive – die Kultur überhaupt und in ihren besonderen Ausprägungen ein „Wertbegriff“ ist und so auch das wissenschaftliche Erkenntnisstreben in einer entsprechenden Wertsetzung, nämlich im Glauben an den Wert wissenschaftlicher Wahrheit, gründet.

Es gibt hier aber eine entscheidende und sehr folgenreiche Differenz. Sie liegt darin, dass aus dieser, und nur aus dieser, Wertsetzung „Wahrheiten“ hervorgehen, die von ihr zwar motiviert, in ihrem Geltungsanspruch aber nicht an sie gebunden sind. Die Wissenschaft, etwa die Soziologie, muss sich zwar bei der Bewertung der anderen „Wertsphären“ und ihrer Schöpfungen zurückhalten, sie – und sie allein – kann aber darüber Auskunft geben, was es damit faktisch auf sich hat. Die Wissenschaft, etwa die Soziologie, kann sich damit begnügen, religiöse (oder ästhetische) Sinndeutungen als Bewertungen anzuerkennen, und zwar auch dann, wenn sich die Repräsentanten des religiösen Sphäre noch nicht von sich aus darauf, also auf die Formulierung und Vertretung sogenannter „religiöser Werte“ (oder, in einem nicht unlogischen nächsten Schritt, moralischer Werte), zurückgezogen und beschränkt haben.

Auf diese Weise werden der Sinn und das eigene Recht der Religion (und der anderen nichtwissenschaftlichen Weltverhältnisse) anerkannt, zugleich aber sehr wesentlich in ihrer gesellschaftlich-kulturellen Reichweite und Kommunikabilität beschränkt. Man könnte meinen, dass damit nichts anderes als die weithin akzeptierte Einsicht in die unaufhaltsame funktionale Differenzierung (mit der Säkularisierung als ihrem notwendigen Korrelat) zum Ausdruck gebracht werde. Es handelt sich aber um eine besondere Variante dieser Einsicht, sofern der Wissenschaft in diesem Geschehen eine Sonder- und Vorrangstellung eingeräumt wird.

Genau dieser Variante hat Weber Vorschub geleistet, auch wenn sie ganz gewiss nicht die Quintessenz seiner Beschäftigung mit der Sache darstellt. So kann man sich wie Th. Ekstrand (2000) auf Max Weber berufen, um unter Voraussetzung einer solchen Sichtweise der christlichen Religion und Theologie nur noch eine Rückzugsposition dieser Art zuzugestehen – dies aber um den Preis, vollständig an dem vorbeizudenken, was Weber im Sinn und auch zum Ausdruck gebracht hatte (s. dazu Weiß 2003).

Hätte sich die an Max Weber anschließende, von ihm inspirierte Soziologie, insbesondere in ihrer kultur- und näherhin religionssoziologischen Spezialisierung, an seiner „neukantianischen“ Selbstinterpretation orientiert, wäre sie sehr weit unter ihren Möglichkeiten geblieben. Sie hat dies in allen ihren theoretisch, methodisch und empirisch ergiebigen Ausformungen aber keineswegs getan. Vielmehr hat sie sich an die methodologischen und begrifflich-theoretischen Vorgaben gehalten, zu denen sich Weber selbst im Zuge der Durchführung und des Durchdenkens seiner materialen Untersuchungen – vor allem, aber nicht ausschließlich, auf dem Felde der Religionssoziologie – durchgearbeitet hat.

Dieser unablässige Prozess der Prüfung und Präzisierung der methodologischen und theoretischen Prämissen der eigenen Forschung hat Weber dazu gebracht, die in seinen frühen Reflexionen zur ‚Wissenschaftslehre' durchaus schon angelegten und wirksamen, in einem nicht schulmäßigen, aber doch präzisen Sinne als hermeneutisch und phänomenologisch zu qualifizierenden Denkmotive immer deutlicher herauszuarbeiten. Es ist deshalb sehr verständlich, dass Heinrich Rickert in Webers Soziologie einen Abfall von seiner wertphilosophischen Fundierung und Festlegung kulturwissenschaftlicher Erkenntnis sehen musste.[14] Weber aber war auf diesem Wege über schwerwiegende Inkonsistenzen in seiner Selbstinterpretation hinausgekommen, und er hatte *zugleich* die Idee einer kultur-, und das heißt: wirklichkeitswissenschaftlichen Soziologie entscheidend vorangebracht.

12.

Die in der angedeuteten Weise an Max Weber (außerdem vor allem an Georg Simmel) anschließende Kultursoziologie ist nicht wertphilosophisch begründet, und sie ist der Wertfreiheit im Weberschen Sinne verpflichtet. Das legt den – in früheren Zeiten auch oft geäußerten – Verdacht nahe, sie sei „affirmativ", also unkritisch gegenüber dem gesellschaftlich-politischen und kulturellen status quo. Tatsächlich aber verbindet sich bei ihr die empirische Analyse auf eigentümliche Weise mit der Möglichkeit zur wertenden Stellungnahme, Kultursoziologie mit Kulturkritik. „Kritik" heißt dabei allerdings, dem Wortsinne nach, zunächst und vor allem: Unterscheidung in der Sache. Solche Unterscheidung in der Sache und nicht eine unterschiedliche Bewertung ist im Spiel, wenn die Erforschung gesellschaftlicher, insbesondere sozio-ökonomischer und politischer Entstehungs-, Funktions- und Wirkungsbedingungen nicht darauf abstellt, den Eigensinn, die Eigenlogik, die eigentümliche Kausalität und auch das Eigenrecht anderer (also nichtwissenschaftlicher) kultureller Sinnwelten und Gebilde grundsätzlich in Frage zu stellen. Vielmehr wird angenommen, dass sich die gesellschaftliche Bedeutung und Wirksamkeit kultureller Schöpfungen häufig dann besonders deutlich zeige, wenn ihr eigener Sinn und ihre eigene Dynamik gehörig in Betracht gezogen und in Rechnung gestellt werden.

---

14 In der 1921, also nach Webers Tod erschienenen 3. und 4. Auflage der *Grenzen* befasst sich Rickert auch mit dem Sinnbegriff. Er hält aber am Primat des Wertbegriffs fest, also daran, das eine Wirklichkeit nur „mit Rücksicht auf einen Wert" Sinn bekomme (1921: 406)

Kritisch ist diese Kultursoziologie also zunächst insofern, als sie sich der Selbstunterscheidung und der Selbstbegrenzung fähig erweist. Darüber hinaus aber hat sich ihr Unterscheidungsvermögen an den Untersuchungsgegenständen zu bewähren. Dabei bedarf es der Unterscheidungskriterien. Sie können einer theoretischen „Wertbeziehung“ entspringen, aber auch einer persönlichen Wertbindung auf Seiten der Forschenden, und auch in diesem Fall ergibt sich aus den so gewonnenen Differenzierungen in der Sache keine logische Nötigung zu einer bestimmten – etwa moralisch-politischen – Bewertung der Untersuchungsresultate. Die Kultursoziologie kann also mit mannigfachen wertgebundenen Unterscheidungen operieren, ohne damit die empirische Triftigkeit und Erklärungskraft ihrer Analysen zu schwächen und ohne sich gegen Wertfreiheitspostulat zu vergehen.

Das Gemeinte sei an der Musiksoziologie Adornos (1962) exemplifiziert: Es ist sehr wohl möglich, die darin entwickelte und verwendete Typologie musikalischen Hörens und in die damit verbundene Unterscheidung musikalisch-kompositorischer Komplexitäts- und Anspruchsniveaus zum Zwecke empirisch-kultursoziologischer Forschung zu verwenden, ohne die offenkundigen Wertpräferenzen Adornos zu übernehmen, also zur Grundlage der eigenen Hoch- oder Geringschätzung zu machen.

Umso wichtiger ist allerdings, dass bei der Konstruktion der analytischen Unterscheidungen darauf geachtet wird, welche Unterscheidungshinsichten oder -kriterien bewertungs*relevant* sein könnten. Auch in dieser Hinsicht ist Adornos Typologie instruktiv. Hier werden diese Hinsichten klar bestimmt, und damit wird deutlich zum Ausdruck gebracht, welche Art einer (möglichen) Bewertung im Blick steht.

Über diese so ermöglichte, eventuell nahegelegte, aber keineswegs aufgenötigte Bewertungsperspektive kann man sehr verschiedener Meinung sein, ebenso darüber, ob die in diesem Bezugsrahmen gewonnenen Einsichten etwa wissenschaftlich originell oder für den jeweiligen Lebens- und Handlungszusammenhang (die „Praxis“) relevant und hilfreich sind. Davon ganz unabhängig – und allein nach Kriterien der wissenschaftlichen Methode zu beurteilen – ist, ob diese Einsichten empirisch triftig, die angebotenen Erklärungen überzeugend sind.

Für eine so betriebene Kultursoziologie spricht, dass sich auf diese Weise kulturelle Gegebenheiten und Tendenzen offener und offensiver, als es gemeinhin geschieht, im Horizont anderer, nach eigener, wohldurchdachter Überzeugung höher zu bewertender Möglichkeiten erforschen lassen – dies natürlich unter strengster Beachtung der Forderung intellektueller Rechtschaffenheit, der verfügbaren empirischen Evidenz und der erprobten Regeln erfahrungswissenschaftlicher Methodik.

Literatur

Adorno, Theodor W. (1962): Einleitung in die Musiksoziologie. Zwölf theoretische Vorlesungen. Frankfurt a.M.
Bosse, Hans (1970): Marx – Weber – Troeltsch. Religionssoziologische und marxistische Ideologiekritik. München
Bruun, Hans Henrik (2007): Science, Values and Politics in Max Weber's Methodology. New Expanded Edition. Aldershot
Bruun, Hans Henrik (2001): Weber on Rickert. From Value Relation to Ideal Type. In: Max Weber Studies 1: 138–160
Gehring, Petra (2009): Wert, Wirklichkeit, Macht. Lebenswissenschaften um 1900. In: Allgemeine Zeitschrift für Philosophie Band 34, 1: 117–136
Dux, Günter (1974): Gegenstand und Methode. Am Beispiel der Wissenschaftslehre Max Webers. In: G. Dux; Thomas Luckmann (Hg.): Sachlichkeit. Opladen: 187–221
Ekstrand, Thomas (2000): Max Weber in a Theological Perspective. Leuven et al.
Hans Joas (2005): Die kulturellen Werte Europas. In: Hans Joas; Klaus Wiegandt (Hg.): Die kulturellen Werte Europas. (2. Aufl.) Frankfurt a.M.: 11–39
Luhmann,Niklas (2000): Die Religion der Gesellschaft, Frankfurt a.M.
Morikawa, Takemitsu (2001): Handeln, Welt und Wissenschaft. Zur Logik, Erkenntniskritik und Wissenschaftstheorie für Kulturwissenschaften bei Friedrich Gottl und Max Weber. Wiesbaden (Kasseler Diss. 2001)
Oakes, Guy (1990): Die Grenzen kulturwissenschaftlicher Begriffsbildung. Heidelberger Max Weber-Vorlesung 1982. Frankfurt a.M.
Rickert, Heinrich (1921 [1902]): Die Grenzen der naturwissenschaftlichen Begriffsbildung. Eine logische Einleitung in die historischen Wissenschaften. (3. und 4. Auflage)Tübingen
Schluchter, Wolfgang (1995): Einleitung zu: Max Weber, Zur Psychophysik der industriellen Arbeit. Schriften und Reden 1908–1912. Tübingen (Max Weber Gesamtausgabe Band 11)
Schmitt, Carl/Jüngel, Eberhard/Schelz, Sepp (1979): Die Tyrannei der Werte. Hamburg
Tenbruck, Friedrich H. (1975): Das Werk Max Webers. In: Kölner Zeitschrift für Soziologie und Sozialpsychologie 27: 663–702
Weber, Max (1920/21): Gesammelte Aufsätze zur Religionssoziologie, 3 Bände. Tübingen (RS)
Weber, Max (1968): Gesammelte Aufsätze zur Wissenschaftslehre (3. Aufl.). Tübingen (WL)
Weber, Max (1976): Wirtschaft und Gesellschaft. (Fünfte, revidierte Auflage) Hg. von Johannes Winckelmann, Tübingen (WG)
Weber, Max (2000 [1904/05]): Die protestantische Ethik und der „Geist" des Kapitalismus. Textausgabe auf der Grundlage der ersten Fassung von 1904/05 mit einem Verzeichnis der wichtigsten Zusätze und Veränderungen aus der zweiten Fassung

von 1920. Hg. und eingeleitet von Klaus Lichtblau und Johannes Weiß. (3. Aufl.) Weinheim (PE)

Weiß, Johannes (1992 [1975]): Max Webers Grundlegung der Soziologie. (2. überarbeitete und erweiterte Aufl.) München (1992 a)

Weiß, Johannes (1992): Das Verstehen des Lebens und die verstehende Soziologie (Dilthey und Weber). In: Annali di Sociologia/Soziologisches Jahrbuch 8: 353–383 (dt. u. ital.) (1992b)

Weiß, Johannes (1993): Vernunft und Vernichtung. Zur Philosophie und Soziologie der Moderne. Opladen

Weiß, Johannes (2003): Besprechungsessay (zu Ekstrand 2000). In: Theologische Literaturzeitung 128, 5: 541–545

„Teilweise zufällig, teilweise, weil es doch Spaß macht“[1]

Thomas Luckmann im Gespräch

Wohlrab-Sahr:

Ich begrüße Sie herzlich zu unserer heutigen Veranstaltung im Rahmen dieser Ringvorlesung, und ganz besonders begrüße ich Thomas Luckmann, der zu uns gekommen ist aus Kärnten und eine lange Reise auf sich genommen hat, um hier heute zu Ihnen und mit Ihnen zu sprechen. Und ich begrüße Hubert Knoblauch von der TU Berlin, der auch einen Part übernehmen wird in dieser Veranstaltung, nämlich einerseits die Luckmann-Schule, wenn ich das mal so sagen darf, zu repräsentieren, wie es weiter geht im Gefolge von Luckmann, natürlich mit ganz eigenen Akzenten, und aber auch im Gespräch mit Thomas Luckmann dabei sein wird und vielleicht an manchen Stellen, an denen Thomas Luckmann keine Lust mehr hat über die alten Dinge zu reden, in die Bresche springen wird.

Ich möchte, obwohl viele von Ihnen Thomas Luckmann kennen, nicht als Person, aber von ihm wissen und von ihm gelesen haben, ihn trotzdem vorstellen, zum einen weil hier natürlich auch eine ganze Reihe junger Studenten sind, die das nicht alles schon wissen können, und zum anderen auch, weil es ein sehr interessanter Lebensweg ist, und deshalb glaube ich, ist es aufschlussreich, ein bisschen was davon zu wissen. Den Teil, der stärker in sein eigenes Soziologe-Werden hineinreicht, den wird er uns dann anschließend selber erzählen.

Mit Thomas Luckmann haben wir heute einen Vertreter einer Generation, die hineinführt in die Kriegszeit und alles, was damit zusammenhängt. Thomas Luckmann ist 1927 in Slowenien, dem damaligen Königreich Jugoslawien geboren, als Kind eines „alt“-österreichischen Vaters und einer slowenischen Mutter. Er hat als Jugendlicher den Zweiten Weltkrieg erlebt in diesem Grenzgebiet Slowenien-Österreich, hat auch seine Schulzeit in diesem Gebiet in verschiede-

---

1 Dieses Gespräch, das Monika Wohlrab-Sahr und Hubert Knoblauch mit Thomas Luckmann führten, fand am 5. Juni 2008 im Rahmen der Ringvorlesung „Doing Cultural Sociology“ an der Universität Leipzig statt. Um die Atmosphäre der mündlichen Präsentation zu bewahren, wurde das Transkript des Gesprächs von Thomas Luckmann nur geringfügig überarbeitet, etwas gekürzt und an manchen Stellen von Luckmann mit biographischen sowie von Wohlrab-Sahr mit bibliographischen Anmerkungen versehen.

nen Städten zugebracht; hat die Okkupation Jugoslawiens durch die Wehrmacht erlebt[2] und auf der anderen Seite die Besetzung durch die Italiener. Er ist Flakhelfer gewesen, ist in der Wehrmacht gewesen noch während des Krieges, ist in Kriegsgefangenschaft geraten. Er hat in der Zeit auch eine sehr zerstückelte und an unterschiedlichen Plätzen spielende schulische Biographie gehabt: Er hat in Wien seine schulische Laufbahn, sein Gymnasium zu Ende gemacht, hat dort angefangen zu studieren, zunächst mal Philosophie und Sprachwissenschaft. Das sind beides Bereiche, die auch in der späteren wissenschaftlichen Biographie wieder eine Rolle spielen. Dann ist er nach Innsbruck an die Uni gegangen, und ist 1950 mit seiner Frau Benita in die USA emigriert. Beide haben dort mit den anderen Emigranten erstmal ein Einwandererleben geteilt mit verschiedenen Jobs und zugleich an der New School for Social Research studiert. Dort hat er sein Studium beendet, zunächst einmal in Philosophie einen Magister gemacht hat und später in Soziologie promoviert. Die New School for Social Research war damals eine Einrichtung, die ein Sammelpunkt für wissenschaftliche Emigranten geworden ist. Dort ist er mit einer ganzen Reihe von Kollegen, damals noch Lehrern, in Berührung gekommen, unter anderem mit Alfred Schütz. Und diesen Teil seines Werdegangs wird er uns sicherlich noch detaillierter erzählen. Es folgt dann also eine Geschichte, die zum Teil in den USA spielt – er ist an der New School auch einige Zeit Professor gewesen – und dann aber in verschiedenen Stationen auch wieder nach Deutschland führt. Er war zunächst Professor an der Universität Frankfurt, dann lange Zeit Professor an der Universität Konstanz bis zu seiner Emeritierung. Und ist nun schon eine ganze Weile emeritiert, geht gerne fischen, aber steht immer wieder auch für solche Veranstaltungen zur Verfügung.

Thomas Luckmann hat verschiedene Ehrendoktorwürden und Titularprofessuren bekommen. Ich will nur erwähnen, dass er Titularprofessor an der Universität Ljubljana geworden ist, dass er sich nach der Auflösung Jugoslawiens auch sehr eingesetzt hat für die Selbstständigkeit Sloweniens und dort auch wissenschaftlich und als politisch denkender Mensch präsent gewesen ist.

In dieser Zeit seiner wissenschaftlichen Karriere ist eine ganze Reihe von Schriften entstanden, von denen Sie manche unweigerlich kennen. Unter anderem die *Unsichtbare Religion*, ein Titel, den er nicht selber erfunden hat, und

2 Kommentar Luckmanns: Jugoslawien wurde 1941 zum Teil von Deutschland, zum Teil von Italien und ein kleiner Streifen auch von Ungarn besetzt. Meine damalige Schule, das humanistische Gymnasium in Laibach-Ljubljana lag in der italienischen Zone. Unser Wohnort wurde in das Deutsche Reich eingegliedert, wodurch die Bevölkerung zu deutschen Staatsangehörigen gemacht wurde und somit die entsprechenden Jahrgänge (ich im Jahr 1944) wehrpflichtig wurden. Danach besuchte ich Gymnasien bzw. Oberschulen im damaligen Reichsgebiet (Klagenfurt, Villach, Wien)

natürlich die *Soziale Konstruktion der Wirklichkeit*. Und dazu gehören auch die Schriften, die er in Zusammenarbeit und dann in der Bearbeitung des Nachlasses von Alfred Schütz herausgegeben hat.

Diese Doppelverankerung in der phänomenologischen Tradition und in der Soziologie ist ein Spezifikum seiner wissenschaftlichen Karriere. Herzlich Willkommen, Thomas Luckmann!

Wir werden das heute so veranstalten, dass wir im Gespräch mit ihm ein bisschen von diesem wissenschaftlichen und biographischen Werdegang gemeinsam rekonstruieren werden und dass Sie dann im zweiten Teil die Möglichkeit haben, Fragen an ihn zu stellen und mit ihm zu diskutieren. Wir freuen uns sehr, dass Sie da sind.

(Applaus)

Wohlrab-Sahr:
Also, wenn es Ihnen Recht ist, würden wir gerne anfangen mit der Frage: Wie sind Sie eigentlich zur Soziologie gekommen? Und wie hat sich das für Sie dargestellt in dem Kontext, in dem Sie Soziologe geworden sind?

Luckmann:
Ja, wie bin ich dazu gekommen, wie die Jungfrau zum Kind. Teilweise zufällig, teilweise, weil es doch Spaß macht. Ich hab’ mit der Soziologie nicht angefangen, und da Sie alle Soziologen sind und Sie beide (zu Hubert Knoblauch und Monika Wohlrab-Sahr) noch aktive Lehrer der Soziologie, wage ich kaum zu sagen, dass, wenn es nach mir ginge, es Soziologie nur als postgraduiertes Fach geben würde. Und man vorher was Anständiges studieren sollte, zum Beispiel Mathematik, Sprachwissenschaft, vor allem aber Geschichte. Und nachher dürfte man dann Soziologie machen. Mit diesem unorthodoxen Gedanken bin ich, seit ich 1965 nach Deutschland kam, hausieren gegangen, und niemand hat es mir abgekauft. Ja, ich kam also zur Soziologie aus anderen Fächern. Wie Sie sagten, habe ich mit allgemeiner Sprachwissenschaft, Germanistik, Kirchenslawisch und anderen Fächern angefangen. Ich musste mir mein Studium selbst verdienen. Ich war, noch nicht achtzehn, nach Krieg und Gefangenschaft allein (meine Mutter war nach Jugoslawien zurückgekehrt) und mittellos in Wien gelandet, konnte aber dort bei Verwandten wohnen. Ich habe mich mit verschiedenen Tätigkeiten durchgebracht und dachte, dass ich niemand schade, wenn ich auf eigene Kosten studierte, was ich wollte. Damals gab es noch kein Bologna – heißt das so? – und ähnliche grauslichen Sachen. Man konnte viel eher nach eigener Façon studieren, auf eigene Kosten. Allerdings war man als Inländer von Studiengebühren befreit, ich war aber, bis auf die späte Ausnahme einiger Jahre in den Vereinigten Staaten, wo immer ich hinkam, Ausländer. Als solcher

war man von den Studiengebühren nur dann befreit, wenn man die besten Noten aus Seminaren vorweisen konnte. Das hat mich damals angespornt. Als ich in New York zusammen mit meiner Frau an der Graduate Faculty der New School for Social Research zu studieren begann, waren wir dort durch verschiedene glückliche Umstände auch von Studiengebühren befreit, mussten aber natürlich beide arbeiten, ich als Hausmeister, in der Fabrik usw., meine Frau als Sekretärin, um uns und zwei Töchter zu versorgen. Das war für einen späteren Soziologen gar nicht so schlecht, dass er nicht in einem akademischen Milieu aufgewachsen ist und auch als Student nicht in ihm gelebt hat. Die New School for Social Research gab es übrigens schon seit 1919, als Thorstein Veblen, der Ihnen vermutlich ein Begriff ist, Alvin Johnson, auch ein Ökonom, und ein paar andere aus Protest gegen bestimmte Entwicklungen von der Columbia University schieden und eine eigene Institution gegründet haben. Die Graduate Faculty wurde als Bestandteil der New School gegründet, als Alvin Johnson, der damals deren Präsident war, gesehen hat, was in Europa nach '33 passierte, vor allem in Deutschland, nachdem Hitler nach seinem Wahlsieg Reichskanzler geworden war. Johnson gründete die sogenannte „University in Exile“. Die ursprüngliche Fakultät, sagen wir vom Jahr '36, '37 an, ich hab' vergessen genau wann, waren deutsche, österreichische, spanische, italienische Emigranten, überwiegend Juden oder politisch Verdächtige. Das war zum großen Teil noch der Fall, als ich Anfang '50 dort zu studieren begann. Das waren meine Lehrer, unter ihnen war Schütz, den Sie schon erwähnten. Ein anderer war Carl Mayer im Soziologie-Department – ich hatte zwar mit Philosophie begonnen, hatte aber Soziologie und Sozialpsychologie als Nebenfächer. Es war Mayer, der für meine eher zufällige „Umarmung“ der Religionssoziologie gesorgt hat. Albert Salomon war ein ganz hervorragender Ideenhistoriker, der vor allem zur Vor- und Frühgeschichte der Soziologie vortrug. Unter den Politikwissenschaftlern ragte Arnold Brecht hervor.

Sie sollten sich für diese Periode interessieren, ich jedenfalls war sehr beeindruckt von diesen Lehrern. Manche habe ich sogar respektiert. Einer meiner Lehrer dort war ein deutscher Philosoph, der über Japan nach Amerika kam, das war Karl Löwith, einer der bedeutenden Philosophen seiner Zeit, weitaus bedeutender als zum Beispiel jemand namens Martin Heidegger. Das sieht aber der Rest der Welt nicht so. Löwith, mit seinem Buch *Von Hegel zu Marx*, war der einzige, den ich kannte, als ich an die Graduate Faculty kam. Bei ihm fing ich an, eine Arbeit über Albert Camus als Moralphilosophen zu schreiben. Dann wurde aber Löwith – von meinem Standpunkt aus unglücklicherweise – nach Heidelberg berufen und ging mit Freuden, nehme ich an, hin. Und ich saß da und hab' dann Alfred Schütz gebeten – er hatte einen Doppelposten, in Philosophie und Soziologie – und der hat freundlicherweise zugestimmt. Soll ich noch eine Anekdote erzählen? (Gelächter)

Löwith, das war einer von denen, die ich sehr respektiert habe, war aber als Lehrer einer der ausnehmend langweiligen. Ich hab' Peter Berger, einen Freund, mit dem ich dann das Buch geschrieben habe, das Sie erwähnt haben, in einem Seminar von Löwith über Religionsphilosophie kennen gelernt. Jeder von uns hat, um nicht einzuschlafen, auf ein Blatt Papier alles Mögliche gekritzelt. Wir waren beide neugierig, was der andere kritzelt und haben zum anderen geschielt. So haben wir uns angefreundet, Löwith war der Anfang von „Berger und Luckmann“. (Gelächter) Ja, das war die Anekdote.

Ich kam zur Soziologie durch einen Zufall eigentlich, ich sagte schon, dass ich Soziologie mitstudiert hatte als mein zweites Fach, also das war weniger zufällig, das war Wahl. Aber dann hatte Carl Mayer, einer meiner Lehrer, den ich nicht nur respektiert, sondern geliebt habe, später, na ja, das ist eine andere Geschichte, Mayer hatte ein großes Projekt von der Rockefeller-Stiftung finanziert bekommen, und das hieß *Die Kirchen in Deutschland nach 45*, mit einem kleinen Rückblick natürlich, der nötig war in die Zeit der Bekennenden Kirche, der Deutschen Christen und so weiter und ähnliche interessante religionshistorische, kirchenhistorische Phänomene. Und Berger war einer seiner Assistenten. Und dann wurde Berger im Lauf des Koreakriegs einberufen. Berger kam nie nach Korea, aber er musste zu den Soldaten. Und er war noch Junggeselle. Ich hatte schon zwei Kinder und war verheiratet und war für die amerikanische Armee damals zu teuer. Es gab noch genug Junggesellen, wo sie keinen Unterhalt hätten zahlen müssen. So wurde ich nie einberufen. Carl Mayer suchte jemanden, der deutsch konnte und der nicht ganz vertrottelt ausschaute oder war und hat mich dann als Ersatz für Berger genommen. So kam ich zur Religionssoziologie. (Gelächter)

Wohlrab-Sahr:
Da könnte man jetzt an vielen Stellen noch mal nachfragen, aber ich würde vorschlagen, dass wir vielleicht noch einmal weiter machen an der Zusammenarbeit mit Schütz. Also, wie ergibt sich diese Verbindung, die Sie ja charakterisiert, von Phänomenologie und Soziologie?

Luckmann:
Ja, Zusammenarbeit mit Schütz ist natürlich etwas euphemistisch. Ich war sein *Schüler*, er war mein Lehrer. Zu ihm hatte ich eine Respektdistanz. Ich kann Ihnen gleich noch eine Anekdote erzählen, wo es etwas menschlich wurde.

Dass ich zu Schütz und überhaupt an die New School kam, war eigentlich Zufall, aber nicht, dass ich so intensiv bei ihm weitergehört hab'. Seine Seminare haben mich mehr fasziniert als alles andere, was angeboten wurde.

Aber auch Salomon war sehr gut Er hat die französische Vorgeschichte der Soziologie hervorgehoben, Montaigne, Montesquieu, Henry de Saint-Simon und so weiter. Er hat Englisch schlecht gesprochen. Es klang unzusammenhängend, wenn man nicht genau hingehört hat. Ein faszinierender Mann, er wäre nie, seitdem es an Universitäten – wie heißt das jetzt? – bei der „Lehrbefähigung" so eine Art, also eine Probevorlesung – wie heißt das? (Knoblauch: Lehrprobe) – ah, Lehrprobe, gibt, grauslich, also Salomon wäre sofort durchgefallen. Er war ein bedeutender Gelehrter, er hat allerdings sehr wenig veröffentlicht.

Wo war ich eigentlich? Bei Salomon? Carl Mayer? Schütz?

(Gelächter)

Ja, also Schütz war für mich auch die Einführung in die Phänomenologie, aber indirekt. Er hat nie Phänomenologie unterrichtet, das war jemand anderes, ein Amerikaner, der bei Husserl studiert hatte, Dorion Cairns. Er war nicht sehr originell als Phänomenologe, er hat auch kaum was publiziert, er war ein guter Übersetzer und ein hervorragender Lehrer, ein Systematisierer von Husserl. Wenn Sie je Husserl gelesen haben, werden Sie bemerkt haben, dass er nicht ganz leicht zu verstehen ist. Sowohl von der Gedankenführung her als auch von seiner Sprache. Cairns konnte das auf Englisch. Das war meine Einführung in die Phänomenologie. Die Aufmerksamkeit für Phänomenologie kam aber durch Schütz. Das *Lernen* der Phänomenologie kam durch eine Reihe intensiver Kurse und Seminare bei Dorion Cairns.

Schütz, ja, blieb weiterhin wichtig für mich. Als ich promoviert war und an einem kleinen College Upstate New York unterrichtete, wurde ich durch eine Reihe von Zufällen zum Leiter einer interdisziplinären Einführungsveranstaltung in den Sozialwissenschaften. Ökonomen, Anthropologen, Soziologen, Politikwissenschaftler waren dabei, ungefähr fünf, sechs insgesamt, die da an einem Syllabus zusammenarbeiteten und dann was vortragen mussten: Es gab so ungefähr sechshundert Studenten, aber es gab dann kleine Diskussionsgruppen.

Und dafür habe ich einen – Gott sei Dank unpubliziert gebliebenen – längeren Aufsatz über die Methodologie der Sozialwissenschaften geschrieben. Und habe das in einem Anflug von Unbescheidenheit Schütz geschickt und um seinen Kommentar gebeten. Und Schütz hat mir dann eine freundliche Antwort geschrieben. Und da stand auch „episcopus in partibus infidelium": als Missionar, als Bischof in den ungläubigen Territorien. Ich habe mich sehr gefreut, während ich eine andere Bemerkung von Schütz, die war nach der mündlichen Prüfung beim Magister... Die Arbeit über Camus wurde gut beurteilt, der Versuch, ihn in die Reihe der französischen Moralisten zu stellen, war vielleicht nicht ganz erfolgreich, aber für eine Magisterarbeit an der New School schien es gut zu sein. Und bei der mündlichen Prüfung ging auch alles gut, auch in Soziologie und Sozialpsychologie. Und ich war also euphorisch und glücklich, als sie dann gesagt haben, es ist gut gegangen und mir gratuliert haben. Schütz hat mir auch gratuliert. Und dann gingen wir alle raus, ich noch mit rotem Kopf vor Begeisterung, nehme ich an, und dann gingen die anderen voraus, Schütz blieb einen Moment stehen und sagte: „Luckmann, ich muss Ihnen etwas sagen.“ Hat mir auf die Schulter geklopft. „Ich muss Ihnen eine Anekdote erzählen.“ (Gelächter) „Eines Tages kam ein junger Komponist zu dem Meister, Richard Strauss, und brachte ihm eine Partitur und bat den Meister, ihm zu sagen, was er davon hielte. Der Meister sagte, gut, kommen Sie in einer Woche wieder. In einer Woche kommt er wieder und dann sagt der Meister: Sie sind ja recht begabt, junger Mann, aber müssen Sie unbedingt atonal schreiben?“ Ich habe blöd gelacht oder gelächelt (Gelächter), ich habe nicht verstanden, warum diese Anekdote kam. Dann ging ich nach Haus, dann öffnete meine Frau eine Flasche Champagner, dann haben wir Walzer getanzt und *plötzlich* kam mir die Erleuchtung. Was hat er gemeint? Na ja, nicht unbegabt, aber wieso denn Camus? Müssen Sie unbedingt über Camus schreiben? Und da hat es mich heiß überlaufen und ich war unglücklich darüber, dass ich so spät verstanden hatte, welche ironische Bemerkung das gewesen war. Das war Schütz. (Gelächter)

Dann kam allerdings noch Schütz posthum. Ich glaube, es war bald nach seinem Tod, dass ich gebeten wurde, zwei Kapitel aus dem *Sinnhaften Aufbau der sozialen Welt*, dem ersten Werk von Schütz, für einen Schütz-Sammelband auf englisch zu überarbeiten. Und ein oder zwei Jahre später, da war ich schon an der New School, eigentlich an dem Soziologie-Teil der Professur, die Schütz innehatte, fragten mich seine Witwe Ilse Schütz und Arvid Brodersen, einer seiner Kollegen, ob ich nicht aus den Manuskripten, die er hinterließ, das sollte sein großes Lebenswerk sein, ein Buch schreiben würde. Es war nicht eine Frage der Redaktion allein, so weit war das noch nicht gediehen. Ich bin auch heute froh, dass ich zugesagt habe, während ich während der Zeit, in der ich daran gesessen habe, geflucht hab’. Es war eine mühsame Arbeit. Es hieß *Die Strukturen der Lebenswelt.*

Und das hat lange gedauert, der erste Band war relativ schnell fertig, der zweite Band dafür spät. Und es war deutsch zu schreiben, weil Schütz dachte, ein deutschsprachiges Publikum wäre für sein Werk eher aufnahmebereit. Die Manuskripte bestanden zu einem bedeutenden Teil aus Aufsätzen, die er schon englisch veröffentlicht hatte und sozusagen ins deutsche rückübersetzte.

Einwurf von Knoblauch:
In der Suhrkamp-Fassung sind die Manuskripte enthalten.

Luckmann:
Ja, ja, darauf habe ich bestanden. Nur in der Studienausgabe, das habe ich auch mit Evelyn Schütz, der Tochter von Schütz and anderen besprochen, da die Manuskripte schon veröffentlicht greifbar sind, mussten sie nicht in die Studienausgabe, die daher einbändig erscheinen konnte.

Wohlrab-Sahr:
Wie stark ist das denn – es ist ja irgendwie eine verrückte Situation, also wenn man das Buch eines Anderen selber noch mal neu schreibt, oder überhaupt erst schreibt, oder die Manuskripte eines Anderen – also wie stark ist das denn sozusagen Ihre eigene Soziologie, phänomenologische Soziologie geworden? Oder wo ist da der Unterschied, und wie stark sind Sie das selber?

Luckmann:
Na ja, also Schütz war zwar gelernter Jurist, Staatswissenschaftler und Ökonom, er hat bei von Mises und bei Hans Kelsen studiert. Aber eigentlich war er Soziologe und wie ich es später gesagt hätte, Protosoziologe. Und er hat Phänomenologie eigentlich als Autodidakt gelernt und den *Sinnhaften Aufbau* Husserl geschickt, und Husserl war sehr angetan davon, obwohl das Buch noch stark unter Bergsons Einfluss war, vielleicht stärker als unter Husserls, das änderte sich dann später in den Arbeiten von Schütz.

Und Husserl hat ihm eine Assistentenstelle angeboten, aber das war schon '34, und die Nazis waren an der Macht, und Heidegger hat Husserl dann bald ausgebootet. Husserl war Jude. Und Schütz hat das abgelehnt, weil er wohl schon sah, was kommen würde. Er war Bankfachmann, Bankjurist bei einer größeren Bank, einer internationalen Bank und hat dann zunehmend seine Tätigkeit nach Paris und dann nach Amerika verlagert.

Also er war nicht ein mittelloser Emigrant, sondern jemand, der im Berufsleben dort weitermachte, wo er schon in Europa gearbeitet hatte. Er hat das bis kurz vor seinem Tod nicht aufgegeben, weil er eine Familie – einen halbblinden Sohn, eine Tochter und eine Frau – hatte, und dachte, mit Recht dachte, dass er dann mit einer Professur dieser Art sie nicht erhalten würde können. Er hat am Abend unterrichtet, das war ein Vorteil der New School, wir haben also, meine Frau und ich, ebenso wie die meisten anderen, tagsüber gearbeitet und gingen dann um sechs Uhr, zwischen sechs und acht und acht und zehn in die Hauptkurse, es gab auch frühere am Nachmittag. Schütz hat nur am Abend unterrichtet, nach einem vollen Arbeitstag. Und in der Nacht hat er dann geschrieben. Und mit 59 ist er gestorben.

Ja, und die Frage war jetzt (Gelächter), wie es sich anfühlt – kompliziert. Ich hab', nachdem ich mit zwei Bänden fertig war, oft nicht mehr gewusst, was

Schütz war und was von mir dazukam. Also zur Sicherheit sage ich immer: Es ist alles Schütz. (Gelächter) Aber jetzt mache ich eine kleine Fußnote. Ich hab' ein Kapitel nicht geschrieben, das er schon geplant hatte, das war das methodologische Kapitel. Weil ich damit nicht einverstanden war. Das war stark Weberianisch und in einer Art nicht besonders originell, in meiner Auffassung (...). Das hab' ich fallen lassen. Und ich wollte nicht ein eigenes Kapitel schreiben, natürlich, für das Schützbuch, seines konnte ich aber nicht einfach so übernehmen. Alles andere habe ich genommen wie es war, teilweise wörtlich, wenn es ging, dann eingebaut und sozusagen die verbindenden Worte dazugeschrieben, manches habe ich selber weitergedacht, zum Beispiel die Relevanztheorie habe ich etwas vereinfacht oder systematisiert. Es sind noch ein, zwei andere Sachen dabei, zum Beispiel in dem Kapitel der *Strukturen*, das von dem Wissen in der Lebenswelt handelt, habe ich einen kleinen Unterabschnitt herausgenommen und hab' es weiter ausgeführt, das ist also auch in den *Strukturen* schon von mir und das ist dann als einer der Bausteine für die *Soziale Konstruktion der Wirklichkeit* genommen worden von Berger und mir. Ja, nichts weiter.

Wohlrab-Sahr:
Dann ist ja die erste Veröffentlichung, das erste Büchlein, wie Sie vorhin sagten, war ein religionssoziologisches, *Das Problem der Religion in der modernen Gesellschaft*, daraus ist dann später die *Unsichtbare Religion* entstanden, erst im Englischen, dann im Deutschen. Können Sie uns zu dem Komplex Religionssoziologie noch ein bisschen was erzählen?

Luckmann:
Erst im Deutschen, dann im Englischen, dann im Deutschen.

Wohlrab-Sahr:
Erst im Deutschen, dann im Englischen und dann im Deutschen, so rum, ja genau.

Luckmann:
Ich erzählte Ihnen ja vorhin, dass ich als Substitut für Peter Berger zu dem Projekt *Kirchen in Deutschland, im Nachkriegsdeutschland* kam, und die haben mich an die evangelischen Akademien geschickt, ich bin katholisch und war für die evangelischen Sachen nicht prädestiniert, aber Berger ist protestantisch, und ich hab seine Stelle angetreten, das hat aber weder Carl Mayer noch mich noch die Subjekte der Untersuchung sonderlich gestört. Also ich habe die evangelischen Akademien damals untersucht, vor allem aber vier Pfarrgemeinden in Deutschland, eine Flüchtlingsgemeinde in der Diaspora in Niederbayern, eine

hochbürgerliche bis aristokratische Gemeinde in Wiesbaden, eine Arbeitergemeinde in Dortmund-Oespel, leicht vermischt mit ländlichen Elementen und eine sehr traditionelle Gemeinde in Schleswig-Holstein in Hademarschen mit einem Probst, der so (ausladende Geste) groß war: Probst Treplin, ein aufrechter Mann, der gegen die Deutschen Christen, die auch aus Schleswig-Holstein stammen, auftrat.

Und, wo waren wir denn? Bei Religionssoziologie. Bei den Pfarrgemeindestudien. Das war eine vergleichende Pfarrgemeindestudie, ausgewählt wurden sie schon von Carl Mayer und von Berger vorher. War eine gute Auswahl. Repräsentativ war es nicht, aber es hat typische Fälle unterschiedlicher protestantischer Pfarrgemeinden untersucht, eine lutherische in der Diaspora, eine lutherische in einem traditionell lutherischen Gebiet, in Hessen eine unierte, und in Oespel auch eine lutherische. So, das war ein Grund, dass ich dann zur Soziologie hinüberwechselte, und die Dissertation mit diesem empirischen Material der Pfarrgemeindestudie geschrieben hatte. Und die Arbeit war recht konventionell, Mayer konnte mich da nicht sehr führen. Ich hab' dann einen Parsonianer, das war Father Joseph Fichter, Societas Jesu, der Pfarrgemeindestudien in Amerika, in Louisiana durchgeführt hat, gelesen und dann nach dem Muster seiner Studien, nur ein bisschen besser, dachte ich, gearbeitet. Ich war zum Beispiel sehr stolz darauf, dass ich Orthodoxie als einen Index von Kirchlichkeit, bei Fichter hieß es noch Religion, zweigeteilt hatte. Bis dahin war das einfach ein theologisches, sozusagen normativ-katechetisches Konstrukt. Entweder wussten die Leut', was die Dreifaltigkeit ist, oder wussten es schlecht oder wussten es gar nicht. Ich habe gedacht, das ist ja interessant, dass sie so wenig wissen, und trotzdem ganz brave Kirchengemeindemitglieder sind, Katholiken in Louisiana, Protestanten bei mir – dass sie so unorthodox sind. Da kam ich auf die – wie ich damals meinte: brillante – Idee, zwischen objektiver und subjektiver Orthodoxie zu unterscheiden. Und da stellte sich heraus, die meisten dieser objektiv gar nicht so gut orthodoxen Leute dachten, dass sie in voller Übereinstimmung mit der Lehre ihrer Kirche waren. Und das hat mich dann langsam dazu geführt, überhaupt die ganzen Methoden dieser Art von Befragungen, mit Indizes dieser Art eher in Zweifel zu ziehen. René König, Herausgeber der Kölner Zeitschrift für Soziologie und Sozialpsychologie hat mir eine Reihe von Büchern zur Rezension gegeben; als junger arroganter Bursche habe ich eine ziemlich deutliche Kritik der damaligen Kirchensoziologie geschrieben. Sie schien mir nicht adäquat, weil ich schon mit meiner eigenen Version davon nicht sonderlich zufrieden war. Und danach hat mir Bergsträsser in Freiburg, der mich zu Gastprofessuren aus New York geholt hatte und bei dem meine Frau promovierte, hat mich dann angespornt, selber etwas zu schreiben: „Schimpfen ist leicht. Machen Sie doch selber was." Und dann habe ich dieses Büchlein geschrieben, das war im

Rombach Verlag, und das hatte den schönen Titel *Das Problem der Religion in der Industriegesellschaft* oder so ähnlich.

Wohlrab-Sahr und Knoblauch im Chor:
...in der modernen Gesellschaft.

Luckmann:
Glaube ich nicht. Ich *schwöre*, dass es irgendwas mit Industrie zu tun hatte... Jedenfalls hatte es einen Titel dieser Art.[3] Das ist nämlich deswegen wichtig, weil mich dann ein amerikanischer Verlag, also eigentlich ein englischer, MacMillan, ich weiß jetzt nicht, wieso die darauf kamen, gefragt hat, ob ich nicht eine englische Übersetzung für sie machen würde. Dann habe ich gesehen, dass es mit der Übersetzung nicht geht. Deutsch ist eine andere Wissenschaftssprache und etwas umständlicher, und halt ein bisschen aufgeblasener als Englisch. Und ich habe es also nicht nur übersetzt, sondern ich habe es umgeschrieben, obwohl im Kern die gleichen Gedanken drinnen vorkommen. Und da hat der Editor gesagt: „Das ist ein teutonischer Titel!" Teutonisch ist kein Kosename. (Gelächter) „Ein teutonischer Titel, das können wir so nicht herausgeben", sagte er. „Mir fällt nichts Besseres ein", sagte ich, „das beschreibt ja ungefähr den Inhalt." Und da hat er hin und her gedacht, und weil da schon etwas von Privatisierung in dem Buch die Rede war, und dass es Religion außerhalb der kirchlichen Institutionen gibt, in der modernen Gesellschaft, in anderen Formen. Und dann sagt er: „Wie wäre es mit *Invisible Religion*?" Und mir ist nichts Besseres eingefallen. Ich bin unzufrieden mit dem Titel, weil er zu einer ganzen Reihe von Fehlinterpretationen geführt hat, vor allem bei Leuten, zu denen ich manchmal auch gehöre, die nur den Titel eines Buches lesen und dann glauben, zu wissen, was drinnen steht.

Und dann, viel später, wollte der Suhrkamp Verlag sozusagen eine Rückübersetzung machen, aber da spielte ich nicht mehr mit, sondern da habe ich Hubert Knoblauch gebeten, es zu tun, dann bekam es aber auch einen deutschen Titel *Die unsichtbare Religion*, nicht mehr *Das Problem der Religion in der modernen Industriegesellschaft.*

So kam das mit der Religionssoziologie, eine Stelle, die ich dringend brauchte, eine empirische Studie. Aber dann bin ich bei der Religionssoziologie als einem meiner Tätigkeitsgebiete geblieben.

---

3 Das Buch hieß ursprünglich tatsächlich: „Das Problem der Religion in der modernen Gesellschaft".

Knoblauch:
Ein Thema würde ich jetzt an dieser Stelle jetzt noch anspielen, das Sie ausgelassen haben, nämlich die Zusammenarbeit mit Peter Berger, die ja auch mit der Religionssoziologie begann, die mit dem schönen Aufsatz *The sociology of religion as sociology of knowledge* dann auch plötzlich und ganz überraschend wieder neue Aspekte aufgebracht hat. Können Sie ein bisschen was erzählen, wie das zustande kam, wie das mit der deutschen Soziologie ja auch noch mit verwoben war und wieder hinausgefallen ist und so weiter. Zur Entstehungsgeschichte der *sozialen Konstruktion* und der Zusammenarbeit mit Berger.

Luckmann:
Ja, die Zusammenarbeit mit Berger war auch vor allem persönlich motiviert, erfreulicherweise nicht nur wissenschaftlich, obwohl das Produkt dann doch ein Buch in der Soziologie war.

Ich kann mich nicht erinnern, wer auf den Titel kam. Wahrscheinlich er. Wie Sie sehen, ich bin im Titel erfinden nicht besonders gut. Die Idee, dass wir etwas zusammen schreiben könnten, kam, als wir merkten, dass wir sehr ähnlich dachten. Erstens einmal, bei mir etwas stärker, bei ihm etwas schwächer, eine Neigung dazu, die philosophischen Grundlagen der Soziologie in der Phänomenologie und nicht im Neokantianismus zu suchen. Zweitens waren wir beide damit unzufrieden, wie der Strukturfunktionalismus die gesellschaftliche Wirklichkeit theoretisch-analytisch zu fassen suchte. Und dann, vermutlich war es Berger, der war der bessere Organisator, kam er auf die Idee, schreiben wir doch ein Buch zusammen, um diese Gedanken aufzugreifen und vor allem über den, nicht einmal den Umweg, über den Zugangsweg der Wissenssoziologie. Und auch die war stark phänomenologisch beeinflusst, da wir Wissen nicht im Sinn der traditionellen Wissenssoziologie als wissenschaftliches Wissen und nicht als Ideologie ansehen wollten oder untersuchen wollten, sondern das als, ich übertreib' ein wenig, als einen weitgehend sterilen Ansatz auffassten. Vielmehr verstanden wir es als das, was von Schütz Alltagswissen, *common sense*, genannt wird, das, was normale Menschen zu ihrer Orientierung im Alltag, im Leben brauchen, und wollten sehen, wie das zustande kommt.

Das war also der – sagen wir – intellektuelle Anlass. Der praktische Anlass war, dass wir befreundet waren. Wir wussten oft schon, was der Andere sagen würde, wenn er den Mund aufmachte. Es ging uns also sehr glatt von der Hand. Ich habe später noch mit einigen anderen Leuten zusammengearbeitet, aber an empirischen Untersuchungen, und das schon hier in Deutschland, in Amerika nur mit Peter Berger. Ich habe später noch mit ihm was anderes geschrieben. Und vorher sagte er, sollten wir üben. Und da haben wir drei Aufsätze zusammen geschrieben, einen davon hast Du erwähnt, mit Religionssoziologie und

Wissenssoziologie, einer war über soziale Mobilität und persönliche Identität, was mich damals interessiert hat, Berger nicht sonderlich, aber er hat gesagt: „Du sitzt noch ein Jahr daran, wenn Du es allein machst. Machen wir es zusammen.“ Ich schreib' viel langsamer als er. Daher erscheint er bei diesem Artikel als Autor nicht in alphabetischer Reihenfolge, sondern an zweiter Stelle. Ein dritter war über Pluralismus, also auch über ein religionssoziologisches Thema. Und mit diesen Vorübungen haben wir dann das Buch angefangen. Da war er schon auch an der New School als Kollege.

Wohlrab-Sahr:
Ich würde vorschlagen, dass wir das Gespräch jetzt öffnen, damit Sie die Gelegenheit haben, mit Thomas Luckmann und Hubert Knoblauch ins Gespräch zu kommen.

Frage aus dem Auditorium:
Ich habe noch eine Frage zum Thema Kommunikation, weil wir das noch nicht angesprochen hatten, Kommunikation und kommunikatives Handeln, was ja bei Ihnen auch, wenn ich das richtig sehe, im Lauf der Zeit immer wichtiger wurde. Und in den letzten Jahren haben Sie dann auch von der kommunikativen Konstruktion der Wirklichkeit gesprochen. Können Sie vielleicht skizzieren, wie da die Entwicklung war und wann Ihnen die Erkenntnis kam, dass Kommunikation so bedeutend ist?

Luckmann:
Also ich fange hinten an. Kommunikative Konstruktion, glaube ich, habe ich Knoblauch gestohlen oder von ihm geborgt. Auch ein Titel, der mir von selber kaum eingefallen wäre.

Wie ich aber zum Thema kam, zu den Untersuchungen, zu denen das geführt hat, war der Artikel über Sprachsoziologie, den ich vor vielen Jahren für das *Handbuch der empirischen Soziologie*, das René König herausgegeben hat, schrieb. Ich war ja seinerzeit ein bisschen sprachwissenschaftlich vorbelastet und hatte mich mit der Sprachsoziologie schon die ganze Zeit beschäftigt.

Ich schreibe nie mehr einen Handbuchartikel. Was man für Unsinn lesen muss! Nicht wahr, als freier Mensch und Wissenschaftler können Sie lesen, was Ihnen gut tut und interessant erscheint. Wenn Sie einen Handbuchartikel schreiben, müssen Sie alles lesen, bevor Sie wissen, dass etwas blöd ist und Sie es nicht mehr brauchen. Also da muss man sehr viel lesen, was man eigentlich gar nicht lesen wollte. Es gab sehr viel Unsinn. Die Linguisten wussten nichts von Gesellschaft, die Soziologen wussten nichts von Sprache, und es gab Wissenschaftler, die haben einfach stolz drauf los geschrieben darüber.

Jedenfalls habe ich da angefangen, mich mit der Sprachsoziologie systematisch zu beschäftigen, mit dem Verhältnis von Sprache und Gesellschaft als Strukturen. Zur Kommunikation kam ich eigentlich erst in der zweiten, revidierten Ausgabe. Da waren schon die Ethnomethodologen, also Garfinkel und vor allem Sacks und Genossen dabei. Aber das war noch nicht so richtig ein Interesse an kommunikativen Vorgängen. Aber der Hauptanstoß kam von zwei Assistenten, zuerst von Jörg Bergmann und dann von Hubert Knoblauch. Ich habe dann Geld von der DFG bekommen für ein Projekt zur Untersuchung rekonstruktiver Gattungen. Wie ich aufs Gattungskonzept kam, weiß ich nicht so genau, wahrscheinlich von den Literaturwissenschaften, von den Leuten in „Poetik und Hermeneutik". Und die haben alle gesagt, Gattung, Genre ist längst überholt, und da haben sie sich gestritten, ob das ein Idealbegriff oder ein Realbegriff war. Und das hat mich dann auch geärgert ein bisschen, ich hab' gesagt, da steckt doch mehr dahinter.

Und da kam ich, glaube ich, einmal ausnahmsweise selbstständig auf die Idee, dass man kommunikative Vorgänge als stark gattungsmäßig bestimmt ansehen kann, und dass man die Vorgänge *selbst* aufnehmen und analysieren kann, wie mich Bergmann damals darauf aufmerksam gemacht hat, nicht nur Berichte *darüber*. Und das ist *gefrorene* lebende Sprache, sozusagen eine kryologische Kommunikations- und Kulturanalyse. Mich haben die „großen Probleme" persönlich immer weniger interessiert, obwohl ich manchmal noch gefragt wurde, ob ich nicht etwas über Weltgeschichte, Gott und Sonstiges zu sagen hätte. Aber mich haben eigentlich diese kleinen Problemchen viel mehr interessiert: Wie analysiert man solche Texte? Ich habe viel von meinen Mitarbeitern gelernt, von Assistenten, Bergmann wurde dann Mitdirektor des Projekts. Das Projekt zu den rekonstruktiven Gattungen kam nie zu einem guten Ende. Und das über moralische Gattungen, das kam zu einem guten Ende, hauptsächlich durch das Verdienst einer Assistentin, Ruth Ayaß, welche die Hauptarbeiten, nachdem wir schon alles fertig hatten, aber noch nicht zusammengesetzt hatten, druckfertig gemacht hat. So kamen also die kommunikativen Gattungen, die Untersuchungen der kommunikativen Vorgänge zustande. Und dann dachte ich, dass das ja eigentlich die empirische Einlösung vieler theoretischer Ideen in der Wissenssoziologie, in der *Sozialen Konstruktion* ist.

Knoblauch:
Darf ich da vielleicht etwas hinzufügen, weil wir Kommunikation noch nicht behandelt haben. Man muss erwähnen, dass die Sprachsoziologie in den siebziger Jahren ein stark wachsendes Thema war. Die Soziolinguistik ist damals groß geworden, Oevermann in Deutschland zum Beispiel, Labov und so weiter – war ein sehr großes Thema. Und das Thema der Sprache war in der *gesellschaftli-*

chen Konstruktion schon im ersten Kapitel ganz groß angelegt, Sprache und Wissen hängen ganz eng zusammen. Etwas, was wir vielleicht noch erwähnen sollten, was als Richtung bedeutend war, neben der Ethnomethodologie, war die Ethnographie der Kommunikation, also Dell Hymes, Gumpertz, Goffman natürlich, die schon in den sechziger Jahren das gemacht haben, die nebenbei den Performanzbegriff – Dell Hymes schon in den siebziger Jahren – groß aufgebaut haben, das ist von vielen vergessen worden, und mit Performanz gerade „Sprache in Aktion" meinten. Das ist auch eine Tendenz, die übrigens in diesen Sprachumfeld, soweit ich weiß, im deutschen, zum ersten Mal richtig gefordert wurde, dass es nicht nur um gleichsam statisches Wissen geht, sondern um die *Ausführung* von Sprache, also nicht Kommunikation als Entscheidung oder als Code oder sonst was, sondern als Prozess, der im Handeln ausgeführt wird.

Und vielleicht, noch stärker als Du sagst: Dieses Face-to-Face-Projekt, das nie herauskam, es ist eine Tragödie, weil damals, eigentlich eines der ersten, das erste Projekt in der Soziologie, soweit ich weiß, das mit Video arbeitete, das sehr intensiv mit Video arbeitete und das, was heute *Multimodalität* heißt – es waren Prosodiker in dem Projekt, es waren Nonverbale Linguisten, es waren Sprechwissenschaftler in diesem Projekt, die das alles zusammengeführt hatten in eine Partitur – und das ist nie herausgekommen. Sehr schade, weil das nämlich ein Vorreiter auch für die visuellen Methoden zum Beispiel war in der Soziologie. Das wollte ich nur noch mal hinzufügen.

Frage aus dem Auditorium:
Die Idee war ja schon in der *Gesellschaftlichen Konstruktion* angedacht, aber es gibt ja von Ihnen auch etwas zur Konstitution der Sprache im Alltag. Wieso hat Sie das damals interessiert?

Luckmann:
Die Konstitution der Sprache im Alltag ist eine phänomenologische Arbeit, eine der drei eigentlich phänomenologischen Arbeiten, die ich schrieb. Ich betreibe gar keine phänomenologische *Soziologie*, ich behaupte, dass es so etwas gar nicht geben kann. Oder es ist ein *misnomer*, ein falsches Etikett. Ich glaube, die Phänomenologie ist die beste philosophische Grundlage der Selbstvergewisserung der Sozial*wissenschaften*, aber nicht eine Sozialwissenschaft. Es ist eine Wissenschaft, wie Husserl sagt. Aber es ist keine empirische Wissenschaft, die auf öffentlichen Daten beruht. Sie beginnt mit einem kartesianischen Ansatz, der auf die Selbstgewissheit des eigenen Denkens setzt. Und dann merkt man, dass alles, was man für gewiss hält, gar nicht so gewiss ist, wenn man es weiter untersucht. Und ich glaube, dass das sehr nützlich ist als Grundlage der Methodologie und der Philosophie der Sozialwissenschaften. Ja, das war eine der drei

phänomenologischen Arbeiten, eine andere war über die *Grenzen der Sozialwelt*, und eine über Protosoziologie. Das haben Sie mich aber nicht gefragt, also zurück zur *Konstitution der Sprache im Alltag*. Ich glaube, das kam von irgendwelchen Gedanken, die ich bei den Arbeiten am Schützschen Buch der *Strukturen* entwickelt habe. Und wahrscheinlich war das irgendeine kleine Unzufriedenheit. (*Auf Knoblauch deutend*) Er sagt ja! Dann muss es stimmen. Und ich glaube, ich wollte es dann für eine Festschrift, eine posthume für Schütz, veröffentlichen, habe dann seinen Freund und meinen, kann ich auch sagen, älteren Freund, Aaron Gurwitsch, einen echten Phänomenologen, gefragt, und der sagte: Nein, Schütz wär' davon nicht so begeistert. Und dann habe ich's aufgehalten und später, glaube ich, für die Gurwitsch-Festschrift genommen. Und für Schütz was anderes geschrieben.

Frage aus dem Auditorium:
Ich würde gerne ein bisschen ins Biographische gehen und wollte mal fragen, was so die Gründe waren, 1950 aus Europa zu emigrieren.

Luckmann:
Was hat mich bewogen damals auszuwandern? Sie sagten, ich war im Krieg Luftwaffenhelfer und dann bei der Wehrmacht. Eigentlich war es die Luftwaffe. Mit sechzehn habe ich ein wenig Segelfliegen gelernt und wollte, wenn ich schon zum Militär musste, ja nicht zu den U-Booten oder Panzern, zum Beispiel, oder gar in die Infanterie, und hab' mich 1944, als ich fast siebzehn war, zum fliegenden Personal gemeldet. Ich bin übrigens nie geflogen, denn das war schon im Herbst/Winter 1944. Dann war ich in Altötting, einem Wallfahrtsort in Bayern, das zur Lazarettstadt verwendet wurde. Das ist auch eine interessante Geschichte, nicht von mir, sondern von Altötting, der SS und dem Bürgermeister und dem Landrat, die es als offene Stadt erklären wollten und dann von der SS erschossen wurden. Ich war in dem Lazarett drin mit einer ganz leichten Verwundung, über die ich sehr glücklich war übrigens, weil ich dann die letzten Tage der Festung Alpenland nicht mehr miterlebt habe. Nach dem Lazarett war ich einige Monate in Gefangenschaft und kam dann nach Wien zurück. Meine Mutter und ich wohnten damals in Wien, mein Vater war schon tot, im Krieg. Er war übrigens nicht, wie Sie sagten, Österreicher. Er war ein jugoslawischer Staatsbürger, war aber noch im alten K.-und-K.-Österreich geboren, und die Luckmanns kamen vor Jahrhunderten aus Tirol. Meine mütterliche Familie ist slowenisch. Das hat der Schnettler übrigens umgedreht, warum, weiß ich nicht, wahrscheinlich weil Luckmann ein so slawischer Name ist.[4]

4 Angespielt wird hier auf das folgende Buch in der Reihe „Klassiker der Wissenssoziologie": Schnettler, Bernt: Thomas Luckmann. Konstanz 2006: uvk

Nach dem Krieg landete ich also in Wien, aber in Wien war meine Mutter nicht mehr, das Haus war zerbombt, ich bin erschrocken. Sie hat aber einen Brief bei Wiener Verwandten hinterlassen, sie war zurück nach Jugoslawien, ich soll nachkommen. Das ist mir nicht im Traum eingefallen. Ich hätte, sozusagen von altösterreichischer Herkunft, mich bemühen können, die österreichische Staatsbürgerschaft zu bekommen, aber ich hatte damals kein Interesse, in der zweiten Republik zu bleiben. Die K.-und-K.-Monarchie, übrigens das ideale Umfeld für Soziologen, war schon längst zerfallen. Übrigens, einer der großen Soziologen ist Musil mit seinem *Mann ohne Eigenschaften.* Das habe ich von Salomon gelernt, man muss nicht in der Fachsoziologie nach Soziologie suchen, gelegentlich ist auch da was zu finden, aber sehr viel ist auch außerhalb der Soziologie zu finden.

Dann war ich von Wien aus bestimmten Gründen nach Innsbruck, sagen wir „geflohen", in die französische Besatzungszone. Wien war ja zum Teil auch sowjet-okkupiert. In Innsbruck habe ich unter Anderen bei einem französischen Professor, eigentlich einem Germanisten, studiert, aber vor allem französische Sachen gelesen, Camus zum Beispiel. Mein Interesse an Camus stammt noch aus dieser Periode. Ich habe auch frühere Moralisten gelesen unter seiner Anleitung. Außerdem war er ein guter Skifahrer, hat uns zum Skifahren mitgenommen und hat sogar manchmal die Lifttickets gezahlt. Er hat mir sehr gute Empfehlungsschreiben für meine Bewerbungen an Universitäten geschrieben, von denen ich keine Ahnung hatte, außer dass sie einen guten Namen hatten, Oxford, die Sorbonne, und Yale, in Amerika, die mich tatsächlich angenommen haben. Dann begegnete ich einer Frau, und wir heirateten nach kurzer Verlobung. Sie hatte ein Stipendium nach Amerika. Für mich war die Entscheidung nicht schwer. Dass ich aus Österreich wegwollte, war *Wahl.* Dass ich nach Amerika kam, war eher *Zufall.* So kam ich nach New York. Und was dort passiert ist, habe ich in großen Zügen schon erzählt. Die New School.

Frage aus dem Auditorium:
Ich werde auch noch mal aufs Biographische kommen. Frau Wohlrab-Sahr hat ja schon vorhin erzählt, Sie waren kurze Zeit in Frankfurt, zur gleichen Zeit wie Adorno und Horkheimer sozusagen. Und in der Einleitung zur *gesellschaftlichen Konstruktion der Wirklichkeit* schreiben Sie auch, dass für die Wissenssoziologie Marx und Nietzsche wichtig sind. Da könnte man jetzt sagen, das waren sie für die Kritische Theorie auch. Aber zwei Seiten weiter schreiben Sie in einer Fußnote, dass Marxismus und Psychologie sich nicht vertragen, also die Psychologie Freuds. Da könnte man ja sagen, das ist ein Affront gegen die Kritische Theorie. Gab es da Reibungspunkte? Und warum sind Sie nur so kurze Zeit in Frankfurt gewesen?

Luckmann:
Da gibt es eine lange Geschichte und eine kurze Geschichte, und ich versuch' ungefähr die Mitte zu finden.

Ich war das erste Mal am Frankfurter Institut für Sozialforschung als Assistent am Carl-Mayer-Projekt, aber nur, weil das Projekt dort untergebracht war. Von dort gingen wir ja ins Feld, sagt man heute, also nach Wiesbaden, Schleswig-Holstein und so weiter, die Evangelischen Akademien von Loccum bis Bad Boll, Herrenalb.

In Herrenalb habe ich Gehlen kennen gelernt. Der hat dort vor Studenten der schlagenden Verbindungen vorgetragen und ich habe zugehört. Das war interessant, wie ironisch er sie behandelt hat, sie haben es kaum gemerkt. Gehlen haben Berger und ich erst viel später eigentlich entdeckt. Berger hat ihn zuerst gelesen, glaube ich. Schütz hat ihn, glaube ich, nie erwähnt.

Ja, jetzt bin ich wieder bei der Fußnote angelangt. Was war der Haupttext?

Wohlrab-Sahr:
Frankfurter Schule.

Luckmann:
Frankfurter Schule.

Das war also die erste Begegnung. Da war ein finsterer älterer Herr, das habe ich gehört, war Horkheimer. Und dann war ein sehr netter, leutseliger, etwas jüngerer, das war Adorno. Und dann war da der eigentliche Chef dort, nämlich der Wirtschaftschef, der das organisiert hat, und dessen Namen habe ich vergessen. Es war nicht Novak, aber es hätte sein können.

Wohlrab-Sahr:
Pollock?

Luckmann:
Pollock, richtig. Danke.

Das war eine Begegnung, die mich weder so noch so beeindruckt hatte. Ich hatte von Kritischer Theorie nie was gehalten, ich hab' Adorno ein bisschen gelesen, Horkheimer überhaupt nicht. Ich hab' ein, zwei Leute dort geschätzt, Mangold zum Beispiel, und einen Assistenten von Habermas, mit dem ich mich angefreundet hab': Oevermann hat damals eine Dissertation über Bernstein und dessen Konzept der Klassen-Codes geschrieben. Aus dem hat sich *peu-à-peu* seine objektive Hermeneutik entwickelt.

Dass Berger und ich geschrieben haben, dass Marx für die Wissenssoziologie besonders wichtig ist, kann ich mich nicht erinnern, wird wohl stimmen, wenn Sie es sagen, Sie haben es vor kürzerer Zeit gelesen als ich. Wo ich ihn für ganz wesentlich halte, ist nicht die Wissenssoziologie, sondern die philosophische Anthropologie, also die anthropologischen Schriften. Das ist ja ein Begründer – und auch wie Vico – einer der Vorgänger der Idee der sozialen Konstruktion der Wirklichkeit, nämlich in seiner Auffassung, dass die Menschenwelt von Menschen gemacht wird. Materialisten wie Marx sind wir aber nie geworden, wir sind Realisten geblieben. Also, Ideologiekritik, wie sie die Frankfurter betrieben haben, schien uns zu nichts besonderem, allenfalls zu einer eigenen Ideologie, zu führen.

Frage aus dem Auditorium:
Also, ich habe kürzlich im Fernsehen gesehen, die Verleihung des Watzlawick-Preises an Peter Berger. Da sagte Peter Berger in einem Interview am Rande der Veranstaltung, dass ihm der Titel *Gesellschaftliche Konstruktion der Wirklichkeit* auch nicht so gut gefällt und das er *Die gesellschaftliche Interpretation der Wirklichkeit* besser gefunden hätte. Da bin ich ehrlich gesagt ein bisschen vom Stuhl gefallen, weil ich Konstruktion doch immer als etwas mehr aufgefasst habe, auch später in Ihrem Konzept von Konstitution und Konstruktion. Und da würde mich jetzt interessieren, was Sie dazu sagen.

Luckmann:
Ich hab' das Interview nicht gehört, er hat den Paul Watzlawick, das war ein österreichischer Psychiater, der in Palo Alto gewirkt hat und Bücher geschrieben hat wie zum Beispiel *Anweisung zum Unglücklichsein*, das ist ganz lustig, er ist ein entfernter Verwandter von mir, deshalb darf ich auch sagen, dass ich von seiner Art von Konstruktivismus trotzdem nichts halte. Und dass Berger als Konstruktivist den Ring bekommen hat, beruht auf einem dieser Missverständnisse der Etikettierung. Berger wird als Konstruktivist betrachtet, daher ist er unglücklich mit dem Wort, inhaltlich glaube ich, ist er nicht sehr weit abgerückt. Interpretation wäre mir auch viel zu schwach, viel zu schwach. Das wäre auch noch unmarxistisch (*zum vorherigen Frager*: Aja, da sind Sie!). Es war aber ein sozusagen produktives Missverständnis, er hat zwar kein Geld bekommen, es war nicht der Watzlawick-Preis, aber er hat einen Ring bekommen von der österreichischen Ärztekammer. Ich hab' die Laudatio auf Berger gehalten. Da habe ich ihn zum letzten Mal gesehen, das war Anfang April.

Knoblauch:
Eine Hinzufügung hab' ich noch auf der biographischen Ebene zum Konstruktionsbegriff. Es ist ja von Hacking dieses Buch *The social construction of everything*, das im Deutschen *Was ist soziale Konstruktion?* heißt, herausgekom-

men, das die Inflationierung des Konstruktionsbegriffs fast polemisch bemängelt, interessanterweise aber damit einsetzt, dass der Begriff eigentlich ursprünglich in der gesellschaftlichen Konstruktion ganz plausibel erläutert wurde, dann aber bis zur Unkenntlichkeit missbraucht wird, was vermutlich auch stimmt – also „The social construction of everything" – und das muss man natürlich auch bemängeln. Also man ist selber als sozialer Konstruktivist, wenn man das so nennen darf, er will es zwar nicht, aber wenn es so nennen darf, sehr irritiert, was sich alles Konstruktion nennt und wie missverstanden dieses doch relativ einfache Buch werden kann. Und das ist vermutlich auch etwas, was uns sehr ärgert natürlich, diese vielfachen Missverständnisse, die nicht nur als sprachlich, als Konstruktionismus, radikal und so weiter aufgelöst werden, sondern die in einen Jargon überführt werden, und das kann natürlich als störend empfunden werden, denke ich. Ja, wollte ich nur hinzufügen.

Wohlrab-Sahr:
Also da ist ja vielleicht auch der marxistische Hintergrund im Sinne der *Hervorbringung* oder der *Erzeugung* von Wirklichkeit ganz wichtig.

Knoblauch:
Ja, manche nannten das auch Praxis später.

Wohlrab-Sahr (zu Luckmann):
Wollen Sie noch etwas hinzufügen?

Luckmann:
Nein, nein. Ich hätte nur noch einen Witz...

Frage aus dem Auditorium:
Mich interessieren im Moment die *wissenschaftlichen* Konstruktionen von Wirklichkeit sehr und ich wollte Sie fragen, jenseits von Kuhn und seinem Paradigmenwechsel, was glauben Sie, was macht diesen Moment aus, wenn es in der Wissenschaft zu einem neuen Paradigma kommt?

Luckmann:
Ja, das weiß ich nicht, ich kann zwar darum herum reden. Mir leuchtet es im Prinzip ein, dass es sehr viel braucht, bevor es zu einem Paradigmenwechsel kommt, und der Begriff „Normalwissenschaft" leuchtet mir insofern ein, weil ich der Normalwissenschaft, dem Strukturfunktionalismus in der Soziologie in meinen Studentenjahren ausgesetzt war. Dass es in der Soziologie große Paradigmenwechsel gibt, glaub' ich gar nicht. Die zwei wichtigen Personen, die die

Richtungen des Denkens in der Soziologie bestimmt haben, sind Durkheim und Max Weber gewesen. Und zum Weberianismus gibt es vorläufig keinen mir sichtbaren Paradigmenwechsel, wenn man nicht jede Variante als Paradigma benennt. In der Geschichte der Naturwissenschaften kenne ich mich zu wenig aus, um zu sagen, inwieweit man da von Paradigmenwechseln sprechen kann. Von „Normalwissenschaft" gewiss. Ein Paradigmenwechsel, der keiner ist, ist zum Beispiel die Einführung des Etiketts „Kulturwissenschaften". Kein Paradigmenwechsel.

Wohlrab-Sahr:
Ich bin mit dem Etikett nicht identifiziert, insofern möchte ich nicht widersprechen.

Frage aus dem Auditorium:
Mich würde interessieren, inwiefern Sie sich mit neueren Theorieversuchen auseinandergesetzt haben, also mit Pierre Bourdieu oder mit Niklas Luhmann, die haben ja beide auf ihre Art und Weise auch auf phänomenologische Traditionen Bezug genommen, und auf die wissenssoziologische und diese auf sehr spezifische Art und Weise fortgeführt. Können Sie dazu vielleicht noch was sagen?

Luckmann:
Ich habe von Bourdieu einiges, aber bei Weitem nicht alles gelesen und finde es interessant, obwohl nicht immer so originell, wie es manche meinen. Giddens habe ich ein wenig gelesen, interessiert mich nicht. Luhmann bin ich oft in Diskussionen begegnet, und dabei ist er auf die anderen in der Gruppe, zum Beispiel in „Poetik und Hermeneutik" sehr intelligent eingegangen, war enorm belesen, hat sich ihre Argumente angehört, und hat daraufhin geantwortet. Dann habe ich angefangen, was von ihm zu lesen; eines war, glaube ich, der erste Band der Semantik, über den ich eine Buchbesprechung schreiben musste. Und war eher kritisch, muss ich sagen. Und ich glaub', mit Recht. Dann habe ich anderes gelesen, und dann habe ich aufgehört, Luhmann zu lesen. Ich glaube, die Idee einer Autopoiesis der Gesellschaft ist Unsinn, ich glaube, die Systemtheorie ist, soweit verständlich, falsch, eine moderne Metaphysik hegelianischer Prägung. Viele italienische Soziologen sind von der Systemtheorie begeistert – was mich in meiner Hypothese bestärkt, denn die Italiener waren auch von Hegel enorm begeistert. Der Hegelianismus in Italien war eine Epidemie zu seiner Zeit. Also, ich habe Systemtheorie nicht mehr gelesen. A propos nicht gelesen: vor nicht all zu langer Zeit hat noch jemand eine *Social Construction* veröffentlicht, also John Searle. Das Buch habe ich auch nicht gelesen. Aber jemand hat

mich darauf hingewiesen. (*zu Knoblauch*) Du vielleicht? (Knoblauch: Ich hab' eine Besprechung geschrieben.) Schön. (Gelächter)

Knoblauch:
Darf ich vielleicht hinzufügen, dass er, seit er emeritiert wurde, sich auch befreit fühlt, die Dinge nicht zu lesen, die er auch nicht lesen will. Und da er es nun beruflich nicht mehr tun muss, da ist es ihm, glaube ich, ein großes Vergnügen, das auslassen zu können. Aber wir müssen das nicht auslassen. Ich bin eigentlich hier für New Speak, also für das, was die neuere Zeit sein soll, also die Flanke abzudecken, aber das muss er nicht. Nicht dass Sie meinen, das ist jetzt eine generalisierbare Ignoranz, sondern das ist eine private Präferenz.

Luckmann:
Ich stimme mit Dir nicht überein, ich glaube, diese Form von Ignoranz ist generalisierbar. (Gelächter) Es ist eine gute Methode, nicht den Hausverstand zu verlieren in den Sozialwissenschaften.

Frage aus dem Auditorium:
Und gibt es auch irgendwas, was Sie *lesen*? Also, ich habe jetzt erfahren, was Sie alles nicht lesen und würde nun gerne wissen, was Sie lesen.

Luckmann:
Was ich lese? Sehr viel Geschichte. Insbesondere mittelalterliche Geschichte, ich hatte mit Mediävisten etwas zu tun gehabt, das hat mich sehr interessiert. Ziemlich viel, also, für meine Verhältnisse, ich gehe ja lieber fischen. Aber, recht viel Geschichte, nicht nur Mediävistik, ich lese zum Beispiel jetzt einiges über den jugoslawischen Kommunismus, die Tito-Periode und den Zerfall. Weil da grad in Deutschland unter anderem, von Amerika gar nicht zu sprechen, so viele falsche Vorstellungen und Klischees herrschen. Dass es falsche Vorstellungen und Klischees sind, wusste ich zwar schon aus eigener Erfahrung, aber jetzt kriege ich langsam in der Literatur die Begründung dafür.

Was lese ich sonst noch? Agatha Christie habe ich schon vor dreißig Jahren zweimal durchgelesen, also lese ich sie nicht noch mal. Ich kann Ihnen sagen, was ich meiner Freundin vorlese. Zur Zeit Musil. Ich habe Musil nicht so gut im Gedächtnis gehabt. Vorher den ganzen Doderer,[5] mit zwei Ausnahmen, weil es schlechte Doderer sind. Wenn Sie mich fragen, erzähle ich Ihnen gerne, was schlecht an Doderer ist. Vorher Bergengruen, ein hochinteressantes Buch, dessen Titel ich nicht ganz genau weiß, über die Frühgeschichte der Hohenzollern

5 Heimito von Doderer, 1896–1966.

in Brandenburg, als um Berlin, bzw. Neu-Kölln herum alles wendisch, slawisch war. Ich glaub’, es heißt: *Am Himmel und auf der Erde*, oder so ähnlich. Sehr interessantes Buch.[6] Vorher einen deutschen historischen Roman, von Wolf von Niebelschütz, *Der Dachs*.[7]

Englisch lese ich den ersten großen Religionssoziologen, nämlich Robertson Smith, *Lectures on the Religion of the Semites*.[8] Das ist wirklich ein ganz wichtiges Buch. Ich wünschte, ich hätte das vor vierzig Jahren schon gelesen, habe ich aber nicht. Beim Vorlesen merkt man sehr viel mehr. Dann habe ich noch einmal einen österreichischen Autor gelesen, Joseph Roth.

Wohlrab-Sahr:
Ich hab’ jetzt noch zwei Wortmeldungen, dann ist es gleich neun, müssen wir hier raus und müssen uns oder können uns in den Biergarten vertagen nachher.

Frage aus dem Auditorium:
Das ist vielleicht eine Frage eher an Herrn Knoblauch oder vielleicht an Sie beide: Was passiert im Moment gerade an Forschung, die auf Gedanken Thomas Luckmanns beruht, würde mich interessieren. Zum Beispiel, werden noch kommunikative Gattungen untersucht?

Luckmann:
Das weiß Knoblauch vielleicht, ja.

Knoblauch:
Ja, wir haben gerade eine Habilitation von Bernd Schnettler zu kommunikativen Gattungen. Also, was wir neu gemacht haben, eigentlich schon begonnen damals, ist die Ausweitung von der Sprache, von sprachlichen Interaktionen hin zur visuellen Kommunikation, also Einbezug des Visuellen, was die Kommunikation angeht. Und das ist ein breiter Bereich geworden, insbesondere in der Methode.

Und zweitens, was Sie gerade sehen, ich würde betonen, weil alle von Subjekten reden und unglaublich viel Subjektivierung geschieht von allen Seiten, die Phänomenologie ist natürlich wieder sehr stark da in verschiedenen Ecken, interessanterweise häufig auch im Angelsächsischen, in einer Ignoranz, wenn ich sagen darf, also man liest wieder Husserl und vergisst vierzig Jahre Diskus-

6 Werner Bergengruen: Am Himmel wie auf Erden. Berlin 1987: Ullstein-Verlag.
7 Wolf von Niebelschütz: Die Kinder der Finsternis: Frankfurt a.M. 2000: Haffmans.
8 William Robertson Smith: Lectures on the Religion of the Semites, London 2005 [1889]: Adamant Media Corporation

sion auch der Probleme des unsoziologischen Husserl, auch in den Methoden, ich will hier keine Namen nennen. Die Phänomenologie jedenfalls ist in vielen...

Luckmann:
Warum nicht? Ich hab' viele Namen genannt! (Gelächter) Du traust Dich nicht!

Knoblauch:
Ganz genau, ich will nicht auffallen damit, fremde Leute schlecht zu machen. Das scheint doch sehr stark da zu sein. Was fehlt, wir haben das immer wieder betont, wir haben seit den achtziger Jahren enorm stark empirisch gearbeitet und versucht eigentlich das einzuholen, wovon andere, Luhmann zum Beispiel, Habermas, sehr theoretisch sprachen. Also, das ist sehr stark übersehen worden, war vielleicht auch ein Fehler, das nicht auch theoretisch zu formulieren. Das Problem ist aber, in den Theorien spielen sich unglaublich viele Moden ab, also Turns der verschiedensten Art, ob das interpretive und cultural turns und so weiter sind, die eigentlich so schnell gehen, dass man sich überlegen muss, ob man in einem dieser Turns, performative turn zum Beispiel, ob man in einem solchen Turn drin sein will oder einfach weiterarbeitet. Und ich denk', was er (Luckmann) gemacht hat auch seit der Emeritierung und was wir auch probieren, ist, diese empirischen Arbeiten auch theoretisch etwas stärker zu reflektieren unter Aufnahme anderer Richtungen. Aber es ist also in beiden Richtungen, also in Richtung auf die Kommunikation, wie auch in Richtung auf die Phänomenologie und die Frage von Subjekt, Identität zum Beispiel, dieses Thema, denke ich schon einiges unterwegs, und auch die Gattungen bleiben.

Frage aus dem Auditorium:
Ist das publiziert? Also gerade diese theoretischen…?

Knoblauch:
Also, er (Luckmann) schreibt auch Theoretisches, zur kommunikativen Konstruktion zum Beispiel, die Beiträge gehören dazu. Ich denke, da stoßen wir ins gleiche Horn. Eben. Da stoßen wir durchaus ins gleiche Horn, würde ich meinen, in dieser Richtung.

Luckmann:
Aber wissen Sie, was ich gerne gemacht hätte und angefangen hab', aber nicht weiter gekommen bin, das war nach den Projekten zu den rekonstruktiven Gattungen, zu denen nur einzelne Artikel erschienen sind, aber leider nicht das Buch, und zu den moralischen Gattungen, das was in zwei Bänden erschienen ist. Ich hab' ein Projekt – Bergmann war schon längst in Bielefeld – an einem

Sonderforschungsbereich in Konstanz mit zwei Mitarbeiterinnen begonnen, in dem wir Videoanalyse mit Partiturnotationen, ich glaub', Partitur in dem Zusammenhang stammt von mir? Er (Knoblauch) bestätigt das. Die Deutsche Forschungsgemeinschaft hat mir für ein Luxusprojekt Geld gegeben, über diesen Sonderforschungsbereich halt, nämlich für eine Untersuchung über ‚Ästhetische Elemente in der Alltagskommunikation'. Warum das Soziologen interessieren sollte, würde sonst ein Gutachter vermutlich fragen. Bei mir haben sie das unterdrückt. Ich hab' langsam von meiner Freundin, sie ist eine Expertin in Rhetorik, und von Knoblauch, der sich für Rhetorik interessiert, gelernt, dass eigentlich schon die klassische Rhetorik ein nützliches analytisches Instrument für die Analyse kommunikativer Gattungen ist, allerdings unter Einschluss des Sichtbaren, nicht nur des Hörbaren. Und da, bei den anderen zwei Projekten, dämmerte mir die Idee, dass es eigentlich wichtig wäre, etwas, das Kunst ist, ohne als Kunst eingerahmt zu sein, näher anzusehen. Zum Beispiel: Heiraten tut man ja nicht wegen der Kunst, nehme ich an, aber eine Hochzeitszeremonie hat ästhetische Elemente, klischeeartige, quasi-originelle. Man muss sich's wirklich anschauen. Und das ging mit einer hervorragenden Mitarbeiterin und einer anderen, die in der Vorbereitung auch sehr gut war, aber sich in der Analyse des visuellen Aspekts der Vorgänge als nicht kompetent erwiesen hat. Na ja, es gab verschiedene Gründe, dass ich alleine das nicht machen konnte, nicht einmal wollte. Das ist ein unabgeschlossenes Projekt und das, wenn ich noch einmal die Energie hätte...

Frage aus dem Auditorium:
Wir hatten es vorhin schon einmal von Ihren Schülern, und mich würde interessieren, es gibt einen amerikanischen Wissenschaftler, der sehr in den Diskurs gekommen ist, Kenneth Gergen, ich weiß nicht, ob der Ihnen was sagt?

Luckmann:
Kenneth Gergen, das ist ein Sozialpsychologe! Den werd' ich kennen. Ich hab' ein Buch von ihm besprochen.

Frage aus dem Auditorium:
Er hat ja Ihre Theorie doch sehr dramatisch weiterentwickelt zu dem „Übersättigten Selbst". Und ich würde gerne wissen, was Sie davon halten, also, ob Sie ihn als Weiterentwicklung Ihrer Theorie akzeptieren?

Luckmann:
Nein. Absolut nicht. Er verkündet ja das Ende der Identität. Es ändert sich manches, so zwischen einem Buschmann und der Art von Identität, die er hat, näm-

lich keine besonders reflektierte, und zu dem, was man heute hat, schon bei den Romantikern natürlich, als Selbstsuche, Selbstfindung, aber heute wird das alles noch einmal aufgewärmt und noch schlimmer. Aber selbstverständlich haben beide eine persönliche Identität.

Wohlrab-Sahr:
So, die letzte Frage.

Frage aus dem Auditorium:
Sind Sie in Amerika mal dem Charles Wright Mills begegnet?

Luckmann:
Persönlich nicht. Ich hab' Mills natürlich in diesem Kurs am College herangezogen, die jungen Studenten mussten ihn lesen Er hat Anstöße aus der Rhetorik von Kenneth Burke übernommen, der war, glaube ich, einer seiner Lehrer, und hat sie dann in Aufsätzen, *Situated action, vocabularies of motives*[9] oder so ähnlich hieß einer der Aufsätze, ausgebaut. Für den Kurs war es aber *White collar.*[10] Dieses Buch hat sehr gute Analysen. Mills ist immer ideologischer geworden, aber diese frühen soziologisch-rhetorischen Aufsätze sind schon bemerkenswert. Ja, ich hab' ihn nie kennen gelernt, ich hatte aber einen Schüler von ihm, Horowitz, eine Stelle an meinem College verschafft.

Wohlrab-Sahr:
Ich glaube, wir müssen jetzt an dieser Stelle einen Schnitt machen. Wir könnten noch ewig weiter reden und vielleicht noch ein paar Anekdoten auch hören, die Sie sich jetzt verkniffen haben.

Luckmann:
Witze!

Wohlrab-Sahr:
Und Witze!
Ich danke Ihnen ganz herzlich, Thomas Luckmann und Hubert Knoblauch.
(langer Applaus)

9 C. Wright Mills (1940): Situated Actions and Vocabularies of Motive, in: American Sociological Review 4, December: 904–913.

10 C. Wright Mills (1951): White Collar. The American Middle Classes. Oxford: Oxford University Press.

II. Empirische Kultursoziologie in der Tradition der Wissenssoziologie

Perspektiven einer kultursoziologischen Medienanalyse

Angela Keppler

1. Ein Zugang

Technische Kommunikationsmedien sind heute überall gegenwärtig. Diese Allgegenwart ist manchmal so gedeutet worden, als erzeugten die von ihnen produzierten Klänge und Bilder die Wirklichkeiten des modernen Lebens. Auch wenn dies eine unhaltbare Übertreibung ist, so trifft es doch zu, dass diese Medien mit ihren Darbietungen unaufhörlich *Verständnisse* präsentieren und generieren, die unsere Kultur und Gesellschaft entscheidend modifizieren. Aus soziologischer Perspektive liegt es daher nahe, das Fernsehen als einen Teil der gesellschaftlichen Realität zu untersuchen, die es selbst prägt. Um meinen eigenen wissenschaftlichen Zugang zu diesen ‚medialen Lebensverhältnissen' zu verdeutlichen, dürfte zunächst ein kurzer Blick auf die Vorgeschichte der theoretischen und empirischen Behandlung der neueren Kommunikationsmedien hilfreich sein.

Dass die modernen Massenmedien – allen voran Radio und Fernsehen – ein integraler Teil der Kultur sein könnten, war in der Diskussion, die ihr Entstehen begleitet hat, alles andere als selbstverständlich. Denn auf breiter Front wurde in der soziologischen, philosophischen und kulturkritischen Zeitdiagnose das Gegenteil vertreten: Radio und Fernsehen – mitsamt ihrer kommerziellen Nutzung – stellten ein Ende des kulturellen Lebens dar, jedenfalls einer Kultur im eigentlichen Sinn. In Beiträgen, die weit über ihr Erscheinungsdatum hinaus einflussreich blieben, haben Soziologen und Philosophen wie Max Horkheimer und Theodor W. Adorno (1944), Günther Anders (1956) oder Arnold Gehlen (1957) die zu ihrer Zeit neuen Medien als eine Bedrohung nicht allein der hergebrachten kulturellen Identität, sondern auch der Möglichkeiten ihrer künftigen Entwicklung gedeutet. Die Massenkultur der westlichen Welt wurde aus der normativen Warte sei es der bürgerlichen ästhetischen Kultur des 19. Jahrhunderts, sei es der künstlerischen Avantgarde des 20. Jahrhunderts kritisiert – aus zwei sehr unterschiedlichen Perspektiven, die zumal bei Adorno eine bemerkenswerte Verbindung eingegangen sind. Die demokratische Kultur wurde auf diese Weise als eine Kultur der Entmündigung ihrer Nutznießer entlarvt. Dieser ästhetischen, moralischen und politischen Kritik der medialen Massenkultur standen auf der anderen Seite entschiedene Apologien gegenüber, allen voran die klassischen Beiträge von Walter Benjamin (1937) aus den dreißiger und Marshall McLuhan (1964) aus den sechziger Jahren des vergangenen Jahrhunderts. Hier wurden die neuen Medien als Chancen einer umwälzenden Entwicklung begriffen, die in die Aufhebung eines entfremdeten oder vereinseitigten Kulturzustandes münden würde oder wenigstens könnte. Das Auftreten der neuen Kommunikationsmedien wurde somit in dieser Debatte als Zeichen entweder eines Endes oder aber eines Anfangs einer freien ästhetischen und politischen Kultur gedeutet.[1]

Das Alles oder Nichts dieser auch heute noch weiterwirkenden kulturkritischen Deutungen aber führt an der tatsächlichen Situation vorbei. Man wird einem neuen Typus der menschlichen Erfahrung empirisch weder gerecht, wenn man ihn einfach an einem alten misst, noch wenn man ihm eine unvergleichliche Neuheit attestiert. In solchen Zurechtlegungen können vielmehr die entscheidenden Fragen überhaupt nicht gestellt werden: Fragen danach, was denn mediale Erfahrung überhaupt ist und wie sie sich zu anderen Formen der menschlichen Erfahrung verhält; wie mediale Erfahrung gewonnen wird und wie sie in die soziale und Lebenserfahrung der Menschen eingeht; wie mediale Wissensvermittlung geschieht und wie sie sich zu anderen Formen der Ausbildung und Weitergabe von Wissen verhält.[2] Das immer wieder auflebende kulturkritische Für und Wider muss daher durchbrochen werden, wenn es zu einer sachgerechten empirischen Forschung kommen soll. Und es *ist* seit den fünfziger Jahren Schritt um Schritt aufgebrochen worden: überall dort, wo die Rezipienten der modernen Medien nicht lediglich als manipulierte Opfer einer neuen kulturellen, ökonomischen und politischen Strategie und nicht lediglich als Agenten einer imaginierten Zukunft, sondern als Akteure ihres alltäglichen Lebens ernst genommen wurden.

Als einen Zeugen dieser Veränderung des Blicks möchte ich stellvertretend Jürgen Habermas anführen. In einem 1990 geschriebenen Vorwort zu seinem 1962 veröffentlichten Buch *Strukturwandel der Öffentlichkeit* räumt Habermas ein, dass die Perspektive dieses Werks durch den „Gegensatz einer idealistisch überhöhten Vergangenheit und der kulturkritisch verzerrten Gegenwart" (Habermas 1990: 21) getrübt gewesen sei. Habermas kommt im Rückblick zu einer erheblich differenzierteren Einschätzung des sozialen Gebrauchs, dem die Massenmedien in unseren Gesellschaften unterliegen.

1 Eine informative Übersicht über die Argumente beider Seiten gibt Carroll (1998), Kap. 1-2; kritische Fallstudien zur Kulturindustrie-These der „Dialektik der Aufklärung" bieten Keppler/Seel (1991) und Steinert (1998).

2 Auf die Stellung der medialen Erfahrung bin ich näher eingegangen in Keppler (1999).

> „Meine Diagnose einer geradlinigen Entwicklung vom politisch aktiven zum privatistischen, ‚vom kulturräsonierenden zum kulturkonsumierenden Publikum' greift zu kurz. Die Resistenzfähigkeit und vor allem das kritische Potential eines in seinen kulturellen Gewohnheiten aus Klassenschranken hervortretenden, pluralistischen, nach innen weit differenzierten Massenpublikums habe ich seinerzeit zu pessimistisch beurteilt." (Ebd.: 30)

Habermas trägt damit dem Umstand Rechnung, dass auch auf der Seite des von den Massenmedien erreichten Publikums mit einem eigenständigen Medien*handeln* zu rechnen ist. Gerade ein qualifiziertes Verständnis der medialen *Öffentlichkeit* ist auf eine Erforschung des Medienhandelns in diesem weiten Sinn angewiesen. Denn diese Öffentlichkeit besteht in Spielräumen der Herstellung, Propagierung, Variation und Interpretation von Themen und Ereignissen, deren Bedeutung für das soziale und gesellschaftliche Leben sich erst im Zuge individueller und kollektiver Aneignungsprozesse ergibt.

Vor diesem Hintergrund möchte ich im Folgenden die Perspektive, aus der ich meine medien- und kultursoziologischen Forschungen betreibe, etwas genauer charakterisieren. Wie und auf welche Weise greift mediale Kommunikation in die gesellschaftliche Konstruktion der Wirklichkeit ein? – so lässt sich die Leitfrage meiner Untersuchungen in diesem Feld formulieren. Es ist dies sowohl die Frage nach der Konstruktion von Wirklichkeit *in den* Medien als auch im *Anschluss an* die Medien. Sie betrifft nicht allein das Problem der Auswahl von *Ereignissen* durch mediale Präsentationen, sie betrifft ebenso die Art und Weise der audiovisuellen *Präsentation* medialer Produkte und deren Einfluss auf die Vorgänge der *Rezeption*. Dabei ist von vornherein zu beachten, dass die Konstruktion medialer Wirklichkeit sowohl auf Seiten der Produzenten wie der Rezipienten ein *aktiver* Vorgang ist. So sehr die medialen Produkte die Wahrnehmung *lenken*, so sehr lassen sie ihren Nutzern im Kontext ihres jeweiligen Lebensvollzugs erhebliche Spielräume einer *eigensinnigen* Aneignung offen. Nur eine gleichgewichtige Berücksichtigung dieser Pole kann in meinen Augen zu einer erhellenden Antwort auf die Frage führen, ob und wie uns durch die Orientierungs- und Sinnangebote der Medien Vorgaben für die Ausgestaltung kollektiver Welt- und Selbstbilder gemacht werden – und somit, in einem allgemeineren Rahmen, auch auf Fragen der Konstitution gesellschaftlicher Ordnungen sowie der Einfügung des Einzelnen in die jeweilige gesellschaftliche Ordnung.

Ich werde diese Zusammenhänge nun in drei Schritten weiter erläutern. Ich beginne mit einer theoretischen Skizze zum Begriff der sozialen Realität, innerhalb deren sich die technisch vermittelte Kommunikation vollzieht. Danach erläutere ich einige der methodischen Grundsätze, die mich bei meiner Arbeit leiten. Schließen werde ich mit zwei Beispielen zu den beiden komplementären

Seiten einer unverkürzten empirischen Untersuchung medialer Lebensverhältnisse: zum einen der Analyse von Medienprodukten (und der von ihnen nahe gelegten *potentiellen* Rezeption) und zum anderen einer Analyse der stets in bestimmten sozialen Kontexten erfolgenden *faktischen* Rezeption dieser Kommunikationsangebote.

2. Theoretische Grundlagen

Die Funktion der technischen Kommunikationsmedien kann soziologisch nur erkannt werden, wenn diese in ihrer Stellung *innerhalb der sozialen Welt* betrachtet werden. Sie sind ein bestimmender Teil dieser Welt. Wie sie diese Welt bestimmen, aber kann nur geklärt werden auf der Basis eines eindeutigen Begriffs dieser Welt. Ohne ein angemessenes Verständnis sozialer Realität kann es kein angemessenes Verständnis medialer Realität geben.

Anders als die Welt der Natur, die wir mit Hilfe unserer wissenschaftlichen Konstruktionen *erschließen*, ist die soziale Welt eine durch die Praktiken sozialen Handelns erst *erzeugte* Welt. Sie ist durch menschliche Praxis entstanden, in einer Weise, in der sich das Erzeugende – die Arten gesellschaftlicher Praxis – zusammen mit seinen Erzeugnissen – den Verfestigungen dieser Praxis – herausbildet und verändert. Die soziale Welt des Handelns ist stets bedeutsam für die, die sich in ihr bewegen. Diese Bedeutsamkeit gilt es in der Sozialforschung zu verstehen; das Verständnis, das sich Handelnde in ihrem Handeln von ihrer Welt bilden, stellt den ersten Gegenstand sozialwissenschaftlicher Untersuchungen dar. „Um diese soziale Wirklichkeit zu erfassen", schrieb daher Alfred Schütz 1954 in seinem Aufsatz *Begriffs- und Theoriebildung in den Sozialwissenschaften,*

> „müssen die vom Sozialwissenschaftler konstruierten gedanklichen Gegenstände auf denen aufbauen, die im Alltagsverstand des Menschen konstruiert werden, der sein tägliches Leben in der Sozialwelt erlebt. Daher sind die Konstruktionen der Sozialwissenschaften sozusagen Konstruktionen zweiten Grades, das heißt Konstruktionen von Konstruktionen jener Handelnden im Sozialfeld, deren Verhalten der Sozialwissenschaftler beobachten und erklären muß, und zwar in Übereinstimmung mit den Verfahrensregeln seiner Wissenschaft." (Schütz 1954: 67)

Aufgabe dieser „Konstruktionen zweiten Grades", auf die eine sozialwissenschaftliche Forschung zielt, ist demnach eine Explikation derjenigen „Konstruktionen ersten Grades" – Gedanken, Verständnisse, Normen, Wissensformen – die für die historischen Lebenswelten des menschlichen Handelns und Erlebens maßgebend sind. Entscheidend ist hierbei überdies die Relevanz, die verschiedenen Orientierungen und Verhaltensweisen im sozialen Leben zugewiesen wird, denn aus ihr eigentlich entsteht das, was unter den gegebenen historischen und kulturellen Umständen als primäre Wirklichkeit des sozialen Lebens gilt.

Die soziokulturelle Welt, bedeutet dies, ist nicht aus vereinzelten Absichten heraus erdacht und gemacht worden, sie ist mit der kollektiven Herausbildung bestimmter Tätigkeiten und Tätigkeitsfelder so entstanden, dass sie unabhängig von diesen Tätigkeiten und ihren Verfestigungen gar nicht existiert. Sie besteht nur im Zusammenhang der für sie konstitutiven Praktiken, ja: Sie *ist* dieser Zusammenhang. Das, was sich so herausbildet und erhält – Einrichtungen wie Sprache, Ehe, Geld, Recht, Ökonomie, Politik, Wissenschaft, Kunst usw. – gibt es nur im Zusammenhang dieser Praktiken. Diese Interdependenz macht die *Realität* sozialer Verhältnisse aus. Weil sie nur in der Verschränkung von Praktiken und ihren Produkten, Vollzügen und ihren Medien besteht, ist eine deterministische Deutung von vornherein verfehlt. Es gibt keine – medialen oder sonstigen – sozialen Verhältnisse, die das Verhalten in diesen Verhältnissen so kanalisieren würden, dass ihnen im Handeln nur noch blind gefolgt werden könnte. Vielmehr sind diese Verhältnisse durch *Spielräume* des Verhaltens gekennzeichnet, in denen soziale und kulturelle Prozesse ihre Wirklichkeit haben. Um die Besonderheiten dieser Realität zu betonen, haben Peter Berger und Thomas Luckmann 1966 von einer „gesellschaftlichen Konstruktion der Wirklichkeit" und hat John Searle (1997) dreißig Jahre später von einer „Konstruktion der gesellschaftlichen Wirklichkeit" gesprochen. Diese beiden Wendungen gehören im Grunde zusammen. Denn zusammen stellen sie die Interdependenz von Gesellschaft und ihren konstitutiven Praktiken heraus. Die Abhandlung von Berger/Luckmann ist für eine sozialwissenschaftliche Erforschung des Zusammenhangs von sozialer Wirklichkeit und medialer Wirklichkeit ein bis heute paradigmatisches Buch. Ihre auf Grundannahmen von Soziologen wie Alfred Schütz, Max Weber, George Herbert Mead und Herbert Blumer zurückgreifende Theorie stellt nicht nur für die deutsche Medien- und Kommunikationssoziologie, sondern auch für viele kommunikationswissenschaftliche Ansätze zu diesem Thema einen entscheidenden Ausgangspunkt dar.[3]

Soziale Wirklichkeit, so die zentrale These des Buches von Berger/Luckmann, muss immer doppelt gefasst werden: als objektives Faktum und als sub-

3 Auf das Konzept von Berger/Luckmann beziehen sich verschiedene Autoren in den Kommunikationswissenschaften (z.B. Winfried Schulz, Siegfried J. Schmidt), ebenso wie Vertreter der handlungstheoretischen (z.B. Klaus Neumann-Braun, Michael Charlton), ethno-methodologischen (z.B. James Lull, Gaye Tuchman) und konversationsanalytischen (z.B. Angela Keppler, Ruth Ayaß) Medien- und Rezeptionsforschung, ebenso wie zahlreiche Autoren im Rahmen der Cultural Studies (Stuart Hall, Friedrich Krotz).

jektiv gemeinter Sinn. Die Autoren knüpfen dabei an die Auffassung von Alfred Schütz an, dass das Verständnis der in einer Gesellschaft Handelnden die Grundlage dafür bildet, was die objektive, von den Intentionen Einzelner unabhängige Wirklichkeit dieses Handelns ausmacht. Soziale Wirklichkeit gilt hier zunächst einmal grundsätzlich als Konstruktion, die sich zusammensetzt aus subjektiven Wahrnehmungen, intersubjektiven Bedeutungszuschreibungen und gesellschaftlichen Bedingungen. Die Basis unseres Handelns ist die Wirklichkeit der Alltagswelt.

> „Die Wirklichkeit der Alltagswelt wird als Wirklichkeit hingenommen. Über ihre einfache Präsenz hinaus bedarf sie keiner zusätzlichen Verifizierung. Sie ist einfach *da* – als selbstverständliche, zwingende Faktizität. Ich *weiß*, daß sie wirklich ist. (…) Nicht alle Wirklichkeitsaspekte sind jedoch gleich unproblematisch. Die Alltagswelt ist in Ausschnitte eingeteilt, deren einige ich routinemäßig begreife, andere stellen mir Probleme dieser oder jener Art.“ (Berger/Luckmann 1970: 26)

Dabei wird davon ausgegangen, dass wir einen Großteil unserer Erfahrungen routinemäßig – in Übereinstimmung mit unserem Alltagswelt-Wissen – machen, dass wir also Ereignisse als unproblematisch wahrnehmen, wenn und solange sie mit unserem vorhandenen Wissen übereinstimmen. Wir arbeiten dabei mit Typisierungen und Rezeptwissen, was es uns ermöglicht, nicht in jeder Situation erneut überlegen zu müssen, wie wir etwas einordnen, interpretieren, mit Bedeutung versehen sollen. Entscheidend dabei ist der Aspekt, dass die

> „Alltagswelt nicht nur als wirklicher Hintergrund subjektiv sinnhafter Lebensführung von jedermann hingenommen wird, sondern daß sie jedermanns Gedanken und Taten ihr Vorhandensein und ihren Bestand verdankt.“ (Ebd.: 22)

Von entscheidender Bedeutung für den Wirklichkeitscharakter ist die Erfahrung der Intersubjektivität:

> „Die Wirklichkeit der Alltagswelt stellt sich mir ferner als eine intersubjektive Welt dar, die ich mit anderen teile. Ihre Intersubjektivität trennt die Alltagswelt scharf von anderen Wirklichkeiten. Ich bin allein in der Welt meiner Träume. Aber ich weiß, daß die Alltagswelt für andere ebenso wirklich ist wie für mich.“ (Ebd.: 25)

Dieses Verhältnis: Alltagswelt als ‚Wirklichkeit par excellence' zu erleben und das gleichzeitige Wissen um das Vorhandensein von Zonen, die ‚außerhalb meiner Reichweite' existieren, ist nun im Hinblick auf das Verhältnis von lebensweltlicher und medialer Wirklichkeit von zentraler Bedeutung.

Die Verfügbarkeit von Techniken und Effekten der technisch vermittelten Kommunikation bildet einen zentralen Teil der alltäglichen Wirklichkeit des gegenwärtigen Lebens. Der Gebrauch dieser Medien gehört ebenso zu den selbstverständlichen Vollzügen des Alltags wie der Gebrauch vieler anderer Geräte und die Kommunikation mit leibhaftig anwesenden Anderen. *Zusammen* bilden diese und andere Praktiken den lebensweltlichen Alltag aus, in dem viele der über ‚die Medien' bezogenen Deutungsmuster zunächst oft ebenso wenig problematisiert werden wie die Mitteilungen von Verwandten oder Arbeitskollegen. Dass vieles *zunächst* nicht problematisiert wird, bedeutet jedoch nicht, dass es nicht problematisiert werden kann. Im alltäglichen Handeln wird stillschweigend überprüft und großteils bestätigt, was in (oft zugleich) faktischer wie normativer Bedeutung ‚Sache ist'. Ob es sich um Verkehrsregeln und die Sanktionierung ihrer Übertretung, um Verwandtschaftsbeziehungen, Gehaltszahlungen oder die Sendezeit und die Choreografie einer Fernsehserie handelt – dergleichen sind soziale und kulturelle Tatsachen, auf die man im alltäglichen Handeln zählen und gemeinsam immer wieder zurückkommen kann. Die soziale Wirklichkeit wird hier durch einen ‚gesellschaftlichen Wissensvorrat' bestimmt, den wir mit unseren Mitmenschen teilen, und der zu einem großen Teil aus routinemäßigen Verfahren besteht, die unser Handeln im Alltag erleichtern. Trotzdem ist zumal in modernen Gesellschaften die Erfahrung unausweichlich, dass diese Hintergrundorientierungen jederzeit brüchig werden können. Wenn dies geschieht, können die im bisherigen Alltag gewonnenen Sicherheiten auch auf verschiedene Weise in Zweifel gezogen werden – obwohl es auch hierzu weiterer, vorerst nicht angetasteter Gewissheiten bedarf, die nicht zur selben Zeit in Zweifel stehen können. Unter diesen Umständen interpretieren die Handelnden die jeweilige Situation bzw. das jeweilige Ereignis neu und versuchen, im Rückgriff auf vorhandenes Wissen eine revidierte Einschätzung ihrer Wirklichkeit zu gewinnen.

Diese Grundsituation lebensweltlicher Orientierung hat durch die modernen Kommunikationsmedien freilich eine durchaus neue Gestalt gewonnen. Denn eine Begegnung mit Situationen, in denen sie nie waren und nie sein werden, ist für die heutigen Menschen vor allem Dank der ‚Massenmedien' Radio und Fernsehen zu einem höchst alltäglichen Ereignis geworden. Die Situation, *die* erfahren wird, ist bei der Verfolgung einer Kriegsberichterstattung oder eines Fußballspiels im Fernsehen, aber auch bei einem Telefongespräch oder einer Video-Konferenz eine gänzlich andere als die, *in der* erfahren wird. Hier ist die ‚Situation der Erfahrung' nicht länger deckungsgleich mit der ‚erfahrenen Situation'. Dieses Verhältnis ist charakteristisch für das, was gegenüber traditionellen Formen des Wissenserwerbs *mediale Erfahrung* genannt werden kann. Diese ist Erfahrung einer (momentan oder dauerhaft) *unerreichbaren* Welt in der *erreichbaren* Welt und zugleich eines permanenten *Hineinreichens* der einen in die andere. Die Wahrnehmung von Situationen jenseits der eigenen leiblich-praktischen Situation kann und muss dabei von dem Subjekt dieser mittelbaren Wahrnehmung gleichwohl auf die eigene Situation *bezogen* werden. Die Situation der medialen Wahrnehmung ist also immer eine Situation der *Aneignung* der medialen Präsentationen. Durch diese Aneignung werden mediale und reale Situation miteinander verzahnt. Sie vollzieht sich als interpretative und kommunikative Handlung innerhalb der alltäglichen Situation, in der dem jeweils Wahrgenommenen eine Bedeutung im Kontext des bisher Bekannten verliehen wird.

Empirische Forschungen zur medialen Praxis zeigen, dass die Dynamik der heutigen, vielfach medial geprägten Erfahrungen nur zusammen mit der *intersubjektiven Aktualität* dieser Erfahrungen zu verstehen ist (vgl. Keppler 2001). Denn die Veränderung der Reichweite der Erfahrung betrifft nicht allein *räumliche* Distanzen, sie betrifft auch das *zeitliche* Verhältnis, in dem die Lebenserfahrungen einzelner Individuen sowie einzelner sozialer Gruppen *zueinander* stehen. Die modernen technischen Medien machen es möglich, dass sich Menschen in räumlich und sozial getrennten Situationen gleichwohl in einer geteilten Situation befinden. Sie befinden sich an *verschiedenen Orten* in einer *gemeinsamen Zeit*. Und sie *erfahren sich* als Akteure, die trotz unterschiedlicher Positionen in *einer* Gegenwart leben. Wir dürfen ja nicht vergessen, dass die Sendungen des Fernsehens, dass Filme und Videos, dass Webseiten und Computerspiele nicht allein höchst unterschiedliche *Präsentationen*, sondern dass sie selbst *Ereignisse* sind, die als ein alltäglicher Bestandteil des eigenen Lebens erfahren werden. Wer sich eine Sportübertragung ansieht, nimmt an einem Ereignis teil, das weit mehr als nur die *Wiedergabe* eines wirklichen Ereignisses ist: Die Dramaturgie der Übertragung im Fernsehen erzeugt vielmehr eine eigene Art der *Präsenz* dieses Ereignisses. Auf diese Weise stellen die neuen technischen Medien tatsächlich eine *neue* Einheit von erfahrener Situation und Situation der Erfahrung her. Nur darf diese Einheit nicht räumlich, sie muss zeitlich gedacht werden. Die mediale Kommunikation schafft eine zeitliche Nähe, die keinerlei räumliche und nicht einmal eine soziale Nähe zur Voraussetzung hat. Alle, die diese Medien gebrauchen, *sind* immer bereits über die Situation ihrer leiblichen Anwesenheit hinaus: Sie haben Teil an einer überindividuellen Gegenwart, in der sich die Zeit ihres eigenen Lebens abspielt. Ein Medienereignis wie Michael Jacksons Totenfeier ist nur das jüngste unter den extremen Beispielen für diesen Zusammenhang.[4] Auch diesseits solcher spektakulären Zuspitzungen aber fungieren die technischen Kommunikationsmedien als *Generatoren* einer gesellschaftlichen Wirklichkeit, indem sie den Horizont einer geteilten Gegenwart bereitstellen. Damit verbunden ist stets die Erzeugung von Möglichkeiten eines generalisierten Bezugs auf Vergangenheit und Zukunft, und somit

4 Vgl. das eindrucksvolle Buch von Katz/Dayan (1992).

eines kollektiven Raumes der Erinnerung und der Erwartung. Auf diesem Weg etablieren die Massenmedien eine *gemeinsame gesellschaftliche Zeit*. Dabei gilt es jedoch zu beachten, dass diese nicht als eine kulturell *homogene* Zeit verstanden werden darf. Film und Fernsehen etwa sind Medien einer transkulturellen Kulturindustrie, deren soziale und kulturelle Bedeutung als Instrumente der Kommunikation und Wissensvermittlung, diejenige der Literatur weitgehend abgelöst hat. Insofern sind sie Träger von Globalisierung und kultureller Homogenisierung. Durch ihre breit gestreute Distribution aber können sie zugleich zu Manifestationen kultureller *Differenzen* werden, indem sie mit lokalen Traditionen in Verbindung treten, wobei es zu einer mehr oder weniger drastischen *Anverwandlung* der globalen Bezugsgrößen kommt.

Fasst man den Begriff der ‚Kultur' als einen Oberbegriff dafür, wie menschliche Lebenslagen informell und institutionell einer sinnhaften Bearbeitung zugänglich werden, so erweist sich die Erforschung der massenmedialen Kommunikation vor diesem Hintergrund als ein genuin kulturwissenschaftliches Projekt. Durch eine Untersuchung der ständigen Erzeugung und Bearbeitung von Aktualität, wie sie sich in der Verschränkung globaler und lokaler Lebenswirklichkeiten in der technisierten Lebenswelt ereignet, können die modernen Kommunikationsmedien als ein integraler Bestandteil der sozialen Praxis der Gegenwart theoretisch anerkannt und methodisch zugänglich werden. In diesem Sinn hat der amerikanische Kommunikationswissenschaftler James Carey die Untersuchung der medialen Kommunikation als ein kulturwissenschaftliches Unternehmen definiert, das auf die gesamte Lebensweise ihrer Teilnehmer zu achten habe (vgl. Carey 1989). Aufgabe einer so verstandenen Kommunikations- und Mediensoziologie ist es, zu zeigen, wie sich die Produktion und Reproduktion lokaler und globaler Gegenwarten – und mit ihr: die Produktion und Reproduktion regionaler und überregionaler Orientierungen – im tagtäglichen Gebrauch der Massenmedien *vollzieht*. Von hier aus können nicht allein die medialen *Bedingungen* der Konstruktion kultureller Identitäten, von hier aus kann die Transformation dieser Identitäten *im Prozess ihrer Entwicklung* untersucht werden (vgl. Keppler 2000).

Für die Untersuchung der medialen Kommunikationen ergibt sich hieraus eine weitreichende Konsequenz. Der Prozess der Kommunikation wird verfehlt, wenn das Augenmerk *entweder* auf die Verfassung der medialen Produkte und ihre globale Distribution *oder* aber auf ihre jeweils lokale Aneignung gerichtet ist. Wir dürfen nicht in eine neue Alternative zwischen einer einerseits produktions- und produktorientierten und andererseits einer auf die Rezeption beschränkten Forschung verfallen. Es kommt vielmehr darauf an, einen Ansatz zu verfolgen, der die für alles Medienhandeln konstitutive *Verschränkung* dieser Ebenen zu erkennen und zu untersuchen erlaubt. In seiner bereits erwähnten programmatischen Abhandlung über das Zusammentreffen des „Globalen“ mit dem „Lokalen“ legt David Morley dar, wie die Mikroprozesse der Medienrezeption immer bereits mit der sozialen Makroebene verbunden sind. Unter Berufung auf das Kommunikationsmodell von Stuart Hall nimmt Morley die Verschränkung von globalisierten Medien und lokaler Aneignung zum Anlass der Formulierung eines methodischen Prinzips für die Erforschung gegenwärtiger kultureller Praxis:

> „Die Zielsetzung dieser Perspektive ist nicht, die Makro-Ebene der Analyse durch die Mikro-Ebene zu ersetzen, sondern vielmehr die Analyse der ‚übergreifenden Fragen’ nach Ideologie, Macht und Politik (was Hall als ‚vertikale’ Dimension der Kommunikation beschrieben hat) in die Analyse des Konsums, der Gebrauchsweisen und der Funktionen des Fernsehens (der ‚horizontalen’ Dimension von Kommunikation bei Hall) zu integrieren.“ (Morley 1999: 451f.)

Nicht allein Fernsehen und Film, sondern gleichermaßen Radio und Zeitung, Fotografie und Musik, bildende Kunst und Architektur, das mobile Telefonieren und die Nutzung von PC und Internet werden zu Anlässen einer umfassenden Erkundung der Orientierungen, die die Mitglieder heutiger Gesellschaften ausbilden müssen, um eine hinreichend stabile und doch auch hinreichend flexible kulturelle Identität gewinnen und erhalten zu können. Um diese komplexen und durchaus divergenten Forschungen auf einen minimalen Nenner zu bringen, könnte man sagen, dass moderne Massenmedien ein global zugängliches *Relais* zwischen generellen und partikularen, gesellschaftlichen und kulturellen Orientierungen bilden (vgl. Keppler 1994: Kapitel IV; Münch 1998; Hörning/Winter 1999). Dieses Relais schließt sich allein durch die Energien der tagtäglichen *Aneignung* der Sinnpotentiale, die in den jeweiligen lokalen Kreis gesendet werden. Aber indem es sich hier schließt, bilden sich auch Orientierungen im Bezug auf Vorgänge und Probleme, die einer weiten – und manchmal weltweiten – Öffentlichkeit zugänglich sind.

3. Methodische Prinzipien

Verstehen und *Deuten* der Auffassungen und Handlungen anderer sind die Voraussetzung dafür, dass wir mit anderen Menschen in einer geteilten Welt handeln und kommunizieren können. Im Sinn der anfangs vorgestellten Überlegungen von Schütz und Berger/Luckmann ist eine Explikation dieser Prozesse das Ziel einer interpretativen Sozialwissenschaft – auch und gerade dann, wenn sie die mediale Kommunikation in ihrem komplexen Verhältnis zur unmittelbaren Alltagskommunikation zum Thema hat. Wenn wir den Beitrag erkunden wollen, den die Medien zur Konstruktion der sozialen Welt leisten, müssen wir die kulturellen Praktiken erkunden, durch die im Gebrauch dieser Medien wirklichkeitsrelevantes Orientierungswissen hervorgebracht wird. Vor dem Hintergrund eines Verständnisses von Medienrealität als einer sozialen Konstruktion sind interpretative Methoden der empirischen Sozialforschung für die Untersuchung dieser Medienrealität unabdingbar notwendig, da nur sie in der Lage sind, die ‚Vorinterpretiertheit' ihres Gegenstands theoretisch und analytisch auf eine systematische Weise zu berücksichtigen.[5] Gerade was die audiovisuellen Medien betrifft, kann dies nicht ohne Berücksichtigung der technischen Voraussetzungen und formalen Möglichkeiten der audiovisuellen Gestaltung geschehen. Denn diese bringen je eigene Gesetze und Konventionen hervor. Diese lassen sich nicht untersuchen, wenn man sich in der Forschung rein auf die verbalen Inhalte oder den dramatischen Plot beschränkt und die Darstellungsmodi außer Acht lässt. Die Bilder des Fernsehens sind auch innerhalb dokumentarischer Formate keine planen Abbilder der Realität, denn sie sind selbst eine hergestellte Realität, in dem Sinn, dass bei der Entstehung eines audiovisuellen Produkts von der Recherche über die Aufnahme bis zu Schnitt, Montage und Vertonung, professionelle und technische Standards und Konventionen eine konstitutive Rolle spielen. Die Frage nach der ‚Wirklichkeit der Medien' kann dementsprechend nicht einfach lauten, wie es in der Kommunikationswissenschaft häufig geschieht, ob das Bild der Welt, das die Medien liefern, ein richtiges oder verzerrtes Abbild gesellschaftlicher Wirklichkeit sei. Sie muss vielmehr lauten: Welches sind die Kriterien, Mechanismen und Konventionen, die die Konstruktion von Realität in den jeweiligen Medien bestimmen? Eine ganze Reihe von Folgefragen schließt sich an: Welche unterschiedlichen Arten des fiktiven und faktischen Wirklichkeitsbezugs spielen in der unterschiedlichen Rhetorik und Ästhetik der fraglichen Sendungen und Formate eine Rolle? Durch welche sprachlichen, filmischen, dramaturgischen Mittel werden Ereignisse, Sachverhalte dargestellt und aufbereitet, fiktional und experimentell imaginiert? Welche Mitteilungsformen, Konventionen, Gattungen der Berichterstattung und Narrationen werden dabei eingesetzt? Wie haben sich diese historisch entwickelt? Wie kann man sie beschreiben? Welche inhaltliche Selektion findet dabei statt?

5 Wobei ich Jürgen Gerhards (in diesem Band) vorbehaltlos zustimme, dass es bei quantitativen wie qualitativen Verfahren um die Rekonstruktion von Bedeutungen geht. Allerdings reflektieren quantifizierende Verfahren wie z.B. die Inhaltsanalyse gerade dies nicht systematisch und negieren damit nicht zuletzt die Tatsache, dass es in erster Linie Interdependenzen und Interrelationen von „Text"-Elementen sind, die die Bedeutung gerade auch audiovisuell verfasster Texte erst generieren. (Vgl. dazu die Kritik an der quantitativen Inhaltsanalyse, wie sie schon Siegfried Kracauer in den 50er Jahren des 20. Jh.s formuliert hat. Hierzu: Keppler (2006a): Kap. 3.)

Wie werden die medialen Angebote genutzt, welche Wirklichkeitskonstruktionen werden bei den Rezipienten in Gang gesetzt? Wie werden also Medienangebote verarbeitet und angeeignet? Welche Wirklichkeiten produzieren Mediennutzer anhand der Medienwirklichkeiten? Kurzum: Welche Rolle spielen die Massenmedien im Alltag der Menschen? Wie tragen sie zur Bildung und Umbildung der Relevanzen bei, die für die soziale Wirklichkeit in einer globalisierten Welt leitend sind? Dieses *Wie* der ‚medialen Konstruktion von Wirklichkeit' im Detail zu beschreiben und dabei Methoden einzusetzen, die der Vielschichtigkeit der dabei ablaufenden Prozesse gerecht werden – dies ist das Ziel einer soziologischen Medien- und Kommunikationsanalyse (vgl. Keppler 2005a und 2005b).

Will man die Stellung der Medien in der gegenwärtigen Welt empirisch untersuchen, so genügt es nicht, die Veränderung von Meinungen oder Einstellungen zu messen, die sich aus dem Umgang mit Medien ergeben mögen. Es kommt vielmehr darauf an, diesen Umgang selbst zu untersuchen – und damit die Art und Weise, wie sich soziale Praxis durch die Nutzung von Medien verändert und zugleich, wie diese Nutzung ihrerseits auf das Angebot der Medien zurückwirkt. Denn im Gebrauch der Massenmedien spielen sich Austauschprozesse ab, in denen sich die Aneignungsstrategien der Rezipienten mit den Darbietungsstrategien der Produzenten kreuzen. Den Wirklichkeitskonstruktionen der Produzenten antworten diejenigen der Rezipienten, und beide sind auf mediale Produkte bezogen, die ihren kommunikativen Sinn allein innerhalb dieser Darbietungs- und Aneignungsprozesse gewinnen.

Um dieser Interdependenz von Produktion und Rezeption nachzugehen, bedarf es einer Forschung, die die Machart der medialen Produkte ebenso ernst zu nehmen vermag wie die Prozesse ihrer Aneignung. Allein vor dem Hintergrund detaillierter Analysen, die der gesamten visuellen und akustischen Konfiguration dieser Produkte Beachtung schenken, lässt sich die Frage (nach den Graden) der Abhängigkeit *und* Unabhängigkeit der Medienaneignung von deren Vorgaben soziologisch beantworten. Wenn wir klären wollen, welche Mechanismen die Umwälzungen der heutigen Medienkultur beherrschen, müssen wir der Frage nachgehen, welche *Spielräume* die medialen Produkte ihren Betrachtern lassen und wie sie von diesen genutzt werden. In ihrer spezifischen audiovisuellen Verfassung sind diese Produkte Kommunikationsangebote, die einige Wahrnehmungen eher nahe legen als andere, zu einigen Aktivitäten der Aneignung eher ermutigen als zu anderen, in denen eine Art der Rezeption eher angelegt ist als eine andere. Durch seine Produkte gibt das Medium *Deutungen* vor, die in der Aufnahme durch ein verstreutes Publikum die Verhältnisse der sozialen Wirklichkeit verändert haben und weiterhin verändern.

Bei diesen Deutungen, so meine ich, muss eine adäquate empirische Untersuchung der Rolle durch technische Medien vermittelter Kommunikationsprozesse unterschiedlichster Art ansetzen. Sie muss sich sowohl um eine *Deutung der Deutungen* bemühen, die in die audiovisuelle Verfassung der Sendungen eingearbeitet sind, als auch um eine Erforschung der Deutungen dieser Deutungen, wie sie sich in den konkreten Rezeptionsprozessen herauskristallisieren. Die von mir entwickelte und in meinen Arbeiten praktizierte Methode der Film- und Fernsehanalyse ist eine soziologische Vorgehensweise, die – in enger Nachbarschaft zu sprach-, literatur- und bildwissenschaftlichen Verfahren – die gesamte audiovisuelle Verfassung filmischer Produkte zum Gegenstand ihrer Deutung erhebt. Sie geht von der Annahme aus, dass das *Wie* der Präsentation medialer Kommunikationen jederzeit konstitutiv für den *Gehalt* dieser Kommunikationen ist – und sucht daher den Inhalt filmischer Produkte in der gesamten Dramaturgie ihrer Darbietung auf (vgl. Keppler 1985 und 2006a).

Eine qualitative Methode der Film- und Fernsehanalyse freilich ist kein Algorithmus, der nur noch auf verschiedene ‚Fälle' angewendet werden müsste. Qualitative Methoden haben ihren Sinn in einer kontrollierten und kontrollierbaren Lenkung der interpretativen Aufmerksamkeit auf den jeweiligen Gegenstand oder Gegenstandsbereich. Sie legen Schritte fest, die bei der Interpretation vollzogen, und heben Dimensionen des Gegenstands hervor, die in ihrem Verlauf beachtet werden müssen. Sie können den Prozess des Interpretierens – das Entwerfen und Verwerfen, Bestätigen und Differenzieren von Deutungshypothesen – selbst nicht ersetzen; aber sie können sichern, dass es sich hierbei um ein nachvollziehbares, am Gegenstand belegbares Interpretieren handelt. Eine solche Methode legt kein schematisches Vorgehen fest, sondern bietet einen *Standard* an, durch den bestimmt wird, welche *Kriterien* eine angemessene Deutung von Sendungen des Fernsehens zu erfüllen hat. Ziel einer solchen Analyse ist ein kontrollierbares und intersubjektiv nachvollziehbares Verständnis der Sichtweisen, die durch die Machart der betreffenden Produkte angeboten werden. Denn auch und gerade, wenn wir etwa Rezeptionsforschung betreiben (ein zweiter Schwerpunkt meiner empirischen Forschungen) und uns für die sozialen und gesellschaftlichen Folgen der in und durch die Medien angebotenen Sichtweisen interessieren, können wir das nicht sinnvoll tun, ohne die Produkte selbst und auch deren Herstellungspraxis mit in den Blick zu nehmen. Die unterschiedliche Struktur medialer Produkte schlägt sich in unterschiedlichen *faktischen* Rezeptionsweisen der in den Produkten selbst angelegten *potentiellen* Rezeptionsmöglichkeiten nieder. Da das mediale Produkt nichts ist ohne seinen sozialen Gebrauch, kommt es in der empirischen Massenkommunikationsforschung gerade darauf an, zu untersuchen, welche faktische Aufnahme bestimmte Produkte jeweils finden, mit anderen Worten: welche Spielräume der Rezeption in welchen Kontexten wie genutzt werden oder ungenutzt bleiben.

In welcher Art und Weise der Spielraum der Aneignung medialer Produkte genutzt wird, wird besonders gut deutlich, wenn man die Verarbeitung von Medieninhalten in alltäglichen Gesprächen untersucht. Dazu bedarf es eines weiten Blickwinkels bei der Erforschung der medialen Kommunikation, wie er vor allem im Umkreis der ‚Cultural Studies' genutzt worden ist.[6] Medienrezeption wird dabei immer als ein Ineinandergreifen von medial vermittelter und unmittelbar-konkreter, von medialer und personaler, von produzierter und angeeigneter Kultur gesehen. Von besonderer Bedeutung für eine kultursoziologische Medienforschung ist dabei die in den USA entstandene soziologische Forschungsrichtung der Ethnomethodologie. Ihr Ziel ist es, jene Wissenskonzepte zu analysieren, die die gesellschaftlichen Subjekte in ihrem Alltagshandeln produzieren und anwenden. Für die Medienforschung bedeutet dies wiederum, dass es primär darauf ankommt, den Umgang mit den vorstrukturierten Sinnproduktionen der diversen Medien im Detail zu beobachten und zu beschreiben. Erst auf dieser Basis lassen sich Aussagen über die Bedeutung der Medien im Alltag der Menschen treffen. Denn die Bedeutung und zumal die Wirkung massenmedialer Produkte ergibt sich – so die grundlegende These – erst aus dem Kreis der Formen ihrer sozialen Rezeption. Für diese ist die Kommunikation *über* Medienereignisse von herausragender Bedeutung – und zwar gerade die ganz alltägliche Kommunikation. Gespräche über Medienereignisse sind nicht nur ein wesentlicher Bestandteil der alltagsweltlichen Kommunikation, sie spielen in unterschiedlichen Kontexten auch vielfältige Rollen, an denen sich die Funktion der jeweils beteiligten Medien vorzüglich untersuchen lässt (vgl. Lull 1980; Bryce 1980).

So habe ich für meine eigenen empirischen Untersuchungen der alltäglichen Aneignungspraxis medialer Produkte etwa eine Methode der Gesprächsanalyse entwickelt, die sich die Methodologie der Ethnomethodologie und insbesondere der ethnomethodologischen Konversationsanalyse zunutze macht.[7] Die Thematisierung von Medieninhalten in alltäglichen Gesprächen innerhalb von Familien- und Freundeskreisen, aber auch im beruflichen Alltag lässt sich auf diese Weise präzise beobachten und beschreiben. Der konkrete Umgang mit den vorstrukturierten Sinnproduktionen verschiedener Medien ergibt so Auf-

6 Vgl. hierzu den Beitrag von Andreas Hepp in diesem Band.

7 Basierend auf der ethnomethodologischen Konversationsanalyse, wurde dieses Untersuchungsverfahren allerdings ergänzt und erweitert durch Methoden der linguistischen Gesprächsanalyse und durch solche der interpretativen Sozialwissenschaften wie etwa der sozialwissenschaftlichen Hermeneutik. Vgl. dazu Keppler (1994) und (2006b).

schluss über deren tatsächliche Nutzung und damit über ihre genaue Bedeutung im jeweiligen sozialen Kontext. So gut wie *überall* im sozialen Leben spielt das Gespräch über mediale Angebote verschiedenster Art heute eine entscheidende Rolle. Dass und wie moderne technische Medien der Informations- und Wissensvermittlung diese Rolle spielen, gilt es in empirischen Untersuchungen ebenso zu berücksichtigen wie in kulturtheoretischen Überlegungen. Eine Kombination von Produkt- und Rezeptionsanalyse, so lautet daher meine These, muss im Mittelpunkt einer kultursoziologischen Erforschung technisch vermittelter Kommunikationsprozesse stehen.

4. Zwei Beispiele

Zum Abschluss möchte ich mit zwei Beispielen einen – wenn auch extrem ausschnitthaften – Einblick in die Art der Durchführung der soeben beschriebenen Methode einer kultursoziologischen Medienforschung geben. Das erste dieser Beispiele stellt das Verfahren der Produktanalyse vor. Das zweite verdeutlicht, wie die kommunikative Aneignung medialer Produkte untersucht werden kann.

4.1 Eine Produktanalyse: Gewaltdarstellung im Fernsehen

Von der terroristischen bis hin zu unscheinbaren Formen der verbalen Verletzung ist Gewalt ein Thema, dem für die Selbstverständigung heutiger Gesellschaften ein zentraler Stellenwert zukommt. Das Bild der Gewalt, das die öffentliche Wahrnehmung und Diskussion beherrscht, ist entscheidend durch die Formen der Gewalt-Kommunikation des Fernsehens geprägt; das Verständnis von Gewalt und das ihrer medialen Darbietung spielen beständig ineinander. Wie sich Realität und mediales Bild der Realität zueinander verhalten, lässt sich hier exemplarisch studieren. Es lässt sich verfolgen, welche Haltungen zur Gewalt in nichtfiktionalen und fiktionalen Sendungen des Fernsehens angeboten werden und zugleich, wie das Fernsehen durch die Art seiner Produktionen immer wieder an Gewaltereignissen unterschiedlicher Art beteiligt ist (vgl. Keppler 2006a).

Ohne hier näher auf die unterschiedlichen Formen der Gewalt und ihrer Darbietung im Fernsehen einzugehen, möchte ich ein vergleichsweise unspektakuläres Beispiel der Gewalt-Kommunikation des Fernsehens kurz kommentieren. Es geht um ein Thema, das nicht nur in Deutschland immer wieder höchst aktuell ist: Gewalt in Schulen. In dem Nachrichtenbeitrag, auf den ich mich beziehe, werden keine Gewaltaktionen gezeigt. Es werden vielmehr Spuren und Folgen teils latenter, teils manifester Gewaltverhältnisse vergegenwärtigt. Dies ist keineswegs ungewöhnlich. Denn Gewalt ist im Fernsehen nicht allein dadurch präsent, dass ihre Ausübung oder ihre Folgen mehr oder weniger drastisch vor Augen geführt werden. Es ist geradezu ein Kennzeichen der Gewalt, wie sie in Nachrichtensendungen dargeboten wird, dass auch sie in ihrer Verborgenheit, Unberechenbarkeit, Potentialität präsentiert werden kann. Häufig geschieht dies durch die Darstellung der Zerstörungen, die sie bewirkt hat. Nicht selten aber wird auch von Gewalt berichtet, ohne dass etwas von ihr sichtbar würde.

In der Nachrichtensendung *RTL aktuell* vom 4.9.2003 wurde unter dem Titel „Selbstmord von Schülern" über Selbstmorde an britischen Schulen auf Grund von Mobbing berichtet und auf ähnliche Probleme in Deutschland verwiesen. In dem Film ist von einer ganz unsichtbaren Gewalt die Rede, die sich auch für Eltern und Freunde der Gequälten meistens erst bemerkbar macht, wenn jede Hilfe zu spät kommt. Eine solche Sichtweise des Problems legt bereits die Eröffnung des Berichts nah, die aus vier nach und nach eingeblendeten und schließlich zu einem Tableau zusammengefügten Fotografien der durch eigene Hand umgekommenen Kinder und Jugendlichen besteht.[8]

RTL aktuell (RTL), 4. 9. 2003: Selbstmord von Schülern

Nr. / Zeit	Bild		Ton
01 / `5	cGf: Foto eines Mädchens, fährt zurück in BE$^{li, o}$, wird kleiner; Ü	G: R^{w}:	((HG: Stimmen)) Gemma, fünfzehn Jahre (.) Mobbingopfer; sie hat sich mit Tabletten umgebracht
02 / `3	cGf: Foto eines Jungen, fährt zurück in BE$^{re, o}$, wird kleiner; Ü	R^{w}:	ebenso wie der elfjährige Thomas (-)
03 / `3	cGf: Foto eines Jungen, fährt zurück in BE$^{li, u}$, wird kleiner; Ü	R^{w}:	der dreizehnjährige Vijay (.) hat sich im Kinderzimmer erhängt und
04 / `4	cGf: Foto eines Jungen, fährt zurück in BE$^{re, u}$, wird kleiner, nun alle vier Fotos sichtbar, HG blau-rot schattiert	R^{w}:	auch Karl (.) sechzehn Jahre hat Selbstmord begangen (.) weil er sich in der Schule tyrannisiert fühlte; seine Mutter

8 Zu dem hier verwendeten Transkriptionsverfahren vgl. Keppler (2006a).

…

19 / `13	HN: Mann im Anzug, im HG Plakat mit Aufschrift Wege aus der Gewalt, Insert: *Reinhold Hepp, Polizeiliche Kriminalprävention*	S^{m}:	es gilt den Schülern Mut zu machen dass sie darüber sprechen dass sie sich äußern .h (-) dass letztlich (.) beispielsweise auch an der Schule ein Klima herrscht das von Vertrauen geprägt ist und von gegenseitigen (-) Respekt geprägt ist

Was am Beginn des Berichts zu sehen ist, sind einfache Familienfotos, die als solche nichts über das Vorgefallene aussagen, gerade dadurch aber nachdrücklich das vierfach abgebrochene Leben vergegenwärtigen. Man sieht in harmlos-banale Gesichter, und der Kommentar nennt Namen, Alter und Todesursache. Danach kommt die Mutter eines der Jungen zu Wort, die, wie der Kommentar sagt, von nichts gewusst hatte, jetzt aber davon zu berichten weiß, was ihrem Sohn alles angetan wurde. Dieser Widerspruch bleibt unaufgelöst. Nach dieser einleitenden Sequenz wird das Phänomen einer Gewalt unter Jugendlichen erläutert, die sich oft in einer diffusen Mischung von verbaler und physischer Gewalt vollzieht. Es kommt ein britischer Anwalt zu Wort, anschließend werden Ausschnitte aus einem englischen Werbespot gezeigt, der helfen soll, dem Mobbing an Schulen vorzubeugen. Ausdrücklich wird eine Parallele zu deutschen Schulen gezogen. Aus einem in Deutschland gedrehten Lehrfilm wird eine Episode verbaler Gewalt auf einem Schulhof vorgeführt. In der Summe der zu diesen Ausführungen montierten Bildsequenzen ist dem Beitrag ein zusätzlicher Subtext eingeschrieben, von dem in den begleitenden Worten überhaupt nicht die Rede ist. Es werden vorwiegend Mädchen als potentielle Opfer gezeigt, eines von ihnen hat eine schwarze Hautfarbe, andere tragen Kopftücher; dies legt nahe, dass Ausländerfeindlichkeit bei schulischem Mobbing eine bedeutende Rolle spielt und dass Mädchen besonders bedroht sind. – Am Ende des Berichts steht die Stellungnahme eines Experten von der Polizei, der sagt, wie Abhilfe geschaffen werden kann. Diese Stellungnahme bleibt, wie im Transkript ersichtlich, im kurzen Schlussteil des Berichts unkommentiert, wodurch sie als eine starke Wertung übernommen wird. Der gesamte Bericht gewinnt hier einen deutlichen Appellcharakter: Es muss und es kann geholfen werden. Er macht sich auf diese Weise zu einem Teil der Kampagne, über die er berichtet. Zugleich darstellend und werbend handelt er davon, wie einer ungreifbaren, in ihrer Alltäglichkeit kaum darstellbaren und doch in ihren Wirkungen manchmal tödlichen Gewalt begegnet werden soll.

Eine solche Kommunikation bestimmter *Haltungen* zu dem, was im Bild zu sehen und wovon verbal die Rede ist, kennzeichnet die Kommunikation des Fernsehens generell – zumal dort, wo es sich um gesellschaftlich brisante Phänomene wie alltägliche und außeralltägliche Gewaltvorkommnisse handelt (vgl. Keppler 2006a). Allein durch die direkte oder indirekte audiovisuelle Präsentation von Zuständen, Vorgängen und Folgen der Gewalt findet eine komplexe, stets beschreibende *und* bewertende Einordnung der jeweils gezeigten Gewalt in das übrige Geschehen der Gegenwart statt. Es gehört, so könnte man sagen, zur Grund-Inszenierung von Nachrichtensendungen, dass sie die Ereignisse, von denen berichtet wird, in ein lokales oder globales Geschehen einordnen, mit dem Anspruch, dass sich diese Ereignisse zur angegebenen Zeit am angegebenen Ort nachweislich so abgespielt haben. Das ist aber nicht alles, sie ordnen die direkt oder indirekt gezeigte Gewalt nicht allein in ein Segment und eine Phase des regionalen oder Weltgeschehens ein, sie ordnen sie auch in Skalen der Prognose und Bewertung ein: in eine Gewalt, die sein muss oder die hätte vermieden werden können, die in unterschiedlichem Maß schrecklich, die ein tragischer Unfall oder terroristisch ist, in eine, die vergehen wird oder eine, aus der vorerst kein Ausweg besteht. Damit verbunden ist stets eine – wenn oft ganz unausdrückliche, d.h. ganz in den *Duktus* der Filme eingearbeitete – Erinnerung an die *Gegenwart* des gesellschaftlichen Zustands im Angesicht abnehmender oder zunehmender Gewalt: an das Spektrum dessen, was hier und heute in Sachen Gewalt (wieder) möglich und (noch) unmöglich, wahrscheinlich und unwahrscheinlich, zu hoffen und zu befürchten ist. All dies trägt wiederum zu dem Bild der Gewalt bei, das durch die fraglichen Beiträge hergestellt oder verfestigt wird – ein Bild, zu dem sich die Zuschauer schwerlich indifferent verhalten können, auch wenn ihnen grundsätzlich der Spielraum bleibt, die entsprechende Sichtweise zu übernehmen oder ihr zu misstrauen. Auf diese Weise sind die betrachteten Nachrichtensendungen durch ihre Machart stets *Inszenierungen der Realität* von Gewalt oder ihres Potentials – eine Inszenierung, die dem Publikum stets ein wertendes *Verständnis* dessen anbietet, wovon jeweils berichtet wird. Es sind diese, den medialen Produkten in ihrer audiovisuellen Organisation *eingearbeiteten* Verständnisse, die mich als (Kultur-)Soziologin zentral interessieren, die durch die Methodik einer interpretativen Soziologie in ihrer gesellschaftsbildenden Bedeutung *herausgearbeitet* werden können.

4.2 Eine Rezeptionsanalyse: Familiäre Tischgespräche

In meinem Buch über *Tischgespräche* in heutigen Familien habe ich in einem Kapitel untersucht, auf welche Weise die modernen Massenmedien – vor allem das Fernsehen, aber auch z.B. Schallplatten, Filme, Bücher – den Gesprächskreis heutiger Familien mit Themen versorgen (vgl. Keppler 1994: Kapitel IV). Diese Untersuchung war den kommunikativen Prozeduren gewidmet, durch die in alltäglichen Unterhaltungen wie dem familiären Mittagstisch auf mediale Produkte nicht zuletzt des Fernsehens Bezug genommen wird. Dies war zugleich eine Gelegenheit, ein hartnäckiges Vorurteil auf die Probe zu stellen. Denn die pauschale Auffassung vom Fernsehen als eines ‚Kommunikationsverhinderungsapparats', stand lange Zeit – und steht teilweise heute noch – einer unvoreingenommenen Erforschung des fernsehbezogenen Verhaltens im Wege, obwohl sich schon früh auch Widerspruch dagegen regte. Die Kritik richtete sich primär gegen die Tatsache, dass diese These nicht im Rückgang auf das tatsächliche Aneignungsverhalten gegenüber den Produkten des Fernsehens geprüft wurde. Wie aber mehrere auf teilnehmende Beobachtung oder auf Videoaufzeichnungen sich stützende Forschungen mittlerweile zeigen konnten, bestehen oft gravierende Unterschiede zwischen den Angaben, die in Interviews oder Fragebögen zum Ausmaß der eigenen Fernsehtätigkeit gemacht werden, und dem tatsächlichen Fernsehkonsum. Ebenso sind begründete Zweifel hinsichtlich der Verlässlichkeit der Angaben von Eltern und Kindern zur Fernsehnutzung angemeldet worden. Ohne hier näher auf diese Debatte einzugehen, lässt sich doch festhalten, dass ein generelles Manko der meisten Forschungen zur Funktion und Wirkung des Fernsehens innerhalb der Familie darin besteht, dass nur wenig darauf geachtet wird, welche Rolle die Kommunikation des Fernsehens in der Kommunikation der Familie spielt. Dies aber könnte ein Schlüssel zu einer soziologisch fruchtbaren Erforschung der alltäglichen Präsenz der Medien sein. Eine Untersuchung der Verarbeitung von Medieninhalten im Gespräch in ganz unterschiedlichen sozialen Kontexten bietet sowohl einen angemessenen Zugang zur komplexen Stellung (des Ensembles) der Massenmedien im modernen Leben als auch einen hinreichenden Abstand von vorschnellen Werturteilen.[9]

9 Einschlägig sind hier die Arbeiten von James Lull (1980 und 1988), Paul Messaris (1983) oder Jennifer Bryce (1980). – Gelegentlich wird eingewandt, dass keineswegs in allen Familien beim Fernsehen oder über das Fernsehen gesprochen wird. Achtet man aber nicht allein auf das *punktuelle* Verhalten während des Fernsehens oder direkt danach, sondern auf das Familienleben *insgesamt*, so ergibt sich ein anderes Bild: Medienbezüge durchziehen die innerfamiliäre Kommunikation auch und gerade dann, wenn das Fernsehen nicht als gemeinschaftliches

Am Beispiel medial vermittelten Wissens und seiner Thematisierung lässt sich vorzüglich die private Aneignung öffentlicher Verhaltensmuster und Wissensbestände studieren. Insbesondere die Methode der Gesprächsanalyse hat ihre Stärke darin, allgemeine Mechanismen der individuellen Verarbeitung sozial relevanter (und in diesem Fall: öffentlicher) Begebenheiten aufzudecken. An medienbezogenen Themen lässt sich prägnant studieren, wie sich das individuelle Selbstverständnis intimer Gemeinschaften zu den öffentlichen Wissens-, Orientierungs- und Identitätsangeboten verhält; auf unser Beispiel gewendet: in welcher Abhängigkeit oder Eigenständigkeit die Privatsphäre der Familie zur Sphäre der öffentlichen Kommunikationsmedien steht. Vier Aspekte habe ich in meiner damaligen Untersuchung dieser Verhältnisse in den Vordergrund gestellt. Es ging zuerst einmal darum, herauszufinden, wie Medieninhalte zu Gesprächsthemen in alltäglichen Unterhaltungen werden. Zweitens ging es darum, zu untersuchen, wie sich die Familie gegenüber der Berichterstattung, den Identitätsangeboten und den Kulten vor allem des Fernsehens verhält. Drittens kam es darauf an, zu sehen, welche Rolle solche Gespräche für die Beziehungen der Gruppenmitglieder untereinander spielen und welche Konsequenzen sie für ihre Einstellung zur Welt haben. Dies führte schließlich zu einer Einschätzung der Art des Beitrags, den die Produkte der Massenmedien für die kulturelle Orientierung leisten.

Dieser Beitrag aber, so stellte sich heraus, kann im Kontext familiärer Tischgespräche höchst unterschiedlich sein. Eine Medienreferenz kann eine Entpersönlichung eines Disputes bewirken; sie fungiert dann als ein vergleichsweise neutraler Boden, auf den man sich zu Zwecken einer möglichst risikolosen Kommunikation zurückzieht. Sie kann auch – und manchmal zugleich – der Boden sein, auf dem eine Gesprächsgemeinschaft neuen Spielraum für die Verständigung über ihre eigensten Angelegenheiten findet. Dies ist oft vor allem dann der Fall, wenn der Bezug auf mediale Themen nicht lediglich in andere Gesprächsthemen *eingebaut* wird, sondern es zu einer *eigenständigen* Thematisierung medialer Ereignisse kommt. Bei dieser zweiten Grundform der Besprechung von Medieninhalten wird auf diese nicht einfach im Sinne eines bloßen Verweises oder eines unterbrechenden Exkurses Bezug genommen, vielmehr werden Medienbeiträge als solche *rekonstruiert*. Hier dient das Ansprechen von Medienereignissen nicht selten dazu, die ‚Gesprächsmühle am Laufen' zu halten oder in Gesprächsflauten neue Themen hervorzubringen. Medienbeiträge werden dann um ihrer selbst willen, d.h. um ihres Informations-, vor allem aber

kommunikatives Erlebnis genutzt wird. Vgl. auch die Studie zum fernsehbegleitenden Sprechen von Bergmann/Holly/Püschel (2001).

ihres Unterhaltungswertes willen besprochen. Dabei kann es dazu kommen, dass in einem rekonstruktiven Gespräch nicht allein über den Inhalt, sondern zugleich über die Machart, also die Form der betreffenden Erzeugnisse gesprochen wird. So auch in dem folgenden Beispiel, in dem die Fernsehgrößen Mike Krüger und Thomas Gottschalk im Mittelpunkt stehen.[10]

Beispiel „Verstehen Sie Spass?" aus Familientischgespräch Schmidt 4/C27/84 (Mutter; Vater; Tochter: Berta; Söhne: Anton, Carl, David, Erich; Verlobte von Anton: Frieda)

01	David:	Da han e mol oin Ausschnitt gseha; da war s
02		harte;(-)da wo se in-; wo se in dr Stroaßabahn
03		standet
...		
11	Carl:	Doa hän se doch(-)doa hän se doch äh in
12		München hen se doch den dreht, mit dene
13		*Drei*räder [da;
14	Frieda:	[mhm
15	Anton:	Noa hen se die reiglegt die zwei(0.5)
16		doa bei *dengs*, bei Lu-
17	Frieda:	De- °ne:,°
18	Anton:	Ne? wie [heißt des an- (-) bei Verstehen
19	Frieda:	[Verstehen Sie Spaß-
20	Anton:	Sie Spaß, [doa hän die zwei-bei de Dreharbeite
21	Berta:	[Ja?
22	Carl:	[Ja:h
23	Anton:	reigl [egt; und [zwar(-)hen se
24	Berta:	[Wie hen=se s gmacht?-
25	Anton:	Polizei uffbaut un hän die zwei *raus* [gwunke
26	Carl:	[((lacht))
27	Anton:	un kontrolliert mit ihre zwei *Drei*räder wo se
28		doa ghet hen;
...		
37	Anton:	((imitierend))"Is des überhaupt *ob*gnommn?
38		[Zoigns (0.5) mol ihre Pabiere! Ich hab keine
39	Carl:	[S dr Gottschalk hätt sich doa aufgregt wie d Sau
40	Anton:	drbei. Joa da kennans net waiderfohrn? Joa was

10 Zu dem im Folgenden verwendeten Transkriptionsverfahren vgl. Keppler (1994).

41		mach mer n doa joa"
42	Berta:	Was und doa hat sich dr Gottschalk auf [gregt?
43	Carl:	[Jaja, der
44		hätt sich [aufgregt wie d Sau
45	Berta:	[Hat r da: [hat r da Humor verlorn oder
46	Carl:	[jaja
47		((lacht))I han s bloß gläsä i han s net gsäha
48	Anton:	Er war sehr zappelig;
49	Frieda:	[Un noa isch r zurückhaltender worda;
50	Anton:	[Un noa musch ja, un noa musch ja, noa musch
51		ja noa musch ja so überlega;°hh die dürfa
52		ja bloß des zoige was die vorher genehmi [gä
53	Carl:	[Ja ja:h
54	Berta:	Mhm,
...		
58	Anton:	Da kannsch dr manchmol *scho*
59		wenn se so: *an*doitungs*weise*(-)äh er*regt* sin;
60		wie sie dann noa sin; *wirklich* sin: des was
61		alles rausgschnidda isch
62		(0.5)
63		°hh un die hän die zwai (Trefzga)(-)a bissele die *Dumme*
64		gschpield und-

Die Pointe der Geschichte, wie „sich dr Gottschalk aufgregd" hat (Z.38ff.), wird im Anschluss noch länger diskutiert – länger als das Erzählen der Geschichte selbst gedauert hat. Nachdem zunächst das Verhältnis dessen, was im Fernsehen gezeigt wurde bzw. gezeigt werden kann, zu dem, was sich vermutlich in Wirklichkeit abgespielt hat, diskutiert wird, zitiert Anton weitere signifikante Stellen, die zu verschiedenen Nachfragen und Erörterungen Anlass geben. Wie dieses Transkript exemplarisch zeigt, wird immer dann, wenn die Medieninhalte eigenständige Gesprächsthemen bilden, auch ihre Machart, ihr ‚Kunstcharakter' reflektiert. Dieser simple, in der Literatur jedoch übersehene Umstand ist mediensoziologisch von großer Bedeutung. Er weist nämlich darauf hin, dass in der Art und Weise, wie darüber im privaten oder halböffentlichen Kreis gesprochen wird, kein prinzipieller Unterschied zwischen sogenannter hoher und sogenannter trivialer Kunst existiert. Vergleicht man zum Beispiel Gespräche über Unterhaltungssendungen im Fernsehen (oder gar über Fernsehserien) mit Gesprächen über anspruchsvolle Literatur oder Filme, so zeigt sich, dass es hier keine gravierenden strukturellen Unterschiede der Themenbehandlung gibt. Wohl werden nicht alle Themen auf die gleiche Weise behandelt, wohl finden sich durchaus relevante stilistische Unterschiede in den Formen der Vergegenwärtigung der unterschiedlichen kulturellen und kulturindustriellen Produkte. So lassen sich stärker berichtend-belehrende, von vorwiegend kommemorativ-imitierenden und primär diskursiv-interpretierenden Gesprächsformen unterscheiden. Allen Formen gemeinsam ist aber, dass Medieninhalte dann, wenn sie als eigenständige Themen in Unterhaltungen Eingang finden, nicht nur nacherzählt oder rekonstruiert werden, sondern dass sie dabei stets auch kommentiert und erklärt, interpretiert und bewertet, in Frage gestellt oder heilig gesprochen werden. Auch wenn die Produkte, um die es dabei geht, selbst keineswegs auf Reflexion angelegt sind, heißt das noch lange nicht, dass eine derartige Reflexion – über die Machart, die Ideologie, die Rezeption dieser Produkte – in der gesprächsweisen Verarbeitung im Alltag ausbleibt.

So zeigt die Diskussion um die Sendung *Verstehen Sie Spaß?*, dass das Interesse an den genasführten Fernsehstars durchaus mit einem genauen Blick für das Zustandekommen der betreffenden Produktionen verbunden sein kann. Dass dies aber kein Zufall ist, wird aus einem vergleichenden Blick auf die anderen Beispiele eigenständiger Medienrekonstruktionen deutlich (vgl. Keppler 1994: 234ff.). Wo immer ein Medienprodukt im Rahmen konversationeller Vergegenwärtigung vorgestellt wird, wird nicht allein über den Inhalt, sondern zugleich (wenn auch in sehr unterschiedlichem Maß) über die Machart der betreffenden Erzeugnisse gesprochen. Denn es macht einen wesentlichen Unterschied gerade zwischen einer ‚eingebauten' und einer ‚eigenständigen' Bezugnahme auf Medienbeiträge aus, dass im letzteren Fall nicht einfach der nackte Inhalt eines Beitrags – wie eine Information – genannt werden kann und genannt werden soll, sondern dass es hier um Aspekte eines Beitrags oder den Beitrag als ganzen geht. Was aber eine Fernsehsendung, eine Schallplatte, einen Film, einen Roman usw. von den bloßen Fakten unterscheidet, die aus ihnen entnommen werden können, ist nichts anderes als die Form, das Wie ihres Gemachtseins. Deswegen wird jedes Gespräch über solche Erzeugnisse fast zwangsläufig auch auf Merkmale ihrer Form zu sprechen kommen. Dies aber bedeutet: Wo immer eigenständige Gesprächssequenzen über Medienbeiträge vorkommen, dort liegt auch eine Betrachtung formaler Charakteristika der betreffenden Produktionen nahe. Subtilität spielt dabei in der Regel keine Rolle. Im alltäglichen Gespräch über Vorkommnisse in den Medien geht es nicht um feinsinnige ästhetische Interpretationen, es zeigt sich vielmehr ein oft ganz selbstverständliches Bewusstsein der Tatsache, dass Medienerzeugnisse künstliche Produkte sind, die einem bestimmten Kalkül entspringen, das man gutheißen oder ablehnen kann.

4. Eine abschließende These

Ich möchte das zuletzt vorgestellte Beispiel zur Formulierung einer abschließenden These nutzen, die das Verhältnis medialer Produkte zu den Bedingungen ihrer intersubjektiven Rezeption betrifft. Selbst dann nämlich, wenn in der konkreten Situation der Rezeption massenkultureller Erzeugnisse ein undistanziertes Sich-Vereinnahmenlassen vorherrschen sollte (was von Medienwissenschaftlern gerne behauptet wird, worüber wir aber konkret sehr wenig wissen), hieße das noch lange nicht, dass ein solches Vereinnahmt-werden oder Sich-vereinnahmen-lassen für die Rezeption insgesamt konstitutiv ist. Die kommunikative Verarbeitung von Medieninhalten im Gespräch zeigt vielmehr, dass der Umgang mit dem medialen Geschehen bei aller Beeinflussung und Begeisterung sehr häufig zugleich ein distanzierter und distanzierender ist. Die Einstellungen und Einschätzungen, die von den Produkten *nahegelegt* werden, werden von den Rezipienten keineswegs umstandslos *übernommen.* Dies bedeutet freilich nicht, dass die Erzeugnisse etwa des Fernsehens keine Macht über ihre Adressaten hätten. Es bedeutet vielmehr, dass die Massenmedien gerade dort ihre stärkste Wirkung entfalten, wo ihre Wirkung doch zugleich gebrochen wird. Im Guten und im Bösen können die Medien ihre Moral nur entfalten, indem sie auf die alltägliche Moral von Menschen treffen, die sich in kommunikativen Formen einen Reim auf den Unterschied zwischen ihrer Wirklichkeit und derjenigen der massenmedialen Darbietungen machen. Methodisch folgt daraus: Allein daraus, wie Medieninhalte in alltägliche Gespräche Eingang finden, können wir über die alltägliche Moral – und die alltägliche Macht – der Medien Aufschluss erhalten.

Dass die Produktionen der Medien auf eine so vielfältige Weise in das alltägliche Gespräch Eingang finden, ist dabei eher ein Indiz für eine strukturelle Grenze ihrer Macht als für die Unbegrenztheit ihres Einflusses. Denn die Gesetze dieser Kommunikation sind eigener Art. Hier kann nichts einfach übernommen werden, was nicht auf die eine oder andere Weise untereinander abgeklärt worden ist. Eine starke Wirkung hat hier nur, was im intersubjektiven Kreis – und d.h. auch: im Rückgriff auf unterschiedliche Voraussetzungen des Wissens – angeeignet werden kann; dieser Vorgang enthält aber immer zugleich Möglichkeiten der Distanzierung und Modifikation. Die Wirkung der Massenmedien hängt im Alltag von der Kraft ihrer kommunikativen Kanalisierung ab.

Literatur

Anders, Günther (1956): Die Antiquiertheit des Menschen. München: Beck

Ayaß, Ruth/Bergmann, Jörg (Hg.) (2006): Qualitative Methoden der Medienforschung. Hamburg: Rowohlt

Benjamin, Walter (1974 [1937]): Das Kunstwerk im Zeitalter seiner technischen Reproduzierbarkeit. In: Tiedemann et al. (1974): 471–508

Berger, Peter L./Luckmann, Thomas (1970 [1966]): Die gesellschaftliche Konstruktion der Wirklichkeit. Frankfurt a.M.: Fischer

Bergmann, Jörg/Holly, Werner/Püschel, Ulrich (Hg.) (2001): Der sprechende Zuschauer. Wie wir uns Fernsehen kommunikativ aneignen. Wiesbaden: VS-Verlag

Bryce, Jennifer (1980): Television and the Family. An Ethnographic Approach. Teachers College. Columbia University

Carey, James (1989): Communication as Culture. New York/London: Routledge

Carroll, Noël (1998): A Philosophy of Mass Art. Oxford: Clarendon Press

Dayan, Daniel/Katz, Elihu (1992): Media Events. The Live Broadcasting of History. Cambridge/Mass.: Harvard University Press

Fohrmann, Jürgen/Orzessek, Arno (Hg.) (2001): Zerstreute Öffentlichkeiten. Zur Programmierung des Gemeinsinns. München: Wilhelm Fink Verlag

Gehlen, Arnold (1957): Die Seele im technischen Zeitalter. Hamburg: Rowohlt

Habermas (1990 [1962]): Strukturwandel der Öffentlichkeit. Untersuchungen zu einer Kategorie der bürgerlichen Gesellschaft, Frankfurt a.M.: Suhrkamp

Hörning, Karl H./Winter, Rainer (Hg.) (1999): Widerspenstige Kulturen. Cultural Studies als Herausforderung. Frankfurt a.M.: Suhrkamp

Honer, Anne et al. (Hg.) (1999): Diesseitsreligion. Zur Deutung der Bedeutung moderner Kultur. Konstanz: UVK

Horkheimer, Max/Adorno, Theodor W. (1986 [1944]): Dialektik der Aufklärung. Frankfurt a.M.: Suhrkamp

Jäckel, Michael (Hg.) (2005): Mediensoziologie. Grundfragen und Forschungsfelder. Wiesbaden: VS-Verlag

Keppler, Angela (2006a): Mediale Gegenwart. Eine Theorie des Fernsehens am Beispiel der Darstellung von Gewalt, Frankfurt a.M.: Suhrkamp

Keppler, Angela (2006b): Konversations- und Gattungsanalyse. In: Ayaß et. al. (2006): 293–323

Keppler, Angela (2005a): Medien und soziale Wirklichkeit. In: Jäckel (2005): 91–106

Keppler, Angela (2005b): Mediale Kommunikation und kulturelle Orientierung. Perspektiven einer kulturwissenschaftlichen Medienforschung. In: Historische Sozialforschung, Sonderheft: Qualitative Sozialforschung 30, 1: 215–226.

Keppler, Angela (2001): Begrenzung und Entgrenzung. Zur Dialektik medialer Kommunikation. In: Fohrmann et al. (2001): 53–64

Keppler, Angela (2000): Verschränkte Gegenwarten. Medien- und Kommunikationsforschung als Untersuchung kultureller Transformationen. In: Soziologische Revue. Sonderheft 5: 140–152

Keppler, Angela (1999): Mediale Erfahrung, Kunsterfahrung, religiöse Erfahrung. Über den Ort von Kunst und Religion in der Mediengesellschaft. In: Honer (1999): 183–199

Keppler, Angela (1994): Tischgespräche. Über Formen kommunikativer Vergemeinschaftung am Beispiel der Konversation in Familien. Frankfurt a.M.: Suhrkamp

Keppler, Angela/Seel, Martin (1991): Zwischen Vereinnahmung und Distanzierung. Vier Fallstudien zur Massenkultur. In: Merkur 45, 9/10: 877–889

Keppler, Angela (1985): Die massenmediale Konstruktion der Wirklichkeit. In: Medium 15, 8: 17–22

Lull, James (1988): World Families Watch Television Newbury Park: Sage Publications

Lull, James (1980): Social Uses of Television. In: Human Communication Research 6, 3: 197–209

McLuhan, Herbert Marshall (1992 [1964]): Die magischen Kanäle. Understanding Media. Düsseldorf: Econ-Verlag

Messaris, Paul (1983): Family Conversations About Television. In: Journal of Family Issues 4, 2: 293–308

Morley, David (1991): Wo das Globale auf das Lokale trifft. Zur Politik des Alltags. In: Hörning et al. (1999): 442–475

Münch, Richard (1998): Kulturkritik und Medien-Kulturkommunikation. In: Saxer (1998): 55–66

Saxer, Ulrich (Hg.) (1998): Medien-Kulturkommunikation. Publizistik Sonderheft 2. Opladen: Westdeutscher Verlag

Steinert, Heinz (1998): Kulturindustrie. Münster: Westfälisches Dampfboot

Schütz, Alfred (1971 [1954]): Begriffs- und Theoriebildung in den Sozialwissenschaften. In: Ders.: Gesammelte Ausätze 1: Das Problem der sozialen Wirklichkeit. Den Haag: Nijhoff: 55–76

Searle, John R. (1997): Die Konstruktion der gesellschaftlichen Wirklichkeit. Zur Ontologie sozialer Tatsachen. Reinbek bei Hamburg: Rowohlt

Tiedemann, Rolf/Schweppenhäuser, Hermann (Hg.) (1974): Walter Benjamin. Gesammelte Schriften. Bd. 1.2. Frankfurt a.M.: Suhrkamp

Kommunikationskultur und Powerpoint
Ein wissenssoziologischer Zugang

Hubert Knoblauch

1. Einleitung: Wissenssoziologie und Kultur

Seit Jahren vollzieht sich in den Wissenschaften eine „kulturelle Wende". Im angelsächsischen Raum haben sich die „cultural studies" als eine breite interdisziplinäre Strömung etabliert, die die Kultur in den Mittelpunkt stellt. Auch im deutschsprachigen Raum werden die geistes- und sozialwissenschaftlichen Fächer immer häufiger unter dem Titel der „Kulturwissenschaften" zusammengefasst. Es verwundert deswegen nicht, dass die Kultur auch in der deutschsprachigen Soziologie auf ein verstärktes Interesse stößt. So erfreulich dieses Interesse ist, so sehr vergisst man bei der Übertragung des angelsächsischen „cultural turn", wie sehr die „Kultur" schon immer Teil gerade der deutschsprachigen Soziologie war. Während man in den angelsächsischen Sozialwissenschaften mit der Wiederentdeckung des Sinns und damit der Interpretation die kulturelle Wende einleitete (beispielhaft etwa bei Geertz 1975), ist der Begriff des „Sinns" und die Bedeutung der Interpretation bzw. des Verstehens in der stark von Max Weber geprägten Soziologie doch schon seit ihrer „klassischen Phase" etabliert. Dies gilt insbesondere für die Wissenssoziologie, die spätestens mit Schütz' Analyse des Weberschen Sinnbegriffes zur Vorkämpferin einer sinnverstehenden Soziologie geworden ist. Mit ihrer Ausweitung zur Theorie der sozialen Konstruktion der Wirklichkeit durch Peter Berger und Thomas Luckmann (1967) fand sie eine breite internationale Aufnahme.

Wie ein guter Teil der Kultursoziologie nimmt also auch die Wissenssoziologie ihren Ausgang beim Begriff des Sinns, den sie allerdings als Wissen fasst. Gerade in der jüngeren Zeit stellen sich noch weitere Parallelen ein. Ähnlich wie etwa die jüngere Kulturtheorie der Praxis (Bourdieu 1984; Reckwitz 2004) betrachtet auch sie das Wissen bzw. den Sinn nicht mehr nur als einen bloßen Zusatz zur strukturbildenden Wirkung des (sozialen) Handelns, sondern folgt einem „integrationistischen" Begriff (Knoblauch 2005), der Wissen, Sinn und Handeln miteinander verknüpft. Damit einher geht eine Ausweitung des Kulturbegriffes, der nun auch das einbezieht, was etwa Parsons (1964) noch als („harte") Sozialstruktur kategorisch von ihr unterschieden hatte. Eine ähnliche Ausweitung vollzogen auch schon Berger und Luckmann, die „Wissen“ keineswegs nur als besondere Ausprägung spezialisierter Institutionen weitgehend der Wissenschaft zuordneten, sondern zum Kernelement jeden Handelns und damit auch der ökonomischen Produktion oder der politischen Macht erklärten. Aus der Sicht der Wissenssoziologie besteht die gesellschaftliche Wirklichkeit im Wesentlichen aus (handlungsleitendem) Wissen: Was wirklich ist, ist das, was wir für wirklich halten und was entsprechend in unseren Handlungen verwirklicht wird. In diesem Sinne ist die gesamte Wirklichkeit ein Sinnphänomen. Wissenssoziologisch besteht Kultur aus Wissen, und Kultursoziologie, so könnte man deswegen sagen, ist immer Wissenssoziologie.[1]

Allerdings sollte die letzte Aussage mit Vorbehalt verstanden werden, gibt es doch bislang keine Untersuchung, die das Verhältnis der sozialkonstruktivistischen Wissenssoziologie zum Begriff der Kultur systematisch untersucht hat. Deswegen soll im ersten Teil dieses Beitrags wenigstens in groben Zügen geklärt werden, in welchem Verhältnis der Begriff des Sinns, der auch grundlegend für die Kulturtheorien ist, zum Begriff des Wissens und dem des Handelns steht. Während Sinn, phänomenologisch betrachtet, vom subjektiven Bewusstsein konstituiert wird, ist Wissen, so mein Vorschlag, der sozial gewordene Sinn. Da Sinn wiederum ein Definitionsmerkmal des Handelns ist, kann Wissen nicht ohne Handeln gedacht werden. Ihre Verbindung und ihren empirischen Ausdruck finden Wissen und Handeln in der Kommunikation. Kommunikation bildet die Form, in der Sinn zum Teil der sozialen Wirklichkeit werden kann. Mit dem Begriff der Kommunikationskultur bezeichne ich jene Ordnungen, die in der Kommunikation entstehen bzw. durch das kommunikative Handeln generiert werden.

Weil ich das Konzept der Kommunikationskultur an anderer Stelle schon breiter erörtert habe (Knoblauch 1995), möchte ich es hier – der Aufforderung der Herausgeberin folgend – an einem empirischen Beispiel illustrieren: an Powerpoint-Präsentationen. Dieses Beispiel soll dazu dienen, die Begriffe zu explizieren, mit denen Kommunikationskultur analysiert werden kann. Vor diesem etwas anschaulicheren empirischen Teil müssen wir uns jedoch noch der etwas anstrengenden Aufgabe zuwenden, den Zusammenhang von Sinn, Wissen, Handeln und Kommunikation wenigstens in groben Zügen zu klären.

1 Ganz im Unterschied zur klassischen Wissenssoziologie, die, etwa bei Scheler (1960), die Wissenssoziologie als einen Teilbereich der Kultursoziologie konzipierte.

2. Sinn, Wissen und Kommunikation

Der soziologische Begriff der Kultur ist sehr entscheidend mit dem Begriff des Sinnes verknüpft. In der Tradition Webers (1988: 180) versteht man unter Kultur „einen mit Sinn und Bedeutung bedachten endlichen Ausschnitt aus der sinnlosen Unendlichkeit des Weltgeschehens". Dieser Ausschnitt ist schon für Weber Gegenstand der Kulturwissenschaft. Deren Voraussetzung besteht darin, „dass wir Kulturmenschen sind, begabt mit der Fähigkeit und dem Willen, bewusst zur Welt Stellung zu nehmen und ihr einen Sinn zu verleihen" (ebd.). Diese Stellungnahme ist keineswegs passiv; vielmehr band Weber den Sinn definitorisch an das Handeln. Handlungen, so das Credo seiner Soziologie, sind wesentlich mit Sinn verknüpft und müssen deswegen von den Wissenschaften, die diese Handlungen erklären möchten, zuerst verstanden werden. Das gilt natürlich auch für soziale Handlungen, die sich durch spezifische Sinnorientierungen an Anderen auszeichnen. Die Art der Sinnorientierungen entscheidet damit auch über die Art der sozialen Beziehungen, der sozialen Institutionen und der gesamten Gesellschaftsordnung, die keineswegs nur ein „positives" Gebilde oder eine „materielle Basis" ist, sondern weitgehend eine Sinnordnung (Weber [1921] 1980).

So zentral der Begriff für Weber ist, so beklagte Schütz schon 1932 das Fehlen einer näheren Definition des Sinnes bei Weber. Schütz bemühte sich um eine solche Klärung, indem er auf die phänomenologische Methode zurückgriff. Aus dieser Sicht baut Sinn auf unserer Fähigkeit zur Intentionalität auf: Unser Bewusstsein ist immer ein Bewusstsein *von* etwas, das als etwas aus dieser Bezogenheit eben seinen Sinn erhält. Allerdings ist diese Bezogenheit des Bewusstseins nicht statisch, sondern sie weist eine Zeitstruktur auf. Diese Zeitlichkeit erzeugt Unterschiede des Intendierten, die kraft der Reflexivität des Bewusstseins miteinander in Verbindung gesetzt und typisiert werden können. Es sind diese Verbindungen, die Schütz als *Sinn* bezeichnet. Auf der Grundlage typisierter Erfahrungen von etwas erwächst die Möglichkeit des Handelns. Aus der phänomenologischen Perspektive zeichnen sich *Handlungen* durch ihre besondere Zeitperspektive aus: Es sind zeitlich („modo futuri exacti") vorentworfene Erfahrungen.

Sinn, Erfahrungen und Handlungen sind in dieser konstitutionstheoretischen Sicht Ergebnisse subjektiver Bewusstseinsleistungen.[2] Diese Subjektivität

2 Die „konstitutionstheoretische" phänomenologische Sicht fragt danach, was die Denk-Voraussetzungen von etwas sind: Was also setzen wir voraus, wenn wir von „Wissen" reden. Diese Voraussetzungen sind sozusagen logisch vorgängig, müssen aber nicht empirisch vorgängig sein. D.h. soziales Handeln setzt zwar subjektiven Sinn voraus, doch muss dieser damit nicht historisch vor der Fähigkeit zum sozialen Handeln gegeben gewesen sein.

stößt an ihre Grenze beim sozialen Handeln. Denn wie schon Weber betonte, zeichnet sich das soziales Handeln durch einen weiteren Aspekt aus: die Orientierung an Anderen, die wir als intentionale Wesen wahrnehmen. Aus der Perspektive des Handelns sind uns Andere zunächst nur als Sinnphänomene gegeben. Es sind zum einen Gegenstände unseres Erfahrens, zum anderen solche Erfahrungsgegenstände, die wir als intentionale wahrnehmen. So kann ich beispielsweise mein menschliches Gegenüber als Anderen betrachten, ich kann aber auch eine Puppe oder einen Roboter für eine andere Person halten – oder einen (wie jetzt, wenn ich schreibe) imaginierten bzw. „impliziten" Leser (Iser 1976). Andere, an denen ich mich handelnd orientiere, können meine zukünftigen, noch ungeborenen Enkel sein, etwa wenn ich ihnen ein Erbe vermache.

So sehr das Handeln in meinem subjektiven Vermögen zu stehen scheint, ändert sich die Sache doch grundlegend, wenn ich, wie Weber (1980 [1922]: 1) es formuliert, mein Verhalten auch „in seinem Ablauf" an Anderen orientiere. Im Unterschied zur „einseitigen" Orientierung des Handelns an Anderen, die meine Erfahrung gar nicht zur Kenntnis nehmen müssen, sollte man dieses Handeln als wechselseitig bezeichnen (Schütz/Luckmann 1984). Denn Handelnde orientieren sich nicht nur an Anderen, sondern nehmen die „Reaktion" wahr und „antworten" mit ihrer Handlung wiederum auf diese „Reaktion". Dies führt nicht nur zu einer grundlegenden Sequenzialität des sozialen Handelns, sondern hat auch Folgen für seinen Sinn: Sinn ist nun nicht mehr nur vom Handelnden abhängig, sondern muss auf das Verhalten der anderen Person abgestimmt werden, der ja Intentionalität zugeschrieben wird.[3] Dadurch gewinnt „Sinn" eine neue Qualität, denn es geht hier nicht mehr nur um den Sinn des einen Handelnden, sondern auch um den Sinn des anderen zugleich. Sofern beide subjektiven Sinnorientierungen so aufeinander abgestimmt sind, dass sie auch ihr Verhalten koordinieren können (und vice versa), haben wir es mit einem geteilten, sozusagen „sozialen" Sinn zu tun. (Das muss übrigens keineswegs bedeuten, dass die Sinnorientierungen identisch sind.) Gerade diese soziale Qualität des Sinns soll im soziologischen Begriff des *Wissens* hervorgehoben werden.

Im Unterschied zum Alltagsbegriff bezieht sich „Wissen" in soziologischer Sicht also keineswegs nur auf das, was „wahr" oder „richtig" ist. Denn selbst wenn Handelnde ein Wissen haben, das sich etwa wissenschaftlich als falsch erweist (etwa die Annahme, die Erde sei eine Scheibe), kann auch dieses „falsche" Wissen Handlungen mit zuweilen dramatischen Folgen motivieren. Das beinhaltet, dass man Wissen keineswegs nur an der Wissenschaft bemessen

3 Diese Sequenzialität ist damit nicht nur eine der zentralen Ressourcen zur Herstellung der Ordnung von Handlungen (also ihrer zeitlichen Koordination); wie die Konversationsanalyse zeigt, ist sie auch analytisch eine Ressource zur Interpretation dieser Handlungen.

darf. Auch die Religionen erzeugen Wissen, und das visuelle Wissen der bildenden Kunst etwa prägt ganze Kulturen. Wissen darf auch keineswegs nur auf „propositionales" Wissen reduziert werden, das sprachlich artikuliert werden kann. Wie die Sprache unausgesprochene Fähigkeiten des Sprechens oder Lesens unterstellt, so kann Wissen auch in anderen leiblichen Fähigkeiten aufgehoben sein, die uns zum Teil reflexiv gar nicht zugänglich sind. So betonen etwa Schütz und Luckmann (1979), dass auch die grundlegenden Vorstellungen von Raum und Zeit, wie sie etwa in den Grammatiken der Sprachen enthalten sind, ebenso zum Wissen zählen wie die basalen körperlichen Fertigkeiten etwa des Gehens, Stehens und Sitzens, die zwar stark automatisiert sind, aber doch sehr gezielt erlernt wurden. (Dass wir beim Handeln den Prozess des Erlernens nicht mehr in Erinnerung bringen müssen, bedeutet nicht, dass wir die beim Lernen vollzogenen Handlungen vergessen hätten. Ganz im Gegenteil sind sie gleichsam inkorporiert worden.) Wissen, so wiederhole ich deswegen, ist der sozial gewordene Sinn.

Diese Sozialität stellt sich jedoch keineswegs einfach ein, sondern ist Ergebnis genau jener Handlungen, in denen wir auf andere zu handeln und mit ihnen interagieren.[4] Denn indem wir uns an Anderen orientieren, ändert sich die Struktur des Sinnes ganz wesentlich. Sinn wird, wie Luhmann (1984) zu Recht bemerkt, nicht einfach „übertragen". In der Interaktion mit anderen ist er nicht mehr nur an das Bewusstsein und die innere Zeit des Erfahrens gebunden, sondern macht sich nun am Ausdruck der Anderen und an der Zeit der Interaktion fest, über die wir nicht mehr alleine verfügen. Dies kann aber nicht als schlichte „Nachahmung" verstanden werden, der Ausdruck selbst aber kann auch keineswegs „mimetisch" übernommen werden (Gebauer und Wulf 1998). Vielmehr erfordert es das, was man als *Intersubjektivität* bezeichnen kann. Dazu gehören verschiedene Bewusstseinsleistungen, die menschliche Akteure gleichsam automatisch („vorreflexiv") vollziehen, wie etwa die vom Bewusstsein vorreflexiv vorgenommenen Idealisierungen der Austauschbarkeit der Standpunkte, die impliziert sind, wenn wir zum Beispiel in aller Selbstverständlichkeit Anderen seitenverkehrt die Hand geben; auch die Reziprozität der Perspektiven ist eine solche Leistung, dank derer wir gleichsam indirekt wahrnehmen, was andere wahrnehmen und nach oben blicken, weil sie nach oben blicken. Damit verbunden ist auch der Spiegelungseffekt, bei dem wir uns durch die Verhaltensweisen der anderen wahrnehmen, wie insgesamt die von Mead so eindrücklich geschilderte Rollenübernahme. Dazu gehört auch die etwas komplexere Reziprozität der Motive, die etwa bei der Frage-Antwort-Interaktion aus meinem „Um-Zu-

4 Angesichts einer breiten Entwicklung in der Philosophie, die die Konstitution der Sozialität des Wissens gerne unterschlägt, kann man dies nicht genug betonen. Vgl. z.B. Searle (1995).

Motiv“ (ich rede, um etwas herauszufinden) ein Weil-Motiv der anderen Person macht (sie redet, weil sie gefragt wurde), wie dies von Schütz (1972: 16) kurz skizziert wird:

> „Ich frage Dich etwas. Das Um-zu-Motiv meines Handelns ist nicht nur die Erwartung, dass du meine Frage verstehen wirst, sondern auch die Erwartung einer Antwort; oder genauer: Ich rechne damit, dass du antworten wirst, und lasse es unentschieden, welchen Inhalt Deine Antwort haben wird. (…) Wir können sagen, dass die Frage das Weil-Motiv der Antwort ist, ebenso wie die Antwort das Um-zu-Motiv der Frage ist.“

Durch die Verkettung der beiden Motive zweier Handelnder haben wir nicht nur ein soziales Mehr zum einzelnen Handeln, zudem erfordert die Verkettung eine Reflexivität der Handlung: Die Frage ist eben nicht nur eine Frage, sie zeigt auch an, dass sie eine Antwort heischt (und nicht „rhetorisch“ ist), und die Antwort ist eben nicht nur eine Antwort, sondern zeigt auch an, worauf sie eine Antwort ist (und das muss nicht unbedingt, wie wir oft in Vorträgen erfahren, die Frage gewesen sein). Diese Reflexivität ist eine der wesentlichen Ressourcen für das Verstehen von Kommunikation – sowohl für die beteiligten Akteure wie die beobachtenden Wissenschaftler.

Die Leistungen des Bewusstseins fassen wir unter den Titel der Intersubjektivität, weil sie die Wahrnehmung und Behandlung Anderer als Akteure erst ermöglichen. Sie bilden damit auch die Voraussetzung für das Verstehen des Sinnes anderer und somit auch der Interaktion mit ihnen, also der Orientierung der eigenen sinnhaften Handlungen an ihnen (und natürlich auch der Kommunikation). Allerdings machte schon Schütz deutlich, dass diese Orientierung keineswegs „im Bewusstsein“ allein vollzogen wird. Vielmehr bedarf sie eines „Ausdrucks“ in der gemeinsamen Umwelt der Handelnden. Berger und Luckmann (1967) bezeichnen diesen „Ausdruck“ treffender als „Objektiviationen“ bzw. „Objekivierungen“. Im einfachsten Fall handelt es sich um körperliche Ausdrucksformen – von der Handgestik über die Mimik bis hin zu sprachlich-lautlichen Ausdrucksformen. Objektivierungen aber können auch Gegenstände sein: der geknickte Ast, der den Weg weist, die Hieroglyphe, die sprachlich-ikonisch konventionalisierte Bedeutungen repräsentiert, die rote Rose, die meine glühende Liebe symbolisiert. Solche Gegenstände nennen wir, wie schon Schütz (2003) vorschlägt, „Zeichen“ und „Symbole“. Allerdings wird bei der Untersuchung dieser Zeichen häufig zu einseitig auf diejenigen Zeichen geachtet, die in eine systemhafte Ordnung gebracht wurden, insbesondere die sprachlichen Zeichen. Um auch diejenigen Gegenstände einbeziehen zu können, die zwar Sinn objektivieren (ein Hammer, ein Stuhl, ein Haus), aber nicht in einem System von Zeichen geordnet sind, ist der Begriff der „Objektivierungen“ sehr treffend.[5] Diesen Objektivierungen verdanken wir die „Beobachtbarkeit“ des Sinns – genauer nun: des Wissens – nicht nur für die Handelnden, sondern auch für die wissenschaftliche Beobachtung.

Objektivierungen müssen nicht vom Handelnden als „Produkte“ hervorgebracht sein, wie Schriftzeichen; es kann sich auch um körperliche Ausdrücke handeln sowie um Gegenstände, die der Körper als sinnhaft anzeigt, um dessen Sinn für Andere verstehbar werden zu lassen. In der Regel bezeichnen wir Träger des Sinns als Zeichen. Weil allerdings Zeichen häufig im Sinne einer ihrer besonderen Ausprägungen, nämlich der sprachlichen Zeichen, gefasst werden, führt dieser Begriff leicht in die Irre. Während die Sprache ein stark geregeltes System ist, das in Schriftkulturen sogar in ausdrückliche Regeln gebracht werden kann, müssen andere in der menschlichen Kommunikation benutzten Objektivierungen keineswegs unbedingt so systematisch verwendet werden: Schon Gestik und Mimik weisen keine Struktur auf, die eine klare Grammatik oder Semantik aufwiese (Kendon 2004), und dieser Mangel an Struktur gilt auch für die Objekte, die im menschlichen Handeln hervorgebracht werden oder darin eingebettet werden. So weist die Kleidung durchaus eine Ordnung auf, die etwa (halbwegs) zwischen den Geschlechtern, Berufsgruppen oder sozialen Milieus zu unterscheiden erlaubt. Ein geschlossenes System jedoch bildet sie kaum, wie etwa Barthes (1980) vermutet. Vielmehr stellt sich ihr „Sinn“ erst in dem sozialen Kontext ein, in dem die Handlungen vollzogen werden.

Wenn das soziale Handeln eine Form der Objektivierung erfordert, die den Sinn so ausdrückt, dass man seine Verhaltensabläufe mit anderen koordinieren und seine Sinnorientierungen mit den anderen so abstimmen kann, dass man weiß, was geschieht, dann sprechen wir von Kommunikation. Oder passender: *Kommunikation* ist die Form der Interaktion, die durch Objektivierungen koordiniert und synchronisiert wird. Erst wenn der Sinn von Objektivierungen von Akteuren in Handlungen aufeinander bezogen wurde, können sie mit ihnen einen Sinn verbinden, den beide Akteure teilen können bzw. der ihre Erwartungen steuert.[6] Diesen Sinn, der (auf der Grundlage der Intersubjektivität) in der Kommunikation etabliert wird und in der Kommunikation (auf der Grundlage

5 Objektivierungen müssen, wie gesagt, keineswegs Gegenstände sein; es kann sich auch um Ausdrücke handeln und all dasjenige, was im Handlungsvollzug als Referenz erfahrbar wird. Zur Differenz dieser „Protozeichen“ von Zeichen und Symbolen vgl. Luckmann 1972. Diese Objekte sind natürlich auch Elemente kommunikativer Handlungen – auch wenn deren Reichweite über die der situativen Koordination hinausreicht.

6 Deswegen erscheinen auch die verschiedenen Definitionen von Zeichen als unzulänglich, weil sie es aus einem für ihn konstitutiven Kommunikations-Kontext isolieren. Nicht die Zeichen haben verschiedene Referenzen (i.e. Bedeutung, Appell oder Ausdruck), vielmehr sind diese „Referenzen“ relevante Aspekte des kommunikativen Handelns Vgl. dazu Knoblauch 1995: 45f.

schon etablierter Bedeutungen) vermittelt werden kann, ist notwendig „Wissen“. Wissen ist also, in einer zweiten, genaueren Annäherung, der im wechselseitigen sozialen Handeln aktualisierte Sinn, der in zeichenhaften Objektivierungen als Kommunikation zum Ausdruck kommt. Die wechselseitigen Handlungen müssen dabei keineswegs zeitgleich ausgeführt werden. Wer ein Testament hinterlässt, einen Brief schreibt oder eine SMS versendet, handelt nicht nur sozial, sondern kommuniziert insofern wechselseitig, als man davon ausgeht, dass die Objektivierungen von anderen als Kommunikation wahrgenommen werden.

Diese erklärt auch die Ambivalenz der Kommunikation: Einerseits verweisen diese Objektivierungen nämlich auf Handelnde, die sie erzeugen oder kontextualisieren. In der Kommunikation verfolgen sie ihre Ziele, Strategien und Absichten (Gumperz 1981). Andererseits ist Kommunikation eben nicht mehr vom Sinn des einzelnen Handelnden abhängig, sondern beruht auf objektiviertem Wissen.[7] Daraus erklärt sich nicht nur, dass wir sowohl kommunikativ handeln und gleichzeitig Teil einer Kommunikation sind. Weil Kommunikation immer auch ein Handeln ist, bedarf es zur Koordination und Synchronisierung einer Ordnung (und deren Objektivierung), also eine Kommunikationskultur. Anders gesagt: weil wir handelnde Subjekte sind, müssen wir fortwährend kommunizieren. Diese Kommunikation bleibt uns übrigens keineswegs äußerlich. Vielmehr können wir subjektiv auf einmal eingespielte Formen der Verwendung von Objektivierungen zurückgreifen. Denn wie alles Handeln wird auch das kommunikative Handeln routinisiert und habitualisiert, sodass man hier durchaus von einem Habitus reden kann.[8] Kommunikation verbindet damit, was Simmel (1983: 186) der Kultur zuschreibt: „die subjektive Seele und das objektive geistige Erzeugnis“.

Weil die gesellschaftliche Wirklichkeit nur bestehen kann, wenn die Handlungen auch für die anderen erfahrbar sind, sind die Prozesse ihrer Konstruktion wesentlich kommunikativ: es handelt sich um eine kommunikative Konstruktion der Wirklichkeit (Knoblauch 2005a). Das kommunikative Handeln erzeugt eine soziale Ordnung, denn es schafft Objektivierungen, in denen der Sinn unserer Handlungen für andere zugänglich ist und mit ihnen so – als Wissen – abgestimmt wird, dass wir eine gemeinsame oder zumindest geteilte Orientierung haben. Deswegen muss diese Ordnung nicht immer neu erfunden werden: Sie wird in unseren Habitus eingeschrieben, und sie findet ihren Ausdruck in gemeinsamen Formen und Mustern des kommunikativen Handelns, in denen der

7 Dies scheint in meinen Augen (Knoblauch 2006) der Kern des Ansatzes von Goffman: Wir kommunizieren nicht nur beständig, wir wissen auch, dass wir fortwährend kommunizieren – und dieses Wissen findet seinen Niederschlag in der Gestaltung unseres gesamten Umfeldes.

8 Den Zusammenhang zwischen dem Begriff des Habitus und dem der Habitualisierung habe ich an anderer Stelle ausgeführt (Knoblauch 2003).

Sinn halbwegs verlässlich festgeschrieben und sozial als Wissen vermittelt wird. Diese gemeinsamen Formen und Muster des Handelns bilden die Elemente der sozialen Ordnung, die ich als Kommunikationskultur bezeichne.

3. Die Kommunikationskultur von Powerpoint[9]

Lassen Sie mich das Konzept der Kommunikationskultur an einem Beispiel erläutern, das es erlaubt, eine Reihe der analytischen Bestimmungen der Kommunikationskultur zu illustrieren. Auch wenn ich mit Powerpoint-Präsentationen nicht die Kommunikationskultur einer geschlossenen sozialen Gruppe behandle, geht es doch um etwas, das mittlerweile die ganze Gesellschaft betrifft. Zudem liegen zu diesem Thema einige empirische Untersuchungen vor, so dass die Hinweise in der angegebenen Literatur vertieft werden können (Schnettler/Knoblauch 2008). Schließlich dürften auch die eigenen Erfahrungen der Leserinnen und Leser mit Powerpoint helfen, die daran exemplifizierten Begriffe rasch zu verstehen.

a) Performanz, Raum und Teilnahmestruktur

In der Tat führt Powerpoint sogar auf die eingangs erwähnten Grundlagen unseres Ansatzes zurück. Denn wer sich an die Vorbereitung und Durchführung seiner ersten Powerpoint-Präsentation erinnert, wird unmittelbar bemerkt haben, dass soziales Handeln ein kommunikatives Handeln ist. Was immer man mit der Präsentation erreichen oder mitteilen will – also ein Referat zu halten, einen Impuls zu geben, vielleicht sogar zu unterhalten – man ist doch immer an anderen orientiert. Diese anderen können uns bekannt sein, wie etwa die Schulklasse, vor der wir eine Präsentation halten müssen. Es kann sich aber auch um Unbekannte handeln, die wir vor dem Hintergrund unseres Vorwissens typisieren (in den Massenmedien stehen für solche Typisierungen verschiedene Hilfsmittel zur Verfügung).

Diese Orientierung allein aber ist noch keine kommunikative Handlung. Zuerst muss man überlegen, was man sagen will, dann entwirft man Folien, teilt den Text auf, sucht nach passenden Illustrationen und bearbeitet die Form. Kurz: Man produziert Objektivierungen. Freilich könnte man einwenden, dass es sich hier um eine besondere Form der Objektivierungen handelt, gehen wir doch mit hoch entwickelten Geräten um, sowie mit sehr speziellen medialen

9 Um die Aussagen nicht auf die Software einer Firma zu beschränken, wird die geläufige Bezeichnung in einer von der Markenbezeichnung abweichenden Schreibweise gefasst.

Formen. Allerdings sollte man nicht vergessen, dass ähnliche Überlegungen auch anstellen muss, wer bloß mündlich einen Vortrag hält.

Powerpoint jedoch unterscheidet sich vom mündlichen Vortrag. So ist der Informationswissenschaftler Tufte (2003) der Auffassung, Powerpoint reduziere den Informationsgehalt von Vorträgen. Seiner Meinung nach sei der Absturz einer Challenger-Rakete darauf zurückzuführen, dass innerhalb der NASA mit Powerpoint kommuniziert worden sei, und dadurch entscheidende Informationen nicht hätten vermittelt werden können. Tuftes Argument, „Powerpoint macht dumm", stützt sich ausschließlich auf seine Analyse von Folien. So bedeutsam diese Folien als Objektivierungen sind (die etwa ins Internet gestellt werden können), so übergeht er damit doch den Umstand, dass diese Folien im Regelfall nicht isoliert behandelt werden. Vielmehr sind sie – etwa im Falle des genannten Challenger-Unglücks – lediglich ein Aspekt einer kommunikativen Handlung, die wir als „Präsentation" bezeichnen. Folien werden mittels verschiedener technischer Hilfsmittel (Computer, Beamer) vor einem Publikum gezeigt und von Sprecherinnen sprachlich erläutert.

Dies macht deutlich, dass sich die Analyse der Kommunikationskultur auf den Handlungszusammenhang bezieht, in dem die Akteure ihre Kommunikation durchführen. Sie versteht sich deswegen als eine Form der Ethnografie der Kommunikation, die Soziales dort beobachtet und registrierend konserviert, wo es *in actu* stattfindet.[10] Die Analyse der Kommunikationskultur basiert also auf rekonstruierenden Konservierungen, wenn sie historisch arbeitet oder keinen direkten Zugang zum sozialen Feld der Kommunikation hat. Entsprechend bemüht sie sich um die Herstellung registrierender Daten des zeitlichen Ablaufs der Kommunikation. Aus diesem Grunde haben wir zur Erforschung von Powerpoint eine große Zahl von Präsentationen beobachtet, wobei wir darauf achteten, auch das Publikum und die Situation mit zu erfassen. Weil es sich vor allem um audiovisuelle Ereignisse handelt, haben wir diese Beobachtung mit Hilfe von Videogeräten aufgezeichnet.

Der Durchgang durch die Videos macht schnell deutlich, dass der Kern der Powerpoint-Präsentationen keineswegs in den Folien alleine liegt. Wie alle kommunikativen Handlungen weisen diese vielmehr einen performativen Charakter auf. Sie sind Teil einer Aufführung, in der auch die Sprache, der Körper und der soziale Raum des Publikums eine entscheidende Rolle spielen. Mit dem Begriff der *Performanz* soll darauf hingewiesen werden, dass Kommunikation ein Vorgang in der Zeit ist. Die Zeit wird keineswegs nur benötigt, um Objektivierungen zu produzieren (wie etwa sprachliche Äußerungen oder die Herstel-

10 Vgl. Bergmann 1985. Im Unterschied zu Hirschauer (in diesem Band) erscheint es mir als zentrales Moment der Ethnographie, dass die Perspektive der Akteure eingenommen wird. Zur Ethnographie der Kommunikation vgl. Hymes 1979.

lung von Folien); sie wird auch benötigt, um die Akteure aufeinander abzustimmen und Objektivierungen eine (durch die Performanz) situative Bedeutung zu verleihen. Betrachten wir dazu ein einfaches Beispiel: Die Folien werden ja nicht nur vom Beamer „gezeigt", vielmehr bemühen sich die Redner – neben ihren sprachlichen Ausführungen – in der Regel, mit Laserpointern, Händen und Fingern die Aufmerksamkeit auf gewisse Aspekte von Folien zu lenken. Bei genauerer Betrachtung zeigt sich, dass dabei auch die Körperhaltung des Redenden eine bedeutende Rolle spielt, die anzeigt, ob und wann sich das Gesprochene auf das Gezeigte bezieht. Mehr noch: Durch das Zusammenspiel von Sprache, Gesten und Körperhaltungen können zusätzliche Informationen gleichsam unsichtbar in Folien hineinprojiziert werden, und ebenso gelingt es, Teile des auf den Folien Gezeigten schlicht „unsichtbar" und irrelevant zu machen.

Gerade am Zeigen wird deutlich, dass wir es keineswegs nur mit konventionalisierten Zeichen zu tun haben. Ob wir mit dem Finger zeigen, mit der Hand wischen oder lediglich den roten Punkt des Laserpointers bewegen – der Sinn dieser Handlung, also dass auf etwas gezeigt werden soll, liegt nicht zuerst in der Form des Zeigens, in der Grammatik der Gesten, sondern im sozialen Handlungszusammenhang.[11]

Zeigen mit Hand nach unten

Zeigen mit U-förmiger Hand

Zeigen mit Handwinkel

Die Anderen sind dabei keineswegs nur ein Hintergrund für diesen Handlungszusammenhang. So passiv sie auch dasitzen mögen, so sehr sind sie als Teilnehmer der Situation erkennbar. Auch wenn also nur eine Person spricht, so ist doch die *Teilnahmestruktur*[12] vielfältiger. Während des monologischen Vortrags treten nicht nur die Rednerinnen und das Publikum auf, auch die Folien können durch Objektivierungen Handlungen auslösen (etwa wenn sie das Publikum zum Lachen anregen). Wie wir häufig leidvoll erfahren, kann auch die Technologie selbst in den Vordergrund rücken, wie etwa bei technischen Pannen (Schnettler und Tuma 2007), und natürlich gibt es vielfältige Teilnahmeformen des Publikums, wie etwa in der Diskussion, aber auch bei interaktiven (keineswegs nur sprachlichen) Einschüben im Vortrag. Dass das Publikum einen aktiven Teil-

11 Eine detaillierte Untersuchung des Zeichens findet sich in Knoblauch 2008.
12 Zur Teilnahmestruktur sowie dem Teilnehmerstatus vgl. Goffman 2005.

nahmestatus hat, kann auch an der Körper-Ausrichtung der Sprecherinnen erkannt werden. Eine der Grundhaltungen der Powerpoint-Präsentationen besteht nämlich in der Zwischenstellung, in der die Körperfront der Rednerin, die Ausrichtung des Publikums und die Folienleinwand ein Dreieck bilden. Dieses Dreieck entspricht der Körperformation, die Sprecher in Dreiparteieninteraktionen einnehmen, wenn sie gleichmäßige Aufmerksamkeit beanspruchen.

(Aus Kendon 1990)

Wie die Abwendungen innerhalb eines solchen Gesprächs (jemand sucht mit dem Auge etwas und wendet sich leicht ab, während die anderen weiterreden) lassen sich dann auch die Zuwendungen zur Leinwand oder zum Publikum als Aufmerksamkeitssteuerungen verstehen, die an diese Struktur der Dreiparteienkommunikation angelehnt sind.

Die Stellung der Körper im Raum weist darauf hin, dass die Räumlichkeit in dieser Form der Kommunikation eine große Rolle spielt. Das kann auch am Beispiel der Schauplätze gesehen werden. Denn bei aller Vielfalt der Schauplätze, an denen Powerpoint für gewöhnlich gezeigt wird, kann man doch gemeinsame Merkmale beobachten. So handelt es sich typischerweise um Räume der Kommunikation, wie sie aus Lehr- und Lernsituationen bekannt sind. Durch die Sitzordnungen werden die Akteure so ausgerichtet, dass sie einen Fokus der Aufmerksamkeit teilen. Es handelt sich also, um mit Goffman (1963) zu reden, um fokussierte Interaktionen. Dabei dominieren zwei Formate: das Seminarformat, bei dem sich alle Akteure beobachten können und zugleich noch die Visualisierungsmedien (Tafeln, Leinwände), und das Vortragsformat, bei dem das Publikum frontal auf Redner und Medien ausrichtet ist. Beide Formate unterscheiden sich durch die räumliche Anordnung der in die Handlungen einbezogenen Gegenstände (Stühle, Tische, Tafeln, Leinwand, Beamer, Notebook, Mikrofon etc.). Entsprechend prägen diese wiederum auch die Handlungen, so dass sie in der Regel (aber nicht ausschließlich) mit zwei unterschiedlichen Typen von Vortragsstilen verbunden sind: dem formalen und dem informellen.[13]

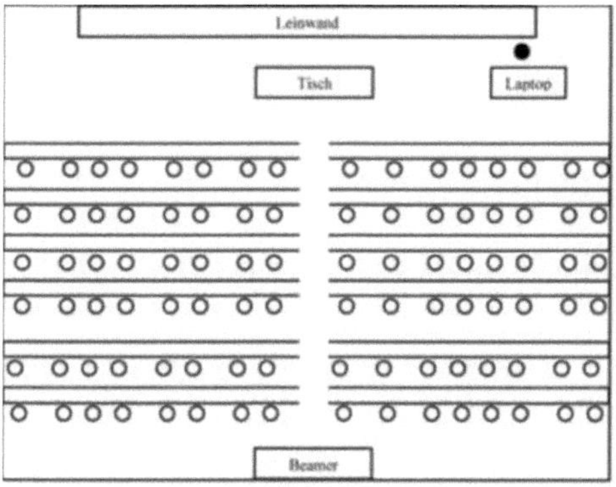

Typische Sitzordnung des Vortragsformats

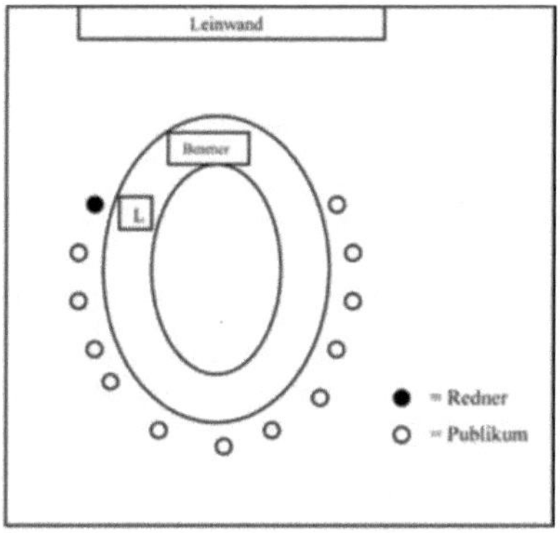

und des Seminarmodells

Präsentationen weisen zudem eine eigene Zeitstruktur auf, die spezifischer ist als das Trajekt von Anfang, Verlauf und Ende: Sie umfasst eine serielle Ordnung von Folien, die als Bezugspunkte der Rede dienen und die ihrerseits vorgefertigten Mustern folgt. Mit dieser seriellen Ordnung ist auch die Rede verknüpft, die in der Regel einen argumentativ-belehrenden Charakter hat.[14] Dabei ist die Präsentation in aller Regel Teil eines kommunikativen Ereignisses, das als ihr Rahmen dient, wie etwa einer Vorstandssitzung, eines Vortrags mit anschließender Diskussion oder einer Serie von Vorträgen.

Wie einige räumliche Elemente situativ sind (Körperformation) und andere über die Situation hinausragen (Raumgröße, fixe Anordnungen), so reicht die Präsentation auch zeitlich über die bloß situative Koordination der Handlungen im Reden, Zeigen und Zuhören hinaus. Präsentationen sind nicht nur *soziale Situationen* (Goffman 1963), die von miteinander interagierenden Handelnden im Laufe ihres zeitlichen Vollzugs spontan koordiniert werden (wie etwa eine Zufallsbegegnung auf der Straße), es handelt sich vielmehr um *Veranstaltungen*, die auch gesondert anberaumt und organisiert werden. Auf den Umstand, dass sie auch Teil dauernder Organisationen sind, werde ich später zurückkommen. Für die Analyse der Kommunikationskultur relevant ist, dass es sich überdies um *Vorführungen* handelt, also Veranstaltungen, bei denen einzelne Akteure

13 Ich habe das an anderer Stelle breiter ausgeführt (Knoblauch 2007).

14 Im Vergleich zu anderen Vorträgen kann man eine gewisse Informalisierung des Sprechstils beobachten, und auch die Argumentationsstruktur scheint von der Serialität der Folien beeinflusst zu werden (Knoblauch 2007a).

(durch Raumanordnung, Rederecht, visuelle Hervorhebung) im Fokus der Aufmerksamkeit der anderen stehen. Die Präsentation ist also in einem doppelten Sinn „performativ": durch den kommunikativen Vollzug in der Zeit und durch das Vorführungsformat. Im Unterschied zur Schaubühne jedoch ist die Bühne gleichsam zweigeteilt in einen (häufig dezentrierten) Sprecher und eine durch helles Licht herausgehobene Leinwand, die den „Inhalt" repräsentiert.

b) Kommunikative Gattungen, Medien und Milieus

Als Veranstaltungen mit Anfang und Ende können solche Präsentationen sicherlich als kommunikative Gattungen angesehen werden. *Kommunikative Gattungen* sind kommunikative Aktivitäten, die typische Muster aufweisen. Die eingespielten Muster erlauben es den Akteuren, ihre Handlungen so aneinander auszurichten, dass für sie einigermaßen erwartbar ist, was geschieht. Wie andere soziale Institutionen erfüllen sie dadurch eine Entlastungsfunktion, die noch dadurch verstärkt wird, dass die dabei vollzogenen Handlungen ausgeprägt routinisierte Elemente aufweisen (Luckmann 1986). In der Tat könnte man kommunikative Gattungen als die Institutionen der Kommunikation ansehen, zumal sie zudem auch eine soziale Struktur ausbilden, die mit bestimmbaren Rollen verbunden ist. Im Falle kommunikativer Gattungen ordnen sie dieses Geschehen in einen Anfang und ein Ende; zudem erfüllen diese Gattungen auch bestimmte soziale Funktionen, die – schon angesichts der entlastenden routinisierten Praxis – den Akteuren nicht als Handlungsziele bewusst sein müssen. So weist die Teilnehmerstruktur der Powerpoint-Präsentationen eine typische Rollenverteilung mit strukturellen Machtunterschieden auf: Es gibt ein entschieden asymmetrisches Rederecht eines oder mehrerer „primary speakers", die durch die rahmende Organisation bestimmt werden. Die Asymmetrie bezieht sich jedoch nicht nur auf das Sprechen, sondern auch auf die visualisierten Vorgaben, die der Präsentation grundlegend die Funktion der Wissensvermittlung verleiht. Was visuell vorbereitet ist, vorgegeben und zum Teil der Präsentation wird, ist das, was den anderen mitgeteilt werden soll. Anders gesagt: jemand weiß etwas (das „visualisiert" wird) und kommuniziert es, damit andere das auch wissen. Die Gattungshaftigkeit kommt übrigens auch in der Ethnokategorie zum Ausdruck. Powerpoint nämlich wird als „Präsentation" bezeichnet – eine innerhalb der Vortragsformen relativ junge und besondere Gattungsbezeichnung, die mittlerweile aber auch in der rhetorischen Ratgeberliteratur (nicht nur für Powerpoint) Verwendung findet (Degenhardt und Mackert 2007).

Wie allerdings das Redevorrecht variiert – es ist bei informellen Seminarveranstaltungen weitaus schwächer als bei formalen Redeformaten – so ist auch die Gattung keineswegs festgeschrieben. Kommunikative Gattungen sind ja keine substanziellen Einheiten der Kommunikation, sondern orientierende Ablaufmuster für Handelnde, die, wie ich gleich ausführen werde, zum einen mit dem sozialen Kontext variieren und zum anderen in den kommunikativen Handlungen variiert werden können. So ist der Übergang zum klassischen Vortrag fließend, wenn Redner etwa einen ausgedruckten Text verlesen und nur einzelne kleine Teile des Textes (etwa die Gliederung) auf der Folie zeigen, ohne performativ darauf einzugehen. Die Präsentation kann auch wie eine Demonstration wirken, wenn etwa in einem Dreipersonengespräch eine auf Folien gebrachte Darstellung des zu demonstrierenden Gegenstands oder Produkts gezeigt und dialogisch vorgestellt wird.[15] Die technische Ausstattung ermöglicht natürlich auch eine mediale Transformation der Präsentation. So können die Folien der Präsentationen kopiert, als Kopien vorgelegt, als Dateien per E-Mail weitergeleitet oder ins Internet gestellt werden. Eine jüngere *Gattungsabwandlung* besteht in der videotechnischen Aufzeichnung von Präsentationen, die parallel zu den Folien geschnitten und im Internet als Podcast angeschaut werden können.

Diese Gattungsabkömmlinge (Yates und Orlokowski 2007) belegen die bedeutende Rolle der *Medien und Technologien*, die in die Präsentationen selbst eingeschrieben sind. Schon der Vergleich zwischen der gelesenen Rede und der Powerpoint-Präsentation macht auf die Differenzen aufmerksam, die diese Mediatisierung erzeugt: Standardisierte Visualisierungen können kopiert, Textelemente ausgeschnitten und neu kombiniert werden. Diese Mediatisierung unterscheidet sich jedoch nur in gewissen Aspekten von vermeintlich unmittelbareren Formen der Kommunikation. Denn in einem kommunikationssoziologischen Sinne ist auch das unmittelbare Sprechen eine Technik, die sich sowohl (evolutionär entwickelter) materieller Voraussetzungen wie auch sozial vermittelter habitualisierter Techniken bedient. Selbst der „elektronisch vermittelte Kommunikationsraum" (Krotz 2001: 20) des Internets etwa bedarf immer noch einer konkreten Situation, in der – weitgehend vereinzelte – aber immer noch körperlich aktive „User" „virtuell", also über den Computer, seinen Bildschirm und die diversen Konventionalisierungen der Zeichen und „Icons" kommunizieren. In diesem Sinne ist auch die Präsentation eine mediatisierte Situation, zumal ja nicht nur Beamer und Computer als Visualisierungsmedien dienen; zudem werden damit die Softwareprogramme, die Formate der digitalen Kommunikation und vielfach auch die Inhalte der virtuellen Kommunikation in die Sprechsituation eingebracht.

So ist die Präsentation durch die technischen Medien in eine gesellschaftliche Struktur eingebettet, die Ressourcen und Kompetenzen vorgibt (Sprach- und

15 Die Grenze zur Demonstration ist dann überschritten, wenn die digitale Repräsentation das Produkt ist. Genau dieser Fall übrigens lag bei der spektakulären Vorstellung von Powerpoint als Produkt vor (1992 in Paris), der auch zum sensationellen Erfolg von Powerpoint geführt hat.

Performanzkompetenzen, die Verfügbarkeit von Notebooks und Beamern, die Computerliterarizität, die rechtlichen und administrativen Vorgaben zur Nutzung etc.). Wie diese medial-technischen Ressourcen über die Situation der Präsentation auf eine gesellschaftliche Außenstruktur verweisen, so ist sie auch als zeitliches Ereignis in einen anderen gesellschaftlichen Kontext eingebettet. Es handelt sich ja um Veranstaltungen, die Vorbereitung, Ressourcen und Organisation erfordert. Präsentationen sind deswegen immer ein Teil von Organisationen, ja sie sind wichtige Bausteine dessen, woraus die (Kommunikations-) Arbeit in vielen Organisationen besteht[16]: Wie Yates und Orlikowski (2007) am Beispiel von Werbeagenturen zeigen, wird in vielen Organisationen mittlerweile ein guter Teil der Zeit in die Vorbereitung, Durchführung und Nachbereitung von Präsentationen investiert. Diese Organisationen bilden keineswegs nur den „Rahmen" für die Kommunikationskultur. Vielmehr kann man die Kommunikationskultur selbst als einen wesentlichen Prozess verstehen, aus dem diese Organisationen bestehen. So zeigt sich etwa, dass verschiedene Organisationen unterschiedliche Arten von Folien verwenden: Während in der Wirtschaft komplexe, emblematisch-visuelle Folien in Gebrauch sind, nutzen Geisteswissenschaften sehr textzentrierte Folien, die sich wiederum von den posterartigen Folien der Naturwissenschaft deutlich unterscheiden (Pötzsch 2007). In all diesen Bereichen werden natürlich auch andere Diskurse geführt, die sich – neben den Formen der Visualisierungen auf den Folien – etwa durch ihr Lexikon, ihre Topik und ihre Performanz unterscheiden.[17] Wenn wir diese Stilunterschiede der Kommunikation, die unterschiedlichen Räumlichkeiten und Ressourcen berücksichtigen, dann könnte man hier durchaus von unterschiedlichen institutionellen *Milieus* sprechen, in denen die Powerpoint-Präsentationen auftreten.

c) Kommunikationskultur und geschwätzige Gesellschaft

Wenn eine etwas gewagte Extrapolation der bisher gesicherten Erkenntnisse erlaubt ist, könnte man die institutionellen Milieus, in denen Powerpoint auftritt, noch großflächiger verorten. Denn Powerpoint ist zwar eine breit betriebene Kommunikationsform. Da es sich strukturell jedoch um eine technisch zeitgemäße Form der Wissensvermittlung handelt, tritt sie vor allen Dingen in jenen institutionellen Bereichen auf, in denen Wissen vermittelt wird. Es ist deswegen naheliegend, sie mit der Entwicklung der Wissensgesellschaft in Verbindung zu bringen. In der Tat vollzieht sich die explosionsartige Ausweitung der Präsentationen in derselben Zeit, in der die Transformation der Industrie- in die Wis-

16 Zur Kommunikationsarbeit vgl. Knoblauch 1996.

17 Diskurse sind gleichsam großflächige Kommunikationsprozesse, die sich durch Verfestigungen der Inhalte in Topoi auszeichnen. Vgl. dazu Knoblauch 2001.

sensgesellschaft diagnostiziert wird (Knoblauch 2005: 256ff.). Nachdem die erste Powerpoint-Präsentation 1992 stattgefunden hatte, schätzte man ihre Zahl im Jahr 2000 schon auf 20 Millionen täglich und 2006 auf 35 Millionen (Knoblauch/Schnettler 2007a). Dieser quantitativen Zunahme entspricht eine strukturelle Dissemination: Beschränkte sie sich anfangs auf den computertechnischen, dann den Managementbereich, so ist sie mittlerweile zu einem „kulturellen Basisidiom" in vielen institutionellen Bereichen geworden. In dem Maße, wie „Meetings" und Präsentationen zu konstitutiven Bausteinen vieler Organisationen geworden sind, ist auch Powerpoint mittlerweile eine Routine für fast all diejenigen, die man heute zur „Wissensklasse" rechnen kann. Wer über hohe formale Bildung verfügt, dürfte mit großer Wahrscheinlichkeit auch Powerpoint beherrschen und damit regelmäßig konfrontiert werden.[18]

Wenn man Powerpoint-Präsentationen als einen „Ausdruck" der Wissensgesellschaft ansehen kann, dann gibt Powerpoint damit Aufschluss über die Wissensgesellschaft wie auch über das, was als „Wissen" gilt. Wenn nämlich Wissen das ist, was in der Form der Kommunikation auftritt, dann zeichnet sich die Wissensgesellschaft dadurch aus, dass sie nur bestimmte Formen als Wissen anerkennt. Es dürfte kein Zufall sein, dass diese Anerkennung weitgehend ohne substanzielle Kriterien erfolgt, sondern sich in Kommunikation auflöst (von der „Prüfung" über die „Klausur" bis zur „Präsentation", von der „Benotung" über die „Begutachtung" bis zur „Evaluation"). Allerdings kann man diese kommunikative Verflüssigung schwerlich als Durchsetzung einer „kommunikativen Rationalität" deuten, wie Habermas (1981) vorschlägt. Vielmehr, so die These der geschwätzigen Gesellschaft, spielen sich neue Formen ein, es kommt zu einer Routinisierung, Habitualisierung und – bei aller Vielfalt – Standardisierung der kommunikativen Formen und Gattungen. (Diese Formen sind natürlich auch immer Formen der Macht, in denen kommunikativ gehandelt werden muss.[19]) Etwas hochtrabend könnte man sagen: Diese Kommunikationskultur schafft eine Ordnung in einer Kultur, die den Glauben an die substanzielle Wahrheit nicht mehr fundieren kann. Die zunehmende Bedeutung der (ausdrücklichen) Kommunikation einerseits und die damit einhergehende notwendige sozusagen „sekundäre" Traditionalisierung der Formen der Kommunikation andererseits habe ich auf den Begriff der „geschwätzigen Gesellschaft" gebracht (Knoblauch 1996).

So allgemein dieser Begriff ist, so soll er doch die diagnostische Relevanz der Analyse der Kommunikationskultur verdeutlichen. Man könnte diese Rele-

18 Wie sehr diese Wissensklasse mittlerweile auch international als Klasse wirkt, macht Fligstein (2009) deutlich, der an ihr einen europaweiten politischen Konflikt festmacht.

19 Schon deswegen ähneln sie den Dispositiven Foucaults, bleiben aber immer auf das Handeln der Akteure bezogen, in dem sie geschaffen werden. Vgl. Keller 2008.

vanz anhand von Powerpoint noch etwas konkreter fassen: Zum einen haben wir es hier mit einer Umstellung von schriftlichen auf visuelle Muster zu tun. Zwar sind Visualisierungen in der Wissensvermittlung nicht neu; neu ist aber, dass immer mehr (zum Beispiel) dieses Format der Wissensvermittlung benutzen und dabei aktiv Visualisierungen einsetzen (müssen). Parallel dazu beobachten wir nicht nur die Entwicklung und Ausbreitung neuer visueller Konventionen, sondern auch eine Ablösung des Wissens von den argumentativen und textlichen Zusammenhängen. So sehr dieses Wissen sich auf „Wissenschaft“ beruft, so weist es doch vielmehr Spuren eher kommerzieller Präsentationen auf, und seine Legitimation ist entschieden performativ. Die zunehmende Bedeutung des Performativen und der Inszenierung des Selbst (Soeffner 1992) geht mit der Transformation der Arbeit zur Kommunikationsarbeit einher. Wollte man es gesellschaftskritisch verschärfen, könnte man sagen, dass Powerpoint Wissen performativ macht und es damit kommunikativ verflüssigt. Wissenssoziologisch haben wir es mit der Durchsetzung von neuen Formen des Wissens und damit einer Wissensklasse zu tun.

4. Zurück zur Theorie: Wissenssoziologisches Erklären

Auch wenn dieser Hinweis auf die Wissensklasse hier nicht ausgeführt werden kann und sicherlich weiterer Fundierung bedarf, so stoßen wir doch an dieser Stelle auf die Verbindung von Powerpoint als Kommunikationskultur mit den klassischen Fragen der Sozialstruktur. Diese Verbindung ist keineswegs nur eine Korrelation; vielmehr stellt Powerpoint eine typische Tätigkeit von bezahlter Arbeit (und Qualifikation dafür) dar, deren Ausbreitung eben mit der Ausbreitung solcher (immer stärker kommunikativen) Arbeitsformen verbunden ist. Diese Verbindung, die metaphorisch mit dem Begriff der „Innenausstattung“ angedeutet wurde, soll abschließend etwas klarer dargestellt werden.

Im Grund ist diese Verbindung schon in den grundbegrifflichen Ausführungen angelegt, mit denen der Beitrag einsetzte. Denn wie die Kommunikation die empirische Form des sinnhaften Handelns ist, so ist die Kommunikationskultur ihr sozusagen sozial „sichtbarer“ Ausdruck, also das, was für die Gesellschaft selbst „beobachtbar“ ist. Gerade vor dem selbstverständlichen Hintergrund der verbreiteten rekonstruktiv konservierten Datensorten in der Soziologie, bei denen mit besonderen Praktiken (des Interviews, des Fragebogens) erst das erzeugt wird, was sie beobachten, muss die besondere methodologische Haltung von Analysen der Kommunikationskultur betont werden: Sie beziehen sich in einer „naturalistischen“ Weise auf etwas, das wir *in situ* beobachten können – das macht ihren anfangs angesprochenen ethnografischen Charakter aus. Diese ethnografische Ausrichtung ist auch der Grund für den Einsatz von Technologien, die die Beobachtung erleichtern, die Flüchtigkeit der Situation konservieren helfen (Bergmann 1985) und damit (etwa anhand von Videoaufzeichnungen) systematische Beobachtungen ermöglichen (Knoblauch 2006).

Wenn wir Soziales nur beobachten, wenn Kommunikation stattfindet, dann, so die einfache Folgerung, sollten wir diese Kommunikation genau beobachten. Weil Beobachter von Kommunikation ebenso intentional sind wie die Beobachteten, handelt es sich dabei immer um kommunikative Handlungen, die verstanden werden müssen.[20] Verstehen ist deswegen sowohl für die Akteure wie für die Beobachter notwendig und dank der Reflexivität der Kommunikation auch grundsätzlich möglich. (Sofern wir nicht selbst kompetente Akteure sind oder durch teilnehmende Beobachtung werden, setzen wir zu diesem Zweck natürlich auch schon im Rahmen der Ethnografie der Kommunikation rekonstruktive Methoden ein, die Interviews, Elizitierungen und auch standardisierte Verfahren umfassen können.)

Freilich erschöpft sich das wissenssoziologische Unternehmen nicht in der Beobachtung und dem Verstehen der Kommunikationskultur. Zwar ist Wissen ebenso wie Handeln nur als Kommunikation beschreibbar, und die Wissenssoziologie bezieht sich empirisch auf die Beobachtung und deren Beschreibung. Allerdings benutzt sie dabei Begriffe, die selbst nicht beschrieben werden können. Diese analytischen Begriffe – zu denen auch Wissen, Handeln und Kommunikation selbst gehören, aber auch Sinn, Legitimation, Ideologie, Habitus usw. – dienen einmal zur Klärung der Begriffe, mit denen beschrieben werden kann; zum anderen aber stellen sie auch die Bezugspunkte dar, auf die ihre Beschreibungen wieder bezogen werden können. Diese Bezugspunkte stehen nicht allein, sondern bilden einen Zusammenhang, den wir als Theorie bezeichnen. Die einleitende Skizze der Begriffe sollte dazu dienen, einen solchen theoretischen Zusammenhang herzustellen. Eine Erklärung nun liegt dann vor, wenn wir konkrete empirische Phänomene in einen solchen theoretischen Zusammenhang stellen und dadurch das Spezifische mit Bezug auf das Allgemeine dieses Zusammenhangs erklären können. Eine wissenssoziologische Erklärung liegt dann vor, wenn die empirischen Kommunikationsabläufe als sinnhaft von sozial zugänglichem, sozial vermitteltem Wissen geleitet angesehen werden, das demzufolge mit einer sozialen Struktur in Beziehung gesetzt werden kann.[21] Dabei

20 Um ein Missverständnis auszuräumen, sollte man betonen, dass diese Handlungen nicht jeweils und vollständig neu entworfen sein müssen, sondern routinisiert, habitualisiert und zur materiellen Kultur objektiviert sein können.

21 Bei der Analyse von Powerpoint-Präsentationen etwa haben wir es mit einer Gattung zu tun, die Wissen auf eine besondere Weise „objektiviert“. Damit ist die Präsentation ein Träger der „Wissensgesellschaft“, deren besondere Merkmale eben wiederum von jener Weise gekenn-

sollte man zwischen grundlagentheoretischen Begriffen unterscheiden, die eine Geltung für alle Gesellschaften beanspruchen, und gesellschaftstheoretischen Begriffen, die zur Analyse besonderer Gesellschaften dienen. So wird vermutlich in allen Gesellschaften kommuniziert, und alle Gesellschaften weisen Kommunikationskulturen auf. Gegenwärtige nachindustrielle Gesellschaften zeichnen sich durch die quantitative und qualitative Bedeutung institutionalisierter Wissensvermittlung und institutionalisierter Wissensformen (die sich durch Wissenschaft und Technik, nicht aber durch Religion legitimieren) aus, wie sie in den Powerpoint-Präsentationen, aber auch in der Internetkommunikation oder dem Kongress- und Tagungswesen ihren beobachtbaren Ausdruck finden. Der Hinweis auf die „nachindustriellen Gesellschaften" deutet eine Erklärung an, die mit bestimmten Vorstellungen und Modellen der strukturellen Änderungen der Gesellschaft verbunden ist. Gerade weil diese Modelle und Theorien selbst im Flusse und umstritten sind, kann die Beobachtung der Kommunikation ein bedeutendes Korrektiv für die Theoriebildung sein und dazu beitragen, ihre eigenen Grundlagen, Ausrichtungen und Thesen zu verbessern.

zeichnet sind, in der „Wissen" als „Wissen" auftritt. Die Analyse kann aber nicht nur einen Einblick in die Züge der „Wissenskultur" liefern, sondern verfolgt gleichzeitig die Ausweitung dieser Art der Wissensgesellschaft, die mit der Dissemination dieser Gattung in die unterschiedlichsten Institutionsbereiche zusammenhängt und damit die „Struktur" der Gesellschaft zur Wissensgesellschaft transformiert. Zu den näheren Zügen dieser Transformation vgl. Schnettler/Knoblauch 2007.

Literatur

Barthes, Roland (1980): Système de la mode. Paris: PUF

Berger, Peter/Luckmann, Thomas (1967): The Social Construction of Reality. New York: Free Press

Bergmann, Jörg (1985): Flüchtigkeit und methodische Fixierung sozialer Wirklichkeit. In: W. Bonß; H. Hartmann (Hg.): Entzauberte Wissenschaft (Sonderband der Sozialen Welt). Göttingen: Schwartz: 299–320

Bourdieu, Pierre (1984): Die feinen Unterschiede. Frankfurt a.M.: Suhrkamp

Bröckling, Ulrich (2007): Das unternehmerische Selbst. Soziologie einer Subjektivierungsform. Frankfurt a.M.: Suhrkamp

Degenhardt, Felix/Mackert, Marion (2007): Ein Bild sagt mehr als tausend Worte. Die Präsentation als kommunikative Gattung. In: Bernt Schnettler; Hubert Knoblauch (2007) (Hg.): Powerpoint-Präsentationen. Neue Formen der gesellschaftlichen Kommunikation von Wissen. Konstanz: UVK: 249–266

Fligstein, Neil (2009): Euro-Clash. The EU, European Identity and the Future of Europe. Oxford: OUP

Gebauer, Gunter/Wulf, Christoph (1998): Spiel – Ritual – Geste. Mimetisches Handeln in der sozialen Welt. Reinbek: Rowohlt

Geertz, Clifford (1975): The Interpretation of Cultures: Selected Essays. London: Hutchinson Press

Goffman, Erving (2005): Rede-Weisen. Die Situation der Kommunikation. Formen der Kommunikation in sozialen Situationen. Konstanz: Universitätsverlag Konstanz

Goffman, Erving (1963): Behavior in Public Places. New York: Free Press

Gumperz, John (1981): Discourse Strategies. Cambridge: Cambridge University Press

Hymes, Dell (1979): Soziolinguistik. Zur Ethnographie der Kommunikation. Frankfurt a.M.: Suhrkamp

Iser, Wolfgang (1976): Der Akt des Lesens. München: Fink

Keller, Reiner (2008): Die wissenssoziologische Grundlegung der Diskursperspektive. In: Ders.: Wissenssoziologische Diskursanalyse. Grundlegung eines Forschungsprogramms. Wiesbaden: VS-Verlag: 195–232

Kendon, Adam (1990): Spatial organization in social encounters: the F-formation system. In: Ders.: Conducting Interaction. Patterns of Behavior in Focused Encounters. Cambridge: Cambridge University Press: 209–238

Kendon, Adam (2004): Gesture. Visible Action as Utterance. Cambridge: Cambridge University Press

Knoblauch, Hubert (1995): Kommunikationskultur. Die kommunikative Konstruktion kultureller Kontexte. Berlin/New York: De Gruyter

Knoblauch, Hubert (1996): Arbeit als Interaktion. Informationsgesellschaft, Post-Fordismus und Kommunikationsarbeit. In: Soziale Welt 47, 3: 344–362

Knoblauch, Hubert (1996a): Einleitung: Kommunikative Lebenswelten und die Ethnographie einer geschwätzigen Gesellschaft. In: Ders. (1996) (Hg.): Kommunikative Lebenswelten. Zur Ethnographie einer geschwätzigen Gesellschaft. Konstanz: UVK: 7–24

Knoblauch, Hubert (2001): Diskurs, Kommunikation und Wissenssoziologie. In: Andreas Hirseland; Reiner Keller; Werner Schneider; Willy Viehöver (Hg.): Handbuch Diskursanalyse Band 1: Theorien und Methoden. Opladen: Leske und Budrich: 207–224

Knoblauch, Hubert (2003): Habitus und Habitualisierung. Zur Komplementarität Bourdieus mit dem Sozialkonstruktivismus. In: Boike Rehbein; Gernot Saalmann; Hermann Schwengel (2003) (Hg.): Pierre Bourdieus Theorie des Sozialen. Konstanz: UVK: 187–201

Knoblauch, Hubert (2005a): Die kommunikative Konstruktion kultureller Kontexte. In: Ilja Srubar; Joachim Renn; Ulrich Wenzel (2005) (Hg.), Kulturen vergleichen. Sozial- und kulturwissenschaftliche Grundlagen und Kontroversen. Wiesbaden: VS-Verlag: 172–194

Knoblauch, Hubert (2005): Wissenssoziologie. Konstanz: UVK

Knoblauch, Hubert (2006): Erving Goffman: Die Kultur der Kommunikation. In: Stephan Möbius; Dirk Quadflieg (2006) (Hg.): Kultur. Theorien der Gegenwart. Wiesbaden: VS-Verlag: 157–170

Knoblauch, Hubert (2006a): Videography. Focused Ethnography and Video Analysis, in: Hubert Knoblauch; Bernt Schnettler; Jürgen Raab; Hans-Georg Soeffner (2006) (Hg.): Video Analysis. Methodology and Methods. Qualitative Audiovisual Data Analysis in Sociology. Frankfurt a.M. et al.: Peter Lang: 35–50

Knoblauch, Hubert (2007): Der Raum der Rede. Soziale Ökologie und die Performanz von Powerpoint-Vorträgen. In: Bernt Schnettler; Hubert Knoblauch (2007) (Hg.): Powerpoint-Präsentationen. Neue Formen der gesellschaftlichen Kommunikation von Wissen. Konstanz: UVK: 189–206

Knoblauch, Hubert (2008): The Performance of Knowledge: Pointing and Knowledge in Powerpoint Presentations. In: Cultural Sociology 2, 1: 75–97

Krotz, Friedrich (2001): Die Mediatisierung kommunikativen Handelns. Opladen: Westdeutscher Verlag

Luckmann, Thomas (1972): Die Konstitution der Sprache in der Welt des Alltags. In: Bernhard Badura; Klaus Gloy (1972) (Hg.): Soziologie der Kommunikation. Stuttgart/Bad Cannstadt: Fromann Holzboog: 218–237

Luckmann, Thomas (1986): Grundformen der gesellschaftlichen Vermittlung des Wissens: Kommunikative Gattungen. In: Friedhelm Neidhardt; Rainer M. Lepsius; Johannes Weiß (1986) (Hg.): Kultur und Gesellschaft (Sonderheft 27 der Kölner Zeitschrift für Soziologie und Sozialpsychologie). Opladen: Westdeutscher Verlag: 191–211

Luhmann, Nikas (1999): Kultur als historischer Begriff, in: Gesellschaftsstruktur und Semantik IV. Frankfurt a.M.: Suhrkamp: 31–54

Luhmann, Niklas (1984): Soziale Systeme. Frankfurt a.M.: Suhrkamp

Parsons, Talcott (1964): The Social System. (2.Aufl.) Glencoe/Ill.: Free Press

Pötzsch, Frederik S. (2007): Der Vollzug der Evidenz. Zur Ikonographie und Pragmatik von Powerpoint-Folien. In: Bernt Schnettler; Hubert Knoblauch (2007) (Hg.): Powerpoint-Präsentationen. Neue Formen der gesellschaftlichen Kommunikation von Wissen. Konstanz: UVK: 85–104

Reckwitz, Andreas (2004): Die Entwicklung des Vokabulars der Handlungstheorien. In: Manfred Gabriel (Hg): Paradigmen der akteurszentrierten Soziologie. Wiesbaden: VS-Verlag: 303–329

Scheler, Max (1960): Die Wissensformen und die Gesellschaft. Bern/München: Haupt

Schnettler, Bernt und Hubert Knoblauch (2007): Powerpoint-Präsentationen. Neue Formen der gesellschaftlichen Kommunikation von Wissen. Konstanz: UVK

Schnettler, Bernt/Knoblauch, Hubert (2007a): Die Präsentation der Wissensgesellschaft. Gegenwartsdiagnostische Überlegungen. In: Dies. (2007) (Hg.): Powerpoint-Präsentationen. Neue Formen der gesellschaftlichen Kommunikation von Wissen. Konstanz: UVK: 267–287

Schnettler, Bernt/Tuma, René (2007b): Pannen – Powerpoint – Performanz. Technik als ‚handelndes Drittes' in visuell unterstützten mündlichen Präsentationen. In: Bernt Schnettler; Hubert Knoblauch (2007): Powerpoint-Präsentationen. Neue Formen der gesellschaftlichen Kommunikation von Wissen. Konstanz: UVK: 163–188

Schütz, Alfred (1972): Die soziale Welt und die Theorie der sozialen Handlung. In Ders.: Gesammelte Aufsätze Band 2. Den Haag: Nijhoff: 3–22

Schütz, Alfred (2003): Symbol, Wirklichkeit und Gesellschaft. In: Ders.: Theorie der Lebenswelt 2. Konstanz: UVK: 119–199

Schütz, Alfred/Luckmann, Thomas (1984 [1979]): Strukturen der Lebenswelt Band I, II. Frankfurt a.M.: Suhrkamp

Searle, John (1995): The Construction of Social Reality. New York: Free Press

Simmel, Georg (1983): Der Begriff und die Tragödie der Kultur. In: Ders.: Philosophische Kultur. Gesammelte Essays. Berlin: Wagenbach: 183–207

Soeffner, Hans-Georg (1991): Die Auslegung des Alltags – der Alltag der Auslegung. Frankfurt a.M.: Suhrkamp

Soeffner, Hans-Georg (1992): Die Inszenierung von Gesellschaft – Wählen als Freizeitgestaltung. Frankfurt a.M.: Suhrkamp: 157–176

Tufte, Edward R (1993): The Cognitive Stile of PowerPoint. Cheshire/Connecticut: B&T

Weber, Max (1980): Wirtschaft und Gesellschaft. Tübingen: Niemeyer

Weber, Max (1988): Die ‚Objektivität' sozialwissenschaftlicher und sozialpolitischer Erkenntnis. In: Ders.: Gesammelte Aufsätze zur Wissenschaftslehre. Tübingen: Mohr: 146–214

Yates, JoAnne/Orlikowski, Wanda (2007): Die Powerpoint-Präsentation und ihre Abkömmlinge. Die Gattungen das Handeln in Organisationen prägen. In: Bernt Schnettler; Hubert Knoblauch (2007) (Hg.): Powerpoint-Präsentationen. Neue Formen der gesellschaftlichen Kommunikation von Wissen. Konstanz: UVK: 225–248

Zur Interdependenz von kollektivem Gedächtnis und Erinnerungspraxis. Kultursoziologie aus biographietheoretischer Perspektive

Gabriele Rosenthal

Einleitung

Der folgende Beitrag diskutiert einen sozialkonstruktivistischen und biographietheoretischen Zugang zur Kultursoziologie, dem eine Konzeption des Erinnerns als kultureller Praxis zugrunde liegt. Er zeigt auf, dass und wie die Praxis des Erinnerns in unterschiedlichen historischen und institutionellen Kontexten die kollektiven Gedächtnisse verschiedener gesellschaftlicher Gruppierungen zwar stets neu hervorbringt, jedoch ebenso stets in Wechselwirkung mit der erlebten Vergangenheit der sich erinnernden und darüber kommunizierenden Menschen und mit den über die Generationen hinweg etablierten und internalisierten kollektiven Wissensbeständen steht. Diese Praxis ist je nach historisch-kulturellem Kontext unterschiedlichen sozialen Regeln des Erinnerns unterworfen, die sich wiederum über die Generationen hinweg verfestigen und wandeln. Sie zeigt also die Spuren von Regeln des Erinnerns, die früher bzw. in anderen sozialen und situativen Kontexten wirksam waren, gleichzeitig aber auch Spuren jener Regeln, die in der aktuellen interaktiven Erinnerungspraxis zur Geltung kommen.

Dieser Ansatz erfordert neben der empirischen Rekonstruktion aktueller Erinnerungspraxen eine ausgedehnte zeitliche Perspektive, die es ermöglicht empirisch aufzuzeigen, welche *Gruppierungen* in welchen Figurationen mit anderen Gruppierungen unter welchen *historischen Randbedingungen* welche *Versionen der Kollektivgeschichte* mit Hilfe welcher *Regeln* durchsetzten, und wie sich dennoch *Gegendiskurse* entwickeln konnten und können. Plädiert wird in diesem Beitrag dezidiert für einen empirischen Ansatz, d.h. für die jeweils empirisch genaue Rekonstruktion, in welchen historischen und gesellschaftlichen Kontexten welche kulturellen Praxen bestimmend sind und welche marginalisiert werden.

Ein in der soziologischen Biographieforschung mittlerweile auf mehrere Generationen ausgedehnter Zeithorizont der Untersuchung ermöglicht es, die Genese sozialer Phänomene wie der kulturellen Praxis des Erinnerns über einen längeren Zeitraum hin zu erforschen. Angestrebt wird in dem hier vertretenen Zugang eine Rekonstruktion der individuellen Erfahrungsgeschichte in ihrer Wechselbeziehung mit dem langfristigen Wandel der gesellschaftlich-kulturellen Rahmenbedingungen und vice versa. Sorgfältige, auf dichten Beschreibungen beruhende Rekonstruktionen ermöglichen eine Überwindung des Dualismus von Makro- und Mikroperspektive. Die Gegenstände der Mikroebene werden dabei als Teile oder eine andere Organisationsebene derjenigen Gegenstände verstanden, die auf der Makroebene als von ihnen getrennte Einheiten erscheinen – nicht als Exemplare genereller Gesetzmäßigkeiten oder genereller Merkmale. Die Überwindung einer dualistischen Konzeption von Individuum und Gesellschaft wird in diesem Zusammenhang vermittelt durch eine figurationssoziologische Perspektive, indem die Praxis des Erinnerns im Kontext konkreter Gruppierungen in ihren jeweiligen historischen Figurationen mit anderen Gruppierungen betrachtet wird.

Diesen Ansatz werde ich im Folgenden anhand einer Untersuchung zu Mehrgenerationen-Familien von (Spät-)AussiedlerInnen[1] aus den GUS-Staaten verdeutlichen. Bevor ich auf die kulturelle Praxis des Erinnerns und die Konzeption des kollektiven Gedächtnisses eingehe, soll zunächst diese Studie vorgestellt werden, zumal ich immer wieder Bezug auf diese Gruppierung von MigrantInnen und deren wechselhafte Geschichte nehmen werde. Im letzten Teil des Artikels werden einige Befunde zu den Besonderheiten der Erinnerungspraxis in dieser Gruppierung erläutert.

Im Forschungsprojekt *Biographie und Kollektivgeschichte. Transgenerationale Folgen der Vergangenheit in Familien von SpätaussiedlerInnen aus den GUS-Staaten*[2] untersuchen wir auf der Grundlage von biographisch-narrativen Interviews, Familiengesprächen, historischem Quellenstudium und teilnehmenden Beobachtungen die Auswirkungen der Kollektiv- und Familiengeschichte auf die Gegenwart dieser Familien bzw. auf das heutige Leben ihrer Angehörigen. Bei unseren Interviews konzentrieren wir uns dabei auf jene Deutschen aus der Sowjetunion, die seit Ende der 1980er Jahre in die Bundesrepublik Deutschland ausgereist sind, also seit jener Phase, in der die starken Auswanderungswellen aus den verschiedenen Regionen und Republiken der Sowjetunion begannen. Die

1 Als SpätaussiedlerInnen werden im Unterschied zu AussiedlerInnen diejenigen deutschstämmigen MigrantInnen aus den GUS-Staaten bezeichnet, die ab 1993 einwanderten und – im Unterschied zu den früher Migrierten – von verschärften Aufnahmebedingungen betroffen waren. Ab 1996 mussten sie auch einen vom Bundesverwaltungsamt an verschiedenen Standorten in den Herkunftsgebieten durchgeführten Sprachtest bestehen, um die deutsche Staatsbürgerschaft zu erhalten.

2 Das von mir geleitete Forschungsprojekt – dem eine zweijährige Pilotstudie vorausging (Rosenthal 2005b) – wird von der DFG vom 01.01.2007 bis 31.12.2009 gefördert. Viola Stephan und Irina Fefler arbeiten als wiss. Mitarbeiterinnen und Niklas Radenbach als wiss. Hilfskraft an diesem Projekt mit. Für ihre sorgfältigen empirischen Analysen, die in diesen Artikel einfließen, möchte ich mich an dieser Stelle ganz herzlich bedanken.

AussiedlerInnen gehören neben den MigrantInnen aus der Türkei zu den beiden größten Gruppierungen von MigrantInnen in der Bundesrepublik[3]. Im Unterschied zu den früher – d.h. seit den 1950er Jahren – nach Deutschland ausgewanderten Familien mit deutschen Angehörigen, verfügt diese Gruppierung über ein – im Sinne von Norbert Elias (2001) – deutliches Wir-Gefühl mit einem ausgesprochen homogenisierenden kollektiven Wir-Bild. Dieses Wir-Bild, das sich auf einen längeren historischen Zeitraum bezieht, der mit der Auswanderung von Deutschen nach Russland Ende des 18. Jahrhunderts beginnt, besteht in wesentlichen Teilen aus einer die Differenzen innerhalb dieser Gruppierung einebnenden kollektiven Geschichte bzw. einem homogenisierenden kollektiven Gedächtnis. Auf diesen – die gegenwärtige Erinnerungspraxis blockierenden – Faktor werde ich später detaillierter eingehen.

Des weiteren unterscheiden sich die SpätaussiedlerInnen von den früher nach Deutschland emigrierten Deutschen vor allem darin, dass sich deren ‚mittlere' Generation, die ungefähr zwischen 1945 und 1970 geborenen Kinder von Eltern, die die Kollektivverurteilung 1941 selbst erlebten[4], weit mehr in das sowjetische System integriert und sich stärker mit dem System identifiziert hatte als frühere Generationen; auch sind etliche Angehörige dieser Generation in das mittlere soziale und politische Establishment in der Sowjetunion aufgestiegen (Fefler/Radenbach, im Druck). Dies ist eine weitere Bedingung dafür, dass die Erinnerungspraxis im Sinne eines offenen Dialogs über die Vergangenheit blockiert ist.

Das allgemeine Anliegen unserer Studie ist es, die konkreten Interdependenzen zwischen Kollektiv-, Familien- und Lebensgeschichte sowie diejenigen zwischen Vergangenheit, Gegenwart und Zukunft zu rekonstruieren. Uns interessieren die Wechselwirkungen zwischen der erlebten Vergangenheit, den sich im Zeitablauf wandelnden späteren Konstruktionen dieser Vergangenheit, der Etablierung von kollektiven Gedächtnissen einzelner Gruppierungen und der konkreten Erinnerungspraxis in der Gegenwart. Wir konzentrieren uns dabei zunächst auf den Dialog in den Familien, deren familienbiographische Arbeit und die bio-

---

3 Zwischen 1989 und 2007 emigrierten rund 2,2 Millionen Personen deutscher Abstammung aus der UdSSR bzw. ihren Nachfolgestaaten in die Bundesrepublik Deutschland. Vgl. Bundesverwaltungsamt (Hg.) (2007): Spätaussiedler und deren Angehörige – Verteilverfahren. Jahresstatistik 2007 – Alter, Berufe, Religion.

4 Wir unterscheiden hier vorläufig – d.h. es bedarf hier noch weiterer empirischer Analysen – nach zwei historischen Generationen (die ca. zwischen 1945 und 1955 Geborenen bezeichnen wir als *‚Generation des sozialen Aufstiegs unter erschwerten Bedingungen'* und die von 1962 bis 1970 Geborenen als *‚Generation des sozialen Aufstiegs unter leichteren Bedingungen'*), die sich jedoch beide durch die Identifikation mit der Sowjetunion und einen sozialen Aufstieg auszeichnen, sowie dadurch, dass ihre Angehörigen meist die Ausreise nach Deutschland und die Konstruktion des Familiengedächtnisses als verfolgte Deutsche betrieben.

graphische Arbeit[5] ihrer einzelnen Mitglieder. Zwar stehen die einzelnen AutobiographInnen bzw. deren erzählte Familien- und Lebensgeschichten und der familiale Dialog im Mittelpunkt der Analyse, doch unser Anspruch ist die Rekonstruktion ihrer sozialen Einbettungen. Durch komparative Analysen lebensgeschichtlicher Erzählungen und familialer Dialoge sollen die Deutungs- und Handlungsmuster von Gruppierungen auch im Zusammenhang mit den sozialen Figurationen[6] untersucht werden, die sie mit anderen Gruppierungen bilden. Was familiengeschichtlich und lebensgeschichtlich wirksam ist, steht in Wechselwirkung mit anderen sozialen Einheiten. Um ein wichtiges Beispiel für solche Wechselwirkungen zu nennen: Die Stigmatisierung der Deutschen als Kollaborateure mit Nazi-Deutschland durch die sowjetische Gesetzgebung und die als „Faschisten" durch Angehörige anderer ethnischer Gruppierungen, sowie das staatlich verordnete generelle Schweigen über das erlittene Leid und die Verleugnung der grausamen Bestandteile der sowjetischen Geschichte in den öffentlichen Kontexten der Sowjetunion[7] unterstützten das Schweigen über die Verfolgungsvergangenheit in den Familien – und umgekehrt unterstützte das Schweigen in den Familien das Schweigen in anderen sozialen Kontexten.

Die Wahl der Fallebene ‚Familie' und ein auf mehrere Generationen ausgedehnter Horizont[8] ermöglichen uns, die Genese sozialer Phänomene, wie bspw. des Schweigens über die Vergangenheit bzw. der brüchigen oder fragmentierten öffentlichen wie privaten Erinnerungskultur in der Sowjetunion, über einen längeren Zeitraum hin zu erforschen. Der dabei in den Blick kommende historische

5 Erinnern, Erzählen und generell die Artikulation über die lebens- als auch familiengeschichtliche Vergangenheit ist eine Form von biographischer wie auch familienbiographischer Arbeit. Es handelt sich dabei um die alltäglichen biographischen Prozesse, in denen Einzelne oder auch Familienmitglieder im gemeinsamen Dialog versuchen, die Vergangenheit – insbesondere im Kontext von biographischen, familialen oder gesellschaftlichen Wandlungsprozessen – in die eigene Lebensgeschichte und die Familiengeschichte zu integrieren.

6 Unter *Figuration* versteht Norbert Elias ein Interdependenzgeflecht zwischen Menschen. Menschen stehen miteinander in Verbindung, sie sind aufeinander angewiesen. Ganz wesentlich in der Elias'schen Konzeption ist, dass fluktuierende (und oft asymmetrische) Machtbalancen ein integrales Element von allen Beziehungen zwischen Menschen darstellen (Elias 1986).

7 So wurden u.a. die zahllosen Gewaltakte in den 30er und 40er Jahren im Zusammenhang mit der so genannten Entkulakisierung ab 1928 und die Hungersnöte von 1921–22 und 1929–33 im offiziellen Diskurs geleugnet. Die „Entkulakisierung" war eine Politik der Enteignung, Entrechtung, Inhaftierung und Verbannung all jener, die als Mittel- und Großbauern – als „Kulaken" – oft willkürlich klassifiziert wurden. Anfang der 1930er Jahre wurden etwa 5 Millionen Menschen entkulakisiert (Merridale 2001: 229). In den Jahren 1921–22 waren von den Hungersnöten vor allem die Getreideanbaugebiete an der unteren Wolga um Saratov und Samara, die Ukraine und der Nordkaukasus betroffen. In diesem Zeitraum verhungerten rund 5 Millionen Menschen. 1929 und zwischen 1932 und 1933 verhungerten die meisten Menschen in der Ukraine. Man rechnet mit ca. sechs Millionen Verhungerten in der gesamten Sowjetunion (Wierling 2004: 244–245).

8 Ein solcher Zugang hat sich seit etlichen Jahren in der soziologischen Biographieforschung etabliert (vgl. Bertaux/Bertaux-Wiame 1991; Hildenbrand 1998; Rosenthal 2005a).

Horizont erstreckt sich bei Interviews in Drei-Generationen-Familien, beziehen wir die Erinnerungen der Großeltern über ihre Familiengeschichte mit ein, bereits auf fünf oder gar sechs Generationen.

Mit dieser zeitlich ausgedehnten Perspektive untersuchen wir auch die Wandlungsprozesse von ethnischen bzw. kollektiven Zugehörigkeitskonstruktionen in ihrer Wechselwirkung mit gesamtgesellschaftlichen Transformationsprozessen und Migrationsverläufen (Fefler/Radenbach im Druck; Rosenthal/Stephan im Druck a). Einer unserer empirischen Befunde ist, dass mit der Entscheidung zur Migration nach Deutschland und der im Kontext des Ausreiseverfahrens notwendigen Definition einer Zugehörigkeit zur Wir-Gruppe der Deutschen, die Konstruktion einer Kollektivgeschichte und einer damit korrespondierenden Familiengeschichte einen ausgesprochen hohen Stellenwert gewann. Diese Konstruktionen können sich jedoch nur auf wenige Anteile des kommunikativen Gedächtnisses dieser Gruppierung und auf noch weniger Anteile der jeweiligen Familiengeschichte beziehen. Dies hängt damit zusammen, dass das kommunikative Gedächtnis der verschiedenen Gruppierungen von Deutschen in der Sowjetunion, wie auch allgemein das anderer Gruppierungen von in der Vergangenheit diskriminierten bzw. verfolgten Außenseitern ein ausgesprochen beschädigtes, fragmentiertes und auch auffallend inkonsistentes Gedächtnis ist. Diese Beschädigung ist zum einen auf das bereits angeführte, jahrzehntelange auferlegte soziale Schweigen in der Sowjetunion, mit anderen Worten, auf die massive Tabuierung bestimmter Anteile der Kollektivgeschichte im öffentlichen Diskurs zurückzuführen, zum anderen jedoch auch auf die in verschiedenen historischen Phasen erlebten Extremtraumatisierungen sowie auf die (aufgrund der Sowjetisierung insbesondere der mittleren Generation in diesen Familien) erfolgte Abgrenzung von der Familienvergangenheit und der ethnischen Wir-Gruppe.

Um einen besseren Einblick in die Kollektivgeschichte der Deutschen in der ehemaligen Sowjetunion, eine kritischere Perspektive auf deren gegenwärtige Konstruktionen und das auffallend homogenisierende Wir-Bild resp. kollektive Gedächtnis, und vor allem um mehr Kenntnisse über die sehr unterschiedlichen Lebensbedingungen in den verschiedenen Regionen und Republiken der Sowjetunion vor der Migration nach Deutschland zu erhalten, war es für uns notwendig, ausgedehnter als geplant, Feldforschungen und biographische Interviews in Kasachstan, Kirgisien und der Ukraine durchzuführen[9]. Damit erfuhren wir auch mehr über die Entscheidungsprozesse, die zur Ausreise oder aber zum Bleiben geführt haben. Einmal abgesehen von den im Zusammenhang der Ausreisebedingungen stehenden Hindernissen spielen hier Familienangehörige, die eine andere,

9 Interviews in Russland sind noch geplant.

meist russische Nationalität[10] haben, eine wesentliche Rolle. Um diese Dynamik erforschen zu können, versuchten wir – allerdings mit sehr geringem Erfolg – in den Familien stets auch jene Angehörigen zu interviewen, die keine deutsche ethnische bzw. nationale Zugehörigkeit haben bzw. hatten[11]. Es interessiert uns, wie sich die Machtbalancen zwischen den Angehörigen verschiedener Nationalitäten in den unterschiedlichen historischen Phasen, im Kontext des Transformationsprozesses und der Migration verändert haben und welche Auswirkungen dies auf den familialen Dialog und auf die in den unterschiedlichen historischen Phasen geübte Erinnerungspraxis hat.

Inwiefern die Konstruktion des kollektiven Gedächtnisses ein homogenisierendes Bild über die Vergangenheit dieser Gruppierung herstellt, welche Bestandteile aus der Kollektiv- und Familiengeschichte ausgeblendet werden und wie – also mit welche Praktiken – dies geschieht, soll in diesem Beitrag noch detailliert diskutiert werden. Zunächst jedoch einige Ausführungen zur Konzeption des kollektiven Gedächtnisses und der Erinnerungspraxis.

Erinnerungspraxis und kollektives Gedächtnis

Angela Keppler (2001: 138) bemerkt zur Erinnerungspraxis zutreffend:

> „In der Praxis der Erinnerung vollzieht sich (...) stets eine Produktion überindividueller, kultureller Gegenwart. Das Erinnern stattet die aktuelle Gegenwart mit einem Horizont erinnerter Zeit aus; es leistet dabei einen wichtigen Beitrag zum jeweils aktuellen Selbstverständnis der Kulturen, Gemeinschaften und ihrer Mitglieder.“

Auch Karl H. Hörning und Julia Reuter (2004) diskutieren Erinnern als eine Form kultureller Praxis im Sinne von ‚Doing Culture'[12]. Dieser Ansatz steht im Kontext der ethnomethodologischen Konzeption praktischer Vollzugswirklichkeiten, wie sie von Harold Garfinkel (1967) in die Diskussion eingeführt wurde. Damit ist gemeint, dass gesellschaftliche Wirklichkeit immer wieder neu durch soziales

---

10 Der Begriff Nationalität wird hier entsprechend den in der Sowjetunion und ebenfalls in den postsowjetischen Staaten wirksamen öffentlichen aber auch rechtlichen Diskursen verwendet. So wurde in der vormaligen Sowjetunion die Nationalität in die Pässe eingetragen. Russen, Ukrainer, Kasachen, Deutsche oder Juden galten z.B. als eigenständige „Nationalitäten“.

11 Bei den in Deutschland lebenden Familien sind mindestens 40 Prozent der mittleren Generation mit einem Partner oder einer Partnerin anderer Nationalität – meist der russischen – verheiratet (vgl. Dietz/Roll 1988). Es ist anzunehmen, dass der Anteil der multinationalen Familien in den GUS-Staaten noch weitaus höher ist.

12 Die Konzeption von *‚Doing Gender'* im Sinne von Geschlecht als eines routinisierten Vollzugs in Alltagssituationen wurde 1987 von Candace West und Don Zimmermann in die Diskussion eingeführt. 1995 wurde es von West und Sarah Fenstermaker weitergeführt im Konzept des ‚Doing Difference', im Sinne sozialer Ungleichheit als eines andauernden interaktiven Vollzugs.

Handeln hergestellt wird. Ziel des ethnomethodologischen Programms ist die Untersuchung der praktischen Methoden, die Menschen in ihrer Alltagspraxis einsetzen, um soziale Wirklichkeit herzustellen. Es handelt sich hierbei um Praktiken, „die nicht reflexiv gelernt oder gelehrt, sondern durch wiederholtes gemeinsames Handeln erworben und verinnerlicht, oder auch erprobt und transformiert werden" (Reuter 2004: 241). So erfolgt auch die Praxis des Erinnerns, die Bestimmung dessen, wie und an was, in welchen sozialen Settings erinnert wird, wer zum Sprechen über die Erinnerung ermächtigt ist und wer nicht, nach welchen Regeln sich wer zu richten hat und wer nicht, nicht in erster Linie nach explizit vermittelten Regeln. Gerade dadurch aber, dass es sich um implizite und im Laufe des Lebens meist unreflektiert internalisierte Regeln handelt, sind diese so wirkmächtig. Mit dem Erinnern im Vollzug, das immer wieder in veränderten Situationen und unter veränderten Rahmenbedingungen erfolgt, geht jedoch nicht nur einher, dass sich bisher Eingespieltes wiederholt, damit verfestigt und immer weniger hinterfragbar wird, sondern auch, dass sich die Erinnerungspraxis, ob nun bemerkt oder unbemerkt, verändern kann. Wie es Karl-Siegbert Rehberg ganz allgemein für die Erzeugung von Kultur formuliert, wird das kollektive Gedächtnis durch die Praxis der Erinnerung immer wieder neu hervorgebracht und dadurch „entsteht auch die Möglichkeit der Veränderung einer bestehenden Kultur sowie ihrer Anpassung an neue Erfordernisse und Situationen. Deshalb ist Kultur niemals statisch, verändert sie sich ständig" (Rehberg 2007: 92).

Der Vorgang des Erinnerns ist wie jedes Handeln an Subjekte gebunden und stellt eine Bewusstseinsleistung dar, die im Kontext eines lebensgeschichtlich sedimentierten Wissensvorrats und lebensgeschichtlicher Relevanzen in der Gegenwart des Erinnerns erfolgt. Die Erinnerungsprozesse und das Sprechen darüber sind eingebettet in Interaktionen mit anderen und sie stehen in Wechselwirkung mit kollektiven Gedächtnis- resp. Wissensbeständen. Vor allem aber sind sie bedingt durch die internalisierten sozialen Regeln und die in der Situation des Sprechens über Erinnerungen ausgeübte Kontrolle der ZuhörerInnen. Die Regeln der Praktiken der Er- und Entmächtigung zum Sprechen über die Vergangenheit in der Familie zeigen sich in unserer Studie sehr deutlich. Jene Familienmitglieder, die nicht die etablierte homogenisierende Version des kollektiven und familialen Gedächtnisses vertreten oder dieser mit ihrer eigenen Biographie und Familiengeschichte als Beleg dienen können, werden entweder nicht zu einem Gespräch mit uns vermittelt bzw. zugelassen oder durch andere beim Interview anwesende Familienmitglieder in ihren Erzählungen behindert oder wiederholt korrigiert. Trotz aller internalisierten oder in der Gegenwart der Erinnerung von anderen Menschen ausgeübten Kontrolle werden jedoch immer wieder Bestandteile der selbst erlebten oder tradierten Vergangenheit im Bewusstsein des Erinnernden vorstellig[13] und manifestieren sich mehr oder weniger konkret im Sprechen über die Vergangenheit. Auch gibt es immer wieder Familienangehörige, die nicht bereit sind, das eingeforderte homogenisierende Wir-Bild durchgängig zu vertreten. Hierbei muss bedacht werden, dass solche Formen der Erinnerungsarbeit, die nicht den etablierten Regeln entsprechen, ebenfalls in das Familiengedächtnis oder das kollektive Gedächtnis einer Wir-Gruppe eingehen können. So ist auch das kollektive Gedächtnis ständig im Fluss und muss – entsprechend den gegenwärtigen Handlungsanforderungen – immer wieder modifiziert werden. Unter anderem deswegen unterliegt es immer auch Prozessen der Veränderung.

Der Erinnerungsprozess kann also unabhängig weder von der gegenwärtigen Situation des Erinnerns noch von der erlebten wie auch tradierten Vergangenheit gesehen werden. Er steht in Wechselwirkung mit dem kollektiven Gedächtnis bzw. korrekter mit unterschiedlichen kollektiven Gedächtnissen unterschiedlicher gesellschaftlicher Gruppierungen. Diese Gedächtnisse sind Bestandteile der kulturellen Praxis, die eben auch umfasst, welche Erinnerungen und Vergangenheitskonstruktionen ausgeschlossen werden, welche sich dominant im Diskurs der einzelnen Gruppierungen (ob nun der Familie, oder bestimmter politischer, religiöser oder ethnischer Gruppierungen) und ebenso im öffentlichen bzw. massenmedialen Diskurs durchsetzen. Ob es sich dabei nun in Anlehnung an Karl Mannheim (1980: 307) um einen Kampf unterschiedlicher Weltbilder und – damit zusammenhängend – kollektiver Gedächtnisse oder eher um eine von den unterschiedlichen Gruppierungen wechselseitig mehr oder weniger ignorierte Koexistenz verschiedener kollektiver Gedächtnisse oder um eine Art Kreolisierung der kollektiven Gedächtnisse[14] handelt, ist in jedem Fall eine empirische Frage. Es bedarf jeweils einer empirisch präzisen Rekonstruktion, in welchen historischen und gesellschaftlichen Kontexten welche Form des Gedächtnisses bestimmend war und ist. Die Angehörigen unterschiedlicher Gedächtnisgemeinschaften einer Gesellschaft – wie dies Pierre Nora (1998) diskutiert – können sich an Ereignisse bzw. Erfahrungen immer wieder erinnern bzw. diese thematisieren – vielleicht auch nur in Andeutungen, die im gesamtgesellschaftlichen Diskurs tabuiert sind oder sich nicht durchsetzen. Es bleibt jeweils zu erforschen, wie sich diese Gegendiskurse gestalten, aufrechterhalten, verändern und vor allem, wie sie an die nächsten Generationen tradiert werden. Öffentliche und nichtöffentliche Erinnerungspraktiken konstituieren sich wechselseitig, und es gilt, genauer zu erfor-

13 Zur gestalttheoretischen und phänomenologischen Konzeption des Wechselverhältnisses zwischen Erleben, Erinnern, Erzählen siehe Rosenthal 1995.

14 Hubert Knoblauch (2007: 24) diskutiert im Zusammenhang von Kultur und in Anlehnung an die postkoloniale Kulturtheorie Prozesse der Kreolisierung im Sinne einer „Aufgliederung in ein unübersehbares Patchwork von Kulturen der unterschiedlichsten Milieus, Gruppierungen und Lebensstile, in denen sich lokale und überlokale Tradition verwischen“.

schen, unter welchen Bedingungen Bestandteile der nichtöffentlichen Erinnerungspraxis in den öffentlichen Erinnerungsdiskurs Eingang finden und vice versa. So ist im Kontext der Sowjetunion von der, wenn auch recht eingeschränkten, Aufrechterhaltung einer kollektiven nicht-öffentlichen Erinnerungspraxis unterschiedlicher Gruppierungen auszugehen. Wie eingeschränkt diese Erinnerungspraxis und wie beschädigt das kollektive Gedächtnis z.B. der Gruppierung der ethnisch Deutschen in der UdSSR oder anderer verfolgter Gruppierungen auch war, gab es doch immer noch Praktiken der informellen Erinnerung, wie z.B. bei den praktizierenden Christen die Bibelstunden, in denen über tabuierte Anteile der Vergangenheit zumindest in Andeutungen gesprochen wurde. Daher war es auch möglich, dass Fragmente dieser tabuierten Vergangenheit nach der im Kontext der Perestroika erfolgten Öffnung des gesamtgesellschaftlichen Diskurses wieder Eingang in diesen finden konnten. Im Kontext des Transformationsprozesses in der Sowjetunion und der Überlegungen über eine Ausreise nach Deutschland veränderten sich nicht nur die Machtbalancen zwischen den Generationen in den Familien von Deutschen, sondern auch diejenigen zwischen den deutschen und nicht-deutschen Familienangehörigen. Damit veränderte sich auch, wer in der Familie die Deutungshoheit über die Vergangenheit erlangte bzw. zum Sprechen darüber ermächtigt und wer daran gehindert wurde. Im Kontext der Migration und der sich verändernden (d.h. meist eher verschärften) gesetzlichen Bedingungen für Einreise und Aufenthalt wurden dann auch Bestandteile der Familienvergangenheit (wie die Verbannung oder der Einzug in die „Arbeitsarmee“, oder gar die bisher verschwiegene deutsche Abstammung einer Großmutter) wieder funktional bedeutsam, über die schon jahrzehntelang nicht mehr gesprochen worden war – über Dinge, die zum Teil auch gar nicht mehr erinnert werden konnten und daher gewisser, die kollektiven sowie individuellen Gedächtnislücken überbrückender Konstruktionen bedurften. In manchen Familien führte dies nach der Migration nach Deutschland zu intensiver Ahnenforschung.

Was ist unter einem kollektiven Gedächtnis eigentlich zu verstehen? Es war Maurice Halbwachs, der in seinen beiden Monographien (der von 1925 und der von 1939, publiziert 1949 nach seiner Ermordung im KZ Buchenwald) diese Konzeption in die soziologische Diskussion prominent (und bis heute vielseitig rezipiert) einführte. Halbwachs unterscheidet zwischen individuellem, kollektivem und historischem Gedächtnis. Während sich das *historische* Gedächtnis auf eine mehr oder minder professionalisierte Geschichtsschreibung bezieht, die von Experten gepflegt wird, bezieht sich das *kollektive Gedächtnis* in Halbwachs‘ Sprache auf den Bereich der breiteren kulturellen Überlieferung und Traditionsbildung, also auf jenen Bereich des kollektiven Gedächtnisses, den Aleida und Jan Assmann als ‚kulturelles Gedächtnis’ bezeichnen (s.w.u.). Ein wesentliches Anliegen von Halbwachs ist der Nachweis der sozialen Bedingtheit der Erinnerung. Er verdeutlicht, dass die Voraussetzung für *individuelles Erinnern* der Rückgriff auf soziale Bezugsrahmen, d.h. auf sozial vorgegebene Rahmen ist. Diese Bezugsrahmen werden dem Individuum von anderen Individuen in der Interaktion oder in der Kommunikation durch Medien, Bilder oder Monumente vermittelt und dienen ihm – wie es Jan Assmann (1995: 59) formuliert – als „raumzeitliche Ordnungsraster“, in die er seine „inkohärenten Bilder einhängen kann“. Das *individuelle Gedächtnis* ist für Halbwachs das Ergebnis der Teilnahme an mehreren Gruppengedächtnissen; die Menschen können also ihre Erinnerungen in verschiedene Rahmen ‚einhängen’:

> „(…) ebenso wie Menschen gleichzeitig vielen verschiedenen Gruppen angehören, so (passt) auch die Erinnerung an ein und dasselbe Ereignis in viele Bezugsrahmen hinein (…), die verschiedenen Kollektivgedächtnissen angehören“ (Halbwachs 1985: 200).

Das Individuum erinnert sich, so Halbwachs, indem es sich auf den Standpunkt einer Gruppe stellt (wie die Familie, die Berufsgruppe oder einer der sozialen Verbände bis hin zur Nation). Dabei geht er von einer wechselseitigen Abhängigkeit des kollektiven und individuellen Gedächtnisses aus und verweist darauf, „dass das Gedächtnis der Gruppe sich verwirklicht und offenbart in den individuellen Gedächtnissen“ (Halbwachs 1985: 23). Paradigmatisch für das kollektive Gedächtnis ist für ihn das Familiengedächtnis, das sich durch die miteinander geteilten Erfahrungen der Familienmitglieder und durch das wiederholte gemeinsame Vergegenwärtigen der Vergangenheit entwickelt. Dadurch wird ein Rahmen hergestellt, „der gewissermaßen zur traditionellen Ausrüstung der Familie gehört“ (Halbwachs 1985: 210). Das Familiengedächtnis als ein typischer Fall des Generationengedächtnisses umfasst eine Zeitspanne, die so weit reicht, „wie sich die ältesten Mitglieder der sozialen Gruppe zurückerinnern können“ (Erll 2003: 160).

Die kurzen Ausführungen zum Konzept der Erinnerungsrahmen machen vielleicht schon deutlich, dass in dieser Konzeption der Eigenleistung der Individuen wenig Raum gegeben wird. Zwar verfügt der Einzelne nach Halbwachs über Erinnerungen, und diese gehen auch in das kollektive Gedächtnis ein, doch erst die äußeren Rahmen produzieren die Ordnung. Aus biographietheoretischer und sozialkonstruktivistischer Perspektive handelt es sich bei der Rahmung jedoch – um die von Erving Goffman (1977) diskutierte Unterscheidung zwischen Rahmen und Rahmung[15] aufzunehmen – um eine aktive Leistung des Individuums. Er-

---

15 Ich lehne mich mit dem Begriff der Rahmung – trotz Hans-Georg Soeffners (1989: 151) wichtigen Einwänden gegen diesen Begriff – an Erving Goffman (1977) an, der dem Wechselverhältnis zwischen dem Vorgegebenem und dem interaktiv immer wieder neu Hergestellten mit seiner Unterscheidung von Rahmen und Rahmung („frame“ und „framing“) m.E. gerecht wird. Die Rahmung bezeichnet dann den Prozess der Inszenierung der immer wieder subjektiv interpretierten

innerungen werden nicht einfach in übernommene Rahmen eingeordnet, sondern sie basieren auf den lebensgeschichtlichen Erfahrungen und dem sich biographisch konstituierenden und immer im Wandel begriffenen Wissensvorrat. Welche kollektiven Rahmen mit welcher individuellen Ausbuchstabierung bzw. Sinnsetzung der Einzelne internalisiert, wie er diese in seinen Wissensvorrat einordnet, welchen Rahmen er in der Praxis der Erinnerung auswählt, wie die interaktive Situation der Erinnerungspraxis diese Rahmungen bestimmt, ist abhängig von den aktiven Erinnerungs- und Thematisierungsleistungen der über die Erinnerung Sprechenden und der Zuhörenden. Individuen übernehmen im Laufe ihrer Biographie nicht einfach Bestandteile eines wo auch immer manifestierten kollektiven Gedächtnisses (ob nun in schriftlich fixierten oder in mündlicher Kommunikation vermittelten Diskursen), sondern sie wählen bestimmte Bestandteile als für sie relevanter als andere aus, interpretieren diese und fügen sie in einer einzigartigen Konfiguration zusammen.

Die Eigenleistungen des Individuums in der Praxis der Erinnerung werden von Aleida und Jan Assmann (1988), die sich auf Halbwachs' Annahmen zur sozialen Bedingtheit des Gedächtnisses beziehen, durch ihre analytische Trennung zwischen einem System eines *kulturellen* und dem eines *kommunikativen* Gedächtnisses etwas stärker betont:

> „Das kollektive Gedächtnis funktioniert bimodal: im Modus der *fundierenden Erinnerung*, die sich auf Ursprünge bezieht und im Modus der *biographischen Erinnerung*, die sich auf eigene Erfahrungen und deren Rahmenbedingungen (...) bezieht" (J. Assmann 1992: 52).

Während die fundierende Erinnerung, das heißt das kulturelle Gedächtnis, auf verfestigte Objektivationen sowohl sprachlicher als auch nicht-sprachlicher Art (z.B. in Ritualen, Tänzen oder der Kleidung) rekurriert, beruht der Modus der biographischen Erinnerung auf sozialer Interaktion. Assmann verdeutlicht, dass die nachfolgenden Generationen immer wieder in die Wissensbestände des kulturellen Gedächtnisses eingewiesen und eingeübt werden müssen, damit diese nicht in Vergessenheit geraten. Das kommunikative Gedächtnis zeichnet sich in dieser Konzeption durch ein „hohes Maß an Unspezialisiertheit, Rollenreziprozität, thematische[r] Unfestgelegtheit und Unorganisiertheit" und vor allem durch Alltagsnähe aus, da es „ausschließlich auf mündlicher Alltagskommunikation beruht" (J. Assmann 1988: 10). Es ist – so Aleida Assmann (1999: 13) – gebunden an die mündlich weitergegebenen Erinnerungen, und umfasst ihrer Ansicht nach gewöhnlich drei bis vier Generationen. Da die Großeltern nun aber auch persönliche Erinnerungen an ihre eigene Großeltern haben können bzw. darüber erzählen

und immer wieder aktiv neu gestalteten vorgegebenen Rahmen im prozesshaften Geschehen der Interaktion.

können, kann dieser zeitliche Rahmen, wie bereits erwähnt, vor der ‚fließenden Lücke' zu jenen Beständen, die nicht mehr erinnert werden können, noch weiter ausgedehnt sein. Assmann verdeutlicht in Anlehnung an den Ethnologen Jan Vansina (1985), dass das kommunikative Gedächtnis auf eine immer im gleichen Abstand mitwandernde Trennlinie stößt. Diese fließende Lücke, *the floating gap*, wie Vansina diese bezeichnet, schließt an die Zeitebene der Überlieferungen an. Die Trennung zwischen einer rezenten Vergangenheit und einer (bei ethnologischen Studien oft mythischen) Überlieferung entspricht derjenigen zwischen zwei verschiedenen Formen des Gedächtnisses, dem kommunikativen und dem kulturellen Gedächtnis. Vansina diskutiert dieses Phänomen als ein für die Geschichtserinnerung in schriftlosen Gesellschaften bzw. Kulturen typisches:

> „Für die jüngste Vergangenheit gibt es reichliche Informationen, die umso spärlicher werden, je weiter man in die Vergangenheit zurückgeht. Für frühere Zeiten findet man entweder einen Sprung oder einen oder zwei zögernd genannte Namen. Wir stoßen hier auf eine Lücke in den Berichten, die ich ‚die fließende Lücke' (the floating gap) nennen möchte. (...) Manchmal, besonders in der Genealogie stoßen jüngste Vergangenheit und Ursprungszeit in der Abfolge einer einzigen Generation aufeinander. (...) Das historische Bewusstsein arbeitet nur auf zwei Ebenen: Ursprungszeit und jüngste Vergangenheit" (Vansina, 1985: 23f., übersetzt von Assmann in 1992: 49).

Wie scheinbar problemlos diese Lücke geschlossen werden kann und entsprechend von den Erinnernden kaum als solche wahrgenommen wird (vgl. J. Assmann 1992: 49), zeigt sich in unseren Interviews sehr deutlich in den Erzählungen über die Familiengeschichte mit einem temporalen Sprung von der Einwanderung der Deutschen am Ende des 18. Jahrhunderts zum Jahr 1941, in dem die Deutschen kollektiv verurteilt wurden.

Es gibt einige kritische Einwände gegen eine starre Trennung von kulturellem und kommunikativem Gedächtnis, die m.E. jedoch weder Aleida noch Jan Assmann vornehmen. Sowohl Harald Welzer (2001), Angela Keppler (2001), Hubert Knoblauch (1999) als auch Gerd Sebald und Jan Weyand (2006) diskutieren die Wechselbeziehung zwischen beiden Gedächtnissystemen und insbesondere die Durchdringung des kommunikativen Gedächtnisses durch die Massenmedien. Keppler, die wie Welzer von der herausragenden Bedeutung des Familiengedächtnisses ausgeht, verdeutlicht, dass „die Arbeit am ‚kommunikativen Gedächtnis' kleiner Gemeinschaften wie der Familie immer bereits eine Arbeit am ‚kulturellen Gedächtnis' einer sehr viel größeren Sozietät" sei (Keppler 2001: 159). Sie beschreibt eine Durchdringung der beiden Formen der Gedächtnisbildung wie folgt:

> „(...) in der heutigen Kultur dürfte die Trennung zwischen einer institutionalisierten außeralltäglichen und einer informellen alltäglichen Erinnerungspraxis fraglich geworden sein. So ist es bereits unrichtig zu sagen, das kommunikative Gedächtnis bewege sich ‚ausschließlich' auf der Ebene der alltäglichen Kommunikation, da es über die Massenmedien stets auf öffentliche Quellen zurückgreift, die den Alltag dieser oder jener lokalen Gemeinschaft immer bereits transzendieren" (ebd.: 158).

Im DFG-Forschungsprojekt *Soziale Erinnerung in differenzierten Gesellschaften* wird derzeit von Ilja Srubar und seinen Mitarbeitern eine Forschung zum Gedächtnis in Familien über die Zeit des Nationalsozialismus in seiner Wechselwirkung mit der (massen-) medialen Kommunikation durchgeführt. Dabei werden die Annahmen verfolgt, dass die Erinnerungsrahmungen vor allem zwischen den Generationen zu unterscheiden seien, und dass die Trennungslinie zwischen verschiedenen Formen des Gedächtnisses nicht zwischen kommunikativem und kulturellem, sondern zwischen öffentlichem und privatem Gedächtnis verlaufe (Sebald/Weyand 2006).

Die Trennlinie zwischen öffentlicher und privater Erinnerung und vor allem die Abschottung der Erinnerungspraxis in verschiedenen Wir-Gruppen von Außenseitern gegenüber dem öffentlichen Diskurs ist ein deutliches Merkmal der Erinnerungspraxis in der ehemaligen Sowjetunion wie in anderen totalitären oder sehr autoritären Staaten. Ebenso gab es in der UdSSR Phasen, in denen die Orientierung an der Wir-Gruppe einer historischen Generation bzw. (im Mannheimschen Sinne) einer Generationseinheit und deren kollektivem Gedächtnis relevanter war als die an den kollektiven Gedächtnissen der ethnischen oder religiösen Gruppierungen, denen die Familie angehörte. In unserer Studie zeigte sich zum Beispiel, dass für etliche Angehörige der mittleren (genealogischen) Generation in den Familien ethnisch Deutscher im Zusammenhang ihrer Identifikation mit der Sowjetunion, in der Phase, bevor sie über eine Ausreise nachdachten, die Wir-Gruppe ihrer historischen Generation relevanter war als die Wir-Gruppe der Deutschen, von der sie sich eher distanzierten. Hier setzte jener Mechanismus ein, den Elias (2001: 298) als „Assimilation an eine mächtigere Gruppeneinheit" beschrieben hat:

> „Vieles, was in den vergangenen Generationen geschah, was durch kontinuierliche Übermittlung im kollektiven Gedächtnis, im Wir-Bild der Gruppe weiterlebte, verändert oder verliert seinen Sinn, wenn die Identität der Gruppe und so auch ihr Wir-Bild sich ändern." (ebd.: 298)

Die Angehörigen der mittleren genealogischen Generation in den Familien von Deutschen hatten sich zum Teil selbst aus den wenigen sozialen Kontexten ausgeschlossen, in denen die Angehörigen der älteren Generation – z.B. beim gemeinsamen Bibellesen – Andeutungen über die Vergangenheit machten. Im Kontext der Planung einer Migration nach Deutschland, die nach unseren Analysen sehr deutlich von den Angehörigen der mittleren Generation vorangetrieben wurde, erfolgte dann eine Rückbesinnung auf die Notwendigkeit eines Familiengedächtnisses, es kam zu „Befragungen" jener Angehörigen, die Verbannung und Arbeitslager überlebt hatten, und es wurde aus tradierten Fragmenten der Familiengeschichte, des kollektiven Gedächtnisses der Wir-Gruppierungen der Deutschen in der Sowjetunion in Verbindung mit Wissensbeständen aus den Geschichtswissenschaften eine stereotype Kollektivgeschichte im wahrsten Sinne des Wortes ‚zusammengebastelt'.

Aus diesen empirischen Befunden lassen sich m.E. ebenso wenig wie aus den Befunden weiterer in der Bundesrepublik durchgeführter Studien allgemeine, von den historischen und geographischen Konstellationen *absehende* Schlussfolgerungen über die Hierarchie verschiedener kollektiver Gedächtnisse verschiedener Wir-Gruppen (ob nun Religionsgemeinschaft, Familie oder historische Generation bzw. Generationseinheit) und auch nicht über das Verhältnis zwischen kommunikativem und kulturellem Gedächtnis formulieren. Vielmehr stellt sich immer wieder neu die empirische Frage, in welchen historischen und sozialen Konstellationen welche Rahmungen oder welche kollektiven Gedächtnisse relevant werden und welche in den Hintergrund treten, und in welchen Konstellationen es eine stärkere oder eine weniger starke Trennung zwischen den beiden Gedächtnissystemen gibt. Diese empirische Frage lautet anders formuliert: Welche Funktion hat das kulturelle Gedächtnis für die Erinnerungspraxis im Alltag, wie wird es in die Alltagskommunikation eingebaut oder auch aus ihr ausgeschlossen?

Die Praxis des Erinnerns und Erzählens in der Interaktion mit anderen beruht also auf sehr komplexen Konstruktionsarbeiten, die es genauer zu untersuchen gilt. Wie bereits betont, werden die Rahmungen für die Erinnerungsprozesse und deren Artikulation nicht einfach aus einem vorgegebenen Bestand an sozialen Bezugsrahmen ausgewählt. Zunächst gilt zu berücksichtigen, dass *biographische Erlebnisse* ebenso wie die *Kommunikationen über diese Erlebnisse* in ganz unterschiedliche soziale Rahmungen eingebettet sind. Welche Bedeutung biographisch relevanten Erlebnissen seinerzeit zugeschrieben wurde, wie sie in den Erfahrungsvorrat des Individuums eingeordnet wurden, wie sie zu unterschiedlichen Zeiten erinnert und kommuniziert wurden und wie sie in der Gegenwart des Erzählens oder Sprechens kommuniziert werden, ist jeweils von unterschiedlichen und sich verändernden sozialen Rahmungen abhängig. Bei der Analyse sozialwissenschaftlicher Interviews gilt es zu berücksichtigen, dass die jeweiligen Rahmungen unterschiedliche Regeln für die Artikulation biographischer Erlebnisse vorgeben, und dass dieser Umstand das Thematisierte wie das Nichtthematisierte in einem Interview mitbestimmt. Die Definition der Situation eines Interviews kann sich von Interviewtem zu Interviewtem erheblich unterscheiden. Definieren die einen das Interview in erster Linie in einem geschichtswissenschaftlichen Kontext, so rahmen es andere als ein Gespräch, bei dem sie ihr Deutschtum und ihre Deutschkenntnisse beweisen müssen, und assoziieren es vor allem mit den Verfahren zur Erlangung der Ausreisegenehmigung bzw. eines Aufenthaltstitels oder zur Anerkennung der deutschen Volkszugehörigkeit und zur Anerkennung der jeweils notwendigen Belege. Wieder andere sehen es als eine Möglichkeit, dass die InterviewerInnen ihnen bei der Bewältigung einer schwierigen Situation mit ihren Anliegen helfen (sei es die Ausreise von noch in der Sowjetunion verbliebenen Angehörigen oder gar die Verheiratung eines Sohnes). Gesellschaftliche, institutionelle, gruppenspezifische und familiale Regeln bzw. die Regeln unterschiedlicher Diskurse geben vor, *was, wie, wann* und in *welchen Kontexten* thematisiert werden kann oder darf und was nicht. Die Regeln dieser gegenwärtigen Diskurse und die aus ihnen resultierenden Rahmungen in der Situation des Interviews interagieren jedoch auch mit den Rahmungen in der Vergangenheit des biographischen Erlebens sowie mit den Rahmen der Situationen, in denen zuvor schon darüber nachgedacht und gesprochen wurde. Die Art und Weise des Rückblicks auf die Vergangenheit und die Art und Weise des Sprechens über die in der Vergangenheit erlebten Situationen konstituiert sich über die meist hinter dem Rücken der Akteure wirksamen Regeln. So lässt sich z.B. bei in der Vergangenheit geltenden Schweigegeboten zu bestimmten lebensgeschichtlichen Erfahrungen immer wieder beobachten, wie schwer es fällt, diese Gebote selbst in einer Gegenwart aufzuheben, in der das Sprechen darüber sozial erwartet wird.

Wir können bei MigrantInnen von folgenden konstitutiven Bedingungen für ihre Erinnerungspraxis bzw. für die Darstellungen ihrer selbst und ihrer Vergangenheit ausgehen:

- die kollektiven Wir-Bilder dieser Gruppierung oder deren kollektives Wir-Bild und deren kollektive(s) Gedächtnis(se),
- die Fremdbilder, die Bilder der Anderen (vor der Migration und nach der Migration) auf Seiten dieser Gruppierung oder Gruppe,
- die sozialen Wirklichkeiten in der Vergangenheit vor und nach der Migration und die jeweils unterschiedlichen Diskurse,
- die gesetzlichen Vorgaben, die die Aus- und Einwanderung oder den zeitweisen Aufenthalt in Deutschland ermöglichten,
- die Familienvergangenheit und das Familiengedächtnis,
- die kollektiven Gedächtnisse von anderen sozialen Einheiten – z.B. von Generationseinheiten oder von Staatsgesellschaften wie der UdSSR oder der DDR,
- die lebensgeschichtlichen Erfahrungen und gegenwärtigen biographischen Selbstkonstruktionen,

- die konkreten Interaktionskontexte, in denen über die Vergangenheit gesprochen wird und (im Erzählvorgang) erinnert wird.

Das homogenisierende kollektive Gedächtnis der Deutschen aus der Sowjetunion

Bei der Konstruktion eines homogenisierenden Wir-Bildes bzw. kollektiven Gedächtnisses der Deutschen aus der Sowjetunion handelt es sich nach unseren empirischen Befunden um eine Konstruktion, die sich auf nur wenige Anteile des kommunikativen Gedächtnisses dieser Wir-Gruppe, ein meist ausgesprochen fragmentiertes Familiengedächtnis und ebenso auf ein beschädigtes kulturelles Gedächtnis beziehen konnte. Sie geht einher mit dem Versuch der Dethematisierung der jahrzehntelang tabuierten und vor allem viele Menschen traumatisierenden Bestandteile der Kollektivgeschichte (z.B. der sogenannten Entkulakisierung[16] und der Hungersnöte von 1921–22 und 1929–31) oder der diskreditierbaren Vergangenheit von Familienangehörigen, die sich mit dem nationalsozialistischen Deutschland identifiziert hatten (s.w.u.). (Letzteres war besonders vor dem politischen Zusammenbruch der UdSSR ein gewichtiges Anliegen.) Ebenso gibt es aber auch nach der Migration als diskreditierbar angesehene Bestandteile der eigenen Lebensgeschichte. Dazu gehören die Identifikation von Familienangehörigen mit dem politischen System der Sowjetunion, Funktionen in politischen Organisationen, die bewusste Eintragung einer russischen Nationalität in den Pass oder gar die Verleugnung des deutschen Familienhintergrunds. Dennoch haben diese Bestandteile der Familien- und Lebensgeschichte deutliche Spuren in den Texten hinterlassen, und vor allem zeigen sich deren intergenerationelle Folgen in den Biographien der Nachgeborenen. Damit verbunden sind die in unseren Interviews und in den komplizierten Aushandlungsprozessen darüber, wer in der Familie ein Interview geben will, kann oder darf, deutlich sichtbar werdenden intergenerationellen Konflikte bezüglich des Familiengedächtnisses, diese gehen mit einer intensiven interpersonalen Kontrolle einher, wer, in welchem Kontext, gegenüber wem und wie zum Sprechen über die Vergangenheit ermächtigt ist. Dies sind vor allem jene Personen, die einen familiengeschichtlichen und biographischen Verlauf vertreten, der mit der dominanten Konstruktion des kollektiven Gedächtnisses übereinstimmt.
Diese Konstruktion setzt sich vor allem aus folgenden drei Bestandteilen zusammen:

16 Siehe Fußnote 7.

Teil 1: Wir wurden 1762/63 von Katharina der Großen nach Russland eingeladen[17].

Teil 2: Fast alle „Russlanddeutschen"[18] lebten bis *1941* in den europäischen Regionen der Sowjetunion.

Teil 3: *1941* wurden fast alle Deutschen in Folge der Kollektivverurteilung in den asiatischen Teil der UdSSR deportiert, und die Männer, manchmal auch die Frauen, kamen in die so genannte Trudarmee („Arbeitsarmee") bzw. in die Arbeitslager.

Diese Konstruktion, die sich meist durch die gesamten Interviews zieht oder mit der die Interviewten zumindest argumentativ ringen, korrespondiert mit dem Fremdbild über die „Russlanddeutschen" nicht nur im bundesdeutschen öffentlichen Diskurs, sondern auch im sozialwissenschaftlichen Diskurs. Mit Teil 2 wird unterschlagen, dass bereits 1926 ungefähr 12 bis 13Prozent und 1941 schon ca. 20 bis 30 Prozent der Deutschen im asiatischen Teil der Sowjetunion, in Kasachstan, Sibirien, Kirgisien und anderen asiatischen Regionen lebten (Dietz 1995: 33f.). Die Funktion dieser Auslassung ist vor allem verbunden mit Teil 3, der zur Konstruktion eines *kollektiven und ausschließlichen Opferstatus* dient. Daraus resultiert das falsche Image, dass in Verbindung mit der Kollektivverurteilung der Deutschen in der Sowjetunion[19] *bereits 1941* mehr oder weniger alle Deutschen in die asiatischen Regionen der UdSSR deportiert worden seien. Dieses Bild wird aufgrund des Hauptaugenmerks auf die Deportationen selbst in jenen Studien suggeriert, die ansonsten durchaus auf die unterschiedlichen Siedlungsgebiete vor 1941 eingehen (vgl. Dietz/Hilkes 1993). Sehr großzügig geschätzt sind jedoch höchstens 50 Prozent der Deutschen in der Sowjetunion im Jahre 1941 deportiert

17 Mit den Manifesten der Zarin Katharina II. vom 4. Dezember 1762 und vom 22. Juli 1763 wurden Ausländer – mit Ausnahme von Juden – zur Ansiedlung im Russischen Reich eingeladen.

18 Mit diesem Begriff werden die bis zur Kollektivverurteilung 1941 sehr unterschiedlichen Gruppierungen, die über kein gemeinsames homogenes Wir-Bild verfügten, vereinheitlicht. Wie es die Historikerin Irina Mukina deutlich zum Ausdruck bringt: „But the term ‚Russian Germans', a term that unified various Germanic groups in Russia, did not exist and was not used in pre-revolutionary historiography on German settlers and colonists in Russia and its immediate environs" (Mukina 2007: 7).

19 Am 28. August 1941 sollten entsprechend einem Dekret des Präsidiums des Obersten Sowjets der UdSSR die Deutschen nach Sibirien und Zentralasien umgesiedelt werden. Die Deutschen wurden kollektiv wegen Kollaboration mit Nazi-Deutschland verurteilt. Sie verloren ihre Bürgerrechte, ab 1941 wurden zunächst die Männer und später auch die Frauen in Arbeitsbataillone eingezogen. Dies bedeutete Lagerhaft unter extrem schweren und unmenschlich grausamen Arbeits- und Lebensbedingungen. 1948 wurde die „Arbeitsarmee" aufgelöst. Ab 1956 durften die Sowjetdeutschen ihre Sondersiedlungen verlassen, konnten jedoch nicht in ihre Heimatgebiete zurückkehren. 1964 erfolgte eine Teilrehabilitierung, doch konnten sie weiterhin nicht in ihre Heimatgebiete zurück.

worden.[20] In diesem in den öffentlich zugänglichen Diskursen vorherrschenden Bild wird nicht nur unterschlagen, dass jene Deutschen, die bereits im asiatischen Teil der Sowjetunion lebten, 1941 nicht deportiert wurden. Vor allem wird damit geleugnet, dass ein erheblicher Anteil der Deutschen zwischen 1941 und 1943/44 in jenen Gebieten im Westen der Sowjetunion, der Ukraine und des Nordkaukasus lebten, die von der deutschen Wehrmacht, den SS-Einsatzgruppen und teilweise auch von rumänischen Truppen besetzt wurden. Damit wird einerseits ausgeblendet, dass die Mehrheit der ethnisch Deutschen in dieser Region die deutsche Besatzung begrüßten und sich in einem hohen Maß mit Nazi-Deutschland identifizierten, andererseits (und mindestens ebenso wichtig), dass etliche ethnisch Deutsche an den Verbrechen gegen die Menschlichkeit, d.h. an der Enteignung, Entrechtung und Ermordung der Juden und anderer Teile der Bevölkerung in diesen Gebieten maßgeblich beteiligt waren (vgl. Bergen 1994; Buchsweiler 1984; Fleischhauer 1983; Lower 2005: 165–168). Darüber hinaus sind ca. 275 000 ethnisch Deutsche zwischen 1941 und 1945 ins deutsche Reichsgebiet migriert, erhielten die deutsche Staatsbürgerschaft und wurden erst nach dem Zusammenbruch des Dritten Reiches im Mai 1945 von der Roten Armee in den asiatischen Teil der UdSSR „repatriiert". Einmal abgesehen von den zitierten Autoren findet dieser gerade auch für die Familiendynamik bis heute hochwirksame Bestandteil der Familiengeschichte, der sich auf eine Beteiligung an den NS-Verbrechen oder auf die Identifikation mit Nazi-Deutschland bezieht, weder in der historischen noch in der soziologischen Literatur Beachtung. Wird die Teilnahme an den Verbrechen gegen die Menschlichkeit angesprochen, dann meist in einer ausgesprochen apologetischen Form bis hin zu historisch nicht haltbaren Thesen. So interpretieren z.B. Klötzel (1999: 130ff.) und Hecker (1994: 32) die Sympathien und die Kollaboration mit den Nationalsozialisten als Reaktion auf die zuvor erlebte Unterdrückung und Verfolgung durch das sowjetische System. Steenberg (1989: 28ff.) geht sogar so weit zu behaupten, die Schwarzmeerdeutschen seien zur Erschießung von Juden gezwungen worden, und insgesamt wird das Leiden der Deutschen unter den Nationalsozialisten unverhältnismäßig hervorgehoben (Walth 1999: 58ff.)[21].

---

20 Ein Zensus von 1939, dessen Zählungen jedoch nicht völlig glaubwürdig sind, erfasste 1.427.200 Deutsche in der Sowjetunion (Dietz/Hilkes 1993: 23). Insgesamt wurden rund 900 000 Personen deportiert (vgl. Brandes 1993), doch diese Zahl beinhaltet auch diejenigen, die erst nach der Rückeroberung der westlichen Gebiete der Sowjetunion durch die Rote Armee deportiert wurden und ebenso jene, die zwischen 1941 und 1944 nach Deutschland emigrierten (bis zum 15.1.1945 erhielten 275 000 einen Umsiedlerausweis (gemäß eines Dokuments verfasst vom Chef der Sicherheitspolizei und des SD, Einwandererzentralstelle (EWZ), am 30.1.1945. Auszug aus dem Bundesarchiv, Berlin, BArch R 186/2).

21 Die damaligen Gewalttaten des stalinistischen Regimes richteten sich bekanntlich keineswegs nur gegen die ethnischen Deutschen. Eine detaillierte Auswertung zur Frage, ob und wie die

Auch wenn die Konstruktion einer homogenisierenden Geschichte – kurz gefasst „1941 verbannt und eingezogen zur Trudarmee" – gegenwärtig bei den Deutschen aus (und teilweise in) den Regionen der ehemaligen Sowjetunion[22] mit Vehemenz vertreten wird, lassen sich in unserer Stichprobe mittlerweile fünf strukturell sehr verschiedene Verläufe identifizieren, die sich vor allem hinsichtlich des Zeitpunkts der Migration bzw. Verbannung in den asiatischen Teil der Sowjetunion unterscheiden (1. lange Zeit vor 1941, 2. im Jahr 1941, 3. zwischen 1943 und 1945, 4.1945 im Rahmen der „Repatriierung" oder 5. keine Migration/Verbannung in den asiatischen Teil; vgl. Rosenthal/Stephan im Druck b).

Dazu kommt eine Familie, als Vertreter eines potentiell sechsten Typus, deren Mitglieder sich zwar als Russlanddeutsche verstehen und in den Gesprächen mit uns selbst immer wieder über bestimmte Unstimmigkeiten (etwa dass die Großeltern bis 1939 in Bayern lebten) irritiert waren. Die Auswertung der Interviews verdeutlichte, dass der Großvater als Funktionär einer NS-Organisation mit seiner Familie während der Zeit der deutschen Besatzung nach Weißrussland migrierte und dort „verschollen" ist, und dass die Großmutter Ende des Krieges nach Sibirien deportiert wurde. Von Interview zu Interview waren wir immer überraschter, welch unterschiedliche familienbiographische Verläufe zu beobachten sind, von denen wir aus der Literatur recht wenig wussten und die nicht dem homogenisierten und homogenisierenden kollektiven Gedächtnis entsprachen. Zum Teil mussten auch unsere Befragten selbst nach der Migration nach Deutschland diese Entdeckung machen, z.B. wussten manche nicht, dass sie als Kinder im deutschen Reichsgebiet geboren waren und die deutsche Staatsbürgerschaft erhalten hatten und damit nach deutschem Recht nicht als Aussiedler gelten. Die Irritation über die Familienvergangenheit ging bei einer Interviewten so weit, dass sie die Vergangenheit ihrer ins Reichsgebiet migrierten Mutter zu einer Vergangenheit als Zwangsarbeiterin in Nazi-Deutschland umschrieb, nachdem sie von ihrer eigenen deutschen Staatsangehörigkeit erfahren hatte.

Je deutlicher uns die erheblichen Unterschiede in den Familiengeschichten wurden, die jedoch nur mühsam zu entschlüsseln waren, um so notwendiger wurden sorgfältige historische Recherchen, um diese Differenzen besser erkennen und erklären zu können. Unser Eindruck einer Sisyphusarbeit wurde noch verstärkt durch die erheblichen Schwierigkeiten bei der Erhebung. Es war und ist überhaupt kein Problem, Menschen dieser Gruppierung in Deutschland oder auch

Beteiligung der Deutschen an den Verbrechen gegen die Menschlichkeit im Westen der Sowjetunion in der Literatur diskutiert wird, legte Niklas Radenbach in seiner Diplomarbeit (2008) vor.

22 Dies trifft vor allem auf Deutsche in der Ukraine zu, während bei den in Kasachstan und vor allem in Kirgisien lebenden Deutschen dieses homogenisierende Gedächtnis noch nicht derart eingeübt und zementiert und von daher noch brüchiger ist.

in den GUS-Staaten zu einem Interview zu gewinnen, doch werden uns in sehr vielen Fällen die Interviews mit den Angehörigen verwehrt. Obwohl es uns bis Frühjahr 2009 gelang, mit insgesamt 84 Personen Interviews zu führen, haben wir in 27 Fällen trotz mehrmaliger Versuche keine weiteren Familienangehörigen vermittelt bekommen, und nur in 18 Fällen gelang es, mehr als ein Mitglied der Familie zu interviewen.

Mittlerweile können wir anhand unserer Analysen – auch im Vergleich mit den Interviews in GUS-Staaten, in denen wir auf dieselben Probleme stießen und unsere Annahmen vor allem auch durch die teilnehmende Beobachtung bestätigt wurden – davon ausgehen, dass diese Schwierigkeit bei der Erhebung von Interviews neben der internalisierten Vorsicht gegenüber öffentlichen Kontexten in erheblichem Maße durch den Versuch der Aufrechterhaltung des homogenisierenden Wir-Bildes und die damit einhergehende ausgesprochen starke, sowohl inner- als auch außerfamiliale Kontrolle bedingt sind. Zunächst fiel uns auf, dass bei den Interviews häufig Familienangehörige anwesend waren, die nicht, wie es zu erwarten wäre, die Erzählungen ihrer Angehörigen unterstützen oder die zum Teil erheblich traumatisierten Großeltern in den Gesprächen mit uns schützen wollten, wie ich es aus anderen Interviews mit extrem traumatisierten Menschen kenne. Vielmehr wurde versucht, die ErzählerInnen zum Vertreten bestimmter Versionen der Familiengeschichte zu drängen, oder sie wurden dazu aufgefordert, über Themen (wie z.B. eine erblich bedingte Krankheit) zu erzählen, die nichts mit der Vergangenheit als Deutsche in der UdSSR zu tun haben, oder es wurde ihnen die Regie über ihre Erzählungen abgenommen. Überhaupt zeigt sich, dass manche in anderen Familien stark unterdrückte Themen – wie Alkoholabhängigkeit oder Gewalttätigkeiten in der Familie – weniger zurückgedrängt werden als Erzählungen, die bedrohlich für dieses homogenisierende Bild sind.

Am Beispiel der Familie Wild[23] möchte ich kurz aufzeigen, wie hier der Großvater, dessen Vergangenheit sich nicht so leicht in die Konstruktion „1941 Verbannung und viele Jahre Zwangsarbeit" einfügen lässt, vom Enkel jedoch zu einer entsprechenden Darstellung gedrängt wird. Der Großvater hatte sich in der Eingangserzählung[24] auf seine Schul- und Berufslaufbahn und auf verschiedene Umzüge bzw. Migrationen innerhalb der UdSSR konzentriert. Er präsentierte keine Leidensgeschichte. Nachdem er über seine Verrentung im Jahr 1983 gesprochen hat, folgt eine längere Pause. Der Großvater sagt: „Na, was kann man noch", und der Enkel wirft ein: „Trudarmee". Der Enkel versucht also, diesen für das kollektive Gedächtnis der Deutschen zentralen Bestandteil als Thema einzu-

23 Zu einer ausführlicheren Diskussion dieser Familie siehe Rosenthal/Stephan im Druck.

24 Damit ist die autonom strukturierte Selbstpräsentation des Interviewten gemeint, die in einem narrativen Interview auf die Aufforderung zur Erzählung der Lebens- und gegebenenfalls Familiengeschichte folgt (Rosenthal 1995).

führen. Hier ist es nun wichtig zu wissen, dass die Familie Wild im Rahmen der Kollektivverurteilung nicht verbannt wurde, da die Familie bereits Ende des 19. Jahrhunderts vom Wolgagebiet nach Kasachstan migriert war. Der Großvater benennt nun das Datum seines Einzugs in die Trudarmee im Januar 1942 und erwähnt, dass er ein Jahr dort gewesen sei. Zu betonen ist, dass dies im Verhältnis zu anderen Inhaftierten eine sehr kurze Zeit ist. Wieder schweigt der Großvater längere Zeit. Der Enkel wird ganz ungeduldig und klopft nervös auf den Tisch und meint dann: „Sagen Sie, was Sie machen mussten in der Trudarmee (…) was Sie in der Trudarmee gemacht haben, oder wie hat man sich als Deutscher da gefühlt". Der Großvater erklärt auf diese Intervention des Enkels hin mit etwas stolzem Unterton, dass er schwere Arbeit geleistet habe, Schnee geschippt und Erde geschaufelt, um Schienen für die Eisenbahn zu verlegen, sowie Baracken für die Gefangenen gebaut. Im Weiteren geht er wieder auf Themen ein (wie den Tod seiner Ehefrau oder seine Krankheiten), die nicht zu der vom Enkel erwünschten Version passen. Deshalb unterbricht der Enkel den Großvater während des Interviews immer wieder und gibt ihm Regieanweisungen, worüber er erzählen könne und solle. Nach mehrmaligen Interventionen des Enkels beginnt der Großvater dann über die im kollektiven Gedächtnis der Russlanddeutschen wesentlichen Manifeste der Zarin Katharina von 1763/65 zu sprechen – obwohl seine eigene Familie erst in der zweiten Hälfte des 19. Jahrhunderts aus Hessen in die Wolgaregion migrierte. Die Begebenheiten aus der Zeit Katharinas *können* daher kaum Bestandteil des kommunikativen Gedächtnisses der Familie sein, und der Großvater bewältigt diese *fließende Lücke*, indem er berichtet, was sein Großvater vom Zaren bei der Einwanderung als „Geschenk" bekommen habe: ein Pferd, 50 Rubel, zehn Destinen Land.

In der Familie Wild war es nicht der Großvater, der nach Deutschland ausreisen wollte, sondern – wie in den meisten von uns interviewten Familien – drängte die mittlere Generation in Gestalt von Herrn Wilds Sohn nach der Unabhängigkeit von Kasachstan darauf und war damit an einer Familienvergangenheit als verfolgte Deutsche interessiert. Doch wie löst er das Problem mit der nicht zum kollektiven Gedächtnis passenden Geschichte seiner Herkunftsfamilie? Er spricht fast nicht über seine Familienvergangenheit, sondern präsentiert im Interview in aller Ausführlichkeit die Familiengeschichte seiner Frau, deren Eltern 1941 verbannt wurden und deren Vater mehrere Jahre in der Trudarmee als Lagerhäftling Zwangsarbeit leistete.

Wie sich leicht erahnen lässt, gehen wir zwar von einer empirischen Sättigung unserer Annahmen über die Gründe für den eingeschränkten Einblick in die familien- und lebensgeschichtliche Vergangenheit unserer InterviewpartnerInnen aus, doch es bedarf sicher noch weiterer Analysen, um genug darüber zu erfahren, was nach außen und sehr häufig auch nach innen nicht transparent werden soll.

Resümee

Wie ich mit dem abschließenden empirischen Beispiel zu zeigen versuchte, ist der Erinnerungsprozess eine kulturelle Praxis, die interaktiv, in der Interaktion zwischen den Generationen und zwischen den Angehörigen verschiedener Gruppierungen stattfindet, und eine Praxis, in der je nach gesellschaftlichen Rahmenbedingungen eine mehr oder weniger strenge soziale Kontrolle ausgeübt wird. Im Fall der Deutschen aus der Sowjetunion geht die Praxis des Erinnerns einher mit einer ausgesprochen strengen sozialen Kontrolle – die zum einen aus dem in der Sowjetunion wirksamen, staatlich verordneten Schweigen, den Diskriminierungsprozessen, dem Fremdbild über die Deutschen als „Faschisten" und zum anderen aus dem sozial erwünschten Bild der Deutschen aus der (ehemaligen) UdSSR bzw. den sozial mächtigen Diskursen über sie in der Bundesrepublik folgt. Die Durchsetzung und Wirkmächtigkeit eines kollektiven Gedächtnisses einer Gruppierung kann also – wie u.a. der konkrete Fall der Deutschen aus der Sowjetunion zeigt – weder als Einzelleistung einzelner Subjekte noch einzelner Familien begriffen werden, sondern ist auf die gesamtgesellschaftlichen Figurationen zwischen den verschiedenen Gruppierungen, die damit einhergehenden fluktuierenden Machtbalancen und die Fremdbilder von den ethnischen Deutschen zurückzuführen, die andere Gruppierungen hegten und hegen.

Die Version der im kollektiven Gedächtnis homogenisierten Wir-Gruppe der ethnisch Deutschen aus der Sowjetunion konfligiert jedoch mit den Erinnerungen jener, deren biographische oder familiengeschichtliche oder milieuspezifische Vergangenheit sich nicht in dieses Bild einfügt. Es sei betont, dass diese mit dem homogenisierten Wir-Bild konfligierenden Erinnerungen, die sehr vorsichtig geschätzt mindestens auf 50 Prozent der deutschen Großeltern aus der Sowjetunion zutreffen, sowie deren Wirksamkeit auf die Gegenwart dieser Gruppierung nur mit Hilfe eines fallrekonstruktiven Vorgehens erfasst werden können, das gezielt und sorgfältig die Familienvergangenheit in den Blick nimmt. So können wir anhand unserer Fallstudien aufzeigen, dass trotz intensiver sozialer Kontrolle hinsichtlich der Durchsetzung einer bestimmten Version der Vergangenheit die erlebte und an die Nachgeborenen (meist latent) tradierte Vergangenheit nicht nur wirksam bleibt, sondern vielmehr aufgrund ihrer Tabuierung umso wirkmächtiger ist (vgl. Rosenthal/Stephan im Druck b). Die im kollektiven Gedächtnis verleugnete Vergangenheit ist jedoch nicht nur wirkmächtig für die Biographien von Deutschen aus der Sowjetunion, sondern auch für die Biographien ihrer nichtdeutschen Familienangehörigen sowie anderer, mit ihnen in Verbindung stehender Menschen. Dabei stützt diese kulturelle Erinnerungspraxis einer Gruppierung von MigrantInnen zugleich die in der Gesellschaft der Bundesrepublik insgesamt etablierte kollektive Erinnerungspraxis zum Nationalsozialismus, die sich durch eine mangelhafte Aufarbeitung von diskreditierbaren Bestandteilen der je eigenen konkreten („persönlichen“) Familienvergangenheit auszeichnet. Und umgekehrt.

Literatur

Assmann, Aleida (1999): Erinnerungsräume. Formen und Wandel des kulturellen Gedächtnisses. München: Beck

Assmann, Aleida/Assmann, Jan (1988): Schrift, Tradition und Kultur. In: Wolfgang Raible (Hg.): Zwischen Festtag und Alltag. Tübingen: Gunter Narr: 25–50

Assmann, Jan (1988): Kollektives Gedächtnis und kulturelle Identität. In: Ders./Tonio Hölscher (Hg): Kultur und Gedächtnis. Frankfurt a.M.: Fischer: 9–19

Assmann, Jan (1992): Das kulturelle Gedächtnis. München: Beck

Assmann, Jan (1995): Erinnern, um dazuzugehören. Kulturelles Gedächtnis, Zugehörigkeitsstruktur und normative Vergangenheit. In: Kristin Platt; Mihran Dabag (Hg.): Generation und Gedächtnis. Opladen: Leske und Budrich: 51–76

Bergen, Doris L. (1994): The concept of Volksdeutsche and the exacerbation of antisemitism in Eastern Europe, 1939–45. In: Journal of Contemporary History 29, 4: 569–582

Bertaux, Daniel/Bertaux-Wiame, Isabelle (1991): „Was du ererbt von deinen Vätern…“ Transmissionen und soziale Mobilität über fünf Generationen. In: Bios 4, 1: 13–40

Brandes, Detlef (1993): Die Deutschen in Russland und der Sowjetunion. In: Klaus J. Bade (Hg.): Deutsche im Ausland. Fremde in Deutschland. München: Beck: 85–134

Buchsweiler, Meir (1984): Volksdeutsche in der Ukraine am Vorabend und Beginn des Zweiten Weltkriegs, ein Fall doppelter Loyalität?, Schriftenreihe des Instituts für deutsche Geschichte; Universität Tel Aviv 7, Gerlingen: Bleicher

Dietz, Barbara (1995): Zwischen Anpassung und Autonomie. Russlanddeutsche in der vormaligen Sowjetunion und in der Bundesrepublik Deutschland. Berlin: Duncker & Humblot

Dietz, Barbara/Roll, Heike (1998): Jugendliche Aussiedler – Porträt einer Zuwanderergeneration. Frankfurt a.M./New York: Campus

Dietz, Barbara/Hilkes, Peter (1993): Russlanddeutsche: Unbekannte im Osten. (2. Aufl.) München: Olzog

Elias, Norbert (1986): Figuration. In: Bernhard Schäfers (Hg.): Grundbegriffe der Soziologie. Opladen: Leske & Budrich: 88–91

Elias, Norbert (2001 [1987]): Wandlungen der Wir-Ich-Balance. In: Ders.: Die Gesellschaft der Individuen. Frankfurt a.M.: Suhrkamp: 207–315

Erll, Astrid (2003): Kollektives Gedächtnis und Erinnerungskulturen. In: Ansgar Nünning; Vera Nünning (Hg.): Konzept der Kulturwissenschaften. Stuttgart: Metzler: 156–186

Fefler, Irina/Radenbach, Niklas (im Druck): The Interrelation between Social Mobility and the Sense of Collective Belonging. In: Gabriele Rosenthal; Artur Bogner (Hg.): Ethnicity, Belonging and Biography. Ethnographical and Biographical Perspectives. Münster: LIT Verlag

Fleischhauer, Ingeborg (1983): Das Dritte Reich und die Deutschen in der Sowjetunion. Stuttgart: Deutsche Verlagsanstalt

Garfinkel, Harold (1967): Studies in ethnomethodology. Englewood Cliffs: Prentice Hall

Goffman, Erving (1977): Rahmen-Analyse. Frankfurt a.M.: Suhrkamp

Halbwachs, Maurice (1985 [1925]): Das Gedächtnis und seine sozialen Rahmenbedingungen. Frankfurt a.M.: Suhrkamp

Halbwachs, Maurice (1991 [1949]): Das kollektive Gedächtnis. Frankfurt a.M.: Fischer

Hecker, Hans (1994): Die Deutschen im Russischen Reich, in der Sowjetunion und ihren Nachfolgestaaten. Köln: Wissenschaft und Politik

Hörning, Karl H./Reuter, Julia (2004): Doing Culture: Kultur als Praxis. In: Dies. (Hg.): Doing Culture. Neue Position zum Verhältnis von Kultur und sozialer Praxis. Bielefeld: transcript: 9–18

Hildenbrand, Bruno (1998): Biographieanalysen im Kontext von Familiengeschichten: Die Perspektive einer Klinischen Soziologie. In: Ralf Bohnsack; Winfried Marotzki (Hg.): Biographieforschung und Kulturanalyse – Transdisziplinäre Zugänge qualitativer Forschung. Opladen: Leske und Budrich: 205–224

Keppler, Angela (2001): Soziale Formen individuellen Erinnerns. Die kommunikative Tradierung von (Familien-)Geschichte. In: Harald Welzer (Hg.): Das soziale Gedächtnis. Geschichte, Erinnerung, Tradierung. Hamburg: Hamburger Edition: 137–159

Klötzel, Lydia (1999): Die Russlanddeutschen zwischen Autonomie und Auswanderung. Hamburg: LIT

Knoblauch, Hubert (1999): Das kommunikative Gedächtnis. In: Claudia Honegger; Stefan Hradil; Franz Traxler (Hg.): Grenzenlose Gesellschaft? Verhandlungen des 29. Kongresses der Deutschen Gesellschaft für Soziologie, des 16. Kongresses der Österreichischen Gesellschaft für Soziologie und des 11. Kongresses der Schweizerischen Gesellschaft für Soziologie in Freiburg im Breisgau. Teil 1. Opladen: Leske und Budrich: 733–748

Knoblauch, Hubert (2007): Kultur, die soziale Konstruktion, das Fremde und das Andere. In: Jochen Dreher; Peter Stegmaier (Hg.): Zur Unüberwindbarkeit kultureller Differenz. Grundlagentheoretische Reflexionen. Bielefeld: transcript: 21–42

Lower, Wendy (2005): Nazi empire-building and the Holocaust in Ukraine. Chapel Hill, NC: The University of North Carolina Press

Mannheim, Karl (1980): Eine soziologische Theorie der Kultur und ihrer Erkennbarkeit. Konjunktives und kommunikatives Denken. In: Ders.: Strukturen des Denkens. Frankfurt a.M.: Suhrkamp: 155–322

Merridale, Catherine (2001): Steinerne Nächte. Leiden und Sterben in Russland. München: Blessing

Mukhina, Irina (2007): The Germans of the Soviet Union. New York: Routledge

Nora, Pierre (1998): Zwischen Geschichte und Gedächtnis. Frankfurt a.M: Suhrkamp

Radenbach, Niklas (2008): Die Schwarzmeerdeutschen in der Ukraine. Unveröffentlichte Diplomarbeit, Sozialwissenschaftliche Fakultät, Georg-August-Universität Göttingen

Rehberg, Karl-Siegbert (2007): Kultur. In: Hans Joas (Hg.): Lehrbuch der Soziologie. Frankfurt a.M: Campus: 73–105

Reuter, Julia (2004) Postkoloniales Doing Culture. Oder: Kultur als translokale Praxis. In: Karl H. Hörning; Julia Reuter (Hg.): Doing Culture. Neue Position zum Verhältnis von Kultur und sozialer Praxis. Bielefeld: transcript: 239–255

Rosenthal, Gabriele (1995): Erlebte und erzählte Lebensgeschichte. Gestalt und Struktur biographischer Selbstbeschreibungen. Frankfurt a.M.: Campus

Rosenthal, Gabriele (2005a): Die Biographie im Kontext der Familien- und Gesellschaftsgeschichte. In: Bettina Völter; Bettina Dausien; Helma Lutz; Gabriele Rosenthal (Hg.): Biographieforschung im Diskurs. Wiesbaden: VS-Verlag: 46–64

Rosenthal, Gabriele (2005b): Biographie und Kollektivgeschichte. Zu den Reinterpretationen der Vergangenheit bei Familien von Deutschen aus der Sowjetunion. In: Sozialer Sinn 6, 2: 311–329

Rosenthal, Gabriele/Stephan, Viola (im Druck a): Shifting balances of power and changing constructions of ethnic belonging: Three-generation families in Germany with ethnic German members from the former Soviet Union. In: Gabriele Rosenthal; Artur Bogner (Hg.): Ethnicity, Belonging and Biography. Ethnographical and Biographical Perspectives. Münster: LIT Verlag

Rosenthal, Gabriele/Stephan, Viola (im Druck b): Der generationsspezifische Blick auf die individuelle, familiale und kollektive Vergangenheit von Deutschen aus der Sowjetunion. Erscheint im Kongressband zum 34. DGS-Kongress. Wiesbaden: VS-Verlag

Soeffner, Hans-Georg (1989): Auslegung des Alltags – Der Alltag der Auslegung. Zur wissenssoziologischen Konzeption einer sozialwissenschaftlichen Hermeneutik. Frankfurt a.M.: Suhrkamp

Sebald, Gerd/Weyand, Jan (2006): Soziales Gedächtnis in differenzierten Gesellschaften. Relevanzstrukturen, mediale Konfigurationen und Authentizität in ihrer Bedeutung für soziale Gedächtnisse im generationellen Vergleich. Unveröffentlichtes Manuskript

Steenberg, Sven (1989): Die Rußland-Deutschen. Schicksal und Erleben. München: Langen Müller

Vansina, Jan (1985): Oral Tradition as History. Wisconsin: University Press

Walth, Richard H. (1999) Neu-Glückstal bei Odessa. Eine typische Siedlung der Russlanddeutschen. Essen: Klartext

Welzer, Harald (2001): Das gemeinsame Verfertigen von Vergangenheit in Gesprächen. In: Ders. (Hg.): Das soziale Gedächtnis. Geschichte, Erinnerung, Tradierung. Hamburg: Hamburger Edition: 160–178

West, Candace/Zimmerman, Don H. (1987): Doing Gender. In: Gender and Society 1, 2: 125–151

West, Candace/Fenstermaker, Sarah (1995): Doing differences. Gender and Society 9, 1: 8–37

Wierling, Dorothee (Hg.) (2004): Heimat finden: Lebenswege von Deutschen, die aus Russland kommen. Hamburg: Edition Körber

III. Sinn, Praxis, Diskurs: Perspektiven nach dem Cultural Turn

Auf dem Weg zu einer kultursoziologischen Analytik zwischen Praxeologie und Poststrukturalismus

Andreas Reckwitz

1. Die Faszination der Kultursoziologie

Wissenschaftliches Arbeiten kommt nicht ohne affektive Orientierungen aus. Folgt man Max Weber, dann stellen sich die modernen Institutionen zwar auf den ersten Blick als Rationalmaschinen dar, als Orte der scheinbar affektfreien formalen Rationalität, unter denen das wissenschaftliche Feld mit seiner institutionalisierten Teleologie der empirischen Überprüfung von Hypothesen, seinem ‚Willen zur Wahrheit' herausragt. Bei näherer Betrachtung gilt jedoch für alle gesellschaftlichen Sphären der Moderne, gerade für die scheinbar rationalsten wie die kapitalistische Ökonomie, den Staat und die Politik, schließlich für die Wissenschaft, dass sie ohne spezifische affektive, libidinöse Orientierungen nicht auskommen, welche die Individuen motivieren, an ihnen zu partizipieren. Während die Affektivität der modernen Ökonomie – die Lust am Exzess der Konsumtion, das Spektakel des riskanten Marktes, die Befriedigung des Arbeitens im Kollektiv oder im Projekt –, ebenso wie die Affektivität der modernen Politik – die Produktion von kollektiven Identitäten, die Inszenierung von Macht und Zukunftshoffnung, die Lust am Kampf – mehr und mehr ins Bewusstsein getreten sind (vgl. insgesamt Massumi 2002), bleiben die untergründigen libidinösen Orientierungen der Wissenschaften zu entdecken. Die allmähliche Entstehung der gegen die Blutleere der Scholastik gerichteten modernen Naturwissenschaften im Renaissance-Humanismus (vgl. Zilsel 1992) ist so kaum begreifbar ohne die exzentrische Lust am spielerischen Experiment, am praktischen Umgang mit den konkreten Dingen und am Umstürzen von Vorurteilen. Die Geistes- und Sozialwissenschaften haben ihre spezifischen Affektivitäten ausgebildet, die Roland Barthes' „Lust am Text" (Barthes 1974) ebenso einschließen wie die Lust an der (Herrschafts-) Kritik.

Gerade eine Abhandlung über die Frage, was ‚Kultursoziologie' ist und sein kann, sollte mit der Frage nach ihren affektiven Impulsen beginnen. Die Tatsache, dass die Kultursoziologie seit dem Beginn der 1980er Jahre zunächst im englischsprachigen, dann auch im deutschsprachigen Raum ein erhebliches Interesse auf sich gezogen hat, und dass gerade ausgehend von jüngeren Wissenschaftlern und Wissenschaftlerinnen ein hohes Maß an intellektueller Energie in diesen Bereich geströmt ist, scheint ohne diese affektive Attraktivität der Kultursoziologie nicht erklärbar. Die Kultursoziologie ist – wie die Kulturwissenschaften insgesamt – ein Objekt libidinöser Orientierung, sowohl auf der Seite ihrer Produzenten als auch ihrer Rezipienten, ihrer Interessenten und Leser. Jedenfalls gilt dies für jenen zeitgenössischen Fall, in dem sie keine bloße Bindestrichsoziologie darstellt, die sich mit einer abgekapselten Sphäre der Kultur im Unterschied zu anderen gesellschaftlichen Sphären beschäftigt, sondern eine Querschnittsperspektive, die alles Soziale und Gesellschaftliche als Kulturelles, das heißt, als Sinnhaftes, als abhängig von kontingenten kulturellen Codes und Sinnhorizonten wahrnimmt.

Die Faszination der Kultursoziologie in dem Sinne, in welchem ich sie im Folgenden skizzieren möchte, ist in einem doppelten reflexiven Zug verankert: (1) darin, das scheinbar Vertraute unvertraut zu machen, es als befremdlich, ungewöhnlich und kontingent erscheinen zu lassen, und (2) darin, dieses Unvertraute wiederum durch eine Kontextuierung in einen komplexeren Sinnzusammenhang zu begreifen und zu dechiffrieren (vgl. auch Reckwitz 2004; Amann/Hirschauer 1997). Ganz generell hantiert die Kultursoziologie – so wie das kulturwissenschaftliche Denken insgesamt – mit den Kategorien des Sinns, der Bedeutung und des Symbolischen. Das in der sozialen Welt Gegebene ist nicht einfach ‚vorhanden', und es lässt sich auch nicht kurzerhand über den Verweis auf kausale Kräfte, individuelle Intentionen, statistische Regelmäßigkeiten oder funktionale Folgen erklären. Seine Entstehung und Reproduktion wird vielmehr nur nachvollziehbar, wenn man einzelne Verhaltensweisen, aber auch Artefakte oder Zeichen einbettet in den komplexen Zusammenhang spezifischer Denk- und Wahrnehmungsweisen, kollektiver Interpretations- und Wissensformen, die innerhalb der sozialen Welt selber nur halb oder gar nicht bewusst sind und die weit weniger stabil und homogen sind, als es auf den ersten Blick scheint. Affektiv aufgeladen in der Kultursoziologie ist offenbar genau dieser doppelte reflexive Zug: Das scheinbar Vertraute, Normale, Banale, gar nicht Erklärungsbedürftige – die Verwendung des Mobiltelefons und den ökonomischen Maßstab von Effizienz und Nutzen, die Art und Weise, wie man isst, oder die heterosexuelle Anziehung der Geschlechter, den verbreiteten Wunsch, ‚sich selbst zu verwirklichen' oder den massenhaften Jubel beim Fußballspiel – zu verfremden und damit problematisch und merkwürdig erscheinen zu lassen. Eine derart verfremdende Sichtweise ist auch aus den ästhetischen Avantgarden bekannt. Dieses ‚Befremden an der eigenen Kultur' bedeutet einen Akt der Dekontextualisierung, ein Herausreißen aus dem vertrauten Umfeld des scheinbar immer schon Verstandenen, aus der ‚Lebenswelt des Alltags' (Schütz).

Darauf folgt aus der kultursoziologischen Perspektive als zweiter Schritt eine extensive Neubeschreibung ihres Gegenstandes, ein Bewusstmachen der Komplexität des scheinbar Einfachen und seiner Eingebettetheit in spezifische Sinnzusammenhänge, in deren Kontext sie dann auf andere und neue Weise ‚begreifbar' werden. Die fraglichen Verhaltensweisen erscheinen damit kontingent und sozial zwingend zugleich: In einem anderen Sinnzusammenhang würden sie gar nicht auftauchen, wären völlig unverständlich, aber in dem gegebenen und rekonstruierbaren Kontext kollektiver Denk- und Wahrnehmungsweisen sind diese Verhaltensweisen nur konsequent. Dieser Akt der Dechiffrierung, der Entzifferung einer sinnhaften Logik, in der sich zunächst unverstandene oder scheinbar immer schon verstandene Elemente in ein neues intelligibles Ganzes fügen (ein Ganzes, das sich durchaus auch wieder über Friktionen oder Konflikte zusammensetzt und sich insofern gegen den Alltagsverstand als ein fragiles Gebilde herausstellt), trägt erheblich zur Faszination und Befriedigung der Kultursoziologie bei.

Einen besonderen Reiz verschafft der Kultursoziologie dabei, dass sie beständig zwischen den beiden Polen dreier Formen des Fragens und Suchens pendelt: Zwischen der Materialfülle der Kulturwissenschaften und der Abstraktion der Kulturtheorie; zwischen der Orientierung an der Gegenwart in ihrer Aktualität und an den Überraschungsmomenten der Geschichte in ihrer ‚longue durée'; schließlich zwischen dem Mikro-Interesse an den Details einzelner Praktiken und kultureller Objekte und dem Makro-Interesse an der Transformation der Moderne als kulturelle Formation. Die Kultursoziologie beschränkt sich nicht darauf, einen dieser Pole zu verabsolutieren, vielmehr kann sie ihre Faszination daraus beziehen, ihren doppelten Zug der Dekontextualisierung und Dechiffrierung in der unabschließbaren Bewegung von einem zum anderen Pol anzuwenden.

Die Kultursoziologie ist auf der einen Seite eine radikal empiristische Disziplin in dem Sinne, dass ihr potentiell die gesamte Fülle des gegenständlichen Materials der Kulturwissenschaften der Geschichte und Gegenwart zur Verfügung steht und sie sich detailversessen darauf einlässt: Die teilnehmende Beobachtung beliebiger alltäglicher Praktiken, die Aufzeichnung von Kommunikationssequenzen, das ungeheure ‚Archiv' der textuellen Dokumente (institutioneller Art, massenmedialer Art, Egodokumente etc.), das Archiv der visuellen Objekte (Bilder, Fotos, Filme, digitale Artefakte), die technischen Artefakte von Werkzeugen bis zum Städtebau – alles wird in seinem Detailreichtum zum Gegenstand materialer Analyse. Zugleich jedoch ist die Kultursoziologie mit besonderer Leidenschaft an der Theoriediskussion beteiligt. Diese Theoriediskussion ist prinzipiell nicht mehr disziplinär zurechenbar, sprengt daher häufig auch die Grenzen der ‚soziologischen Theorie' zugunsten der ‚Kulturtheorie', welche Impulse aus der Soziologie, Philosophie, Ethnologie, Medienwissenschaft oder Kunst- und Literaturwissenschaft erhält. Ein besonderes Interesse gilt dabei der Entwicklung neuer Begriffswerkzeuge und der Kombination unterschiedlicher Vokabulare. Die Kulturtheorie – als ein heuristisches Werkzeug der Analyse verstanden – drängt dabei immer wieder zu den konkreten Materialien, während die materiale Analyse in ihrem Interesse an der dechiffrierenden Systematisierung immer auch zu kulturtheoretischen Reflexionen drängt. Idealerweise enthusiasmieren sich die Material- und die Theorieorientierung der Kultursoziologie gegenseitig, und idealerweise vereinigt die Kultursoziologie zwei nur scheinbar gegensätzliche Sensibilitäten: Die Sensibilität für die Details des Ma terials und jene für den theoretischen Begriff.

Ähnliches gilt für die beiden anderen Pole: Seit Baudelaires Zelebrierung der Modernität des aktuellen Moments und Simmels wie Benjamins zeitdiagnos tischen Miniaturen lässt sich das kultursoziologische Fragen vom Neuartigen und Befremdlichen des Zeitgenössischen und Gegenwärtigen inspirieren, ohne dieses sogleich aus den bereits vertrauten Strukturen ‚der Moderne' ableiten zu wollen. Vor allem die diversen ‚studies' im Umkreis der Kultursoziologie – *science studies*, *media studies*, *cultural studies*, *global studies* etc. – kultivieren für die Kultursoziologie immer wieder die Neugierde für neuartige Praktiken, Artefakte und Subjektformen: Sei es im Umkreis der neuen Medientechnologien, der Jugendkulturen und Counter Cultures oder der Migrantenkulturen. Die Kultursoziologie ist damit radikal präsentistisch – aber zugleich ist sie ebenso radikal historistisch ausgerichtet: Die Rekontextualisierung von kulturellen Phänomenen bedeutet immer auch eine historische Rekontextualisierung, die Einbettung der Phänomene in die langen Kontinuitäten, Diskontinuitäten und Intertextualitäten der Geschichte, in denen die Zeitpunkte und Kontexte der Entstehung des scheinbar Universalen und Alternativenlosen deutlich werden. Die Kultursoziologie nimmt hier die historistische Tradition der Geisteswissenschaften in neuer Weise auf – eine Tendenz, wie sie besonders deutlich bei und im Gefolge von Michel Foucault und seiner Programmatik der Archäologie und Genealogie vorangetrieben worden ist. Auch hier kombiniert die Kultursoziologie damit zwei scheinbar gegenläufige Sensibilitäten: Die für das Neue und für das Alte, das neugierige Wissen des Zeitgenossen um aktuelle Tendenzen und das historische Wissen um die Vergangenheit des Gegenwärtigen.

Schließlich pendelt die Kultursoziologie in ähnlicher Weise zwischen den Polen der Mikro- und der Makroperspektive. Ihre Arbeit ist einerseits regelmäßig eine mikrologische ‚dichte Beschreibung' einzelner – gegenwärtiger oder vergangener – sozialer Praktiken oder Interaktionsformen oder auch eine Detailanalyse der kulturellen Codes, wie sie sich in einem einzelnen Text oder einem einzelnen Bild oder Film finden. Gleichzeitig treibt es die Kultursoziologie jedoch ebenso zur Makrosoziologie, die über die Ethnografie oder Hermeneutik des Details hinausgeht: Zu synthetisierenden Aussagen über die langfris tige Entwicklung kultureller Ordnungen in der Moderne und ihrer Kulturkonflikte. Die intellektuelle Faszination der Kultursoziologie besteht nicht zuletzt darin, idealerweise beides ‚im Griff zu haben' und aufeinander beziehen zu können: Die Mikrologik des kulturellen Details in all ihrer Komplexität und die makrologische Transformation kultureller Strukturen über lange Zeiträume und größere räumliche Kontexte hinweg.

Spannungsfelder der Kultursoziologie

Materiale Kulturwissenschaften	◄────►	Kulturtheorie
Gegenwartsorientierung	◄────►	Geschichtlichkeit
Mikro-Analyse	◄────►	Makro-Analyse

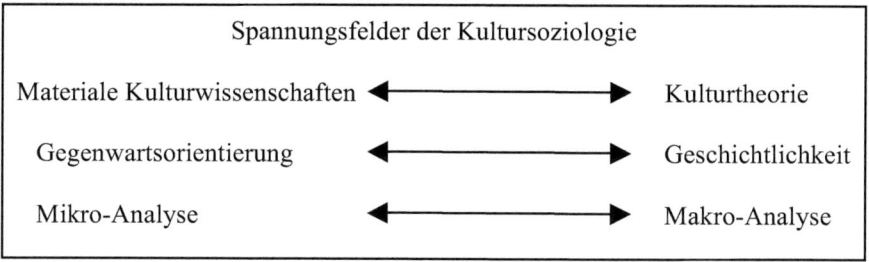

2. Vier französisch-amerikanische Impulse zugunsten der ‚neuen Kultursoziologie'

Die Kultursoziologie ist dann am leistungsfähigsten und perspektivenreichsten, wenn ihr tatsächlich eine permanente Pendelbewegung zwischen materialen Kulturwissenschaften und Kulturtheorie, zwischen Aktualität und Geschichtlichkeit, zwischen Mikro- und Makroperspektive gelingt. Eine solche heuris tisch fruchtbare Kultursoziologie, die somit zugleich eine Klammer zwischen der Soziologie und den Kulturwissenschaften insgesamt bietet, kann sich nicht an einen einzigen Autor oder eine einzelne, abgezirkelte Theorieschule heften. Vielmehr ist hier an ein ganzes Feld heuristischer Strategien und kulturwissenschaftlicher Analytiken zu denken, das ich provisorisch unter dem Etikett einer praxeologischen und poststrukturalistischen Kulturanalyse versammeln möchte. Praxeologie und Poststrukturalismus sind dabei nicht deckungsgleich, sondern zwei unterschiedliche, sich gegenseitig anregende Sensibilisierungsinstrumente aktueller kultursoziologischer Analytik.

Das heißt nicht, dass ältere Denktraditionen der Kultursoziologie damit überholt oder bedeutungslos geworden wären. Max Webers Religionssoziologie, Durkheims Theorien der Rituale und des Sakralen oder Simmels Essays zur Ästhetik und Urbanität, Benjamins kulturkritische Schriften, Merleau-Pontys

Phänomenologie oder Marcel Mauss' Kulturanthropologie vermögen auch einer aktuellen Kultursoziologie weiterhin Impulse zu liefern. Ihren grundsätzlichen Rahmen erhält die ‚neue Kultursoziologie' jedoch aus jenen intellektuellen Blickverschiebungen, die sich im Wesentlichen seit den späten 1960er und 70er Jahren in der Soziologie und den Kulturwissenschaften insgesamt ergeben haben. Während die ältere Kultursoziologie zu großen Teilen deutscher Herkunft war und vor allem den Neukantianismus, die Phänomenologie und die Hermeneutik voranbrachte, ist die neue Kultursoziologie am Anfang ein französisches und US-amerikanisches Unternehmen, eine franko-amerikanische Koproduktion (die wohl auch deshalb zunächst auf teutonische Skepsis stieß), bevor sie mittlerweile zu einem globalen Projekt avanciert ist. Es sind vor allem vier konzeptuelle Bewegungen, die das Feld der neueren kultursoziologischen Analytik beeinflussen: *Erstens* die Ansätze des Strukturalismus und Poststrukturalismus, *zweitens* die insbesondere mikrosoziologische und ethnologische Bewegung zur Analyse von ‚ethno-methods' und sozialen Praktiken, *drittens* die Ansätze zur Analyse von Artefakten und kulturellen Technologien und schließlich *viertens* der Komplex von Theorien der ‚Postmoderne'. Allen gemeinsam ist die dezidierte Kritik an bestimmten Grundannahmen klassischer Sozial- und Geisteswissenschaft: Dem Prozess der Modernisierung, der Voraussetzung homogener Kulturen und Sinnsysteme, der Reflexivität und Transparenz des Wissens und schließlich der artefaktvergessenen ‚Menschlichkeit' des Sozialen. Polemisch zugespitzt formuliert, versuchen sie alle – mit Foucault (Foucault 1990) gesprochen – die Sozial- und Geisteswissenschaften aus ihrem ‚anthropologischen Schlummer' zu wecken, der zugleich ein geschichtsphilosophischer Traum war:

1. Der Strukturalismus hat zunächst sprachwissenschaftliche Wurzeln – klassisch in Ferdinand de Saussures „Cours de la linguistique générale" –, wird dann vor allem von Lévi-Strauss auf die Ethnologie übertragen, bevor er seit den 1960er Jahren eine breite Rezeption in den Kulturwissenschaften erfährt und in verschiedene Versionen einer poststrukturalistischen Analytik überführt wird (vgl. Muenker/Roesler 2000; Moebius/Reckwitz 2008). Am effektivsten und einflussreichsten wird ein solches kulturwissenschaftliches Analyseprogramm an der Schnittstelle von Strukturalismus und Poststrukturalismus in den Arbeiten von Michel Foucault (Foucault 1990b, 1991, 2004a, 2004b) skizziert. Jacques Derridas Verfahren der Dekonstruktion (vgl. Derrida 1983) ist zunächst auf die Analyse philosophischer und literarischer Texte angewandt, dann in einem zweiten Schritt – etwa bei Ernesto Laclau (Laclau/Mouffe 2000) und Judith Butler (Butler 1991) – auch auf die Sozial- und Kulturtheorie übertragen worden.

Die Leitidee einer strukturalistischen Kulturanalyse besteht darin, ‚hinter' einzelnen Handlungen, Zeichen oder Artefakten eine kulturelle Grammatik, eine

‚Ordnung des Denkbaren und Sagbaren' zu dechiffrieren, eine Ordnung, die die Form eines komplexen Systems von Differenzen annimmt, in denen häufig asymmetrisch aufgebauten binären Codes (männlich/weiblich, Effizienz/Verschwendung, links/rechts etc.) eine besondere Funktion zukommt. Poststrukturalistische Analytiken unternehmen in diesem Rahmen eine Akzentverschiebung, indem sie den Blick auf den historischen sowie diskursiven Charakter und vor allem auf die Instabilität, immanente Hybridität, Destabilisierungstendenz und Selbstwidersprüchlichkeit solcher kultureller Codes lenken. Auch die ‚subjektivierende' Wirkung kultureller Ordnungen auf den Körper wird hier herausgestellt. Die kultursoziologische Perspektive, die sich aus dem poststrukturalis tischen Denken ergibt, betreibt damit eine resolute ‚Dezentrierung des Subjekts' zugunsten diskursiver Ordnungen, welche das Bewusstsein eines Subjekts übersteigen und die sich umgekehrt passende Subjektformen produzieren. Sie geht auf Distanz zur Vorstellung der Kontinuität der Geschichte zugunsten eines Modells historischer Diskontinuitäten und Kampfkonstellationen und sie verabschiedet sich von der Annahme der Homogenität kultureller Ordnungen zuguns ten einer Fokussierung auf diskursive Destabilisierungen. Aktuelle Anschlüsse für den Poststrukturalismus haben sich in der Kulturgeschichte und diskursorientierten Literaturwissenschaft ebenso wie in den *gender studies*, den *post-colonial studies* und den *cultural studies* ergeben.

2. Einen zweiten entscheidenden Impuls erhält die zeitgenössische Kulturanalyse durch das breite Feld mikrosoziologischer, mikroethnologischer und mikrohis torischer Analytiken, die anstelle der Hypostasierung sozialer Strukturen oder ganzer ‚Kulturen' die Rekonstruktion der Mikrologik von Praktiken und ihrer ‚ethno-methods' in den Blick treten lassen (vgl. auch Dosse 1995). Einen frühen philosophischen Impuls liefert hier Ludwig Wittgensteins Philosophie der Sprachspiele. Ein ausgearbeitetes soziologisches Forschungsprogramm findet sich in Harold Garfinkels Ethnomethodologie, die – gegen Parsons' Hypostasierung von Normen und Werten gerichtet – den Blick auf das implizite Wissen der alltäglichen ‚practical accomplishments' in ihrer Reproduktivität und Eigensinnigkeit und damit auf die implizite ‚kognitive Organisation der Wirklichkeit' im Handlungsvollzug richtet (Garfinkel 1984; auch Cicourel 1975). Einen etwas anderen, aber verwandten Weg geht einerseits Pierre Bourdieus Perspektive einer ‚Theorie der Praxis' (vgl. Bourdieu 1979), indem diese nach dem praktischen Sinn und den Habitusvoraussetzungen sozialer Praktiken fragt, und andererseits die Ansätze einer Analytik der ‚Performativität', d.h. der Kultur als performativen Aufführungs- und Ausführungspraxis (vgl. Wirth 2002).

Die Kritik dieser im weitesten Sinne ‚praxeologischen' Analytiken richtet sich gegen die rationalistischen Voraussetzungen eines Homo oeconomicus und eines Homo sociologicus gleichermaßen und damit gegen das klassische Konzept einer Handlungstheorie, die vom zweckrationalen oder regelorientierten Handeln ausgeht. Stattdessen treten die wissensabhängigen rekursiven Praktiken in den Blick, wobei ‚Wissen' sich in dieser Perspektive von einem Aussagesys tem primär zu einem körperlich-leiblich verankerten *know how*-Wissen transformiert. Die praxeologischen Analysen haben mittlerweile breite Anschlussmöglichkeiten in der Ethnologie und Ethnografie, der Kommunikationsforschung, der Alltagsgeschichte (‚microstoria'), den *organizational studies* und den *science studies* gefunden.

Neben den beiden Feldern des Strukturalismus/Poststrukturalismus und der Praxeologie finden sich zwei weitere für die neue Kultursoziologie zentrale theoretische Komplexe, die sich mit dem Poststrukturalismus und der Praxistheorie überschneiden:

3. Den dritten Anstoß für die neue Kultursoziologie liefert seit den 1990er Jahren ein Feld von Ansätzen, welche versuchen, den Dualismus zwischen Kultur und Technik hinter sich zu lassen. Kulturelle Zusammenhänge erscheinen nun untrennbar verknüpft mit Netzwerken von Artefakten, Dingen, Objekten und Technologien; die Trennung von ‚ideeller' Kulturalität und Materialität scheint damit überholt. Einen wichtigen Hintergrund bieten hier die wissenschaftshistorischen Arbeiten von Michel Serres (Serres 1994) und seine Analytik der ‚Netze'. Gilles Deleuze' Ansatz eines post-strukturalistischen Materialismus der De- und Reterritorialisierung liefert einen ähnlichen Impuls (vgl. Deleuze/Guattari 1992). Der wichtigste Analyseansatz zur Relationierung von Intersubjektivität und Interobjektivität in der aktuellen soziologischen Diskussion ist die ‚symmetrische Anthropologie' Bruno Latours sowie die gesamte ‚actor-network-theory' (vgl. Latour 1995). Auch die Arbeiten im Umkreis des ‚spatial turn' (vgl. Dünne 2006), die eine Analyse der sozialen Konstitution von Räumlichkeit (etwa im Bereich Architektur und Städtebau) betreiben, die Medientheorien zur Analyse des Zusammenhangs von medialen Technologien und Wahrnehmungsweisen im Gefolge von McLuhan und Kittler (vgl. Roesler/Stiegler 2005) sowie die neueren Anschlüsse an Foucaults Dispositiv-Konzept (vgl. Bührmann/Schneider 2008) weisen trotz aller Unterschiede in die Richtung einer Forschungsperspektive, welche sowohl den kulturellen Umgang mit Artefaktsystemen als auch die Strukturierung von Praktiken durch Artefaktsysteme ins Zentrum ihres Blicks treten lässt. Hier wird der Weg einer anti-idealistischen Kultursoziologie beschritten, die einer Reduktion des Kulturbegriffs auf reine, materialitätsenthobene ‚Sinnwelten' entgegentritt.

4. Den vierten Impuls erhält die neue Kultursoziologie durch den heterogenen Komplex der Perspektiven auf die ‚Postmoderne', die seit den 1980er Jahren in unterschiedlichen Versionen in den Sozial- und Kulturwissenschaften kursieren. Jean-Francois Lyotards *Das postmoderne Wissen* (Lyotard 1986) liefert hier

eine Initialzündung. Trotz aller Unterschiede ist allen Autoren dieses Feldes gemeinsam, dass sie versuchen, Alternativen zu den in der Soziologie gängigen modernisierungstheoretischen Narrativen der Moderne zu entwickeln: Alternativen zu einem linearen Modell der Moderne als struktureller Steigerung (Differenzierung, Rationalisierung, Individualisierung etc.) und als Diffusionsprozess. Man kann hier mit Featherstone (Featherstone 1990) eine ‚postmoderne Soziologie' von einer ‚Soziologie der Postmoderne' unterscheiden. Ersterer geht es darum, alternative Kategorien zur Analyse der historischen Transformation und globalen Struktur der ‚Moderne' als ganzer zu entwickeln. Dies gilt etwa für Foucaults Genealogie/Archäologie, für Latours Konzept der Nicht-Moderne, für Eisenstadts Konzept der ‚multiple modernities' (vgl. Eisenstadt 2000) oder für Perspektiven auf die Globalisierung aus dem Bereich der *post-colonial studies*. Letztere – die ‚Soziologie der Postmoderne' – konzentriert sich auf die aktuelle Phase der Entwicklung der Moderne seit dem letzten Viertel des 20. Jahrhunderts in ihren besonderen Merkmalen. Dies gilt für die Arbeiten von Zygmunt Bauman, Fredric Jameson, Scott Lash, Gerhard Schulze, Karin Knorr-Cetina, Luc Boltanski, Nikolas Rose und anderen.

Beide Versionen des Begriffs der Postmoderne hängen miteinander zusammen: Gerade weil sich die Moderne nicht auf ein stabiles Set struktureller Konstanten festlegen lässt, ist es der ‚Soziologie der Postmoderne' möglich, für die aktuelle spätmoderne Phase Diskontinuitäten zu früheren Phasen herauszuarbeiten. Versuche einer grundlegenden Alternative zu den Modernisierungstheorien haben neben solchen Diskontinuitäten den Konfliktcharakter moderner Gesellschaften fokussiert, in denen unterschiedliche Versionen der Modernität miteinander kämpfen oder sich hybride miteinander kombinieren, damit ein Kampf zwischen unterschiedlichen kulturellen Logiken der Moderne (Liberalisierung/Rationalisierung, Patriarchat/Geschlechterdiffusität, Ökonomie/Ästhetik, Westen/Osten, Hochkultur/Populärkultur, Pazifizierung/Gewaltkultur etc.) stattfindet. Für das Verständnis der Moderne seitens der Autoren der Postmoderne ist durchgängig ‚Kultur' von besonderer Relevanz: Die Moderne als Ganze wie ihre neueste, im engeren Sinne postmoderne Phase erscheinen nur begreifbar, wenn man sie über soziale Strukturen hinaus als veränderliche kulturelle Ensembles von Praktiken und Diskursen betrachtet.

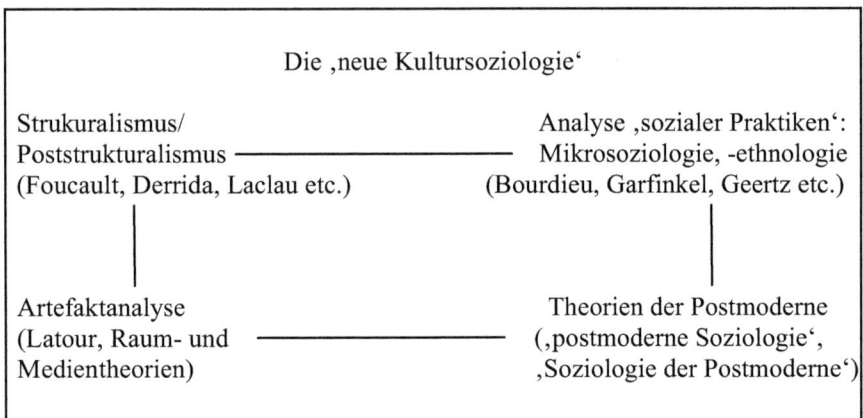

Die ‚neue Kultursoziologie'

Strukuralismus/
Poststrukturalismus
(Foucault, Derrida, Laclau etc.)

Analyse ‚sozialer Praktiken':
Mikrosoziologie, -ethnologie
(Bourdieu, Garfinkel, Geertz etc.)

Artefaktanalyse
(Latour, Raum- und
Medientheorien)

Theorien der Postmoderne
(‚postmoderne Soziologie',
‚Soziologie der Postmoderne')

Die vier Antriebskräfte der neuen Kultursoziologie setzen unterschiedliche Akzente und überschneiden sich zugleich an ihren Rändern. Es ergibt sich damit jedoch ein – für die konkreten Forschungen unterschiedlich akzentuierbares und modifizierbares – heuristisches Raster, das Anregungen aus allen vier Richtungen aufnimmt. Diese Forschungsheuristik ist aus meiner Sicht in ihrem Kern *praxeologisch* ausgerichtet. Sie geht von einem Verständnis von Kultur als Praktiken, gewissermaßen von Kultur als einem Ensemble komplexer ‚Kulturtechniken' aus. Ein avancierter praxeologischer Analyserahmen bewegt sich dabei im begrifflichen Quadrat von ‚Praktiken', ‚Diskursen', ‚Artefakten' und ‚Subjektivierungen'. Zugleich kann und soll diese Forschungsheuristik *poststrukturalistisch* inspiriert sein. Dies gilt nicht nur in dem Sinne, dass zentrale Analysekategorien poststrukturalistischer Autoren wie Diskurs, Subjektivierung oder Dispositiv aufgenommen werden, sondern auch und vor allem darin, dass man von den Poststrukturalisten lernen kann, eine besondere Sensibilität nicht nur für die Mechanismen der Stabilisierung, sondern auch für die permanente Destabilisierung kultureller Ordnungen, die Destabilisierung ihrer Strukturen und Grenzziehungen zu entwickeln. Als ein Leitkonzept zur Analyse dieser Prozesse der Öffnung kultureller Kontingenz erweist sich aus meiner Sicht das der ‚Hybridität' von Wissensordnungen und der ‚Hybridisierung' in Zeit und Raum.

3. Das praxeologische Quadrat der Kulturanalyse: Praktiken, Diskurse, Artefakte, Subjektivierungen

In der Ideengeschichte der Humanwissenschaften kommt der Kulturbegriff in unterschiedlichen Varianten vor (vgl. Reckwitz 2000). Kultur kann mit der Schaffenskraft oder Verfeinerung einer herausgehobenen Handlungs- oder Lebensweise identifiziert werden (normativer Kulturbegriff), sie kann auf das Insgesamt menschlicher Sitten und Gebräuche verweisen (holistischer Kulturbegriff) oder das enge, funktional differenzierte Segment jener kulturellen Institutionen meinen, denen es in der modernen Gesellschaft um Sinndeutungen geht (differenzierungstheoretischer Kulturbegriff). Demgegenüber verweist das in unserem Kontext relevante Kulturverständnis und mit ihm das Verständnis von Kulturwissenschaften, wie es sich seit dem Beginn des 20. Jahrhunderts etabliert hat, auf die Ebene von Sinndeutungen und Bedeutungssystemen, kollektiven Interpretationen und Repräsentationen, wie sie in jeder Form von Vergesellschaftung verarbeitet werden. In Weiterentwicklung eines solchen sinnorientierten, ebenso abstrakten wie generalisierten Kulturbegriffs lenkt das praxeologische Kulturverständnis den Blick von der Idealität dieser Sinnsysteme auf jene *materialen Prozesse*, in denen sie als Wissensordnungen eingesetzt, produziert und reproduziert werden: Die Praktiken, Diskurse, Artefakte und Subjektivierungen. Eine solche Kultursoziologie bewegt sich im Quadrat der Analyse dieser vier miteinander verbundenen Phänomenbereiche. Die Leitfragen, die sie stellt, wenn ein soziales Phänomen in seiner kulturellen Logik zu rekonstruieren ist, lauten: Welche Praktiken kommen hier zum Einsatz? Welche Diskurse produzieren welches Wissen? Welche Subjektformen werden hervorgebracht? Welche Artefakte wirken in welcher Weise?

Der Ausgangspunkt einer praxeologischen kultursoziologischen Perspektive ist der der sozial-kulturellen *Praktiken*: Die soziale Welt besteht aus räumlich und zeitlich verstreuten, disparaten und teilweise miteinander verknüpften Praktiken und Komplexen von Praktiken (vgl. Reckwitz 2003; Schatzki 1996; Bourdieu 1979; Garfinkel 1984). Aus der praxistheoretischen Sicht sind nicht Weltbilder oder Regeln der Bedeutungsproduktion die kleinste Einheit der Kulturanalyse, sondern die Praktik, im Plural die Praktiken. Kultur ist ein Ensemble von ‚Kulturtechniken': Der Praktik des Gehens und des Schreibens, der Praktiken der Aktenorganisation und der Bilanzbuchhaltung, des Tanzens, Versprechens, Streitens oder des Abhaltens von Parlamentsitzungen. Eine Praktik stellt sich als eine typisierte Form des Sich-Verhaltens dar (Theodore Schatzki spricht von einem ‚nexus of doings and sayings'), der zwei zentrale Merkmale zukommen: Ihre Ermöglichung und Regulierung durch implizite Wissensordnungen und ihre materiale Verankerung in den Körpern sowie in den Artefakten. Eine sozial-kulturelle Praktik ist in diesem Sinne eine durch bestimmte implizite Wissenskriterien regulierte Form von Körperbewegungen. Die einzelne *Praktik* oder ein ganzer ‚Praktikenkomplex' – etwa der miteinander verknüpfte Komplex von Techniken, die eine fordistische oder eine postfordistische Wirtschafts organisation oder die Lebensform des Bürgertums des 19. Jahrhunderts ausmachen – ist damit über eine implizite, in der Regel nicht verbalisierte Wissensordnung strukturiert und tendiert zur Wiederholung. In der *Praxis*, d.h. der Serie von temporalen Ereignissen, die eine Aktualisierung der sozial-kulturellen Praktiken durch einzelne Körper, mit bestimmten Artefakten, in präzisen raumzeitlichen Situationen betreiben, ergibt sich dabei jedoch immer wieder ein Potential für überraschende Verschiebungen, Modifizierungen und Eigensinnigkeiten.

Die Praxeologie lenkt damit anders als die intellektualistischen Leitkonzepte der ‚Weltbilder' oder ‚Repräsentationssysteme' den kulturanalytischen Blick von vornherein auf *Körperlichkeit*: Praktiken – des Schreibens wie des Abhaltens von Parlamentssitzungen – sind gekonnte, regelmäßige, routinisierte Bewegungen von Körpern. Dies schließt auch mentale Prozesse ein. Praktiken enthalten damit von vornherein die Elemente der *Performativität* und der *Inkorporiertheit*. Körper führen Praktiken auf oder besser umgekehrt: Praktiken bedienen sich der Körper, schaffen sich ihre Körper, um damit intersubjektiv sichtbar bestimmte kompetente soziale Verhaltensweisen zu präsentieren (vgl. Butler 1991). Die Praktiken produzieren sich ihre Subjekte, die nur scheinbar ihre Ursache liefern. Entscheidend ist, dass die Körper dabei ein praktisches, aber auch ein klassifikatorisches und ein evaluatives Wissen inkorporieren, das ihnen die Partizipation an den Praktiken ermöglicht (vgl. Bourdieu 1987). Wissensordnungen als Systeme von Klassifikationen und Repräsentationen kommen dann in der praxeologischen Perspektive in ihrer praktisch inkorporierten Aggregatform vor, als ein ‚tacit knowledge' von Kriterien, Skripts, Schemata und Bewertungen. Die praxeologische Perspektive setzt auf diese Weise keinen autonomen ‚Menschen' als Akteur oder Sinndeuter voraus, sondern betrachtet diesen Akteur umgekehrt als Träger von sozial-kulturellen Praktiken, in denen er eine bestimmte Akteurs- und Subjektposition erhält. Generell motiviert der analytische Fokus auf Praktiken als scheinbar selbstverständliche, tatsächlich aber hochkomplexe Kulturtechniken einen quasi-ethnologischen, kulturanthropologischen Blick auf die Sozialwelt. Goffmans Frage ‚what's going on here?' lässt sich damit verallgemeinern und auf diverse institutionelle Kontexte wie auf Lebensformen und Milieus anwenden: Überall geht es um eine detaillierte Analyse des *doing culture*.

Soziale Praktiken in ihrer Vielfalt enthalten dabei immer drei Bezugsdimensionen, deren Relevanz allerdings je nach Praktik unterschiedlich gewichtet sein kann: Die Dimensionen der *Intersubjektivität*, der *Interobjektivität* und der *Selbstreferenzialität*. Als intersubjektive sind Praktiken Zirkulationsordnungen von Zeichen, sei es dass sprachliche Zeichen (wie in Kommunikationspraktiken) oder nicht-sprachliche kursieren; im Extrem handelt es sich auch nur um die wahrnehmbaren körperlichen Gesten selber, die als Exemplar einer Praktik intersubjektiv identifizierbar ist. Zugleich enthalten die Praktiken regelmäßig eine interobjektive Dimension (vgl. zum Konzept der Interobjektivität: Latour 1996). Neben den Körpern greifen sie auch auf bestimmte Artefakte zurück, die in sie eingebaut sind: Tisch, Stuhl, Papier und Stift beim Schreiben; Gebäude, Sitzordnung etc. bei der Parlamentssitzung usw. Schließlich implizieren sie in Bezug auf das kulturell geformte Subjekt die Dimension der Selbstreferenzialität: Das Subjekt stellt in der Praktik einen Bezug zu sich selber und einen Effekt in sich selber her, sei es dadurch, dass es seine mentalen Kompetenzen konzentriert, dass es seine Affekte in einem bestimmten Sinne strukturiert etc. – in diesem Sinne sind Praktiken in unterschiedlicher Gewichtung ‚Technologien des Selbst'.

Wenn man damit vom Konzept der Praktiken als kultursoziologisch kleins ter Einheit ausgeht und deren intersubjektive, selbstreferenzielle und interobjektive Elemente unterscheidet, dann ergibt sich heuristisch zwanglos ein Anschluss an drei kultursoziologisch zentrale Phänomenbereiche, die jeweils für sich und in ihrer gegenseitigen Konstitution wesentliche Analysefelder bieten: Diskurse, Subjektivierungsweisen und Artefakte. Auch hier geht es wiederum nicht um die Analyse von kulturellen ‚Sinnwelten' als der materialen Welt enthobene Interpretationsräume, sondern um den Prozess der Produktion und Anwendung solcher Wissensordnungen *in praxi*: In den regulierten Ereignisketten der Diskurse, in den subjektivierten Körpern, in der Vernetzung von Menschen und Artefakten.

Wenn Kultur ein Ensemble von Praktiken darstellt, dann schließt dies diskursive Praktiken bzw. Diskurse von vornherein ein. *Diskurse* liefern eine Spezialform von Praktiken, und die Diskursanalyse eine spezifische Perspektive auf solche Praktiken (vgl. Foucault 1990b; Keller 2005): Es handelt sich um *Praktiken der Repräsentation*, d.h. solche der Darstellung von Sachverhalten, Zusammenhängen, Subjekten, mit argumentativer oder narrativer oder auch bildlicher Struktur. Wie alle Praktiken haben auch Praktiken der Repräsentation eine materiale Verankerung, wobei ihr materialer Träger häufig nicht menschliche Körper, sondern medientechnische Artefakte sind (also Bücher, Gemälde, Kinofilme, Computer etc.). Neben sprachlich-textuell strukturierten Diskursen kommen hier visuelle Diskurse als gesellschaftliche Produktionsorte von Wissensordnungen in Frage. Betrachtet man sie alle als ‚Diskurse', abstrahiert man von dieser materialen Trägerschaft und interessiert sich für die immanente Strukturiertheit der Repräsentationen, also für die Form und die Art und Weise des hier Gesagten oder Dargestellten, die ‚Ordnung des Denkbaren und Sagbarem', sei es als ein reguliertes Aussagesystem, sei es als ein Zeichensystem, als eine Nar rationsstruktur oder eine ikonografische Struktur.

Wenn Praktiken insgesamt bestimmte Wissensordnungen implizit sind, dann werden in Diskursen Wissensordnungen gewissermaßen expliziert, sie werden selbst zum Thema der Darstellung, so dass sie auch produziert und vermittelt werden können (was entsprechende Praktiken der Rezeption voraussetzt). Wenn das (inkorporierte) Wissen für ein Verständnis von Praktiken zentral ist, dann kommt den Diskursen als Zirkulationsorten von (extrakorporalen) Wissensordnungen legitimerweise ein besonderer Stellenwert zu. Diskurse sind den Praktiken gegenüber damit weder über- noch untergeordnet – sie bewegen sich als Repräsentationspraktiken auf der gleichen, ‚flachen' Ebene von verstreuten Praktiken insgesamt. Diskursive und nicht-diskursive Praktiken bilden gemeinsam spezifische ‚Praktikenkomplexe': Zum Beispiel partizipieren Managementdiskurse als ein Element an dem umfassenderen Praktikenkomplex der ökonomischen Organisation oder die Romanlektüre und ihre Inhalte am Praktikenkomplex der bürgerlichen Lebensform.

Eine kulturwissenschaftliche Fragerichtung weist damit von den Praktiken insgesamt auf den besonderen Fall der diskursiven Praktiken, analysiert sie als Diskurse und damit als Produktions- und Zirkulationsordnung gesellschaftlicher Wissensordnungen. Eine zweite, komplementäre kultursoziologische Fragerichtung weist von den Praktiken zu den Körpern, genauer: Zur *Subjektivierung* von Körpern, zur Produktion und Selbstproduktion von Subjekten durch die Körper (vgl. Foucault 1987a; Reckwitz 2008; Woodward 1997). Als Subjektivierung kann der Prozess verstanden werden, in dem menschliche Körper sich kulturelle Kriterien einverleiben und damit zu gesellschaftlich vollwertigen, sich selbst steuernden Subjekten werden, wobei diese kulturellen Formen der Subjektivität je nach historischem Kontext sich als sehr unterschiedlich darstellen können (z.B. Ausrichtung an Moralität, Expressivität etc.). Die Frage richtet sich hier auf die Struktur, die Reproduktionsweise von kulturellen Subjektformen (deren mögliches Scheitern eingeschlossen), was ein Ensemble von Kompetenzen und Dispositionen, von Wahrnehmungsstrukturen, von körperlichen Haltungen, Mus tern der Selbstinterpretation, psychischen Affektmustern, auch des Begehrens einschließt. Die kultursoziologische Analytik fragt damit auf dieser Ebene nach der Ausformung spezifischer Subjektformen, Subjektivierungsweisen und Subjektkulturen: Ökonomischer Subjektformen wie der des Unternehmers oder des Konsumenten, bürgerlicher oder subkultureller, geschlechtlicher oder ethnischer Subjektformen. Eine solche kultursoziologische Strategie setzt keine ‚Akteure' voraus, sondern fragt nach deren Formung als kulturelle Subjekte, was neben der traditionellen Frage nach dem Rollenverhalten ihren Habitus und ihren scheinbar vorauszusetzenden körperlich-psychischen ‚Kern' in seiner kulturellen Strukturierung einschließt.

Die dritte kultursoziologische Fragerichtung führt von den Praktiken zu den Artefakten. *Artefakte* stellen sich als Dinge, Objekte dar, die material und kulturell zugleich strukturiert werden, indem sie in soziale Praktiken eingebunden sind (vgl. Latour 1995). Als Ding, als Gegenstand kommt den Artefakten eine Materialität und damit eine Effektivität zu: Artefakte haben (wie Körper) Wirkungen, ob man will oder nicht, und damit eine Eigenmächtigkeit, die sich auf die Möglichkeit von Praktiken, Diskursen und Subjektivitäten auswirkt. Zugleich sind die Artefakte aber nicht nur Fakt, sie sind auch Faktum, sie sind ‚gemacht' und haben einen künstlichen, keinen natürlichen oder gar mechanischen Charakter. Artefakte sind teilweise von Menschen hergestellt worden, teils sind sie auch ‚entdeckt', teils sind sie von Menschen nutzbar und in dieser Nutzbarmachung wiederum verändert worden. In diesem Sinne geht der Begriff der Artefakte auch über die ‚Technik' im konventionellen Sinne hinaus. Es handelt sich vielmehr um Quasi-Objekte im Sinne Latours, die nicht nur Werkzeuge, Gebäude, Kleidungsstücke oder Prothesen umfassen, sondern auch Hormone, Gene, Ozonlöcher, Getreidefelder oder Parks. Sie alle sind materiell-kulturelle Hybridgebilde (vgl. auch Haraway 1991), und sie alle haben einen schwierig zu bestimmenden Doppelstatus innerhalb sozialer Praktiken: Sie werden gehandhabt und drängen sich auf, sie sind Gegenstand der Verwendung und Benutzung und zugleich beeinflussen sie die Form, die soziale Praktiken überhaupt haben können. Eine kultursoziologische Perspektive auf Artefaktsysteme fragt dann danach, von welchen wie strukturierten Artefaktkomplexen bestimmte Praktikenkomplexe abhängen, wie erstere gehandhabt werden und wie sie Praktiken ermöglichen und einschränken. So stellt sich etwa die Frage, in welchem Zusammenhang die Materialität einer bestimmten Architektur und eines bestimmten Städtebaus mit bestimmten Arbeitsformen steht, oder wie mediale Technologien angewandt werden und sich wiederum auf eine bestimmte Wahrnehmungsstruktur des Subjekts auswirken.

Es wird damit deutlich, welcher Ort innerhalb einer praxeologischen Kulturanalyse den kulturellen Sinn- und Bedeutungssystemen zukommt. Diese werden analysierbar als Wissensordnungen, welche in Praktiken zum Einsatz kommen, in Diskursen produziert, in Form von Subjektivierungen interiorisiert und in Auseinandersetzung mit Artefaktsystemen verwendet und modifiziert werden. Auf der Ebene von sozialen Praktiken werden implizite Wissensordnungen in Form von kollektivem *know how*-Wissen, Systemen von Deutungsschemata und von kulturell codierten Absichten und Affekten eingesetzt. Diese Wissensordnungen sind nicht den Akteuren/Subjekten, sondern den Praktiken selbst zuzuordnen. Diskurse stellen sich als Räume einer Produktion von textuell oder visuell verankerten Repräsentationssystemen dar. In Form von Subjektivierungen wird das Wissen körperlich und psychisch. Im Umgang mit Artefakten schließlich kommen spezifische *know how*- und Deutungskomplexe im Umgang mit Materialitäten zum Einsatz. Generell werden diese Wissensordnungen über *Systeme von* vielgliedrigen *Differenzen*, von Unterscheidungen strukturiert, die auch den Rahmen dafür bieten, wie konkrete Dinge in einer Praktik zu interpretieren und wie sie praktisch zu handhaben sind, welcher ‚praktische Sinn' entwickelbar ist. Die Wissensordnungen haben dabei durchgängig sowohl einen ermöglichenden, produktiven als auch einen einschränkenden und ausschließenden Charakter: Ihre zentralen Unterscheidungen arbeiten mit Abgrenzungen gegenüber kulturell kaum intelligiblen oder diskreditierten Denk- und Handlungsweisen, bis hin zur Abgrenzung gegen ein ‚*konstitutives Außen*', das die Identität seines Innen, d.h. der verallgemeinerten oder normalisierten Denk- und Handlungsweise stabilisiert, aber unter Umständen auch wiederum destabilisieren kann (vgl. Laclau/Mouffe 2000; Hall 2000).

Während manche Autoren einer praxeologischen Kultursoziologie, etwa Pierre Bourdieu in einigen seiner Arbeiten, im Gefolge des Strukturalismus suggerieren, dass die impliziten Wissensordnungen in der Regel als homogen, eindeutig und widerspruchsfrei vorausgesetzt werden können und die sozialen Praktiken damit zur Reproduktion neigen, lässt sich mit Hilfe des Poststrukturalismus diese Perspektive öffnen. Tatsächlich mögen Konstellationen existieren, in denen Praktiken, Diskurse, Artefakte und Subjektivierungen reibungslos aufeinander abgestimmt, aneinander gekoppelt sind, und die dort verarbeiteten Wissensordnungen weitgehend eindeutig strukturiert sind: Konstellationen einer kulturellen Stabilisierung, in denen entsprechende Verhaltens- und Wahrnehmungsroutinen auf Dauer gestellt werden. Diese Stabilisierungskonstellationen sind jedoch nicht als Normalfall zu präjudizieren. Die kultursoziologische Heuristik kann vielmehr eine besondere Sensibilität für die *kulturellen Destabilisierungsprozesse* entwickeln. Zum einen können sich zwischen allen vier genannten Elementen Brüche und Inkompatibilitäten bilden, die sich im Detail herausarbeiten lassen: Es können sich widersprüchliche Anforderungen zwischen den Praktiken mit ihren impliziten Wissensordnungen und den Diskursen ergeben, Artefaktsysteme können auf eine Weise eigendynamisch (re)agieren, dass sie sich nicht ohne Weiteres in Praktiken einfügen und in Diskursen repräsentierbar sind, Subjektivierungsprozesse können misslingen oder unintendierte Folgen auf der Ebene körperlicher oder psychischer Reaktionen zeitigen. Die exakte Relation zwischen Praktiken, Diskursen, Subjektivierungsformen und Artefaktsys temen ist auf der grundbegrifflichen Ebene gerade nicht vorauszusetzen, sondern empirisch offen zu lassen.

Schließlich kann auch *innerhalb* der Praktikenkomplexe, der Diskursformationen, der Subjektivierungsformen und der Praxis-Artefakt-Konstellationen jeweils eine Überlagerung und Kombination unterschiedlicher, heterogener Wissensordnungen stattfinden, die ein Moment der Unruhe in die Kultur transportieren. Das Konzept der *Hybridität* in einem erweiterten Sinn vermag eine Analyse dieser Kombinations- und Überlagerungskonstellationen anzuleiten (vgl. Reckwitz 2006). So kann sich etwa herausstellen, dass die postmodernen Arbeitspraktiken in der Kreativindustrie sich von einem kulturellen Modell des Unternehmerischen ebenso wie von einem Modell des Kreativen anleiten lassen oder dass die klassische bürgerliche Lebensform Kriterien der Moralität ebenso wie solche der autonomen Selbstregierung anwendet (vgl. Reckwitz 2006: 500f., 175ff.). Die Hybridität einer Wissensordnung, ihre Kombination von unterschiedlichen Elementen verschiedener Herkunft (auch häufig verschiedenen historischen Ursprungs) muss eine Praktik oder einen Diskurs nicht zwangsläufig destabilisieren, in gewissem Umfang kann sie sogar im Sinne einer kulturellen Überdetermination stabilisierend wirken. Der analytische Blick der Kultursoziologie wird somit jedoch in jedem Fall von der Voraussetzung homogener Weltbilder und Diskursformationen umgelenkt in die im Detail dechiffrierbare, ‚unreine' Kombinationslogik diverser kultureller Elemente in den Praktiken, Diskursen, Subjektivierungen und Praxis-/Artefaktsystemen (vgl. Moebius/ Reckwitz 2008).

Analytisches Quadrat der praxeologischen Kulturanalyse

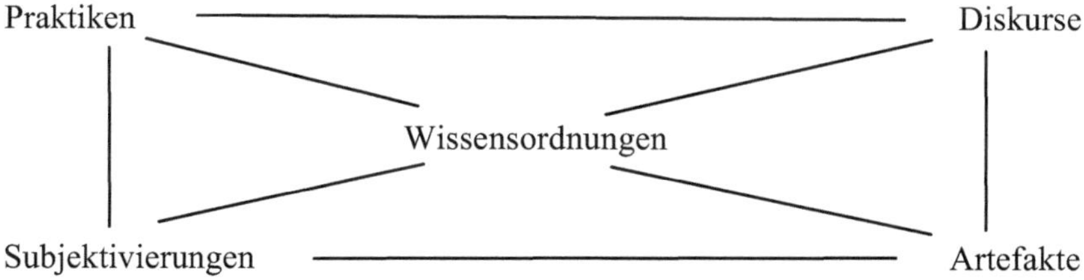

4. Makrokulturelle Entitäten und ihre Destabilisierungen: Felder, Lebensformen, Genealogie, Hybridisierung

Kultursoziologie ist auf einer ersten Ebene eine mikroorientierte, detailversessene Disziplin, ihr geht es darum, das ‚doing culture' im Detail zu verstehen. Daher werden einzelne soziale Praktiken (die Praktik des Brainstorming im Unternehmen, die der buddhistischen Meditation, des Sich-Umarmens zur Begrüßung, des Umgangs mit der Digitalkamera, des höfischen Tanzes etc.) und einzelne Texte, Bilder oder Bildsequenzen, von denen ausgehend sich ganze Diskurse nachvollziehen lassen (einzelne psychologische oder unternehmerische Ratgebertexte, Manierenhandbücher, Egodokumente wie Briefe und Tagebücher, Pressefotografien, Spielfilme und Computeranimationen) zu ihrem Gegenstand. Hier kommt die ganze Bandbreite qualitativer und kulturwissenschaftlicher Methoden zum Einsatz. Einen besonderen Stellenwert erhalten dabei zwei methodische Verfahren: Die ethnografische, teilnehmende Beobachtung und die Diskursanalyse im weiteren Sinne. Eine empirische Erforschung sozialer Praktiken und ganzer Praktikenkomplexe erfordert – zumindest solange es sich um in der Gegenwart präsente Praktiken handelt – in erster Linie ein ethnografisches Verfahren teilnehmender Beobachtung (vgl. Hirschauer 2001). Die impliziten Wissensformen, die in den Praktiken zum Einsatz kommen, können zusätzlich indirekt mit Hilfe qualitativer Interviews erschlossen werden. Interviews sind dabei keine ‚Experteninterviews', sondern Produktionsorte von Nar rationen und Selbstinterpretationen durch die Teilnehmer, ‚hinter' denen sich wiederum jene kulturellen Codes, Deutungsmuster und möglicherweise auch alltagsmethodischen ‚scripts' rekonstruieren lassen, welche in den Praktiken zum Einsatz kommen. Die teilnehmende Beobachtung kann sich dabei ausdrücklich nicht auf das Nachverfolgen der Verhaltensweisen *menschlicher* Akteure beschränken, sondern muss auch eine Beschreibung der Gestalt und des ‚Verhaltens' von relevanten Artefakten einschließen (vgl. Latour 2007). Komplementär zur teilnehmenden Beobachtung verhält sich die Analyse diskursiver Praktiken, die ‚Diskursanalyse' (vgl. Keller 2005): Eine Analyse einerseits von Texten, andererseits von visuellen Artefakten (Bildern, Filmen etc.) unter dem Aspekt, welche kulturellen Codes diese in einem bestimmten historischen Kontext strukturieren. Für die Analyse einzelner Texte und Bilder greift die Diskursanalyse auch auf gängige literatur- und kunstwissenschaftliche Verfahren der Text- und Bilderschließung zurück (z.B. *close reading*, Ikonografie), das darüber hinausgehende Interesse gilt jedoch immer einem Text- oder Bildkorpus als Ort, in dem sich ein umfassendes historisches Aussagesystem manifestiert.

Eine von der Praxistheorie und dem Poststrukturalismus, schließlich auch der Artefaktsoziologie und der Postmoderne-Diskussion beeinflusste Kultursoziologie beschränkt sich jedoch nicht auf die Mikroebene. Ihr Interesse gilt darüber hinaus der makrosoziologischen, gesellschaftstheoretischen Frage nach der historischen Transformation und räumlichen Verbreitung ganzer kultureller Ordnungen. Neben klassischen Autoren, vor allem Max Weber und seiner Religionssoziologie, die sich letztlich als umfassende Historische Soziologie von Mensch-Welt-Verhältnissen herausstellt, sind es im Kontext der neueren Kultursoziologie vor allem Michel Foucault und Pierre Bourdieu, welche die Detailanalyse von Praktiken und diskursiven Ereignissen mit umfassenderen gesellschaftstheoretischen und historisch-soziologischen Ansprüchen verknüpft haben. Das makrosoziologische Interesse der Kultursoziologie gilt daher über die Mikrologik der Praxis und der Texte hinaus ganzen Praktikenkomplexen sowie Praxis-Diskursformationen, ihren gesellschaftlichen Konflikt- und Hegemoniekonstellationen, und schließlich gilt es historischen Transformation und der räumlichen Verbreitung kultureller Muster. Auch und gerade hier sind die umfassenden kulturellen Ordnungen, die Praktiken, Diskurse, Artefakte und Subjektivierungen zeitlich und räumlich bilden, nicht als stabile, eindeutig strukturierte Gebilde vorauszusetzen, welche sich kurzerhand historisch reproduzieren und räumlich diffundieren, vielmehr richtet sich ein besonderes Interesse auf Prozesse der Destabilisierung von Strukturen und Grenzziehungen.

Praktikenkomplexe und ihre Kopplungen mit Diskursen, mit Subjektivierungen und mit Artefaktsystemen strukturieren die kulturelle und gesellschaftliche Realität in zwei orthogonal zueinander stehenden Dimensionen: In diejenige sozialer Felder und diejenige kultureller Lebensformen (vgl. dazu genauer Reckwitz 2006: 50ff.). Sowohl soziale Felder als auch Lebensformen bilden Komplexe, in denen die vier voneinander unterschiedenen Einheiten, die Praktiken, die Diskurse, die Subjektivierungen und die Artefaktsysteme miteinander verknüpft sind. Das Insgesamt verstreuter Praktiken mit ihren zugehörigen Diskursen, Subjektformen und Artefaktsystemen ist in allen Gesellschaften zunächst in *spezialisierten*, *sachlich* zusammengehörigen Komplexen organisiert: Beispielsweise Praktiken der Erziehung (einschließlich pädagogischer Subjekte wie Schülern, Lehrern, Eltern etc., Erziehungsartefakten wie Schulbänken, Schlagstöcken, Kinderbüchern etc. und möglicherweise pädagogischen Diskursen), ökonomische Praktiken der Produktion und des Austauschs, solche der Konsumtion, der persönlichen Beziehungen, der staatlich-politischen Adminis tration, der Wissenschaft oder der Kunst. Diese Komplexe können als spezialisierte *‚soziale Felder'* verstanden werden, ohne dass damit strikte und in jedem Fall eindeutige Grenzziehungen zwischen ihnen präjudiziert wären, und ohne dass eine Homogenität und reibungslose Aufeinanderabgestimmtheit der Praktiken nach innen vorausgesetzt werden kann. Ein besonderes Interesse kann so auch umgekehrt den *‚dispersed practices'* gelten (vgl. Schatzki 1996), die in unterschiedlichen sozialen Feldern zugleich vorkommen (etwa Praktiken des Aushandelns, der Fremdpsychologisierung, der kreativen Innovation, der Moralisierung), sowie den ‚*Interdiskursen*', die auf Spezialisierung verzichten und an ‚allgemeinen' Themen ausgerichtet sind (z.B. massenmediale oder künstlerische Repräsentationen; vgl. Link 1988).

Orthogonal zu den spezialisierten sozialen Feldern existieren *kulturelle Lebensformen*, deren Gestalt und Relation Gegenstand eines komplementären kultursoziologischen Interesses sind. Auch eine Lebensform – etwa die des frühneuzeitlichen Adels, des Bürgertums, der ‚creative class', der Punk-Subkultur – bildet ein Ensemble sozial-kultureller Praktiken, aber sie kombiniert Kulturtechniken unterschiedlicher sozialer Felder miteinander, etwa solche der Arbeit und der persönlichen Beziehungen, der Konsumtion und der Erziehung, der politischen Partizipation und der Freizeit. Kulturelle Lebensformen können gesamtgesellschaftlich in Form von Ständen oder Klassen, von Milieus oder Lebensstilen zuzüglich spezifischer Subkulturen strukturiert sein. Auch Lebensformen produzieren spezifische Subjektformen, auch sie sind mit spezifischen Artefaktkomplexen (Wohnungen, Bekleidung, Nahrung, medialen Artefakten etc.) verknüpft, teilweise auch mit lebensformspezifischen Diskursen (etwa korrespondierenden Medienformaten), und auch in ihnen können unterschiedliche kulturelle Codes einander hybride überlagern.

Sowohl auf der Ebene sozialer Felder als auch auf jener der Lebensformen gilt das kultursoziologische Interesse nicht nur deren immanenter Zusammensetzung, sondern auch ihrem jeweiligen Verhältnis zueinander. Eine kultursoziologische Leitfrage lautet daher, inwiefern zwischen den Lebensformen bzw. Feldern ein Verhältnis des *kulturellen Konfliktes*, d.h. der *symbolischen Differenzmarkierung* besteht und inwiefern auch Konstellationen einer vorübergehenden *kulturellen Hegemonie*, d.h. der Dominanz bestimmter kultureller Mus ter gegenüber anderen beobachtet werden können. In routinisierten oder exzeptionellen Kulturkonflikten können Lebensformen oder Felder einander gegenseitig asymmetrisch repräsentieren oder einander delegitimieren – etwa im Kampf der bürgerlichen gegen die adelige Lebensform, im Kampf der ökonomisch-marktorientierten gegen die staatlich-bürokratische Logik der Praxis. Interessant sind – neben solchen Konfliktkonstellationen oder mit ihnen unintendiert verknüpft – Prozesse der Hybridisierung zwischen scheinbar gegensätzlichen kulturellen Mustern (etwa zwischen Markt und Bürokratie oder zwischen Adel und Bürgertum). Schließlich gilt eine besondere kultursoziologische Sensibilität jenen Konstellationen, in denen über die Grenzen zwischen verschiedenen Lebensformen oder Feldern hinweg bestimmte Wissensordnungen hegemonialisiert werden, d.h. durch einen Prozess der kulturellen Universalisierung für alle und alles als vorbildlich und erstrebenswert institutionalisiert werden (z.B.

kulturelle Muster der Leistung, der Heterosexualität, der Attraktivität etc.) und sich somit mit besonderen kulturellen Abgrenzungsstrategien nach außen verknüpfen (vgl. Laclau/Mouffe 2000). Dabei erweisen sich jedoch kulturelle Hegemonien aufgrund einer Kombination unterschiedlicher, durchaus widersprüchlicher kultureller Muster in ihren Wissensordnungen regelmäßig selber als langfristig instabil: Die Analyse von Hegemonien ist ein herausgehobener Ort des Ineinanderübergehens der Prozesse der Stabilisierung und Destabilisierung kultureller Ordnungen. (vgl. Reckwitz 2006: 68–88)

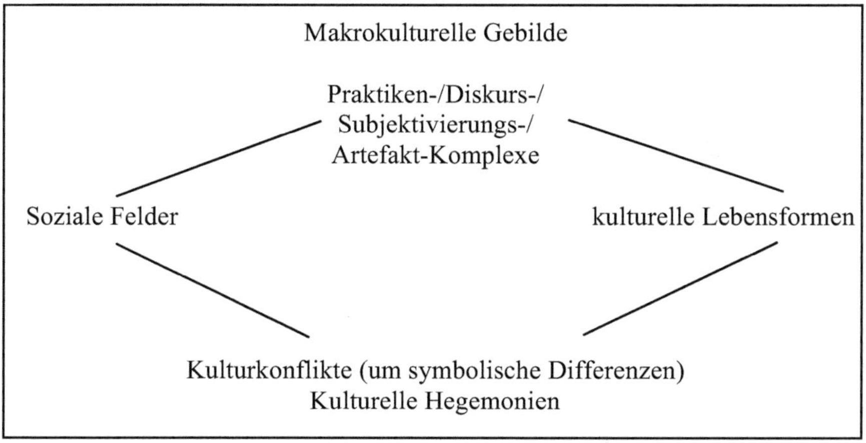

Die kultursoziologische Analyse von Komplexen von Praktiken, Diskursen, Artefakten und Subjektformen auf der Ebene sozialer Felder und Lebensformen enthält sowohl eine zeitliche als auch eine räumliche Dimension. Es ist gerade eine besondere Leistung der Kontingenzperspektive der Kultursoziologie, dass sie nicht dazu tendiert, soziale Muster kurzerhand zu verallgemeinern oder sie als konsequentes Ergebnis einer Entwicklungs- und Diffusionslogik vorauszusetzen – wozu die soziologischen Modernisierungstheorien tendieren –, sondern sie radikal zu kontextualisieren: als Produkt spezifischer zeitlicher und räumlicher Kontexte. Die Kultursoziologie betreibt damit eine resolute Historisierung und Lokalisierung ihrer Phänomene, wobei potenziell die gesamte historische Transformation von den Stammesgesellschaften bis zur Postmoderne wie auch die gesamte globale Konstellation als ihr Gegenstand infrage kommt (auch wenn realiter bis vor kurzem zu großen Teilen eine Einschränkung auf westliche kulturelle Muster und solche der Moderne stattgefunden hat). Die Leitfragen der Analyse eines sozialen Phänomens in einer derart historisch und lokal sensibilisierten Kultursoziologie sind daher immer: In welchem präzisen historischen und lokalen Kontext ist dieses Phänomen (Praktik, Diskurs, Subjektivierung, Artefakt) entstanden? Welcher Prozess der zeitlichen und/oder räumlichen Verbreitung des Phänomens lässt sich ausmachen?

Klassischerweise konnte die Kultursoziologie sich in ihrem kontextualisierenden Blick üben, indem sie anstelle einer Universalisierung von Sachverhalten zeitliche und räumliche *Grenzen* markierte: In der Dimension der Geschichte die kulturellen Diskontinuitäten, etwa jene zwischen klassischer Moderne und Postmoderne oder zwischen Früher Neuzeit und bürgerlichem Zeitalter; und in der Dimension des Raums die Grenzen zwischen unterschiedlichen regionalen Kulturformen (etwa in Max Webers Religionssoziologie oder in Eisenstadts ‚Multiple Modernities'). Solche Grenzmarkierungen können letztlich jedoch nur behelfsweise erfolgen. Vor dem Hintergrund der poststrukturalistischen Argumentationen, welche die Gegebenheit fixer Grenzziehungen in Zweifel zieht, lassen sich diese zeitlichen und räumlichen Konstellationen vielmehr entlang zweier alternativer heuristischer Konzepte beobachten: Denen einer generalisierten ‚Genealogie' und einer generalisierten ‚Hybridisierung'. Beide Begriffe sind sowohl auf Prozesse in der Zeit wie im Raum anwendbar.

Das Konzept der *Genealogie*, wie es Foucault (vgl. Foucault 1987b) profiliert hat, leitet die anti-unversalistische Frage an, in welchen sehr spezifischen zeitlichen und lokalen Kontexten bestimmte kulturelle Muster (Praktiken, Diskurse, Artefaktsysteme, Subjektformen) entstehen, die später zu einer Selbstuniversalisierung neigen – Kontexte, die sich regelmäßig als Konflikt- und Kampfkonstellationen zwischen unterschiedlichen kulturellen Kräften darstellen. Der Kultursoziologie geht es darum, diesen sehr spezifischen historischen und lokalen Kontexten, den Nischen und Konfliktfeldern der Produktion neuartiger Praktiken und Diskurse nachzuspüren: Wann und wo entstehen beispielsweise Maßstäbe der Effizienz und der Leistung, das ‚Brainstorming' und die ‚Selbstverwirklichung'? Die Heuristiken der Genealogie und der Hegemonie stellen sich damit als komplementär dar: Die Genealogie fragt nach den Konstellationen der – häufig umstrittenen und zunächst marginalen – Entstehung von Praktiken, Diskursen und ihren Wissensformen, der Begriff der Hegemonie fragt nach den Mechanismen, in denen sich entsprechende Muster verbreiten, institutionalisieren und sie (vorübergehend) dominant werden.

Auch das heuristische Konzept der *Hybridisierung* lässt sich sowohl auf die zeitliche wie auf die räumliche Dimension beziehen. Es dynamisiert den Begriff der Hybridität. Die Leitintuition der poststrukturalistisch inspirierten Kulturanalyse besteht darin, dass die Verbreitung kultureller Muster im Raum nur im Grenzfall dem Modell einer einfachen Diffusion oder eines Aufeinandertreffens inkompatibler Kulturkreise folgt. Der kulturanalytische Blick richtet sich vielmehr auf die komplexen räumlichen Hybridisierungen, d.h. die Produktion von Hybriditäten infolge einer Kombination verschiedener kultureller Elemente unterschiedlicher räumlicher Herkunft (zum Beispiel die Ausbildung des Bollywood-Kinos zwischen indischen und US-amerikanischen Einflüssen). Wenn Praktiken und Diskurse hybride strukturiert sind, dann auf einer ersten Ebene dadurch, dass sich in ihnen kulturelle Elemente unterschiedlicher räumlicher Herkunft kreuzen (vgl. Pieterse 1995). Das Interesse gilt dann in Anlehnung an Arjun Appadurai (vgl. Appadurai 1986) nicht nur den konstituierten Hybridkulturen, sondern auch den jeweiligen ,Strömen' (*flows*), d.h. den unterschiedlichen ,Transportmitteln' (Zeichen, Menschen, Objekte) dieser kulturellen Einflüsse und den Überlagerungsräumen (*scapes*), in denen die Hybridisierung aktiv und unberechenbar stattfindet. Die *post-colonial studies* haben solche Analysen von Hybridisierungen vorangebracht, letztere reichen jedoch weit über die klassischen empirischen Fälle der *post-colonial studies* – vor allem die Überlappung der Einflüsse alter oder neuer ,Kolonisatoren' und ,indigener' Kulturen – hinaus.

Hybridisierungen finden jedoch nicht nur im Raum, sondern auch in der Zeit statt. Die historische Transformation kultureller Ordnungen ist weder als Kontinuität noch als reine Abfolge von Diskontinuitäten mit fixen Grenzen vorauszusetzen, sondern kann als eine Sequenz von Hybridisierungen dechiffriert werden. Die Frage lautet dann, wie sich eine aktuelle Hybridität kultureller Ordnungen infolge einer Aneignung kultureller Elemente unterschiedlicher Vergangenheiten zurückverfolgen lässt. Gegenwärtige Praktiken und Diskurse können dann als Gebilde dechiffriert werden, in denen sich mehrere ,Ablagerungen' unterschiedlicher historischer Herkunft übereinander schichten. So kann sich etwa herausstellen, dass sich im postmodernen Diskurs der Maskulinität Spuren des US-amerikanischen Diskurses des ,tough guy' aus der Zeit um 1900 ebenso wie Elemente des Modells emotionaler Männlichkeit des frühen Bürgertums finden (vgl. Reckwitz 2008b: 177ff.). Kulturelle Ordnungen lassen sich dann regelmäßig als ein komplexer Raum historischer ,Intertextualitäten' rekonstruieren (vgl. zu diesem Konzept Morgan 1985), d.h. als ein Verweisungszusammenhang, der Elemente von Wissensordnungen verschiedener Zeiten auf unberechenbare Weise miteinander kombiniert.

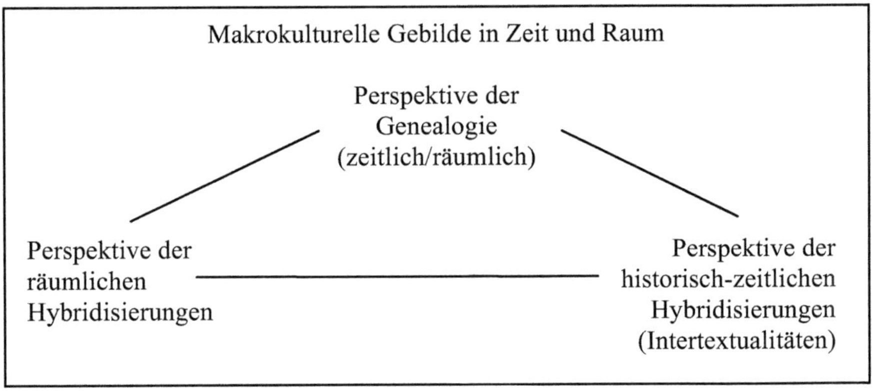

Eine poststrukturalistisch inspirierte Kulturanalyse kann so mit Hilfe ihrer Konzepte der Genealogie und der räumlichen wie zeitlichen Hybridisierung eine Makro-Perspektive auf kulturelle Ordnungen entwickeln, die eine Alternative zu den Vorannahmen klassischer soziologischer Modernisierungstheorien stark macht (vgl. Bonacker/Reckwitz 2007). Sie wirkt einerseits im Sinne der Genealogie entuniversalisierend, andererseits lenkt sie den Blick auf die räumliche und zeitliche Produktion ‚unreiner' kultureller Gebilde, die statt homogener Kulturen komplexe Kombinations- und Überlagerungsstrukturen bilden. Generell kann es einer solchen, sowohl durch die Praxeologie als auch durch den Poststrukturalismus und – mit ihnen verbunden – durch die Artefakttheorie sowie die Postmoderne-Diskussion beeinflusste Kultursoziologie nicht darum gehen, eine in sich abgeschlossene und darin sterile ‚Theorie der Kultur' zu installieren. Vielmehr zielt sie darauf ab, im Sinne einer konzeptuellen Heuristik Fragen für die Analyse vielfältigster sozialer Phänomene als kulturelle Gebilde zu eröffnen. Diese kommen zum einen in erster Linie nicht als ideelle Sinnwelten in den Blick, sondern als materiale Prozesse des ‚doing culture' im Rahmen von sozialen Praktiken, Diskursformationen, Subjektivierungsweisen und der Anwendung von Artefaktsystemen. Zum anderen werden sie als Gebilde beobachtet, die einer kulturellen Logik nicht nur der Stabilisierung, sondern auch der Destabilisierung, nicht nur der Grenzmarkierung, sondern auch der Grenzüberschreitung, nicht nur der Homogenisierung, sondern auch der Hybridisierung folgen. Der Fluchtpunkt einer solchen kultursoziologischen Analytik lautet, im Zuge ihrer detaillierten Mikroanalysen an dem umfassenden Projekt mitzuschreiben, das Foucault die ‚Geschichte der Gegenwart' genannt hat.

Literatur

Appadurai, Arjun (Hg.) (1986): The Social Life of Things. Commodities in Cultural Perspective. Cambridge: University Press
Barthes, Roland (1974): Die Lust am Text. Frankfurt a.M.: Suhrkamp
Bonacker, Thorsten/Reckwitz, Andreas (Hg.) (2007): Kulturen der Moderne. Soziologische Perspektiven der Gegenwart. Frankfurt a.M./New York: Campus
Bourdieu, Pierre (1979): Entwurf einer Theorie der Praxis auf der ethnologischen Grundlage der kabylischen Gesellschaft. Frankfurt a.M.: Suhrkamp
Bourdieu, Pierre (1987): Sozialer Sinn. Kritik der theoretischen Vernunft. Frankfurt a.M.: Suhrkamp
Bührmann, Andrea D./Schneider, Werner (2008): Vom Diskurs zum Dispositiv. Eine Einführung in die Dispositivanalyse. Bielefeld: transcript
Butler, Judith (1991): Das Unbehagen der Geschlechter. Frankfurt a.M.: Suhrkamp
Cicourel, Aaron Victor (1975): Sprache in der sozialen Interaktion. München: List
Deleuze, Gilles/Guattari, Félix (1992): Tausend Plateaus. Kapitalismus und Schizophrenie II. Berlin: Merve
Derrida, Jacques (1983): Grammatologie. Frankfurt a.M.: Suhrkamp
Dosse, François (Hg.) (1995): L'Empire du sens. L'humanisation des sciences humaines. Paris: Ed. la Découverte
Dünne, Jörg (Hg.) (2006): Raumtheorie. Grundlagentexte aus Philosophie und Kulturwissenschaften. Frankfurt a.M.: Suhrkamp
Eisenstadt, Shmuel N. (2000): Die Vielfalt der Moderne. Weilerswist: Velbrück
Featherstone, Mike (1990): Auf dem Weg zu einer Soziologie der postmodernen Kultur. In: Hans Haferkamp (Hg.): Sozialstruktur und Kultur. Frankfurt a.M.: Suhrkamp: 209–248
Foucault, Michel (1987a): Das Subjekt und die Macht. In: Hubert L. Dreyfus; Paul Rabinow (Hg.): Jenseits von Strukturalismus und Hermeneutik. Frankfurt a.M.: Athenäum: 243–261
Foucault, Michel (1987b): Nietzsche, die Genealogie, die Historie. In: Ders.: Von der Subversion des Wissens. Frankfurt a.M.: Suhrkamp: 69–90
Foucault, Michel (1990a): Die Ordnung der Dinge. Eine Archäologie der Humanwissenschaften. Frankfurt a.M.: Suhrkamp
Foucault, Michel (1990b): Archäologie des Wissens. Frankfurt a.M.: Suhrkamp
Foucault, Michel (1991): Der Wille zum Wissen. Sexualität und Wahrheit. Band 1. Frankfurt a.M.: Suhrkamp
Foucault, Michel (2004a): Geschichte der ‚Gouvernementalität I: Sicherheit, Territorium, Bevölkerung. Vorlesung am Collège de France 1977–1978. Frankfurt a.M.: Suhrkamp
Foucault, Michel (2004b): Geschichte der Gouvernementalität II: Die Geburt der Biopolitik. Vorlesung am Collège de France 1978–1979. Frankfurt a.M.: Suhrkamp

Garfinkel, Harold (1984): Studies in Ethnomethodology. Cambridge: Polity Press
Hall, Stuart (1997): The spectacle of the ‚other'. In: Ders. (Hg.): Representations. Cultural Representations and Signifying Practices. London: Sage: 223–279
Haraway, Donna J. (1991): Simians, Cyborgs, and Women. The Reinvention of Nature. New York/London: Routledge
Hirschauer, Stefan/Amann, Klaus (1997): Die Befremdung der eigenen Kultur. Zur ethnographischen Herausforderung soziologischer Empirie. Frankfurt a.M.: Suhrkamp
Hirschauer, Stefan (2001): Ethnografisches Schreiben und die Schweigsamkeit des Sozialen. In: Zeitschrift für Soziologie 30: 429–451
Keller, Reiner (2005): Wissenssoziologische Diskursanalyse: Grundlegung eines Forschungsprogramms. Wiesbaden: VS Verlag für Sozialwissenschaften
Laclau, Ernesto/Mouffe, Chantal (Hg.) (2000): Hegemonie und radikale Demokratie. Zur Dekonstruktion des Marxismus. Wien: Passagen-Verlag
Latour, Bruno (1995): Wir sind nie modern gewesen. Versuch einer symmetrischen Anthropologie. Berlin: Akademie-Verlag
Latour, Bruno (1996): On interobjectivity. In: Mind, Culture, and Activity 3, 4: 228–245
Latour, Bruno (2007): Eine neue Soziologie für eine neue Gesellschaft: Einführung in die Akteur-Netzwerk-Theorie. Frankfurt a.M.: Suhrkamp
Link, Jürgen (1988): Literaturanalyse als Interdiskursanalyse. In: Jürgen Fohrmann; Harro Müller (Hg.): Diskurstheorien und Literaturwissenschaft. Frankfurt a.M.: Suhrkamp: 284–307
Lyotard, Jean-François (1986): Das postmoderne Wissen. Ein Bericht. Graz/Wien: Böhlau
Massumi, Brian (2002): Parables for the Virtual: Movement, Affect, Sensation. Durham: Duke UP
Moebius, Stephan/Reckwitz, Andreas (Hg.) (2008): Poststrukturalistische Sozialwissenschaften. Frankfurt a.M.: Suhrkamp
Morgan, Tais E. (1985): Is there an intertext in this text? Literary and interdisciplinary approaches to intertextuality. In: American Journal of Semiotics: 1–40
Münker, Stefan/Roesler, Alexander (Hg.) (2000): Poststrukturalismus. Stuttgart, Weimar: Metzler
Pieterse, Jan Nederveen (1995): Globalization as Hybridization. In: Michael Featherstone; Scott Lash; Roland Robertson (Hg.): Global Modernities. London: Sage: 45–68
Reckwitz, Andreas (2000): Die Transformation der Kulturtheorien. Zur Entwicklung eines Theorieprogramms. Weilerswist: Velbrück
Reckwitz, Andreas (2003): Grundelemente einer Theorie sozialer Praktiken. Eine sozialtheoretische Perspektive. In: Zeitschrift für Soziologie 32, 4: 282–301 (auch abgedruckt in Reckwitz 2008b)
Reckwitz, Andreas (2004): Die Kontingenzperspektive der ‚Kultur'. Kulturbegriffe, Kulturtheorien und das kulturwissenschaftliche Forschungsprogramm. In: Friedrich Jaeger; Jörn Rüsen (Hg.): Handbuch der Kulturwissenschaften. Band 3: Themen und Tendenzen. Stuttgart/Weimar: Metzler: 1-20 (auch abgedruckt in Reckwitz 2008b)

Reckwitz, Andreas (2006): Das hybride Subjekt. Eine Theorie der Subjektkulturen von der bürgerlichen Moderne zur Postmoderne. Weilerswist: Velbrück

Reckwitz, Andreas (2008): Subjekt. Bielefeld: transcript

Reckwitz, Andreas (2008b): Unscharfe Grenzen. Perspektiven der Kultursoziologie. Bielefeld: transcript

Roesler, Alexander/Stiegler, Bernd (Hg.) (2005): Grundbegriffe der Medientheorie. München: Wilhelm Fink

Schatzki, Theodore R. (1996): Social Practices. A Wittgensteinian Approach to Human Activity and the Social. Cambridge: University Press

Serres, Michel (1994): Elemente einer Geschichte der Wissenschaften. Frankfurt a.M.: Suhrkamp

Wirth, Uwe (Hg.) (2002): Performanz. Zwischen Sprachphilosophie und Kulturwissenschaften. Frankfurt a.M.: Suhrkamp

Woodward, Kathryn (Hg.) (1997): Identity and Difference. London: Sage

Zilsel, Edgar (1992): Wissenschaft und Weltanschauung. Aufsätze 1929–1933. Wien: Böhlau

Die Exotisierung des Eigenen. Kultursoziologie in ethnografischer Einstellung

Stefan Hirschauer

Der Ausdruck ‚Kultursoziologie' lässt sich auf eine Weise missverstehen, die die Aufteilung unseres Faches in Spezielle Soziologien nahe legt. Bekanntlich versteht sich die Soziologie als allgemeine Wissenschaft vom Sozialen, die nicht so stark spezialisiert ist wie Erziehungswissenschaft, Politikwissenschaft oder Wirtschaftswissenschaft, sondern die Erziehung, die Politik, die Wirtschaft und vieles andere als gesellschaftliche Teilbereiche betrachtet, miteinander vergleicht und in ihren Spezialsoziologien untersucht. So könnte man nun auch meinen, dass der Ausdruck Kultursoziologie sich auf einen umrissenen Bezirk der Gesellschaft bezieht, der sich von anderen unterscheidet. Kultur könnte dann etwa Literatur, Musik und Kunst umfassen; oder (in einer etwas weiteren Fassung) den luftig-geistigen Bereich der Ideen, Normen und Werte. Es gibt eine starke Tradition in der Soziologie, die den Begriff Kultursoziologie so verwendet hat, ich tue es nicht.

Die Kultur – das ist nicht ein Teil der Gesellschaft und der Gesellschaftswissenschaft – es ist umgekehrt: Die Soziologie ist eine Teildisziplin der Kulturwissenschaften, eine Disziplin in einer Familie von Fächern. Ich werde im Folgenden zuerst deren Gemeinsamkeit bestimmen (1.) und dann hervorheben, was für eine besondere Kulturwissenschaft die Soziologie ist, nämlich eine, die unter einem ‚Mangel an Fremdheit' leidet (2.). Anschließend werde ich die ethnografische Einstellung als eine der Lösungen dieses Problems in ihrer fachgeschichtlichen Entwicklung nachzeichnen (3.). Der Kulturbegriff ‚verkleinert' sich dabei von einer holistisch verstandenen Gesamtheit (in der Ethnologie 3.1.) über subkulturelle Sonderwelten (in der Chicago School 3.2.) bis zu den selbstverständlichen Denk- und Handlungsvoraussetzungen des Alltags (3.3.). Am Ende werde ich die Ethnografie der eigenen Gesellschaft noch kurz in ihrem empirischen Arbeitsstil kennzeichnen. Er liegt vor allem in einer spezifischen ‚Übersetzungsleistung': Soziologische Ethnografie artikuliert impliziten kulturellen Sinn (4.).

1. Soziologie als Kulturwissenschaft

Als unser Fach im 19. Jahrhundert entstand, hatte es keinen rechten Platz. Damals nahm man an, dass alle Wissenschaften, die nicht wie die Naturwissenschaften Sachverhalte ursächlich erklären, Geisteswissenschaften sein müssten, also Fächer, die sich auf den Sinn von Schriftzeichen konzentrieren und Texte verstehen: Juristerei, Theologie, Literaturwissenschaften. Die Soziologie passte in dieses Schema nie recht hinein. Einerseits hatte sie von Beginn an einen starken verstehenden Zug – dafür ist vor allem Max Weber verantwortlich – andererseits interessierte sie sich weniger für hochkulturelle Erzeugnisse als für die Niederungen des Alltags, einschließlich des Austauschs materieller Güter und der Verteilung von Reichtümern. So saß die Soziologie zwischen den Stühlen.

Heute sind die Geisteswissenschaften dabei, sich von bloßen Textwissenschaften zu Kulturwissenschaften zu erweitern, die sich auch mit anderen Medien und mit materieller Kultur befassen, und auch die Soziologie hat sich auf diesen Weg gemacht, vor allem in ihren Theorien (siehe Reckwitz 2001). Worum geht es? Vereinfacht gesagt, haben es die Naturwissenschaften mit der evolutionär gegebenen Welt zu tun, die Kulturwissenschaften mit der von Menschen gemachten Welt. Und das heißt, sie haben es nicht einfach mit den Strukturen von Materie zu tun, sondern mit sinnhaften Phänomenen, mit den Bedeutungen von Zeichen. Etwas präziser gesagt, haben es die Naturwissenschaften mit gegebenen Unterschieden zwischen Dingen zu tun, die sie *messen* können. Die Kulturwissenschaften haben es mit von Menschen gemachten *Unterscheidungen* zu tun, deren jeweiligen Sinn sie rekonstruieren müssen – z.B. die Grenzziehung zwischen dem Zucken eines Augenlids und einem Zwinkern (Geertz 1983: 10ff.) oder die zwischen normal und unnormal, Freunden und Feinden…[1]

Z.B. konnte Charles Darwin Unterschiede zwischen den ‚Arten' feststellen, so wie sich ihm die Gemeinsamkeiten, Ähnlichkeiten und Verschiedenheiten von Tieren damals auf Galapagos darboten. Entsprechend definierte er Gattungen und Arten, Familien und Unterarten. Eine Ethnologin dagegen findet solche Unterscheidungen bereits vor, und muss etwa feststellen, dass die eine Gesellschaft Wale für Fische hält, die andere nicht, dass ein Pinguin hier als Vogel gilt, dort als Fisch, kurz: Sie hat es mit unterschiedlichen Bedeutungen im Rahmen unterschiedlicher ‚Ordnungen der Dinge' (Foucault 1971) zu tun. Auch

1 Woher dieser Sinn kommt, ist eine der Fragen, an denen sich kulturwissenschaftliche Ansätze scheiden. Zu den wichtigsten Antworten zählen die strukturalistische („aus der Beziehung zwischen Zeichen"), die phänomenologisch-hermeneutische („aus der Intention von Handelnden"), die verhaltenswissenschaftlich-interaktionistische („aus der Verkettung von Handlungen") und die sprachspieltheoretische („aus dem praktischen Gebrauch von Zeichen"). Ich persönlich bevorzuge die letzten beiden Antworten, die in Praxistheorien münden.

eine Wissenschaftshistorikerin, die sich mit Darwins Klassifikation von Arten beschäftigt, hat es mit sinnhaften Unterscheidungen zu tun, nämlich mit den Kriterien, die Darwin damals im Kontext seiner Zeit sinnvoll erschienen, unseren heutigen Biologen aber nicht mehr. Es geht hier eben nicht bloß um tatsächliche Unterschiede, so wie sie nun mal *sind*, sondern um Unterscheidungen, die man in bestimmten historischen und geografischen Kontexten so oder anders *zieht*.

Ferner müsste unsere Ethnologin ernstnehmen, dass die Menschen Tiere auch nach Kriterien unterscheiden, die mit ihrer Lebenspraxis verknüpft sind: ob Tiere z.B. als essbar oder ungenießbar gelten, was u.a. von der Tierart abhängt (man denke nur an Hunde, Ratten oder Pferde), aber auch davon, ob sie roh oder gekocht sind, oder ob man sie für heilig hält, also mit religiösem Sinn auflädt, oder ob sich die Menschen sinnhaft mit bestimmten Tierarten verbinden: Wenn ein Clan sich ein Totemtier wählt und sagt „Wir vom Wolfsclan", dann zählen sich seine Angehörigen zu den Wölfen, ganz unabhängig von deren Gensequenzen (Durkheim/Mauss 1987).

Eine Soziologin wiederum müsste feststellen, dass Tiere in der sozialen Praxis unserer Gesellschaft nicht in erster Linie nach biologischen Gattungen unterschieden werden, sondern als Haustiere, Nutztiere und Wildtiere. Haustiere nimmt man als Familienmitglieder auf, gibt ihnen Namen („Knut!"), pflegt und hätschelt sie und betrauert sie im Todesfall; Nutztiere werden dagegen als reine Fleischware gehalten, gemästet, gewogen, geschlachtet und verzehrt; und Wildtiere fürchtet man (selbst „Bruno!"), man schießt sie auf der Safari tot oder stellt sie in Zoos aus, wo sie eine unberührte Natur symbolisieren sollen.

Auch bei den Menschenarten verfahren Naturwissenschaften und Kulturwissenschaften anders: Die Naturwissenschaften können etwa präzise Geschlechter- und Rassen*unterschiede* feststellen – sie können sie in Gramm und Zentimeter ausdrücken, sie finden sie in der Haut- und Zellstruktur, im Stoffwechsel, in den Genen. Kulturwissenschaftlerinnen fragen dagegen, ob eine Gesellschaft denn Unterschiede zwischen Rassen *macht*, also ob sie die Hautfarbe zu einem bedeutungsvollen Kriterium macht, sie fragen: Macht der Unterschied einen Unterschied? Wann und wo macht eine Gesellschaft denn Geschlechterunterschiede, und wann sucht sie sie zu unterbinden, z.B. wenn das Geschlecht vor Gericht oder bei Wahlen oder Stellenbesetzungen keinen Unterschied machen soll. Eine Sprachwissenschaftlerin schließlich würde beobachten, dass ich gerade in diesem Text die Geschlechterunterscheidung bedeutsam gemacht habe, weil ich ständig das Suffix „in/nen" angehängt habe. Und das kann man (!) tun oder lassen. Wir sind eben laufend unausweichlich verstrickt in Sinnproduktion.

Alle Kulturwissenschaften haben also zu ihrem Gegenstand von Menschen gezogene Unterscheidungen, die im Kontext ihrer jeweiligen Lebensform immer schon einen Sinn tragen, den es herauszufinden gilt. Man könnte sagen: Sie gucken den Menschen beim Unterscheiden über die Schulter, sie machen ‚Beobachtungen zweiter Ordnung'. Eine andere Weise dies auszudrücken, ist, dass die Menschen, die solche Unterscheidungen hervorbringen und gebrauchen, über ein eigenes *Wissen* verfügen. Atome, Moleküle, Bäume oder Sterne sind nur Gegenstände unseres Wissens, aber sie wissen selbst nichts. Die Kulturwissenschaften bewegen sich in einem Gegenstandsbereich, der immer schon aus Wissen besteht.

2. Das Problem der Soziologie: Ein Mangel an Fremdheit

Nun sind dies Eigenschaften, die die Soziologie mit vielen anderen Wissenschaften teilt: mit Geschichtswissenschaft und Archäologie, Ethnologie und Volkskunde, Literaturwissenschaften und Linguistik, Erziehungswissenschaft und Psychoanalyse. Nimmt man nur einmal unsere unmittelbaren Nachbarn, die Ethnologie und die Geschichtswissenschaft, die sich mit örtlich oder zeitlich entlegenen Gesellschaften befassen, dann wird klarer, was die Besonderheit der Soziologie ist. Ethnologen und Historiker untersuchen ein fremdes Wissen, das sie ihrem zeitgenössischen bzw. heimischen Publikum freudig darbieten können. Ihre Wissenschaften stellen eine unverzichtbare Optik für die *Kontingenz* kultureller Phänomene bereit: für die Einsicht, dass es sich um nicht-natürliche, nicht-notwendige Phänomene handelt.

Die Soziologie untersucht dagegen zumeist das Wissen in der eigenen Gesellschaft. Die Themen der Soziologie kommen bereits im Alltagswissen der Leute vor, die sie befragt und beobachtet. Diese Leute wissen schon unglaublich viel über Interaktionen und Situationen, über soziale Beziehungen und Institutionen, Macht und Herrschaft. Es gibt ein extrem umfangreiches Alltagswissen *über* Soziales. Wir alle kennen unsere Gesellschaft schon ohne Soziologiestudium – aus der Zeitung und aus jeder sozialen Situation unserer alltäglichen Erfahrung. Daher frage ich mich, warum haben Sie, *ja Sie!* dieses Buch gekauft? Eine *Wissenschaft* unserer eigenen Gesellschaft ist eine überflüssige Wissenschaft. Beenden Sie die Lektüre, tauschen Sie dieses Buch um! Sie wissen schon alles!

Die Besonderheit der Soziologie als Kulturwissenschaft liegt darin, dass ihr Gegenstand so massiv besetzt ist durch das, was man den gesunden Menschenverstand nennt, im englischen: den Common Sense, das ist das, was man so meint und für wahr hält. Einem Teilchenphysiker kann das Common Sense Wissen völlig egal sein, er ist im Nu über das hinaus, was Jedermann über

Quarks zu sagen weiß, und er hat mit seinen aufwändigen Apparaturen ein regelrechtes Monopol auf ihre Gegenstände. Und eine Ethnologin oder Historikerin hat wegen des Abstands zwischen ihrem Gegenstand und ihrem Publikum ebenfalls ziemlich freie Bahn.

Der Soziologie entstehen dagegen mindestens zwei Probleme. Erstens muss sie sich beim Stellen von Forschungsfragen gegenüber den Alltagsmenschen oft dafür rechtfertigen, dass sie bekannte Phänomene für fragwürdig hält (etwa die Bereitschaft der Menschen, sich verschiedengeschlechtlich zu paaren). Oder dass sie soziologische Probleme von sozialen Problemen unterscheidet, z.B. weil sie einen Streit nicht schlichten will, sondern wissen möchte, wie er funktioniert, was ihn am Laufen hält (Messmer 2003). Zweitens gerät sie bei der Mitteilung ihrer Forschungsergebnisse in eine unangenehme Alternative: Wenn sie dem widerspricht, was doch alle schon wissen, gilt sie als besserwisserisch. Wenn sie es bestätigt, verbreitet sie nur Plattitüden – Altbekanntes in einer unnötig aufgeblasenen Sprache.

Man kann sagen, das wichtigste Bezugsproblem der Professionalisierung der Soziologie ist die *Belagerung durch das Alltagswissen*. Mehr als jedes andere Fach ist die Soziologie in der Produktion ihres Wissens umstellt vom Immer-schon-Bescheidwissen. Die Soziologie musste ihr Wissen daher immer schon auf besonders systematische und reflektierte Weise vom Alltagswissen absetzen. Sie hat dabei in ihrer Geschichte zwei Grundhaltungen entwickelt – zwei Register der Differenzierung soziologischen Wissens vom Alltagswissen über das Soziale. Die erste Haltung ist die *Überbietung* des Alltagswissens, nämlich die methodische Herstellung von besserem, also sichererem, genauerem, geprüftem Wissen – das ist die Strategie der positivistischen Tradition, die versucht, das Alltagswissen in einer großen Ernüchterungsanstrengung zu überwinden und der Gesellschaft als ‚Experte' zu begegnen, der ‚Erklärungen' für das Weltgeschehen bietet.

Das zweite Register versucht nicht, das Alltagswissen zu verbessern, sondern es wie ein Ethnologe, ein Kulturbeobachter selbst zum Gegenstand zu machen. Dieser Zugang will das Alltagswissen nicht hinter sich lassen und abhängen, er will es sich vielmehr *vor Augen führen.* Für dieses zweite – kultursoziologische – Register entsteht aus der Belagerung durch das Alltagswissen noch ein weiteres Problem: Die Soziologie besteht nicht einfach aus professionellen Experten, die einfältigen Alltagsmenschen gegenüberstehen, sondern diese Professionellen tragen den Alltagsmenschen, den Jedermann, unauslöschlich mit sich selbst herum, die Soziologen sind Teil ihres Gegenstands. Das Erkenntnisproblem der Soziologie ist dann, wie man das, was uns allen so vertraut und selbstverständlich ist, überhaupt klar zu Gesicht bekommen kann. Es herrscht ein *Mangel an Fremdheit* zwischen Beobachter und Gegenstand.

3. Das ethnografische Register

Man kann die Entstehung dieses zweiten Registers der Professionalisierung auf zwei verschiedene Weisen darstellen. Als Geschichte der Wissenssoziologie[2] und als Geschichte der Ethnografie. Ich beschränke mich im Folgenden auf die ethnografische Linie. In dieser gibt es im Prinzip drei Traditionen: die ethnologische Kulturanalyse (1), die Subkulturforschung der Chicago School (2) und die Soziologie des Alltäglichen (3). Diese drei Traditionen haben zwei Dinge gemeinsam: zum einen den Erkenntnisstil des *Entdeckens,* sie sind alle auf Neuigkeiten aus; zum anderen, dass sie kulturwissenschaftliches Erkennen mit Hilfe einer Unterscheidung des Fremden vom Vertrauten organisieren. Diese Unterscheidung ist für die Ethnografie ähnlich grundlegend wie für den Positivismus die Unterscheidung von Faktischem und Fiktivem. Ethnografisches Erkennen hat grundsätzlich etwas mit der Verwandlung von Fremdem in Vertrautes und von Vertrautem in Befremdliches zu tun.

3.1. Ethnologische Kulturanalyse: Verstehen des Fremden

Nehmen wir als Kontrastfall erneut die ethnologische Forschung, die den zwei Formen der soziologischen Ethnografie das Modell vorgab. Die beständige Grunderfahrung einer Ethnologin ist es, dass ihr ihre Forschungsgegenstände fremd sind: entlegene Gesellschaften mit unverständlichen Sprachen und seltsamen Sitten und Gebräuchen. Der gesellschaftliche Hintergrund solcher Verstehensprobleme sind die historischen Anfänge der Globalisierung: die Begegnung von Kulturen auf dem Erdball, der Kulturkontakt, in dem Sprache, Sitten und Gebräuche zunächst wechselseitig unverständlich sind.

Nun könnte man meinen, dass die Ethnologie mit großen wissenschaftlichen Expeditionen begann. Das war aber nicht so (für das Folgende siehe Kohl 2000: 100ff.). Die meisten Ethnologen blieben zu Hause in ihren Bibliotheken und stellten ihre Theorien über fremde Kulturen auf der Basis dessen an, was sie über ferne Länder und Leute *lasen.* Lektürestoff gab es in Mengen: Erlebnisbe-

2 Die Soziologie ist nicht nur ein Fach, das ein Wissen über bestimmte Gegenstände herstellt. Sie ist eher diejenige Wissenschaft, die ein jedes Wissen in der Welt auf bestimmte soziale Einheiten zurückzuführen versucht: etwa auf die Weltanschauungen einer Generation, die Lebenslage einer sozialen Klasse, die Denkvoraussetzungen einer Epoche, die Stereotypen von Geschlechtsklassen, die fachlich beschränkte Sichtweise von Berufsgruppen, die Denkstile bestimmter Forschergemeinschaften (einschließlich der eigenen). Karl Mannheim nannte das die Standortgebundenheit allen Denkens (Mannheim 1964).

richte von Abenteurern, Reiseschilderungen von Touristen, Verlautbarungen aus Missionsstationen, Handelsagenturen und von Kolonialbeamten. Darüber hinaus hatten Ethnologen ihre Brieffreunde in Übersee, deren Berichte sie aus der örtlichen Post abholen konnten. James Frazer, der Inhaber des ersten Lehrstuhls für Ethnologie, der sich über Jahrzehnte intensiv mit den damals so genannten ‚primitiven' Völkern beschäftigt hatte, soll auf die Frage, ob er denn jemals persönlich Kontakte mit Eingeborenen aufgenommen hätte, geantwortet haben: „But Heaven forbid!"

Dieses Muster änderte sich erst um die Wende zum 20. Jahrhundert. Da begaben sich die ersten Ethnologen selbst auf Reisen und brachen zu bestimmten Stämmen auf, um Informationen über ihre Lebensformen, ihre soziale Organisation und ihre materielle Kultur zu erhalten. Dabei beschränkten sie sich freilich auf „Spritztouren", auf denen möglichst viele Stammesgesellschaften in möglichst kurzer Zeit abgeklappert wurden. Sie blieben als Passagiere an Deck ihres Schiffes und suchten sich einen eingeborenen Informanten, der auch Englisch sprach und von dem sie sich die Mythen und das Brauchtum seines Stammes in die Feder diktieren lassen konnten.

Diese Verfahrensweise in der ethnologischen Feldforschung änderte sich erst mit dem polnischen Ethnologen Bronislaw Malinowski. 1922 forderte er, dass Ethnologen sich nicht mit Wissen aus zweiter Hand begnügen dürften, sondern in unmittelbarem Kontakt mit den Angehörigen einer anderen Kultur Erfahrungen über deren Lebensweise sammeln müssten. Sie sollten endlich ihren Lehnstuhl an Deck oder auf der Veranda einer Missionsstation verlassen, und stattdessen in die Dörfer der Eingeborenen gehen, ihre Sprache lernen und sich ein paar Monate lang ihrem Leben aussetzen. Schluss mit der empirischen Wasserscheu! Mit Fragebogen, dünnen Interviewauskünften und bloßem Hörensagen. Das Ziel der ethnologischen Feldforschung müsse, so Malinowski, darin bestehen, aus der Erfahrung am eigenen Leib „den Standpunkt des Eingeborenen, seinen Bezug zum Leben zu verstehen und sich *seine* Sicht *seiner* Welt vor Augen zu führen" (Malinowski 1979: 49). Für Malinowski war ein Missionar jemand, der die Sichtweise des weißen Mannes den Eingeborenen erklärt, während es die Aufgabe des Ethnologen ist, die Sichtweise des Eingeborenen dem Europäer zu erklären. Diese Anforderung besteht in einem schwierigen Perspektivenwechsel. Z.B. war es für die Europäer, die meinten, Amerika entdeckt zu haben, schwer zu verstehen, dass die Bewohner Lateinamerikas nicht erst entdeckt werden mussten, um zu wissen, dass sie da sind. Und man brauchte Jahrhunderte Zeit, um zu verstehen, dass die Heiden für sich selbst gar keine Heiden sind, sondern, dass es neben dem christlichen Glauben andere Formen von Religiosität gibt. (Der Prozess ist übrigens noch heute nicht abgeschlossen.)

Ethnologisches Erkennen bearbeitet also ein *Verstehensproblem.* Wie kann man sich etwas Fremdes vertraut machen? Die weitere Geschichte der Ethnologie zeigte, dass dieses Problem keineswegs einfach zu lösen ist. Die Feststellung von Fremdheit mündete oft in deren Überzeichnung: die Verklärung außereuropäischer Ethnien zu „Naturvölkern", „Menschenfressern", „edlen Wilden" usw. Wesentliche Stoffe der Projektion waren dabei sexuelle Fantasien des christlichen Abendlandes: über Mogule mit riesigem Harem, und Indianer, die sich besonders zügellos oder besonders tolerant gegenüber ‚Perversionen' verhalten. Anstelle eines immanenten Verstehens des Fremden fand sich also allzu oft seine bloße Exotisierung zu etwas ‚ganz anderem' (im Englischen: ‚Othering') – und eine klischeehafte Projektion europäischer Obsessionen auf dieses Andere.

Seit der Aufarbeitung dieses Problems in den 80er Jahren ist die Ethnologie auf zweifache Weise wieder ‚zuhause' angekommen. Zum einen durch Analysen, die aufzeigen, dass ethnologische Texte über ‚fremde Kulturen' oft mehr über die Geschichte Europas zu erkennen geben als über ‚Eskimos' und ‚Indianer': Sie zeigen unsere vergangenen Stereotypen. Zum anderen durch eine Reihe von Studien einer reflexiven Ethnologie, die sich der Kultur ihrer westlichen Herkunftsgesellschaft ethnografisch zuwenden. Diese berühren sich mit der soziologischen Ethnografie. Inwiefern lässt sich aber eine Forschungshaltung, die davon ausgeht, dass kulturelle Wirklichkeit erst noch zu entdecken ist, überhaupt in Gesellschaften einsetzen, die uns gerade nicht fremd sind? Dies geht auf zwei Weisen.

3.2. Chicago School: Exploration von Sonderwelten

Die erste wurde in der Chicago School der Soziologie zwischen 1920 und 1940 entwickelt (s. für das Folgende Lindner 1990), übrigens eine Zeit, in der an vielen Universitäten Soziologie und Ethnologie noch eine gemeinsame Fakultät bildeten. Maßgeblich für den ethnografischen Grundzug der Chicago School war vor allem Robert Park, einer ihrer Gründerfiguren. Die Einwohnerzahl Chicagos hatte sich in dieser Zeit wegen der Einwanderungswelle aus Europa und Asien auf drei Millionen verzehnfacht. Ein Passant in Chicago konnte auf einem Spaziergang Straßenzüge und Viertel durchstreifen, die von ganz verschiedenen Bevölkerungsgruppen bewohnt waren: Italienern, Griechen, Chinesen, Syrern, Juden, Polen, Engländern, Deutschen und Koreanern. Die Stadt war durch die Migranten selbst zu einem Zentrum des Kulturkontakts geworden. Kulturelle Vielfalt auf engstem Raum machte die Großstadt zu einer faszinierenden Forschungsgelegenheit: Stadtforschung als Kulturanalyse im eigenen Land zu betreiben. So machte man Studien über ethnisch getrennte Stadtviertel, aber auch über Subkulturen wie Jugendgangs oder Tramps, und über alle möglichen Lokalitäten, Berufe und Szenen: Studien über Ladenmädchen, Taxi-Dancer (bezahlte Tanzpartnerinnen), Pfandleiher, Kindermädchen, Fahrstuhlführer und Handlungsreisende; Studien über das Hotelleben, die Börse, Ladenketten und das Nachrichtenwesen.

Die Haltung, in der man diesen Szenen begegnete, war nicht so sehr empathisch verstehend wie in der Ethnologie, sondern eher kühl. Park betrachtete die Großstadt als ein soziales Laboratorium, das sich zum Studium menschlichen Verhaltens und Zusammenlebens besonders gut eignet, weil es Traditionen zerstört und aus seinem bunten Gemisch neue Arten von Individuen entstehen lässt. Er sah die Großstadt als eine Menschenwerkstatt, die Züge der menschlichen Natur freisetzt, die in ländlichen und dörflichen Strukturen unterdrückt bleiben. Man muss dazu wissen, dass er lange als Reporter gearbeitet hatte, bevor er zur Soziologie kam. Und Reporter dürfen dem ersten Augenschein nicht trauen, sie müssen einen selbstständigen und illusionsfreien Blick hinter bürgerliche Kulissen werfen. Und sie müssen, wenn sie Kriegsreporter sind, auch schon mal die Kamera draufhalten, wo es der Anstand gebieten würde, wegzusehen. In gewisser Weise ist es daher das Zynische am Journalismus, das ihn zu einem Vorbild der frühen soziologischen Feldforschung machte. Er vermittelt eine interesselos-gleichgültige Einstellung, einen amoralischen Tatsachenblick. Der unterschied sich damals deutlich von einer theologisch bestimmten Soziologie in den USA, der es zuallererst um die Verbesserung der Menschen und die Reform der Gesellschaft ging. Der Unterschied zwischen Reformer und Reporter entspricht dabei etwa dem zwischen Missionar und Ethnologen im Programm der ethnologischen Feldforschung von Malinowski.

Allerdings war der Bedarf an Ethnografie in der Soziologie anders begründet. Urbanisierung und Migration sorgten, wie gesagt, für ethnisch differenzierte Stadtviertel, *zwischen* denen hinreichend Fremdheit für ethnografische Forschung herrschte. Hinzu kamen die zahlreichen Differenzierungen kulturellen Wissens durch deviante Gruppen und Lebensstile, aber auch durch Professionalisierung, also die Spezialisierung von kulturellem Wissen. In der Chicago School entstand auch die Berufssoziologie. Vielschichtig differenzierte Gesellschaften bringen also eine große Zahl von kulturellen Sonderwelten hervor, die weder einer allgemeinen Alltagserfahrung noch der Soziologie ohne weiteres zugänglich sind. Insofern multiplizieren sich die Möglichkeiten von Fremdheitserfahrungen in der eigenen Gesellschaft, und es wird fruchtbar, spezialsprachliche Expertengemeinschaften und Subkulturen *methodisch* als fremde Kulturen zu behandeln und soziologisch zu erschließen. Seit den 1980er Jahren hat man solche Ethnografien auch über die Praxis naturwissenschaftlichen Arbeitens angestellt (z.B. Knorr-Cetina 1984).

3.3. Soziologie des Alltäglichen: Befremdung des Vertrauten

Die die Ethnologie leitende Idee des Entdeckens lässt sich aber auch noch auf eine zweite Weise für die Soziologie fruchtbar machen: wenn man nämlich auch allgemein zugängliche Bereiche der Alltagserfahrung, z.B. städtische Öffentlichkeiten, unter der Prämisse betrachtet, sie seien unbekannt. Das weitgehend Vertraute wird dann betrachtet *als sei es fremd*, es wird gar nicht mehr nachvollziehend verstanden, sondern methodisch *befremdet*: Es wird auf Distanz zum Beobachter gebracht. Die Ethnografie erschließt dann nicht einfach ein spezifisches Forschungsgebiet, also etwa ‚kuriose' Subkulturen. Kurios ist eher der ethnografische Blick, der bemüht ist, alle möglichen Gegenstände ‚kurios' zu *machen*, also zum Objekt einer empirischen und theoretischen Neugier, die sich gerade das allzu Vertraute, nämlich selbstverständlich Hingenommene der eigenen Gesellschaft zu ihrem *frag*würdigen Gegenstand macht. Für diese Tradition der *Ethnografie als Soziologie des Alltäglichen* sind vor allem drei Autoren zu nennen.

(1) Der erste ist Alfred Schütz. Schütz ging es um eine Beschreibung der *alltäglichen* Denkvoraussetzungen aller Mitglieder einer Gesellschaft (Schütz/Luckmann 1979). Er ist gewissermaßen der Entdecker des *Alltags*wissens in der Soziologie, das ich eben als ein großes Handicap unseres Faches darstellte. Schütz machte klar, dass wir nicht wie die Ethnologen die Binnenperspektive einer Gesellschaft erst *suchen* müssen, sondern dass wir Soziologen immer schon von der beschränkten Binnenperspektive unserer Gesellschaft *ausgehen* und ihr auch stark verhaftet bleiben. Das Alltagswissen ist für Schütz das Geflecht von Handlungs- und Denkweisen, die uns zur Gewohnheit geworden sind und unserem Leben so eine bewusstlose, feste Ordnung geben. Als Alltag bezeichnen wir unsere gewöhnlichsten, laufend wiederholten Tätigkeiten, deren Abwicklung für uns kein Problem darstellt, kein Thema von Gesprächen ist, uns meist nicht einmal zu Bewusstsein kommt. Dass wir uns auf zahllose solcher eingespielten Routinen blind verlassen können, ist wichtig, weil wir sonst gar nicht den Kopf frei hätten, um uns gelegentlich ganz gezielt und bewusst mit Dingen zu befassen, die wir problematisch finden, nicht ‚in Ordnung'. Damit hat das Alltagswissen eine Eigenschaft, die weder schulisches noch wissenschaftliches Wissen haben: Es ist völlig zweifelsfrei. Wissenschaftliches Wissen ist chronisch skeptisch gegen sich selbst, es besteht in einem einzigen Selbstprüfungsprozess. Das Alltagswissen muss dagegen gerade fraglos gültig sein, wir müssen es schlicht voraussetzen, um überhaupt handeln zu können.

Eine von Schütz' schönsten Arbeiten, die man im Laufe eines Soziologiestudiums unbedingt lesen sollte, ist der Aufsatz zum ‚Fremden' (Schütz 1972), der schildert, wie ein Migrant (und das war Schütz selbst) in einer fremden Gesellschaft mangels Vertrautheit mit den Umgangsformen, Denkstilen, Deutungsmustern genau all dies sehr klar als seltsame Phänomene zu sehen bekommt. Schütz' Fremder ist ein unfreiwilliger Soziologe.

(2) Weiterentwickelt wurde diese Soziologie des Alltagswissens u.a. durch Erving Goffman. Goffman arbeitete ethnografisch u.a. in der Psychiatrie – aber eben nicht nur im Sinne der Chicago-School-Tradition von Milieu- oder Institutionenforschung, sondern mit einem reflexiven Interesse an der Aufklärung des *Normalen.* Dieses Forschungsinteresse mündete bei ihm in eine laufende Gelegenheitsbeobachtung des eigenen Alltags (der Interaktionsrituale der amerikanischen Mittelschicht), die er zu einer Art soziologischer Lebensform entwickelte. Sein Erkenntnisproblem war die Normalität dieses Alltags, die man nur durchdringen kann, indem man sie irgendwie ‚*verrückt*'.

Goffman macht das vor allem mit Hilfe schräger Vergleiche und theoretischer Metaphern. Zu seinen schrägen Vergleichen gehören vor allem solche mit der Tierwelt. Goffman betrachtet z.B. aufgereihte Menschen an einer Bushaltestelle wie Vögel auf einer Telegrafenleitung; oder er vergleicht das Anheben des Kopfes bei Passanten, die Geschrei auf der Straße hören, mit den Alarmzeichen von Antilopen bei Witterung eines Löwen: In beiden Fällen teilt die Verkettung von Blickrichtungen die Alarmquelle mit (Goffman 1974). Diese Vergleiche mit Tieren haben auch theoretische Gründe, weil er, wie vor ihm schon George Herbert Mead, die Soziologie als Verhaltenswissenschaft auffasste und durchaus Parallelen zwischen Mensch und Tier sah, vor allem die Verwundbarkeit in der Gegenwart anderer. Wichtiger ist aber der methodologische Trick einer Verfremdungsstrategie, um diese lästige Normalität und Vertrautheit des soziologischen Gegenstands aufzuknacken. Goffman ging in die Psychiatrie, um normales Benehmen zu untersuchen. Er beschrieb Individuen als Fahrzeuge, um sie als verletzliche Fußgänger entdecken zu können. Und er beschrieb sie als Gruppen mit nur einem Mitglied, um sie als kontaktscheue Einzelne erkennen zu können (ebd.).

Von seinen theoretischen Konzepten ist die Theatermetapher das populärste. Sein bekanntestes Buch ‚The Presentation of Self in Everyday Life' (deutsch: Wir alle spielen Theater, 1969) beruht auf einer Verfremdungsanweisung: Betrachte menschliches Verhalten als inszenierten Akt, dann kannst du ein selbstverständliches Tun durch diese Verfremdung soziologisch aufschlüsseln, du kannst sehen, wie es gemacht wird, welche Zeichen und Kniffe es zum Einsatz bringt. Diese Aufforderung zur *Fiktionalisierung* steht an derselben Stelle wie Max Webers methodologische Aufforderung zur rationalen Rekonstruktion von Handlungen: dass Soziologen bei der Typisierung von Handlungen erst einmal unterstellen sollen, diese seien zweckrational. Weber wollte Soziologen mit dieser Empfehlung davor bewahren, einem Handelnden vorschnell Unvernunft zu unterstellen. Goffman sagt ganz ähnlich: Ihr seid der Doppelbödigkeit und Scheinhaftigkeit des Sozialen nur gewachsen, wenn Ihr aufhört, wie in Eurem Alltag das Verhalten nach aufrichtig und unecht zu unterscheiden und Euch entsprechende Persönlichkeiten ‚dahinter' auszumalen. Auch aufrichtig zu sein, muss auf einer kommunikativen Oberfläche *dargestellt* werden. Auch ein Mann zu sein, muss dargestellt werden usw. Soziologen haben daher nicht zu entscheiden, ob ein hervorgerufener Eindruck falsch oder richtig ist, sondern, wie ein gegebener Eindruck als solcher aufrechterhalten oder zerstört werden kann. Wir sollen daher das praktische Interesse des Alltagsmenschen an der Frage, ob eine Darstellung glaubwürdig ist oder nicht, durch das analytische Interesse daran ersetzen, wie eine Darstellung als kommunikative Leistung funktioniert. Unsere besten Freunde sind dabei die Betrüger und Täuscher, denn sie wissen wenigstens, was sie tun, und sie müssen viel größere Sorgfalt auf die Prävention gegenüber Störungen verwenden. Zum Beispiel sehen wir viel klarer, wie man Betroffenheit zur Darstellung bringt, wenn wir gesehen haben, wie kunstvoll Harald Schmidt das im Fernsehen tut (um die entsprechenden Heucheleien des Mediums satirisch vorzuführen). Wenn wir wissen, dass jemand heuchelt, dann sehen wir glasklar, wie Heucheln geht.

(3) Ein weiterer, noch enger an Schütz anschließender Soziologe ist Harold Garfinkel (1967). Bei der von ihm begründeten Ethnomethodologie ist die Hinwendung einer ethnologischen Kulturanalyse zur Beobachtung der eigenen Gesellschaft schon im Namen des Ansatzes enthalten. „Ethnomethodologie" ist eine Ableitung aus dem Begriff der Ethnoscience – das ist ein Ansatz in der Ethnologie, der sich für das Wissen interessiert, mit dem die Angehörigen einer fremden Kultur die Dinge ihrer Welt wahrnehmen, definieren, klassifizieren und ihnen so eine Bedeutung zuschreiben. Es ging der Ethnoscience um die ‚Ordnung der Dinge in den Köpfen der Leute', z.B. um ihre Ethnokosmologie (Wissen vom Universum) oder Ethnobiologie (Tierklassifikationen, Zeugungstheorien usw.). Der Begriff der Ethnomethodologie kommt nun durch drei Verschiebungen zustande.

Zum Ersten geht es einem soziologischen Ansatz um das Wissen in der eigenen Gesellschaft. Diese wird also einem ethnologischen Blick ausgesetzt. Einen solchen Blick kann man nicht einfach wie eine Brille aufsetzen, man muss ihn sich erarbeiten. Die Ethnomethodologie entwickelt daher ähnlich wie Goffman eine Reihe von Strategien der Verfremdung des soziologischen Gegenstands und der Entfremdung und Distanzierung des soziologischen Beobachters. (Ich nenne gleich ein paar).

Zum Zweiten geht es der Ethnomethodologie nicht um die Ethnobiologie oder -kosmologie von Angehörigen westlicher Gesellschaften, sondern um ihre Ethno*soziologie,* eben um das Alltagswissen über Gesellschaft in der Gesellschaft, das man soziologisch kennen muss, um zu verstehen, warum die Leute tun, was sie tun. Und nach Auffassung Garfinkels kann die Soziologie gar keine seriöse Wissenschaft vom Sozialen sein, wenn sie diese Ethnosoziologie nicht untersucht, sondern laufend selbst benutzt, wenn sie also dem Alltagswissen über die Gesellschaft verhaftet bleibt – heraus käme dann nur ‚folk-sociology', distanzlos verwachsen mit den kulturellen Selbstverständlichkeiten des Untersuchungsfeldes. Statt sie im Rücken zu haben, muss man sie sich erst mal vor Augen führen.

Zum Dritten hat das Alltagswissen nicht einfach dieselbe Form wie wissenschaftliches Wissen, d.h. es ist zu einem großen Teil kein theoretisches, kognitives oder auch nur sprachlich verfasstes Wissen. Es sind eher (wie schon Schütz betonte) eingefleischte Glaubensüberzeugungen, implizites Wissen (Unterstellungen), das zum Teil auch gar nicht sprachfähig ist, eher ein *körperliches Können* als ein abfragbares Wissen: Dinge, die wir beherrschen, ohne genau sagen zu können, wie wir sie vollziehen. Eben diese *Form* des Wissens ist der Grund, von Ethno*methodologie* zu sprechen. Gemeint sind die praktischen Methoden der Leute, ihre Alltagswelt hervorzubringen, ihr praktisches Wissen, Handlungen zu vollziehen – ein Auto zu fahren, ein Gespräch zu führen, eine Frau darzustellen. Mit diesem praktischen Wissen, wie etwas zu tun ist, *vollziehen* sie (wir) zugleich ihre (unsere) kulturellen Annahmen darüber, woraus die soziale Welt besteht.

Aber wie kann man sich so ‚tief' – in stillschweigendem Einverständnis oder im Körper – gelagerte Annahmen vor Augen führen? Dafür braucht es die erwähnten Befremdungstechniken. Vier seien hier genannt:

1. Die sogenannten Krisenexperimente arrangieren eine Störung der sinnhaften Normalität von Situationen durch ein Fehlverhalten, das es ihren Teilnehmern unmöglich macht, zu begreifen, was gerade vor sich geht und ihre Sinnwelt wieder zu ordnen. Garfinkel forderte etwa seine Studenten auf, ihre Eltern mal einen Tag lang zu siezen. Das Ziel war, auf diese Weise sichtbar zu machen, welch fundamentale Erwartungen unsere Interaktionen regulieren. Die Krisenexperimente sollten dabei nicht Personen, sondern Situationen verwirren und ‚verrückt' machen. Es stellte sich aber heraus, dass es zu den elementaren Reparaturmaßnahmen gehört, die Verwirrtheit der Situation Personen zuzuschreiben. Die Zurechnung auf Personen („entweder der spinnt oder ich") ist bereits eine Normalisierungsmaßnahme, mit der wir die Sinnstörung einer Situation auf Personen abschieben.

2. Der Rückgriff auf ‚Fremde in der eigenen Kultur' nutzt diese als Beobachtungsexperten für Normalität. Das gilt etwa für Behinderte (in den *Disability Studies*), die ein geschärftes Bewusstsein von der Rolle des Körpers in Arbeitsvollzügen und Kommunikation haben (etwa Länger 2002), und es gilt für Garfinkels klassische Studie über eine Transsexuelle: Ihre Außenseiterposition wirkt wie ein Vehikel, das dem Soziologen die Distanzierung von seinen erlernten Denkgewohnheiten erleichterte. Wer sich selbst nicht für normal halten kann (keinen Platz in vorgefundenen kulturellen Kategorien findet), kann auch seine Umwelt nicht so betrachten. Die Weltwahrnehmung einer Transsexuellen ist hochgradig krisenhaft im Sinne von Schütz: Auch sie ist eine unfreiwillige Soziologin.

3. Die aus der Ethnomethodologie entstandene Konversationsanalyse (das ist eine mikroskopische Interaktionsanalyse von Gesprächen) arbeitet mit einem Befremdungseffekt, der durch die gewaltige Entschleunigung realzeitlicher Abläufe entsteht: Wenn sekundenkurze Sprechereignisse ‚unter die Lupe genommen' werden, wird etwas so Vertrautes wie ein Gespräch zu einem staunenswerten Koordinationskunstwerk. Wer sich selbst einmal auf einem Tonband anhörte, alle Stotterer, Räusperer und Satzabbrüche transkribierte und deren Funktionen analysierte, versteht schnell, warum sich manche Ethnomethodologen auch Molekularsoziologen nennen und beanspruchen, wie Molekularbiologen Grundlagenforschung zu betreiben.

4. Schließlich gibt es noch eine begriffsstrategische Verfremdungsmaßnahme ähnlich Goffmans Theatermetapher. Harvey Sacks, ein Kollege Garfinkels und Schüler Goffmans, schlug einen begrifflichen Kniff vor, um die soziologische Aufmerksamkeit beharrlich auf die Prozesshaftigkeit und praktische Vollzugsbedürftigkeit aller sozialen Tatsachen zu lenken. Soziologen sollten alle von ihnen wahrgenommenen Zustände mit der heuristischen Annahme betrachten, sie seien methodisch hervorgebracht: ein ‚doing being'. Wenn Soziologen z.B. jemanden als „wütend" wahrnehmen, also eine spontane Motivzuschreibung vornehmen, machen sie einfach nur von Alltagskompetenzen der Dechiffrierung eines Gesichtsausdrucks Gebrauch. Sacks empfiehlt, zur Verlangsamung dieses alltäglichen Verstehens die Unterstellung dazwischen zu schieben, dass dieses Wütendsein *getan* wird. Wir sollen uns also fragen, wie „doing being angry" geht, wie man das also macht. Wer einen Professor vor sich sieht, sollte sich fragen, wie „doing being a professor" geht, wie man es also bewerkstelligt, als ein solcher zu erscheinen und spontan erkannt zu werden. Das ‚doing' ist also die *methodologische* Maxime der Praxisforschung der Ethnomethodologie: *Betrachte jedes Phänomen so, als würde es gerade erst gemacht.* (Man beachte die Ähnlichkeit zu Goffmans Maxime „Betrachte es so, als beruhe es auf einer Inszenierung").

Eine Gemeinsamkeit dieser vier Befremdungsstrategien liegt in einer Veränderung der Normaldistanz zu den Dingen. Wir kennen alle möglichen Objekte aus einer solchen Normaldistanz: Gesichter, Bäume, Texte – und aus einer bestimmten Perspektive: z.B. ein Gesicht oder einen Text aufrecht und nicht ‚verkehrt', einen Baum von unten oder eine Weltkarte mit Europa in der Mitte (Asien im Osten, Amerika im Westen) – als sei dies ganz selbstverständlich. Dass die Veränderung solcher Normalperspektiven neue Erkenntnisse verschafft, ist auch aus anderen Wissenschaften bekannt: Mikroskop und Teleskop, Luftbilder und chinesische Weltkarten, aber auch schon einfache Annäherungen, Erkundungsgänge und andere Verschiebungen des Blickwinkels verändern schnell unsere eingelebte Sicht der Dinge.

Verglichen mit der ethnologischen Tradition der Ethnografie könnte man sagen, die Soziologie des Alltäglichen beginnt nicht mit dem Fremden und wird dann reflexiv auf ihre heimische Herkunft verwiesen, sie fängt vielmehr ‚zuhause' an, erarbeitet sich aber einen ethnologischen Blick auf das Vertraute, sie wird zur Ethnologie der eigenen Gesellschaft. Dafür gilt es nicht eine Fremdheit des Gegenstands zu überwinden, sondern eine Fremdheit des Beobachters herzustellen. Denn ein solcher, das hatte vor Alfred Schütz auch schon Georg Simmel in seiner Soziologie des Fremden festgestellt (Simmel 1908), verfügt über eine eigentümliche Objektivität, eine Bindungslosigkeit, Indifferenz und Überraschungsfähigkeit, ohne die eine Professionalisierung der Soziologie unmöglich wäre.

4. Ethnografisch Arbeiten: Explikation impliziten Wissens

An welchen Gegenständen und mit welchen Methoden lässt sich eine solche Haltung des professionellen Fremden empirisch umsetzen? Die Gegenstände sollten beliebig sein, denn das Kulturelle ist kein Gegenstandsbereich im Gegensatz zur Natur. Das Kulturelle ist vielmehr – eher wie das Materielle – eine Dimension aller möglichen Phänomene in der Welt: Gespräche, Gesetze, Körper, Atome. Dass diese Dinge immer auch kulturelle Entitäten sind, heißt eben, dass sie nur über sinnhafte Unterscheidungen so da sind wie sie sind: in der Kommunikation, in der Geschichte, in einem geografischen Raum.

Man wird freilich das ethnografische Register je nach der Beziehung des Beobachters zum ‚Feld' richtig einstellen müssen, um neues Wissen zu erzeugen. In meinen eigenen Studien habe ich das jedenfalls so erfahren: Es braucht größere *Verstehens*leistungen, wenn man sich als Soziologe in Operationssälen oder anatomischen Ausstellungen bewegt (Hirschauer 1991, 2002), es braucht größere *Verfremdungs*leistungen, wenn man versucht, Männer und Frauen als seltsame Erscheinungen des öffentlichen Lebens in den Blick zu bekommen oder wenn man sich in Fahrstühlen herumtreibt (Hirschauer 2008 [1993], 1999).

Mit welcher Methode arbeitet eine Kultursoziologie in ethnografischer Einstellung? Die vorrangige Erkenntnisstrategie ist sicher die Feldforschung auf der Basis einer längerfristigen teilnehmenden Beobachtung (ein Vorgehen, das soziologische Ethnografen mit Ethnologen und ‚Volkskundlern' eint). Die ‚Ethnografie' in diesem engeren Sinne war nicht Gegenstand dieses Textes, sie sei aber in ihren Grundzügen kurz charakterisiert: Die Methodologie der Feldforschung besteht im Kern aus zwei gegenläufigen Erkenntnisbewegungen zwischen ‚Feld' und disziplinärem Diskurs: Zu den *Teilnahme*anforderungen gehört es, sich den Methodenzwängen des Gegenstandes auszusetzen,[3] Sozialität in ihrer öffentlichen Situiertheit aufzusuchen, sich von situativen Teilnehmerrelevanzen steuern zu lassen und Sinnbildungsprozesse synchron zu begleiten. Zu den *Distanzierungs*anforderungen gehört es, in disziplinärer Sozialisation Beobachtungskompetenzen zu erwerben, sich im Feld durch das Aushandeln von Beobachtungslizenzen zu Aufzeichnungen zu entlasten, sich durch Rückzüge vom Feld analytisch zu disziplinieren und durch Vertextung Erfahrungen laufend in Daten zu transformieren (Amann/Hirschauer 1997).

In ethnografischer Einstellung empirisch zu arbeiten, kann aber auch in einem interaktionsanalytischen oder diskursanalytischen Vorgehen bestehen (Hirschauer 1999, 2005). Zu einem ethnografischen Vorgehen im weiteren Sinne gehört dabei ein opportunistisches Ergreifen von Forschungsgelegenheiten, ein pragmatisches Hantieren mit Datenmaterialien aller Art, ein experimentelles Spiel mit den analytischen Möglichkeiten unterschiedlicher Theorieangebote und eine Relativierung von ‚Methodenfragen' an den Eigenschaften des jeweiligen Gegenstandes (Hirschauer 2008). Ethnografisches Arbeiten erfordert in jedem Fall eine hohe Beweglichkeit in vielerlei Hinsichten: nicht nur zwischen ‚Feld' und Universität, zwischen Eintauchen und Distanzierung, auch zwischen Informanten und Lokalitäten, zwischen sich anbietenden Datentypen und Analyseverfahren, zwischen Material, Literatur und Fragestellung. Es braucht soziale und verbale Gewandtheit, lokale und textuelle ‚Bewandertheit'.

In einer Hinsicht ist diese Beweglichkeit eine andere als die der Ethnologie, von deren Fernreisen die Ethnografie ihren Ausgang nahm. Wenn man den Ethnologen oft als Dolmetscher zwischen Sprachen, als Übersetzer zwischen ‚Kulturen' auffasst,[4] so kann man den ethnografisch gestimmten Soziologen als Dolmetscher *in* die Sprache auffassen (Hirschauer 2001), als einen Übersetzer

3 …etwa so wie die Beobachtung wildlebender Tiere eben Sitzfleisch, Tarnung, Ausdauer, Disziplin, Anteilnahme und wetterfeste Kleidung verlangt.

4 …was eine ziemlich fragwürdige Reifikation des Kulturbegriffs ist, von der sich die Ethnologie schon eine Weile verabschiedet hat (Trouillot 2002).

zwischen Wissenssorten, der zwischen verschiedenen *Aggregatzuständen des Kulturellen* vermittelt: zwischen der Schriftkultur, in der sich der kulturwissenschaftliche Diskurs bewegt und all jenen anderen Sinnschichten kulturellen Lebens: der oralen Kultur der Erzählungen und des verbalen Austauschs, der visuellen Kultur des körperlich oder massenmedial Gezeigten und der schweigenden Seite der materiellen Kultur aus Artefakten und geschulten Körpern. Der soziologische Dolmetscher bringt Schweigsames zur Sprache, übersetzt praktisches Wissen in empirisches, expliziert Mehrdeutiges und Implizites, kurz: er *artikuliert* kulturellen Sinn so einfach und so klar wie möglich.[5]

5. Schluss

Wieso also Exotisierung des Eigenen? Eigentlich ist die Exotisierung, das ‚Othering' ein großes soziales Problem im Umgang mit fremden Völkern, mit Migranten, mit Angehörigen anderer Religionsgemeinschaften, mit sexuellen Minoritäten usw. Wir neigen dazu, sie darauf zu fixieren, ganz anders zu sein, weil sie in einer bestimmten Hinsicht tatsächlich anders leben als ‚wir'. Und u.a. mit dieser Exotisierung stellen wir auch eben diese Differenz zwischen ‚uns' und ‚denen' erst her.

Genau diese Aufspaltung und dieses Fixieren sind aber von großem kulturwissenschaftlichem Nutzen, wenn man es auf das Eigene anwendet. Das Aufspalten steht hier für die nötige Distanzierung eines Beobachters, für die Herstellung von Professionalität. Und das Fixieren steht für den hartnäckigen Versuch einer Wissenschaft, einen Gegenstand herzustellen, der ihr immer schon tief im Nacken sitzt. Das Grundproblem der Gegenstandskonstitution in der Soziologie besteht eben darin, aus einem Phänomen, dem wir als Betrachter immer schon angehören, etwas uns ‚entgegen Stehendes' zu *machen*, also uns

5 Man kann die Explikation auch als einen eigenständigen Typ von ‚Erklärung' verstehen. In der positivistischen Tradition wird das Beschreiben (und das Verstehen) gerne als bescheidene, nicht-analytische Vorstufe des „Erklärens" im Sinne des naturwissenschaftlichen Kausaldenkens betrachtet (in diesem Band etwa: Gerhards). Die kultursoziologische Befremdungsleistung von explizierenden Beschreibungen liegt aber gerade darin, dieses ursächliche „Erklären" als Produktion von (etwas überraschungsarmen) soziologischen Deutungsmustern erkennen zu können, die nur im Rahmen einer naiv vorausgesetzten alltäglichen Sinnwelt Sinn machen. Es geht der Kultursoziologie mit ihrer Distanz von den großen Erklärungsgesten der Expertensoziologie eben nicht um die Überbietung des Alltagswissens, sondern – im Sinne Wittgensteins (2001 [1957]) – um dessen ‚grammatische' Untersuchung und Explikation. Man kann die darin liegende Leistung auf zwei Weisen bestimmen: *entweder* als deviante Beschreibung, die die Dinge neu sehen lässt (Rorty 1992), bzw. als ‚dichte' Beschreibung (Geertz 1983), die sie besser verstehen lässt und weitere Erklärungen schlicht überflüssig macht, *oder* eben als einen der *Wort*erklärung nachgebildeten Beitrag: die Kultursoziologie erklärt uns unsere Lebensformen.

vom Phänomen und dieses von uns selbst abzulösen.

Dafür reicht es nicht, ein kritisches Verhältnis zur eigenen Gesellschaft zu entwickeln. Das ist nur ein Durchgangsstadium, mit dem man beginnt, sich die eigene Gesellschaft als etwas vorzustellen, von dem man selbst Distanz gewinnen möchte. Etwas weiter in der Entdeckung des Eigenen kommt man schon, wenn man sich auf die Weltsicht von Marginalisierten einlässt und sich von ihrer Devianz infizieren lässt. Wer sieht, was Marginalisierte sehen, sieht schon viel mehr, als ein durch seine „Normalität" verwöhnter Mensch zur Kenntnis nimmt. Aber auch das reicht noch nicht. Eine gute Soziologin muss mit erhöhter Devianzbereitschaft an ihrer eigenen Marginalität arbeiten. Sie muss sich mit empirischen und begrifflichen Mitteln eine Position erarbeiten, die es ihr ermöglicht, über das Selbstverständlichste zu staunen. Erst wenn sie hinreichend weltfremd ist, ist die Soziologie, so meine ich, keine überflüssige Wissenschaft.

Literatur

Amann, Klaus/Hirschauer, Stefan (1997): Die Befremdung der eigenen Kultur. Ein Programm. In: Stefan Hirschauer; Klaus Amann (Hg.): Die Befremdung der eigenen Kultur. Zur ethnographischen Herausforderung soziologischer Empirie. Frankfurt a.M.: Suhrkamp: 7–52

Durkheim, Émile/Mauss, Marcel (1987): Über einige primitive Formen von Klassifikation. Ein Beitrag zur Erforschung der kollektiven Vorstellungen. In: Schriften zur Soziologie der Erkenntnis. Frankfurt a.M.: Suhrkamp: 169–256

Foucault, Michel (1971): Die Ordnung der Dinge. Eine Archäologie der Humanwissenschaften. Frankfurt a.M.: Suhrkamp

Garfinkel, Harold (1967): Studies in Ethnomethodology. Englewood Cliffs: Prentice Hall

Geertz, Clifford (1983): Dichte Beschreibung. Beiträge zum Verstehen kultureller Systeme. Frankfurt a.M.: Suhrkamp

Goffman, Erving (1969): Wir alle spielen Theater. Die Selbstdarstellung im Alltag. München: Piper

Goffman, Erving (1974): Das Individuum im öffentlichen Austausch. Frankfurt a.M.: Suhrkamp

Hirschauer, Stefan (1991): The Manufacture of Bodies in Surgery. In: Social Studies of Science 21: 279–319

Hirschauer, Stefan (2008 [1993]): Die soziale Konstruktion der Transsexualität. Über die Medizin und den Geschlechtswechsel. Frankfurt a.M.: Suhrkamp

Hirschauer, Stefan (1999): Die Praxis der Fremdheit und die Minimierung von Anwesenheit. Eine Fahrstuhlfahrt. In: Soziale Welt 50: 221–246

Hirschauer, Stefan (2001): Ethnographisches Schreiben und die Schweigsamkeit des Sozialen. Zu einer Methodologie der Beschreibung. In: Zeitschrift für Soziologie 30: 429–451

Hirschauer, Stefan (2002): Scheinlebendige. Die Verkörperung des Letzten Willens in einer anatomischen Ausstellung. In: Soziale Welt 53: 5–30

Hirschauer, Stefan (2005): Publizierte Fachurteile. Lektüre und Bewertungspraxis im Peer Review. In: Soziale Systeme. Zeitschrift für soziologische Theorie 11: 52–82

Hirschauer, Stefan (2008): Die Empiriegeladenheit von Theorien und der Erfindungsreichtum der Praxis. In: Herbert Kalthoff; Stefan Hirschauer; Gesa Lindemann (Hg.): Theoretische Empirie. Zur Relevanz qualitativer Forschung. Frankfurt a.M.: Suhrkamp: 169–187

Kohl, Karl-Heinz (2000): Ethnologie. Die Wissenschaft vom kulturell Fremden. München: Beck

Knorr-Cetina, Karin (1984): Die Fabrikation von Erkenntnis. Frankfurt a.M.: Suhrkamp

Länger, Caroline (2002): Im Spiegel von Blindheit. Eine Kultursoziologie des Sehsinnes. Stuttgart: Lucius und Lucius

Lindner, Rolf (1990): Die Entdeckung der Stadtkultur. Soziologie aus der Erfahrung der Reportage. Frankfurt a.M.: Suhrkamp

Malinowski, Bronislaw (1979 [1922]): Argonauten des westlichen Pazifik. Frankfurt a.M.: Syndikat

Mannheim, Karl (1964): Wissenssoziologie. Neuwied: Luchterhand

Messmer, Heinz (2003): Der soziale Konflikt. Kommunikative Emergenz und systemische Reproduktion. Stuttgart: Lucius und Lucius

Reckwitz, Andreas (2000): Die Transformation der Kulturtheorien. Weilerswist: Velbrück

Rorty, Richard (1992): Kontingenz, Ironie und Solidarität. Frankfurt a.M.: Suhrkamp

Schütz, Alfred (1972): Der Fremde. Ein sozialpsychologischer Versuch. In: Ders.: Gesammelte Aufsätze, Band 2. Den Haag: Nijhoff: 53–69

Schütz, Alfred/Luckmann, Thomas (1979): Strukturen der Lebenswelt, Band I. Frankfurt a.M.: Suhrkamp

Simmel, Georg (1992 [1908]): Exkurs über den Fremden. In: Ders.: Soziologie. Untersuchungen über die Formen der Vergesellschaftung, Gesamtausgabe Bd.11, Frankfurt a.M.: Suhrkamp

Trouillot, Michel-Rolph (2002): Adieu, culture: a new duty arises. In: Richard G. Fox; Barbara J. King (Hg.): Anthropology Beyond Culture. Oxford: Berg: 37–60

Wittgenstein, Ludwig (2001 [1957]): Philosophische Untersuchungen. Frankfurt a.M.: Suhrkamp

Medienkultur kritisch erforschen: Cultural Studies und Medienanalyse

Andreas Hepp

1. Einleitung: Cultural Studies als kritische Medienanalyse

Auch wenn die Cultural Studies mittlerweile zu einem etablierten Ansatz der Kultur- und Medienforschung gezählt werden, erscheinen sie im Vergleich zu anderen Traditionen nach wie vor schwer zu fassen. Dies hängt damit zusammen, dass sie sich nicht – wie beispielsweise die Kritische Theorie – auf eine „Schule" reduzieren lassen, obwohl das 1964 von Richard Hoggart gegründete und mittlerweile aufgelöste „Centre for Contemporary Cultural Studies" (CCCS) an der Universität Birmingham mit seinen Direktoren Stuart Hall und Richard Johnson in den 1970er und 1980er Jahren eine zentrale Institution bei der Konstitution der Cultural Studies gewesen ist. Seit den 1980er Jahren haben die Cultural Studies einen breiten „Boom" erlebt, der nicht zuletzt mit der stärkeren Hinwendung der Sozial- und Kulturwissenschaften zu Fragen der gegenwärtigen Alltags- und Populärkultur zusammenhängt. Im Zuge dieser Entwicklung wurden in den Cultural Studies verschiedene Traditionen der Kulturforschung aufgegriffen, nicht nur in Europa und Nordamerika, sondern ebenso in Lateinamerika oder jüngst in Asien.

Trotz der damit verbundenen Vielschichtigkeit der Cultural Studies lässt sich der Kern dieses „Ansatzes" (Krotz 1992), dieser „Formation" (Grossberg 1999) bzw. dieses „Projekts" (Hepp/Winter 2003) anhand von fünf Punkten fassen (Hepp 2004a; Hepp et al. 2009): 1. ihrer radikalen Kontextualität; 2. ihres Theorieverständnisses; 3. ihres interventionistischen Charakters; 4. ihrer Interdisziplinarität; und 5. ihrer Selbstreflexion. Hinzu kommt, dass, selbst wenn sich die Cultural Studies nicht auf einen einzelnen Forschungsgegenstand einengen lassen, in ihrer Tradition doch bestimmte Bereiche (vor allem der der Populärkultur) einen herausragenden Stellenwert haben.

1. Der Ausdruck der *radikalen Kontextualität* oder des *radikalen Kontextualismus* fasst als eine grundlegende Orientierung der Cultural Studies deren spezifischen Anti-Essentialismus, der sich in dem Verständnis manifestiert, dass kein

kulturelles Produkt und keine kulturelle Praxis außerhalb des kontextuellen Zusammenhangs fassbar sind, in dem sie stehen. Befassen sich die Cultural Studies entsprechend mit der Rolle kultureller Praktiken bei der Artikulation soziokultureller Wirklichkeit, geschieht dies unter Einbezug der verschiedenen in diesem Zusammenhang relevanten „Kräfte" und „Interessen", ohne dass eine davon monokausal als die „eigentlich relevante" apostrophiert wird.

2. Diese Position hat Folgen für das *Theorieverständnis* der Cultural Studies. Einerseits betonen deren verschiedene Vertreterinnen und Vertreter die Bedeutung von Theoriearbeit, d.h. Cultural Studies sind für sie grundlegend theoretisch orientiert. Grundposition ist dabei, dass einzelne zu erforschende Kontexte nicht direkt empirisch zugänglich sind, sondern die unabdingbare Voraussetzung für jede Empirie ihre theoriegeleitete Fokussierung ist. Andererseits ist aber auch keine Theorie kontextfrei zu sehen. Sie muss stets auf den Kontext bezogen werden, zu dessen Erfassung sie entwickelt wurde.

3. Wie Stuart Hall formuliert, sollen Theorie und Forschung helfen, die „historische Welt […] gegebenenfalls zu ändern" (Hall 1989: 173), was auf den *interventionistischen Charakter* der Cultural Studies verweist. Ihnen geht es nicht um die zweckfreie Produktion von Wissen, sondern darum, solches Wissen zu produzieren, das Hinweise darauf gibt, wie sich gegenwärtige soziokulturelle Probleme und Konflikte lösen lassen.

4. Eine *inter- bzw. transdisziplinäre Orientierung* der Cultural Studies ergibt sich dadurch, dass ihr primärer Gegenstand – nämlich Kultur, verstanden als ein konfliktäres Feld der Auseinandersetzung – kaum in den (methodischen und theoretischen) Grenzen einer Disziplin zu fassen wäre. Inter- und Transdisziplinarität darf aber nicht dazu führen, die eigene Arbeit lediglich mit Fußnoten anzureichern, die Verweise auf Arbeiten aus anderen Disziplinen enthalten (Grossberg 1999: 75). Inter- und Transdisziplinarität bedeutet vielmehr Arbeit, nämlich, sich adäquat in den Diskussionsstand eines Diskurses einzuarbeiten, den man zunächst einmal nur als Außenstehender kennt.

5. Wie Interdisziplinarität ist auch *Selbstreflexion* eine Grundhaltung, die dem Selbstverständnis nach viele (um nicht zu sagen: alle) wissenschaftlichen Ansätze auszeichnet. Das Spezifische der Cultural Studies in Bezug auf ihre Selbstreflexion ergibt sich hier wiederum durch ihren radikalen Kontextualismus. Begreift man Theorien als kontextuell vermittelte, vorläufige Antworten oder sogar nur als Frageperspektiven, sind die Forschenden gezwungen, sich im Forschungsprozess explizit mit ihrem Theorieverständnis zu positionieren.

6. Bei der Frage nach dem primären *Forschungsgegenstand* der Cultural Studies kann die Antwort vergleichsweise eindeutig ausfallen, sie ist bereits im Namen des inter- und transdisziplinären Projektes enthalten: Dieser Gegenstand ist Kultur, verstanden als ein von Macht geprägter, fragmentierter Zusammenhang

(Hall 2002). Denn unabhängig davon, zu welcher Konzeptionalisierung von Kultur die einzelnen Vertreterinnen und Vertreter der Cultural Studies *en detail* tendieren – ob sie eher einen anthropologisch orientierten Kulturbegriff favorisieren, nach dem unter Kultur die Gesamtheit einer Lebensweise zu verstehen ist, oder eher eine semiotisch-strukturalistische Position vertreten, die Kultur in Analogie zur Sprache weitgehend als ein spezifisches semiotisches System fasst –, so besteht doch Einigkeit darüber, dass Kultur nichts homogenes Ganzes ist, sondern einen konfliktären Prozess darstellt.

Über diesen Blickwinkel lässt sich auch das Interesse der Cultural Studies an der Auseinandersetzung mit Populärkultur erfassen, über die sie vor allem in der deutschsprachigen Forschungslandschaft bekannt wurden. Dieses Interesse ist aber nicht einfach darin begründet, dass sich in der Populärkultur eine besondere Ästhetik auftut bzw. sie ein zunehmend wirtschaftlich relevanter Bereich ist. Es hat vielmehr damit zu tun, dass die Populärkultur als ein herausragender Bereich der heutigen gesellschaftlichen Auseinandersetzung verstanden wird. In ihr werden einerseits dominante gesellschaftliche Diskurse greifbar, während andererseits in der Aneignungspraxis die alltagsweltlichen Handlungsfähigkeiten von Personen greifbar werden, die zumindest zum Teil dominanten gesellschaftlichen Diskursen zuwider laufen (Hartmann et al. 2006; Winter 2001).

In diesen Gesamtrahmen der Cultural Studies möchte ich den im Weiteren beschriebenen Ansatz der Medienanalyse einordnen. Er ist also nicht mit Cultural Studies schlechthin gleichzusetzen – dies würde der Vielschichtigkeit des „Projekts" nicht gerecht werden. Gleichwohl versteht er sich als eine empirische Umsetzung der Cultural Studies im Kontext der Kommunikations- und Medienwissenschaft. Deren Wichtigkeit in der Kommunikations- und Medienwissenschaft ergibt sich aus ähnlichen Argumenten, wie sie in Bezug auf Populärkultur formuliert wurden: Wir können heutige Kulturen und in diesen konkret werdende Macht- und Konfliktverhältnisse kaum mehr jenseits der Medien erforschen, da Letztere mit fortschreitender Mediatisierung zu zentralen Vermittlungsinstanzen von Kultur geworden sind. In diesem Sinne kann man formulieren, dass eine Medienanalyse der Cultural Studies sich im Untersuchungsdreieck der Wechselbeziehung von Kultur, Medien und Macht bewegt. Sie zielt darauf, diesen Zusammenhang in einer kritischen, zum weitergehenden gesellschaftlichen Diskurs hin offenen Weise mit unterschiedlichen methodischen Vorgehensweisen zu erforschen.

Wie man sich dieses Vorgehen vorstellen kann, möchte ich in drei Schritten verdeutlichen. Als Erstes soll der Kreislauf der Kultur („circuit of culture") als eine Systematisierung der Betrachtung von Medienkultur vorgestellt werden. Auf dieser Basis werden zweitens die methodischen Implikationen dieses Kreislaufs dargestellt. Hieran schließt sich drittens eine stärker „praktisch“ orientierte Darstellung des Vorgehens einer Medienkulturanalyse an.

2. Kreislauf der Medienkultur: Mediatisierte Kultur als komplexe Artikulation

Wie angeklungen, sollen im Weiteren mit dem Ausdruck Medienkultur solche Kulturen bezeichnet werden, deren primäre Bedeutungsressourcen mittels technischer Kommunikationsmedien vermittelt bzw. zur Verfügung gestellt werden.

An dieser Definition von Medienkultur erscheinen zwei Aspekte erklärungsbedürftig. Erstens ist dies der Medienbegriff, der explizit auf technische Verbreitungsmittel abhebt, also beispielsweise nicht Sprache als Medium fasst, sondern Kommunikationsmedien. Diese weisen folgende vier Dimensionen auf (Beck 2006: 13): Erstens verfügen sie über ein technisch basiertes Zeichensystem, welches die Kommunikation mit ihnen auf eine bestimmte Art und Weise (vor-)strukturiert. Zweitens sind sie durch charakteristische soziokulturelle Institutionen gekennzeichnet. Drittens haben Kommunikationsmedien für sie charakteristische Organisationen. Und viertens erbringen sie für bestimmte soziale Gruppen und Gesellschaften spezifische Leistungen, die es als kulturelle Konstruktionen gleichwohl kritisch zu hinterfragen gilt. Greift man die Terminologie von Herbert Kubicek (1997: 220) auf, handelt es sich bei in diesem Sinne verstandenen Kommunikationsmedien um Medien „zweiter Ordnung“. Mit dem Begriff des Mediums „erster Ordnung” bezeichnet Kubicek „technische Systeme mit bestimmten Funktionen und Potenzialen für die Verbreitung von Information“ wie den Druck. Medien zweiter Ordnung sind „soziokulturelle Institutionen zur Produktion von Verständigung“, die Medien erster Ordnung weiter ausdifferenzieren. Dies sind in Bezug auf den Druck als Medium erster Ordnung beispielsweise die Zeitung, das Buch, die Zeitschrift usw.

Der zweite erklärungsbedürftige Aspekt der Definition von Medienkultur ist der der primären Bedeutungsressource. Sicherlich ist keine Kultur in dem Umfang mediatisiert, dass all ihre Bedeutungsressourcen medienvermittelt wären. Auch muss man vorsichtig sein, als Kommunikations- und Medienwissenschaftler nicht in den Mythos von „mediated centres” (Couldry 2003) zu verfallen, der (Massen-)Medien unhinterfragt als Zentrum einer nationalen Gesellschaft begreift, anstatt die Prozesse der Konstruktion medialer Zentralisierung zu analysieren. Insofern der Mensch ein körperliches Wesen ist, wird ein Teil seiner kulturellen Bedeutungsproduktion stets „unmittelbar“ oder doch zumindest „nicht medienvermittelt“ bleiben (Reichertz 2008: 17). Die entscheidende Betonung liegt entsprechend auf dem Wort „primär“: Versteht man unter Mediatisierung in Anlehnung an die Überlegungen von Friedrich Krotz (2007) den Prozess der zunehmenden zeitlichen, räumlichen und sozialen Durchdringung unserer Kulturen mit Medienkommunikation, und damit verbunden die zunehmende Prägung verschiedenster kultureller Bereiche durch „die Medien", lässt sich historisch gesehen ein Punkt ausmachen, an dem Medien Kulturen in einer Weise prägen, in der sie auf der Alltagsebene konstitutiv für das Aufrechterhalten der Kulturen werden. Während sicherlich nicht alles durch die Medien vermittelt ist, artikulieren sich die Medien selbst in Kooperation mit anderen sozialen Institutionen in einem Prozess der „fortlaufenden sozialen Konstruktion" (Couldry 2008: 3) als das Zentrum der Gesellschaft. Entsprechend sind Medienkulturen nicht einfach Kulturen, die durch Mediatisierung im Sinne einer zunehmenden quantitativen Verbreitung und qualitativen Prägung von Kultur durch Prozesse der Medienkommunikation gekennzeichnet sind (Hepp 2009a). Sondern darüber hinaus sind Medienkulturen solche Kulturen, in denen „die Medien" Erfolg haben, sich als diejenigen zu konstruieren, die die primären Bedeutungsressourcen zur Verfügung stellen – kurz: das Zentrum (mit) bilden.

Exakt dies lässt sich für viele Kulturen moderner Gesellschaften argumentieren, die auf das Vorhandensein von Massenmedien und später digitalen Medien verweisen. Entsprechend können solche Kulturen als umfassend mediatisierte Kulturen oder kurz Medienkulturen bezeichnet werden. Der Begriff der Medienkultur fasst entsprechend nicht einfach die Kultur bestimmter Medieninhalte (beispielsweise im Sinne einer bestimmten Film- oder Radiokultur), sondern die Spezifik sich wandelnder Kulturen insgesamt.

Im Sinne solcher Überlegungen sind alle Medienkulturen als translokale Phänomene anzusehen. Was dies konkret heißt, wird an einer weiteren Spezifizierung des verwendeten Kulturbegriffs anhand des Kreislaufs der Medienkultur deutlich. Verbreitung haben Kreislaufvorstellungen von Kultur in den Cultural Studies insbesondere durch die Überlegungen von Richard Johnson (1986, 1999) gefunden, der den „circuit of culture" durch vier Instanzen gekennzeichnet sah: erstens die Produktion einzelner Kulturprodukte, zweitens Kulturprodukte selbst: verstanden als Texte bzw. Repräsentationen, drittens deren Interpretation und viertens die Kultur als (alltägliche) Lebensweise. In ähnlichem Sinne haben Paul du Gay et al. (1997: 3) Kultur im Rahmen eines Kreislaufs beschrieben. Als zentrale kulturelle Prozesse dieses Kreislaufs haben sie die Repräsentation, die Identität, die Produktion, den Konsum und die Regulation von Kultur begriffen. Systematisiert man solche Überlegungen weiter, lässt sich der Kreislauf der Medienkultur wie folgt visualisieren:

Abbildung 1: Kreislauf der Medienkultur

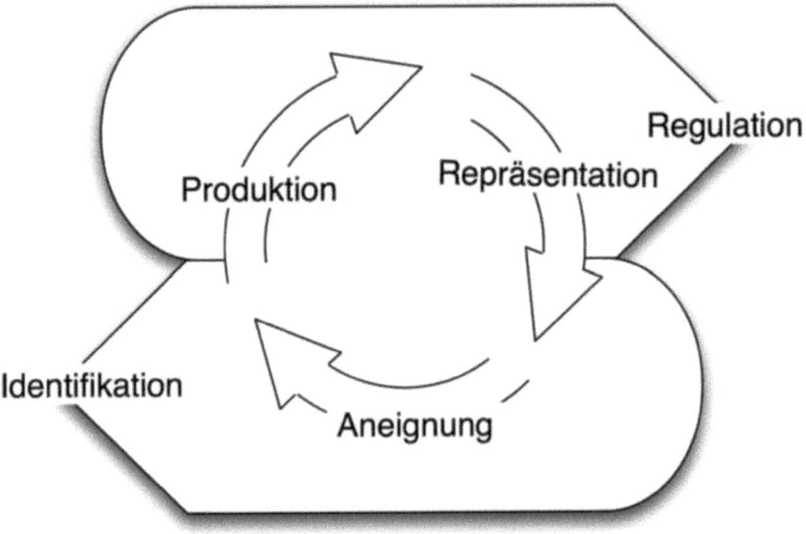

Quelle: Hepp 2004b: 187

Medienkultur wird in diesem Kreislauf im Kern als durch drei Artikulationsebenen vermittelt gedacht, erstens durch die Produktion von verschiedenen materiellen und immateriellen Kulturprodukten, zweitens durch die diskursiven Repräsentationen, die diese ausmachen, und drittens durch deren Aneignung. Die Produktion ist die Artikulationsebene von Medienkultur, die die Strukturen, Praktiken und Prozesse der „Hervorbringung“ von Medienprodukten beschreibt. Mit Repräsentation wird die Artikulationsebene der ‚Darstellung‘ von Medienkultur in Kulturprodukten gefasst. Der Ausdruck der Aneignung bezeichnet die Artikulationsebene von Medienkultur, die den Prozess des aktiven „Sich-Zu-Eigen-Machens“ von Medienkultur als Lokalisierung im Alltag fasst. Wichtige Momente, die quer zu diesem Kernkreislauf ausgemacht werden können, sind die kulturelle Regulation, beispielsweise durch die Politik, und die Identifikation, d.h. die Artikulation bestimmter kultureller Identitäten.

Ein Teil von Medienkulturen ist also die Produktion einzelner Medienprodukte oder Medientexte. Diese wiederum repräsentieren, eingebettet in Diskurse, bestimmte Zusammenhänge, die sich von den Rezipierenden „zu eigen“ gemacht und so kulturell transformiert werden. Kulturelle Identitäten werden in diesem Prozess ebenso konstituiert, wie dieser Prozess durch Bedingungen verschiedener Mediensysteme reguliert wird. Insgesamt konstituiert sich Medienkultur auf diese Weise als Verdichtung kommunikativer Prozesse. Entsprechend lässt sich das Schema des Kreislaufs der Medienkultur als Systematisierung der Ebenen begreifen, die für eine konkrete Analyse von Medienkultur wichtig sind.

Zentral für das Verständnis dieses Kreislaufs der Medienkultur ist, dass Fragen der Macht nicht auf eine Artikulationsebene reduziert, sondern auf alle Ebenen bezogen werden. Diese Formulierung verweist auf einen an Michel Foucault orientierten Machtbegriff. Der Ausdruck der Macht fasst die Mittel, mit denen Subjekte oder soziale Formationen im Rahmen ihrer Interessen und Ziele andere dominieren. Macht ist diskursiv vermittelt und geht mit der Produktion eines spezifischen Wissens bzw. bestimmter Wirklichkeitsdefinitionen/Repräsentationen einher. In diesem Sinne kann Macht produktiv sein. Deutlich hat Foucault unterstrichen, dass „Machtverhältnisse [...] in der Gesamtheit des gesellschaftlichen Netzes" (Foucault 1996: 43) wurzeln. Das heißt, dass über Fragen der Regulation hinausgehend, sich Macht auf den verschiedenen Artikulationsebenen des Kreislaufs der Medienkultur manifestiert: So sind mediale Repräsentationen in spezifischen Diskursen strukturiert, die konventionell vermitteln, was unter bestimmten sozialen und kulturellen Umständen „gesagt" werden kann, bzw. wer wann und wo kommuniziert. Hiermit besteht auf der Repräsentationsebene eine enge Beziehung zwischen Macht und Wissen. Vermittelt über Diskurse bestimmen Machtverhältnisse, welches Wissen zur Repräsentation gelangt und welches nicht. Machtverhältnisse sind schließlich in Bezug auf Aneignung und Identifikation zu berücksichtigen, weil beide Artikulationsebenen auf das Lokale und damit die Alltagswelt verweisen, deren Wirklichkeit durch fortlaufende, ebenfalls durch Macht strukturierte Alltagsdiskurse aufrecht erhalten wird (Krönert 2009).

In der bisherigen Forschung gibt es eine Diskussion darüber, inwieweit dieses Kreislaufmodell geeignet erscheint, politische Kommunikation und ihre kulturellen Aspekte zu analysieren. Oliver Machart (2008: 226-233) sieht beispielsweise in dem Modell die Tendenz, Dimensionen des Politischen auf die Ebene staatlicher Regulation einzuengen und damit „den Bereich der Makropolitik aus dem Blick zu drängen" (ebd.: 232). Dieser Position ist zweierlei zu entgegnen: Erstens ist das Aufgreifen der Ebene der Regulation entgegen einer solchen Kritik für die Analyse politischer Kommunikation ein wichtiger Schritt, weil Medienstudien in der Cultural-Studies-Tradition Fragen staatlicher Einflussnahme und (politischer) regulativer Institutionen lange Zeit nicht im Blick hatten, sondern eher die Politik auf der Ebene widerständiger, sozialer Bewegungen. Zweitens setzen Kreislaufschemata Politik bewusst nicht mit der Ebene der Regulation gleich, sondern behandeln Aspekte des Politischen auf allen

Ebenen, bspw. im Hinblick auf Repräsentation oder Identität, wie es der skizzierte Machtbegriff verdeutlicht. Folglich ist eher Einschätzungen wie denen von Grossberg et al. (1998: 18-26) zuzustimmen, die in dem „circuit of culture" eine allgemeine Grundposition einer auf Fragen der Kultur orientierten Medienanalyse sehen, die sich sehr wohl für politische Kommunikation eignet.[1]

Mit der Globalisierung von Medienkommunikation sind Kreisläufe der Medienkultur nicht mehr zwangsläufig auf ein Territorium beschränkt. Medienkulturen sind zunehmend deterritorialisiert.[2] Dies lässt sich anhand einiger Beispiele verdeutlichen: So wird die Globalisierung der Medienkommunikation insbesondere von einer beschränkten Zahl global agierender Unternehmen getragen, die selbst in Netzwerken strukturiert sind. Solche Unternehmen sind nicht aus einem territorialen Blickwinkel beschreibbar, sondern nur in einer Betrachtungsweise, die ihre Netzwerkstruktur berücksichtigt. Aber auch in Bezug auf die Artikulationsebene der Repräsentation sind Deterritorialisierungen auszumachen. Im Zuge der Globalisierung der Medienkommunikation deckt sich die translokale Verfügbarkeit medialer Repräsentationen nicht zwangsläufig mit dem Territorium von Nationalstaaten. Mit der Satellitenkommunikation durchschreiten mediale Repräsentationen bereits durch „Spill-over-Effekte" Territorien. Ebenso sind Repräsentationen in der Netzkommunikation schwer zu territorialisieren.

Schließlich schafft die Aneignung geteilter medialer Repräsentationen translokale Netzwerke von Zugehörigkeit, die vom nationalen Rahmen abstrahieren können. Anschaulich wird dies anhand der Internetkommunikation, in der verschiedene deterritorialisierte „communities" entstanden sind. Dass es auch darauf ankommt, bezogen auf die zwei im Kreislauf der Medienkultur quer liegenden Artikulationsebenen der Regulation und Identifikation, Fragen der Medienkultur zumindest teilweise jenseits des Nationalen zu fassen, wird deutlich, wenn man sich vergegenwärtigt, welche Herausforderung die Deterritorialisierung für sie bedeutet. Eine Regulation medialer Produktion sieht sich mit dem Umstand konfrontiert, dass in Netzwerken strukturierte, global agierende Medienunternehmen sich einer territorial orientierten, nationalstaatlichen politischen Regulation und ihren Machtstrategien entziehen können. Ähnliches gilt für Repräsentationen beispielsweise des Internets oder des Satellitenfernsehens, die über verschiedenste Territorien hinweg verfügbar sind. Ebenfalls kann die Identitätsartikulation im Rahmen verschiedener identitätsstiftender Prozesse nur

1 Dies zeigt sich in der deutschsprachigen Kommunikations- und Medienwissenschaft in der Konzeptionalisierung der „cultural citizenship" durch Elisabeth Klaus und Margret Lünenborg (2004: 201), die diese im „Kreislauf kultureller Bedeutungsproduktion" beschreiben.

2 Vgl. zu diesem Aspekt im Detail die Diskussionen von García Canclini 1995, Tomlinson 1999 und Hepp 2004b.

dann adäquat gefasst werden, wenn man berücksichtigt, dass mit der Globalisierung von Medienkommunikation verschiedene, deterritorialisierte Repräsentationen als Ressourcen von Identität fungieren.

Zusammenfassend können wir festhalten, dass der Ausdruck „Medienkultur“ die Summe der verschiedenen medienvermittelten Klassifikationssysteme und diskursiven Formationen bezeichnet, auf die in alltäglichen (kommunikativen) Praktiken Bezug genommen wird, um Dingen Bedeutung zu geben. In diesem Sinne werden Medienkulturen über Verdichtungen von Kommunikationsprozessen beschreibbar. Indem Medienkulturen auf ortsübergreifenden Kommunikationsprozessen fußen, sind sie der Definition nach translokal orientiert und mit der Globalisierung der Medienkommunikation zunehmend deterritorialisiert. So sind es die elektronischen Medien (Film, Radio, Fernsehen und Internet) gewesen, durch die Bedeutungsproduktion zumindest teilweise von Territorialität entkoppelt wurde. Mit ihnen ist es möglich, einzelne Medienprodukte als Ressourcen oder Materialien der Generierung von Bedeutung an einer Lokalität zu produzieren, während diese Inhalte über komplexe Distributionsprozesse an gänzlich anderen Lokalitäten repräsentiert und angeeignet werden können.

Vergegenwärtigt man sich dies, sind heutige Medienkulturen im Sinne von Jan Nederveen Pieterse (1998) mit einem „translokalen” anstatt einem „territorialen” Kulturbegriff zu fassen: Medienkulturen weisen über das Lokale hinaus. Sie fügen sich aber nicht zwangsläufig zu der territorialen Vorstellung von Kulturen, wie man sie mit dem Begriff der Nationalkultur verbindet. Systematisch lassen sich translokaler und territorialer Kulturbegriff anhand folgender Punkte gegenüberstellen:

1. Innenorientierung vs. Außenorientierung: Während man bei einem territorialen Kulturbegriff eine starke Orientierung auf das „Innere“, den „Kern” der jeweiligen Kultur ausmachen kann, ist die Orientierung bei einem translokalen Kulturbegriff stärker auf die „äußere Beziehung” zu anderen, translokalen Kulturen ausgeprägt. Jan Nederveen Pieterse (1998: 61) hat darauf aufmerksam gemacht, dass dies unter anderem unterschiedliche Verständnisse von Lokalität betrifft: Territoriale Kulturbegriffe sind durch ein nach innen orientiertes Verständnis von Lokalität geprägt (die Lokalität als Ursprung, Heimat und Zukunft), translokale Kulturbegriffe vielmehr durch ein außen-orientiertes Verständnis der Lokalität (der Ort, an dem man sich befindet, der Ort der Grenze – das „Motel” in „Transit” im Sinne von Löfgren 2001). Mit einem translokalen Begriff von Kultur wird die Rückbindung der Vorstellung von Medienkultur an innen-orientierte, zwangsläufig territorial gebundene Gemeinschaften aufgegeben zu Gunsten eines Konzeptes zumindest der Möglichkeit nach deterritorialer Gemeinschaften. Ein translokaler Kulturbegriff geht damit nach wie vor von einer lokalen Rückbezüglichkeit von Medienkulturen in dem Sinne aus, dass es ohne geografischen Ort keine Kultur geben kann – Menschen leben als physische Wesen an einer bestimmten Lokalität. Die translokale Begrifflichkeit von Medienkultur verweist aber darauf, dass sich die verschiedenen Klassifikationssysteme und diskursiven Formationen nicht in die Grenzen eines Territoriums, wie das eines Nationalstaates, fügen müssen.

2. Endogenität vs. Exogenität: Beim territorialen Kulturbegriff werden Kulturen insofern als endogen – innen entstehend – gedacht, als ihre kulturellen Kontakte durch eine gewisse „Abgeschlossenheit" beschränkt sind und aus sich selbst heraus reproduziert werden. Man denke hier an das Bild von ländlichen Kulturen, die auf sich gestellt waren und keinen Kontakt mit ihrer Umgebung hatten. Translokale Kulturen hingegen werden insofern als exogen – von außen verursacht – gedacht, als ihre Konstitution und ihr Fortbestehen durch vielfältige Kontakte beeinflusst ist. Aus der Perspektive eines translokalen Kulturbegriffs erscheinen Medienkulturen damit nicht so klar abgrenzbar wie aus der eines territorialen Kulturbegriffs; sie beziehen Elemente, die historisch gesehen anderen kulturellen Kontexten „entstammen", in den Prozess ihrer Artikulation mit ein. Hierdurch operiert ein translokaler Kulturbegriff mit einer Vorstellung von Medienkultur, die von der Unmöglichkeit eindeutiger Abgrenzung ausgeht. Medienkulturen gehen fließend ineinander über und bedingen sich wechselseitig. Es wird notwendig, sie als spezifische Verdichtungen mit Unschärfebereichen zu fassen.

3. Organität vs. Hybridität: Territoriale Kulturen werden tendenziell als organisch beschrieben. Sie entwickeln sich in der Interaktion ihrer auf einem bestimmten Territorium lebenden Mitglieder und bestehen als scheinbar Lebendiges, Ganzes. Nun sind organologische Metaphern schon generell nicht unproblematisch, suggerieren sie doch, dass es sich bei Kultur um etwas handele, das unabhängig von Menschen und ihren Handlungen bzw. Praktiken besteht. Problematisch erscheint darüber hinaus aber Folgendes: Kultur wird als etwas begriffen, dessen Elemente sich zu einer Gesamtheit fügen, in der Fremdes den Status eines Fremdkörpers im Organismus hat. Im Gegensatz zu solchen Vorstellungen einer homogenen Organität wird bei einem translokalen Kulturbegriff die Hybridität von Kulturen betont. Dabei ist Hybridität einer der in der aktuellen Kulturtheorie am umfassendsten diskutierten Begriffe.[3] Im Kern bezeichnet Hybridisierung – wie der teilweise alternativ gebrauchte Begriff des Synkretisierung (Bromley 2000) – den aktiven Prozess der Vermischung von Ressourcen unterschiedlicher kultureller Kontexte, deren Verbindung, Fusion und Melange im Rahmen der translokalen Kultur. Menschen sind in gegenwärtigen Medien-

3 Vgl. hierzu exemplarisch García Canclini 2001, Hannerz 1991, Nghi/Ha 2005, Wagner 2001 und Werbner 1997.

kulturen zunehmend mit Hybridisierungsprozessen konfrontiert, die mitunter als persönliche Herausforderung erfahren werden.

4. Authentizität vs. Übersetzung: Gewöhnlich schreibt man territorialen Kulturen Authentizität zu. Es sind die Kulturen, wie sie Ethnologen erforscht haben, und deren kulturelle Spezifik sie beschrieben haben. Gerade indem ihre Elemente sich zu einem größeren Ganzen fügen, entsteht der Eindruck, mit dessen Beschreibung den authentischen Kern der in einem bestimmten Territorium lebenden Menschen erfasst zu haben. Anders ist es beim translokalen Kulturbegriff, der von der Vorstellung ausgeht, dass Kulturen mit einer Vielzahl anderer Kulturen in Kontakt stehen und in ihrer Hybridität Ressourcen unterschiedlicher kultureller Kontexte aufnehmen. Hier ist die Perspektive weniger die der Authentizität einzelner kultureller Ressourcen. Es geht vielmehr um die spezifische Gesamtlage verschiedener kultureller Ressourcen in einem Verdichtungskontext und so um die Übersetzungsprozesse, durch die diese kulturell nutzbar gemacht werden. Die Zuschreibung von Authentizität wird damit als ein Konstruktionsprozess greifbar, der als solcher die Frage aufwirft, durch welche Diskurse und Formationen diese Zuschreibungen erfolgen (Robins 1991: 32f.). Das Charakteristische einer translokalen Medienkultur ist entsprechend die „Einzigartigkeit" ihrer kulturellen Übersetzung.

5. Identität vs. Identifikation: Identität ist im Rahmen von Konzepten territorialer Kultur etwas anderes als in Konzepten translokaler Kultur. Durch die gedachte Organität und Homogenität wird die Identität territorialer Kultur als eine relativ klar umreißbare, stabile Identität konstruiert. Anders sieht es beim Konzept der translokalen Kultur mit ihren vielfältigen hybriden kulturellen Ressourcen aus. Stuart Hall hat darauf aufmerksam gemacht, dass Identitäten, wie sie im Sinne eines translokalen Kulturbegriffs aufgefasst werden, in hohem Maße in Abhängigkeit von und in Abgrenzung zum Bild des „Fremden" konstruiert werden (Hall 1994: 45). Entsprechend ist kulturelle Identität von einer ständigen diskursiven Neupositionierung abhängig, die in Bezug auf andere Identitäten geschieht und damit stets kontextuell bzw. vorläufig ist. Statt von einer kulturellen Identität als spezifischer Eigenschaft von Menschen in einem bestimmten Territorium zu sprechen, wird im Rahmen eines translokalen Kulturbegriffs Identität als ein fortlaufender Prozess der Identifikation gedacht, für den die kommunikative, kontextuell-situative Abgrenzung gegenüber verschiedenen kulturellen Identifikationsangeboten eine grundlegende Voraussetzung ist. Dies heißt nicht, dass hier keine jeweils durch Sozialisation vermittelten, kulturellen Muster und Positionierungen von Identität angenommen werden. Auch im Rahmen eines translokalen Kulturbegriffs werden Prozesse der „kulturellen Einschreibung" ins Subjekt theoretisiert. Jedoch wird in wesentlich stärkerem Maße vom momentanen Identifikationsprozess ihrer Artikulation ausgegangen.

Insgesamt erscheint damit ein translokaler Kulturbegriff allgemeiner und ermöglicht es, den Konstruktionsprozess territorialer Medienkulturen zu hinterfragen. Territoriale Medienkulturen – die „deutsche Medienkultur“, die „französische Medienkultur“, die „chinesische Medienkultur“ usw. – sind Medienkulturen, bei denen (nationalstaatliche) Territorien eine beiläufige, aber zentrale Referenz ihres Konstruktionsprozesses sind. Beispiele für deterritoriale Medienkulturen sind daneben Medienkulturen von Migrationsgemeinschaften bzw. Diasporas, von Religionsgemeinschaften, populärkulturellen Szenen oder transnationalen sozialen Bewegungen. Auch diese sind in ihrer Spezifik mit einem translokalen Kulturbegriff beschreibbar.

3. Methodischer Rahmen: Implikationen des Kreislaufs der Medienkultur

Fassen wir die bisherigen Argumente zusammen: Medienkultur wurde als eine komplexe Artikulation entlang der verschiedenen Ebenen des Kreislaufs der Medienkultur beschrieben. Diese Betrachtung hat deutlich gemacht, dass heutige Medienkulturen keine in sich geschlossenen Kulturen sind, sondern vielfach zueinander entgrenzt zu denken sind. Ihre Beschreibung macht einen Blick auf Außenorientierung, Exogenität, Hybridität, Übersetzung und fortlaufende Identifikation notwendig. National-territoriale Medienkulturen erscheinen als ein Spezialfall translokaler Medienkultur im Allgemeinen. Eine solche vom Kreislauf der Medienkultur ausgehende Systematisierung ist für das Verständnis des methodischen Vorgehens einer Medienanalyse der Cultural Studies in zumindest zweifacher Hinsicht hilfreich: Erstens verweist sie auf deren Multidimensionalität, zweitens auf ihre methodische Differenzierung.

1. Der Hinweis auf die *Multidimensionalität von Medienkulturanalysen* klingt bereits in Richard Johnsons Erstentwurf des Kreislaufes an, wenn er in Bezug auf die sich teilweise vordergründig widersprechenden Theorien und Forschungen der Cultural Studies folgende Frage aufwirft: „Was ist, wenn existierende Theorien – und all die mit ihnen verbundenen Formen der Forschung – tatsächlich unterschiedliche Seiten eines komplexen Prozesses fassen?” (Johnson 1986: 46) Hiermit bezieht er sich darauf, dass eine (kritische) Beschäftigung mit (Medien-)Kultur zwangsläufig verschiedene Dimensionen einbeziehen muss, die als Artikulationsebenen des Kreislaufs mit unterschiedlichen analytischen Begrifflichkeiten gefasst werden. Die Multidimensionalität von Medienkulturanalysen bedeutet jedoch *nicht*, dass *alle* Artikulationsebenen von Medienkultur in einer einzelnen Studie berücksichtigt werden könnten. In vielen Fällen würde dies die Praktikabilität solcher Analysen infrage stellen bzw. je nach Fragestellung – beispielsweise bei einer Auseinandersetzung mit bestimmten Produk-

tionskulturen oder Aneignungsweisen – keinen inhaltlichen Sinn machen. Entscheidend erscheint vielmehr ein grundlegendes Bewusstsein darüber, dass es nicht möglich ist, aus einer Artikulationsebene (beispielsweise der Art und Weise der Produktion eines bestimmten Medienprodukts) Aussagen über andere Artikulationsebenen abzuleiten. Deshalb ist es allerdings wichtig, dass Medienkulturanalysen, die einzelne Artikulationsebenen fokussieren, so angelegt sind, dass sie anschlussfähig bleiben für Arbeiten, die sich im selben Phänomenbereich mit anderen Artikulationsebenen auseinandersetzen.

2. Wie indirekt anklang, ist mit einer solchen Multiperspektivik die Notwendigkeit einer *methodischen Differenzierung von Medienkulturanalysen* verbunden. So haben Richard Johnson et al. darauf hingewiesen, dass „die Vielfalt der Methoden [der Cultural Studies, A.H.] auch produziert wird durch die Formen und Komplexität von Kreisläufen der Kulturen" (Johnson et al. 2004: 40). Hinter dieser Formulierung steht die Überlegung, dass die unterschiedlichen in den Cultural Studies aufgegriffenen und angewandten methodischen Vorgehensweisen trotz ihrer Widersprüchlichkeit alle „wahr sind, aber nur innerhalb ihrer Reichweite", und dass sie deshalb „alle insofern falsch, unvollständig oder irreführend sind, als sie nur partielle Gültigkeit besitzen" (Johnson 1999: 147). Will man kulturelle Bedeutungsproduktion als umfassenden Prozess erforschen, erscheint es nach Johnson zentral, die einzelnen methodischen Vorgehensweisen der Cultural Studies systematisierend und gleichzeitig relativierend entlang des Kreislaufschemas zu erfassen: Die in den Cultural Studies bestehende Teilung in „produktionstheoretische und texttheoretische Untersuchungen sowie Forschungen zur Kultur als Lebensweise [...] entspricht den hauptsächlichen Erscheinungsformen kultureller Kreisläufe" (Johnson 1999: 180), nämlich den Ebenen von Produktion, Repräsentation und Aneignung.

Vor diesem Hintergrund fordert Johnson nicht, diese verschiedenen methodischen Vorgehensweisen ineinander aufgehen zu lassen, um zu einem tiefer gehenden Verständnis von Kulturen bzw. Prozessen der kulturellen Auseinandersetzung zu gelangen. Im Gegenteil betont er, dass „jeder Aspekt sein Eigenleben" (Johnson 1999: 181) führen sollte, damit man zu einem möglichst differenzierten Verständnis der einzelnen Ebenen von Kulturen gelangen kann. Dies sollte jedoch (im Sinne von Karl Marx) in einer Art und Weise geschehen, die auf ein Erfassen der „inneren Verbindungen" und „wirklichen Gemeinsamkeiten" (ebd.) dieser Ebenen zielt. Man kann demnach formulieren, dass es Johnson darum geht, die Notwendigkeit einer multiperspektivischen Auseinandersetzung mit (Medien-)Kulturen methodisch zu reflektieren. Deren Analysen sollten so angelegt sein, dass sie über die Ebenen des Kreislaufs in dem Sinne auf Anschlussfähigkeit zielen, dass es ihnen *insgesamt* um ein tief greifendes Verständnis von Kulturen geht.

Hierbei weisen Johnson et al. darauf hin, dass der Kreislauf der Kultur methodologisch interpretiert erhebliche Parallelen aufweist zu einem hermeneutischen Vorgehen, wie es Paul Ricoeur (1988: 87–136) formuliert hat (Johnson et al. 2004: 38f.): Die gelebten Kulturen entsprechen der Narrativität des Alltagslebens, der „Geschichte" des alltäglichen Handelns und Leidens (Mimesis I). Hiervon lassen sich Narrationen als relativ autonome kulturelle Produktionen entlang bestimmter Konventionen und Genres unterscheiden (Mimesis II), die im Kreislauf der Kultur auf der Ebene der Repräsentation bzw. der Texte gefasst sind. Schließlich spricht Ricoeur von der Refiguration der Narrationen bei den Lesern, d.h. deren Sinngebung in Bezug auf ihr Alltagsleben (Mimesis III), was im Kreislauf der Kultur auf die Ebene der Aneignung, der Lesarten und gelebten Kulturen verweist. Allein dieser Bezug auf die Hermeneutik Ricoeurs macht nochmals die breite methodologische Anschlussfähigkeit des Kreislaufs der Kultur deutlich.

Die Bezugnahme auf Ricoeur und dessen Argumentation unterstreicht, dass die Spezifik kultureller Prozesse einen „Druck" auf die methodischen Möglichkeiten ihrer Analyse ausübt. Entsprechend lässt sich formulieren, dass die „Vielfalt von Methoden auch produziert wird durch die Formen und Komplexität von kulturellen Kreisläufen" (Johnson et al. 2004: 40). Unterscheidet man dabei zwischen dem „Leser" und dessen „Alltagsleben" und fasst nicht das Wechselverhältnis von beidem im Konzept der Aneignung, so gelangt man zu einer methodologischen Re-Interpretation des Kreislaufs der (Medien-) Kultur (s. Abbildung 2).

In dieser Systematisierung korrespondieren Methoden der Analyse von „Gesamtheiten der Lebensweise" (Williams 1977: 45–76) mit der Ebene des Alltagslebens. Auf der Ebene der Produktion dominieren ökonomisch und organisationssoziologisch orientierte Methoden. Auf Ebene der Produkte bzw. Texte rücken textanalytische Verfahren in den Vordergrund, während auf der Ebene der Leserinnen und Leser Methoden der Rezeptions- und Publikumsforschung in den Blick kommen.

Abbildung 2: Der Kreislauf der (Medien-) Kultur und Forschungsmethoden

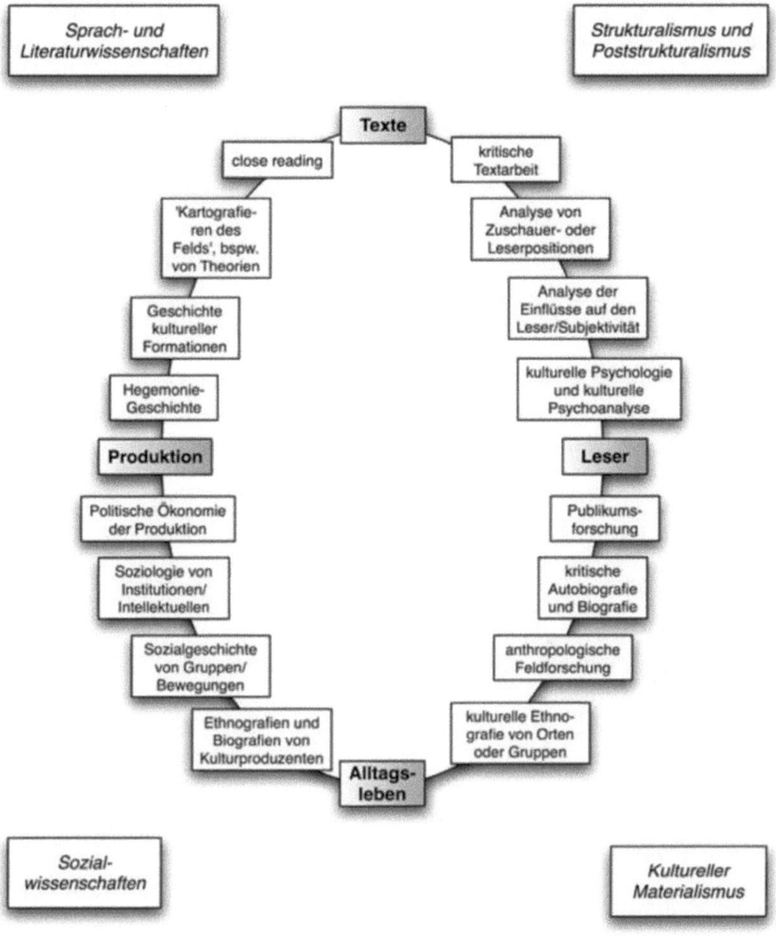

Quelle: Johnson et al. 2004: 41

Sicherlich ist die in der Grafik visualisierte Systematisierung aus kommunikations- und medienwissenschaftlicher Perspektive nicht vollständig, fehlt bspw. bei der Analyse von Texten bzw. Medienprodukten die gerade in diesem Fach fest etablierte Methode der Inhaltsanalyse. Ungeachtet solcher Unvollständigkeiten weist das Schaubild aber darauf hin, dass eine kritische Medienkulturanalyse entlang des Kreislaufs der (Medien-)Kultur die methodischen Gegensätze von Sozial- und Geisteswissenschaften durchbricht. Sie kann letztlich nur in einer breiten Anlage erfolgen, die im Hinblick auf die untersuchten Zusammenhänge die Möglichkeiten unterschiedlicher Methodiken nutzt. Denkt man diese Überlegungen weiter, ist der Gesamtrahmen einer Medienanalyse in der Tradition der Cultural Studies in methodischer Hinsicht umfassend, wenn auch in der Tendenz durch ein qualitativ-interpretatives Vorgehen gekennzeichnet.

4. Praktisches Vorgehen: Drei Schritte der Medienkulturanalyse

Ausgehend von dem dargelegten Verständnis des Kreislaufs von Medienkultur bzw. seiner methodischen Implikationen möchte ich abschließend einen dreistufigen Ansatz für eine Forschung zu Medienkulturen in der Tradition der Cultural Studies darlegen.[4] Während die im Folgenden beschriebenen Schritte sicherlich miteinander in Beziehung stehen, erscheint es mir dennoch sinnvoll, sie als einzelne Prozeduren einer empirischen Medienforschung zu sehen. Kulturelle Muster zu analysieren, vielfach zu vergleichen und multiperspektivisch zu kritisieren, impliziert jeweils einen unterschiedlichen Fokus der Forschung und bildet insgesamt einen fortschreitenden analytischen Prozess.

4.1 Kulturelle Muster analysieren

Vergegenwärtigt man sich, worum es bei einer Analyse von Medienkultur über die verschiedenen Ebenen des Kreislaufs der Medienkultur bzw. den in Bezug auf diese angewandten Einzelmethoden geht, so kann man zusammenfassend konstatieren, dass im Zentrum das Herausarbeiten bestimmter „Muster“ (der jeweils konfliktären Produktion, Repräsentation, Aneignung, Regulation und Identifikation) von Medienkultur steht. Aber was ist genau unter „kulturellen Mustern” zu verstehen? Um diese Frage zu beantworten, ist es hilfreich, zu dem skizzierten Grundverständnis von Medienkultur als einer Verdichtung von Klassifikationssystemen und diskursiven Formationen, auf die die Bedeutungsproduktion in alltäglichen Praktiken Bezug nimmt, zurückzukommen. Bezieht man dieses Verständnis auf die gegenwärtige Diskussion um einen praxeologischen Ansatz in der Kulturforschung (vgl. Reckwitz 2005: 96), dann integriert es alle drei etablierten Ansätze des Sozialkonstruktivismus: den mentalistischen (mit

4 Siehe dazu im Detail und mit einer Akzentsetzung auf ein transkulturell vergleichendes Vorgehen Hepp 2009b.

der Betonung der Relevanz von Klassifikationssystemen), den textuellen (mit der Betonung der Relevanz diskursiver Formationen) und den praxeologischen (mit der Betonung der Relevanz alltäglicher Bedeutungsproduktion durch Praktiken). Die damit verbundene Idee ist, die Zentralität alltäglicher Praktiken bei der „Artikulation von Kultur" zu berücksichtigen, gleichzeitig aber zu bedenken, dass „Kultur" sich darauf nicht reduzieren lässt. „Kultur" ist ebenso präsent in diskursiven Formationen und Klassifikationssystemen, auf die wir in unseren alltäglichen Handlungen Bezug nehmen, in den meisten Fällen ohne ein „diskursives Bewusstsein" darüber im Sinne von Anthony Giddens (1989).[5] Dabei muss berücksichtigt werden, dass eine solche Differenzierung heuristisch ist. Beispielsweise zeigt die Akteurs-Netzwerk-Theorie, dass „Denken" auf (auch materiellen) Wissenspraktiken basiert (vgl. Latour 1992). Die Diskursanalyse hat darauf hingewiesen, dass Diskurse durch Praktiken hervor gebracht werden und gleichzeitig bestimmte Praktiken produzieren, indem sie ein bestimmtes Wissen schaffen (vgl. Foucault 1994). Und Praktiken werden selbst geformt auf Basis sedimentierter mentaler Relevanzstrukturen, wie die Sozialphänomenologie argumentiert (Schütz 1967).

Hieraus lässt sich folgern, dass eine Medienanalyse der Cultural Studies in jeder der drei Hinsichten nach kulturellen Mustern schauen sollte, also nach „Mustern des Denkens", „Mustern des Diskurses" und „Mustern der Praxis" bzw. des „Handelns", während gleichzeitig deren Wechselbeziehung reflektiert wird. Der Gebrauch des Ausdrucks „Muster" ist dann irreführend, wenn er auf etwas „Statisches" bezogen wird. Im Gegensatz dazu sollte in der Medienkulturanalyse gegenwärtig sein, dass es auch um *Muster von Prozessen* geht. Insgesamt hebt der Ausdruck „Muster" darauf ab, dass Medienkulturanalyse im Sinne der Cultural Studies nicht einfach das *singuläre* Denken, den *singulären* Diskurs oder die *singuläre* Praxis beschreiben sollte, sondern auf der Basis der Analyse unterschiedlicher singulärer Phänomene typische „Arten" des Denkens, der Diskurse oder der Praktiken in einem kulturellen Kontext. Mit anderen Worten ist ein kulturelles Muster eine „Form" oder ein „Typus", der in der Medienkulturanalyse mittels empirischer Methoden herausgearbeitet wird.

In diesem Sinne werden Medienkulturen als Verdichtungen bestimmter Muster des Denkens, des Diskurses und der Praxis analysiert. Dies ist der Punkt, an dem ein weiterer Aspekt von Medienkultur relevant wird. Viele der kulturellen Muster, die typisiert werden, sind nicht exklusiv für die je beschriebene Kultur. Genau dies ist der Punkt, an dem sich die beschriebene allgemeine Hybridisierung von Kulturen manifestiert. Die Spezifik einer Medienkultur zeigt sich

5 Mir erscheint es gerade notwendig, in die Betrachtung auch Fragen von diskursiver Formation und Klassifikationssystemen einzubeziehen, wenn wir unsere Forschung auch kritisch betreiben wollen.

vielmehr als territorialisierte oder deterritorialisierte Verdichtung in ihrer *Gesamtartikulation* kultureller Muster. Der Ausdruck Verdichtung betont gleichermaßen die Spezifik einer Kultur in der Gesamtheit ihrer Muster wie auch die Offenheit einer Kultur in der Nicht-Exklusivität vieler oder der meisten ihrer kulturellen Muster.

4.2 Vielfach vergleichen

Hat man im Blick, dass heutige Medienkulturen, wie eingangs formuliert, nicht mit Nationalkulturen gleichgesetzt werden können, ist deutlich, dass die so bestimmten (medien-) kulturellen Muster nicht unhinterfragt „national aggregiert" werden sollten, sondern in einem kontextualisierenden Prozess des Vergleichens auf ihre Reichweite und Spezifik zu hinterfragen sind. Gerade mit Blick auf die Globalisierung wird es zunehmend wichtig, verschiedene Fälle über unterschiedliche (national-) kulturelle Kontexte hinweg miteinander zu vergleichen, um zu einem Kategoriensystem zu gelangen, das nicht nur nationale Differenzen beschreibt, sondern darüber hinaus transnationale Gemeinsamkeiten von kulturellen Mustern analysiert. Mit diesem Vorgehen wird eine größere Komplexität der Analyse möglich, die es gestattet, Zugang zu medienkulturellen Verdichtungen zu finden, die jenseits des National-Territorialen liegen, wofür populärkulturelle Vergemeinschaftungen, Religionsgemeinschaften, soziale Bewegungen oder Diaspora herausragende Beispiele sind.

Praktisch gesehen lässt sich ein solches vielfaches Vergleichen wie folgt realisieren:

Erstens müssen Daten zu Fällen im Sinne sozialer Einheiten strukturiert werden, beispielsweise Personen (verschiedene personenbezogene Datenquellen wie Interviews, Medientagebücher etc. kombinierend), Organisationen (verschiedene organisationsbezogene Datenquellen wie Interviews mit verschiedenen Personen, Transkripte von Gruppendiskussionen, Beobachtungsprotokolle etc. kombinierend) oder vergleichbare Einheiten.

Zweitens beginnt der Prozess des Vergleichs dieser Fälle mit einer Kategorisierung unterschiedlicher kultureller Muster. Der entscheidende Punkt an dieser Stelle ist die Offenheit für verschiedene Formen des kulturellen Kartografierens, die mit einem sorgsamen Blick dafür einhergeht, ob ein bestimmtes kulturelles Muster beispielsweise national-spezifisch, transkulturell stabil oder darüber hinaus charakteristisch für eine deterritoriale Vergemeinschaftung, wie beispielsweise eine Diaspora bzw. politische oder religiöse Bewegung ist.

Drittens werden die Ergebnisse eines solchen Vergleichs entlang der Auswahl unterschiedlicher, im Rahmen der Untersuchung relevanter kultureller Verdichtungen strukturiert, und zwar entweder auf territorialer (Region, Nation) oder deterritorialer Ebene (verschiedene Arten deterritorialisierter translokaler

Vergemeinschaftungen) – oder auf der Ebene von Mustern, die hierüber hinweg stabil sind.

Dieses Vorgehen des mehrschichtigen Vergleichs ermöglicht es, verschiedene Arten von Medienkulturen jenseits eines essentialistischen nationalen Rahmens zu untersuchen. Eine bestimmte kulturelle Verdichtung wird so als Artikulation verschiedener Muster des Denkens, des Diskurses und der Praxis zugänglich.

4.3 Multiperspektivisch kritisieren

Das beschriebene Verfahren der Medienanalyse versteht sich explizit als ein kritischer Ansatz; es geht nicht nur um ein Beschreiben und Erklären bestimmter kultureller Verdichtungen, sondern zusätzlich darum, dies auf kritische Weise zu tun. Allerdings sind die oder der Forschende nicht neutral, sondern selbst Teil einer situierten kulturellen Praxis der Medienforschung (Winter 2005: 279). Wie ist es machbar, kritisch zu sein, ohne den eigenen normativen Rahmen auf selbst-zentrierte Weise zu reproduzieren? Auf diese Frage gibt es keine einfache Antwort. Jedoch erscheint es zumindest möglich, drei grundlegende Prinzipien zu formulieren, die helfen, die Medienkulturforschung mit einer multiperspektivischen Kritik zu verbinden.

Als erstes Prinzip kann das der Notwendigkeit einer *Fokussierung auf den Konstruktionsprozess der kulturellen Artikulation* genannt werden. Wie zuvor betont, werden in Medienkulturen „die Medien" selbst durch bestimmte kulturelle Muster als das „Zentrum" konstruiert. Daneben bestehen andere Muster des „Zentrierens" von Medienkulturen, beispielsweise der Zentrierung des „National-Territorialen" in nationalen Medienkulturen, des „deterritorial Religiösen" in transnationalen religiösen Bewegungen, des „global Populären" in populärkulturellen Vergemeinschaftungen usw. Das skizzierte, nicht-essentialistische Vorgehen der Analyse von Medienkulturen gestattet es, solche impliziten Prozesse des „Zentrierens" zu fokussieren, indem es nicht von vornherein bestimmte Hauptvariablen setzt.

Als zweites Prinzip kann die *Fokussierung der Beziehung von kulturellen Mustern und Fragen der Macht* angesehen werden. Die Betonung der „zentrierenden" Aspekte in den Konstruktionsprozessen kultureller Artikulation berührt bereits Fragen der Macht, indem das Bilden eines „kulturellen Zentrums" immer eine machtvolle Kraft ist. Aber auch jenseits dieser „zentrierenden Aspekte" finden sich in Medienkulturen Muster, die in Beziehung zur Macht stehen: Bestimmte Muster eröffnen Möglichkeiten der Hegemonie und Dominanz, andere dagegen nicht. Entsprechend bedeutet das zweite Prinzip zu reflektieren, inwieweit die beschriebenen kulturellen Muster mit Machtbeziehungen innerhalb von

Medienkulturen verbunden sind, aber auch inwieweit diese bestimmte Räume alltäglicher Handlungsfähigkeit eröffnen oder nicht.

Als drittes Prinzip lässt sich die Integration all solcher Ergebnisse in einer *multiperspektivischen Beschreibung* nennen. Ein Vergleich entlang der unterschiedlichen Artikulationsebenen des Kernkreislaufs der Medienkultur bzw. verschiedener Medienkulturen untereinander erbringt unterschiedliche Perspektiven auf Medienkulturen, Prozesse kultureller Artikulation und Machtbeziehungen. Entsprechend kann das Ziel keine Monosemierung dieser Komplexität sein. Vielmehr sollte eine analytische Beschreibung die unterschiedlichen Kulturen in ihren machtbezogenen Inkonsistenzen zugänglich machen.

5. Fazit: Medienkultur kritisch erforschen

Der Bogen, den ich in diesem Artikel gespannt habe, um einen den Cultural Studies verpflichteten, kommunikations- und medienwissenschaftlichen Ansatz der Medienanalyse vorzustellen, ist vergleichsweise breit angelegt: Die Diskussion des Kreislaufs der Medienkultur sollte die Vielschichtigkeit einer kritischen Beschäftigung mit Medienkultur deutlich machen. Eine methodische Reflexion dieses „circuits of culture“ zeigt, dass es sich hierbei nicht nur um eine heuristische Systematisierung handelt, sondern solche Kreislaufschemata weitreichende Implikationen für die Methoden einer empirischen Medienkulturanalyse haben. Nimmt man Überlegungen zum Kreislauf von Medienkultur ernst, muss man von der Multidimensionalität der Analyse und einer notwendigen methodischen Differenzierung ausgehen: Medienanalyse im Rahmen von Cultural Studies zu betreiben, heißt demnach, sich unterschiedlicher empirischer Methoden zu bedienen, um die Artikulation einzelner Dimensionen von Medienkultur wie auch deren Gesamtartikulation kritisch zu erfassen. Wie man sich dies praktisch vorstellen kann, sollten die dargelegten Schritte einer Medienkulturanalyse verdeutlichen.

Dieser Argumentationsbogen verweist zurück auf einen wichtigen Punkt, mit dem ich diesen Artikel abschließen möchte, nämlich auf den Zweck solcher Medienkulturanalysen. Wie mein Hinweis auf den interventionistischen Charakter der Cultural Studies zu Beginn deutlich gemacht hat, sind Cultural Studies und deren Medienanalysen nicht darauf orientiert, zweckfreies Wissen zu produzieren, sondern vielmehr solches Wissen zu fördern, das hilft, gegenwärtige soziokulturelle Probleme und Konflikte zu lösen. Entsprechend hat sich international der Name Cultural Studies etabliert, wobei *Studies* darauf abhebt, dass sich dieser Ansatz weniger einer abstrakten Theoriearbeit als dem Betreiben methodisch fundierter, problemorientierter Forschung verpflichtet fühlt. Ganz in diesem Sinne soll dieser Aufsatz anregen, sich selbst kritisch forschend mit Fragen der Medienkultur auseinanderzusetzen.

Literatur

Beck, Klaus (2006): Computervermittelte Kommunikation im Internet. München/Wien: Oldenbourg

Bromley, Roger (2000): Multiglobalismen – Synkretismus und Vielfalt in der Populärkultur. In: Caroline Robertson; Carsten Winter (Hg.): Kulturwandel und Globalisierung. Baden-Baden: Nomos Verlagsgesellschaft: 115–131

Couldry, Nick (2003): Media Rituals. A Critical Approach. London et al.: Routledge

Couldry, Nick (2008): „The Media“: A crisis of appearances. In: Inaugural lecture as Professor of Media and Communications. Goldsmiths, University of London: http://www.goldsmiths.ac.uk/media-communications/staff/couldry-inaugural-lecture.pdf (4.6.2008)

Du Gay, Paul/Hall, Stuart/Janes, Linda/Mackay, Hugh/Negus, Keith (1997): Doing Cultural Studies. The Story of the Sony Walkman. London: Sage

Foucault, Michel (1994): The Order of Things. New York: Random House

Foucault, Michel (1996): Wie wird Macht ausgeübt? In: Michel Foucault; Walter Seitter (Hg.): Das Spektrum der Genealogie. Frankfurt a.M.: Philo: 29–47

García Canclini, Néstor (1995): Hybrid Cultures. Strategies for Entering and Leaving Modernity. Minneapolis: Minnesota UP

García Canclini, Néstor (2001): Consumers and Citizens. Globalization and Multicultural Conflicts. Minneapolis, London: Minnesota UP

Giddens, Anthony (1989): The Constitution of Society. Outline of the Theory of Structuration. Cambridge, Oxford: Polity Press

Grossberg, Lawrence (1999): Was sind Cultural Studies? In: Karl H. Hörning; Rainer Winter (Hg.): Widerspenstige Kulturen. Cultural Studies als Herausforderung. Frankfurt a.M.: Suhrkamp: 43–83

Grossberg, Lawrence/Wartella, Ellen/Withney, D. Charles (1998): MediaMaking. Mass Media in a Popular Culture. London: Sage

Hall, Stuart (1989): Ausgewählte Schriften: Ideologie, Kultur, Medien, neue Rechte, Rassismus. Hamburg: Argument

Hall, Stuart (1994): Rassismus und kulturelle Identität. Ausgewählte Schriften 2. Hamburg: Argument

Hall, Stuart (2002): Die Zentralität von Kultur: Anmerkungen zu den kulturellen Revolutionen unserer Zeit. In: Andreas Hepp; Martin Löffelholz (Hg.): Grundlagentexte zur transkulturellen Kommunikation. Konstanz: UVK (UTB): 95–117

Hannerz, Ulf (1991): Scenarios for Peripheral Cultures. In: Anthony D. King (Hg.): Culture, Globalization and the World System. Contemporary Conditions for the Representation of Identity. London: Macmillan: 107–128

Hartmann, Maren/Berker, Thomas/Punie, Yves/Ward, Katie (Hg.) (2006): Domestication of Media and Technology London: Open UP

Hepp, Andreas (2004a): Cultural Studies und Medienanalyse. Eine Einführung. (Zweite Auflage) Wiesbaden: VS-Verlag

Hepp, Andreas (2004b): Netzwerke der Medien. Medienkulturen und Globalisierung. Wiesbaden: VS-Verlag

Hepp, Andreas (2009a): Differentiation: Mediatization and Cultural Change. In: Lundby, Knut (Hg.): Mediatization: Concept, Changes, Consequences. New York: Peter Lang: 135–154

Hepp, Andreas (2009b): Transkulturalität als Perspektive: Überlegungen zu einer vergleichenden empirischen Erforschung von Medienkulturen. In: Forum Qualitative Sozialforschung 10, 1: Art. 26, http://nbn-resolving.de/urn:nbn:de:0114-fqs0901267

Hepp, Andreas/Krotz, Friedrich/Thomas, Tanja (2009): Schlüsselwerke der Cultural Studies: Einleitung. In: Andreas Hepp; Friedrich Krotz; Tanja Thomas (Hg.): Schlüsselwerke der Cultural Studies. Wiesbaden: VS-Verlag: 7–17

Hepp, Andreas/Winter, Carsten (2003): Cultural Studies als Projekt: Kontroversen und Diskussionsfelder. In: Andreas Hepp; Carsten Winter (Hg.): Die Cultural Studies Kontroverse. Lüneburg: Zu Klampen: 9–32

Johnson, Richard (1986): What is Cultural Studies Anyway? In: Social Text 16: 38–80

Johnson, Richard (1999): Was sind eigentlich Cultural Studies? In: Roger Bromley; Udo Göttlich; Carsten Winter (Hg.): Cultural Studies. Grundlagentexte zur Einführung. Lüneburg: Dietrich zu Klampen Verlag: 139–188

Johnson, Richard/Chambers, Deborah/Raghuram, Parvarti/Ticknell, Estella (2004): The Practice of Cultural Studies: A Guide to the Practice and Politics of Cultural Studies. London et al.: Sage

Klaus, Elisabeth /Lünenborg, Margreth (2004): Cultural Citizenship. Ein kommunikationswissenschaftliches Konzept zur Bestimmung kultureller Teilhabe in der Mediengesellschaft. In: Medien und Kommunikationswissenschaft 52: 193–213

Krönert, Veronika (2009): Michel de Certeau. In: Andreas Hepp; Friedrich Krotz; Tanja Thomas (Hg.): Schlüsselwerke der Cultural Studies. Wiesbaden: VS- Verlag: 47–57

Krotz, Friedrich (1992): Kommunikation als Teilhabe. Der 'Cultural Studis Approach'. In: Rundfunk und Fernsehen 40: 421–431

Krotz, Friedrich (2007): Mediatisierung: Fallstudien zum Wandel von Kommunikation. Wiesbaden: VS- Verlag

Kubicek, Herbert (1997): Das Internet auf dem Weg zum Massenmedium? Ein Versuch, Lehren aus der Geschichte alter und neuer Medien zu ziehen. In: Raymund Werle; Christa Lang (Hg.): Modell Internet? Entwicklungsperspektiven neuer Kommunikationsnetze. Frankfurt a.M./New York: Campus: 213–239

Latour, Bruno (1992): Laboratory Life: The Construction of Scientific Facts. Princeton UP

Löfgren, Orvar (2001): The Nation as Home or Motel? Metaphors of Media and Belonging. In: Sosiologisk Årbok: 1–34

Machart, Oliver (2008): Cultural Studies. Konstanz: UTB (UVK)

Nederveen Pieterse, Jan (1998): Der Melange-Effekt. In: Ulrich Beck (Hg.): Perspektiven der Weltgesellschaft. Frankfurt a.M.: Suhrkamp: 87–124

Nghi, Ha Kien/Ha, Kien Nghi (2005): Hype um Hybridität. Bielefeld: transcript

Reckwitz, Andreas (2005): Kulturelle Differenzen aus praxeologischer Perspektive. Kulturelle Globalisierung jenseits von Modernisierungstheorie und Kulturessenzialismus. In: Ilja Srubar; Joachim Renn; Ulrich Wenzel (Hg.): Kulturen vergleichen. Sozial- und kulturwissenschaftliche Grundlagen und Kontroverse. Wiesbaden: VS-Verlag: 92–111

Reichertz, Jo (2008): Die Macht der Worte und der Medien. Zweite Auflage. Wiesbaden: VS- Verlag

Ricoeur, Paul (1988): Zeit und Erzählung: Bd.1, Zeit und historische Erzählung. Weimar et al.: Fink (Wilhelm)

Robins, Kevin (1991): Tradition and Translation: National Culture in it‘s Global Context. In: J. Corner; S. Harvay (Hg.): Enterprise and Heritage. London: Routledge: 21–44

Schütz, Alfred (1967): Phenomenology of the Social World. New York: Northwestern UP

Tomlinson, John (1999): Globalization and Culture. Cambridge, Oxford: Polity Press

Wagner, Bernd (2001): Kulturelle Globalisierung. Weltkultur, Glokalität und Hybridisierung. In: Bernd Wagner (Hg.): Kulturelle Globalisierung. Zwischen Weltkultur und kultureller Fragmentierung. Essen: Klartext: 9–38.

Werbner, Pnina (1997): Introduction: The Dialectics of Cultural Hybridity. In: Pnina Werbner; Tariq Modood (Hg.): Debating Cultural Hybridity. Multi-Cultural Identities and the Politics of Anti-Racism. London/New Jersey: Zed Books: 1–26

Williams, Raymond (1977): Innovationen. Über den Prozeßcharakter von Literatur und Kultur. Frankfurt a.M.: Syndikat

Winter, Rainer (2001): Die Kunst des Eigensinns. Cultural Studies als Kritik der Macht. Weilerswist: Velbrück

Winter, Rainer (2005): Der zu bestimmende Charakter von Kultur: Das Konzept der Artikulation in der Tradition der Cultural Studies. In: Ilja Srubar; Joachim Renn; Ulrich Wenzel (Hg.): Kulturen vergleichen. Sozial- und kulturwissenschaftliche Grundlagen und Kontroverse. Wiesbaden: VS-Verlag: 271–289

Subjekte und ihre Körper. Kultursoziologische Überlegungen

Paula-Irene Villa

Programmatische Vorbemerkungen: Eigensinn statt Verkörperung

Es gibt in der Soziologie, und darin auch in der Kultursoziologie, zahlreiche Spannungsverhältnisse, deren Pole bisweilen scharf gegeneinander gezeichnet werden. Hierzu zählen die wohlbekannten Kategorienpaare wie Individuum und Gesellschaft, Struktur und Handlung, Autonomie und Determination, subjektiv und objektiv usw. Für die derzeitige (deutschsprachige) Kultursoziologie dürfte die Spannung zwischen Diskurs und Praxis diejenige sein, die am intensivsten diskutiert wird (vgl. z.B. Moebius 2009: 123–139 u. 149–161; Reckwitz 2008a: 97–130). Meine Überlegungen verstehen sich als ein Beitrag zu einem analytischen und für die Empirie heuristischen Programm, welches in produktiver Weise diese tradierten Gegenüberstellungen als Verschränkung zu denken hilft. Was mich dabei vor allem interessiert, sind neuere Konzepte zur soziologischen Beschreibung von Subjektförmigkeit im Allgemeinen und ihrer somatische Dimension im Besonderen. Dies steht im Horizont eines ‚practical turn' in der neueren Kultursoziologie, einem Verständnis von „doing culture" (Hörning/Reuter 2004) also, welches Kultur nicht länger als entweder verdinglichte Sphäre der kulturellen Produkte oder der entsprechenden Industrie einerseits versteht oder aber als bloße Aneignungspraxis dieser Produkte seitens der Akteure/innen andererseits.[1] Vielmehr gehe ich, etwa mit Reckwitz' Verständnis einer Kultursoziologie der Praktiken (Reckwitz 2008a: 97–130) davon aus, dass soziale Praxis konstituiert ist von impliziten, oft nicht gewussten, systematisch diffusen oder doch zumindest mehrdeutigen kulturellen Codes bzw. Semantiken und symbolischen Ordnungen (vgl. ebd.: 17) – und dass diese Praxis zugleich zwar nicht

1 D.h. entweder im Sinne der Kritischen Theorie oder den Cultural Studies in ihren idealtypischen Formen. Vgl. Horkheimer/Adorno 1998 einerseits und Bromley/Göttlich/Winter 1999 andererseits.

kontingent, aber doch systematisch eigenlogisch und produktiv ist. Praxis, also das lebensweltliche Handeln, bezieht sich notwendigerweise auf diskursive Codes, sie ist durch diese *konstituiert* – doch variiert sie dabei diese Codes unweigerlich und erzeugt damit immer auch neue Codes. Letzteres umfasst die *konstruktivistische* Seite von Sozialität, das ‚doing' im Sinne von ‚doing culture', ‚doing gender', ‚doing ethnicity' usw. Und so gesehen, interessiert mich in der Kultursoziologie die Möglichkeit, die Gleichzeitigkeit, Aufeinanderbezogenheit und die doch teilautonome Logik von Konstitution einerseits und Konstruktion andererseits zu beforschen. Lebensweltlicher formuliert: Mich interessiert besonders, wie sich Menschen in der Praxis einen Reim auf die Verhältnisse machen, in denen sie ihre Praxis vollziehen und durch die Praxis des Reimens neue Reime produzieren. Wie lässt sich also kultursoziologisch über Praktiken und ihre körperliche Dimension nachdenken, ohne diese Praktiken weder ‚praktikalistisch' zu verengen noch sie darauf zu reduzieren, ein Effekt bzw. die Materialisierung von Diskursen, Codes oder Semantiken zu sein. Konkret an Beispielen plausibilisiert: Bringen etwa Tango tanzende Menschen die ‚versteinerten Verhältnisse zum tanzen' (frei nach Marx)[2], d.h. variieren sie durch ihr Tun die scheinbar festen diskursiven Codes, die den Tango als ‚heißblütig', ‚argentinisch', ‚authentisch', ‚elegant', ‚intensiv', ‚erotisch' usw. kodieren? Und zwar, Marx weiter folgend, indem die Praktiken des Tangos den Diskursen „ihre eigene Melodie vorspielen" (ebd.) und damit zeigen, dass diese untanzbar ist?[3] Oder: Sind Weiblichkeitspraxen – sofern es sie denn gibt, und diese Frage muss man m.E. in einer praxeologischen Perspektive auf Geschlecht stellen[4] – dasselbe wie Diskurse der und zur Zweigeschlechtlichkeit? Lassen sich etwa Praxen der Körpermodellierung – Diät, plastische Chirurgie, Friseurbesuch, Nagelmodellage usw. – als 1:1 Materialisierungen von kulturell und vor allem massenmedial inszenierten Codes spezifischer Weiblichkeiten bzw. Männlichkeiten verstehen? Agieren Menschen als „unternehmerische Selbste" (Bröckling 2007), z.B. wenn sie sich ins Fitnessstudio begeben oder bei der pränataldiagnostischen Beratung? Lassen sich also lebensweltliche Praxen auf Diskurse – etwa zur ‚kulturellen' Identität, Geschlecht, Sexualität – zurückführen?[5] Mir stellen sich diese Fragen drängend, da ich anhand der

2 Im Original und vollständig: „[...] man muss diese versteinerten Verhältnisse dadurch zum Tanzen zwingen, dass man ihnen ihre eigne Melodie vorsingt!" Marx 1976: 381, Orig. 1844.

3 Auf dieses Beispiel wird mein Beitrag noch ausführlicher eingehen.

4 Zur zusammenfassenden Darstellung der ‚doing gender' Perspektiven vgl. Gildemeister 2008.

5 Die hier ohne weitere Explizierung vollzogene Unterscheidung zwischen Diskurs und Praxis ist anfechtbar. Mit Diskurs ist im Folgenden und in enger Orientierung an Foucault gemeint: Jene zeit-

kultur- und körpersoziologischen Auseinandersetzung mit z.B. der Subkultur/Szene des argentinischen Tangos (vgl. Villa 2009) und vor allem mit der sozialen Wirklichkeit des Geschlechts zwischen Diskurs, Praxis und Körper davon überzeugt bin, dass eine angemessene soziologische Thematisierung von kulturellen Praxen nicht aufgeht in der Rekonstruktion der Diskurse und kulturellen Codes, die diese Praxen konstituieren. Ebenso wenig lassen sich Diskurse vor allem hinsichtlich ihrer Ungleichzeitigkeiten, inneren Widersprüche und immanenten Polysemie im Sinne einer „différance“ (Derrida 2004) plausibel analysieren, wenn man ihre praxeologische Dimension – etwa auch im Sinne eines körperlichen Tuns – außer Acht lässt. D.h., Diskurse lassen sich nur bedingt kultursoziologisch aus sich selbst heraus bezüglich ihrer Relevanz für lebensweltliches Handeln und damit auch hinsichtlich ihrer Produktivität verstehen. Vor diesem Hintergrund möchte ich als Leitmotiv meiner Kultursoziologie formulieren: Praxis ist keine *Verkörperung* von kulturellen Diskursen. Menschen sind keine wandelnden, zu Fleisch gewordenen Codes oder Semantiken. Die Lebendigkeit des Tuns fordert die Ordnung der Diskurse immer heraus. Hiervon ausgehend, verstehe ich meine Art, Kultursoziologie zu betreiben, auch als ein Plädoyer für die sozialwissenschaftliche Anerkennung eines gerahmten, d.h. relativen und gesellschaftlich vermittelten *Eigensinns*, der sich (nicht nur, aber womöglich vor allem) aus der somatischen Dimension von Praxis ergibt. Diesen Eigensinn kann man gerade mit einer Ambivalenzen betonenden körpersoziologischen Brille sehen, die systematisch sowohl zwingende Konstitutionsrahmen als auch eben eigensinnige, nicht vorhersehbare und teilautonome Konstruktionspraxen anerkennt.[6]

---

und ortsgebundene, d.h. historisch spezifische „Menge von Aussagen, die einem gleichen Formationssystem zugehören" (Foucault 1981: 156) und die die vor allem sprachlich verfasste Möglichkeit der Bedingung von Sinn darstellen. Diskurse sind demnach Aussagensysteme bzw. gesellschaftlich organisiertes Wissen, das wiederum gesellschaftskonstitutiv ist. Mit Praxis meine ich im engeren Sinne soziale Handlungsvollzüge (im Sinne vor allem Pierre Bourdieus; vgl. Bourdieu 1992 und Bourdieu 1993), die auf der Grundlage überwiegend unbewussten Wissens – eines ‚praktischen Sinns' – geschehen, eine material-körperliche Dimension haben und faktisch ‚unaufhörlich' sind (vgl. auch als Überblick Nassehi 2008: 29–48). Kultursoziologisch wird diese Gegenüberstellung bzw. deren Überwindung derzeit insbesondere durch Reckwitz diskutiert. Vgl. Reckwitz 2008a: 97–130 und 2008b.

6 Die hier formulierten Überlegungen sowie einzelne Argumente im nachfolgenden Text verdanken sich auch fruchtbaren Diskussionen und Kooperationen mit einer Reihe von Kolleginnen und Kollegen. Ich danke insbesondere Thomas Alkemeyer für die produktive Zusammenarbeit zu diesem Thema (vgl. Alkemeyer/Villa 2009). Zum Begriff des „Eigensinns“ als historische und sozialwissenschaftliche Kategorie vgl. Lüdtke 2002 sowie Negt/Kluge 1993ff., die den Begriff in einem (neo)marxistischen Sinne konturieren. Mir dienen diese Texte nicht als direkter Bezugsrahmen, doch

Mir geht es damit um die manchmal produktive, auf jeden Fall aber systematische, immanente, unausweichliche Kluft zwischen kulturellen Codes einerseits und konkreten Praxen andererseits. Diese Kluft besteht immer, sie ist notwendiger Bestandteil jeglicher Kultur – sofern wir diese als Amalgam von Normen/Codes einerseits und Praxen andererseits verstehen. Zugleich aber ist diese Kluft nur zu verstehen, wenn man beide Aspekte aufeinander bezieht, d.h. Kultur als Amalgam von Codes, Praxen und die (z.B. institutionellen) Kontexte, in denen sich diese Mischung artikuliert, kann nur angemessen soziologisch thematisiert werden, wenn beide Seiten der Kluft gemeinsam, in ihrer wechselseitigen Bezugnahme verstanden werden.

1. Subjekt – Individuum: Die soziologischen Traditionslinien

In seiner Studie „Das Individuum der Gesellschaft" beschreibt Markus Schroer im Wesentlichen drei soziologische Traditionslinien, die sich im Zuge der soziologischen Auseinandersetzung mit dem Individuum bzw. der Individualisierung entwickelt haben. Der ersten, von ihm so genannten „negativen Individualisierung" (Schroer 2000: 15–136), die Autoren wie Weber, Adorno und Foucault formulieren, entspricht eine Sicht auf Personen als „gefährdete Individuen" (ebd.: 11). Individuen werden in dieser Tradition als in ihrer Individualisierung eingeschränkte, durch Gesellschaft, Macht und Herrschaft begrenzte, bisweilen unterworfene Personen konturiert. Gesellschaftliche Strukturen stehen also den Individuen in Bezug auf ihre Individualität gegenüber. Die Wucht von Macht- und Herrschaftsverhältnissen geht in dieser Perspektive zu Lasten der Kreativität, des Eigensinns und der Eigenlogik handelnder Personen. Die zweite sozialtheoretische Traditionslinie, die Schroer rekonstruiert, ist die der „positiven Individualisierung" (ebd.: 137–283), der wiederum Personen als „gefährliche Individuen" konturiert. Gefährlich sind die Individuen in dieser Perspektive für die Stabilität sozialer Ordnung. Für die entsprechenden Autoren (Schroer nennt hier Durkheim, Parsons und Luhmann) bietet die Moderne und ihre jüngeren Dynamiken, vor allem als hochgradig funktional differenzierte Moderne, den Individuen die aus der makrosoziologischen Sicht ambivalente Chance, Individualität zu steigern und damit die diese ermöglichende Ordnung zu desta-

soll hier damit ausdrücklich darauf hingewiesen werden, dass der Begriff eine sozialwissenschaftliche Geschichte hat. Eine differenzierte Auseinandersetzung und Aktualisierung des Begriffes ‚Eigensinn' steht meines Erachtens aus.

bilisieren. Den Individuen wird hier Eigensinn, ihrem Tun die Emergenz sozialer Ordnung unterstellt. Diesen beiden von Schroer formulierten Traditionen entspricht auch die Formulierung von Andreas Reckwitz, das Subjekt sei in der Soziologie doppelt gedeutet (Reckwitz 2006: 9): zum Einen als idealtypisch Erhobenes, zum Anderen als das Unterworfene. Allerdings strebt Reckwitz, anders oder doch zumindest deutlicher als Schroer, danach, diese Entgegensetzung in der Sozial- und Kulturtheorie nicht weiter zu reifizieren, sondern durch den Begriff der „Subjektkulturen" (Reckwitz 2006) in eine produktive Synthese zu bringen. Diesem Vorschlag schließe ich mich an, erweitere aber den Begriff der Subjektkulturen um die körperlich-somatische Dimension von Subjektivation, die m.E. differenzierter als bisherige Versuche ist. So ist es mir daran gelegen, (kultur-)soziologische Analysen von Subjektivierungsprozessen innerhalb dieser gesellschaftlichen Subjektkulturen um ein weiteres, zentrales, theoretisches Konzept zu entwickeln, welches auch (und in meinen Augen gerade) empirisch fruchtbar ist: Das der ‚performativen Mimesis'.[7]

Man könnte die soziologische Grundfrage nach dem Verhältnis von Individuum und Gesellschaft auch anders ordnen als dies Schroer tut, aber für den Moment möchte ich diese aktuelle, weil an die Individualisierungsdebatte der letzten Jahrzehnte andockende Systematisierung als kritischen Ausgangspunkt meiner eigenen Überlegungen setzen. Dies auch deshalb, weil die Argumentationslinie des ‚gefährdeten Individuums' in einer sich aktuell entwickelnden sozialtheoretischen Debatte wieder auftaucht: Der im Anschluss an Foucault derzeit diskutierte Begriff der „Gouvernamentalität" (vgl. etwa Bröckling/Krassmann/Lemke 2007) greift die oben skizzierte Entgegensetzung von individueller Verfasstheit und gesellschaftlicher Struktur affirmativ wieder auf und schlägt sich deutlich auf die Seite der Wirkmächtigkeit der Strukturen. Gouvernementalität ist damit eine Perspektive der „negativen Individualisierung", die die Individuen als in ihrer Individualität gefährdet kennzeichnet. Das Stichwort ist hier „Unterwerfung". Auch in der Geschlechterforschung zeichnet sich, nach einer Phase sozialkonstruktivistischer Deutungshoheit, eine Hinwendung zu (Neo)Foucaultschen Analysen ab.

7 Damit konvergieren meine Absichten durchaus mit denen der Autoren der dritten Traditionslinie, die Schroer in seiner Individualisierungsstudie beschreibt, der „ambivalenten Individualisierung" nämlich. Zu dieser Linie zählen Simmel, Elias und Beck. Diese Autoren zeichnen ein Bild von Personen als „Risiko-Individuen", die den Zumutungen sozialer Strukturen ebenso ausgesetzt sind wie sie auch eigensinnig mit diesen umgehen. Das ‚sowohl-als-auch' ist das soziologische Leitmotiv dieser Individualisierungsperspektive (vgl. Schroer 2000: Kap. III).

Die Analyse sozialer bzw. kultureller Praxis als *körperlicher* Praxis kann systematischer als andere Zugänge davon ausgehen, dass im Tun der Menschen Reproduktion – also die Wiedererzeugung – und die Produktion – also die Erzeugung – von sozialer Wirklichkeit zwei Seiten derselben Medaille sind; dass sowohl beharrende als auch widerspenstige, normerfüllende und kreativ-eigensinnige Momente gleichzeitig vorkommen und dass diese eine komplexe Konstellation bilden. Auf diese Gleichzeitigkeit von Determinierung und Ermöglichung kommt es mir besonders an. In den Individuen, und mehr noch in der intersubjektiven Praxis, entfaltet sich *auch* Eigensinn, Widerspenstigkeit, Neukonstruktion, Unabsichtliches und kritische Handlungsfähigkeit – aber immer in gegebenen Verhältnissen, die eine nicht zu unterschätzende eigenlogische, konstitutive Wirkmächtigkeit haben. Diese Ambivalenz systematisch produktiv zu wenden ist im Rahmen meiner kultursoziologischen Forschungsarbeiten auch deshalb theorietechnisch geboten, weil sich vor allem in der Geschlechterforschung eine durchaus problematische Hegemonie sozial-konstruktivistischer Perspektiven entwickelt hat, die nun – wie schon angedeutet – womöglich abgelöst wird von ihrem theorietechnischen und methodischen Gegenteil.[8] Erstere fokussieren, etwa im Kontext des doing gender-Ansatzes, mikrosoziologische Handlungsvollzüge hinsichtlich ihrer Konstruktionsleistungen. Solcherart ausgerichtete Arbeiten sind nunmehr Legion und in allen geht es um situative Konstruktionsprozesse, in denen und durch die die Geschlechterdifferenz überhaupt erzeugt wird: Doing gender while doing work, doing gender and equality, doing organization and doing gender und so weiter. Doch stoßen solche Arbeiten, bei aller wesentlichen Einsicht in die Praxeologie des Geschlechts als Existenzweise, wie alle (sozial-)konstruktivistischen Perspektiven, rasch an ihre analytischen Grenzen. Sie begehen insofern einen Kategorienfehler, als sie Verhalten und Verhältnisse gleichsetzen, um ein Wortspiel von Regina Becker-Schmidt zu zitieren (Becker-Schmidt 2004: 191). Das Risiko, denselben Fehler – wenn auch in umgekehrter Richtung – zu begehen, bergen ebenso zwei gegenwärtig in der Geschlechterforschung intensiv diskutierte Zugänge: Zum Einen die Intersektionalitätsdebatte (vgl. Klinger/Knapp 2007) und zum Anderen die Gouvernementalitätsperspektiven (vgl. verschiedene Beiträge in Pieper/Gutiérrez Rodríguez 2003). Beide, so meine Lesart, schließen bisweilen kurz von Verhältnissen auf Verhalten. Oder von Diskursen – Biopolitik,

8 Damit ist keineswegs gesagt, dass andere Perspektiven – etwa gesellschaftstheoretischer oder ungleichheitssoziologischer Art – keine Rolle spielen. Zudem ist in den letzten Jahren ein wieder erstarktes Interesse an den Themenfeldern Arbeit, Exklusion, Ökonomie im Kontext der Geschlechterforschung zu verzeichnen.

post-disziplinären Regierungstechniken usw. – auf Praxen.[9] Und schließlich hat nicht zuletzt die intensive und andauernde Rezeption der Arbeiten Judith Butlers seit den frühen 1990ern für eine bisweilen überstarke Betonung von Diskursen gesorgt, die zu Lasten der Thematisierung von Praxen ging.[10]

Im Kern: (Kultur-)Soziologische Zugänge, die ausschließlich Konstruktionsprozesse beobachten, können Konstitutionsverhältnisse meist nicht sehen. Sie nennen sie zwar, doch bleibt der Verweis auf die Wirkmächtigkeit gesellschaftlicher Strukturen ein soziologisches Lippenbekenntnis. Ebenso macht die Betonung von Konstitutionslogiken soziologisch unempfindlich für die Vielfalt und Produktivität der Konstruktionspraxen. Was fehlt, ist ein Nachdenken darüber, dass soziale Konstitution und soziale Konstruktion – Diskurse und Praxen – aufeinander verweisen, ohne deckungsgleich zu sein. Den Modi der Vermittlung zwischen beiden gilt meine theoretische und empirische Aufmerksamkeit.

2. Who is Who? Subjektivationsprozesse zwischen Diskurs und Praxis

Der soziologische Königsweg, diesen Zusammenhang – also das Verhältnis zwischen handelnden Individuen in ihrer lebensweltlichen Praxis einerseits und strukturellen Verhältnissen, die das gesellschaftliche Ganze charakterisieren andererseits, zu thematisieren – ist die *Sozialisation*. Vergesellschaftung wäre hierfür ein anderer Begriff (der auch anders, nämlich stärker gesellschaftstheoretisch konturiert ist). Beide Konzepte versuchen auf den Begriff zu bringen, dass soziale Verhältnisse oder Strukturen, z.B. „Geschlechterverhältnisse […] nicht nur *durch* Individuen, sondern auch *in* den Individuen reproduziert [werden]“, wie Andrea Maihofer (2002: 18; Hervorh. i.O.) formuliert. Die Rede von der ‚geschlechtsspezifischen Sozialisation’ hat ihren Zenit längst überschritten, und ist auch seit nunmehr einem Jahrzehnt aus dem geschlechtersoziologischen Universum gebannt. Das hat gute Gründe, auf die ich hier nur verweisen kann: Sozialisationskonzepte beinhalten ein

---

9 Auch dies ist eine Sicht, die der Diskussion bedarf. Grundsätzlich ist aber zu betonen, dass gerade die Intersektionalitätsdebatte eine vielstimmige und ausgesprochen lebhafte Konstellation darstellt, bei der keineswegs abgemacht ist, wie und in welche (auch theoretische und methodologische) Richtung sie laufen wird.

10 Die Frage der (kritischen) Handlungsfähigkeit im Anschluss an Butlers Überlegungen zur Konstitution des Geschlechts durch entsprechende Diskurse wurde und wird nach wie vor kontrovers diskutiert (vgl. Benhabib/Butler/Cornell/Fraser 1993).

top-down-Modell der Determinierung von Personen durch Strukturen, sie transportieren problematische Subjekt- und Identitätsvorstellungen; Sozialisationskonzepte verkennen die Komplexität der durch verschiedene, ineinander verwobene Differenz- und Ungleichheitsachsen konstituierten personalen Identität, d.h. sie gehen z.B. davon aus, dass das Geschlecht als solches daherkommt – ohne ,Verunreinigungen' durch andere identitätsrelevante soziale Verortungen, und sie werfen – schließlich – einen methodologisch hoch problematischen reifizierenden Blick auf die Geschlechterdifferenz, insofern sie gewissermaßen vorher schon wissen, was am Ende steht – nämlich dass Männer und Frauen anders sind.[11] Und doch gibt es – zu Recht, wie ich meine – verschiedene Bemühungen, diejenigen Fragen wieder in den Blick zu nehmen, die als gewissermaßen ausgeschüttete Kinder mit dem Bad verloren gegangen sind. Die Frage nach Erfahrungen und Erlebnissen von und mit Geschlecht im Besonderen und mit Gesellschaft im Allgemeinen auf der individuellen wie intersubjektiven Ebene der Praxis ist inzwischen nämlich unterbelichtet: Es gibt derzeit keine hinreichend komplexe Theoretisierung von (z.B. geschlechtlicher) Subjektivität und ihrer sozialen Konstitution (Sozialisation), die zugleich die sozialkonstruktivistischen empirischen und theoretischen Einsichten ernst nähme.

An diesem Defizit setzen die eingangs genannten aktuellen (kultur-) soziologischen Bemühungen um das Subjekt an, die einem Verdinglichungsrisiko vorbeugend und Prozessualität betonend, im Begriff der „Subjektivation" münden: „,Subjektivation' bezeichnet den Prozess des Unterworfenwerdens durch Macht und zugleich den Prozess der Subjektwerdung" (vgl. Butler 2001: 8).

Judith Butlers Überlegungen zu Subjektivation scheinen mir hier also besonders weiterführend. Denn mit diesen können einige Fallstricke der Sozialisations- oder Vergesellschaftungskonzepte vermieden werden, insofern Butler auf einer *Kluft* insistiert, die zwischen Normen und Praxis, zwischen Diskurs und Körpererfahrung oder zwischen Subjekt und Person besteht – und zwar *notwendigerweise* besteht. Butlers Begriff der Subjektivation ist zudem von dem Grundgedanken getragen, dass Prozesse, die gemeinhin mit Sozialisation oder Vergesellschaftung belegt sind, zwingend und immanent ambivalent sind.

Zentral ist zunächst, dass Butler deutlich zwischen konkreten Personen einerseits und spezifischen Subjekten andererseits unterscheidet:

---

11 Vgl. für eine ausführliche Kritik und Diskussion sozialisationstheoretischer Zugänge in der Geschlechterforschung die Beiträge in Bilden/Dausien 2006.

> „Über ‚das Subjekt' wird oft gesprochen, als sei es austauschbar mit ‚der Person' oder ‚dem Individuum'. Die Genealogie des Subjekts als kritischer Kategorie jedoch verweist darauf, dass das Subjekt nicht mit dem Individuum gleichzusetzen, sondern vielmehr als sprachliche Kategorie aufzufassen ist, als Platzhalter, als in Formierung begriffene Struktur." (Butler 2001: 15)

Subjekte sind demnach gewissermaßen sozial bewohnbare Zonen, die durch diskursive Semantiken geschaffen werden. Sie sind jene sprachlichen Kategorien, die *anerkennungswürdige* bzw. intellegible (Re)Präsentationen von Personen bereitstellen. Konkret sind dies vor allem Titel, d.h. intelligible Anreden und Personenmarkierungen wie Mutter, Wissenschaftler, Mensch, Behinderter, Kind, Arbeiter, Ausländerin, Top-Model, Managerin, Islamist, Türke, Hauptschüler usw. Diese Subjektpositionen sind, jedenfalls bislang, aber vielleicht nicht zwangsläufig, Identitätskategorien in einem recht spezifischen Sinne, nämlich als identitätslogische Anreden innerhalb bestimmter Konventionen und Kontexte, die eine (zeitweilige!) totale Identifikation fordern. Die immer vorläufige Totalität ist ein wesentliches Element dieser Perspektive, auf das ich noch zurückkommen werde. Konkrete Personen nun, Individuen also „besetzen die Stelle des Subjekts [...] und verständlich werden sie nur, soweit sie gleichsam zunächst in der Sprache eingeführt werden" (ebd.). Individuen werden also dadurch, dass sie sich mit dem Diskurs ‚vernähen' – und von anderen in diesen mehr oder minder herrschaftsförmig vernäht werden – zu intelligiblen, d.h. sozial anerkennungswürdigen Personen. Ohne die Annahme solcher Titel ist es unmöglich, eine anerkennungswürdige soziale Existenz zu leben, und ohne die Auseinandersetzung mit diesen Titeln ist keine Identität zu haben.[12] Personen werden durch Anrufungen bzw. ‚Interpellationen' im Sinne Althussers (vgl. Althusser 1977: 142, sowie Butler 2001: 91ff.) aufgefordert, eine Bezeichnung, einen Namen, einen Titel anzunehmen, und das beinhaltet immer auch die Aufforderung, sich mit diesen zu identifizieren. Letzteres wird mit dem Begriff der Umwendung charakterisiert (ebd.). Um nicht die allseits bekannte, von Althusser selbst formulierte Szene zwischen dem Polizisten und dem Passanten (Althusser 1977: 143) noch ein Mal zu reproduzieren, kann man sich den Vorgang der Anrufung bzw. Umwendung an folgendem Beispiel klar machen: Es kommt eine Person zu einem Bewerbungsgespräch an eine Universität und wird mit „Sie als Mutter" auf potenzielle Aspekte

12 Zur ausführlicheren Darstellung der Subjektivierungsdebatte im poststrukturalistischen Kontext, auch in der Erweiterung durch Autoren wie Ernesto Laclau, Chantal Mouffe und Stuart Hall vgl. Scharmacher 2004, Supik 2005 und – in der Verknüpfung mit der Biographieforschung – Spies 2009.

der ‚Vereinbarkeit' von Beruf und Familie angesprochen. Wer sich hierauf ‚einlässt' und als Mutter oder Vater antwortet, ist in den entsprechenden Prozess der Subjektivation eingetreten, hat sich also als Mutter bzw. Vater ‚identifiziert' und wird so – und für Momente oder gar für die Dauer des Bewerbungsverfahrens *nur* so – sozial (an)erkannt. Und zwar auch dann, wenn ein Widerspruch (‚ich bin hier als Wissenschaftlerin, nicht als Familienmensch') formuliert wird. Wenn Butler zudem anmerkt, dass solche (immer nur situativen) Subjektivierungen (immer vorläufig) ‚total' sind, dann deshalb, weil die Anerkennung als ein spezifisches Subjekt zwingend die anderen Subjekte bzw. Subjektpositionen ausschließt, die man in einer Situation sein könnte (vgl. Butler 2001: 92, 96), und die Personen gewissermaßen als ganzer Mensch sind: Wird eine Person als Mutter anerkannt, so wird sie in genau diesem Moment nicht als Wissenschaftlerin anerkannt – oder als Tochter, als Sportlerin, als Leserin, Konsumentin usw. Das mag im nächsten Moment wieder anders sein, etwa wenn diese Person sich gewissermaßen dieser Anrufung nicht zuwendet, sondern sich in einer andern artikuliert oder wenn sie die Situation verlässt. Doch geht es um die Wirkmächtigkeit diskursiver Codes bzw. Titel, die ihre Produktivität aus eben genau der Logik beziehen, nur spezifische Subjektpositionen in bestimmten Konstellationen als anerkennungswürdig gelten zu lassen. Es macht also einen Unterschied ums Ganze, als ‚wer' eine Person in eine soziale Konstellation eintritt – bzw. eintreten kann. Dass diese Ermöglichung, die zugleich immer eine ‚Unterwerfung' bedeutet, macht- bzw. herrschaftsförmig verfasst ist, ist ein Punkt, auf den ich hier nur verweisen kann.

Individuation als gesellschaftliche und Identifikation als individuelle Dimension von Subjektivierung erfordern also die Eigenleistung der Personen, die – nachdem oder sobald – sie mit intelligiblen Titeln angerufen werden, sich diese auch aneignen müssen bzw. können, um als Personen auch ‚Subjekte von Gewicht' zu sein. Wesentlich ist, dass die verfügbaren ‚sprachlichen Gelegenheiten' – die Subjektpositionen – nicht für alle Beteiligten bzw. Betroffenen gleichermaßen (oder überhaupt) zur Disposition stehen. Insofern Intelligibilität verleihende Titel (Frau, Wissenschaftler, Punk, Schüler, usw.) diskursiv sind, sind sie in einer eigenlogischen Zeitlichkeit gebettet, die systematisch anders ist als die biographische Zeitlichkeit konkreter Personen. Die Zeitlichkeit von Diskursen ist, einfach gesprochen, weitaus länger und langsamer als die Zeitlichkeit von Menschen. Oder anders formuliert: Diskurse und damit auch die in ihnen formulierten Subjektpositionen sind immer schon vor der Subjektivierung der Menschen da und sie überspannen ihr Tun als sedimentierte Vergangenheit und als Verweis in die Zukunft. Diese Titel können auch nicht willentlich, zumindest nicht ad hoc oder überhaupt schnell verändert werden.[13] Von der Grundidee her geht es bei der Anrufungs- bzw. Umwendungs-Logik von Subjektivierungsprozessen also darum, dass Personen eine anerkennungswürdige soziale Existenz nur innerhalb von – vermachteten – gesellschaftlichen Konstitutionsprozessen erlangen, an denen sie (aber?) einen eigenen (auch praxeologischen) Anteil haben.

Zugleich aber sind Diskurse im Allgemeinen, die in ihnen formulierten Subjektpositionen und kulturellen Codes im Besonderen, alles andere als eindeutig oder explizit. Insofern Diskurse, wie bereits erwähnt, polysemisch und gewissermaßen immer von einer inneren Bewegung begleitet sind, die sich aus ihrer internen Organisation speist, können Diskurse keine allgemein verbindlichen, stabilen und schon gar nicht endgültigen Codes generieren. Textuelle Codes im weiteren Sinne – Begriffe im engeren – verweisen endlos aufeinander und über sich hinaus, es gibt keinen ‚transzendentalen Signifikanten' (vgl. zusammenfassend Villa 2006b: 96ff.). So entfaltet sich Bedeutung (und hier argumentiere ich mit Derrida dekonstruktivistisch) in der permanenten ‚Verschiebung' von Sinn, einem „beständigen Gleiten" (Stäheli 2000: 5.). Diese Bewegung wird intensiviert durch die Tatsache, dass jeder Begriff bzw. jeder Code immer wieder in neuen, anderen Kontexten verwendet wird und allein deshalb prinzipiell offen ist für Bedeutungsverschiebungen. Dies ist ebenso trivial und allseits erfahrbar wie es theoretisch folgenreich ist: Wissenssoziologisch bzw. phänomenologisch fundierte kultursoziologische Perspektiven gehen davon aus, dass sich empirisch beispielsweise ‚wahre' oder ‚eigentliche' Bedeutungen hermeneutisch rekonstruieren lassen. Vor allem die Methoden der qualitativen Sozialforschung suchen in (Interview-)Texten nach der Bedeutungsessenz von Sprache in einem durchaus Schützschen Sinne, nämlich Sprache als „Ausdrucksschema" einer spezifischen Lebenswelt (vgl. Schütz 1972: 63), das für die „Mitglieder der ingroup" (ebd.: 57) einen verbindlichen Sinn bereitstellt.[14] Diskurstheoretische Per-

---

13 Vgl. für eine ausführlichere Darstellung der zeitlichen Dimension von Diskursen Villa 2003: 27–34.

14 Schütz betont in diesem Text interessanterweise die Vieldeutigkeit und Uneindeutigkeit von Sprache; er argumentiert in manchen Passagen geradezu dekonstruktivistisch: „Jedes Wort und jeder Satz ist [...] von ‚Sinnhorizonten' (‚fringes') umgeben, die sie einerseits mit den vergangenen und zukünftigen Elementen des entsprechenden sprachlichen Universums verbinden und die sie andererseits mit einem Hof emotionaler Werte und irrationaler Implikationen, die selbst wiederum unaussprechlich bleiben, umgeben." (Schütz 1972: 64). Trotz dieser Einsicht geht Schütz davon aus, dass man das in Sprachen aufbewahrte (Rezept-)Wissen einer spezifischen Lebenswelt hinreichend klar von derjenigen einer anderen Lebenswelt abgrenzen könne. Implizit scheint mir dies bei Schütz vor allem die national verfasste ‚Muttersprache' zu sein.

spektiven, insbesondere in einer dekonstruktivistischen Erweiterung – wie ich sie vertreten würde –, lehnen eine solche Suche ab. Wesentlicher sind vielmehr die Einsicht in die Unmöglichkeit, Sinn zu fixieren und die theorietechnische wie empirische Anerkennung der permanenten, unhintergehbaren Verschiebungsbewegungen im Diskurs selbst. Ganz in diesem Sinne sind kulturelle Codes über sich selbst in Vergangenheit und Zukunft sowie in synchrone Gegenwarten verweisende, intertextuelle ‚leere' Signifikanten – die gerade deshalb so wirkmächtig und praxisrelevant sind.[15]

Exkurs: „Könnte der Tango-Tanz mit Worten beschrieben werden... bräuchte man ihn nicht mehr tanzen"

Am Beispiel des argentinischen Tangos lässt sich dies verdeutlichen: Der argentinische Tango ist und war schon immer, d.h. seit seinem Entstehen um 1900 und vor allem seit seinen globalen ‚Siegeszügen' in den 1920ern und 1990ern – diskursiv – Teil einer globalen „economy of passion" (Savigliano 1995) und als solcher konstituiert von enorm aufgeladenen kulturellen Codes. Ein Blick auf Plakate, die Tangoshows ankündigen oder auf die vielen einschlägigen Internetportale sowie auf die Selbstverständigungsmedien der ‚Szene' zeigt,[16] dass der argentinische Tango als leidenschaftlich, intensiv, erotisch, authentisch-argentinisch und geschlechtlich binär sowie heterosexuell inszeniert wird:

15 Auch diese Gegenüberstellung – wissenssoziologisch bzw. hermeneutisch orientierte Sozialforschung versus Diskursanalyse – ist allzu schematisch und wird den aktuellen Bemühungen um eine Zusammenführung beider Perspektiven nicht gerecht. Sie soll hier einer ungefähren Rahmung dienen. Zur methodischen Vielfalt vgl. Keller/Hirseland/Schneider/Viehöver 2006. Zur dekonstruktivistisch erweiterten Diskurstheorie, die sich am Gegenstand (Tango) plausibilisiert vgl. Villa 2006b: 211ff.

16 Ich habe dies in anderen Texten ausführlich dargestellt; zuletzt in Villa 2009. Selber recherchieren lässt sich das für den deutschsprachigen Raum sehr gut etwa über www.tangodanza.de, www.cybertango.com und www.tangokultur.info.

Abb. 1 Internetportal zur Show ‚Tanguera' (2009)

Im Tangodiskurs spielen Binaritäten wie männlich/weiblich, führen/folgen, Nord/Süd, innen/außen, homo-/heterosexuell usw. eine zentrale Rolle (vgl. Villa 2006a und 2009). Diese sind untereinander konstitutiv verwoben (‚führen ist männlich, das ist dort unten im argentinischen Süden so, wo die eigentlichen Tangotänzer sind…'), und verweisen zugleich immer auf geradezu unendliche semantische Bedeutungsketten. Interessanterweise sind all diese kulturellen Codes, die den Tango diskursiv konstituieren, hochgradig instabil und werden praxeologisch in der Tangoszene permanent verhandelt: Die gesamte Selbstverständigungsliteratur (wie Internetforen, Zeitschriften, Interviews, Gespräche usw.) kreist immer wieder um die Frage, was denn der Tango im Allgemeinen und was etwa führen oder weiblich oder argentinisch im Besonderen sei. Ein Bild, wie das obige, wird innerhalb der Szene sofort praxeologisch und diskursiv hinterfragt und eben als Bild, als von der Praxis abstrahierte Geste dechiffriert. Es leitet einerseits das Tun durchaus an, wenn etwa Tänzerinnen und Tänzer sich bemühen, so auszusehen, sich so zu bewegen, wie es auf den Bildern ausschaut. Doch gibt es ein mehr oder minder offenes Wissen darüber, dass konkrete Bewegungen sich anders anfühlen als sich Bilder ansehen.

Folgt man nun nur den hegemonialen Diskursen zum Tango, analysiert sie als kulturelle Codes kultursoziologisch, z.B. in einem hermeneutischen oder auch diskurstheoretischen Horizont, und schließt diese mit den Praxen kurz, wird man der praxeologischen Dimension des Tangotuns, der Tangoszene mitsamt ihren tänzerischen und vielen sonstigen Interaktionen – Reisen, Sprechen, Räume besetzen, sich (ver)kleiden usw. – nicht gerecht. Dies ist empirisch evident: Wer etwa aufmerksam die Erfahrungsberichte von ‚normalen' Tangotanzenden liest, wer sie danach fragt, was sie im Tango tun und dabei erleben oder wer sie dabei beobachtet, wird schnell merken, dass die Praxis der Tangokultur bzw. der Tango als kulturelle Praxis nicht in den Codes aufgeht, die diese Praxis konstituieren.[17] Die Tänzerinnen und Tänzer sprechen von schmerzenden Füßen, von unerfüllten Sehnsüchten, von Langeweile und Frust, auch von Momenten überraschender Albernheit oder intensiver Selbsterfahrung in der (mehr oder minder geglückten) Verschmelzung mit Tanzpartnern. Sie berichten von der Lust an der Zugehörigkeit zu einer ‚Subkultur' – die sich soziologisch wohl am Besten mit einer „post-traditionalen Gemeinschaft" (Hitzler/Honer/Pfadenhauer 2008) fassen lässt –, von langen Reisen, aufgekratzter Übermüdung und vielem mehr; vor allem auch davon, dass die Praxis bisweilen nicht in Worten fassbar ist: „...das kann man einfach nicht beschreiben", „Tango ist ein Gefühl", „Könnte der Tango-Tanz mit Worten beschrieben werden... bräuchte man ihn nicht mehr zu tanzen" (alle Zitate aus: http://www.tango-vagabundo.de/index.php?navid=6). Diese Formulierungen von ‚Kopflosigkeit' sind von spezifischen Diskursen konstituiert – insbesondere das des ‚Anderen' als verklärtes und konstitutives Außen der westlich-bürgerlichen Moderne inklusive der Projektion der ‚edlen Wilden' und der darin eingelassenen Vorstellungen ‚natürlicher/wilder/autenthischer' Weiblichkeit – und doch muss man sie als Versuch ernst nehmen, leiblich-körperliche Erfahrungen zu versprachlichen. Der Verweis darauf, dass hier lediglich ein (‚falscher', weil ideologischer) Diskurs spreche, ist lediglich ein Teil der Wahrheit und hilft nicht weiter – zumindest dann nicht, wenn man kultursoziologisch verstehen will, was wie in einer (sub)kulturellen Konstellation passiert.

17 Vgl. zur empirischen Beforschung der Tangokultur die Beiträge in Klein 2009.

3. Subjektivation und Normen

Von der lebensweltlichen Praxis her sind Menschen also keine wandelnden Schablonen, sind nie ‚die Soziologin', ‚der Tangotänzer', ‚die Deutsche', ‚der Mann'. Wir sind immer sehr viel mehr und mühen uns oft damit ab, dieses ‚mehr' auszublenden, um Subjektpositionen einzunehmen. Zugleich ist es genau aufgrund dieses Überschusses unmöglich, eine Subjektposition einzunehmen. Von den normativen Vorgaben etwa der Subjektpositionen oder der ‚Norm' her ist dieses Mehr, das sich nie ganz vernichten lässt, ein ‚Scheitern'. Dies hat seine Ursache nicht zuletzt darin, dass Normen – jedenfalls in einem poststrukturalistischen, genauer diskurstheoretischen Rahmen – phantasmatische Abstraktionen, unerreichbare ‚Ideale' sind, die die Praxis regulieren, aber nicht determinieren:

> „Eine Norm ist weder das Gleiche wie eine Regel noch wie ein Gesetz. Eine Norm wirkt innerhalb sozialer Praktiken als impliziter Standard der *Normalisierung*. (...) Die Norm regiert die soziale Intelligibilität einer Handlung. Aber sie ist mit der Handlung, die sie regiert, nicht identisch. Die Norm scheint gegenüber den Handlungen, die sie regiert, indifferent zu sein." (Butler 2009: 73; Hervorh. i.O.)

Der Diskurs ordnet, etwa entlang als Titel materialisierter Subjektpositionen ein Sein an – die Praxis aber ist ein beständiges Werden und zwar in einer gleichzeitigen, durchaus unharmonischen Vielfalt: Wie viel ‚Vater' kann ein Wissenschaftler sein? Wie sehr Muslima eine Lehrerin? Kann eine ‚Lesbe' – als solche – die Subjektposition ‚Theoretikerin' einnehmen?[18] Oder eine ‚Chinesin' den Titel ‚der Student'?[19] Das, was wir jeweils nicht verkörpern sollen, dürfen, können, wollen, das wird unsichtbar. Personen von Gewicht, mit Butler gesprochen, sind solche, die sich – und sei es nur kurz – mit einer Subjektposition identifizieren. Darauf, dass hierzu auch und womöglich vor allem ein „Körper von Gewicht" (Butler 1995) gehört, geht

18 Vgl. Butler 1996. Butler wendet hier ihr eigenes Unbehagen an der Präsentation ihrer Person als lesbischer Theoretikerin bei einer Konferenz theoretisch.

19 Dieses Beispiel geht zurück auf folgende Erfahrung: Ich habe an meinem Universitätsinstitut vorgeschlagen, verfügbare Studienbeiträge zur Ko-Finanzierung von Tutorien zu verwenden, die sich der Betreuung von Studierenden widmen, die nicht muttersprachlich deutsch sprechen/schreiben. Eines der Gegenargumente (seitens der Studierendenvertretung!) war, dass diese nicht die Allgemeinheit der Studierenden ‚vertreten' und deshalb keine ‚Zielgruppe' für die Verwendung der Mittel seien. Auf meine Nachfrage, wer denn DIE Studierenden seien, folgte Sprachlosigkeit. Klarer kann man die praxeologische Logik leerer Signifikanten im Diskurs inklusive ihrer politischen Dimension kaum erfahren.

der nächste Abschnitt im Detail ein. Gesellschaftstheoretisch interessant an der Perspektive der Subjektivierung ist, dass Herrschaft systematisch mitgedacht werden kann und muss. Herrschaft durch Subjektivierung bezieht sich darauf, dass Subjekte, wie angedeutet, Abstraktionen von der faktischen Vielfältigkeit realer Lebenserfahrungen sind. Wenn Subjektpositionen nämlich als Abstraktionen nur *eine* soziale Positionierung ermöglichen, so wirken andere als Relativierung oder Verunreinigung der angestrebten Subjektivierung. Zudem sind nicht alle gleichermaßen berechtigt bzw. in der Lage, Subjektpositionen in ihrer Intelligibilität zu artikulieren. Als ‚was' ein spezifisches ‚wer' in einer lebensweltlichen Konstellation – einem Bewerbungsgespräch, einer Tangotanzfläche, einer Vorlesung usw. – sichtbar werden kann, das definieren unterschiedliche Akteure/innen und sedimentierte institutionelle Regimes inklusive ihrer diskursiven Dimension in unterschiedlichem Ausmaß. ‚Regimes der Sichtbarkeit' sind demnach politische Konstitutionsbedingungen für die Möglichkeit, eine anerkennungswürdige Subjektivierung zu erlangen; sie sind notwendigerweise umkämpfte, damit politische, kulturelle Räume (vgl. Engel 2009; Schaffer 2008): Die erste Bundestagsabgeordnete, Lenelotte von Bothmer, die 1970 statt im Rock in Hosen zur Plenarsitzung erschien, war ein Skandal (vgl. Gerhards 2003: 153) – und sie sowie die medial vervielfachten Bilder eine Öffnung des politischen Raums durch veränderte kulturelle Codes. Die zweite Frauenbewegung setzte neue, bis dahin unmögliche Bilder von Frauen und Weiblichkeit in Umlauf und veränderte dadurch die kulturelle Codierung von Geschlechtlichkeit nachhaltig. Und ebenso verändern sich auch die Bilder des Tango Argentino durch die diskursiven und praxeologischen Bewegungen der Szene. Tangosubjekte sind tatsächlich nicht mehr nur durch die pathetischen Posen eines exotisch-leidenschaftlich-argentinischen Geschlechtergerangels visuell konstituiert, sondern weisen zunehmend eine transnationale, professionell-athletische Sichtbarkeit auf:

Abb. 2 ‚Neue Tango-Bilder'

Doch zurück zur Subjektivation. Diese ist, verstanden als doppelter und ambivalenter kontextabhängiger Prozess der Anrufung und Umwendung, der zudem andauernd performativ inszeniert werden muss, immer auch Repression, Verwerfung, Ausschluss. Subjektivation ist ebenso Unterwerfung wie Ermöglichung und darin paradox (vgl. Butler 2001: 16ff.): „Die Handlungsfähigkeit des Subjekts erscheint als Wirkung seiner Unterordnung" (ebd.: 16). Unterordnung meint die unbewusste, unwillentliche Unterwerfung unter identitätslogische normative Regimes, die z.B. fordern, ‚nur' Frau oder ‚nur' Aus- bzw. Inländerin usw. zu sein. Handlungsfähigkeit wird dabei aber insofern erzeugt und ermöglicht, als man ohne die Einnahme einer Subjektposition gar nicht intelligibel sein oder handeln kann. Gewendet auf die Frage der individuellen Identität geht Butler davon aus, dass die Einnahme solcher Subjektpositionen durch konkrete Menschen immer und notwendigerweise durch die „Verwerfung" anderer Subjektpositionen erlangt werden kann: „Subjektformierung ist ein Prozess der Unsichtbarmachung" (Butler 2001: 177). Unsichtbar und ungewusst bleibt nämlich dabei das, was gesperrt und verworfen wurde – bevor die konkrete Person überhaupt darüber nachdenken, geschweige denn etwas dazu entscheiden konnte. An diesem Punkt kann also Herrschaft und historische Sedimentiertheit gesellschaftstheoretisch theoretisiert werden – und zwar in engem Bezug zu alltagsweltlichen Praxen.

4. Performative Mimesis

Nun sind Personen, wie skizziert, nicht nur genötigt, diskursive Subjektpositionen irgendwie zu okkupieren. Sie müssen sie vor allem auch im praxeologischen Vollzug, in Interaktionen *verkörpern*. Nicht nur für Judith Butler (aber auch) haben Vergesellschaftungsprozesse von Personen – seien sie als Aneignung, als Selbst-Bildung, als Vergesellschaftung, als Sozialisation oder als Subjektivation konturiert – eine immanent körperliche Dimension. Bei Bourdieu wird sie mit dem Begriff der Hexis als somatischer Bestandteil des Habitus bezeichnet (Bourdieu 1993: 129); bei Butler heißt sie Morphogenese (Butler 1995: 101ff.). Und bei Gunter Gebauer und Christoph Wulf wird die immanent körperliche Seite von Vergesellschaftung bzw. von Sozialität schlechthin mit dem Begriff der *Mimesis* konturiert (vgl. Gebauer/ Wulf 1998; Wulf 2005): „Im Zusammenwirken mimetischer, performativer und ritueller Prozesse konstituiert sich das Soziale“, so Wulf (2005: 7) bündig und programmatisch.

Es ist notwendig, sich von unilinearen, verdinglichenden Modellen der somatischen Sozialisation bzw. Subjektivation zu verabschieden. „Verhältnisse sind nicht Verhalten“ wie ich bereits früher im Anschluss an Becker-Schmidt (2004) formuliert habe. Und Geschlechterverhältnisse reproduzieren sich deshalb auch nicht *in* den Individuen, wie Maihofers Formulierung nahe legt. Ebenso wenig verkörpern Tangotänzerinnen und -tänzer diskursive Codes und werden gewissermaßen zu Fleisch gewordene Bilder oder Begriffe. Wenn man etwa das Geschlechterverhältnis als ein Bündel von historisch gewordenen strukturellen Organisationsprinzipen versteht, die die Genus-Gruppen in Beziehungen zueinander setzen (Becker-Schmidt 2008: 69ff.), und die zudem immanent mit anderen Verhältnissen – wie dem der kapitalistischen Produktionsweise – verzahnt sind, dann wird man das so nie *verkörpert* vorfinden. Mensch gewordene Verhältnisse, verkörperte Diskurse wären eine unmenschliche Zumutung. Hierauf verweist schon Georg Simmel in seinem kanonischen Text über ‚den Fremden' (Simmel 1992): In diesem geht Simmel – kurz – auf die entindividuierende und genau deshalb entmenschlichende Logik ein, Menschen als Verkörperung eines „Typus" (Simmel 1992: 770), also Kategorie zu sehen. Paradigmatisch ist hierbei für Simmel die historische Reduktion von Menschen auf ‚Juden' (ebd.: 770f.).

Es besteht eine – auch und gerade körperbezogene, praxeologische – Kluft zwischen Normen und Praxis. Beide Dimensionen – gesellschaftliche Verhältnisse und Diskurse einerseits; Personen, Handlungsvollzüge oder individuelle Identität andererseits – haben jeweils ihre Eigenlogik, ihre eigene Zeitlichkeit, ihr eigenes Gewicht – gerade und insofern sie aufeinander bezogen sind, und zwar in konstitutiver Weise. Aber sie gehen nicht ineinander auf. Dieser Gedanke ist für die (Kultur-) Soziologie außerordentlich wichtig. Er deckt sich nicht nur mit der Tatsache, dass individuelle Körper nie ‚sind', sondern sich beständig verändern – er bringt zudem zum Ausdruck, dass wir die sozialen Praxen und ihre strukturelle Verfasstheit, sowie die in diesen handelnden Menschen mitsamt ihren Körper nie verstehen werden können, wenn wir nur auf die diskursive, begriffliche Seite von Kultur (oder Sozialität) schauen. Oder: „Soziales Handeln ist körperlich, symbolisch und entsteht unter Bezug auf das individuelle und kollektive Imaginäre der Handelnden. Sein Bedeutungsüberschuss, der mit Hilfe von Deutungen nicht eingeholt werden kann, erzeugt seine Komplexität" (Wulf 2005: 7).

Mimesis ist ein, wie ich meine, geeigneter Begriff, um die skizzierte Spannung zwischen (kulturell codierten) Selbst-Verhältnissen und praxeologischen Selbst-Erfahrungen ernst zu nehmen, theoretisch angemessen differenziert zu argumentieren und empirisch belastbar zu formulieren. Mimesis bezeichnet zunächst allgemein „ein breites Spektrum möglicher Bezüge einer vom Menschen gemachten Welt zu einer vorhergehenden Welt, die entweder als wirklich angenommen wird oder die postuliert, hypostatiert oder fiktional ist" (Gebauer/Wulf 1998: 16). Mimetische Handlungen sind solche, die sich durch eine Bezugnahme auf andere Handlungen, auf andere Personen oder ‚Welten' auszeichnen und in denen sich *„kreative Nachahmung*" (Wulf 2005: 26; Hervorh. i.O.) vollzieht. Mimetische Bezüge sind dabei nicht beliebige Bezugnahmen, sondern *körperliche* Bezüge, d.h. „Bewegungen, die auf andere Bewegungen Bezug nehmen" (Gebauer/Wulf 1998: 11). Mimetische Akte vollziehen also eine andere Bewegung inklusive ihrer symbolischen Kodierung ‚noch einmal' nach, variieren dabei aber die ursprüngliche Bewegung mehr oder minder kreativ bzw. mehr oder minder bewusst – und zwar notwendigerweise. Ein mimetischer Akt kopiert also nie 1:1 die vorgängige Bewegung oder Geste, sondern variiert diese zwangsläufig aufgrund des neuen Kontextes, in den diese gestellt ist. Und es ist im Konzept der „sozialen Mimesis", wie es Gebauer und Wulf formulieren (etwa 2003: 111–126), nicht nur der notwendigerweise neue Kontext einer jeden körperlichen Praxis, die aus vorgegebenen symbolischen Ordnungen etwas Neues macht – es ist auch die Eigenaktivität der Handelnden selbst, die notwendigerweise einzigartig ist. Insofern mimetisches Handeln als „Anähnlichung" (Wulf 2005: 95) verstanden wird, kann ein solches Handeln niemals eine bloße Kopie sein. Vielmehr ist „mimetische Verkörperung performativen Handelns (...) ein kreativer Prozess, in dessen Verlauf eine individuelle Umarbeitung erfolgt" (ebd.). Dies betont etwa Wulf (2005: 27) in seiner Unterscheidung zwischen Mimesis und Mimikry, bei der Letztere im Sinne der Kritischen Theorie die „Degeneration mimetischer Prozesse zu Prozessen bloßer Anpassung an Vorgefundenes ohne die Möglichkeit gestalterischer Mitwirkung" meint. Mimesis meint also gerade nicht eine Einkörperung von sozialen bzw. kulturellen Codes (oder Diskursen) im mechanischen Sinne. Mimesis meint vielmehr eine prozessuale Dynamik der prinzipiell unabschließbaren und letztlich – am Normativen gemessenen – zum Scheitern verurteilen ‚Anähnlichung'.[20]

Hier zeigt sich eine bemerkenswerte Parallele zu Judith Butlers Konzeptualisierung von (diskursiver) Performativität, bei der die Wiederholung bzw. das Zitieren von Sprechakten in einem je anderen Kontext die Grundlage von Handlungsfähigkeit und Subjekthaftigkeit darstellt. Auch bei Butler liegen Kreativität und (un-)gewolltes Veränderungspotenzial in der Unmöglichkeit identischer Wiederholungen. Die systematisch in jedem Versuch einer ‚Kopie' eingelassene Verschiebung z.B. durch Neukontextualisierung – durchaus im Sinne der Derrida'schen ‚Iteration' (Derrida 1988) – garantiert gewissermaßen den Eigensinn, ob von Bedeutungen im rein sprachlichen bzw. diskursiven, ob im körperlichen Sinne (d.h. auf der Ebene normativen, präreflexiven Wissens ob der Zeichenhaftigkeit des Körpers) oder im erlebten, leiblichen Sinne. Gesten können also ebenso wenig wie eine sprachliche Äußerung exakt gleiche Ausfertigungen einer vorgängigen Geste oder Äußerung sein. Identische Wiederholungen gibt es nicht. Zugleich aber wird in der Konturierung ‚performativer Mimesis' die Norm- bzw. Codebezogenheit jeglicher diskursiver wie körperlicher Praxis betont.

20 Allerdings weisen manche Texte der Autoren Chr. Wulf und G. Gebauer einen durchaus mechanistischen Duktus auf. Da ist dann doch von ‚Einkörperung' die Rede, Körper werden „umgebildet" und es wird ein bisweilen determiniertes Lernhandeln unterstellt (vgl. Wulf 2001).

5. Programmatischer Ausblick

Kultursoziologisch kann, ganz im Sinne des jüngeren ‚practical turn' die Frage nach den Wechselwirkungen zwischen Norm(en) und Praxen anhand des hier skizzierten heuristischen Horizonts genauer gefasst und in ihrer wechselseitigen Konstitution rekonstruiert werden. Insbesondere für die Empirie lassen sich entlang der Zusammenführung post-strukturalistischer Einsichten in die Wirkmächtigkeit (kultureller) Codes einerseits mit der mimetischen Dimension körperlicher Praxis andererseits Engführungen vermeiden. So kann die ‚Kreativität des Handelns' (Joas) als praxeologische Konstruktionsleistung mit den diese Praxen konstituierenden diskursiven Elementen gleichermaßen rekonstruiert werden.[21] Dass dieses wiederum eine außerordentliche empirische Herausforderung darstellt, kann man von den einschlägigen methodologischen Diskussionen im Feld der Körpersoziologie lernen.[22] Eine Kultursoziologie, die Menschen weder als von der Gesellschaft bedroht, noch die Menschen als Bedrohung für soziale Ordnung sehen möchte, kommt um eine solche Mühe allerdings nicht herum.

21 Für erste explorative Umsetzungen im Feld des argentinischen Tangos vgl. Villa 2006a und Villa 2009.

22 Vgl. z.B. die Beiträge in Klein 2009.

Literatur

Althusser, Louis (1977): Ideologie und ideologische Staatsapparate. Aufsätze zur marxistischen Theorie. Hamburg

Alkemeyer, Thomas/Villa, Paula-Irene (2009): Somatischer Eigensinn? Kritische Anmerkungen zur diskurs- und gouvernementalitätstheoretischen Sicht auf den Körper. Vortrag im Rahmen der Tagung ‚Diskursanalyse meets Gouvernementalitätsforschung' an der Friedrich-Schiller-Universität Jena, 10./11.07.2009, unveröff. Manuskript

Becker-Schmidt, Regina (2008): Doppelte Vergesellschaftung von Frauen: Divergenzen und Brückenschläge zwischen Privat- und Erwerbsleben. In: Ruth Becker; Beate Kortendiek (Hg.): Handbuch Frauen- und Geschlechterforschung. Theorien, Methoden, Empirie. Wiesbaden: 65–74

Becker-Schmidt, Regina (2004): Menschenwürde und aufrechter Gang – ein Balanceakt. Kontroverse Reflexionen über den Körper. In: Tatjana Freytag; Markus Hawel (Hg.): Arbeit und Utopie: Oskar Negt zum 70. Geburtstag. Frankfurt a.M.: 161–200

Benhabib, Seyla/Butler, Judith/Cornell, Drucilla/Fraser, Nancy (1993): Der Streit um Differenz. Feminismus und Postmoderne in der Gegenwart. Frankfurt a.M.

Bilden, Helga/Dausien, Bettina (Hg.) (2006): Sozialisation und Geschlecht. Theoretische und methodologische Aspekte. Opladen

Bourdieu, Pierre (1992): Rede und Antwort. Frankfurt a.M.

Bourdieu, Pierre (1993): Sozialer Sinn. Kritik der theoretischen Vernunft. Frankfurt a.M.

Bröckling, Ulrich (2007): Das unternehmerische Selbst. Soziologie einer Subjektivierungsform. Frankfurt a.M.

Bröckling, Ulrich/Krassmann, Susanne/Lemke, Thomas (Hg.) (2007): Gouvernementalität der Gegenwart: Studien zur Ökonomisierung des Sozialen. Frankfurt a.M.

Butler, Judith (1995): Körper von Gewicht. Die diskursiven Grenzen des Geschlechts. Berlin

Butler, Judith (1996): Imitation und die Aufsässigkeit der Geschlechtsidentität. In: Sabine Hark (Hg.): Grenzen lesbischer Identität. Aufsätze. Berlin: 15–37

Butler, Judith (2001): Psyche der Macht. Das Subjekt der Unterwerfung. Frankfurt a.M.

Butler, Judith (2009): Die Macht der Geschlechternormen. Frankfurt a.M.

Derrida, Jacques (1988): Ereignis, Signatur, Kontext. In: Peter Engelmann (Hg.): Randgänge der Philosophie. Wien: 291–314

Derrida, Jacques (2004): Die différance. In: Peter Engelmann (Hg.): Die différance. Ausgewählte Texte. Stuttgart: 110–149

Engel, Antke (2009): Bilder von Sexualität und Ökonomie. Queere kulturelle Politiken im Neoliberalismus. Bielefeld

Foucault, Michel (1981): Archäologie des Wissens. Frankfurt a.M.
Gebauer, Gunter/Wulf, Christoph (2003): Mimetische Weltzugänge. Soziales Handeln – Rituale und Spiele – Ästhetische Produktionen. Stuttgart
Gebauer, Gunter/Wulf, Christoph (1998): Spiel – Ritual – Geste. Mimetisches Handeln in der sozialen Welt. Reinbek b. Hamburg
Gerhards, Jürgen (2003): Die Moderne und ihre Vornamen. Einladung zur Kultursoziologie. Wiesbaden
Gildemeister, Regine (2008): Doing Gender: Soziale Praktiken der Geschlechtsunterscheidung. In: Ruth Becker; Beate Kortendiek (Hg.): Handbuch Frauen- und Geschlechterforschung. Theorien, Methoden, Empirie. Wiesbaden: 137–145
Hitzler, Ronald/Honer, Anne/Pfadenhauer, Michaela (2008): Zur Einleitung: ‚Ärgerliche' Gesellungsgebilde? In: Dies. (Hg.): Posttraditionale Gemeinschaften. Theoretische und ethnografische Erkundungen. Wiesbaden: 9–31
Hörning, Karl H./Reuter, Julia (Hg.) (2004): Doing Culture. Neue Positionen zum Verhältnis von Kultur und sozialer Praxis. Bielefeld
Keller, Reiner/Hirseland, Andreas/Schneider, Werner/Viehöver, Willy (Hg.) (2006): Handbuch sozialwissenschaftliche Diskursanalyse. Wiesbaden
Klein, Gabriele (Hg.) (2009): Tango in Translation. Tanz zwischen Medien, Kulturen, Kunst und Politik. Bielefeld
Klinger, Cornelia/Knapp, Gudrun-Axeli (Hg.) (2007): ÜberKreuzungen. Fremdheit, Ungleichheit, Differenz. Münster
Lüdtke, Alf (2002): Eigensinn. In: Stefan Jordan (Hg.): Lexikon Geschichtswissenschaft. Hundert Grundbegriffe. Stuttgart: 64–67
Maihofer, Andrea (2002): Geschlecht und Sozialisation. Eine Problemskizze. In: EWE 13: 13–26
Marx, Karl (1976 [1844]): Zur Kritik der Hegelschen Rechtsphilosophie. Einleitung. MEW 1: 378–391
Moebius, Stephan (2009): Kultur. Bielefeld
Nassehi, Armin (2008): Soziologie. Zehn einführende Vorlesungen. Wiesbaden
Negt, Oskar/Kluge, Alexander (1993ff.): Geschichte und Eigensinn. 3 Bde. Frankfurt a.M.
Pieper, Marianne/Gutiérrez Rodríguez, Encarnación (Hg.) (2003): Gouvernementalität. Ein sozialwissenschaftliches Konzept im Anschluss an Foucault. Frankfurt a.M.
Reckwitz, Andreas (2006): Das hybride Subjekt. Eine Theorie der Subjektkulturen von der bürgerlichen Moderne zur Postmoderne. Weilerswist
Reckwitz, Andreas (2008a): Unscharfe Grenzen. Perspektiven der Kultursoziologie. Bielefeld
Reckwitz, Andreas (2008b): Praktiken und Diskurse. Eine sozialtheoretische und methodologische Relation. In: Herbert Kalthoff; Stefan Hirschauer; Gesa Lindemann (Hg.): Theoretische Empirie. Zur Relevanz qualitativer Sozialforschung. Frankfurt a.M.: 188–209
Savigliano, Marta (1994): Tango and the Political Economy of Passion. Boulder et al.
Schaffer, Johanna (2008): Ambivalenzen der Sichtbarkeit. Über die visuellen Strukturen der

Anerkennung. Bielefeld

Scharmacher, Benjamin (2004): Wie Menschen Subjekte werden. Einführung in Althussers Theorie der Anrufung. Marburg

Schroer, Markus (2000): Das Individuum der Gesellschaft. Synchrone und diachrone Theorieperspektiven. Frankfurt a.M.

Schütz, Alfred (1972 [1944]): Der Fremde. Ein sozialpsychologischer Versuch. In: Ders.: Gesammelte Aufsätze, Bd. II, Den Haag: 53–69

Simmel, Georg (1992 [1908]): Exkurs über den Fremden. In: Ders.: Soziologie. Untersuchungen über die Formen der Vergesellschaftung, Gesamtausgabe Bd. II, Frankfurt a.M.: 764–771

Spies, Tina (2009): Diskurs, Subjekt und Handlungsmacht. Zur Verknüpfung von Diskurs- und Biografieforschung mithilfe des Konzepts der Artikulation [70 Absätze]. In: *Forum Qualitative Sozialforschung / Forum: Qualitative Social Research*, *10*(2), Art. 36, http://nbn-resolving.de/urn:nbn:de:0114-fqs0902369; letzter Aufruf am 15.Juli 2009

Stäheli, Urs (2000): Poststrukturalistische Soziologien. Bielefeld

Supik, Linda (2005): Dezentrierte Positionierung. Stuart Halls Konzept der Identitätspolitiken. Bielefeld

Villa, Paula-Irene (2009): „Das fühlt sich so anders an..." Zum produktiven ‚Scheitern' des Transfers zwischen ästhetischen Diskursen und tänzerischen Praxen im Tango. In: Gabriele Klein (Hg.): Tango in Translation. Tanz zwischen Medien, Kulturen, Kunst und Politik. Bielefeld: 105–122

Villa, Paula-Irene (2006a): Bewegte Diskurse, die bewegen. Überlegungen zur Spannung von Konstitution und Konstruktion am Beispiel des Tango Argentino. In: Robert Gugutzer (Hg.): body turn. Perpektiven der Soziologie des Körpers und des Sports. Bielefeld: 209–232

Villa, Paula-Irene (2006b): Dekonstruktion. In: Joachim Behnke et al. (Hg.): Methoden der Politikwissenschaft. Neuere qualitative und quantitative Analyseverfahren. Baden-Baden: 93–102

Villa, Paula-Irene (2003): Judith Butler. Frankfurt a.M./New York

Wulf, Christoph (2001): Mimesis und performatives Handeln. In: Christoph Wulf; Michael Göhlich; Jörg Zirfas (Hg.): Grundlagen des Performativen. Eine Einführung in die Zusammenhänge von Sprache, Macht und Handeln. Weinheim: 253–272

Wulf, Christoph (2005): Zur Genese des Sozialen. Mimesis, Performativität, Ritual. Bielefeld

IV. Diesseits des Cultural Turn: Die Perspektive erklärender Soziologie

Kultursoziologie diesseits des „Cultural Turn"

Jürgen Gerhards

Die Beschäftigung mit dem Thema Kultur und die Entwicklung meiner eigenen Vorstellung von Kultursoziologie ist durch die institutionellen Rahmenbedingungen der eigenen Berufstätigkeit im entscheidenden Maße mitgeprägt worden. Ich wurde 1994 auf den Lehrstuhl für Kultursoziologie an das Institut für Kulturwissenschaften der Universität Leipzig berufen. Kultursoziologie im Speziellen und Kulturwissenschaften im Allgemeinen lagen zu dieser Zeit im Trend und hatten ihre legitimatorische Basis durch den so genannten *cultural turn* erfahren. Ich selbst hatte meine Ausbildung an der Universität Köln erhalten und dort als Assistent, später als wissenschaftlicher Mitarbeiter am Wissenschaftszentrum Berlin gearbeitet. Ich war entsprechend mit den wissenschaftstheoretischen Prämissen des kritischen Rationalismus und den standardisierten, so genannten quantitativen Methoden wohl vertraut, zugleich aber kein orthodoxer Anhänger dieser Schule. So hatte ich vor dem Wechsel nach Leipzig u.a. eine qualitative Studie über Aushandlungsprozesse von Sexualität zwischen heterosexuellen Partnern (Gerhards und Schmidt 1992) und eine mit quantitativen und qualitativen Verfahren operierende Analyse von Mobilisierungsprozessen von sozialen Bewegungen durchgeführt (Gerhards 1993; Gerhards und Rucht 1992). Insofern gab es eine grundsätzliche Offenheit gegenüber den Prämissen des *cultural turn* und den Entwicklungen der sich formierenden Kultursoziologie. Eine dann einsetzende intensivere Beschäftigung mit dem expandierenden Feld der Kultursoziologie hat meine Skepsis gegenüber den grundlagentheoretischen Prämissen der neuen Mode erst entstehen lassen, die Erfahrung des Lehrens und Forschens in einem kulturwissenschaftlichen Kontext hat die Profilierung einer eigenen Vorstellung von Kultursoziologie in Abgrenzung zum „Mainstream" erst stimuliert.

Ich werde im Folgenden in einem ersten Schritt erläutern, warum die Prämissen des *cultural turn* zumindest auf mich nur eine begrenzte Überzeugungskraft haben, um dann die eigenen Annahmen einer Kultursoziologie diesseits des *cultural turn* zu explizieren (Kapitel 1). Auf der Grundlage dieser Vorstellungen habe ich zusammen mit Mitarbeitern und Kollegen versucht, einige empirische kultursoziologische Forschungsprojekte durchzuführen. Damit die in

Kapitel 1 angestellten grundlagentheoretischen Überlegungen kein reines Glasperlenspiel bleiben, greife ich auf eine dieser Studien zurück und erläutere an diesem Beispiel, was man unter einer Kultursoziologie diesseits des *cultural turn* verstehen kann. Ich habe die Vergabe von Vornamen aus einer soziologischen Perspektive analysiert. Vornamen eignen sich im besonderen Maße, um Prozesse des gesellschaftlichen Wandels, klassen- und geschlechtsspezifische Unterschiede und Integrationsprozesse von Migranten zu analysieren. Ich werde im zweiten Teil der Ausführungen die Ergebnisse von zwei Fallstudien vorstellen, die beide aktuelle Problemstellungen von modernen Gegenwartsgesellschaften aufgreifen: Die Analyse von Transnationalisierungsprozessen wird am Beispiel der Übernahme ausländischer Namen durch deutsche Eltern und die Untersuchung von Assimilationsprozessen am Beispiel der Übernahme von deutschen Namen durch Migranten vorgenommen; bei der zweiten Studie beziehe ich mich auf Forschungen, die ich zusammen mit Silke Hans durchgeführt habe (Gerhards und Hans 2008, 2009).

1. Kritik der Prämissen des *cultural turn*

Die wissenschaftliche Beschäftigung mit Kultur hat seit den 80er Jahren des letzten Jahrhunderts eine deutliche Konjunktur erfahren. Es wurden neue, kulturwissenschaftliche Studiengänge eingerichtet, Forschungsschwerpunkte entwickelt und ganze Fachbereiche in kulturwissenschaftliche Fakultäten umbenannt. Innerhalb der verschiedenen Fächer hat es Diskussionen und Versuche einer kulturwissenschaftlichen Umorientierung gegeben (für die Geschichtswissenschaft vgl. z.B. Daniel 2001). Diese institutionellen Neuarrangements wurden und werden von einer Veröffentlichungsflut zur Legitimation der Wiederentdeckung von Kultur (vgl. für die Geisteswissenschaften die Beiträge in Frühwald et al. 1991) begleitet. Die skizzierten Entwicklungen sind auch an der Soziologie nicht spurlos vorbei gegangen. Ende der 80er Jahre fasste Jeffrey Alexander, einer der bekanntesten amerikanischen Theoretiker, die theoretischen Entwicklungen der Soziologie zusammen und sprach von einem *cultural turn,* der sich in den Sozialwissenschaften Schritt für Schritt ereignet habe (Alexander 1988).[1]

Dass das Thema Kultur eine zunehmende Bedeutung auch in der deutschen Soziologie gewonnen hat, zeigt das Ergebnis einer kleinen Recherche, die ich

1 Paul Rabinow und William M. Sullivan (1979) sprechen einige Jahre vorher bereits von einem *interpretive turn*. Die verschiedenen Positionen innerhalb der deutschsprachigen Sozialwissenschaften finden sich in dem von Holger Sievert und Andreas Reckwitz (1999) herausgegebenen Band gut wiedergegeben.

durchgeführt habe. Analysiert wurde die Menge der in der Datenbank Solis erhobenen Beiträge zum Thema Kultur im Zeitverlauf. Da sich die Anzahl der Publikationen insgesamt und ganz unabhängig vom Thema im Zeitverlauf erhöht haben kann, wurde der Anteil der Arbeiten zum Thema Kultur in Relation zur Gesamtzahl der Beiträge im jeweiligen Zeitraum gesetzt. Schaubild 1 gibt die Entwicklung des relationalen Anteils der soziologischen Publikationen, die das Wort Kultur im Titel tragen, wieder.

Schaubild 1. Anteil der sozialwissenschaftlichen Publikationen zum Thema Kultur an allen deutschsprachigen Publikationen, in Prozent

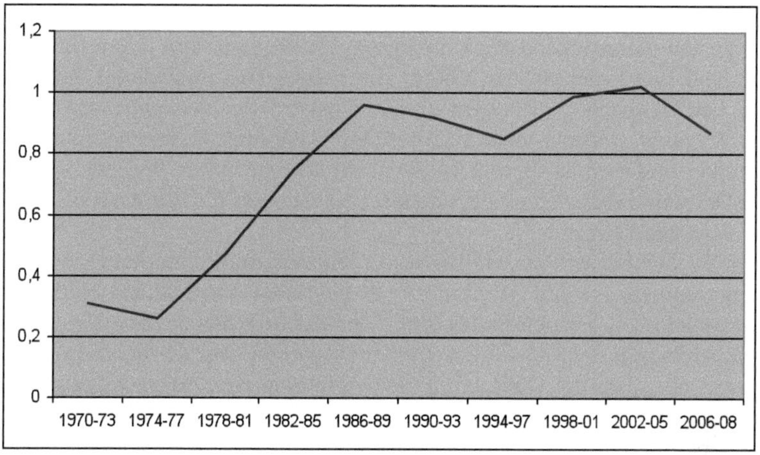

Der Aufschwung der Kultursoziologie beginnt Mitte der 70er Jahre. Die Expansion des Feldes verläuft sehr schnell und erreicht Mitte der 80er Jahre ihren Höhepunkt. Von da an stabilisiert sich der relationale Anteil der Publikationen zum Thema Kultur auf einem relativ hohen Niveau – ein Zeichen für die Konsolidierung einer ausdifferenzierten Bindestrichsoziologie.

Welches sind die inhaltlichen, paradigmatischen Prämissen der kulturellen Wende in der Soziologie und den Geisteswissenschaften insgesamt? Die Frage ist gar nicht so einfach zu beantworten, weil es eine Vielzahl an unterschiedlichen Prämissen und Vorstellungen gibt (vgl. z.B. die Überblicksdarstellungen bei Jameson 1998; Bachmann-Medick 2006). Bei aller Vielschichtigkeit und Heterogenität ist der *cultural turn* aber durch einige gemeinsame Merkmale gekennzeichnet. Andreas Reckwitz, an dem ich mich nachfolgend orientiere, hat sie prägnant und sehr übersichtlich zusammengefasst (vgl. Reckwitz 1999;

2000: 15 ff.). Ich möchte sie im Folgenden erläutern, diskutieren und kritisieren. Dabei mag man es mir verzeihen, dass ich zum Zwecke der besseren Konturierung der eigenen Position die Prämissen des *cultural turn* etwas stilisiert und damit vielleicht auch etwas verzerrt darstelle.

1. Über die Bedingungen der Möglichkeit von Erkenntnis im Allgemeinen und von wissenschaftlicher Erkenntnis im Besonderen reflektiert die Wissenschafts- und Erkenntnistheorie. Wissenschaftstheorien vor dem *cultural turn* sind nun, so Andreas Reckwitz, von einer Abbildungsvorstellung von wissenschaftlicher Erkenntnis ausgegangen: Es gibt etwas in der Welt und dieses kann auch von einem davon unabhängigen wissenschaftlichen Beobachter beschrieben und erklärt werden. Der *cultural turn* hat in kritischer Reflexion auf diese Perspektive darauf aufmerksam gemacht, dass es keine kategorienlose Beobachtung der Welt gibt und entsprechend die Kategorien der Wissenschaft einen Einfluss auf die Art und das Ergebnis der Erkenntnis haben. Die Entstehung der wissenschaftlichen Beobachtungskategorien ist selbst ein Resultat eines sozialen Prozesses, der sich wissens- und wissenschaftssoziologisch rekonstruieren lässt. Drei Punkte finde ich an diesem wissenschaftstheoretischen Ausgangspunkt des *cultural turn* und den daraus gezogenen Folgerungen für die wissenschaftliche Praxis nicht überzeugend:

1.1 Dass es sich bei wissenschaftlicher Erkenntnis immer um kategorial gebundene Erkenntnisse handelt, ist keineswegs eine neue Einsicht des *cultural turn*. Dies ist gerade von Vertretern des durch den *cultural turn* kritisierten kritischen Rationalismus sehr deutlich herausgearbeitet worden. Nur der naive Empirismus geht davon aus, dass die Welt unmittelbar erfahrbar ist. Aussagen über die Welt sind Aussagen von Subjekten, die Aussagen machen. Karl Popper (1976) und andere haben in der so genannten Diskussion des Basissatzproblems genau dieses herausgearbeitet und betont, dass jede Wissenschaft auf Basissätzen aufruht, die als gültig unterstellt werden können, wenn die Forschergemeinschaft sich intersubjektiv darauf geeinigt hat, dass diese gelten sollen.[2] Das Kriterium der Objektivität wird also auch im kritischen Rationalismus durch das der Intersubjektivität ersetzt. „Logisch betrachtet geht die Prüfung der Theorie auf Basissätze zurück, und diese werden durch Festsetzung anerkannt" (Popper 1976: 73). Und einige Seiten später kann man lesen: „Die empirische Basis der Wissenschaft ist nichts Absolutes; die Wissenschaft baut nicht auf Felsengrund; es ist eher ein Sumpfland" (Popper 1976: 75).

1.2 Karl Popper und andere Theoretiker des kritischen Rationalismus ziehen aus der Relativität wissenschaftlicher Erkenntnis aber nicht den Schluss, dass wissenschaftliche Erkenntnis beliebig ist. Wissenschaft ist der permanente Versuch,

2 Insofern war und ist es wenig überzeugend, Popper als Positivisten zu schimpfen.

der Wahrheit etwas näher zu kommen (Approximationstheorie der Wahrheit). Eine logische Prüfung der Widerspruchsfreiheit von Aussagen und die weitgehende Explikation der Annahmen der eigenen Untersuchung sowie Präzision in der Verwendung von Begriffen sind Verfahren, dieses Ziel zwar nicht zu erreichen, sich ihm aber zu nähern. Manche Theoretiker und Empiriker des *cultural turn* ziehen aus der grundsätzlichen Relativität wissenschaftlicher Erkenntnis eine andere und wie ich finde wenig überzeugende praktische Schlussfolgerung. Sie interpretieren die Relativität wissenschaftlicher Erkenntnis als Einladung dazu, viele Gütekriterien wissenschaftlichen Denkens über Bord zu werfen: der Grad der Explikation der eigenen Annahmen ist in den entsprechenden Studien häufig gering, die Klarheit der verwendeten Begriffe lässt zu wünschen übrig, Versuche einer empirischen Prüfung der eigenen Aussagen fehlen.

1.3 Schließlich folgt aus der grundsätzlichen Kategorienabhängigkeit wissenschaftlicher Erkenntnis noch nicht, dass dies einen Einfluss auf konkrete Forschungsarbeiten haben muss. Der Weg von allgemeinen wissenschaftstheoretischen Annahmen hin zu konkreten Forschungsfragen ist meist ein sehr weiter, die allgemeinen Prämissen schlagen sich nur begrenzt in der konkreten Forschung nieder (vgl. Alexander 1987). Dieser nur vermittelte Zusammenhang von wissenschaftstheoretischen Grundsätzen und konkreter empirischer Forschung scheint mir von einigen Wissenschaftstheoretikern häufig unterschätzt zu werden. Wenn man sich zum Beispiel für die Frage interessiert, ob im Kontext der Vergabe von Vornamen Prozesse der Globalisierung und Transnationalisierung zu beobachten sind und diese Frage dadurch empirisch analysiert, dass man die Zunahme vormals fremder, weil ausländischer Namen analysiert, dann sehe ich nicht, welche wissenschaftstheoretischen Grundkonflikte Folgen für die kategoriale Analyse der bezeichneten Fragestellung haben könnten.

2. Menschen sind Sinn verwendende Wesen. Im Mittelpunkt jeder soziologischen Analyse steht entsprechend die Rekonstruktion der Bedeutungen, die Menschen mit ihren Handlungen verbinden. Die Soziologie hat wie alle Kulturwissenschaften, so Stefan Hirschauer (in diesem Band) „zu ihrem Gegenstand von Menschen gezogene Unterscheidungen, die im Kontext ihrer jeweiligen Lebensform immer schon einen Sinn tragen, den es herauszufinden gilt“. Der Sinn dieser Unterscheidungen hat nicht allein den Status von idiosynkratischen, subjektiven Bedeutungen eines handelnden Subjektes, sondern ist Resultat von Interaktionen mit anderen Menschen und hat entsprechend den Status von kollektiven Sinnsystemen, Weltbildern, Ideen, Codes, Schemata, symbolischen Ordnungen oder zusammenfassend – von Kultur. Der *cultural turn* attribuiert sich selbst das Verdienst, die Bedeutung von Kultur gegen eine mechanistische Vorstellung von Handeln und Gesellschaft eingeführt zu haben. Auch an dieser zweiten Prämisse der Theoretiker des *cultural turn* kann man Kritikpunkte an-

bringen. Es ist völlig richtig, dass Menschen Sinn verwendende Wesen sind und die Soziologie insofern immer schon Kultursoziologie ist, als sie die Sinnsysteme, die den Handlungen zugrunde liegen, rekonstruieren muss. Aber: Ist dies wirklich eine neue Erkenntnis? Gibt es wirklich Soziologen, die dies leugnen? Fast jede Variante der Theorie rationalen Handelns geht von der Vorstellung aus, dass Menschen nicht auf der Grundlage objektiver Verhältnisse, sondern auf der Basis ihrer *Definition* von Situationen Handlungen auswählen und dass Deutungsmuster („frames") ihre Handlungen anleiten (vgl. z.B. Esser 1991). Insofern wird man die Vermutung nicht los, dass es sich bei der „wissenschaftlichen Gegenposition", die Vertreter des *cultural turn* kritisieren, um einen selbst konstruierten konträren Standpunkt handelt.

Beziehen wir uns zur Verdeutlichung des Arguments, Kultursoziologie müsse an den Bedeutungen von Handlungen ansetzen, auf die Analyse von Vornamen. Die Zunahme der Verwendung von deutschen Namen ab dem 19. Jahrhundert z.B. kann man nicht als eine mechanische Handlung interpretieren; die Entwicklung ist verbunden mit der Zunahme der Bedeutung des Nationalismus in Deutschland als kollektives Sinnangebot. Oder: Der Bedeutungsverlust einer transzendenten Interpretation der Welt (Säkularisierung) spiegelt sich in der Vornamensvergabe im Nachlassen der Verwendung von christlichen Namen. Immer geht es also auch bei der Namensanalyse um die Bedeutungen, die mit den Vornamen verbunden werden.

3. Aus der Tatsache, dass Menschen Sinn verwendende Wesen sind und jede Soziologie an den Bedeutungen von Handlungen ansetzen muss, ziehen Vertreter des *cultural turn* eine Schlussfolgerung im Hinblick auf die Erkenntnismöglichkeiten der Soziologie. Im Unterschied zu den Naturwissenschaften ist die Soziologie eine allein verstehende Wissenschaft, weil ihr Gegenstandsbereich aus sinnhaften Handlungen besteht. Aufgrund dieser spezifischen Beschaffenheit des Gegenstandsbereichs ist sie nicht in der Lage, kausale Erklärungen zu formulieren und zu prüfen. Eine kultursoziologische Analyse besteht in einem Verstehen des subjektiven Sinns einer Handlung im Kontext ihres Sinnzusammenhangs, so die Vorstellungen der Vertreter des *cultural turn*. Aufgabe der Kultursoziologie, so Stefan Hirschauer (in diesem Band) ist es, den Menschen beim Unterscheiden über die Schulter zu schauen, die alltäglichen Verstehens- und Aushandlungsprozesse verstehend zu rekonstruieren.

Nun entspricht die These, dass die verstehende Kultursoziologie auf Erklärungen verzichtet, nicht dem Selbstverständnis eines Teils ihrer Vertreter. Sie führen im Anschluss an Max Weber für sich selbst ins Feld, dass ein *verstehendes Erklären* das Ziel der eigenen Bemühungen ist. Aglaja Przyborski und Monika Wohlrab-Sahr (2008: 32ff.) unterscheiden zwei Richtungen innerhalb der verstehenden Kultursoziologie. Einerseits Ansätze, die sich auf das „Erfassen bzw. Erschließen von subjektiven Deutungen und Einstellungen“ beschränken und die rein deskriptiv orientiert sind und entsprechend auf Erklärungen verzichten; andererseits Ansätze, die versuchen, die Sinn*struktur* und die Regeln, die das Handeln und die Einstellungen von Individuen erst hervorbringen, zu rekonstruieren. Dieser zweite Typus begreift sich selbst als ein verstehend erklärender Ansatz. Die beiden Autorinnen illustrieren diese Position u.a. am Beispiel der Oevermannschen objektiven Hermeneutik. Ziel der *objektiven* Hermeneutik ist es, die Regeln, die ein spezifisches Handeln erzeugen, die objektiven Bedeutungsstrukturen also, zu rekonstruieren. Oevermann wendet sich damit explizit gegen eine sich aufs Beschreiben beschränkende „Nachvollzugs-Hermeneutik“ (zitiert in Przyborski und Wohlrab-Sahr 2008: 245) und begreift das eigene Vorgehen als den Versuch einer verstehenden Erklärung.

Aus der Perspektive des kritischen Rationalismus ist die Verwendung des Erklärungsbegriffs in diesem Zusammenhang aber eher irreführend bzw. sie entspricht nicht der Bedeutung des Begriffs, wie er im Kontext des kritischen Rationalismus benutzt wird. Eine wissenschaftliche Erklärung ist dort eine (empirisch geprüfte) Aussage, die die Existenz eines empirischen Phänomens *ursächlich* auf existierende Randbedingungen und eine allgemeine Gesetzesaussage zurückführt. „Verstehende Erklärung“ bei Ulrich Oevermann meint aber nicht Ursachenerklärung in dem gerade definierten Sinne, sondern im Kern Typenerkennung durch die Rekonstruktion von Bedeutungsstrukturen. Insofern kann man auch für diesen Ansatz behaupten, dass er sich auf ein deutendes Beschreiben (in diesem Fall nicht allein auf die subjektiven Deutungen der handelnden Akteure, sondern auf den objektiven Sinn) beschränkt.

Diese Selbstbeschränkung der Soziologie auf ein deutendes Beschreiben halte ich aber für nicht überzeugend. Man kann nur zustimmen, dass die Aufgabe der Soziologie darin besteht, die Regelmäßigkeiten sozialen Handelns deutend zu beschreiben; es ist aber wenig überzeugend, dass sie sich darauf beschränken soll. Nach einer verstehenden Beschreibung des Explanandums kann man im zweiten Schritt nach Erklärungen (Explanans) für das Beschriebene fragen und Antworten finden. Dies wird durch die Tatsache, dass wir es mit Bedeutungen zu tun haben, nicht verhindert. Rainer Schnell, Paul Hill und Elke Esser (1995: 91) haben dies sehr schön an einem Beispiel illustriert.[3]

3 „Person X nimmt in Kneipe A das an sie gerichtete Lächeln einer Person Y wahr, worauf X näher auf Y zugeht, Y zu einem Bier einlädt usw. In der Tat löst das Lächeln von Y nicht ‚mechanisch‘ ein Hingehen, Einladen etc. bei X aus, wie etwa eine Temperaturerhöhung das Volumen eines Gases ansteigen läßt, sondern die Geste ‚Lächeln‘ wird z. B. interpretiert als ein Zeichen von Sympathie und Gesprächsbereitschaft. Diese Interpretation einer Geste ist Voraussetzung für die folgende Handlungswahl von X. Zudem ist es meist nicht ein einzelnes Symbol, sondern eine Vielzahl von interpretierten Symbolen, die bei X eine subjektive Situationsdefinition generieren. Das Lächeln zu abendlicher Stunde in einem Lokal unterscheidet sich von dem

4. Der *cultural turn* hat zu einer Verlagerung der Forschungsinteressen geführt. Im Fokus der Forschungen der Kultursoziologie stehen mikrosoziologische Fragestellungen und Analysen von alltäglichen Phänomenen und Praktiken des Sinnvollzuges. Diese Fokussierung auf die Praxis der Herstellung von Sinnbedeutungen in alltäglichen Situationen ergibt sich zwar nicht zwangsläufig aus den ersten drei Prämissen des *cultural turn*, ist allerdings durch diese prädisponiert. Soziale Realität muss, wie Karin Knorr Cetina (1988) dies formuliert hat, „from the native's point of view" analysiert werden. Folgt man diesem Diktum, dann ist man sehr schnell bei der Analyse von alltäglichen Praktiken. Die Analyse von Organisationen konzentriert sich dann weniger auf deren formale Strukturen, als auf die informellen Alltagsroutinen ihrer Mitglieder und der daraus erwachsenen Organisationskultur; die klassische Klassenanalyse wird ersetzt durch *cultural studies*, die die alltäglichen Routinen vor allem der Unterschichten rekonstruieren. Phänomene wie Dankbarkeit, Scham, Emotionen und Ehre werden zum Gegenstand kultursoziologischer Analyse. Kurz: Die Rekonstruktion der Gesellschaft als symbolische Praxis ihrer Mitglieder wird zum Gegenstandsbereich der Kultursoziologie (Knorr Cetina 1988).

Die Auswahl der Gegenstandsbereiche soziologischer Forschung ist durch das Erkenntnisinteresse bestimmt und lässt sich nicht gut nach wissenschaftsimmanenten Kriterien begründen und entsprechend auch nicht kritisieren. Man kann nur auf die Lücken aufmerksam machen, die entstehen, wenn sich eine Kultursoziologie allein auf eine Rekonstruktion alltäglicher Phänomene konzentriert: Sie verpasst den Anschluss an makrosoziologische Fragestellungen. Antworten auf Fragen, was eigentlich die Kultur einer Gesellschaft ist, lassen sich mit einer rein mikrosoziologischen Kultursoziologie nicht klären. Die Klassiker der Kultursoziologie, vor allem Max Weber mit seinen religionssoziologischen Arbeiten, waren an der Beschreibung und Erklärung von Makrokultur („Geist des Kapitalismus", „Okzidentaler Rationalismus") interessiert.

Schadensfreude symbolisierenden Lächeln eines unsympathischen Kollegen am Arbeitsplatz nach einer mißlungenen Tätigkeit von X. Die gleiche Geste hat also je nach Situation unterschiedliche Bedeutung. Im sozialen Kontext gibt es sicher sowohl die Möglichkeit, daß Symbole, Situationen bzw. Lebenswelten relativ verfestigt sind und damit nicht ständig einer neuen Interpretation ausgesetzt sind, als auch die (vom symbolischen Interaktionismus immer hervorgehobene) Möglichkeit und Notwendigkeit der Neu-Deutung und Neu-Interpretation von Symbolen. Letztere ist aber selbstverständlich auch einer deduktiv-nomologischen Erklärung zugänglich. Denn die Frage, warum X das Lächeln von Y als Zeichen der Sympathie interpretiert, kann z. B. das Explanandum einer Lerntheorie darstellen. Auch die Tatsache, daß die Bedeutungszuschreibungen von Akteur zu Akteur nie völlig identisch sind, ändert nichts an ihrer prinzipiellen Erklärbarkeit. Diese Abweichungen stellen nur unterschiedliche Explananda einer Theorie dar, die solche variierende Interpretation zu erklären versucht, wie es z.B. im Rahmen der Sozio-Linguistik geschieht." (Schnell et al. 1995: 91f.)

5. Der *cultural turn* ist verbunden mit einer Kritik an den so genannten standardisierten Methoden der Sozialforschung und einer deutlichen Präferenz für sogenannte qualitative Verfahren der Sozialforschung. Die Begründung für diesen Methodenwechsel ergibt sich wiederum aus der Betonung des Bedeutungsaspekts von sozialen Handlungen. Quantitativ-standardisierte Methoden sind, so die Kritik, nicht in der Lage, den Sinn von Handlungen zu erfassen; sie behandeln den Gegenstandsbereich ihrer Analyse als eine sinnfreie Welt (Reckwitz 2000: 27). Dabei kommt es, so die Vertreter des *cultural turn*, in der empirischen Analyse eigentlich darauf an, die Bedeutungen von Handlungen „qualitativ" zu rekonstruieren. Sind diese Beschreibung der quantitativen Methoden und die daraus abgeleitete Kritik plausibel? Der Unterschied zwischen quantitativen und qualitativen Methoden besteht nicht darin, dass in dem einen Verfahren Bedeutungen rekonstruiert werden, in dem anderen nicht. In den quantitativen Verfahren wird die Definition der Bedeutung einer Aussage einer Person in einem Interview oder einer Textpassage aus einem Zeitungsartikel *vor* der Datenerhebung, aber auf der Basis von Vorprüfungen festgelegt, während in den sogenannten qualitativen Verfahren die Bedeutung von Aussagen erst *nach* der Datenerhebung in der Datenauswertung erfolgt. In beiden Verfahren geht es aber um die Rekonstruktion von Bedeutungen. Dass es auch in den sogenannten quantitativen Verfahren um eine Bedeutungsmessung geht, kann man an dem Verfahren der Analyse von Vornamen erläutern, das ich verwendet habe. Mit der Verwendung der Namen von christlichen Heiligen z.B. bringen die Eltern ihre Bindung an die christliche Religion zum Ausdruck (vgl. Gerhards 2005). Dies ist die Bedeutung, die ich der Verwendung von Heiligennamen unterstelle. Nimmt die Bezugnahme auf christliche Heilige in der Namensvergabe im Zeitverlauf ab, so interpretiere ich dies als ein Anzeichen eines Säkularisierungsprozesses. Die Kategorien der Datenerhebung sind durch diese Bedeutungszuschreibung (Nachlassen der Benutzung von Heiligennamen ist ein Anzeichen von Säkularisierungsprozessen) festgelegt. Die Datenerhebung (Klassifikation der Vornamen nach „Heiligennamen/Andere Namen") und die Datenauswertung (Verlaufskurve der Heiligennamen im Verhältnis zu den anderen Namen) sind durch die Interpretation dieser Kategorien vorweg festgelegt. Nun kann man darüber streiten, ob man mit dem Nachlassen der Bedeutung von Heiligennamen in der Tat Säkularisierungsprozesse messen kann. Und man muss gute Argumente anführen, um dies zu begründen. Unstrittig scheint mir aber zu sein, dass es auch bei diesem Verfahren letztendlich um die Messung von Bedeutungen geht. Jede so genannte quantitative Untersuchung ist insofern immer auch eine qualitative Untersuchung (vgl. dazu Früh 1991).

Dies bedeutet umgekehrt natürlich nicht, dass es keine Unterschiede zwischen qualitativen und quantitativen Verfahren gibt, und es bedeutet auch nicht, dass qualitative Verfahren nicht ihre Berechtigung hätten. Die Wahl der Methode hängt allein vom Erkenntnisinteresse ab. Konzentriert man sich, wie dies in den Analysen zur Vergabe von Vornamen geschehen ist, auf eine Analyse des Kulturwandels, also auf eine Makroebene von Gesellschaft, dann muss man dafür Sorge tragen, dass das Material, das man analysiert, repräsentativ für die Grundgesamtheit ist. Es ist gerade diese durch das Erkenntnisinteresse festgelegte Zielsetzung, die eine höhere Affinität zu den quantitativen Methoden erzeugt, weil diese besser in der Lage sind, mit kontrollierten Verfahren der Stichprobenziehung zu operieren, so dass die Reichweite der Aussagen groß ist und der Schluss von der Stichprobe auf eine Grundgesamtheit in der Regel dem Anspruch auf Repräsentativität gerecht wird.

6. Die Ausführungen sollten gezeigt haben, dass die Grundprinzipien des *cultural turn* und die daraus abgeleiteten Vorstellungen einer Kultursoziologie nicht hinreichend gut begründet sind. Ich gehe davon aus, dass man durchaus bei den klassischen Prämissen der Soziologie ansetzen kann, um kultursoziologische Fragen zu entwickeln und empirisch zu beantworten, und möchte das eigene Verständnis von Kultursoziologie mit Rückgriff auf die Arbeiten von Emile Durkheim im Folgenden explizieren.

6.1 Im Jahr 1895 veröffentlicht Emile Durkheim das Buch *Die Regeln soziologischer Methode*, in dem er seine Vorstellungen einer Wissenschaft der Gesellschaft entwickelt. Zwei Jahre später folgt die Publikation seiner Studie *Der Selbstmord*, die an einem Beispiel die methodologischen und methodischen Überlegungen der „Regeln" illustrieren soll. Mit beiden Schriften gelingt es Durkheim, die Soziologie als eigenständige wissenschaftliche Disziplin paradigmatisch zu fundieren. Die Grundzüge des Durkheimschen Wissenschaftsverständnisses im Allgemeinen und seiner Vorstellung von Soziologie im Speziellen lassen sich gleichsam in Form von sechs Geboten formulieren: 1. Schreibe einfach und verständlich; 2. Definiere die Begriffe, die du benutzt, so präzise wie möglich; 3. Versuche für jede Aussage über die Wirklichkeit empirische Beweise zu erbringen; 4. Prüfe immer alternative Sichtweisen und Erklärungen, die in Konkurrenz zu deiner Erklärung stehen, auf ihre jeweilige Plausibilität; 5. Rücke als Soziologe in den Fokus deines Erkenntnisinteresses die Handlungen von Menschen (dabei versteht Durkheim unter Handlungen nicht die Handlungen von einzelnen Personen, sondern Handlungen von Kollektiven von Personen); 6. Versuche die Handlungen von Menschen durch die sozialen Kontextbedingungen, in die Menschen eingebettet sind, zu erklären, also: Erkläre Soziales durch Soziales. *Der Selbstmord* ist eine lehrbuchartige Exemplifikation dieser Wissenschaftsvorstellungen Durkheims. Der Text ist nicht nur einfach geschrieben, der Leser wird bereits durch die kommentierende Gliederung an die Hand genommen und dann durch die gesamte Argumentationsabfolge geführt. Die

Begriffe werden präzise definiert und auf ihre spätere empirische Überprüfbarkeit hin operationalisiert. Mit Hilfe von amtlichen Statistiken aus unterschiedlichen Ländern und Regionen versucht Durkheim seine Aussagen über die soziale Bestimmtheit der Selbstmordrate empirisch zu belegen; der Nachweis der Erklärung wird durch die Verwendung der Methode der parallelen (konkomitanten) Variationen geführt.[4] Alternative Erklärungen werden von ihm in extenso diskutiert und überprüft. Vor allem versucht Durkheim, psychologische und physiologische Erklärungen in ihrer Wirksamkeit auf die Selbstmordrate zu falsifizieren und damit eine genuin soziologische Perspektive zu begründen. Diese richtet sich nicht auf die Erklärung individueller Selbstmorde, sondern auf eine Erklärung von Selbstmordraten (Kollektivhandlungen). Die Selbstmordraten versucht Durkheim durch unterschiedliche soziale Bedingungsfaktoren (Organisationsform und Ideengehalt von Religionen, Familienstruktur, Einbindung in den Staat u.a.) zu erklären und auf diese Weise zu begründen, dass die Selbstmordrate eine soziale Tatsache darstellt und somit ein soziologisch relevanter Gegenstandsbereich ist. Schließlich zeigt Durkheim, dass die sozialen Bedingungsfaktoren die individuellen Handlungen beeinflussen, aber nicht determinieren. Er bietet probabilistische und keine deterministischen Erklärungen an, insofern nur ein Teil der Varianz von Handlungen auf die Kontextbedingungen zurückgeführt werden.

6.2. Überaus umstritten ist allerdings die Frage, ob die Durkheimschen Analysen als kultursoziologische Analysen in dem Sinne zu interpretieren sind, dass es dabei um die Analyse der Bedeutungen von Handlungen geht. Der unglücklich gewählte Begriff der sozialen Tatsache hat der Durkheimschen Theorie heftige Kritik eingebracht und dazu geführt, ihn als Positivisten zu etikettieren (zusammenfassend Aron 1979: 58). „Soziale Tatsache“ meint aber nicht, dass der Gegenstandsbereich der Soziologie sich nicht prinzipiell von den Gegenständen der Naturwissenschaften unterscheidet. Gerade im *Selbstmord* zeigt Durkheim, dass die soziologischen Tatbestände dadurch gekennzeichnet sind, dass sie, im Unterschied zu den Gegenständen der Naturwissenschaften, mit *Bedeutungen* versehen sind und es sich insofern um Kulturphänomene handelt.

4 „Wir verfügen nur über ein einziges Mittel, um festzustellen, daß ein Phänomen Ursache eines anderen ist: das Vergleichen der Fälle, in denen beide Phänomene gleichzeitig auftreten oder fehlen, und das Nachforschen, ob die Variationen, die sie unter diesen verschiedenen Umständen zeigen, beweisen, daß das eine Phänomen vom anderen abhängt. Wenn die Phänomene nach Belieben des Beobachters künstlich erzeugt werden können, handelt es sich um die Methode des Experiments im eigentlichen Sinne. Wenn hingegen die Erzeugung der Tatsache nicht in unsere Willkür gestellt ist und wir nur die spontan entstandenen Umstände einander nahbringen können, so ist die hierbei verwendete Methode die des indirekten Experimentes oder die vergleichende Methode“ (Durkheim 1976: 205).

Die höhere Selbstmordrate der Protestanten im Vergleich zu den Katholiken erklärt er durch eine Rekonstruktion des Ideengehalts der beiden Religionen:

> „In weit höherem Grade ist der Protestant Schöpfer seines eigenen Glaubens. Man gibt ihm die Bibel in die Hand und es wird ihm keine bestimmte Auslegung aufgezwungen. Dieser religiöse Individualismus erklärt sich aus der Eigenart des reformierten Glaubens. (...) Wir kommen also zu dem ersten Ergebnis, dass die Anfälligkeit des Protestantismus gegenüber dem Selbstmord mit dem diese Religion bestimmenden Geist der freien Erforschung zusammenhängt.“ (Durkheim 1983: 169)[5]

6.3 Die Faszination, die von der Durkheimschen Selbstmordstudie bis heute ausgeht, bezieht sich aber nicht nur auf die formale Stringenz einer genuin soziologischen Argumentationsführung, sondern auch auf das Phänomen der Analyse selbst. Durkheim demonstriert die Erklärungsleistung der Soziologie an einem Phänomen, das auf den ersten Blick in den Bereich des Privaten und der Idiosynkrasie von individuellen Entscheidungen gehört. Dass der Selbstmord nicht oder nicht nur aus der „Psycho-Logik“ des einzelnen Falls zu erklären ist, sondern Regelmäßigkeiten aufweist, die sich empirisch auf ähnliche soziale Lagen derjenigen, die Selbstmord begehen, zurückführen lassen, bildet die Faszination der Durkheimschen These und seiner empirischen Beweisführung.

6.4 Das Durkheimsche Wissenschaftsverständnis und seine Analyse eines auf den ersten Blick für die Soziologie unzugänglichen Phänomens bildet auch das Hintergrundverständnis, das die eigenen durchgeführten kultursoziologischen Studien angeleitet hat: Einfachheit der Sprache und möglichst präzise Begriffsdefinitionen; die Bemühung, theoretische Aussagen empirisch zu kontrollieren; die Analyse von alltäglichen, auf den ersten Blick für Soziologen weniger interessanten Phänomenen, wie die Vergabe von Vornamen. Dabei richtet sich das Erkenntnisinteresse nicht auf die Frage der Namensvergabe von individuellen Personen, sondern auf die Verteilungsrate von Vornamen zu einem bestimmten

5 Raymond Aron hat das Durkheimsche Verständnis einer sozialen Tatsache prägnant zusammengefasst: „Wenn man sich dazu versteht, unter Ding jede Realität zu bezeichnen, die man von außen beobachten kann und muß und deren Natur nicht sogleich erkennbar ist, so hat Durkheim mit seiner Formulierung, daß die soziologischen Tatbestände wie Dinge zu behandeln seien, vollkommen Recht. Bedeutet dagegen das Wort ‚Ding‘, daß die soziologischen Tatbestände keine andere Interpretation als die natürlichen Tatbestände zulassen, oder sollte die Soziologie jede den soziologischen Tatbeständen von den Menschen gegebene Bedeutung leugnen, so ist seine Auffassung falsch. Eine derartige Regel widerspräche zudem der Durkheimschen Praxis; denn in allen seinen Werken hat er zu ergründen versucht, welche Bedeutung die Einzelnen und die Gruppen ihrer Lebensart, ihren Glaubensvorstellungen und ihren Riten beimessen. Was er Verstehen nennt, ist eben das Begreifen der inneren Bedeutung der sozialen Phänomene. Eine Interpretation der These Durkheims in abgemilderterer Form bedeutet nichts weiter, als daß diese authentische Bedeutung nicht unmittelbar gegeben ist, sondern nach und nach entdeckt und herausgearbeitet werden muß“ (Aron 1979: 59).

Zeitpunkt und schließlich geht es darum, die Entwicklung von Vornamen durch die sozialen Rahmenbedingungen zu erklären. Ich möchte im Folgenden am Beispiel der Analyse der Vergabe von Vornamen illustrieren, wie eine solche Kultursoziologie diesseits des *cultural turn* vorgeht.

2. Vornamen als Indikator zur Analyse kultureller Prozesse

Vornamen sind, im Gegensatz zum Nachnamen, wählbare Attribute. Und es sind in der Regel die Eltern des Kindes, die – manchmal in Abstimmung mit Verwandten und Freunden – aus der beträchtlichen Anzahl von Vornamen eine Auswahl treffen. Ich bin zusammen mit Mitarbeitern in mehreren Studien der Frage nachgegangen, in welchem Maße sich im Mikrophänomen einer vermeintlich privaten Entscheidung die Prägekraft kultureller Kontexte zeigt. Dabei haben sich die Untersuchungen in erster Linie auf eine Analyse des kulturellen Wandels vom Ende des 19. Jahrhunderts bis zur Gegenwart konzentriert. Wir gehen davon aus, dass sich gleichsam im Mikrophänomen der Vergabe von Vornamen Makrokulturentwicklungen spiegeln und haben entsprechend untersucht, ob sich Prozesse der Säkularisierung, der Individualisierung sowie des Bedeutungsverlusts familiärer Traditionsbindungen in der Vergabe von Vornamen zeigen. Auf zwei dieser Analysen werde ich im Folgenden genauer eingehen: 1. Die zunehmende Nutzung ausländischer Namen durch deutsche Eltern in der zweiten Hälfte des letzten Jahrhunderts interpretiere ich als Anzeichen für Transnationalisierungsprozesse des Alltags. 2. Die Benutzung von deutschen Namen durch nach Deutschland eingewanderte Ausländer wird als Anzeichen für Akkulturationsprozesse interpretiert.

Ganz im Sinne des im letzten Abschnitt erläuterten Verständnisses von Kultursoziologie konzentrieren sich die Analysen auf ein alltägliches Phänomen, verknüpfen die mikrosoziologische Perspektive aber mit „großen“ makrosoziologischen Fragestellungen (Transnationalisierungsprozesse einerseits, Integration von Migranten andererseits). Sie versuchen, die Namensvergabe nicht nur zu beschreiben, sondern zu erklären und bedienen sich dabei der standardisierten Verfahren der Sozialforschung.

2.1 Transnationalisierung der Alltagskultur

Globalisierung ist sicherlich einer der populärsten Begriffe zur Beschreibung von Entwicklungsprozessen gegenwärtiger Gesellschaften. Ich halte es für günstig, den Begriff der Globalisierung durch den der Transnationalisierung zu ersetzen. Der begriffstrategische Vorteil des Transnationalisierungsbegriffs besteht darin, dass man einen Ausgangspunkt für Entwicklungen definiert hat – nämlich nationalstaatlich verfasste Gesellschaften – und zugleich den Bezugspunkt der Entwicklung empirisch offen hält. Der Begriff Transnationalisierung präjudiziert nicht, was man empirisch noch zeigen müsste, dass sich Gesellschaften globalisieren: Sie können sich ebenso europäisieren, amerikanisieren etc. Ganz in diesem Begriffsverständnis von Transnationalisierung habe ich untersucht, ob und in welchem Maße sich in der Vergabe von Vornamen Transnationalisierungsprozesse zeigen.

Empirische Grundlage bildet eine Auswertung von Standesamtsdaten aus Ost- und Westdeutschland (genauere Angaben zu den folgenden Ausführungen finden sich bei Gerhards 2003, 2005). Die Bedeutung der Vornamen der Kinder wurde mit Hilfe von Namenshandbüchern nach Kulturkreisen klassifiziert. Die Namenshandbücher geben jeweils den Ursprungskulturkreis des Vornamens an. Für die folgenden Analysen habe ich die Vornamen, die für die beiden Gemeinden über 100 Jahre erhoben wurden, nach drei Kulturkreisen klassifiziert: nach den beiden traditionellen Kulturkreisen (christlich und deutsch) und einer dritten Kategorie, die alle vormals fremden Kulturen (angloamerikanische, osteuropäische, romanische etc.) umfasst und hier als transkultureller Kulturkreis zusammengefasst wird. Der Grad der Transnationalisierung ist definiert als das Verhältnis von christlichen und deutschen Namen auf der einen Seite und vormals fremden Namen auf der anderen Seite.

2.1.1 Transnationalisierung als „Verwestlichung“

Schaubild 2 zeigt, wie sich das Verhältnis von christlichen und deutschen Namen einerseits und „fremden“ Namen andererseits im Zeitverlauf verändert hat. Das Schaubild gibt die Entwicklung für eine Stadt in der ehemaligen DDR und eine in Westdeutschland getrennt wieder.

Schaubild 2. Transnationalisierung der Vornamen (Anteil nicht-christlicher und nicht-deutscher Namen)

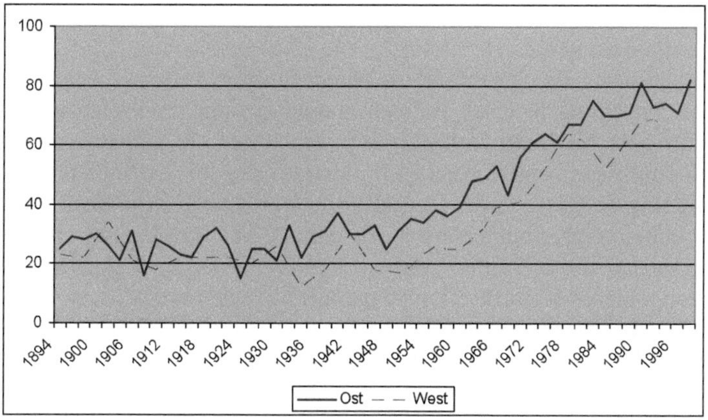

Kamen 1894 nur ca. 25 Prozent der Namen aus fremden Kulturkreisen, so sind es am Ende des 20. Jahrhunderts mehr als 65 Prozent. Dieser Prozess der Ausdehnung transkultureller Namen setzt nach dem 2. Weltkrieg mit dem Beginn der 50er Jahre ein. Der Verlauf ist in Ost- und Westdeutschland sehr ähnlich. In beiden Orten hat also eine dramatische Öffnung in Richtung vormals fremder Kulturkreise stattgefunden.

Der Begriff Transnationalisierung lässt empirisch offen, auf welche konkreten Kulturkreise sich die Eltern bei der Namensvergabe beziehen. Schaut man sich die einzelnen Namen, die nach 1949 an Konjunktur gewinnen, genauer an, dann sieht man, dass jetzt plötzlich Maurice, Marco, René, Natalie und Denise auftauchen, auch Jennifer, Peggy und Sandy, Mike, Marvin und Steve sind mit dabei. Eine genauere empirische Analyse kann zeigen, dass der Anstieg von Vornamen aus fremden Kulturkreisen in erster Linie auf den Anstieg von Namen aus dem romanischen und angloamerikanischen Kulturkreis zurückgeht (Ergebnisse werden hier nicht ausgewiesen). Insofern handelt es sich bei der Vergabe von Vornamen nicht um einen Globalisierungsprozess von Vornamen, sondern um Okzidentalisierungsprozesse. Interessanterweise gilt der Verwestlichungsprozess der Vornamen auch für Ostdeutschland. Für Orte in der DDR hätte man erwarten können, dass es einen Anstieg von slawischen und osteuropäischen Namen nach 1949 gegeben hat, weil die DDR in den Block sozialistischer Bruderländer unter der Vorherrschaft der UdSSR integriert war. Diese Einbindung war für die Namensvergabe völlig folgenlos. Die Bürger der DDR orientierten sich in der Namensvergabe ganz Richtung Westen.

2.1.2 Ursachen für den Prozess der Transnationalisierung

Das Zusammenspiel mehrerer Faktoren kann den Prozess der Transnationalisierung der Vornamen erklären, deren jeweilige Wirkungskraft ich aber nicht strikt empirisch messen, sondern allein in Form einer empirisch fundierten Plausibilitätsskizze erläutern kann:

1. Das Wachstum einer bestimmten Namensgruppe bedeutet zugleich immer auch einen Rückgang in einer anderen Namensgruppe, weil sich die Namensgruppen aus verschiedenen Kulturkreisen zusammen auf 100 Prozent addieren. Man kann empirisch zeigen, dass es im Verlauf des 20. Jahrhunderts einerseits Säkularisierungsprozesse in der Vergabe von Vornamen (christliche Namen verlieren an Bedeutung), andererseits nach dem 2. Weltkrieg einen dramatischen Einbruch der deutschen Namen gegeben hat. Damit ist ein Raum eröffnet worden, der von anderen Kulturkreisen ausgefüllt werden konnte.

2. Man kann davon ausgehen, dass Eltern ihren Kindern Namen geben, die ihnen gefallen. Wenn Eltern Vornamen aus bestimmten fremden Kulturkreisen benutzen, dann ist dies eine Präferenzäußerung für einen bestimmten Kulturkreis, aus dem der jeweilige Name stammt. Eltern greifen entsprechend auf Namen aus Kulturkreisen zurück, die aus ihrer Perspektive mit hoher Reputation verbunden sind. Im Falle der Namensvergabe sind dies die Kulturkreise, die ökonomisch stark und deren Prestige relativ hoch ist. Auf der Basis einer Auswertung einer Umfrage, die in zwölf Ländern der EU durchgeführt wurde, haben wir an anderer Stelle analysiert, welche Ausländergruppen von den Bürgern in den zwölf Ländern der Europäischen Union in welchem Maße geschätzt werden (vgl. Fuchs et al. 1993). Die Analysen zeigen, dass Amerikaner und Westeuropäer dabei das beste Prestige, die Bürger aus den Ländern Osteuropas, der Türkei, Afrikas und Asiens ein deutlich schlechteres Ansehen genießen. Ähnlich scheint es sich mit der Auswahl von Vornamen aus anderen Kulturkreisen zu verhalten. Es sind vor allem die westlichen Kulturkreise, auf die die Eltern bei der Vergabe von Vornamen zurückgreifen. Dies spiegelt sich auch in der Tatsache wieder, dass türkische Namen in der Bundesrepublik im Hinblick auf die Beeinflussung des Namenspools der von deutschen Eltern vergebenen Vornamen völlig unbedeutend geblieben sind, obwohl die Türken die größte Einwanderungsgruppe in der Bundesrepublik darstellen. Mehmet oder Mohammed spielen für deutsche Eltern in keiner Weise eine Rolle.

3. Damit man aber überhaupt vormals fremde Namen benutzten kann, muss man von diesen erfahren haben. Drei Möglichkeiten sind denkbar.

3.1 Die Bürger erfahren von den neuen Namen aus anderen Kulturkreisen durch die Einwanderung von Ausländern aus diesen Kulturkreisen. Diese Erklärung ist aus zwei Gründen nicht plausibel. a) Der Anteil an romanischen und angloamerikanischen Einwanderern in der DDR ist nicht angestiegen. b) Der kräftige An-

stieg von Ausländern in Westdeutschland seit den 60er Jahren geht ebenfalls nicht in erster Linie auf Zuwanderer aus romanischen und angloamerikanischen Ländern zurück, sondern auf die Zuwanderung von Türken und Jugoslawen; deren Einfluss auf die Vergabepraxis der Vornamen aber sehr gering ist.
3.2 Die Kenntnis von vormals fremden Namen kann auf die Zunahme der ausländischen Reisetätigkeit der Bürger zurückzuführen sein, die sie in Kontakt mit anderen Kulturen bringt. Auch diese mögliche Erklärung ist nicht plausibel. Zum einen hat sich die angestiegene Reisetätigkeit in der DDR weitgehend auf die osteuropäischen Länder beschränkt, die osteuropäischen Namen haben aber gerade nicht an Bedeutung gewonnen; zum anderen gilt für Westdeutschland, dass sich die Reisetätigkeit seit den 50er Jahren zwar enorm ausgeweitet hat, die Reiseziele aber in erster Linie Österreich, Spanien und Italien waren, die Zunahme der ‚fremden' Namen sich aber vor allem auf den angloamerikanischen und frankophonen Bereich beziehen.
3.3 Eine Transnationalisierung der Vornamen kann schließlich auf die Ausdehnung der Massenmedien und die über die Medien verbreitete Populärkultur ursächlich bedingt sein. Ich halte diese These für die plausibelste Erklärung, weil folgende empirische Daten dies stützen. a) Die Ausdehnung der transnationalen Vornamen korreliert stark mit der Ausdehnung des Fernsehens in Westdeutschland. Die Versorgungsdichte der Haushalte mit einem Fernseher schnellte innerhalb von wenigen Jahren in die Höhe: 1964 hatten bereits 55 Prozent, 1970: 85 Prozent, 1974: 95 Prozent, 1980: 97 Prozent der Haushalte einen Fernseher. Die Ausdehnung der Verfügung über einen Fernseher sagt aber noch nichts über die Inhalte aus, die über das Fernsehen verbreitet werden. Der Anstieg der ausländischen Filme an der Gesamtzahl der ausgestrahlten Filme in der ARD steigt seit der Einführung des Fernsehens rapide an und verläuft ähnlich wie der Anstieg der transnationalen Namen. Von den ausländischen Filmen sind die in den USA und in Großbritannien hergestellten Filme diejenigen mit den höchsten Marktanteilen, gefolgt von Filmen aus Frankreich und Italien. Eine ganz ähnliche Entwicklung findet man im Bereich der Kinofilme und vor allem auch im Bereich Populärmusik. Damit sind die vormals ausländischen Namen in die Wohnzimmer der deutschen Haushalte transportiert worden.

Die angebotene Erklärung greift nach meiner Ansicht auch für die ehemalige DDR. Die Verbreitung von Fernsehgeräten in der DDR verläuft ähnlich wie in der Bundesrepublik; diese wurden zudem in hohem Maße zur Rezeption des Westfernsehens benutzt. Entsprechend waren die Bürger der DDR mit denselben Filmen sowie derselben Musik und deren Darsteller vertraut und haben wahrscheinlich die medial zirkulierten westlichen Namen zum Teil als Vorbild für die eigene Vergabepraxis von Vornamen benutzt.

Wir erklären den Prozess der Transnationalisierung von Vornamen also durch zwei Faktoren: a) Eltern können nur auf Namen zurückgreifen, von denen sie gehört haben. Der „Pool" vormals ausländischer Namen ist durch die Entwicklung der Massenmedien und der darüber vermittelten Populärkultur in den Aufmerksamkeitshorizont der Eltern gerückt. Da die Populärkultur in erster Linie eine angloamerikanische und romanische Kultur ist, ist auch die Angebotsstruktur auf in diesen Ländern gebräuchliche Namen beschränkt. b) Nicht alle angebotenen Namen sind für Eltern attraktiv. Zu einer Erweiterung des Angebots muss eine Präferenz für bestimmte Kulturkreise hinzukommen. Eltern wählen Namen aus den Kulturkreisen aus, die mit einer gesellschaftlich definierten hohen Reputation verbunden sind.

2.1.3 Die Erklärung des Erfolgs bestimmter ausländischer Vornamen

Ich habe im letzten Kapitel versucht zu erklären, warum ausländische und vor allem westliche Namen ab den 50er Jahren an Bedeutung gewinnen. Die Erklärung bezieht sich aber allein auf die aggregierte Ebene aller ausländischen Vornamen. Kann man auch erklären, warum sich bestimmte ausländische Namen durchsetzen, andere hingegen nicht?

Wilfried Seibicke (1977: 133) hatte in seiner eher induktiven Betrachtung der Entwicklung von Vornamen festgestellt, dass die Konjunktur bestimmter Namen, andere und *ähnlich klingende* Namen nach sich zieht. Stanley Lieberson (2000), einer der wenigen Soziologen, die sich mit Vornamen beschäftigen, bezeichnet den Mechanismus, der zur Veränderung von Vornamen im Speziellen und von Moden im Allgemeinen beträgt, mit dem Begriff "ratchet effect". Damit meint er Folgendes: Jede modische Erneuerung findet auf der Basis einer gegebenen Struktur statt. Die Menschen haben zu einem bestimmten Zeitpunkt Vorlieben entwickelt, die sich in einem dominanten Geschmack äußern: Man trägt enge oder weite Hosen, Hüte oder keine Hüte, hört Rock oder Hip Hop oder benutzt französische oder germanische Namen. Jede Erneuerung besteht nun meist nicht in einem völligen Austausch der Moden, sondern in einer moderaten Veränderung der alten Mode. In aller Regel handelt es sich bei den Veränderungen nicht um Revolutionen, sondern um Variationen des Alten und dies deswegen, weil Neuigkeiten mit dem Rahmen und den ästhetischen Bewertungskriterien interpretiert werden, die durch das Alte bestimmt sind.

Das Prinzip der moderaten Abweichung auf der Basis der Vorstrukturierung durch die gerade existierende Mode kann sich in der Entwicklung der Vornamen u.a. darin zeigen, dass phonetisch ähnlich, aber zugleich abweichend klingende Namen eingeführt werden. Für die Einführung der ausländischen Namen heißt dieses Prinzip, dass sie an die phonetischen Gewohnheiten der deutschen Namen anschlussfähig sein, zugleich aber von diesen im Verhältnis der dosierten Diskrepanz abweichen sollten. Die folgenden Beispielanalysen werden zeigen, wie das Prinzip der dosierten Abweichung die Übernahme von fremden Namen empirisch gut erklären kann. Dazu wurde geprüft, ob der Erfolg von fremden Namen durch ähnlich klingende einheimische Namen vorstrukturiert war. Tabelle 1 illustriert dies am Beispiel der Namen Markus, Marc, Marco und Marcel.

Der Name Markus ist 1970 unter den Top 10 der wichtigsten Namen in der von uns untersuchten Stadt in Westdeutschland und hält sich in der Hitparade der häufigsten Namen bis 1976. Marc schafft es 1974 unter die Top 10, zwei Jahre später Marco, der sich dann über mehrere Jahre in der Gruppe der 10 beliebtesten Namen festsetzen kann. 1992 schafft es dann zusätzlich der aus dem Französischen kommende Name Marcel in die Gruppe der 10 häufigsten Namen vorzudringen.

Tabelle 1: Die Namen Markus, Marc, Marco und Marcel in der Gruppe der 10 häufigsten Vornamen im Zeitverlauf (1970–1992)
(Jahrgänge, in denen die Namen nicht in der Gruppe der 10 häufigsten Namen waren, werden nicht anzeigt)

	70	72	74	76	80	82	84	86	88	92
Markus	X	X	X	X				X	X	
Marc			X							
Marco				X	X	X	X			
Marcel										X

Ganz ähnlich verhält es sich mit den beiden Namen Andreas und dem französischen André. Zuerst steigt Andreas in die Top 10 auf und zieht dann später den Namen André nach sich. Die Logik der dosierten Diskrepanz bei der Einführung fremder Namen greift aber nicht nur bei den männlichen, sondern auch bei den weiblichen Namen. Dies sei an folgendem Beispiel illustriert.

Tabelle 2: Weibliche Namen mit einer y-Endung in der Gruppe der 10 wichtigsten Namen im Zeitverlauf (1976–1998)

	76	80	82	86	88	92	94	96	98
Mandy	X			X	X				
Peggy		X	X						
Cindy				X					
Jenny				X	X		X	X	
Nicky						X			
Emily									X
Nancy									X

Nachdem es Mandy in die Top 10 der Vornamen der ostdeutschen Stadt geschafft hat, zieht der Name in der Folge eine ganze Anzahl von ähnlich klingenden, ausländischen Namen nach sich. Vier Jahre nach Mandy schaffen es Peggy, wiederum vier Jahre später Cindy und Jenny, dann Nicky und zuletzt Emily und Nancy in die Top 10 zu kommen.

Wir haben damit in Ansätzen eine Erklärung für die Frage gefunden, warum bestimmte ausländische Namen übernommen werden, andere hingegen nicht. Die Übernahme ausländischer Namen erfolgt in der Regel im Windschatten ähnlich klingender Namen, die bereits vorher erfolgreich waren. Man kann diesen Befund ein Stück weit theoretisieren. Autoren, die aus einer verstehenden, kulturwissenschaftlichen Perspektive Prozesse der Globalisierung und Transnationalisierung analysiert haben, betonen, dass die Aneignung von vormals fremden „Produkten" ein interaktiver Prozess ist, an dessen Ende häufig Mischprodukte stehen. Ulf Hannerz (1987) bezeichnet das Resultat des Prozesses der lokalen Aneignung globaler Güter z.B. als *Kreolisierung,* Jan Nederveen Pieterse (1998) schlägt den Begriff der *Hybridbildung* vor. Roland Robertson (1998) warnt davor, die Globalisierung der Kultur mit einer Homogenisierung gleich zu setzen. Stattdessen erleben wir, so Robertson, Prozesse der wechselseitigen Durchdringung von globalen Angeboten und lokalen Aneignungsprozessen, die Robertson mit dem Begriff der *Glokalisierung* belegt. Am Beispiel der Entwicklung von Vornamen können wir solche Prozesse beschreiben. Nach 1945 findet in Deutschland eine Transnationalisierung der Vergabe von Vornamen statt. Aber nicht alle ausländischen Namen haben eine Chance, in das Namensrepertoire übernommen zu werden. Die neuen Namen müssen an die Phonetik der gebräuchlichen Namen anschlussfähig sein und zugleich von diesen im Verhältnis der dosierten Diskrepanz abweichen.

2.2 Akkulturation von Migranten am Beispiel der Vornamen

Das zweite Beispiel bezieht sich nicht auf die Übernahme von vormals ausländischen Namen durch deutsche Eltern im Zeitverlauf, sondern auf die Vergabe von Vornamen durch Migranten, die nach Deutschland gekommen sind. Der nationalstaatliche „Container" hat sich im Kontext von Transnationalisierungsprozessen zum einen geöffnet, insofern sich die Bürger zunehmend für vormals fremde Einflüsse geöffnet haben; dass man dies für die Vornamen nachzeichnen kann, wurde im letzten Kapitel gezeigt. Eine Öffnung hat zum zweiten aber auch insofern stattgefunden, als immer mehr Menschen aus anderen Ländern nach Deutschland migriert sind. In Deutschland leben mehr als zehn Millionen Menschen, die im Ausland geboren und eingewandert sind. Wenn diese Personen Kinder bekommen und einen Vornamen für ihre Kinder wählen, müssen sie sich entscheiden, ob sie einen Namen vergeben, der in ihrem Herkunftsland geläufig oder einen, der in Deutschland populär ist. Mit ihrer Wahl signalisieren die Eltern auch die gewünschte ethnische Zugehörigkeit ihrer Kinder, denn vom Vornamen kann man nicht nur auf das Geschlecht schließen, sondern auch auf die Herkunft. Wer etwa den Namen Hakan hört, vermutet, dass er es mit einem Jungen türkischer Herkunft zu tun hat; wer den Namen Douglas vernimmt, schließt auf ein englischsprachiges Elternhaus, und bei Herrmann wird man davon ausgehen, dass er deutsche Eltern hat. Vornamen sind insofern auch Marker der ethnischen Gruppenzugehörigkeit innerhalb einer Gesellschaft.

Wir haben die Vergabe von Vornamen von in Deutschland lebenden Migranten an ihre Kinder untersucht. Greifen Migranten für ihre Kinder auf in Deutschland übliche Vornamen zurück, so interpretieren wir dies als ein Anzeichen von Akkulturation an die deutsche Gesellschaft. Vergeben sie hingegen Vornamen, die allein in ihrem Heimatland gebräuchlich sind, so kann man dies als ein Anzeichen einer geringen Akkulturationsneigung interpretieren. Grundlage der Untersuchung bilden Daten des Sozio-oekonomischen Panels (für eine genaue Beschreibung der Daten und der im Folgenden dargestellten Befunde vgl. Gerhards und Hans 2008, 2009).[6]

2.2.1 Unterschiede zwischen verschiedenen Migrantengruppen

Die Analysen beziehen sich auf drei Migrantengruppen: auf Zuwanderer aus romanischen Ländern (Italien, Spanien und Portugal), auf Zuwanderer aus dem ehemaligen Jugoslawien und auf Türken. Diese drei Gruppen bildeten lange Zeit die größten Migrantengruppen in Deutschland. Akkulturation in der Vergabe

6 Die Analysen beziehen sich auf alle Personen im SOEP, die selbst oder deren Ehepartner im Ausland geboren wurden, jetzt aber in Deutschland leben (Immigranten) und die, nachdem sie nach Deutschland immigriert sind, hier ein Kind bekommen haben.

von Vornamen ist keine Entweder-Oder-Entscheidung und somit keine dichotome Variable. Zum einen gibt es Vornamen, die sowohl im Herkunftsland als auch in Deutschland verbreitet sind. Maria ist zum Beispiel ein nicht nur in Deutschland, sondern auch in Spanien, Portugal und Italien sehr gebräuchlicher Mädchenname. Weiterhin gibt es Vornamen, die in ähnlicher, aber nicht identischer Weise sowohl in Deutschland als auch im Heimatland des Immigranten gebräuchlich sind. Paolo ist ein italienischer Vorname, zugleich ist Paul ein deutscher Vorname; Eda ist ein türkischer, Edda zugleich ein deutscher Vorname. Akkulturationsprozesse können sich entsprechend nicht nur in Form einer vollständigen Akkulturation an die Aufnahmegesellschaft, also in Form einer kompletten Übernahme von vormals fremden kulturellen Elementen zeigen, sondern auch in der Benutzung hybrider kultureller Symbole. Italienische Einwanderer greifen z.B. dann nicht auf nordische Namen zurück (z.B. Hagen, Sven), sondern auf christliche Namen (Peter, Paul, Alexander), weil es diese auch in ähnlicher Form in dem eigenen Sprachgebrauch gibt (Pedro, Paolo, Alessandro). Die von uns gebildete Variable „Akkulturation an deutsche Vornamen" hat also insgesamt vier Ausprägungen: 1. Vornamen, die allein in Deutschland, nicht aber im Heimatland der befragten Person gebräuchlich sind; 2. Vornamen, die sowohl in Deutschland als auch im Heimatland gebräuchlich sind; 3. Vornamen, die im Heimatland des Befragten gebräuchlich sind und die in einer ähnlichen Phonetik auch in Deutschland vorkommen; 4. Allein in dem Heimatland, nicht aber in Deutschland gebräuchliche Vornamen.

Die folgende Tabelle gibt die Namensvergabe für in Deutschland geborene Kinder für die drei Herkunftsgruppen von Migranten wieder.

Tabelle 3: Namensvergabe für in Deutschland geborene Kinder nach Herkunftsland der Eltern

Vorname	Türkei	Ex-Jugoslawien	Romanische Länder	Gesamt
Deutsch	5,0 %	22,4 %	6,0 %	8,1 %
Deutsch/Herkunft	1,7 %	25,2 %	38,5 %	17,6 %
Herkunft/Deutsch	4,3 %	9,0 %	20,1 %	10,3 %
Herkunftsland	89,0 %	43,4 %	35,4 %	64,0 %
N	1.272	389	831	2.492

64 Prozent aller Migranten wählen Namen für ihre Kinder, die allein in ihrem Herkunftsland üblich sind, die übrigen 36 Prozent haben sich für eine kulturelle Anpassung an deutsche Gewohnheiten entschieden. Auffallend sind die enormen Unterschiede zwischen den verschiedenen Migrantengruppen. Während fast 90 Prozent der türkischstämmigen Eltern ihren Kindern einen Namen geben, der nur in der Türkei, nicht aber in Deutschland gebräuchlich ist, trifft das nur auf 43 Prozent der Ex-Jugoslawen und auf 35 Prozent der Südwesteuropäer zu. Ähnliche Unterschiede zwischen den Herkunftsgruppen zeigen sich auch im Hinblick auf andere Dimensionen der Assimilation (Kalter 2005; Esser 2006).

Wie kann man zeigen, dass manche Migranten sich in der Vergabe von Vornamen akkulturieren und andere nicht, und wie kann man die Unterschiede zwischen den verschiedenen Herkunftsgruppen erklären?

2.2.2 Erklärung der Unterschiede

Unter Akkulturation verstehen wir eine Unterdimension von Assimilation. Die Unterschiede und Grenzen, die zwischen zwei Gruppen bestehen und die sich im Prozess der Assimilation reduzieren oder verstärken können, können sich z.B. auf eine räumliche Segregation, eine soziale Segregation (Freundschaften, Partnerwahl), eine Trennung im Hinblick auf staatsbürgerliche Rechte und die Platzierung in der Sozialstruktur einer Gesellschaft beziehen (Gordon 1964; Yinger 1981; Esser 1980, 2004; Alba und Nee 1997; Perlmann und Waldinger 1997). Akkulturation als eine der Unterdimensionen von Assimilation bezieht sich auf kulturelle Unterscheidungsmerkmale, die symbolisch die Mitgliedschaft in einer ethnischen Gruppe markieren. Vornamen gehören nach unserem Verständnis zu diesen Merkmalen, mit denen Gruppen, sei es beabsichtigt oder unbeabsichtigt, ihre Gruppenzugehörigkeit nach außen und nach innen markieren. Wir können mit unseren Analysen zeigen, dass die Akkulturation in der Vergabe von Vornamen in hohem Maße durch andere Dimensionen der Assimilation beeinflusst wird. Ich berichte im Folgenden für die meisten der formulierten und überprüften Hypothesen nur kurz die Ergebnisse der Analysen, ohne die statistischen Belege zu präsentieren, gehe aber auf eine der Hypothesen etwas ausführlicher ein.

1. Wir gehen davon aus, dass der Grad der Akkulturation einer Person durch ihre sozialstrukturelle Assimilation kausal beeinflusst wird. Höhere Bildung z.B. fördert einerseits die Kenntnis der Kultur der Aufnahmegesellschaft, andererseits die Kontaktnetze zu Mitgliedern der Aufnahmegesellschaft, was sich wiederum positiv auf die Übernahme von Identitätsmarkern auswirken wird, die für die Mehrheitsgesellschaft typisch sind. Weiterhin wird sich eine erfolgreiche sozialstrukturelle Assimilation positiv auf die Zufriedenheit der Migranten mit dem Einwanderungsland auswirken und ihre Identifikation mit der Kultur dieser

Gesellschaft erhöhen. Unsere Hypothese lautet entsprechend: Je höher das erreichte Bildungsniveau von Migranten, desto besser ist die sozialstrukturelle Integration, und desto eher erfolgt auch die Übernahme vormals fremder Merkmale, wie von in der Aufnahmegesellschaft typischen Vornamen. Die empirischen Analysen bestätigen diese Hypothese: Während fast drei Viertel der Kinder von Müttern ohne Schulabschluss einen in Deutschland nicht gebräuchlichen Namen haben, sinkt dieser Anteil bei Müttern mit Haupt- oder Realschulabschluss auf rund 60, bei denjenigen mit Abitur sogar auf 37 Prozent. Andererseits haben in dieser Gruppe 23 Prozent ausschließlich deutsche Namen, im Gegensatz zu nur 4 Prozent der Kinder von Müttern ohne Abschluss. Offenbar führt eine höhere Bildung der Eltern auch zu höherer Akkulturationsbereitschaft.

2. Weiterhin haben wir analysiert, ob die Eingebundenheit in ethnisch heterogene Netzwerke einen Einfluss auf die Vergabe von in Deutschland gebräuchlichen Vornamen hat. Migranten, die regelmäßigen Kontakt mit Bürgern des Einwanderungslandes haben, sind mit deren kulturellen Symbolen vertraut, werden sich in der Aufnahmegesellschaft akzeptiert fühlen und sich mit der Aufnahmegesellschaft identifizieren. All dies erhöht die Chance, dass sie auch die symbolischen Marker der Zugehörigkeit der Aufnahmegesellschaft übernehmen. Die empirischen Analysen zeigen, dass 82 Prozent derjenigen ohne jegliche Kontakte zu Deutschen Vornamen wählen, die nur im Herkunftsland gebräuchlich sind. Auch bei denjenigen, die zwar Kontakte zu Deutschen, aber keine deutschen Freunde haben, betrifft das immerhin noch 71 Prozent. In der Gruppe derjenigen, die deutsche Freunde haben, steigt dagegen sowohl der Anteil der deutschen Namen (15 Prozent) als auch der Mischnamen (43 Prozent), so dass hier die Mehrheit der Kinder in Deutschland gebräuchliche Namen hat.

Der zweite Indikator zur Messung interethnischer Kontakte sind interethnische Ehen, in denen ein Elternteil deutscher Herkunft ist. In solchen Ehen haben ein Viertel der Kinder deutsche und nur 22 Prozent ausländische Namen – die Mehrheit trägt einen Namen, der in beiden Ländern üblich ist. Insgesamt kommen wir für beide Indikatoren – Kontakte und Freundschaften mit Deutschen und Heirat mit einem deutschen Partner – zu demselben Ergebnis: Ethnisch segregierte Personen greifen deutlich seltener auf Vornamen aus Deutschland zurück und weisen damit einen geringeren Grad der Akkulturation auf als Personen, die im stärkeren Maße mit deutschen Personen vernetzt sind.

3. Schließlich haben wir geprüft, ob die Staatsbürgerschaft einen Einfluss auf die freiwillige Akkulturation hat. Vor allem in der komparativen politikwissenschaftlichen Forschung, aber auch in der öffentlichen politischen Diskussion, ist von verschiedenen Autoren die These formuliert worden, dass ein liberales Staatsbürgerschaftsrecht, das Migranten eine umkomplizierte Übernahme des

Staatsbürgerschaftsstatus ermöglicht, auch zu einer Identifikation der Zuwanderer mit der Aufnahmegesellschaft und zu einer kulturellen Integration führt (Brubaker 1992; Joppke 1999; einen guten Überblick gibt Howard 2003). So führen Koopmans und Statham (2001: 92) die Tatsache, dass sich in Deutschland nur 50 Prozent der Zuwanderer eher mit Deutschland, 27,5 Prozent dagegen nur mit ihrem Heimatland identifizieren, auf die restriktive Staatsbürgerschaftspraxis und die Klassifizierung von Zuwanderern als „Ausländer“ zurück. In Großbritannien und den Niederlanden mit weniger restriktiven Zugängen zur Staatsbürgerschaft identifizieren sich dagegen 83 bzw. 71 Prozent mit dem Aufnahmeland.

Unsere Analysen der Vornamen stützen die These, dass die Staatsbürgerschaft einen Einfluss auf andere Dimensionen der Assimilation hat: Für alle drei Herkunftsländer gilt, dass diejenigen Kinder, die die deutsche Staatsbürgerschaft besitzen, eher einen in Deutschland gebräuchlichen Namen haben als Kinder ohne deutsche Staatsbürgerschaft (63 gegenüber 29 Prozent). Von den Kindern mit deutscher Staatsangehörigkeit hat sogar fast ein Viertel einen Namen, der nur in Deutschland, nicht aber im Herkunftsland üblich ist.

4. Sozialstrukturelle Integration in die Aufnahmegesellschaft, Freundschaften mit Einheimischen und eine politische Integration via Staatsbürgerschaft können zusammen zumindest partiell erklären, warum manche Migranten einen Namen für ihre Kinder wählen, der (auch) in Deutschland gebräuchlich ist. Und auch ein Teil der Unterschiede zwischen den verschiedenen Migrantengruppen (siehe Tabelle 3) geht auf diese Faktoren zurück, insofern die Türken in den drei beschriebenen Dimensionen weniger integriert sind als die anderen beiden Migrantengruppen. Der wichtigste Faktor, der die Unterschiede zwischen den verschiedenen Migrantengruppen aber erklären kann, bezieht sich auf die Unterschiede in der kulturellen Distanz zwischen den Herkunftsländern und dem Aufnahmeland Deutschland.

Einen ersten Hinweis auf die Bedeutsamkeit dieses Faktors erhält man, wenn man sich nicht die Namensverteilung der Kinder, sondern die Namensverteilung der Eltern anschaut. Diese haben ihre Namen im Herkunftsland erhalten, entsprechend gab es hier weder einen Akkulturationsdruck noch ein Akkulturationsbedürfnis. Folglich kann man für diese Gruppe davon ausgehen, dass ihre Namensverteilung der Struktur der Namen im jeweiligen Herkunftsland entspricht.

Tabelle 4: Namensvergabe nach Herkunftsland für Einwanderer der ersten Generation

Vorname	Türkei	Ex-Jugoslawien	Romanische Länder	Gesamt
Deutsch	0,9 %	6,2 %	0,9 %	2,1 %
Deutsch/Herkunft	0,9 %	9,4 %	25,7 %	10,7 %
Herkunft/Deutsch	2,0 %	11,6 %	25,0 %	11,4 %
Herkunftsland	96,2 %	72,8 %	48,5 %	75,8 %
N	1.775	890	1.226	3.891

96 Prozent der Türken tragen Namen, die nur in der Türkei gebräuchlich sind. Vornamen, die in beiden Ländern (Deutschland und Türkei) vorkommen, scheinen hier kaum zu existieren. Dagegen tragen 27 Prozent der Jugoslawen und die Hälfte der Einwanderer aus den südwesteuropäischen Ländern Namen, die zumindest in ähnlicher Form auch in Deutschland vorkommen. Diese beiden Gruppen haben also die Möglichkeit, ihren in Deutschland geborenen Kindern Namen zu geben, die weder für sie selbst noch für Deutsche „fremd" erscheinen. Für türkische Zuwanderer ist die Gelegenheitsstruktur der Akkulturation hingegen vollkommen anders. Wenn sich türkischstämmige Eltern bei der Namensgebung ihres Kindes akkulturieren wollen, haben sie eine relativ hohe Schwelle zu den ausschließlich in Deutschland gebräuchlichen Namen zu überwinden, auf die Gefahr hin, dass ihnen der Name ihres eigenen Kindes dann phonetisch fremd erscheint. Stellt man diese kulturelle Restriktion in Rechnung, dann ist der Grad der Akkulturation in der Vornamensvergabe doch beträchtlich. Der Anteil der Namen, für den es zumindest auch eine ähnliche Variante im Deutschen gibt, steigt von 3,8 Prozent der Elterngeneration auf 11 Prozent für deren Kinder und verdreifacht sich damit; der Anteil der nur in Deutschland gebräuchlichen Namen verfünffacht sich. Die Akkulturationsbereitschaft der Türken scheint – prima facie – deutlich geringer zu sein als die der Migranten aus dem ehemaligen Jugoslawien und aus den romanischen Ländern. Berücksichtigt man aber die kulturelle Distanz, die die verschiedenen Herkunftsgruppen für eine Akkulturation zurücklegen müssen, dann kommt man zu einer anderen Interpretation. Im Grad der *relativen Akkulturation* stehen die Türken den anderen Migranten also in keiner Weise nach.

Die Unterschiede in der Gelegenheitsstruktur für die drei Migrantengruppen gehen wiederum auf Unterschiede in der kulturellen Distanz zwischen den drei Herkunftsländern und dem Aufnahmeland Deutschland zurück.[7] Der Pool möglicher Vornamen, die überhaupt vergeben werden können, wird zu einem großen Teil durch die Religion definiert. Die im christlichen Europa üblichen Vornamen stammen vor allem aus dem Alten und Neuen Testament und aus der Gruppe der tradierten Namen christlicher Heiliger. Wenn nun Zuwanderer aus einem Land stammen, in dem die gleiche Religion vorherrscht wie in der Aufnahmegesellschaft, dann ist die Wahrscheinlichkeit einer Anpassung in der Namenswahl größer, da sie sozusagen aus der gleichen Quelle von Namen schöpfen wie die Einheimischen. Wir können den Zusammenhang zwischen Religionsnähe und der Vergabe von Vornamen direkter und auf der Individualebene messen, weil in der Befragung die jeweilige Konfession des Befragten erhoben wurde.

Tabelle 5: Namensvergabe nach Konfession der Eltern

Vorname	Kath./ Prot.	Orthodox	Muslim.	Keine/ Konvertiert	Gesamt
Deutsch	15,9 %	15,2 %	1,6 %	10,2 %	8,8 %
Deutsch/ Herkunft	36,1 %	14,1 %	1,9 %	17,2 %	17,3 %
Herkunft/ Deutsch	17,8 %	16,2 %	4,1 %	9,7 %	10,6 %
Herkunftsland	30,2 %	54,6 %	92,4 %	62,9 %	63,4 %
N	676	99	805	186	1.766

Das Ergebnis bestätigt unsere Hypothese. Während 70 Prozent der Protestanten und Katholiken und mehr als die Hälfte der orthodoxen Christen Namen vergaben, die in der einen oder anderen Form auch in Deutschland gebräuchlich sind, vergeben mehr als 90 Prozent der Muslime Namen, die nicht in Deutschland gebräuchlich sind.

7 Kulturelle Distanz kann sich in unterschiedlichen Faktoren manifestieren, u.a. in der Sprache, der Religion, den Wertvorstellungen. Wenn beispielsweise die Herkunftssprache von Migranten zur gleichen Sprachfamilie gehört wie die Mehrheitssprache der Aufnahmegesellschaft, wird das Erlernen der Mehrheitssprache – und damit die Akkulturation – schneller und leichter erfolgen, als wenn die beiden Sprachen aus unterschiedlichen Sprachfamilien stammen (Chiswick and Miller 2001; Carliner 2000; van Tubergen and Kalmijn 2005).

Von welchen der verschiedenen genannten Faktoren die Namensvergabe in welchem Maße geprägt wird, haben wir zusätzlich in multivariaten Analysen geprüft (Ergebnisse werden hier nicht ausgewiesen). Insgesamt sind die Effekte der meisten erklärenden Variablen in den multivariaten Modellen erstaunlich konstant. Die Einbettung in die Sozialstruktur des Einwanderungslandes (über Bildung) und in soziale Netzwerke mit Einheimischen sowie eine politische Integration durch die Übernahme der Staatsbürgerschaft fördern die Akkulturation in Form der Vergabe von Namen. Dies allein ist jedoch nicht ausreichend. Vielmehr spielt die kulturelle Distanz zwischen Herkunfts- und Einwanderungsland eine entscheidende Rolle, wobei die Religionsaffinität besonders relevant ist.

Die große Bedeutung der kulturellen Distanz für die Erklärung von Akkulturationsprozessen kann man eindrucksvoll am Beispiel der türkischen Einwanderer belegen, für die die Wahl eines in Deutschland gebräuchlichen Namens mit höheren Restriktionen verbunden ist als für die anderen Einwanderergruppen. Der Grad der *relativen Akkulturation* der türkischen Einwanderer steht dem der anderen beiden Gruppen nicht nach. Dieser Befund enthält ein verallgemeinerbares Argument, das nach unserer Ansicht bis dato zu wenig in der Integrationsdebatte diskutiert wurde. Der Grad erfolgter Anpassung darf nicht nur absolut betrachtet werden, sondern muss immer auch die Distanz zwischen Herkunfts- und Aufnahmekultur berücksichtigen; nur um diese Distanz relationierte Beiträge sind letztendlich aussagekräftig.

3. Zusammenfassung

Das Thema *Kultur* hat seit dem so genannten *cultural turn* in den Geistes- und Sozialwissenschaften eine enorme Konjunktur erfahren. Eine Diskussion der wissenschaftstheoretischen Prämissen des *cultural turn* stand im Zentrum des ersten Kapitels. Ziel war es darzulegen, warum die Grundprinzipien des *cultural turn* und die daraus abgeleiteten Vorstellungen einer Kultursoziologie nicht hinreichend gut begründet sind und entsprechend – zumindest auf mich – eine nur geringe Überzeugungskraft entfaltet haben. Ich gehe davon aus, dass man durchaus bei den klassischen Prämissen der Soziologie ansetzen kann, um kultursoziologische Fragen zu entwickeln und empirisch zu beantworten und habe das eigene Verständnis von Kultursoziologie diesseits des *cultural turn* mit Rückgriff auf die Arbeiten von Emile Durkheim expliziert.

Der zweite Teil der Ausführungen war dann der Illustration der theoretischen Prämissen gewidmet, indem ich zwei Teilergebnisse aus der kultursoziologischen Analyse von Vornamen vorgestellt habe: Die beiden Analysen beziehen sich auf ein alltägliches Phänomen (Vergabe von Vornamen), verknüpfen die mikrosoziologische Perspektive mit „großen“ makrosoziologischen Fragestellungen, die Analyse von Transnationalisierungsprozessen einerseits und die der Integration von Migranten andererseits; sie versuchen, die Namensvergabe nicht nur zu beschreiben, sondern zu erklären und bedienen sich dabei der standardisierten Verfahren der Sozialforschung. In beiden Fallstudien konnte gezeigt werden, dass die vermeintlich private Entscheidung der Eltern für einen bestimmten Vornamen in hohem Maße einer sozialen Strukturierung unterliegt.

Die Öffnung in der Vergabe von Vornamen nach 1945 gegenüber vormals fremden Kulturkreisen lässt sich als ein Transnationalisierungsprozess beschreiben, genauer: als ein Okzidentalisierungsprozess, weil die Vornamen in erster Linie aus westeuropäischen Ländern kommen und andere Kulturkreise weitgehend unberücksichtigt bleiben. Eltern wählen Namen aus den Kulturkreisen aus, die mit einer (gesellschaftlich definierten) hohen Reputation verbunden sind. Wir haben den Prozess der Transnationalisierung der Vornamen auf eine Ausdehnung und Verwestlichung des Fernsehens, des Films und der Musikindustrie zurückgeführt. Von der Vielzahl an ausländischen Vornamen ist aber nur eine Teilmenge so erfolgreich, in die Hitparade der 10 wichtigsten Namen vorzudringen. Bei dem Versuch zu erklären, welche der Vornamen eine höhere Wahrscheinlichkeit des Erfolgs haben, hat sich gezeigt, dass es vor allem diejenigen ausländischen Vornamen sind, die an die phonetischen Gewohnheiten der deutschen Namen anschlussfähig sind. Der Prozess der Diffusion transnationaler Namen insgesamt verläuft offensichtlich in drei Schritten: Variationserweiterung des Namenspools durch Ausdehnung und Verwestlichung des Medienangebots, Selektion auf der Basis der Reputation von Kulturkreisen und Selektion auf der Basis von phonetischer Anschlussfähigkeit an die spezifischen kulturellen Gewohnheiten.

Das zweite Beispiel bezog sich nicht auf die Übernahme von vormals ausländischen Namen durch deutsche Eltern, sondern auf die Vergabe von Vornamen durch Migranten, die nach Deutschland gekommen sind. Greifen Migranten für ihre Kinder auf in Deutschland übliche Vornamen zurück, so interpretieren wir dies als ein Anzeichen von Akkulturation an die deutsche Gesellschaft. Wir konnten zeigen, dass die Einbettung in die Sozialstruktur des Einwanderungslandes, in soziale Netzwerke mit Einheimischen, eine politische Integration durch die Übernahme der Staatsbürgerschaft, vor allem aber die kulturelle Distanz zwischen Herkunfts- und Einwanderungsland eine entscheidende Rolle bei der Frage spielen, ob die Eltern einen in Deutschland üblichen Vornamen wählen oder eher ihrem Herkunftsland verhaftet bleiben.

Literatur

Alba, Richard/Nee, Victor (1997): Rethinking Assimilation for a New Era of Immigration. In: International Migration Review 31, 4: 826–874

Alexander, Jeffrey (1987): Lecture One: What is a Theory? In: Jeffrey Alexander (Hg.): Twenty Lectures: Sociological Theory. New York: Columbia University Press: 1–21

Alexander, Jeffrey (1988): The new theoretical movement. In: Neil Smelser (Hg.): Handbook of Sociology. Beverly Hills: Sage: 77–101

Aron, Raymond (1979): Emile Durkheim. In: Raymond Aron (Hg.): Hauptströmungen des modernen soziologischen Denkens. Durkheim – Pareto – Weber. Reinbek: Rowohlt: 19–95

Bachmann-Medick, Doris (2006): Cultural Turns. Neuorientierungen in den Kulturwissenschaften. (2. Aufl.) Reinbek: Rowohlt

Brubaker, Rogers (1992): Citizenship and Nationhood in France and Germany. Cambridge, MA: Harvard University Press

Carliner, Geoffrey (2000): The Language Abilities of U.S. Immigrants: Assimilation and Cohort Effects. In: International Migration Review 34, 1: 158–182

Chiswick, Barry R./Miller, Paul W. (2001): A Model of Destination-Language Acquisition: Application to Male Immigrants in Canada. In: Demography 38, 3: 391–409

Daniel, Ute (2001): Kompendium Kulturgeschichte. Theorien, Praxis, Schlüsselwörter. Frankfurt a.M.: Suhrkamp

Durkheim, Emile (1976 [1895]): Die Regeln der soziologischen Methode. (4. Aufl.) Hg. von René König. Neuwied: Luchterhand

Durkheim, Emile (1983 [1897]): Der Selbstmord. Frankfurt a.M.: Suhrkamp

Esser, Hartmut (1980): Aspekte der Wanderungssoziologie. Assimilation und Integration von Wanderern, ethnischen Gruppen und Minderheiten. Eine handlungstheoretische Analyse. Darmstadt: Luchterhand

Esser, Hartmut (1991): Alltagshandeln und Verstehen. Zum Verhältnis von erklärender und verstehender Soziologie am Beispiel von Alfred Schütz und 'Rational Choice'. Tübingen: Mohr

Esser, Hartmut (2006): Migration, Sprache und Integration. AKI-Forschungsbilanz 4. Arbeitsstelle Interkulturelle Konflikte und gesellschaftliche Integration (AKI). Berlin: Wissenschaftszentrum Berlin

Esser, Hartmut (2004): Welche Alternativen zur „Assimilation" gibt es eigentlich? In: IMIS-Beiträge 23: 41–59

Früh, Werner (1991): Inhaltsanalyse. Theorie und Praxis. (3. Aufl.) München: Ohlschläger

Frühwald, Wolfgang/Jauß, Hans Robert/Koselleck, Reinhart/Mittelstraß, Jürgen/Steinwachs, Burkhart (1991): Geisteswissenschaften heute. Eine Dankschrift. Frankfurt a.M.: Suhrkamp

Fuchs, Dieter/Gerhards, Jürgen/Roller, Edeltraud (1993): Wir und die Anderen. Ethnozentrismus in den zwölf Ländern der europäischen Gemeinschaft. In: Kölner Zeitschrift für Soziologie und Sozialpsychologie 45: 238–253

Gerhards, Jürgen (1993): Neue Konfliktlinien in der Mobilisierung öffentlicher Meinung. Eine Fallanalyse. Opladen: Westdeutscher Verlag

Gerhards, Jürgen (2005): The Name Game. Cultural Modernization and First Names. New Brunswick, London: Transaction Publishers

Gerhards, Jürgen/Hans, Silke (2008): Akkulturation und die Vergabe von Vornamen: Welche Namen wählen Migranten für ihre Kinder und warum? In: Frank Kalter (Hg.): Migration und Integration. Sonderheft 48 der Kölner Zeitschrift für Soziologie und Sozialpsychologie. Wiesbaden: VS-Verlag: 465–487

Gerhards, Jürgen/Hans, Silke (2009): From Hasan to Herbert: Name Giving Patterns of Immigrant Parents between Acculturation and Ethnic Maintenance. In: American Journal of Sociology 114, 4: 1102-1128

Gerhards, Jürgen/Rucht, Dieter (1992): Mesomobilization. Organizing and Framing in Two Protest Campaigns in West Germany. In: American Journal of Sociology 98: 555–596

Gerhards, Jürgen/Schmidt, Bernd (1992): Intime Kommunikation. Eine empirische Studie über Wege der Annäherung und Hindernisse für „safer sex". Baden Baden: Nomos

Gerhards, Jürgen (2003): Globalisierung der Alltagskultur zwischen Verwestlichung und Kreolisierung: Das Beispiel Vornamen. In: Soziale Welt 54: 145–162

Gordon, Milton M. (1964): Assimilation in American Life. The Role of Race, Religion, and National Origins. New York: Oxford University Press

Hannerz, Ulf (1987): The World in Creolisation. In: Africa 57: 546–559

Hirschauer, Stefan (2009): Die Exotisierung des Eigenen. Kultursozioloige in ethnografischer Einstellung. In: Monika Wohlrab-Sahr (Hg.): Kultursoziologie. Paradigmen – Methoden – Fragestellungen. Wiesbaden: VS-Verlag: 207–225

Howard, Marc Morje (2003): Foreigners or citizens? Citizenship policies in the countries of the EU. European Union Studies Association (EUSA) Biennial Conference 2003, March 27–29, Nashville, TN: http://aei.pitt.edu/2878/01/117.pdf

Jameson, Frederick (1998): The Cultural Turn. Selected Writings on the Postmodern. 1983–1998. London: Verso

Joppke, Christian (1999): Immigration and the Nation-State: The United States, Germany and Great Britain. Oxford: Oxford University Press

Kalter, Frank (2005): Ethnische Ungleichheit auf dem Arbeitsmarkt. In: Martin Abraham; Thomas Hinz (Hg.): Arbeitsmarktsoziologie. Probleme, Theorien, empirische Befunde. Wiesbaden: VS-Verlag: 303–332

Knorr Cetina, Karin (1988): Kulturanalyse: Ein Programm. In: Hans-Georg Soeffner (Hg.): Kultur und Alltag. Göttingen: Otto Schwarz: 27–31

Koopmans, Ruud/Statham, Paul (2001): How national citizenship shapes transnationalism A comparative analysis of migrant claims-making in Germany, Great Britain and the Netherlands. In: Revue Européenne des Migrations Internationales 17: 63–100

Lieberson, Stanley (2000): A Matter of Taste. How Names, Fashions and Culture Change. New Haven/London: Yale University Press

Nederveen Pieterse, Jan (1998): Der Melange-Effekt. In: Ulrich Beck (Hg.): Perspektiven der Weltgesellschaft, Frankfurt a.M.: Suhrkamp: 87–124

Perlmann, Joel/Waldinger, Roger (1997): Second Generation Decline? Children of Immigrants, Past and Present – A Reconsideration. In: International Migration Review 31, 4: 893–922

Popper, Karl R. (1976): Logik der Forschung. Tübingen: Mohr

Przyborski, Aglaja/Wohlrab-Sahr, Monika (2008): Qualitative Sozialforschung. Ein Arbeitsbuch. München: Oldenbourg Verlag

Rabinow, Paul/Sullivan, William M. (Hg.) (1979): Interpretive Social Science. A second look. Berkeley: California University Press

Reckwitz, Andreas (1999): Praxis – Autopoiesis – Text. Drei Versionen des Cultural Turn in der Sozialtheorie. In: Andreas Reckwitz; Holger Sievert (Hg.): Interpretation, Konstruktion, Kultur. Ein Paradigmenwechsel in den Sozialwissenschaften. Opladen: Westdeutscher Verlag: 19–49

Reckwitz, Andreas (2000): Die Transformation der Kulturtheorien. Zur Entwicklung eines Theorieprogramms. Weilerswist: Velbrück

Robertson, Roland (1998): Glokalisierung: Homogenität und Heterogenität in Raum und Zeit. In: Ulrich Beck (Hg.): Perspektiven der Weltgesellschaft. Frankfurt a.M.: Suhrkamp: 192–220

Schnell, Rainer/Hill, Paul B./Esser, Elke (1995): Methoden der empirischen Sozialforschung. München: Oldenbourg

Seibicke, Wilfried (1977): Vornamen. Wiesbaden: Verlag für deutsche Sprache

van Tubergen, Frank/Kalmijn Matthijs (2005): Destination-Language Proficiency in Cross-National Perspective: A Study of Immigrant Groups in Nine Western Countries. In: American Journal of Sociology 110, 5: 1412–1457

Yinger, J. Milton (1981): Toward a Theory of Assimilation and Dissimilation. In: Ethnic and Racial Studies 4, 3: 249–264

Sinn, Kultur, Verstehen und das Modell der soziologischen Erklärung

Hartmut Esser

Das Modell der soziologischen Erklärung versteht sich nicht bloß als irgendein weiteres unter den diversen sozialwissenschaftlichen Ansätzen und begnügt sich ausdrücklich nicht mit dem stillen Glück der selbstgenügsamen Paradigmen-Kleingärtnerei. Es hat vielmehr den Anspruch, die für die (Erklärungs-) Probleme der Sozialwissenschaften insgesamt wichtigen Elemente systematisch aufzugreifen und in einen analytischen Rahmen integrieren zu können, in dem die Paradigmen ihre wichtigen und unverzichtbaren Spezial-Beiträge für das Programm einer allgemeinen (erklärenden) Sozialwissenschaft erbringen und so einen deutlich weniger abgeschotteten und dann auch nicht mehr so einfach bestreitbaren Platz eher finden können als bisher. Die Widerstände gegen dieses Ansinnen waren und sind durchaus beträchtlich und sie speisen sich, neben anderem, besonders daraus, dass das Modell der soziologischen Erklärung meist (und immer noch) als eine eigentlich nur etwas erweiterte Variante der Rational-Choice-Theorie wahrgenommen wird, und dass daher alle, bekanntlich auch nicht unberechtigten, Einwände dagegen dann auch das Modell der soziologischen Erklärung mit treffen müssten. Das gilt besonders für jenen Aspekt, zu dem die traditionelle Rational-Choice-Theorie in der Tat nur wenig (oder nur recht Abseitiges und Gequältes) zu sagen hat, von dem aber weite Teile der sonstigen Sozialwissenschaften einen großen Teil ihres Anspruchs auf eine Sonderstellung beziehen: Die Kategorien von „Sinn", „Verstehen" und „Kultur" – und damit eng verbunden die Vorstellung der mentalen Konstruiertheit und Geschichtlichkeit aller sozialen Prozesse. Im Folgenden soll gezeigt werden, wie sich im Rahmen des Modells der soziologischen Erklärung die Konzepte von Sinn, Verstehen und Kultur nicht nur mühelos rekonstruieren und einordnen lassen, sondern dass alles das, entgegen mancher landläufigen Meinung, in seinen Grundkonzepten schon systematisch vorgesehen ist. Wir beginnen, der besseren Verständigung wegen, mit einer knappen Zusammenfassung des Modells der soziologischen Erklärung und einer Erläuterung der Konzepte Sinn, Kultur und Verstehen.

Das Modell der Soziologischen Erklärung

Das Modell der soziologischen Erklärung (MSE) ist eine soziologische Adaption gewisser Grundlagen der ökonomischen Theoriebildung für die Analyse auch nicht-ökonomischer sozialer Prozesse. Dazu gehört zuerst die strikte Orientierung alleine am Ziel einer (angemessenen) *Erklärung* der sozialen Prozesse nach den Vorgaben des sog. Hempel-Oppenheim-Schemas und an den Grundsätzen des sog. Methodologischen Individualismus, wie ihn etwa Max Weber oder Karl R. Popper vertreten haben. Insofern sich dieser Ansatz auf die Kategorie des menschlichen Handelns (und damit mindestens implizit auf die Konzepte von Sinn und Kultur) bezieht, hält das MSE *nomologische* Erklärungen auch des „sinnhaften" Handelns menschlicher Akteure im Prinzip für möglich (und auch nötig). Das Konzept des MSE beruht vor diesem allgemeinen Hintergrund auf einem einfachen Modell der Erklärung sozialer Prozesse: Das zu erklärende kollektive Explanandum wird als – oft unbeabsichtigtes – Resultat des Handelns von individuellen Akteuren rekonstruiert. Diese Rekonstruktion besteht in ihrer einfachsten Form bekanntlich aus drei Schritten: die Beschreibung der „Logik der Situation", wie sie sich den Akteuren subjektiv bietet, die Erklärung des Handelns aufgrund der situational gegebenen Bedingungen über eine spezielle „Logik der Selektion" für dieses Handeln, sowie die Überführung der sog. individuellen Effekte dieses Handelns in das interessierende kollektive Explanandum über sog. Transformationsregeln im Schritt der „Logik der Aggregation".

Welche Theorie des Handelns bei der „Logik der Selektion" zum Zuge kommt, ist zunächst gleichgültig. Wichtig sind nur ihr logischer Gehalt und damit ihre Präzision, der Grad ihrer empirischen Bewährung und die Reichweite von Situationselementen, die mit ihr berücksichtigt werden können. Bei der logischen Form ist eine *explizite* (funktionale) Verbindung zwischen gewissen Umständen (z.B. Bewertungen und Erwartungen) und der Selektion eines *bestimmten* Handelns erforderlich. Die gibt/gab es bisher letztlich nur für die verschiedenen Varianten der Rational-Choice-Theorie (RCT), und daher ist auch der Eindruck nicht falsch, dass das MSE nach wie vor eine starke Affinität zur RCT hat. Anders sieht es schon mit der empirischen Bewährung aus: Es gibt inzwischen kaum noch ernsthafte Zweifel, dass die (traditionelle) RCT eine ganze Reihe von Anomalien aufweist und (daher) nur eine recht begrenzte empirische Reichweite hat – trotz ihrer unzweifelhaften Erfolge in der Erklärung einer Vielzahl sozialwissenschaftlicher Sachverhalte, wie Wanderungen, Partnerwahl, Heirat und Scheidung, abweichendes Verhalten, Bildungsinvestitionen, politische Wahl und sogar der Grad der religiösen Einbindung. Das Hauptproblem scheint aber zu sein, dass – neben Interessen, Kosten und Restriktionen – es schon Probleme bereitet, die Besonderheiten von Institutionen, darunter speziell die eigenartig bindende Kraft von Gewohnheiten, Traditionen, Legitimationen und Identifikationen, zu berücksichtigen, und mit Kultur, Symbolen und Kommunikation kommt wenigstens die traditionelle RCT kaum zurecht: Sie fehlen in den Parametern der Randbedingungen des Handelns in der RCT. „Sinn" und „Kultur" haben daher in der RCT keine besondere Bedeutung. Sprache und Kommunikation werden von der neoklassischen Ökonomie beispielsweise nach wie vor als unerheblicher „cheap talk" angesehen. „Werte", „Moral" und „Vertrauen" sind in dieser Sicht bloßer „Überbau" oder allein „rationale Erwartungen" ohne besondere weitere Wirkungen, etwa die der verlässlichen und von Nutzen-Kostenerwägungen unabhängigen Bindung an gewisse Prinzipien. Und die institutionellen Regeln fungieren in der RCT-Rekonstruktion auch als nicht viel mehr denn als extern gesetzte (Rand-)Bedingungen, die nur insoweit handlungswirksam werden, als sie mit Änderungen in den Parametern der Nutzentheorie, Anreizen und Kosten also, verbunden werden können, den Bewertungen von (sanktionierenden) Folgen also und den Erwartungen über deren Eintreten. Daher ist es im Rahmen der RCT auch praktisch nicht möglich, die so oft zu beobachtende „Unbedingtheit" der Bindung an Normen, das komplette Ausblenden von auch sehr verführerischen Alternativen und Anreizen oder die extreme Wirkung von scheinbar höchst geringfügigen symbolischen Vorgängen zu erklären, von der oft unglaublichen Emotionalität des Handelns einmal ganz abgesehen. Insofern ist die Vorhaltung nicht unverständlich, wonach die (traditionelle) RCT, angewandt auf Bereiche auch außerhalb der Sphäre des wirtschaftlichen Handelns, ihre eng gezogenen Grenzen habe: Ihr fehle, so heißt es, sowohl der Sinn wie auch jede Kultur und Moral. Und insoweit das MSE mit der RCT identifiziert werden würde, träfe es dieser Vorwurf natürlich auch.

Die Dinge sind freilich ganz so einfach nicht. Einmal lässt sogar schon die traditionelle RCT eine bestimmte und gewiss nicht unwichtige Variante des Sinns und des Verstehens zu, das sog. Intentionsverstehen, und das insbesondere in der Version der Wert-Erwartungstheorie, die mit den „*subjective* expected utilities" in ihrem Kern die subjektiven Vorstellungen der Akteure berücksichtigt, also zentralen Bestandteilen dessen, was man unter „Sinn" und „Kultur" verstehen kann. Aber das Verständnis von Sinn, Verstehen und Kultur geht sicher darüber hinaus und bezieht sich (auch) auf ganze Weltbilder, Leitideen,

Legitimationen, Situationsdefinitionen, Interpretationskonstrukte, Orientierungen, Wissensmuster, Gestalten, mentale Repräsentation, „kollektive Repräsentationen“, Werte, (mehr oder weniger: habitualisierte) Traditionen, Mentalitäten oder Identitäten. Daher käme es darüber hinaus darauf an, dass das MSE auch für diese Sachverhalte einen natürlichen Platz bereit hält. Diesen Platz bietet das Modell der Frame-Selektion (MFS), dessen Besonderheit darin besteht, alle drei zentralen Aspekte von sozialen Situationen systematisch vorzusehen: Interessen, Institutionen *und* Ideen, und eben nicht nur wie die RCT die (materiellen) Interessen und rationalen Erwartungen, sondern auch die institutionellen Regeln und deren emotionale und kognitiv-legitimatorische Bezüge und die kulturellen Rahmungen mit ihren symbolischen Repräsentationen, speziell solchen der sprachlichen Bezeichnungen und der damit verbundenen kognitiven und emotionalen Assoziationen.

Sinn, Kultur und Verstehen

Der Begriff des *Sinns* hat im sozialwissenschaftlichen Sprachgebrauch verschiedene Bedeutungen, die sich nur unter einem sehr abstrakten Gesichtspunkt wieder zusammenfassen lassen. Mindestens sechs Varianten der Bedeutung des Begriffs lassen sich unterscheiden: semantischer, subjektiver, sozialer, nomischer, funktionaler und objektiver Sinn.

Der *semantische* Sinn ist nichts weiter als die inhaltliche „Bedeutung“, die ein Objekt für ein Kollektiv von Akteuren hat. Das Objekt ist dann ein Zeichen bzw. ein Symbol, das auf einen bestimmten anderen Inhalt verweist. Der *subjektive* Sinn bezieht sich auf die Absichten, Intentionen und „guten Gründe“, die ein Akteur mit seinem Tun verbindet. Nach Max Weber ist es erst dieser subjektive Sinn, der ein bloß reaktives und unreflektiertes „Verhalten“ zu einem verständigen und verstehbaren (sozialen) „Handeln“ macht. Der *soziale* Sinn eines Handelns bezieht sich dann auf einen jeweils *kollektiv* geteilten subjektiven Sinn, speziell aber auf die jeweils geltenden sozialen Regeln, in die sich ein Handeln für die Beteiligten „sinnvoll“ einordnet, auf den sog. Sinnzusammenhang des Handelns. Der soziale Sinn bemisst sich danach, inwieweit ein Handeln an solchen Regeln orientiert ist und sie in diesem Rahmen ggf. auch „kreativ“ füllt. Die Regeln können einerseits institutioneller Art sein, sich aber auch auf kulturell eingelebte Praktiken und Orientierungen beziehen. Meist hängen institutionelle Regeln mit einem sie unterstützenden kulturellen Bezugsrahmen zusammen. In ihnen sind auch die jeweils geltenden Oberziele bzw. die „Codes“ festgelegt, um die es in der betreffenden Situation jeweils geht. Die sog. sozialen Drehbücher bzw. die sozialen Rollen sind die soziologisch bedeutsamsten Festlegungen des sozialen Sinns. Mit der Geltung derartiger Festlegungen erhalten die Orientierungen der Akteure, und damit die von ihnen gebildeten sozialen Beziehungen, eine – mehr oder weniger deutliche – Festigkeit, „Ordnung“ und Plausibilität. Diese Ordnung der Orientierungen wird als *nomischer* Sinn bezeichnet. Er wird insbesondere aus festen „Weltbildern“ und übergreifenden, nicht mehr angezweifelten Legitimationen gebildet. Die religiösen Weltbilder und Legitimationen sind die wichtigsten Formen der Herstellung eines nomischen Sinns, und die Rituale bilden die wichtigste Art seiner Sicherung und Bekräftigung, einschließlich der Illusionen der Sicherheit des Alltagshandelns. Der *funktionale* Sinn beschreibt die – den Akteuren meist nicht bekannte oder bewusste und daher unintendierte – „Funktion“, die ein bestimmtes Handeln im Gesamtzusammenhang eines ganzen Systems hat, etwa Regentänze mit der unbeabsichtigten Funktion der Stärkung der Gruppensolidarität. Und der *objektive* Sinn schließlich bezieht sich auf das Bestehen einer übergreifenden Zielsetzung, der der gesamte gesellschaftliche oder historische Prozess „objektiv“, d.h. ohne Dazutun der menschlichen Akteure, unterworfen ist, etwa in der Vorstellung eines „Gesamtplans“ oder eines Ziels der Geschichte, einer unbeeinflussbaren „Vorsehung“ oder des Waltens eines objektiven „Weltgeistes“.

In einer alle diese Bedeutungen übergreifenden Abstraktion ließe sich dann der Begriff des Sinns als Einordnung von zunächst isolierten Elementen in einen übergeordneten Zusammenhang bezeichnen: beim semantischen Sinn ist es die Beziehung von Zeichen und Bezeichnetem, beim subjektiven Sinn der Bezug des Handelns auf „gute Gründe“, beim sozialen Sinn der auf bekannte soziale Regeln oder geteilte kulturelle Bezugsrahmen, beim nomischen Sinn die feste Einbettung der Orientierungen in einen für fraglos gültig angesehenen (sakralen) Rahmen, beim funktionalen Sinn die kausale Bedeutung eines Teils für das (Nicht-)Funktionieren des Systems, auch ohne dass die Beteiligten das wissen oder beabsichtigen müssen, und beim objektiven Sinn die Einordnung der Geschichte und der Gesellschaft in eine als vorgegeben angesehene, „teleologische“ Bestimmung. Zwischen den sechs Bedeutungen des Begriffs lässt sich eine deutliche Grenze ziehen: Semantischer, subjektiver, sozialer und nomischer Sinn beziehen sich auf das Handeln von *Akteuren* und deren dabei jeweils vorherrschenden Vorstellungen und Orientierungen. Der funktionale und der objektive Sinn verweisen auf darüber hinausweisende, „objektive“ Beziehungen in einem *Makro*zusammenhang – die funktional-kausale Bedeutung eines Teils in einem System bzw. die Existenz eines „objektiven“ Rahmens der Bestimmung. Während in den neueren Sozialwissenschaften, spätestens mit dem Verfall des Neo-Marxismus in den 70er Jahren, die Idee des objektiven, „teleologischen“

Sinns keinerlei Bedeutung mehr hat, gilt die Vorstellung vom funktionalen Sinn durchaus noch: Es ist der Nachweis der über das Wissen und die Absichten der Akteure hinausgehenden (kausalen) Wirkungen eines Strukturelements für das Gesamtfunktionieren eines Systems. Inzwischen wird dieser funktionale Sinn der Wirkung gewisser Teile für einen Systemzusammenhang aber auch nur als – meist unintendierte – Folge des (im Prinzip absichtsvollen) Handelns menschlicher Akteure, und damit ebenfalls: „individualistisch", erklärt.

Unter *Kultur* versteht man schließlich – ganz allgemein – die erlernten oder sonstwie angeeigneten, über Nachahmung und Unterweisung tradierten, strukturierten und regelmäßigen, sozial verbreiteten und kollektiv geteilten Gewohnheiten, Lebensweisen, Regeln, Rituale, Symbolisierungen, Wert- und Wissensbestände der Akteure eines Kollektivs, einschließlich der Arten des Denkens, Empfindens und Handelns. Auch bestimmte Artefakte und die Relikte dieses Handelns, sowie bestimmte gesellschaftliche Teilsysteme und Formen der Kommunikation und des Ausdrucks, wie etwa die Sphäre der sog. Hochkultur, das Museumswesen oder die Sprache, die Literatur, die Musik und der Tanz, gewiss auch die Religion mit ihren Ritualen gehören dazu. Im Speziellen besteht die Kultur eines Kollektivs aus einem Zusammenhang von Zeichen und gewissen, dadurch ggf. im Innern des Akteurs ausgelösten, „mentalen Modellen", in denen kognitive Vorstellungen, affektive Besetzungen und Handlungsbereitschaften zusammengeschlossen sind, und die als „Bezugsrahmen" für die Orientierung in der Situation wirken. Sie sind der Kern dessen, was oben als *sozialer* Sinn bezeichnet wurde. Diese mentalen Modelle werden jeweils von einem speziellen Oberziel bzw. Code „regiert". Diese Codes grenzen verschiedene Situationen als getrennte „Wertsphären" oder „Sinnprovinzen" mit jeweils typischem unterschiedlichem (sozialem) Sinn von einander ab. Die „Träger" der Kultur sind sowohl die individuellen Akteure wie die von ihnen gebildeten Kollektive: Nur in den Gehirnen der (individuellen) Akteure sind die mentalen Modelle verankert, aber auch nur über die kollektive Verbreitung und die kollektiv gesicherte Verbindlichkeit werden die „individuellen" mentalen Modelle zur Kultur eines Kollektivs. Und weil es sich bei der Verankerung der mentalen Modelle *nur* um Individuen und bei deren Verbreitung nur um eine statistische Größe handelt, ist auch jede Vorstellung einer von den Akteuren losgelösten eigenen Wert-, Sinn- und Kultursphäre ausgeschlossen. Wegen ihrer individuellen und kollektiven „Doppelnatur" sind die Rituale und die in den Ritualen stets neu bestärkten Verbindungen zwischen Zeichen und den mentalen Modellen, die „Bedeutung" der Zeichen also, von zentraler Wichtigkeit. Und der wichtigste Mechanismus sowohl der Konstitution der Kultur (in diesem Sinne) wie ihrer Verfestigung sind die (alltäglichen) Interaktionen, Kommunikationen und sprachlichen Rituale (vgl. dazu auch noch unten, sowie allgemein auch Cappai 2001; Schluchter 2000; Soeffner 2000; Rehberg 2001; Wimmer 1996; Esser 1999a, 1999b, 2001), in denen die sichtbaren Handlungen neben ihren materiellen Folgen immer auch symbolisch wirken – als (fortlaufende) Bestätigung der „Richtigkeit" des Tuns im gegebenen Sinnzusammenhang und als eine Verstärkung der Verankerung und „Zugänglichkeit" der damit verbundenen mentalen Modelle.

Unter *Verstehen* wird schließlich die Rekonstruktion einer Situation aus der Sicht der Akteure verstanden. Bei Max Weber ist es das „deutende Verstehen" der Beweggründe der Akteure: die Ermittlung des „subjektiven Sinns" ihres Tuns. Erst dann wird es möglich, auch den „Ablauf" und die „Folgen" des Handelns – wie es bei Weber weiter heißt – „ursächlich zu erklären". Das Verstehen der Akteure wird damit mit der Erklärung ihres Tuns und der Abläufe der sozialen Prozesse systematisch verbunden. Es geht dabei um zwei, zunächst sehr unterschiedlich erscheinende Aspekte: Welche subjektiven („guten") Gründe hatte ein Akteur, die ihn zu einem bestimmten Tun veranlassten? Das ist das Verstehen des Handelns über die Rekonstruktion der *Intentionen* der Akteure und damit ihrer auf die Zukunft bezogenen Absichten. Und welche *Deutungsmuster* wurden in der Situation – etwa über Symbole oder als Symbole fungierende Handlungen anderer – derart aktiviert, dass darauf ein bestimmtes Handeln ausgelöst wurde?

In der (vom MSE im Anschluss an das Webersche Konzept angenommenen) Notwendigkeit des Verstehens der „Logik" einer Situation wird die Besonderheit der Sozialwissenschaften systematisch anerkannt, dass in *allen* Erklärungen und theoretischen Modellen der Sozialwissenschaften die subjektiven Sichtweisen der Akteure – Intentionen und Deutungsmuster also – vorkommen *müssen,* und dass daher in *jeder* sozialwissenschaftlichen Analyse eine *hermeneutische* Komponente zu der *nomologischen* Erklärung zwingend dazu gehört (meist drastisch reduziert auf die Formulierung der sog. Brückenhypothesen zwischen der objektiven Situation und den subjektiven Bewertungen und Erwartungen). Bei Max Weber ist das Verstehen erkennbar in einen Kontext der Erklärung eingebunden: das „deutende Verstehen" erlaubt die „ursächliche Erklärung" des „Ablaufs" und der „Wirkungen" des (sozialen) Handels. Das MSE greift diese Perspektive einer „verstehenden Erklärung" auf und versucht eine systematische *Verbindung* zwischen den geistes- und kulturwissenschaftlichen Perspektiven und hermeneutischen Arbeitsweisen und den (strikt) explanativ orientierten Vorgehensweisen der Naturwissenschaften und der Anwendung der dort bewährten Methoden der Kausalanalyse auf die Beziehungen zwischen Sinn, Kultur, Handeln und ganzen sozialen Prozessen. Der wohl einzige wirkliche Unterschied zu Max Weber ist eher ein formales Detail: der Nachweis, dass sich das „deutende Verstehen“ in die Logik des sog. Hempel-Oppenheim-Schemas (HO) einordnen lässt. Es ist zwar nur ein Detail, aber schon ein wichtiges: Es wäre der logische „Existenzbeweis“, dass auch die Kultur- und Geisteswissenschaften (im Prinzip) nach den Regeln der Analytischen Wissenschaftstheorie betrieben werden könnten (und, wenn sie auch „erklären“ wollten: das auch müssten) und es daher keinen wirklichen methodologischen Grund für den Fortbestand der Trennung gibt.

Aber geht denn das? Haben sich denn nicht die beiden Lager, die geisteswissenschaftlichen und analytisch-nomologischen Sozialwissenschaften, gerade darüber entzweit, dass eine solche Kombination unmöglich, unnötig und unangemessen wäre, und sich mit diesen Gewissheiten in einer bequemen Selbstgenügsamkeit gut eingerichtet, auch derart, dass man nur verständnislos den Kopf schütteln kann, wenn dennoch mit den inzwischen verfügbaren theoretischen Instrumenten versucht wird, was Max Weber vorschwebte. Also dann. Wir beginnen mit der Variante des Verstehens, wie sie Max Weber vorgeschlagen hat: Das Verstehen der Intentionen der Akteure als die „guten Gründe“, die sie mit ihrem Tun verbinden. Dann greifen wir das Verstehen über kulturelle Deutungsmuster auf, wie es etwa seit der Alltagsphänomenologie von Alfred Schütz oder den „dichten Beschreibungen“ von Clifford Geertz gerne in kultursoziologischen Studien angezielt wird. Und dann wird versucht, zu zeigen, dass die sog. „Objektive Hermeneutik“ nach Ulrich Oevermann nichts anderes ist als eine Art von MSE-Hypothesentest über die „objektive“ Geltung sozial geteilter Deutungsmuster, bei dem – noch nicht einmal sonderlich versteckt – auf Annahmen über kausale Mechanismen zurückgegriffen werden muss, die eine jeweils gegebene Sequenz von Äußerungen (HO-)erklären können.

„Gute Gründe“

Unter (subjektivem) „Sinn“ werden – wie oben beschrieben und im Anschluss an Max Weber – die Vorstellungen aller Art verstanden, die die Akteure mit ihrem Tun verbinden, und das „Verstehen“ ist die Rekonstruktion der Generierung eines Handelns, einschließlich von Äußerungen und künstlerischen Produktionen, über den Bezug auf solche subjektiven Vorstellungen, die dem Handeln aus der Sicht des Akteurs diesen „Sinn“ verleihen. Eine erste Variante des Verstehens ist schon mit der (einfachen) RCT (und damit einem wichtigen Spezialfall des MFS) unmittelbar kompatibel, wenn nicht sogar eine spezielle Form davon: Das Verstehen als die Ermittlung der „guten Gründe" für das jeweilige Tun. „Gute Gründe" sind die nachvollziehbaren Antworten eines Akteurs auf die Frage, warum er eine bestimmte Handlung vollzogen hat (und eben keine andere). Das klassische Modell dafür ist der sog. praktische Syllogismus. Er lautet in seiner einfachsten Form: Ein Akteur A will W. Der Akteur A hat den Glauben G, dass zur Erreichung von W das Handeln H notwendig ist. Also handelt der Akteur A nach H. Als logisches Schema:

A will W.
A hat den Glauben G, dass für W das Handeln H notwendig ist.

A handelt nach H.

In der Tat ist das zwar schon ein gültiger logischer Schluss: In den beiden Teilen der Prämisse ist die Konklusion „A handelt nach H" schon *logisch* impliziert (vgl. dazu auch näher Kelle 2007: 114ff.). Daraus ist geschlossen worden, dass man für das Verstehen einer Handlung über den praktischen Syllogismus an keiner Stelle auf ein „allgemeines Gesetz" zurückgreifen müsse, und weil außerdem die das Handeln bestimmenden Folgen in der Zukunft lägen, können die guten Gründe auch nicht aus einer Vergangenheit „kausal" bestimmt sein. Daher wäre das HO-Schema der kausalen Erklärung unnötig und sogar irreführend und alles, was man brauche, sei die deutende Rekonstruktion des Willens W und des Glaubens G der Akteure, also die *Beschreibung* der subjektiven Vorstellungen und des Wissens der Akteure. Daraus alleine „folge" dann das Handeln. Anders gesagt: Es reicht danach bereits das „deutende Verstehen" für die Ableitung des „Ablaufs" (und der Folgen) des Handelns, und daher seien weitere „Erklärungen" weder nötig, noch der Kategorie des Sinns des menschlichen Handelns angemessen.

Das MSE beansprucht aber, *kausale* Erklärungen von sozialen Prozessen über das Handeln liefern zu können (und nicht nur tautologische logische Schlüsse), und dazu ist – neben anderem – ein (allgemeines) kausales Handlungsgesetz zwingend notwendig. Ein derartiges Gesetz lässt sich jedoch dem praktischen Syllogismus leicht hinzufügen. Es könnte – im Anschluss an die Vorgaben des praktischen Syllogismus so lauten:

Für alle Akteure gilt: *Wenn* ein Akteur den Willen W hat und *wenn* er den Glauben G hat, dass für die Erreichung von W das Handeln H notwendig ist, *dann* handelt er nach H.

Die beiden Elemente der Prämisse des praktischen Syllogismus (der Wille W und der Glaube G) bilden damit den Ursachenteil des Gesetzes und das Handeln H den Folgenteil. So komplettiert entspricht der praktische Syllogismus formal exakt wieder dem Erklärungsschema nach Hempel und Oppenheim, und es wird offenbar, dass ein Verstehen, wenn es über die tautologischen Transformationen des praktischen Syllogismus hinausgehen will, die *kausale* Erklärung des Handelns über ein übergreifendes, allgemeines Gesetz voraussetzt und dabei die subjektiven Vorstellungen der Akteure, ihre Ziele und ihre Alltagstheorien über die Wirksamkeit von Mitteln in der Prämisse des Gesetzes und in den Randbedingungen enthält:

> Für alle Akteure gilt: *Wenn* ein Akteur den Willen W hat und *wenn* er glaubt, dass für die Erreichung von W das Handeln H notwendig ist, *dann* handelt er nach H.
>
> A will W.
> A hat den Glauben G, dass für W das Handeln H notwendig ist.
>
> ---
>
> A handelt nach H.

Der grundlegende Unterschied zu den einfachen Kausalerklärungen ist, dass nun die beiden Bestandteile des subjektiven „Sinns" – der Wille W und der Glaube G als den „guten Gründen" – zu „Ursachen" des Handelns werden. Es sind, wenn man so will, innere Ursachen. Wichtig ist noch der Hinweis, dass diese bereits bestehen, *bevor* es zum Handeln kommt und in der Situation – wie auch immer – aktiviert werden. Damit aber wird auch das dualistische Argument hinfällig, dass sich das Verstehen über Intentionen bzw. über „gute Gründe" und kausale Erklärungen ausschlössen, weil sich die Intentionen auf die Zukunft bezögen und damit keine „von hinten" antreibenden Ursachen sein könnten.

Vor diesem Hintergrund wird eine weitere Verbindung zu den dezidiert erklärenden Ansätzen in den Sozialwissenschaften erkennbar: den Theorien des rationalen Handelns. Der Wille W kann leicht als die Bewertung von Zielzuständen, und der Glaube G als die (subjektive) Erwartung aufgefasst werden, dass sich über das Handeln H die Zielzustände des Willens W mit ihren Bewertungen auch verwirklichen lassen. Wenn man so will: Die Theorie des rationalen Handelns ermöglicht die erklärende Erfassung des subjektiven Sinns und setzt dabei auch ein valides „Verstehen" der Ziele und der Mittelvorstellungen der Akteure in dem Sinne voraus, dass man sie in einer eigenen Forschungsanstrengung empirisch bestimmen muss. Das gilt speziell für die RCT-Variante der „*subjective* expected utility"-Theorie (*S*EU-Theorie). In ihrem Kern enthält sie subjektive Bewertungen von gewollten Zielen (als „utilities“ U) und subjektive Erwartungen (als „expectations“ p) als Alltagshypothesen über die Wahrscheinlichkeit des Erfolgs bestimmter Handlungen für die Erreichung dieser Ziele. Hier wird ein unmittelbarer Bezug zum Konzept des Alltagshandelns von Alfred Schütz und den von ihm so genannten „Konstruktionen erster Ordnung“ erkennbar, die in die Modelle der Sozialwissenschaftler (den „Konstruktionen zweiter Ordnung“) einzugehen hätten – und eben nicht die völlig unrealistischen Fiktionen etwa eines perfekt informierten und mit wohl geordneten Präferenzen versehenen homo oeconomicus. Das setzt, anders als noch in der neoklassischen RCT angenommen, voraus, dass der (soziologische) Beobachter gültiges Wissen über die (subjektive) Lebenswelt der untersuchten Akteure und deren Kultur *vor* der Handlungserklärung besitzt und nicht auf die (Konsistenz der) Präferenzen hinterher nur aus dem beobachtbaren Handeln schließt. Die („verstehende“ und „qualitativ“ beschreibende) Rekonstruktion der jeweils geltenden kulturellen Ideen und gedanklichen Modelle, etwa in Form von „dichten“ Beschreibungen in „cultural studies“, ist dann deshalb auch der wichtigste Teil der Bestimmung der „Logik der Situation“ der Akteure im Rahmen des SEU-Ansatzes. Die Theorie der *subjective* expected utility kommt, mit Max Weber (1972: 1) gesprochen, ohne das „deutende Verstehen“ der Motive und des Wissens für das „ursächliche Erklären“ des Handelns der Akteure (und dessen Folgen) nicht aus. Und umgekehrt: Ohne die Annahme wenigstens einer subjektiven Rationalität der Akteure ist ein „Verstehen“ des Handelns der Akteure und der daran anschließenden sozialen Prozesse nicht möglich. Die SEU-Theorie wäre damit, anders noch als die (traditionelle) RCT bzw. die neoklassische Ökonomie mit ihren objektiv-fixierten Annahmen, eine durch und durch hermeneutische Disziplin (was sie aber weitgehend über ihren axiomatischen Festlegungen eines homo oeconomicus vergessen hat und nicht zuletzt deswegen schon seit einiger Zeit eine schwierige Zeit durchmacht), und insoweit das MFS die SEU-Theorie (wie die RCT insgesamt) als Spezialfall einschließt, gilt das dafür erst recht. Im Problem der Formulierung von Brückenhypothesen zwischen den jeweils *objektiv* gegebenen und nur *extern* beobachtbaren Situationen und den jeweiligen *subjektive*n und allein *intern* zugänglichen Vorstellungen wird diese hermeneutische Komponente *jeder* Handlungserklärung offenbar.

Kurz: Das Verstehen über „gute Gründe“ lässt sich mühelos als Variante der RCT-Erklärung eines auf Bewertungen und Erwartungen beruhenden „rationalen“ Handelns rekonstruieren. Max Weber sah (infolgedessen) in der (Zweck-)Rationalität dann sogar den Fall mit dem „Höchstmaß an Evidenz“ einer verstehenden Deutung des Handelns (Weber 1982: 427f.; vgl. auch Esser

1999b, Abschnitt 6.3). Die beiden folgenden Zitate sind nicht die einzigen Hinweise darauf:

> „Das Verständliche daran (etwa einem gefundenen ‚Artefakt'; HE) ist (…) die Bezogenheit des menschlichen Handelns darauf, entweder als ‚*Mittel*' oder als ‚*Zweck*'. (…) *Nur* in diesen Kategorien findet ein Verstehen (…) statt." (Weber 1972: 3)

Oder:

> „*Jede* denkende Besinnung auf die letzten Elemente sinnvollen Handelns ist zunächst gebunden an die Kategorien ‚*Zweck*' und ‚*Mittel*'." (Weber 1982: 149)

Deutungsmuster

Das ist, wie man sich denken kann, keine allgemein geteilte Auffassung, und eines der Kernargumente dagegen bezieht sich auf ein, wie es zunächst scheint, ganz anderes Konzept des Sinns und des Verstehens. Es hat mit der Bedeutung kultureller (und anderer) *Muster* und *Typisierungen* für das Tun der Akteure und die sozialen Vorgänge zu tun, also mit den „Weltbildern", „Deutungsmustern" und „Ideen", die neben den rationalen Interessen und normativen institutionellen Vorgaben die Weltsicht der Menschen prägen und ihr Handeln steuern können. Eine neuere Zusammenfassung dieser u.a. auf Alfred Schütz in einer Kritik an Webers Verstehenskonzept zurück gehenden Konzeption formuliert das so:

> „*Jeder* Versuch, den subjektiven Sinn von Äußerungen und Handlungen zu verstehen, (…) verlangt den Gebrauch von *Typisierungen* (…). Eine Äußerung zu *verstehen* heißt, (…) sie auf bestimmte *Typisierungen* oder *Deutungsschemata* zu beziehen (…)". (Schneider 2004: 17; Hervorhebungen nicht im Original)

Deutungsmuster sind typisierende mentale Modelle für die „Definition" einer Situation und für ein darin dann „angemessenes" Handeln, einschließlich aller möglicher darin enthaltender „Regeln", „Begründungen", „Erklärungen", „Legitimationen", „Rationalisierungen" usw. – bis hin zu wissenschaftlichen und theologischen Welterklärungen und Sinnkonstruktionen in beliebiger Detailliertheit, also alles das, was die Wissens- und Kultursoziologie als ihren Gegenstand hat (und sich oft darin erschöpft, das für ein gegebenes Untersuchungsfeld mehr oder weniger „dicht" zu beschreiben und typologisch wiederum zusammen zu fassen). Die grundlegende Annahme beim Verstehen über solche Deutungsmuster ist eine (mehr oder weniger: radikale) Abkehr vom Konzept des abwägenden, gute Gründe und zukünftige Konsequenzen bedenkenden, „rationalen" Akteurs. Es geht auch nicht um gewisse Defizite, wie eine „begrenzte" Rationalität, die man irgendwie theoretisch auffangen könnte, sondern um eine gänzlich andere Vorstellung von der Wahrnehmung von Situationen und der Auslösung von Handlungen: Handeln folgt *immer* gewissen mentalen Vorstrukturierungen, „Modellen der Welt", und diese Strukturierungen der inneren subjektiven Welt geschehen durch die oben beschriebenen sozial geteilten gedanklichen Modelle, die die Kultur eines Kollektivs ausmachen.

Dieser Auffassung folgen so gut wie alle neueren Konzeptionen der Kulturwissenschaften (vgl. dazu u.a. DiMaggio 1997; Shore 1996, D'Andrade 1995). Danach ist die Kultur nichts anderes als „(...) an extensive and heterogeneous collection of ‚models', models that exist both as public artefacts ‚in the world' and as cognitive constructs ‚in the mind' of members of a community" (Shore 1996: 44). Mit dieser Fassung wird das Kulturkonzept mühelos an die (schon etwas älteren) Entwicklungen der sog. Schematheorie in der kognitiven (Sozial-) Psychologie anschließbar (vgl. dazu u.a. Abelson 1981, Fiske und Taylor 1991): Schemata (aller Art) steuern das (alltägliche) Handeln und kombinieren dabei eine eingeübte und bewährte Optimalität der Abläufe mit einem äußerst geringen Aufwand an „Entscheidung". In gegebenen Situationen werden aufgrund bestimmter „signifikanter" Symbole jeweils bestimmte mentale Modelle aktiviert, die dann das Handeln bestimmen, oft ganz automatisch und ohne jeden Bezug auf das Bedenken von Folgen und „guten Gründen". Der Vorgang ist also ganz anders als bei den Intentionen und den guten Gründen: Das Handeln wird nicht, wie beim rationalen Handeln und den „guten Gründen", über in der Zukunft erwartete und darauf reflektierte Folgen bestimmt, sondern über in der *Vergangenheit* geprägte Muster ausgelöst, und nur unter ganz speziellen, empirisch eher seltenen Umständen kommt es (auch) zu „rationalen" Elaborationen möglicher Folgen des Tuns.

Wie könnte man aber dieses Konzept des Verstehens über Deutungsmuster expliziter machen und an das MSE anschließen? Denn es ist ja nicht genug, zu sagen, dass zum Verstehen der „Gebrauch" von Deutungsmustern notwendig ist, und eine „Äußerung" (als das zu verstehende Handeln) darauf zu „beziehen" wäre. Das Verstehen über Deutungsmuster würde, wie zuvor beim Verstehen über „gute Gründe", die Angabe eines allgemeinen *kausalen* Mechanismus voraussetzen, der die Auslösung eines bestimmten Handelns, einer „Äußerung" etwa, aus gewissen Situationsmerkmalen, bestimmten vorab erfolgten Prägungen in Form von „Typisierungen" und der situationalen Aktivierung der damit verbundenen kognitiven Sichtweisen der Situation, emotionalen Bewertungen und motorischen Reaktionen erklärt. Die Lösung des Problems ist im Rahmen des MSE – wiederum – nicht sonderlich schwer: Es ist der Spezialfall der Erklärung eines Handelns über das Modell der Frame-Selektion (MFS), auf das oben bereits kurz hingewiesen wurde.

In seinem Kern sieht der Mechanismus des MSE für die Orientierung an bestimmten Deutungsmustern so aus (vgl. zu den Einzelheiten Esser 2001 sowie besonders Kroneberg 2005 und Kroneberg, Yaish und Stocké 2006): Die betreffenden mentalen Modelle, einschließlich der dazu gehörenden Skripte von (habitualisierten) Handlungsmustern, müssen bei den Akteuren als latente Dispositionen „zugänglich“ sein, und das geschieht über Erfahrungen der Verstärkung, soziologisch gesprochen über die „Sozialisation“ in eine bestimmte Kultur. Dazu gehört auch das Erlernen bestimmter Assoziationen zwischen situationalen Objekten, die gewisse Typen von Situationen anzeigen und darüber die Typisierungen der Deutungsmuster aktivieren können. Derartige Objekte werden auch als Symbole bezeichnet, und wenn diese Vorgänge des Anzeigens, der Aktivierung und des Verhaltens wechselseitig und sequentiell erfolgen, kann das als „symbolische Interaktion“ bezeichnet werden. Aktiviert werden die Deutungsmuster über einen – mehr oder weniger: perfekten – „Match“ zwischen den gespeicherten mentalen Modellen und den in der Situation erkennbaren Zeichen. Ist der Match perfekt, folgen die Akteure den kulturellen Vorgaben der Schemata ohne lange Reflexion, und zwar selbst bei extrem hohen Opportunitätskosten. Erst bei einer Störung des Matchs und bei (gleichzeitig) sehr hohen Opportunitätskosten einer Fehlentscheidung, setzen sich gewisse „rationale“ Kalkulationen gegenüber den kulturellen Vorgaben durch, und es wird nach einer eigenen, von den bisherigen (kulturellen) Vorgaben evtl. abweichenden Lösung gesucht. Dazu kommt es aber auch dann erst unter speziellen Bedingungen: Es müssen solche „rationalen“ Reflexionen möglich sein, sie müssen einigermaßen erfolgversprechend sein und sie dürfen nicht zu aufwändig sein. Ist eine dieser Bedingungen nicht erfüllt, dann kommt es bei „Störungen“ der gewohnten und erwarteten Abläufe nur zu Irritationen und oberflächlichen, verständnislosen Reaktionen. Es sei nur ergänzt, dass schon Alfred Schütz in seiner Theorie der Lebenswelt und Harold Garfinkel in seinen Experimenten zur Fragilität der sinnhaften Ordnung des Alltags ganz ähnliche Überlegungen angestellt und in gewisser Weise auch empirisch belegt haben (vgl. u.a. Schütz 1971, Garfinkel 1967).

Das Handeln allein nach Deutungsmustern und ohne jede weitere Reflektion wäre damit ein Spezialfall des MFS: perfekter Match zwischen typisierendem mentalen Modell und den erkennbaren signifikanten Symbolen. Das Verstehen eines Handelns unter Bezug auf Deutungsmuster wäre damit – im einfachsten Fall – eine Anwendung des MSE auf diese spezielle Konstellation (mit einem entsprechenden, vor dem Hintergrund des vollständigen MFS, vereinfachten Kausalgesetz für den generierenden Mechanismus). Drei Aspekte sind dabei speziell wichtig: die Zugänglichkeit eines kulturellen Deutungsmusters D für eine bestimmte, symbolisch angezeigte Situation S; die Verknüpfung des kulturellen Deutungsmusters D mit einem in diesem Rahmen als „angemessen“ angesehenen Handeln H, sei es als ganze habituelle Sequenz, sei es als Einzelakt; und das tatsächliche Vorliegen der Situation S, angezeigt durch die symbolisch damit assoziierten Objekte. In etwas vereinfachter Form könnten das entsprechende (allgemeine) kausale Gesetz und das gesamte HO-Schema für die Erklärung eines Handelns H auf der Grundlage einer Situationsdeutung D dann so geschrieben werden:

> Für alle Akteure gilt: *Wenn* ein Akteur für eine Situation S das Deutungsmuster D *gespeichert* hat, wenn er *glaubt*, dass darin das Handeln H angemessen ist und wenn die Situation S tatsächlich *vorliegt*, *dann* definiert er S nach D und handelt nach H.
>
> A hat für die Situation S das Deutungsmuster D gespeichert.
> A hält innerhalb von S das Handeln H für angemessen.
> Die Situation S ist vorhanden.
>
> ---
>
> A definiert S nach D und handelt nach H.

Es kommt hier wieder nicht auf die Einzelheiten und denkbaren Verfeinerungen an, sondern nur darauf, ob sich auch diese (strikt) kulturalistische Variante der Konzeption von Sinn und Verstehen auf das kausale Erklärungsschema beziehen lässt oder nicht. Und das ist ohne Zweifel der Fall. Auch die Aktivierung von Deutungsmustern und Typisierungen über symbolische Hinweise, die in ihrer Gesamtheit die jeweilige „Kultur“ eines Kollektivs ausmachen, lässt sich, wie man sieht, nach den Regeln des Hempel-Oppenheim-Schemas erklären, ebenso wie auch deren Entstehung: die Ausbildung von Erwartungsstrukturen und symbolischen Assoziationen über Prozesse des Lernens oder sogar der „Konditionierung“. Wie beim Verstehen nach „guten Gründen“ ist auch ein Verstehen nach Deutungsmustern, also nach den „Konstruktionen erster Ordnung“ des Alltagswissens der Akteure, letztlich nicht ohne Bezug auf allgemeine Gesetze der Handlungsgenerierung (als „Konstruktionen zweiter Ordnung“) möglich, und für den aus der Sicht der Kulturwissenschaften so besonders wichtigen und signifikanten Fall der Deutungsmuster wäre das MFS das theoretische Instrument dafür – und das MSE für das alles dann der allgemeine Rahmen.

Ein Verhalten (allein) nach der „Passung“ von situationalen Symbolen mit gespeicherten Deutungsmustern erinnert stark an den „cultural dope“ und die Kritik am normativen Paradigma. Dem hat das interpretative Paradigma, wie man weiß, die Version gegenüber gestellt, dass Akteure Symbole (auch) als Anhaltspunkte nehmen, aber sich daran dann auch reflexiv orientieren und selbst eine Handlungslinie suchen, bei denen nicht zuletzt auch strategische Gesichtspunkte und Interessen, wie die Eindruckskontrolle, eine Rolle spielen. Das MFS erlaubt es auch, zu erklären, wann ein Akteur mal als cultural dope und mal als jemand auftritt, der die Situation „interpretiert“ und darauf „reflexiv“, um nicht zu sagen „rational“, reagiert, manchmal in einer Interaktionssequenz abwechselnd und in mannigfachen Zwischenstufen.

Das MFS, das den Hintergrund der beschriebenen Rekonstruktion im Rahmen des MSE bildet, ist jedenfalls, wie man sieht, nicht einfach ein zur RCT alternatives Modell, das das Handeln allein über die Aktivierung von „mentalen Modellen“ bzw. Typisierungen oder Deutungsmustern erklärt. Mit ihm kann vielmehr auch erklärt werden, wann Akteure sich an Deutungsmustern (mehr oder weniger: automatisch und habituell) orientieren (und an welchen, wenn es konkurrierende Alternativen gibt) und wann es zur (auch komplett „rationalen“) Berechnung zukünftiger Erträge allein aus Einzelakten nach Maßgabe der RCT kommt und die Deutungsmuster dabei – bis auf ganz grobe Orientierungen über die „Normalität“ der Situation insgesamt – in den Hintergrund treten und so gut wie nur die „guten Gründe“ maßgeblich sind. Die Besonderheit beim MFS ist, dass für die „Wahl“ zwischen den beiden (extremen) Varianten einer automatisch-habituellen Orientierung an Deutungsmustern und dem „rational“-kalkulierenden Abwägen von Folgen ein *allgemeiner* und *übergreifender* kausaler Mechanismus angegeben wird, und es somit nicht nötig wird, für die beiden Varianten – Handeln nach guten Gründen oder nach Deutungsmustern – zwei gegensätzlich erscheinende „Paradigmen“ – ein normatives und ein interpretatives Paradigma etwa – zu unterscheiden, die jeweils nur einen Ausschnitt des Spektrums des Handelns und der sozialen Prozesse erfassen und wofür man dann bestenfalls sagen könnte, dass sie sich ganz gut „ergänzen“.

„Objektive Hermeneutik“

Das MSE ist ein theoretisches Instrument zur Erklärung *sozialer* Zusammenhänge, und die individuellen Handlungen sind nur ein, wenngleich unverzichtbarer Teil dieser Erklärung. Von besonderer Bedeutung sind dabei soziale *Prozesse*, die letztlich die Grundlage für alle „sozialen Konstruktionen“ und Strukturen bilden. Soziale Prozesse lassen sich über das MSE leicht als aneinander anschließende Sequenzen des elementaren Grundmodells modellieren, und sie bilden dabei letztlich nichts anderes als (kausale) Verknüpfungen von Einzelereignissen zu ganzen „Geschichten“, die einer zwar von den Akteuren stets erzeugten und getragenen, aber mitunter nicht kontrollierbaren „objektiven" (Situations-)Logik folgen. Dabei ist es gleichgültig, ob sich diese Sequenzen auf Geschichten als makro-historische Abläufe, wie die Entstehung und der Wandel von Städten, oder auf mikro-historische Sequenzen wie Lebensläufe oder aber auch auf nano-historische einzelne Sequenzen alltäglicher Interaktionen beziehen. Im Zusammenhang der Frage nach der Bedeutung von Sinn, Kultur und Verstehen, der hermeneutischen Fundierung jeder sozialwissenschaftlichen Analyse und der von den Individuen oft tatsächlich ganz losgelöst erscheinenden Objektivität ist von Ulrich Oevermann schon vor langer Zeit die Methode der „Objektiven Hermeneutik" (OH) entwickelt worden (vgl. u.a. Oevermann 1979, 2002). Eines der Ziele dabei war (und ist), die oft naheliegende Gefahr der theoretischen und methodischen „Individualisierung" und Subjektivierung des sozialen Geschehens und ihrer Analyse einzugrenzen. Und das in zweierlei Hinsicht: Die beschriebene Rekonstruktion von „Geschichten" als eine „objektive" Situationslogik und die intersubjektiv „objektivierte" Validierung von Hypothesen über die generierenden Mechanismen und die Hintergrundstrukturen der Abläufe, wobei beides ineinander greift. Im Folgenden soll gezeigt werden, dass die Methode der OH in ihren zentralen Bestandteilen mit den Grundideen des MSE (so gut wie vollkommen) übereinstimmt (und insofern eine Art von früher Fassung des Konzepts des MSE für einen speziellen Bereich der sozialwissenschaftlichen Analyse darstellt), und dass es zur vollen Einordnung in einen erklärenden Rahmen eigentlich nur einer expliziteren Ausformulierung der dabei angewandten handlungstheoretischen Annahmen bedarf, die das MSE aber mit dem MFS beizusteuern vermag.

Wir beginnen mit einem einfachen Beispiel, das Wolfgang Ludwig Schneider aufgreift, um das Verfahren der OH zu illustrieren (Schneider 2004: 179ff.). Es handelt sich um eine die Sequenz von vier Äußerungen zweier Akteure A und B:

A: „Wo warst Du?"
B: „Das geht Dich nichts an, Du bist eine Frau."
A: „Was für ein Vater bist Du eigentlich?"
B: „Ich bin ein Mann und Du bist eine Frau."

Die Frage lautet dann: Wie lassen sich die Äußerungen und ihre Abfolge erklären? Die OH schlägt dazu die Rekonstruktion des bei dem Geschehen erkennbar werdenden („objektiven") sozialen Sinns durch eine „Sequenzanalyse" vor. Die Sequenzialität ist dabei „(...) die mit jeder Einzelhandlung als Sequenzstelle sich von neuem vollziehende, durch Erzeugungsregeln generierte Schließung vorausgehend eröffneter Möglichkeiten und Öffnung neuer Optionen in eine offene Zukunft" (Oevermann 2002: 6).

Es beginnt mit einer (bereits zu erklärenden) ersten Äußerung, die, wenn es denn bestimmte Regeln für die Selektion von Äußerungen allgemein gibt, bestimmte Anschlussäußerungen nahe legt und andere ausschließt und so die Antwortäußerung des anderen Akteurs (zusammen mit anderen Situationsumständen) steuert – usw. bis zum Ende der Interaktion oder des Interesses der Interpreten an dem Fall. Oevermann sieht für die entscheidenden Schritte der Selektion von Äußerungen und der Einschränkung oder Eröffnung von Möglichkeiten vor dem Hintergrund der jeweiligen Vorgeschichte zwei „Parameter" vor: Erstens der „(…) Spielraum an *Optionen und Möglichkeiten*, aus denen dann die in diesem Praxis-Raum anwesenden Handlungsinstanzen per Entscheidung eine Möglichkeit auswählen müssen." (Oevermann 2002: 7; Hervorhebung nicht im Original) Und zweitens die „Auswahlprinzipien", nach denen dann eine bestimmte „(…) *Auswahl* (aus den o.a. Optionen; HE) konkret getroffen wird" (Ebd.; Hervorhebung nicht im Original). Der erste Parameter beschreibt damit die *Alternativen* für mögliche verbale Akte und der zweite die *Handlungstheorie*, nach der aus diesen Alternativen eine jeweils ausgewählt wird – ganz so wie das beim MSE für die „Logik der Situation" als erstem und für die „Logik der Selektion" als zweitem Schritt vorgeschlagen wird. Bei der Selektion der Äußerungen seien dann „(…) alle Komponenten der Disponiertheit der verschiedenen beteiligten Lebenspraxen oder Handlungsinstanzen" (ebd.) von Bedeutung, was immer das dann genau heißen mag. Da es sich ausdrücklich – und als Kern des Konzepts der OH – nicht allein um eine Rekonstruktion nur der subjektiven „Disponiertheit" der Akteure und der Selektion von Äußerungen bloß als individuelle Akte handelt, sondern um die Rekonstruktion der schrittweisen Strukturierung der ganzen Sequenz mit dem Ergebnis eines – dann auch generalisierbaren – „objektiven" Strukturmusters, das sich aus den individuellen Dispositionen und Einzelakten (allein) nicht ableiten lässt, geht es in der OH ganz zentral auch um den dritten Schritt beim MSE: Die „Logik der Aggregation", hier insbesondere in der Form von „objektiven" Pfadabhängigkeiten und Situationslogiken der Sequenzen interaktiver Abläufe.

Insoweit entspricht die Logik der OH so gut wie vollständig der des MSE. Einen gravierenden Unterschied gibt es freilich schon. Er liegt in der Logik der Selektion bzw. dem zweiten Parameter und den angenommenen „Auswahlprinzipien". Dazu wird nämlich, anders als es erforderlich wäre und etwa in der RCT in einer ganz speziellen Auswahllogik festgelegt wird, explizit nicht viel gesagt. Aber aus den zahlreichen Erläuterungen zum konkreten Vorgehen der OH bei der „Interpretation" der Generierung der Äußerungen wird schon erkennbar, dass letztlich eine Art der Selektion über die „Passung" einer Äußerung mit bestimmten, hypothetisch unterstellten Deutungsmustern bzw. mentalen Modellen, speziell kultureller Rahmungen und Handlungs-Skripten zum Zuge kommt: Es wird diejenige Option gewählt, die für ein angenommenes Deutungsmuster noch am ehesten „naheliegend“, „plausibel“, „kompatibel“, „wahrscheinlich“ oder „normal“ ist. Von „Rational Choice“ also, wie es scheint, keine Spur! Wohl aber, wie man sofort erkennt, von den Annahmen des MFS für den Fall des (perfekten) „Match“. Der „Sinn“ des Handelns besteht für die OH damit eher in dem „sozialen Sinn“ der kollektiv geteilten Deutungsmuster und weniger, wenn überhaupt, im „subjektiven Sinn“ der Intentionen und der „guten Gründe“. Die Nähe zu Vorstellungen der Akteure als „kulturellen Deppen“ ist demnach nicht von der Hand zu weisen. Und es ist wenigstens nicht deutlich zu erkennen, welche Selektionslogik wie greifen soll, wenn das Handeln nicht allein über die „Passung“ der Deutungsmuster und kulturelle Muster erklärt werden soll, sondern, etwa, Interessen und strategische Erwägungen einzubeziehen wären.

Die OH ist aber nicht nur ein theoretisches Konzept zur Erklärung von Situationslogiken für „(hi)stories“ von Äußerungen (aller Art), sondern insbesondere eine Technik der Überprüfung der jeweils angenommenen Hypothesen über die Generierung der Sequenzen. Dieser Test besteht im Wesentlichen aus fünf Schritten (vgl. dazu auch Schneider 2004: 180ff.):

1. Die Explikation aller sinnvoll denkbaren möglichen Kontexte und damit die Bestimmung des „Möglichkeitsraums“ von Hintergründen für die protokollierte erste Äußerung.
2. Der Vergleich der hypothetisch sinnvollen Reaktionen mit den tatsächlichen Reaktionen, auch unter Berücksichtigung von anderen erkennbaren Kontextbedingungen.
3. Die hypothetische Bestimmung der daraufhin wieder möglichen sinnvollen Anschluss-Optionen.
4. Die faktische Anschlussäußerung und der erneute Vergleich mit den hypothetischen Annahmen.
5. Und schließlich: Die Rekonstruktion eines spezifischen „Selektionsprofils“ sowie der latenten „objektiven“ Sinnstrukturen, die die Generierung der Sequenz und ihre Eigenlogik erklären.

Die fünf Schritte seien über das oben eingeführte Beispiel von vier Äußerungen zweier Akteure (knapp) erläutert. Abbildung 1 enthält die Sequenz der vier Äußerungen in der Form einer Verkettung von vier Situationen (S(1) bis S(4)) über das situationsgeleitete und auf einander bezogene Handeln der beiden Akteure (A und B) in der Logik des MSE (inhaltlich im Anschluss an die Darstellung des Falles bei Schneider 2004: 180–190).

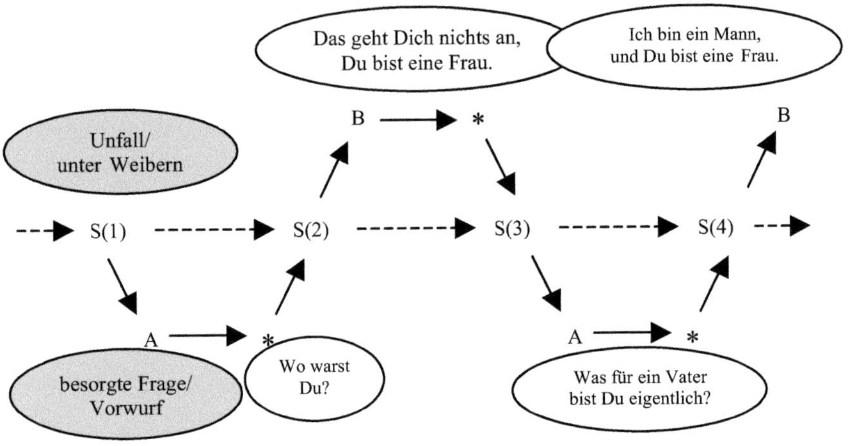

Im *ersten* Schritt werden *alle* denkbaren Konstellationen einigermaßen „plausibler" Hintergründe für die erste Äußerung erwogen und – sozusagen – auf den Tisch gelegt, auch recht absurde, wenngleich stets als „sinnvoll" mögliche. Der Hintergrund ist ein Problem bei der sog. „Abduktion" (vgl. dazu auch für den hier gegebenen Zusammenhang Kelle 2007: 89f., 123f.): Der Schluss von einem gegebenen Ereignis (etwa einem „Explanandum") und einem angenommenen kausalen Gesetz auf *bestimmte* Randbedingungen. Ein solcher Schluss nach „rückwärts" auf die Existenz von spezifischen Randbedingungen ist jedoch nicht möglich, weil ein Explanandum stets über ganz verschiedene Randbedingungen (im Verein mit entsprechenden Gesetzen) erklärbar wäre und nur möglich wäre, wenn alle anderen Konstellationen ausgeschlossen wären, was praktisch unmöglich ist. Gleichwohl können natürlich mögliche Konstellationen für die Erklärung der ersten Äußerung entworfen werden, auch im Hinblick auf dann jeweils denkbare „passende" Anschlussäußerungen. Viel wäre dabei schon vorab gewonnen, wenn man nicht nur das schriftliche Protokoll hätte, sondern auch Alter, Geschlecht, soziale Schicht und Kulturkreis der Akteure kennen würde und – nicht zuletzt – die Intonierungen der Äußerungen hören oder gar das Ganze per Videoaufnahme sehen könnte.

Aus der aber auch dann immer noch großen Vielzahl plausibler Hintergründe für die Frage „Wo warst Du?" von A an eine Person B sind der Einfachheit halber und nur zur Erläuterung des Vorgehens, hier nur zwei genannt (vgl. für die Vielzahl an weiteren, auch recht fern liegenden Möglichkeiten Schneider

2004: 180f.): Ein Ehemann kommt spät des Nachts nach Hause und seine Frau befürchtet entweder, dass er einen Unfall gehabt habe und fragt besorgt danach; oder sie weiß eigentlich schon, was war, nämlich dass er wieder einmal einen Abend mit Weibern verbracht hat, und stellt ihn mit einer entsprechend vorwurfsvollen Frage zur Rede. Die Erklärung der Äußerung besteht damit aus zwei Teilen: Die „Definition der Situation" entweder als „Unfall" oder als „Weiberabend" und die jeweils dazu passenden Skripte oder Einzelhandlungen, nämlich eine „besorgte Frage" bei der Definition als „Unfall" und ein „Vorwurf" bei der Definition als „Weiberabend". Die „Passung" bezieht sich damit auf zwei Aspekte: Die Passung der Äußerung zur Situation insgesamt, dem Frame also, und die Passung der Reaktion zu diesem Rahmen als daran kulturell angeschlossenes Reaktionsmuster. Nicht sonderlich gut „passen" würden dagegen wohl die jeweils anderen beiden Kombinationen: ein Vorwurf bei einem Unfall – außer der Ehemann wäre ein notorischer Unglücksrabe mit einer schon etwas entnervten Ehefrau; oder eine besorgte Frage im Nachgang zu einem Weiberabend des Gatten – außer dass solche Eskapaden im gegebenen Fall akzeptierter Teil des Beziehungsarrangements wären und sich die Sorge auf evtl. auf andere Unregelmäßigkeiten bezöge, wie etwa, dass der Abend unerwartet kurz verlaufen wäre). In Abbildung 1 sind die stilisierten Varianten von Situationsdefinition und Reaktionsmustern und in den beiden grau unterlegten Feldern für die erste Äußerung skizziert.

Mit der schon recht deutlichen Eingrenzung der zunächst sehr zahlreichen Möglichkeiten beginnt der *zweite* Schritt. Er besteht in dem Abgleich der generierten Hypothesen mit der tatsächlichen Folgeäußerung, also einem Test von „Theorie" und „Realität" wie im Popperschen Verfahren der Frage nach der empirischen Bewährung. Auch nun geht es wieder um eine „Passung": Für welche der beiden Konstellationen („Unfall-besorgte Frage" vs. „Weiberabend-Vorwurf") ist die Äußerung von B „plausibler"? Oder passt überhaupt eine und müsste man nicht noch einmal vorne beginnen? Im gegebenen Fall passt, wenn es denn nur diese beiden Konstellationen wären, die Reaktion von B „Das geht Dich nichts an. Du bist eine Frau" ohne Zweifel deutlich besser zur Definition als „Weiberabend" und der vorwurfsvollen Reaktion. Erneut tun sich ganze Welten von weiteren Konstellationen auf, die dann – unter Umständen – ein neues Licht auch auf die erste Interpretation werfen können (wenngleich natürlich die Äußerungen selbst und die damit jeweils bei den Akteuren vorhandenen Motive und Vermutungen *nicht* geändert werden). Hier etwa: Das war, weiß Gott, nicht das erste Mal; das ist keine besonders innige Beziehung (mehr); ich bin hier der Chef und das ist auch genau richtig so! Also: Die Beziehung kann, wie es bei Schneider typologisierend eingeordnet wird, nicht (mehr) dem Typus der „Intimkommunikation" zugerechnet werden und alles findet offenbar in einem Kulturkreis statt, der eine traditionelle Rollentrennung nach Geschlecht und die Dominanz des Mannes als nicht sonderlich anomal empfindet.

Die Hypothesen darüber, was für ein „Selektionsprofil" dahinter steht und welche Typen-Konstellation von Mikro-Verhältnissen und Kulturmustern sich in den Äußerungen dokumentiert, werden also über die erste Anschlussäußerung u.U. modifiziert oder erweitert; hier also: Zerfall der ehelichen Intimkommunikation und die Inanspruchnahme eines Machismo-Rahmens. Aber es wird gleichzeitig auch die erste Interpretation bestätigt bzw. sie muss nicht modifiziert werden, etwa in die Richtung auf die Konstellation „Unfall-besorgte Frage". Insgesamt erkennt man – im gegebenen Fall! – eine deutliche Konvergenz plausibler Deutungen, und vor diesem Hintergrund beginnt der Zyklus von Hypothesenbildung und empirischer Prüfung im *dritten* Schritt erneut: Welche Anschlussäußerungen von A wären *nun* zu erwarten – wenn die bisherigen Hypothesen und Deutungen tatsächlich zuträfen. Nahezu ausgeschlossen wäre nun eine liebevolle Wendung und deutlich eher zu erwarten wäre eine verhärtende Reaktion, die den erkennbaren Konflikt weiter treibt, womöglich in einer geschickten Erinnerung an die Verletzung von auch unter den gegebenen Verhältnissen essentiellen normativen Erwartungen, etwa: Du kannst Dich ja mit Weibern abgeben wie Du willst, aber zu einem richtigen „Macho" gehört es, dass er seine Kinder vergöttert und liebevoll umsorgt und nicht sein ganzes Geld im Puff verprasst!

Die faktische Anschlussäußerung im *vierte*n Schritt bestätigt das nur noch – und ratifiziert gleichzeitig alle bis dahin vorgenommenen Interpretationen (wieder natürlich nur im gegeben Fall). Die daran wieder anschließende weitere Reaktion des Mannes wird dann für die Bestätigung des erkennbaren Musters fast schon redundant. Es ist ein Zeichen für die Sättigung der Analyse und der Konvergenz auf ein „spezifisches Selektionsprofil", dem *fünften* und letzten Schritt des Verfahrens der OH.

Das Ergebnis der OH ist also die Identifikation von Typen kultureller Rahmungen und Habitualisierungen (auf verschiedenen Ebenen) und damit verbundener und „passender" Reaktionen, „sozialer Semantiken" und der damit durchzogenen „Strukturgesetzlichkeit des Falles" wie es auch heißt. Sie wird dadurch möglich und „objektiv" belegbar, dass eine (kausale) Verkettung von Äußerungen schrittweise hypothetisch immer wieder neu angenommen, mit den empirischen Ereignissen verglichen, evtl. revidiert und modifiziert und nach und nach dann *insgesamt* als „sinnvoll" und kaum anders denkbare Sequenz bestätigt wird. Die „Objektivität" bei der „Objektiven Hermeneutik" besteht in der Aufdeckung der hinter den Einzeläußerungen und punktuell erkennbar werdenden

Motive der Akteure, der „latenten Sinnstrukturen" eines, wenngleich nicht bruchlos und nicht vollständig, kollektiv geteilten sozialen Sinns, der Orientierung an latent stets gegebenen kulturellen mentalen Modellen und Deutungsmustern also. Und auch darin, dass der Ablauf zwar von den Akteuren getragen wird, aber nicht allein aus deren subjektiven Gründen, Motiven und Orientierungen heraus erklärbar ist. Theoretisch entspricht das dem Konzept der (Popperianischen) Situationslogik von aggregierten unintendierten Folgen im MSE, und methodisch dem (Popperianischen) Verfahren der schrittweisen Überprüfung von Hypothesen mit der Möglichkeit der Fehlerelimination und der „Annäherung" an eine „wahre" bzw. „objektive" Logik des Ablaufs.

Über die Einschätzung der „Objektivität" bei der OH gibt es von Beginn an teilweise heftige Auseinandersetzungen, die auch dadurch zustande gekommen sind, dass die Ausführungen Oevermanns dazu nicht immer das nötige Maß an Klarheit besessen haben. Die noch plausibelste Deutung ist jene, die wir oben skizziert haben: Die Akteure folgen in ihren Äußerungen den von ihnen zwar jeweils auch getragenen, aber selbst nicht (allein) geschaffenen Vorgaben, speziell jener des Reservoirs der verfügbaren, wenn gleich nicht immer auch von jedermann gewussten und/oder benutzten kulturellen Deutungsmuster, und im Verfahren der OH werden von den Interpreten schließlich bestimmte Zuschreibungen von Deutungsmustern intersubjektiv als (vorläufig) gültig angesehen – bis hin zum (induktiven) Schluss auf ein wahrscheinliches latentes Reservoir davon insgesamt, auf das sich die Akteure in ihren sichtbaren Äußerungen erkennbar beziehen, aber eben nicht komplett und bruchlos. Insoweit geht die Rekonstruktion immer über die bloße Sammlung individueller subjektiver Sichtweisen und der Nacherzählung von lebensweltlichen „Geschichten" hinaus, etwas, was jede soziologische Theorie und Empirie tun muss, will sie nicht in jenen, auch offensiv vorgetragenen, theoriefreien Pointillismus verfallen, der so typisch ist für manche qualitative Sozialforschung, und der so unfruchtbar für die Weiterentwicklung des soziologischen Wissens insgesamt ist. Davon deutlich zu unterscheiden ist der Bezug zu dem oben skizzierten Verständnis des „objektiven Sinns", der eigentlich erledigten Vorstellung also, dass es eine eigenständige und von den realen sozialen Prozessen und den subjektiven Deutungen der Akteure und Beobachter unabhängige Sphäre der Kultur und der Institutionen gäbe, womöglich verknüpft mit einer telelogischen Ausrichtung auf ein („objektives") Ziel der Gesellschaftsentwicklung. Soweit man sehen kann, dementiert Oevermann dieses Verständnis immer sehr nachhaltig, was andere nicht daran hindert, ihm das jeweils doch, wenigstens in der Tendenz, zu unterstellen – meist vor dem Hintergrund, dass die erste Variante offensichtlich nicht geläufig ist oder fehlinterpretiert wird und man sich nur die im Subjektiven verbleibenden Varianten einer wissenssoziologischen Phänomenologie vorstellen kann (vgl. etwa Endreß 2006b: 38ff.).

Theoretisch ist das Konzept der OH eigentlich nichts anderes als jenes der „Situationslogik“, wie es Karl R. Popper entwickelt und als Grundlage einer „autonomen“, *nicht*-„psychologistischen“ Soziologie angesehen hat: Aus den jeweils „objektiv“ gegebenen institutionellen und kulturellen Randbedingungen ergeben sich (zwingend) ganz bestimmte Handlungen und (meist unintendierte) Folgen, die zwar alle von den Akteuren getragen und erzeugt sind, aber von ihnen nicht (nach Belieben) beeinflusst, gewählt oder verändert werden können. Die Grundlage dafür ist eine präzise Selektionsregel für das jeweilige Handeln, die bei der OH in dem o.a. Parameter 2 bestimmt wird. Der gewichtige Unterschied der OH (und ähnlicher Verfahren der Diskurs- oder Sequenzanalyse) im Vergleich zum Konzept des MSE ist freilich, dass der Kern des gesamten Vorgehens, die „Interpretation“ des Falles und die Formulierung von Hypothesen über die (Anschluss-)Äußerungen, ohne eine wirklich genaue Benennung der Selektionsregel für die Äußerungen im Parameter 2 auszukommen glaubt. Das mag dann bei manchen den Eindruck erzeugen, dass es sich dabei nicht um (HO-) Erklärungen handle oder handeln könne und man eines ganz eigenen Paradigmas bedürfe. Erkennbar wird allenfalls jene spezielle Selektionsregel des „Verstehens“ über Deutungsmuster – jenem Spezialfall des MFS (im MSE) der automatisch-spontanen Situationsdefinition und Reaktion bei einem perfekten „Match“ zwischen einem mentalen Modell und entsprechenden „signifikanten“ Symbolen in der jeweiligen Situation, angewandt auf die Generierung von Äußerungen als Folge der symbolischen Passungs-Effekte der jeweils voran gegangenen Äußerung.

Was also?

Die Rekonstruktion und Einordnung des Verfahrens der OH in das MSE hatte das Ziel, die hier vertretene generelle Hypothese auch im Detail zu belegen, wonach es zwischen nomologischen und interpretativen Ansätzen in den Sozialwissenschaften keinen besonderen methodologischen Unterschied gibt, und dass jedes sozialwissenschaftliche Erklären das Verstehen ebenso voraussetzt wie jedes Verstehen auf einem erklärenden Argument beruht. Das ist keine immer sofort von jedem verstandene Angelegenheit:

> „Insgesamt stellt sich (...) nicht zufällig der Eindruck *konzeptioneller Ambivalenz* ein: Esser hat sich mittlerweile so weit zur Einsicht in die hermeneutische Strukturierung der soziologischen Gegenstandsperspektivierung vorgearbeitet, dass ihm sein ursprünglicher Ansatz mit einem Erklärungsprofil im Sinne der analytischen

> Wissenschaftstheorie (HO-Schema) bei dessen konzeptioneller Umsetzung faktisch markant ins Gehege kommt. So bricht im Gesamtzusammenhang von Essers Soziologie an inzwischen zahlreichen Stellen eine *strukturelle Ambivalenz* zwischen – wie wir sagen können – *wissenssoziologischer Imprägnierung* und *kausalanalytischem Denken* auf. Und in diesem Sinne sitzt Esser nun zwischen allen Stühlen, da seine *hermeneutisch vertieften Gegenstandsperspektivierungen* mit dem analytischen Potential eines *deduktiv-nomologischen Erklärungsschemas* konzeptionell *nicht* mehr aufgefangen werden können." (Endreß 2006a: 183; Hervorhebungen nicht im Original)

Die Integration von zunächst gegensätzlich und unvereinbar erscheinenden Ansätzen ist aber alles andere als eine „konzeptionelle Ambivalenz", weil man nicht weiß, was man machen soll. Es ist auch keine einfache Addition von Perspektiven mit der Zuweisung von Revieren für jeweils eigene und abgegrenzte Aussagebereiche und ohne Bezug zu den jeweils anderen Segmenten, wie etwa die RCT für die Interessen der Menschen, der (Neo-) Institutionalismus und der „akteursorientierte Institutionalismus" für die Regeln und Normen und die Kulturwissenschaften für die Rahmungen, Symbole und Praktiken. Immer muss man damit rechnen, dass Interessen, Institutionen *und/oder* Ideen bei einem Problem eine Rolle spielen, und wenn man nur auf die Interessen sieht, wie die RCT, nur auf die Institutionen, wie das normative Paradigma, der (Neo-) Institutionalismus oder der „akteursorientierte Institutionalismus", oder nur auf die Ideen, wie die interpretativen Ansätze und die sog. Kulturwissenschaften, dann entsteht schon eine gewisse Ratlosigkeit, wenn es doch jeweils noch etwas anderes gibt. Das MSE erlaubt, wie man hoffentlich hat sehen können, speziell über seine handlungstheoretische Grundlage des MFS, genau das: die Modellierung des *Zusammenspiels* von Interessen, Institutionen und Ideen und die *Verbindung* von analytischer Präzision mit jener unhintergehbaren Besonderheit der Sozialwissenschaften gegenüber den Naturwissenschaften: Dass in die „Konstruktionen zweiter Ordnung" der theoretischen Modelle immer die „Konstruktionen erster Ordnung" der Akteure, also die subjektiven Sichtweisen der Akteure, ihre Bewertungen, Erwartungen, mentalen Modelle und Habitualisierungen eingebaut werden müssen, und dass es adäquate sozialwissenschaftliche Erklärungen (nur) geben kann, wenn man (das) versteht. Es gibt keine sozialwissenschaftliche Erklärung ohne Verstehen, keine Hermeneutik ohne das HO-Schema und kein angemessenes kausalanalytisches Denken in den Sozialwissenschaften ohne wissenssoziologische Imprägnierung. Und umgekehrt.

Literatur

Abelson, Robert P. (1981): Psychological Status of the Script Concept. In: American Psychologist 36: 715–729

Cappai, Gabriele (2001): Kultur aus soziologischer Perspektive. Eine metatheoretische Betrachtung. In: Heide Appelsmeyer; Elfriede Billmann-Mahecha (Hg.): Kulturwissenschaft. Felder einer prozessorientierten wissenschaftlichen Praxis. Weilerswist: Velbrück Wissenschaft: 54–96

D'Andrade, Roy G. (1995): The Development of Cognitive Anthropology, Cambridge et al.: Cambridge University Press

DiMaggio, Paul (1997): Culture and Cognition. In: Annual Review of Sociology 23: 263–287

Endreß, Martin (2006a): Zwischen den Stühlen – Zu Hartmut Essers Versuch einer Rekonzeptionalisierung von „Sinn" und „Kultur" im Gespräch mit „Rational Choice" und Max Weber. In: Rainer Greshoff; Uwe Schimank (Hg.): Integrative Sozialtheorie? Esser-Luhmann-Weber. Wiesbaden: VS-Verlag: 157-186

Endreß, Martin (2006b): Das Verhältnis der verstehenden Soziologie Max Webers zu anderen soziologischen Ansätzen. In: Klaus Lichtblau (Hg.): Max Webers ‚Grundbegriffe'. Kategorien der kultur- und sozialwissenschaftlichen Forschung. Wiesbaden: VS-Verlag: 21-46

Esser, Hartmut (1999a): Soziologie. Allgemeine Grundlagen. (3. Aufl.) Frankfurt a.M./New York: Campus

Esser, Hartmut (1999b): Soziologie. Spezielle Grundlagen. Band 1: Situationslogik und Handeln. Frankfurt a.M./New York: Campus

Esser, Hartmut (2001): Soziologie. Spezielle Grundlagen. Band 6: Sinn und Kultur. Frankfurt a.M./New York: Campus

Fiske, Susan T./Taylor, Shelley E (1991): Social Cognition. (2. Aufl.) New York et al.: McGraw Hill

Garfinkel, Harold (1967): Studies in Ethnomethodology. Englewood Cliffs/NJ: Prentice-Hall

Kelle, Udo (2007): Die Integration qualitativer und quantitativer Methoden in der empirischen Sozialforschung. Theoretische Grundlagen und methodologische Konzepte. Wiesbaden: VS-Verlag

Kroneberg, Clemens (2005): Die Definition der Situation und die variable Rationalität der Akteure. Ein allgemeines Modell des Handelns. Zeitschrift für Soziologie 34: 344-63

Kroneberg, Clemens/Stocké, Volker/MeirYaish (2006): Norms or Rationality? The Rescue of Jews, Electoral Participation, and Educational Decisions. Working Paper 06-09. Sonderforschungsbereich 504. Mannheim (Universität Mannheim)

Oevermann, Ulrich (2002): Klinische Soziologie auf der Basis der Methodologie der objektiven Hermeneutik – Manifest der objektiv hermeneutischen Sozialforschung. Institut für hermeneutische Sozial- und Kulturforschung e.V.: Frankfurt a.M.

Oevermann, Ulrich/Allert, Tilman/Konau, Elisabeth/Krambeck, Jürgen (1979): Die Methodologie einer „objektiven Hermeneutik" und ihre allgemeine forschungslogische Bedeutung in den Sozialwissenschaften. In: Hans-Georg Soeffner (Hg.): Interpretative Verfahren in den Sozial- und Textwissenschaften. Stuttgart: Enke: 352–434

Rehberg, Karl Siegbert (2001): Kultur. In: Hans Joas (Hg.): Lehrbuch der Soziologie. Frankfurt a.M./New York: Campus: 63–92

Schluchter, Wolfgang (2000): Handlungs- und Strukturtheorie nach Max Weber. In: Wolfgang Schluchter (Hg.): Individualismus, Verantwortungsethik und Vielfalt. Weilerswist: Velbrück Wissenschaft: 86–103

Schneider, Wolfgang Ludwig (2004): Grundlagen der soziologischen Theorie. Band 3: Sinnverstehen und Intersubjektivität – Hermeneutik, funktionale Analyse, Konversationsanalyse und Systemtheorie. Wiesbaden: VS-Verlag

Schütz, Alfred (1971): Gesammelte Aufsätze, Band 3: Studien zur phänomenologischen Philosophie. Den Haag: Nijhoff

Shore, Bradd (1996): Culture in Mind. Cognition, Culture, and the Problem of Meaning. New York/Oxford: Oxford University Press

Soeffner, Hans-Georg (2000): Kulturmythos und kulturelle Realität(en). In: Ders.: Gesellschaft ohne Baldachin. Über die Labilität von Ordungskonstruktionen. Weilerswist: Velbrück Wissenschaft: 153–179

Weber, Max (1972 [1922]): Wirtschaft und Gesellschaft. Grundriss der verstehenden Soziologie. (5. Aufl.) Tübingen: Mohr

Weber, Max (1982 [1904]): Ueber einige Kategorien der verstehenden Soziologie. In: Ders.: Gesammelte Aufsätze zur Wissenschaftslehre. Herausgegeben von Johannes Winckelmann. (5. Aufl.) Tübingen: Mohr: 427–474

Wimmer, Andreas (1996): Kultur. Zur Reformulierung eines sozialanthropologischen Grundbegriffs. In: Kölner Zeitschrift für Soziologie und Sozialpsychologie 48: 401–425

V. Beobachtungen kultureller und kultursoziologischer Beobachtung

Kultur als Beobachtungsform

Wolfgang Ludwig Schneider

I. „Kultur" in den Geistes- und Sozialwissenschaften

Wenn von „Kultur" die Rede ist, fällt es zunächst schwer zu sagen, was *nicht* darunter fällt. Archäologen etwa zählen dazu nicht nur schriftliche Dokumente, Monumente oder Kunstwerke, sondern auch Werkzeuge und alle möglichen Gegenstände des alltäglichen Gebrauchs. Will man wissen, wie der Begriff „Kultur" eingegrenzt werden kann, dann muss man danach fragen, was er ausschließt, d.h. wovon denn jemand, der von „Kultur" spricht, das dadurch Bezeichnete zu unterscheiden wünscht. Je nach dem, was als Gegenbegriff verwendet wird, verändert sich die Abgrenzung und damit die Bedeutung des Ausdrucks „Kultur". Die hier wohl prominentesten Gegensatzpaare sind „Kultur" versus „Natur" sowie „Kultur" versus „Gesellschaft".

„Kultur" versus „Natur" – diese Unterscheidung findet sich etwa in der philosophischen Anthropologie (Gehlen; Plessner), der daran anknüpfenden Wissenssoziologie (Berger/Luckmann) und im Strukturalismus (Lévi-Strauss). Von „Kultur" ist dabei die Rede, wenn es um Verhaltensweisen und Interaktionsmuster geht, die nicht durch Instinkte gesteuert oder auf dem Wege der Konditionierung erworben werden, sondern durch sinnhafte Orientierung und Symbole reguliert sind. „Kultur" erstreckt sich hier auf *den gesamten Bereich subjektiv bzw. objektiv sinnstrukturierten Verhaltens.*[1] Wo immer vom Erleben oder Handeln einzelner Akteure, von sozialen Beziehungen oder von gesellschaftlichen Zusammenhängen geredet wird, ist dann auch notwendig „Kultur" im Spiel.[2] Der Kulturbegriff erscheint insofern als zentrales Element einer allgemeinen *Theorie des Sozialen.*

„Kultur" versus „Gesellschaft" – diese Distinktion nimmt bereits in der älteren geisteswissenschaftlichen und soziologischen Thematisierung von Kultur

---

1 Vgl. dazu in exemplarischer Deutlichkeit Tenbruck 1989: 46f.

2 Levi-Strauss zieht daraus die Konsequenz, dass er die Ausdrücke „Kultur" und „Gesellschaft" sowie die entsprechenden Adjektive praktisch synonym gebraucht; vgl. Lévi-Strauss 1975: 365ff.

eine zentrale Position ein (vgl. Rehberg 1986), so u.a. bei Dilthey, Scheler, Mannheim und Weber. Auch in der weiteren Entwicklung der Soziologie setzt sich dieser Trend fort: So unterscheidet Mertons Anomietheorie (1949) zwischen Sozialstruktur und kultureller Struktur, Habermas (1976) unternimmt eine „Rekonstruktion des historischen Materialismus", die mit Weber, Parsons u.a. gegen Marx den Einfluss kultureller (und hier besonders: normativer) Strukturen auf die evolutionäre Herausbildung komplexerer Gesellschaftsformationen bis hin zur modernen Gesellschaft betont. Luhmann (1980–1995) konfrontiert die Transformation der gesellschaftlichen Differenzierungsform mit der Ideenevolution unter dem Titel „Gesellschaftsstruktur und Semantik". Bei allen Unterschieden in der genaueren Bestimmung der Begriffe und ihrer Beziehung zueinander wird Kultur hier jeweils im Kontext von *Gesellschaftstheorie* thematisiert und die Frage nach Beziehungen der Determination bzw. der Kovariation von Kultur und Sozialstruktur aufgeworfen.

Kultur/Natur und Kultur/Gesellschaft – diese beiden Unterscheidungen erweisen sich demnach als gleichermaßen wirkungsmächtige Kontextuierungen für den Gebrauch des Kulturbegriffs.[3] Während die Unterscheidung Kultur/Natur den Kulturbegriff im Zentrum einer *allgemeinen Theorie des Sozialen* platziert, verankert ihn die Unterscheidung Kultur/Sozialstruktur in der *Theorie der Gesellschaft* als Theorie der umfassendsten Einheit des Sozialen. Eine theoriegeschichtlich richtungweisende Verknüpfung dieser beiden für die Soziologie typischen Bestimmungen des Kulturbegriffs findet sich bei Talcott Parsons: Als Gegenbegriff zu naturaler Determination wie auch zur zufallsbedingten Selektion der Verhaltensziele steht Kultur bei Parsons auf begrifflicher Ebene dafür ein, dass Handlungen Ergebnis willensfreier („voluntaristischer") Auswahl und insofern kontingent, dabei aber gleichwohl durch normative Standards geordnet sein sollen. In sozialtheoretischer Perspektive erzeugt die Kontingenz der Handlungsselektionen ein *Koordinationsproblem*: Wenn sowohl ego wie alter auch anders mögliche Sinngrundlagen für ihr Handeln innerhalb einer sozialen Beziehung zugrunde legen können, dann wird Kontingenz dupliziert. Und nur dann, wenn das so erzeugte Problem *doppelter* Kontingenz gelöst werden kann, ist Handeln auf der Basis gemeinsam geteilter Sinngrundlagen und im Rahmen einer gemeinsam anerkannten normativen Ordnung möglich.

---

3 Auch die prominente Gegenüberstellung „Kultur" versus „Zivilisation" steht unter dem Einfluss des Gegensatzpaares Kultur/Gesellschaft. Bei Nobert Elias (1977: 2ff.) wird diese Unterscheidung (die aus der Perspektive einer deutschen mittelständischen Intelligenzschicht auf Distinktion insbesondere gegenüber Frankreich und dem französisch sprechenden Adel hin angelegt ist; vgl. Elias 1977: 8f.) als vor allem im Deutschland des ausgehenden 18. und des 19. Jahrhunderts gebräuchliche Kontrastierung diskutiert, mit der die kulturelle Sphäre des Geistes (Moral, Kunst, Philosophie, Religion) gegenüber Politik, Ökonomie und (höfischer) Gesellschaft als Sphäre der Zivilisation abgegrenzt wird.

Die Parsonssche Lösung für dieses Problem trägt bekanntlich den Namen „common culture", – näher bestimmt als „commonly shared system of symbols",[4] bei dem sich dann intern unterschiedliche Dimensionen (kognitiv, kathektisch, evaluativ) unterscheiden lassen. *Jedes* Sozialsystem setzt demnach eine gemeinsame Kultur als Bedingung seiner Möglichkeit voraus. Nur so kann das Problem sozialer Ordnung gelöst, nur so können die kontingenten Selektionen der verschiedenen Akteure koordiniert werden. Wo immer ein Sozialsystem beobachtet werden kann, muss dieses Problem gelöst sein und weiterhin gelöst werden. „Kultur" ist dabei jeweils mit Referenz auf das untersuchte Sozialsystem näher zu spezifizieren – etwa als Kultur eines Stammes, einer Familie, einer Organisation oder einer Gesellschaft.

Kultur und Struktur eines Sozialsystems stehen in enger Verbindung miteinander. Die Struktur eines Sozialsystems ist Ergebnis der Institutionalisierung kultureller Normen und Werte. Von Institutionalisierung kann dabei gesprochen werden, wenn Akteure einander wechselseitig unter dem Gesichtspunkt der Konformität ihres Handelns mit kulturellen Standards beobachten und Abweichungen von diesen Standards negativ, deren Erfüllung hingegen positiv sanktionieren. Soziale Sanktionen sichern also die Einhaltung kultureller Standards; umgekehrt fungieren kulturelle Standards als orientierende Grundlage für die Strukturierung sozialen Handelns. Kulturelle Deutungsmuster, Normen und Werte erfüllen dabei jeweils unterschiedliche Teilaufgaben in sozialen Systemen: Deutungsmuster ermöglichen die Interpretation sozialer Situationen, Werte liefern Legitimationen und Normen Instruktionen bzw. Restriktionen für soziales Handeln.

In dieser Weise fungieren kulturelle Standards in *Sozial*systemen. Parsons spricht hier auch von der „Interpenetration" zwischen Kultur und Sozialsystem, für die er den schon erwähnten Begriff der „Institutionalisierung" gebraucht.[5] Davon zu unterscheiden ist die *autochthone* Funktion des kulturellen Systems jenseits der Sphäre der „Interpenetration" mit dem Sozialsystem. Diese Funktion des kulturellen Systems bezeichnet Parsons als „latent pattern-maintenance". Gemeint ist damit die Erhaltung koordinationswirksamer Handlungsmuster in der Zeit. Man könnte auch sagen, Kultur fungiert als *Gedächtnis*, das Handlungsmuster zu wiederholtem Gebrauch aufbewahrt – und zwar auch dann,

---

4 „Considerations of the conditions on which such a stable, mutually orientated system of interaction depends leads to the conclusion that on the human level this mutuality of interaction must be mediated and stabilized by a *common culture* – that is, by a commonly shared system of symbols, the meanings of which are understood on both sides with an approximation to agreement" (vgl. Parsons 1982: 132, Hervorhebung im Original).

5 Innerhalb des allgemeinen Handlungssystems wäre natürlich auch noch die Interpenetration des kulturellen Systems mit dem *Persönlichkeitssystem* und mit dem *Verhaltensorganismus* zu erwähnen, die an dieser Stelle aber nicht diskutiert werden muss.

wenn gerade keine Handlungen ausgeführt werden, für die diese Muster relevant sein könnten. Aber wie funktioniert die Konservierung dieser Muster?

Kultur als begrifflich notwendige Komponente jeder Handlung ist bei Parsons kein Handlungssystem. Sie besteht aus Symbolen und deren Bedeutung, die – obgleich selbst keine Handlungen – Handlungen anleiten, in ihnen verkörpert werden und durch Handlungen erzeugt, reproduziert und verändert werden können. Die Beobachtung von Kultur kann sich deshalb sowohl auf Handlungsresultate (Texte, Kunstwerke, Artefakte) wie auch auf Handlungen selbst beziehen und die darin verkörperten Bedeutungen zu rekonstruieren versuchen. Sie muss dazu die symbolischen Gehalte aus den Handlungen und materialisierten Objekten gleichsam herauslösen, d.h. zu den zeitlosen Bedeutungen und Bedeutungszusammenhängen der Zeichen vorstoßen, aus denen kulturelle Systeme bestehen. Kultur erscheint hier als platonische Welt der Ideen, als Poppersche Welt 3 ohne Bindung an Raum und Zeit.[6]

II. „Kultur“ als operativ fungierendes Gedächtnis der Kommunikation

Die Luhmannsche Theorie autopoietischer Systeme hat für eine derartige Vorstellung einer extraprozessual existierenden Kultur keinen Platz mehr. Operationen und Strukturen sind nach ihren Annahmen in einem zirkulären Reproduktionszusammenhang miteinander verknüpft. Zeit spielt dabei eine zentrale Rolle. Soziale Systeme können nur durch die ständige Neuerzeugung und Verkettung von Ereignissen desselben Typs, nämlich von Kommunikationen, kontinuieren. Strukturen (genauer: Erwartungserwartungen) entwerfen dabei einen Bereich passender kommunikativer Fortsetzungsmöglichkeiten und sichern so die Anschlussfähigkeit von Kommunikation. Nur insofern Strukturen in Kommunikationsprozessen aufgerufen und für die Verknüpfung kommunikativer Ereignisse benutzt werden, können sie „erhalten“ werden. Eine zeitenthobene Kultur, die aus der operativen Reproduktion sozialer Systeme ausgekoppelt ist, kann es unter diesen Voraussetzungen nicht geben. Kultur muss vielmehr als funktionales Moment der Verkettung von Kommunikationen gedacht werden. Parsons weist der Kultur die Funktion zu, das Problem sozialer Ordnung, bzw. allgemeiner formuliert, das Problem doppelter Kontingenz zu lösen. Bei Luhmann fällt diese Funktion den Erwartungsstrukturen zu. Welcher Platz bleibt unter diesen Voraussetzungen noch für Kultur?

---

6 „The culture systems (…) are non-spatial and atemporal. They consist, as Professor Whitehead says, of *eternal* objects, in the strict sense of the term eternal, of objects not of indefinite duration but to which the category of time is not applicable. They are not involved in ‚process'“ (vgl. Parsons 1967 [1937]: 763).

In Luhmanns Texten finden sich dazu unterschiedliche Aussagen, die erkennen lassen, dass die Beantwortung dieser Frage nicht ganz leicht fällt (vgl. dazu Burkart 2004; Hahn 2004). Die allgemeinste und zugleich ausbaufähigste Antwort substituiert die Parsonssche Funktionszuweisung der „pattern-maintenance", indem sie Kultur als *soziales Gedächtnis* begreift (vgl. dazu Luhmann 1995; 1997: 576ff.). Diese Bestimmung ist an die folgenden Prämissen geknüpft:

(1) Die Funktion des Gedächtnisses liegt in der *Regulierung des Verhältnisses von Erinnern und Vergessen*. Vergessen ist dabei nicht als Defekt, bedauerlicher Verlust etc. zu betrachten, sondern als Voraussetzung dafür, dass die Informationsverarbeitungskapazität eines Systems nicht überfordert und Zukunftsoffenheit nicht durch Vergangenheitsfixierung blockiert wird.[7]

(2) Gedächtnis ist nicht nach dem statischen Modell eines Speichers zu begreifen, der Vergangenes aufbewahrt, sondern als *je aktuell fungierende Konsistenzkontrolle,* die laufend neu anfallende Erfahrungen auf erinnerte Muster bezieht, sie damit vergleicht und als Ergebnis Konsistenz (=Übereinstimmung) oder Inkonsistenz (=Nicht-Übereinstimmung) zwischen Erinnerung und aktueller Erfahrung registriert.

(3) Insofern hier von Kultur als *sozialem* Gedächtnis die Rede ist, geht es um den Gebrauch der Unterscheidung konsistent/inkonsistent als Relationierungs- und Beobachtungsschema im Vollzug *kommunikativer Operationen.* Dabei ist zwischen einer *rein operativen* Aktivierung von Gedächtnis und dessen Gebrauch im Modus der *Beobachtung erster bzw. zweiter Ordnung* zu unterscheiden.

Von einem Gedächtnis der Kommunikation kann also nur gesprochen werden, wenn Strukturen *in der Kommunikation in actu erinnert (bzw. vergessen)* werden. Dies ist freilich in unterschiedlicher Weise möglich. Auf der Ebene der einfachen Verknüpfung von Operationen werden Strukturen wiederholt benutzt. Das Gedächtnis (und insofern „Kultur" als Ensemble der jeweils verknüpfungsrelevanten Strukturen) ist im Ablauf von Kommunikation zumindest durch die Relationierung von Mitteilungsereignissen zu bekannten Mustern beteiligt und insofern immer aktiviert. Schon um Worten Bedeutungen zuzuordnen, müssen Übereinstimmungen in der Verwendung mit früheren Situationen ihres Gebrauchs unterstellt und muss damit Gedächtnis in Anspruch genommen werden. Das laufende Erinnern von Strukturen wird freilich meist nicht explizit als Erinnern in der Kommunikation registriert. Ein Beobachter, der die Mehrfachbenut-

7 Nichts zu vergessen, würde im Blick auf Kommunikation heißen, dass der Sinn einer Mitteilung vor dem Hintergrund aller vergangenen Verwendungen der Worte einer Mitteilung sowie aller vorausgegangenen Kommunikationen mit einem Sprecher bzw. Adressaten ermittelt werden müsste.

zung von Strukturen feststellt, kann aber der Kommunikation Erinnerung und damit Gedächtnis *zuschreiben*. Dazu muss er die Kommunikation nur mit der Unterscheidung konsistent/inkonsistent in Relation zu früher schon von ihm identifizierten Strukturmustern beobachten. Die Beobachtung von Konsistenz steht dann für die *Reproduktion*, die Beobachtung von Inkonsistenz mit bekannten Mustern für die *Variation* verwendeter Strukturen. Ohne die Verwendung der Unterscheidung konsistent/inkonsistent kann die Erinnerung von Strukturen nicht beobachtet und damit zwischen *Reproduktion* und *Variation* von Strukturen auch nicht differenziert werden.

Die Unterscheidung von Reproduktion und Variation tritt an die Stelle, die bei Parsons mit dem Konzept der „latent pattern-maintenance" belegt war. Denn aus der Perspektive der Theorie autopoietischer Systeme verliert die Erhaltung von Strukturmustern ihren Primat. Für die Sicherung der Anschlussfähigkeit von Kommunikation als Erfordernis der Systemkontinuierung ist es sekundär, ob alte oder neue Erwartungsstrukturen dafür sorgen. Im Blick auf *dieses* Problem sind Replikanten und Varianten von Strukturen funktional äquivalent. In der *operativen* Beanspruchung von Gedächtnis zur Verkettung kommunikativer Ereignisse werden erinnerte Strukturen nicht als solche markiert, sodass deren Reproduktion latent bleibt. In der *Beobachtung und Beschreibung* von Kommunikation kann demgegenüber zwischen der Reproduktion und der Transformation kultureller Muster, zwischen Kontinuität und Wandel erkennbar differenziert werden.

Die jeweils laufende Kommunikation selbst muss sich nicht unter diesem Gesichtspunkt beobachten. Tut sie es aber, indem sie Operationen erzeugt, welche die Unterscheidung konsistent/inkonsistent zur *Selbstbeobachtung* der Kommunikation nutzen, kann sie registrieren, wann sie sich an bereits bekannte Strukturen erinnert und wann sie von solchen Strukturen abweicht. *Auf diese Differenz* können dann spezifische Folgekommunikationen reagieren. „Kultur" fungiert hier *in* der Kommunikation als *episodenförmig ausdifferenzierte Konsistenzkontrolle*, die u.U. nur für die Dauer eines oder weniger kommunikativer Ereignisse aufgeblendet und dann wieder abgeschaltet wird. Die *Kontingenz* des jeweils benutzten Strukturmusters wird dadurch innerhalb der laufenden Kommunikation markiert und die Fortsetzung der Kommunikation so zur sichtbaren Entscheidung über die Alternative zwischen der Konformität mit bzw. der Abweichung von bekannten Mustern gezwungen.

An einem Beispiel aus einem bekannten Text von Scott und Lyman (1968) illustriert:[8] Ein spät nach Hause kommender mexikanischer Ehemann wird von

8 Zur ausführlichen Analyse dieses Beispiels, an die auch Esser (in diesem Band) anknüpft, vgl. Schneider 2009: 179ff.

seiner Frau mit den Worten empfangen „Wo bist du gewesen?“ und antwortet darauf, „Das geht dich nichts an, du bist eine Frau“. Die Antwort des Mannes deklariert die Frage der Frau als *inkonsistent* mit der in der Antwort gleichzeitig behaupteten Regel, nach der Frauen ihren Männern gegenüber zu solchen Fragen nicht berechtigt sind. Wenn nun die Anschlusskommunikation der Frau hier nicht widerspricht, dann wird die behauptete Regel in der Kommunikation als *sozial gültiges Kommunikationsmuster und Prämisse der Konsistenzprüfung* ratifiziert,[9] die benutzt werden kann, um Mitteilungen als Abweichungen von diesem Muster zu identifizieren und deshalb zurückzuweisen. Kommunikatives Erinnern fungiert so als Kontrolleinrichtung für die Selektion von Strukturmustern, die überprüft, inwiefern die Strukturen, die durch kommunikative Ereignisse aufgerufen werden, mit bekannten (und im vorliegenden Fall: als *normativ gültig* unterstellten) Strukturen übereinstimmen.

Diese Einrichtung ist freilich nicht zwangsläufig aktiviert. Der gefragte Ehemann hätte die verlangte Auskunft einfach erteilen oder nur mit der Bemerkung „Darauf antworte ich nicht“ verweigern können. In diesem Falle wäre die Antworterwartung, die durch die Frage der Frau aufgerufen worden war, nur erfüllt bzw. enttäuscht worden, *ohne* die Unterscheidung konsistent/inkonsistent zusammen mit einem *vergleichsrelevanten Muster* als Einrichtung zur *Selbstbeobachtung* von Kommunikation explizit aufzurufen. Zwischen der *Reproduktion* kultureller Muster (alias „pattern-maintenance“) und ihrer *Variation* würde damit in der laufenden Kommunikation nicht unterschieden, und deshalb würde auch keine Stellungnahme zu dieser Differenz in der Folgekommunikation erzwungen.

Ein *externer* Beobachter könnte dies freilich nachträglich und gleichsam stellvertretend tun, indem er die Orientierungswirkung eines ihm bekannten und mit den registrierten Mitteilungen kompatiblen kulturellen Musters als *latente Selektionsprämisse* der beobachteten Kommunikationsbeiträge behauptet. Auch hier würde die Unterscheidung konsistent/inkonsistent in Relation zu einem reproduktionsfähigen Muster und damit Gedächtnis als Bezugspunkt für die Beobachtung von Kommunikation explizit ins Spiel gebracht. Freilich geschieht dies dann in einem anderen Kommunikationszusammenhang, der zu der beobachteten Kommunikation in einem System-Umwelt-Verhältnis stehen kann. So z.B. im Alltag, wenn in der *Klatsch*kommunikation unter Anwesenden das Verhalten abwesender Personen in anderen face-to-face-Kontakten thematisiert und

9 Diese Ratifikation wird als „tacit confirmation“ (wie Konversationsanalytiker sagen würden; vgl. Heritage 1984: 258) allein dadurch vollzogen, dass die Möglichkeit des Widerspruchs nicht genutzt wurde (unabhängig von den möglicherweise ganz anders gearteten Motiven, die zur Nichtnutzung der Widerspruchsmöglichkeit führten).

nach bestimmten Maßstäben als skandalös, vorbildlich oder einfach nur ungewöhnlich beurteilt wird.

Konsistenzkontrolle bedeutet dabei nicht, dass die Registrierung von Inkonsistenzen mit sozial standardisierten Mustern zur Ablehnung oder Abwertung eines so beobachteten Verhaltens führen muss. Gerade dadurch, dass sie von bekannten Mustern abweichen, können Kommunikationen sich zur Annahme empfehlen, – sei es als unerwartete Pointe in einer Unterhaltung, als Kreation eines neuen Modetrends, als mit stilistischen Konventionen brechendes Kunstwerk oder als innovativer Beitrag zur Wissenschaft. Wie die explizite Pflege von Tradition, von dogmatisierter Religion oder von Ritualen der Interaktion als Bewahrung von Strukturen, so können sich Modetrends als strukturelle Innovationen nur profilieren, sofern *mitlaufende Konsistenzkontrollen in der Kommunikation* verankert sind und die Übereinstimmung bzw. Nicht-Übereinstimmung mit überlieferten Mustern dadurch explizit registriert wird. Die Prämierung von Neuheit, d.h. der Abweichung vom Bekannten, forciert ebenso den expliziten Vergleich und damit Kontingenzbewusstsein, wie die betonte Bemühung um Kontinuität und Übereinstimmung mit der Überlieferung unter Bedingungen der Abweichungsgefährdung. Tradierte Strukturen erscheinen in wachsendem Maße bedroht, wenn in vielen Bereichen der Gesellschaft Innovation gefordert wird, sodass deren Stabilität nicht mehr selbstverständlich ist. Traditionalismus als bloße Reproduktion überlieferter Strukturmuster wird dadurch immer weniger möglich. An seine Stelle tritt die reflektierte Ablehnung von Innovation (d.h. die Negation der Negation von Tradition).[10] Gleichgültig also, ob Veränderung oder Stabilität präferiert wird, in jedem Falle werden Strukturen dadurch als kontingent erkennbar, und es steigt der Bedarf für *explizite* Konsistenzkontrolle.

III. „Kultur“ im Modus der Beobachtung zweiter Ordnung

Explizite Konsistenzkontrolle bei der Verknüpfung kommunikativer Operationen kann durch einzelne Operationen ausgelöst werden, die Anlass zur Aktivie-

10 So im politischen Denken unter dem Titel „Konservatismus“. Vgl. dazu Mannheims Habilitationsschrift von 1925, in der er Entstehungsbedingungen und Struktur des modernen „Konservatismus“ untersucht, mit der These, dieser strebe danach, „eine bestimmte historische Gestalt des Traditionalismus zu einer *methodischen Konsequenz* auszubilden“ (1984: 97; Hervorhebung von mir, W.L.S.).

rung der Unterscheidung konsistent/inkonsistent im Blick auf bestimmte Muster oder Regeln geben. So im folgenden Gesprächsauszug:[11]

1 D:	… für Frauen ist die Doppelbelastung [durch Haushalt und Beruf, W.L.S.] viel größer.
2 C:	ja eh das ist so.
3 D:	ja aber vorhin haben sie doch gesagt in Schina (sic!) würden die Männer genauso viel im Haushalt mitarbeiten=
4 C:	=hm=
5 D:	=sie helfen vielleicht mal, aber die HAUPTbelastung liegt bei der FRAU.
6 C:	ja vielleicht stimmt so.

In diesem Auszug aus einem Gespräch zwischen D (einer Deutschen) und C (einem chinesischen Gesprächspartner), in der es um die Frage geht, inwiefern die Doppelbelastung durch Haushalt und Beruf in China zwischen Frauen und Männern gleich oder asymmetrisch zu Lasten der Frauen verteilt ist, stimmt 2 C der vorausgegangenen Aussage 1 D zu. Der Anschlussbeitrag 3 D weist darauf hin, dass C damit seinen eigenen vorangegangenen Äußerungen widerspricht. 3 D bringt so die Verletzung der Erwartung zum Ausdruck, dass die verschiedenen Äußerungen eines Gesprächspartners einander nicht widersprechen sollten, markiert die Äußerung 2 C als inkonsistent mit dieser Erwartung und fordert C zu einer kommunikativen Reparatur der Äußerung 2 C auf, die diese Inkonsistenz tilgt. Wie der weitere Verlauf der Sequenz zeigt, wird die eingeklagte Reparatur jedoch nicht bzw. nicht in der Weise ausgeführt, dass C entweder seine vorausgegangenen Äußerungen oder die zuletzt geäußerte Zustimmung annulliert. Stattdessen wird in 6 C die Zustimmung 2 C im Wesentlichen wiederholt, dabei aber durch die Einfügung des Ausdrucks „vielleicht“ zu dem Zugeständnis abgeschwächt, dass D mit ihren Aussagen *möglicherweise* recht habe, was zugleich impliziert: *möglicherweise aber auch nicht*. Dieser Zug stellt in einem *formallogischen* Sinne Widerspruchsfreiheit zwischen den verschiedenen Äußerungen von C her, indem er sie durch Potentialisierung miteinander vereinbar macht. Er tut dies aber, indem er auf der *operativen* Ebene weiterhin die in den Äußerungen D's markierte Erwartung verletzt, dass C nicht zugleich an seiner früher geäußerten Auffassung festhalten und dennoch der dazu von D eingenommenen Gegenposition zustimmen könne. Dabei geraten hier allem Anschein

11 Zur ausführlichen Analyse dieses Beispiels vgl. Schneider 2009: 222ff. Die dort abgedruckte Transkription der Sequenz ist hier leicht gekürzt und zur übersichtlicheren Darstellung etwas verändert: Das intermittierende „hm“ von C, das dort in die vorausgegangene Äußerung von D in Klammern eingefügt war, wurde oben als eigener Beitrag verschriftet und die Überlappung mit dem vorausgegangenen und folgenden Beitrag von D durch Gleichheitszeichen markiert. In der mündlichen Rede hervorgehobene Ausdrücke stehen unverändert in Großbuchstaben. Das Beispiel übernehme ich aus Kotthoff 1992: 28f.

nach gegensätzliche Erwartungen zueinander in Widerspruch: Während D's Äußerung 3 D auf der *strikten Alternativität* der Positionen von C und D insistiert und diese Erwartung *explizit* markiert, besteht C *implizit* (durch modifizierte *Wiederholung* seiner Zustimmung in 6 C) darauf, dass beide Positionen als gleichermaßen plausible Möglichkeiten zu deuten sind und sich deshalb *nicht alternativ* zueinander verhalten. Die Unterscheidung konsistent/inkonsistent wird demnach in den Beiträgen der beiden Teilnehmer auf der Basis divergierender Erwartungsstrukturen eingesetzt, wobei D diese Unterscheidung explizit, d.h. auf der Ebene der *Beobachtung erster Ordnung* aufruft, während sie in der Abfolge der Beiträge von C nur implizit, d.h. auf der *operativen* Ebene aktualisiert wird. In beiden Fällen gilt jedoch, dass die Unterscheidung konsistent/inkonsistent die sequenzielle Verknüpfung kommunikativer Ereignisse orientiert.

Dass hier divergierende Erwartungsstrukturen aufeinander treffen, haben wir damit gezeigt. Noch ungeklärt ist jedoch, in welcher Weise diese Erwartungsstrukturen zur Informationsgewinnung benutzt werden. Die Elementareinheit von Information wird im Kontext der Systemtheorie mit Gregory Bateson bestimmt als „Unterschied, der einen Unterschied ausmacht" (Bateson 1983: 582; vgl. auch Luhmann 1984: 68). Jede Erwartung markiert einen Unterschied, insofern sie entweder erfüllt oder nicht-erfüllt werden kann. Zur Information wird die Realisierung der einen oder anderen Seite dieser Differenz freilich erst durch ihren jeweiligen kommunikativen Anschlusswert. Der Anschlusswert hängt ab von einer zweiten Unterscheidung, die mit der ersten gekoppelt ist, nämlich von der Bedeutung, die der Erfüllung bzw. Nicht-Erfüllung einer Erwartung sozial zugeschrieben wird.

Die mit der *Erwartung der Widerspruchsfreiheit* zwischen den Beiträgen eines Gesprächsteilnehmers verbundene *Bedeutung* sowie *daraus ableitbare Anschlussmöglichkeiten* lassen sich leicht explizieren: Eine eingenommene Position kann nur dann Wahrheit für sich beanspruchen, wenn sie widerspruchsfrei ist, denn widersprüchliche Aussagen lassen wiederum einander widersprechende Schlussfolgerungen zu, sodass unklar wird, was dadurch eigentlich ausgeschlossen und wie eine Widerlegung möglich sein soll. Wer sich selbst offen widerspricht, entzieht seiner Position deshalb nicht nur die Geltungsgrundlage, sondern disqualifiziert sich zugleich selbst als ernstzunehmender *Argumentations*teilnehmer, indem er eine konstitutive Erwartung verletzt, die an die Übernahme dieser sozialen Rolle geknüpft ist. Aus diesem Grunde ist die Forderung nach Einlösung dieser Erwartung eine angemessene Reaktion auf deren offene Verletzung. Eine andere Anschlussmöglichkeit bestünde im Abbruch der Debatte.

Die Weigerung des chinesischen Gesprächsteilnehmers, gegensätzliche Positionen in die Position der Alternativität zueinander zu bringen und das Insistieren darauf, sie statt dessen als gleichermaßen möglich nebeneinander bestehen zu lassen, entzieht der kontroversen Debatte dieser Positionen jede Grundlage. Sozial geltende Erwartungen, die ein solches Verhalten als angemessenes Verhalten definieren, erscheinen insofern geradezu darauf angelegt zu sein, *Kontroversen zu vermeiden*. Die Vermutung, dass genau darin die Bedeutung des Erwartungsmusters liegt, an dem sich die Beiträge des chinesischen Gesprächsteilnehmers orientieren, wird durch die folgende Äußerung einer chinesischen Befragten unterstützt, die ich einer anderen Studie zum Thema „interkulturelle Kommunikation" entnehme (vgl. Günthner 1993: 74f.):

> „Ja weißt du, bei uns im chinesischen Gesprächsverhalten ist man bemüht, Harmonie unter den Beteiligten zu erhalten. Konflikte und verschiedene Meinungen werden nicht direkt ausgesprochen, vielmehr ist jeder versucht, die ‚Wogen zu glätten'. Es ist sehr schwierig, im Chinesischen Konflikte und Nichtübereinstimmung auszusprechen, ohne dabei gleichzeitig unverschämt zu wirken. Bei euch im Deutschen geht das, man kann ausdrücken, dass man nicht einverstanden ist, oder man kann jemanden kritisieren, ohne dass man sofort das Gesicht verliert. Bei uns ist das nahezu unmöglich."

Die an den Äußerungen des chinesischen Teilnehmers zu erkennende Strategie der Potentialisierung gegensätzlicher Aussagen kann vor dem Hintergrund dieser Explikation sozial konventionalisierter Erwartungen als ein kommunikatives Verhalten gelten, das versucht, „die ‚Wogen zu glätten'", nicht als „unverschämt" zu erscheinen und so der Gefahr des Gesichtsverlustes auszuweichen. Diese Zuordnung erfüllt die Batesonsche Definition von Information: Ein bestimmtes Verhalten X (Widerspruch vermeiden, die Wogen glätten), das von anderen Verhaltensmöglichkeiten, die dazu nicht näher spezifiziert sein müssen, unterschieden werden kann, erzeugt eine bestimmte Bedeutung Y (Harmonie sichern, das Gesicht waren), die ebenfalls von anderen, nicht unbedingt näher zu spezifizierenden Bedeutungsmöglichkeiten zu unterscheiden ist. Die Batesonsche Definition des Informationsbegriffs verlangt dabei nicht, dass beide Seiten der miteinander gekoppelten Unterscheidungen bestimmt sind, d.h. zwei strikt binäre Unterscheidungen miteinander verbunden werden. Es genügt jeweils die Bestimmung einer Unterscheidungsseite, die dann einem unbestimmt bleibenden Raum alternativer Möglichkeiten gegenüber gestellt wird. Im zitierten Interviewauszug ist freilich auch die Binarität der beiden Unterscheidungen gegeben, weil zugleich eine *klar kontrastierende* Zuordnung expliziert wird, nach der offener Widerspruch und konfliktäre Austragung von Meinungsunterschieden (=X) als unverschämt registriert wird und zu Gesichtsverlust führt (=Y).

Diese Kopplung zweier Unterscheidungen kann auch in der Form notiert werden, die John R. Searle für die Explikation sogenannter *konstitutiver Regeln* vorgeschlagen hat (vgl. Searle 1971: 54ff.), deren Besonderheit nach Searle darin besteht, dass sie soziale Bedeutungszuschreibungen sowie daran geknüpfte Möglichkeiten des Erlebens und Handelns erzeugen, die ohne diese Regeln nicht existieren würden: X gilt als Y (im Kontext C). X bezeichnet hier wiederum ein bestimmtes Verhalten und Y die ihm zuzuordnende Bedeutung. C enthält einschränkende Aussagen darüber, unter welchen Kontextbedingungen diese Zuordnung gilt.

Batesons Informationsdefinition ist konzipiert aus der Perspektive eines informationsverarbeitenden Systems. Wenn es seine Strukturen zur Registrierung und internen Verarbeitung bestimmter Unterschiede benutzt, erhebt sich die Frage nach den dafür relevanten Kontextbedingungen für das System selbst normalerweise nicht. Das System benutzt bestimmte Strukturen, oder es benutzt sie nicht. Die Frage nach den Kontextbedingungen für die Aktualisierung von Strukturen stellt sich jedoch für einen Beobachter, der Erwartungen darüber zu entwickeln sucht, unter welchen Voraussetzungen ein System von bestimmten Strukturen Gebrauch macht. Abgesehen von dieser Differenz der Perspektiven erfüllt die Searlesche Formel für die Explikation konstitutiver Regeln demnach die Batesonsche Definition der Elementareinheit von Information.[12]

12 Damit wird ausdrücklich *nicht* behauptet, dass Informationserzeugung ausschließlich auf der Verwendung „konstitutiver Regeln" à la Searle gründet. Auch die bei Searle sogenannten „regulativen Regeln" erfüllen die Batesonsche Definition und sind demnach als Schemata für die Generierung von Information zu betrachten. Bespiele für „regulative Regeln" sind insbesondere Regeln instrumentellen Handelns, bei denen der Zusammenhang zwischen den miteinander gekoppelten Unterschieden nicht durch eine sozial institutionalisierte Bedeutungszuschreibung, sondern durch eine unterstellte Kausalbeziehung hergestellt wird (vgl. Searle 1971: 60). Auch regulative Regeln dieses Typs lassen sich als Zuordnung eines Verhaltens X zu einem bestimmten Verhaltensresultat Y formulieren, wie das folgende Beispiel zeigt: Die Verwendung von Würmern als Köder (X) erhöht die Erfolgschancen beim Fischfang (Y) [sofern würmerfressende Fische im Teich sind (C)]. Der Ausdruck „erhöht die Erfolgschancen" steht dabei freilich für einen angenommenen Kausalzusammenhang und nicht, wie bei konstitutiven Regeln, für eine institutionalisierte Bedeutungsrelation. – Abweichend von Searle gehe ich davon aus, dass auch Regeln der Höflichkeit, die eine bereits bestehende Praxis regulieren (vgl. Searle 1971: 57f.), konstitutive Aspekte aufweisen, insofern sie Bedeutungszuweisungen und daran anknüpfende Anschlusshandlungen ermöglichen, die ohne diese Regeln nicht möglich wären und damit das zentrale Kriterium für konstitutive Regeln erfüllen, „neue Verhaltensformen" zu schaffen. Aus konstruktivistischer Perspektive kann man darüber hinaus auch die Frage der sozialen Konstitution von Regeln der kausalen Zurechnung aufwerfen und vor diesem Hintergrund die Klassifizierung von Regeln instrumentellen Handelns neu diskutieren. Für die obige Argumentation ist die Frage der genauen Abgrenzung zwischen Regeln konstitutiven und regulativen Typs jedoch irrelevant. Dort geht es nur darum, dass das Searlesche Schema „X gilt als Y (im Kontext C)" (1.) die Batesonsche Informationsdefinition erfüllt, (2.) als einfache Standardform für die Expli-

Von besonderem Interesse ist dieser Umstand vor allem deshalb, weil er es ermöglicht, eine direkte Verbindung zur theoretischen und methodologischen Diskussion innerhalb der neueren Kultursoziologie herzustellen, die von einem „bedeutungsorientierten Kulturbegriff" (vgl. Reckwitz 2008: 25ff.) ausgeht. Als elementare erwartungsstrukturelle Einheiten von „Kulturen" können dabei kulturspezifische Regeln der Bedeutungszuschreibung verstanden werden. Versuche zur Ermittlung solcher Regeln bewegen sich auf der Ebene der *Beobachtung zweiter Ordnung*. Der oben zitierte Interviewauszug gibt dafür ein Beispiel, indem er der sozial legitimierten Möglichkeit, abweichende Meinungen und Kritik im Deutschen offen zu kommunizieren, die weitgehende normative Blockierung dieser Möglichkeit im Chinesischen durch das Gebot der Wahrung von Harmonie und die Gefahr des Gesichtsverlusts gegenüberstellt und damit konträre Erwartungsstrukturen expliziert, die allem Anschein nach in der kurzen Kommunikationssequenz zwischen einer Deutschen und einem Chinesen aufeinander treffen.

Im normalen Ablauf der Kommunikation fehlt für solche Vergleiche typisch die Zeit. Unter dem akuten Zwang zur Selektion eines passenden nächsten kommunikativen Ereignisses fungieren Strukturen typisch *operativ* (wie oben in den Beiträgen des chinesischen Gesprächsteilnehmers zu beobachten) oder auf der *Beobachtungsebene erster Ordnung*, unter der Präsupposition alternativloser Geltung und mit der Funktion, die Anschlussfähigkeit von Kommunikation zu sichern. Was vergleichende Beobachtungen der oben zitierten Art demgegenüber vorführen, ist die *metakommunikative Beschreibung* von Strukturmustern der Kommunikation aus der Perspektive eines *externen Beobachters zweiter Ordnung,* der freigestellt ist von dem Zwang, die beobachtete Kommunikation zugleich fortzusetzen. Für dessen Position ist charakteristisch, dass er Strukturen zu ermitteln versucht, bei deren Voraussetzung die gegensätzlichen Deutungen der Kommunikationsbeteiligten gleichermaßen konsistent erscheinen. Im Gegensatz dazu ließ das Verhalten der deutschen Gesprächsteilnehmerin im oben zitierten Auszug erkennen, wie das Schema konsistent/inkonsistent auf der Ebene der *Beobachtung erster Ordnung* eingesetzt wird. Dabei wird eine Regel (hier: die Erwartung der Widerspruchsfreiheit der Beiträge des chinesischen Gesprächspartners) als unbezweifelte Prämisse der Abweichungszuschreibung verwendet, das Differenzschema konsistent/inkonsistent aktiviert und eine Seite dieser Unterscheidung bezeichnet (hier: inkonsistent).

Während Beobachtungen erster Ordnung die Inkonsistenz eines Verhaltens mit bestimmten Erwartungsmustern als abweichendes Verhalten verbuchen, das

kation kultureller Regeln der Bedeutungszuweisung benutzt werden und (3.) als Bezugspunkt für die Diskussion wesentlicher Probleme der Kultursoziologie dienen kann.

unverständlich und/oder ungehörig ist, führt die Registrierung von Inkonsistenzen bei Beobachtungen zweiter Ordnung sofort zu der Frage nach den Konsistenzkriterien, die das als abweichend beobachtete Verhalten aus der Perspektive des Abweichenden erfüllt. Die Unterscheidung konsistent/inkonsistent wird damit *in der Sozialdimension dupliziert*: Konsistent erscheint ein Verhalten, insofern es bestimmten Erwartungsstrukturen entspricht, deren Verletzung inkonsistent erscheint; und dies gilt ebenso aus der Perspektive von ego wie der von alter. Die Selektion inkompatibler Strukturen als Handlungsgrundlage durch ego und alter veranschaulicht exemplarisch das Misslingen der Lösung des Problems doppelter Kontingenz. Dabei setzt jede der identifizierten Strukturen die andere kontingent und entzieht ihr damit die alternativlose Plausibilität, mit der sie auf der Ebene der Beobachtung erster Ordnung einleuchtete. Nicht kontingent, sondern geradezu unvermeidlich erscheint nun allenfalls der Konflikt der Interpretationen, der sich entspinnt, wenn ego und alter sich an derartig divergierenden Erwartungsstrukturen orientieren.

Das Konzept des sozialen Gedächnisses, so hatten wir oben notiert, tritt in der Theorie autopoietischer Sozialsysteme an die Stelle, die „Kultur" bei Parsons einnahm. Diese Aussage bedarf freilich der Präzisierung: „Kultur" ist ein historischer Begriff, dessen Karriere im 18. Jahrhundert beginnt und der Vergleichsinteressen in unterschiedlichen Bereichen auf einen semantischen Nenner bringt, der anzeigt, dass Vergleiche nicht auf die Herstellung von Vorrangverhältnissen, sondern auf die Erfassung von Verschiedenheit unter der Prämisse relativer Gleichberechtigung zielen (vgl. Luhmann 1995: 36; Baecker 2001: 103). Unter diesem Titel etabliert sich in der Gesellschaft eine Ebene der vergleichenden Beobachtung und Beschreibung im Modus der *Beobachtung zweiter Ordnung*. „Kultur" steht damit für eine *historisch spezifische Ausformung* des sozialen Gedächtnisses der Kommunikation (vgl. Luhmann 1995: 39). Sie ermöglicht es, nahezu beliebige soziale Phänomene zu verdoppeln, indem diese zu Vergleichszwecken isoliert und präpariert werden. Die Vermutung liegt nahe, dass es sich hier um einen Beschreibungsmodus handelt, der auf wachsende gesellschaftliche Komplexität unter Bedingungen einer nicht mehr hierarchisch zu deutenden Differenzierungstypik der Gesellschaft reagiert. Dazu passt, dass unter dem Titel „Kultur" auch eine frühe Fassung der Theorie funktionaler Differenzierung entworfen worden ist, nämlich Diltheys Theorie der „Kultursysteme", wie er sie in seiner „Einleitung in die Geisteswissenschaften" (1883) skizziert. Kultur- und Systemtheorie kommen in der Einnahme einer vergleichenden Beobachtungsperspektive, die alle gesellschaftlichen Bereiche einschließt, überein und stehen insofern zugleich in einem Verhältnis der Konkurrenz zueinander, wenn es um die Frage geht, welche Form der Beschreibung der gegenwärtigen Gesellschaft adäquat ist (vgl. dazu auch Baecker 2001: 149). Möglicherweise lässt sich dieses Konkurrenzverhältnis jedoch in eine Beziehung der Kooperation ummünzen.

Die unter dem Titel „Kultur“ gesellschaftlich normalisierte Beobachtungsweise leuchtet insoweit ein, wie sie Strukturen angeben kann, die geeignet sind, erkennbare Regularitäten von Kommunikation verständlich zu machen. Ihre Schwachstelle liegt jedoch dort, wo sie versucht, von solchen Einzelbeobachtungen auf unterschiedliche „Kulturen“ zu schließen. Beobachtete Strukturen lassen sich (siehe oben) in der Form „konstitutiver Regeln“ (Searle) explizieren. Sich in bestimmter Weise zu äußern oder zu verhalten (=X) gilt als hinreichende Grundlage für eine bestimmte Bedeutungszuschreibung (=Y), sofern bestimmte Kontextbedingungen (=C) erfüllt sind. Schwierigkeiten bereitet dabei aber typisch die genaue Angabe der Kontextbedingungen, bei deren Erfüllung die entsprechenden Zuordnungen von Verhaltensweisen und Deutungsschemata aktiviert werden. Aussagen dazu sind leicht „dekonstruierbar“.[13] Offen zu widersprechen mag für chinesische Kommunikationsteilnehmer unter bestimmten Voraussetzungen ein Verstoß gegen das Gebot der Wahrung von Harmonie und mit der Konsequenz des Gesichtsverlusts bedroht sein. Aber unter welchen Voraussetzungen ist dies tatsächlich der Fall? Für die außenpolitische Kommunikation der chinesischen Regierung (man denke nur an Reaktionen gegenüber Staaten, deren Regierungsvertreter offizielle Kontakte zum Dalai Lama unterhielten) gilt diese Regel allem Anschein nach nicht. Fällt politische Kommunikation demnach etwa nicht darunter? Welche Rolle spielen dabei Unterschiede im Geschlecht und sozialen Status der Kommunikationsteilnehmer, welche Bedeutung hat die Art der jeweiligen sozialen Beziehung? Gilt diese Regel gegenüber Fremden ebenso wie gegenüber Personen, zu denen man enge Kontakte unterhält? – Die Möglichkeiten der Differenzierung, die hier liegen, dürften kaum auszuschöpfen sein. Wahrscheinlich findet man gerade deshalb immer wieder Generalisierungen der Sorte „in der chinesischen Kultur gilt…“, die so klingen, als käme es auf solche Unterschiede im Einzelnen kaum an. Abweichungen von behaupteten Regeln werden dann als Ausnahmen verbucht und dadurch neutralisiert.

Beobachtungen zweiter Ordnung im Schema konsistent/inkonsistent zielen darauf, Strukturen zu identifizieren, die es ermöglichen, Abweichungsbeobachtungen erster Ordnung durch die Aufdeckung von sie erzeugenden Regeln als Produkt alternativer Standards der Konsistenz zu analysieren und zu erklären. Sie versuchen, *Redundanzen* festzustellen und neigen deshalb leicht zu maximaler Generalisierung von Regelhypothesen. Eine naheliegende Strategie ist es

13 Vgl. dazu Derrida 1988: 293 und – an Derrida anschließend – Culler 1988: 136f. Ich komme später auf die dekonstruktivistische Position zurück.

dabei, beobachtete Differenzen an Merkmale hoher Allgemeinheitsstufe wie ethnische oder nationale Zugehörigkeit, regionale Herkunft, Geschlecht, Generation etc. zu koppeln. Wer systematisch nach solchen Korrelationen sucht, wird dann zumindest auf der Ebene einleuchtender Fallbeispiele oft leicht fündig werden. Kaum zu lösen ist jedoch das Problem der vollständigen Bestimmung der Kontextbedingungen, bei deren Erfüllung eine bestimmte Regel ausnahmslos gilt.

IV. Kulturreflexion

Die Tendenz, diese Beschränkung zu ignorieren, ist freilich nicht nur weit verbreitet. Sie ist auch immer wieder registriert und kritisiert worden. So etwa als „Kulturalismus" der dazu neigt, u.U. durchaus flüchtige Differenzen zu fixieren, von Einzelfällen auf angeblich homogene Großkollektive zu extrapolieren und dadurch Unterschiede zu „Kulturen" zu hypostasieren. Oder als Tendenz zum „Othering", das die Andersartigkeit des Anderen systematisch übertreibt und häufig „fremde Kulturen" als bloße Umkehrprojektion eigener Normalitätsannahmen fingiert. Als Gegenbewegung dazu richten sich Beobachtungen zweiter Ordnung dann auf die forcierte Betonung von Inkonsistenzen, von „hybriden" Mustern in nur scheinbar kulturell homogenen Kontexten. Die Unterscheidung konsistent/ inkonsistent wird hier auf neben- und nacheinander aktualisierte Strukturmuster bezogen, von denen angenommen wird, dass sie heterogenen, nicht zueinander passenden kulturellen Kontexten entstammen. Statt nach latenten Konsistenzregeln für manifest inkonsistent erscheinende Struktur- und Verhaltensselektionen zu suchen, werden unterstellte Konsistenzen so durch forcierte Registrierung von Inkonsistenz unterminiert. Dabei wird weiterhin innerhalb der Unterscheidung von Konsistenz und Inkonsistenz operiert und nur die Seite gewechselt, die man hervorhebt. Auch das Interesse an Inkonsistenzen bleibt gebunden an die Durchbrechung von Konsistenzerwartungen. Ohne sie wäre die Rede von „Hybriden", postmoderner bricolage etc. ohne jede Pointe. Insofern sind solche Positionen auf Gegenpositionen angewiesen, denen sie die enttäuschten Konsistenzerwartungen zuschreiben und gegen die sie sich abgrenzen können. Dabei schleichen sich die kritisierten Konsistenzerwartungen (d.h. Erwartungen der Übereinstimmung mit bestimmten generalisierbaren Erwartungsmustern) dann freilich leicht wieder als Prämisse der eigenen Darstellung ein, wenn es um die Beschreibung der Positionen geht, von denen man sich distanziert. Das folgende exemplarisch herausgegriffene Zitat verdeutlicht diese Tendenz:

> „Postcolonial, gender und science studies betonen die wechselseitige Bedingtheit ehemals kategorisch gedachter ‚Einheiten'. Insofern lassen sie sich auch als anti-essentialistische Prozesstheorien verstehen, die sich von verdinglichenden Tendenzen eines binären Differenzdenkens deutlich abgrenzen" (Reuter/Wieser 2006: 179).

Diese Darstellung führt genau das vor, wovon die zitierten Autoren und die von ihnen vorgestellten Ansätze sich angeblich abgrenzen: Eine scharf binär kontrastierende und insofern essentialistisch „verdinglichende" Entgegensetzung von „anti-essentialistische(n) Prozesstheorien" einerseits und den „verdinglichende(n) Tendenzen eines binären Differenzdenkens" andererseits. Der Versuch, sich von konkurrierenden sozialwissenschaftlichen Positionen *zu unterscheiden*, erzeugt einen deutlichen performativen Widerspruch, sofern man mit dem eigenen programmatisch ausgeflaggten „Anti-Essentialismus" einen universalistischen theoretischen Anspruch verbindet.

Im Blick auf *einzelne Regeln* nimmt die poststrukturalistische Infragestellung von Konsistenzzuschreibungen die folgende Gestalt an: Urteile über die Konsistenz bzw. Inkonsistenz von Verhaltensweisen in Relation zu Regeln werden unterminiert, wenn unterschiedliche Urteile darüber möglich sind, inwiefern ein Verhalten bestimmte Regeln erfüllt oder nicht erfüllt. Die Anwendung von Regeln zur Deutung eines Verhaltens erscheint dann kontingent. Wir können dieses Kontingenzproblem aber immer nur selektiv im Blick auf bestimmte Regeln thematisieren und müssen dabei unterstellen, dass wir zumindest in der Deutung der dabei verwendeten sprachlichen Ausdrücke annähernd übereinstimmen. Tun wir dies nicht, totalisieren wir also das skizzierte Kontingenzproblem, dann bricht nicht nur die Unterscheidung konsistent/inkonsistent zusammen, sondern wir können dies nicht einmal mehr in der Kommunikation beobachten. Die von Derrida und Culler praktizierte Strategie der Dekonstruktion des Begriffs der „konstitutiven Regel" funktioniert so, dass sie das Vertrauen in den Gebrauch dieser Unterscheidung systematisch unterminiert. Dies geschieht, indem jeweils exemplarisch vorgeführt wird, wie Situationen der Unentscheidbarkeit im Hinblick darauf erzeugt werden können, ob eine Regel in einer gegebenen Situation erfüllt oder nicht erfüllt ist (d.h. ob ein Verhalten konsistent oder inkonsistent mit dieser Regel ist), so dass offen bleibt, welche sozial gültige Bedeutung einem bestimmten Verhalten zuzuschreiben ist. Auch hier aber muss zumindest in actu als Sinnbedingung dieses Tuns unterstellt werden, dass die dazu verwendeten Äußerungen von Rezipienten „richtig" verstanden, d.h. als konsistent mit bestimmten Regeln der Bedeutungszuschreibung beobachtet werden können. *Retrospektiv* kann sich diese Erwartung in vielen Fällen als unzutreffend erweisen. *Kommuniziert* werden kann dies jedoch nur, indem sie jeweils erneut als gültig unterstellt wird. Indem die Strategie der Dekonstruktion immer wieder neue Unentscheidbarkeiten zwischen den beiden Polen der Unterscheidung konsistent/inkonsistent erzeugt, d.h. „Rauschen" (noise) statt Information generiert und sich genau dadurch immer wieder kommunikativ bewähren kann, bleibt sie zugleich an diese Unterscheidung gebunden, kann sie diese nicht in toto negieren, sondern immer nur fallweise und parasitär unterminieren. Der Versuch, die generelle Kontingenz und damit Inkonsistenz der Anwendung der Differenz konsistent/inkonsistent durch verschiedene Kommunikationsteilnehmer zu behaupten, würde demnach auf eine *Paradoxie* auflaufen.

Auch unterhalb der Schwelle, bei deren Überschreitung das Paradoxieproblem virulent wird, wirft die forcierte Betonung von Inkonsistenzen Fragen auf. Aus der Perspektive von Positionen beobachtet, die nach *konsistenten* kulturellen Mustern suchen, erscheinen die wuchernden „Hybriden" leicht als bloßes Resultat des Verzichts darauf, nach tiefer liegenden Übereinstimmungen zwischen scheinbar inkonsistenten Elementen auch nur zu suchen. Dazu ein ausführlicheres Beispiel:
Andreas Reckwitz (vgl. 2008a: 212) registriert in der Gegenwart

> „eine neue, gegenüber der organisierten Moderne verschobene Subjekt- und Lebensform: Kennzeichnend für diese postmoderne Subjektivierungsweise ist eine hybride Kombination von zwei Elementen: einer generalisierten ästhetischen Orientierung des Subjekts am Expressiven, an der kreativen Selbstgestaltung und an ästhetischen Erfahrungen, ein ‚expressiver Individualismus' einerseits, und einer generalisierten ökonomischen Orientierung an der Konstellation des Marktes, damit an der Wahl und am Gewähltwerden andererseits, die Selbstoptimierung eines Subjekts, das primär als handlungs- und entscheidungsfähiges Wesen verstanden wird. Diese generalisierte ästhetisch-ökonomische Doppelstruktur der postmodernen Kultur des Selbst durchzieht sämtliche soziale Praktiken."

Und an späterer Stelle (ebd.: 215f.):

> „Die Subjektkultur der Postmoderne in ihrer Doppelstruktur von Selbstästhetisierung und Selbstoptimierung greift zur Hälfte auf die antibürgerliche ästhetische Bewegung und zur anderen auf die Bürgerlichkeit zurück. Das postmoderne Subjekt ist damit genauso fragmentiert, wie es auch das bürgerliche in anderer Weise war: Hinter seiner einheitlichen Fassade und Selbstbespiegelung verbirgt sich eine Montage disparater Elemente."

Gegenüber dieser scharfen Pointierung von *Inkonsistenz* wäre zu fragen, inwiefern Selbstoptimierung nicht als höherstufiges Konzept zu betrachten ist, dem dann die ökonomische und die ästhetische Selbstoptimierung als zwei bereichsspezifische Ausprägungsformen zugeordnet werden können, die gleichermaßen dadurch bestimmt sind, dass Personen sich selbst zum Objekt der Gestaltung machen und damit den Anforderungen von Arbeits- und Beziehungsmärkten entsprechen. In beiden Fällen könnte man eine habitualisierte Form der Selbstbeobachtung aus der Perspektive anonymer anderer als Invariante vermuten, bei denen es Aufmerksamkeit und Annahmebereitschaft für kommunikative Offerten unter Bedingungen der Konkurrenz zu mobilisieren gilt. Der Modus der Beobachtung zweiter Ordnung, wie er typisch für die Kommunikation in funktionssystemischen Kontexten ist,[14] würde dabei auch im Blick auf die eigene Person aktiviert, wenn es um die Frage geht, wie man sich selbst präparieren muss, um in den Augen unbekannter anderer qualifiziert, attraktiv, informiert etc. zu erscheinen. Was bei Reckwitz als „hybride" und „fragmentarisch" bleibende Kombination heterogener Elemente erscheint, lässt sich so zumindest hypothetisch auf die Einheit eines bestimmten Beobachtungsmodus beziehen, dessen Struktur konsistent ist mit dem Modus der Beobachtung von Kommunikation in den Funktionssystemen der modernen Gesellschaft. Die von Reckwitz registrierten Inkonsistenzen postmoderner Subjektivierungsformen könnten demnach als Rückschlageffekt funktionaler Differenzierung gedeutet werden.

Unabhängig davon, ob man zu einer Position neigen mag, die beobachtete Phänomene eher auf Konsistenz oder auf Inkonsistenz hin pointiert, wird hier erkennbar, dass „Kultur" als Beobachtung im Schema konsistent/inkonsistent kaum noch möglich ist ohne mitzubeobachten, wie andere Beobachter zweiter Ordnung dieses Schema einsetzen. Für Analysen dieses Typs können wir den Begriff der *Kulturreflexion* reservieren.

Kulturreflexion im strikten Sinne meint eine Beobachtungsweise, die sich nicht nur auf den Gebrauch der Unterscheidung konsistent/inkonsistent durch andere Beobachter richtet und dies im Schema eben dieser Unterscheidung tut. Darüber hinaus wirft diese Beobachtungsweise die Frage nach den Bedingungen (und Beschränkungen) der Möglichkeit auf, denen die beobachtende Verwendung dieses Schemas unterworfen ist. Bezogen auf die Relation von Verhalten und zugrunde liegenden Erwartungsstrukturen geht es hier im elementaren Fall um die Frage, ob Urteile im Blick auf die Übereinstimmung bzw. Abweichung eines Verhaltens gegenüber einer angenommenen Regel (= Konsistenz- bzw. Inkonsistenzfeststellungen) in konsistenter oder nur in inkonsistenter Weise möglich sind. „Konsistent" meint dabei (1.) in der *Sozial*dimension, dass verschiedene Urteilende zu einem übereinstimmenden Urteil kommen können, (2.) in der *Zeit*dimension, dass dieselben Urteilenden zu verschiedenen Zeitpunkten

14 Die Beobachtung von Marktpreisen z.B. ermöglicht es allen Kaufinteressenten und Konkurrenten Erwartungen darüber zu bilden, zu welchen Bedingungen Anbieter gerade erwarten, auf zahlungsbereite Nachfrage zu treffen und dient so der kontinuierlichen Beobachtung zweiter Ordnung im *ökonomischen System*; die Massenmedien ermöglichen es der *Politik* zu beobachten, wie politische Entscheidungen bzw. Entscheidungsvorschläge durch die „öffentliche Meinung" beobachtet werden; Publikationen im Kontext des Funktionssystems *Wissenschaft* nehmen routinemäßig die Weltbeobachtung anderer wissenschaftlicher Beobachter durch die immer mitlaufende Bezugnahme auf den publizierten Stand der Forschung zur Kenntnis, etc.

ein gegebenes Verhalten übereinstimmend beurteilen sowie (3.) in der *Sach*dimension, dass ein übereinstimmendes Urteil über die Erfüllung relevanter Kontextbedingungen möglich ist, bei dem Unterschiede im Wissensstand über den Kontext als Unterschiede behandelt werden können, die für dieses Urteil keinen Unterschied machen.

„Konventionelle" kultursoziologische Positionen sehen hier kein prinzipielles, sondern nur ein methodologisches Problem: Sofern die Deutung eines Verhaltens als Erfüllung einer Bedeutungsregel den einschlägigen methodologischen Gütekriterien entspricht, erscheint dies als hinreichende Gewähr für die konsistente Anwendung der Differenz konsistent/inkonsistent. Poststrukturalistische Positionen insistieren demgegenüber auf der Kontingenz und damit auf immer möglichen Inkonsistenzen des urteilenden Gebrauchs der Unterscheidung konsistent/inkonsistent.

Sowohl die konventionelle als auch die poststrukturalistische Perspektive geraten in Schwierigkeiten, wenn sie in überpointierender Zuspitzung vertreten werden. Der schon erwähnten Gefahr poststrukturalistischer Ansätze, sich in einer performativen Paradoxie zu verfangen, steht bei den konventionellen Positionen eine komplementäre Form der Selbstgefährdung gegenüber. Die *ausnahmslose* Verbuchung beobachteter Inkonsistenzen im Gebrauch der Unterscheidung konsistent/inkonsistent als Folge vermeidbarer methodologischer Fehler schließt die Möglichkeit der Kontingenz in der Verwendung dieser Unterscheidung in dogmatischer Weise aus. Die Behauptung, dass *grundsätzlich immer* ein in der Sozial-, Zeit- und Sachdimension konsistentes Urteil darüber zu erreichen sei, welche überlieferte oder neu kreierte Regel ein Verhalten eindeutig erfüllt, eliminiert die Möglichkeit, dass zwischen unterschiedlichen Zuordnungsmöglichkeiten nicht eindeutig entschieden werden kann, per Dekret. Indem registrierte Inkonsistenzen generell dem Verstoß gegen methodologische Gebote zugeschrieben werden und daran festgehalten wird, dass für jedes Verhalten Regelkonsistenz bzw. -inkonsistenz in konsistenter Weise ermittelt werden kann, immunisiert sich eine solche Position gegenüber abweichenden empirischen Evidenzen und ermöglicht sich so durch ihre eigenen Prämissen in zirkulärer Weise selbst.

Die performative Paradoxie, in die ein generalisierter kulturanalytischer Skeptizismus sich verstrickt und der tautologische Zirkel eines kulturanalytischen Dogmatismus lassen sich freilich gleichermaßen vermeiden, wenn die Frage der konsistenten oder inkonsistenten Anwendung der Differenz konsistent/inkonsistent als offene Frage behandelt wird, die nicht theoretisch und mit universellem Geltungsanspruch, sondern nur empirisch und im jeweils untersuchten Fall zu entscheiden ist.

Das Problem, inwiefern sich die Unterscheidung konsistent/inkonsistent selbst konsistent oder inkonsistent anwenden lässt, folgt aus dem Problem der *Interpretation von Regeln,*[15] das bei jeder Anwendung auf eine Situation zu lösen ist und in durchaus unterschiedlicher Weise gelöst werden kann. Bei Parsons ebenso wie bei Searle und anderen weitestgehend verdrängt,[16] tritt das Problem der Kontingenz der Interpretationen besonders im symbolischen Interaktionismus, in Garfinkels Ethnomethodologie und im Derridaschen Dekonstruktivismus ins Zentrum der Aufmerksamkeit. Weil Regeln allgemein formuliert sind und keine Anwendungssituation der anderen vollkommen gleicht, werden Regeln – wie es Garfinkel (1967: 9) formuliert hat – immer „for ‚another first time'" befolgt. Mit jeder Befolgungssituation muss der Hiatus zwischen Regel und Situation durch das interpretierende Urteil der Akteure überbrückt und der Konsens darüber, was sozial als Befolgung einer Regel gilt, erneut hergestellt werden. Ins Zentrum der Aufmerksamkeit tritt damit die *in der Kommunikation* zu leistende „judgemental work" der Akteure, die einen derartigen immer nur vorläufig bleibenden „working consensus" von Situation zu Situation erzeugt.

Legen wir den Vorschlag Searles für die Explikation „konstitutiver Regeln" (also die Formel „X gilt als Y im Kontext C") zugrunde, dann markiert jede der darin enthaltenen Variablen ein mögliches Einfallstor für die Kontingenz der Regelanwendung: Wie groß die Variationsbreite des *Verhaltens* X (X1, X2, …, Xn) sein kann, dem die Bedeutung Y zuzuordnen ist, welche *unterschiedlichen Bedeutungen* Y1, Y2, … Yn einem gegebenen Verhalten Xi zugeordnet werden können und unter *welchen Kontextbedingungen* C1, C2, …, Cn dies der Fall ist – all dies kann Anlass zu Differenzen im Gebrauch von Regeln sein. Gegenüber Searle hat Derrida insbesondere die Annahme der eindeutigen Bestimmbarkeit des Kontextes problematisiert. Er insistiert darauf, dass der Kontext einer Äußerung „nie absolut bestimmbar ist oder (…) seine Bestimmung niemals gesichert oder gesättigt ist" (Derrida 1988: 293; vgl. dazu auch Culler 1988: 136f.). Immer kann es möglich sein, dass neue Bedingungen identifiziert werden, die zu einer Erweiterung bzw. Revision der zuvor unterstellten Deutung eines Verhaltens Anlass geben. In die Sozialdimension übersetzt hat dieses Argument zur Konsequenz, dass unterschiedliche Beobachter verschiedene Kontextbedingungen als erfüllt registrieren und deshalb auch unter Zugrundelegung derselben Regelmenge und bei übereinstimmender Beobach-

---

15 Zur Diskussion des Regelbegriffs und des Problems der Regelinterpretation vgl. Schneider 2009: 303ff.

16 Auch in Oevermanns objektiver Hermeneutik, die Strukturen nach dem Modell von algorithmischen Regeln konzipiert, ist dies der Fall. Ein algorithmischer Regelbegriff ist jedoch keine zwingende Voraussetzung für die Methode der objektiven Hermeneutik; vgl. dazu Schneider 2009: Kap. 2.2 und 2.3.

tung eines Verhaltens X zur Zuordnung *divergierender* Bedeutungen Y1, Y2, … Yn kommen können. Die Frage ist, inwiefern unter diesen Prämissen in der Sozialdimension konsistente Bedeutungszuweisungen möglich sind.

Stanley Fish hat dazu die These formuliert, dass übereinstimmende Regelbefolgung die Übereinstimmung in einer offenen und daher unbestimmbaren Menge von Hintergrundannahmen voraussetze. Erfüllt werde diese Voraussetzung durch das gemeinsame Hintergrundwissen von „interpretive communities" (Fish 1980). Die Übereinstimmung im verfügbaren Hintergrundwissen ist freilich immer nur begrenzt. Darüber hinaus muss dieses Wissen auch jeweils *in übereinstimmender Weise aufgerufen* und zur Deutung von Verhaltensereignissen benutzt werden. Die Lösung dieses Problems verlangt *eine kontinuierliche praktische Synchronisierung* der Regelanwendung in der Binnenkommunikation von „interpretive communities". Mit Garfinkel kann dem noch die These hinzugefügt werden, dass die Praxis der Befolgung von Regeln nicht nach dem gesetzesrechtlichen Modell der Subsumtion von konkreten Fällen unter allgemeine Formeln, sondern nach dem fallrechtlichen Modell der je aktuellen Erzeugung von Ähnlichkeitsrelationen auf der Basis vergangener Erfahrungen zu rekonstruieren sei, welche dazu als Reservoir von Präzedenzfällen genutzt würden (vgl. dazu Garfinkel 1967: 73f.). Diese These liefert zugleich eine zusätzliche Begründung für die These der *Ungesättigtheit des Kontextes:* Der Grund dafür ist demnach in der *Offenheit der Menge der möglichen Analogien* zu suchen, die vor dem Hintergrund des Erfahrungswissens unterschiedlicher Akteure konstruiert werden können.

Die *Unsicherheit* über den Gebrauch der Unterscheidung konsistent/inkonsistent kann bei Strafe einer performativen Paradoxie nicht als universale, wohl aber als in jedem Einzelfall *möglicherweise* auftretende Schwierigkeit betrachtet werden. *Methodologisch* aus der Perspektive des wissenschaftlichen Beobachters, aber auch im *Binnenkontext der beobachteten Kommunikation,* stellt sich deshalb die Frage, wie dieses Problem zu handhaben ist. Die Ethnomethodologie hat versucht, beide Probleme miteinander zu fusionieren und die Lösung des methodologischen Problems, wie es sich für den wissenschaftlichen Beobachter stellt, gleichsam an die beobachtete Kommunikation zu delegieren: Unterschiedliche Möglichkeiten der Regelinterpretation sind demnach methodologisch nur dann anzunehmen, wenn beobachtet werden kann, dass die Akteure unterschiedliche Möglichkeiten registrieren. Wenn aber nicht, dann nicht. Methodologisch gilt es also nur zu beobachten, ob und gegebenenfalls wie dieses Problem in der Kommunikation selbst auftaucht und bearbeitet wird. Dies schließt die Möglichkeit ein, dass Bedeutungszuweisungen im beobachteten Gegenstandsbereich kontrovers bleiben und im Binnenraum unterschiedlicher „interpretive communities" je intern als gültig akzeptiert werden. Unter geeigneten Umständen kann aber auch zwischen konkurrierenden Deutungsvorschlägen auf dem Wege der allmählichen Herausbildung einer dominierenden „öffentlichen Meinung“ entschieden werden. Abschließend möchte ich zu diesen beiden Möglichkeiten zwei Fallbeispiele skizzieren, die sich mit der kommunikativen Deutung nicht-sprachlichen Verhaltens beschäftigen.

V. Offenheit des Kontextes, Unsicherheit der Interpretation und Pluralität der Bedeutungszuweisungen

Zunächst ein Beispiel aus Bourdieus Untersuchungen zur kabylischen Gesellschaft, bei dem es um die Regeln des Spiels der Ehre geht, das durch einen bestimmten Zug eröffnet wird, nämlich durch die Ausführung einer Herausforderung. Bourdieu (1976: Kap. I) behandelt ausführlich die unterschiedlichen Möglichkeiten der Reaktion auf eine Herausforderung sowie die verschiedenen Bedeutungen, die derselben Reaktion zugeschrieben werden können. Seine Darstellung beginnt mit einem kurzen Fallbericht: Ein Mann, der eine Mauer in seinem Garten baute und dazu Steine brauchte, riss eine Stützmauer auf dem Grundstück seines Nachbarn ein und verwendete dessen Steine für den Bau seiner eigenen Mauer. Ein solcher vor aller Augen begangener Übergriff auf das Eigentum des Nachbarn kommt einem demonstrativen Akt der Nichtachtung gleich und gilt deshalb normalerweise als Herausforderung, die vom Herausgeforderten eine Reaktion verlangt, die geeignet ist, seine dadurch angegriffene Ehre wiederherzustellen. Der geschädigte Nachbar nahm diese Herausforderung jedoch nicht an, sondern schien sie zu ignorieren. Seinem Ansehen war dies gleichwohl nicht abträglich. Die öffentliche Meinung des Dorfes nahm von dem Vorfall kaum Notiz.

Bourdieu nennt zwei *Kontextbedingungen,* die erklären, warum die ausbleibende Antwort der Ehre des Angegriffenen nicht abträglich war: (1) Der Umstand, dass es sich bei dem Herausgeforderten um einen jungen kräftigen Mann mit einer großen und mächtigen Verwandtschaft handelte, so dass kein Zweifel an seiner Überlegenheit gegenüber dem Angreifer bestand. (2) Der Umstand, dass der Angreifer als sogenannter *Amahbul,* d.h. als ein schamloser und frecher Mensch ohne Gefühl für Anstand und Ehre galt. Im Blick auf solche Personen empfiehlt ein kabylisches Sprichwort: „dem *amahbul* geh aus dem Wege“ (Bourdieu 1976: 11f.).

Bourdieus Erklärung macht deutlich, dass im vorliegenden Fall zwei wesentliche Kontextbedingungen nicht erfüllt waren, deren Erfüllung als notwendige Voraussetzung für die Ausführung einer bei Strafe des Ehrverlusts beantwortungspflichtigen Herausforderung zu betrachten ist. Nämlich (a) die Voraussetzung, dass der Herausforderer nicht offensichtlich unterlegen sein darf, so dass völlig klar ist, dass er in einer Auseinandersetzung mit dem Herausgeforderten unterliegen wird, und die Bedingung (b), dass nur ein Mann, dem selbst Ehre und Ehrgefühl zugeschrieben wird, einen Mann von Ehre *tatsächlich* herausfordern kann. Beide Bedingungen umschreiben gleichsam Teilnahmebedingungen am „Spiel der Ehre". Wer sie nicht erfüllt, ist nicht dazu befähigt, den Eröffnungszug in diesem Spiel, die Herausforderung, *sozial gültig* auszuführen.

Diese regulären Kontextbedingungen fungieren als Prämissen der Bedeutungszuschreibung. Sofern diese Zuschreibung routinisiert und sozial übereinstimmend abläuft, wird das Schema konsistent/inkonsistent in der Kommunikation im operativen Modus genutzt. Darüber hinaus kann dieses Schema freilich auch im Beobachtungsmodus erster oder zweiter Ordnung aufgerufen werden. Denn inwiefern die erwähnten Kontextbedingungen erfüllt oder nicht erfüllt sind, ist eine *Frage der Interpretation.* Wie das Kräfteverhältnis zwischen den beteiligten Parteien einzuschätzen und ob der potentielle Herausforderer als „ehrloser Mensch" zu betrachten ist, kann unterschiedlich beurteilt werden. Die Interpretationshoheit in der Frage, ob die konstitutive Regel für den Vollzug einer Herausforderung im Einzelfalle erfüllt oder nicht-erfüllt ist, fällt hier der „öffentlichen Meinung" zu. Wie deren Einschätzung ausfällt, ist keineswegs eine Frage leidenschaftsloser und um größtmögliche „Objektivität" bemühter Urteilsbildung, sondern wesentlich von den Beziehungen zu den Parteien der Auseinandersetzung, von Feindschaften, Bündnisbeziehungen und Interessen abhängig, die in den Prozess der Formierung der öffentlichen Meinung eingehen. Bei der Frage der Regelauslegung und -anwendung handelt es sich also um eine potentiell *politische* Frage, deren Entscheidung nicht durch die Regeln selbst *determiniert*, sondern die vielmehr Resultat eines sozialen Prozesses ist, dessen Ausgang nicht von vornherein feststeht. Vor allem dann, wenn dieser Prozess konfliktär ausgetragen wird, ist damit zu rechnen, dass das Schema konsistent/inkonsistent im Beobachtungsmodus erster Ordnung aktiviert wird. Metakommunikative Thematisierungen von Deutungskonflikten und Vermittlungsversuche weisen demgegenüber eine besondere Affinität zum Gebrauch dieses Schemas im Beobachtungsmodus zweiter Ordnung auf. Die durch die Auslegungsbedürftigkeit von Regeln bedingte *Unsicherheit* darüber, wie ein Verhalten zu deuten und wie darauf zu reagieren ist, wird in verfälschender Weise getilgt, wenn der Prozess der Regelanwendung nur retrospektiv, von seinem Ergebnis her, beobachtet und als simples Resultat der Befolgung der Regel erklärt wird, auf deren Erfüllung sich die öffentliche Meinung schließlich einigt. Wer das Fungieren von Regeln nur retrospektiv betrachtet, erliegt leicht der „Illusion der Regel" (vgl. Bourdieu 1976: 203ff.), die jede *Kontingenz scheinbar absor-*

biert.[17] Die methodologische Auflösung dieses Kontingenzproblems besteht darin, zu beobachten, wie die daraus resultierende Unsicherheit in der Kommunikation verarbeitet wird und welche Strategien und sozialen Einrichtungen diesem Zweck dienen.

Die Kontingenz der Interpretation lässt sich besonders gut in der massenmedial vermittelten Kommunikation beobachten. Abschließend möchte ich deshalb ein von mir selbst an anderer Stelle ausführlich mit Hilfe der Methode der „objektiven Hermeneutik" analysiertes Beispiel dazu skizzieren (vgl. Schneider 2004), das den Kniefall Willy Brandts vor dem Denkmal im Warschauer Ghetto im Dezember 1970 und dessen Resonanz in den Massenmedien untersucht.[18] Die Verhaltenseinheit (=X), um deren Deutung es geht, ist mit dem Kniefall vor dem Ghettodenkmal klar eingegrenzt. Einem derartigen Verhalten können in Abhängigkeit von der jeweiligen kontextuellen Einbettung (=C) unterschiedliche Bedeutungen (=Y) auf der Basis sozial geltender Regeln (alias Erwartungserwartungen)[19] zugeschrieben werden. Aus Raumgründen kürze ich hier ab und erwähne nur einige der wichtigsten Bedeutungsmöglichkeiten.

Ausgeführt vor einem Altar oder einem Götterbildnis kann die Geste des Kniefalls als Element religiöser Anbetung, Verehrung und Fürbitte bzw. im Zusammenhang mit dem Bekenntnis von Schuld, dem Ausdruck von Reue und der Bitte um Vergebung vollzogen werden. Als Geste der Verehrung, der Unterwerfung, des Schuldbekenntnisses etc. kann der Kniefall ebenso in nicht-religiösen Kontexten fungieren. Offensichtlich von zentraler Bedeutung dafür, welche dieser Bedeutungsmöglichkeiten als erfüllt angenommen werden kann, ist vor allem das Bezugsobjekt des Kniefalls und die Situation, in der er ausgeführt wurde.

Genau hier, bei der präzisen Bestimmung des Kontextes, der als relevant zu unterstellen ist, zeigen sich die Schwierigkeiten, die einer eindeutig bestimmten Bedeutungszuweisung entgegenstehen. Je nachdem, welche Bedingungen als Kontextbedingungen selegiert werden, ergeben sich unterschiedliche Möglich-

---

17 „‚Die Übergänge sind eigentlich alle schon gemacht' heißt: ich habe keine Wahl mehr. Die Regel, einmal mit einer bestimmten Bedeutung gestempelt, zieht die Linien ihrer Bedeutung durch den ganzen Raum. (…) – *So kommt es mir vor* sollte ich sagen", notiert Wittgenstein in den „Philosophischen Untersuchungen", um dann eine derartige Beschreibung der Regelbefolgung als „mythologische Beschreibung des Gebrauchs einer Regel" zu deklarieren; vgl. Wittgenstein 1977: Teil I, §§ 219 und 221.

18 Als neuere Überblicksdarstellungen zur „objektiven Hermeneutik" vgl. Oevermann 2002; Schneider 2008a. Zur Darstellung der Kooperationsmöglichkeiten zwischen Systemtheorie, Konversationsanalyse und objektiver Hermeneutik vgl. Schneider 2008b.

19 Zum Verhältnis des Regelbegriffs der „objektiven Hermeneutik" zur systemtheoretischen Bestimmung kommunikativer Strukturen als „Erwartungserwartungen" vgl. Schneider 2009: 202ff. Wie dort gezeigt (a.a.O.: 210ff.), verlangt die Nutzung dieser Methode keineswegs die Übernahme des Regelbegriffs in der von Oevermann vertretenen Version.

keiten der Interpretation. Dabei lassen sich keine definitiven Grenzen angeben für das, was als relevanter Kontext in Frage kommt. Jede neue Interpretation kann diese Grenzen an anderer Stelle ziehen, kann andere Sachgesichtspunkte, andere als Adressaten zu berücksichtigende Personen, Organisationen oder Kollektive, andere historische Bezugspunkte des Vergleichs ins Spiel bringen. Auch die Intention des Handelnden kann nicht für solche Grenzen sorgen. Sie taugt nicht als Appellationsinstanz für die Bestimmung der maßgeblichen Bedingungen der Situation und der Bedeutung, die seinem Verhalten zuzuschreiben ist, weil andere Beobachter hier eine andere Auswahl treffen und abweichende Bedeutungsmöglichkeiten entwerfen können, die zur Anschlussstelle für Folgekommunikationen werden. Die bekundete Bedeutungsintention des Handelnden zählt deshalb nur als eine Interpretation unter vielen. Beginnen wir, um diese These an unserem Beispiel zu überprüfen, zunächst mit den möglichen Adressaten der Geste.

Brandt fiel vor dem Denkmal auf die Knie, das an den Aufstand im Warschauer Ghetto erinnert. Insofern scheint der Adressat dieser Geste auf den ersten Blick klar: *Als Bekenntnis von Schuld* (und eventuell auch: als *Bitte um Vergebung*) gilt sie zunächst den ermordeten Juden, ihren Angehörigen sowie den Überlebenden. Die Inschrift des Mahnmals widmet es „Dem jüdischen Volk – seinen Kämpfern und Märtyrern"; in der massenmedialen Berichterstattung ist häufig die Rede von den darin verkörperten „Helden des Warschauer Ghettos"; im Zentrum des Mahnmals stehen nicht willenlose Opfer, sondern Kämpfer, die unter aussichtslosen Bedingungen bis zum Ende Widerstand leisten.[20] Stellt man dies in Rechnung, dann kann Brandts Kniefall auch als *Akt der Verehrung und der posthumen Anerkennung* des tragischen Heldentums der abgebildeten Ghetto-Kämpfer durch den politischen Vertreter der einstigen deutschen Gegner verstanden werden, der sie – in moralischer Hinsicht ebenso wie in ihrem Mut als Kämpfer – durch diese Geste der symbolischen Unterwerfung ehrt.

Über die unmittelbar Betroffenen, deren Angehörige und Nachkommen hinaus kann diese Geste auf das jüdische Volk bezogen werden, auf dessen Vernichtung der Holocaust zielte, und mittelbar auch auf den später gegründeten Staat Israel als jüdischen Staat. Die Juden des Warschauer Ghettos waren freilich Staatsbürger Polens. Das Denkmal steht auf polnischem Territorium. Brandts Kniefall fand im Rahmen eines Staatsbesuches in Polen statt. Insofern

20 Im Zentrum steht dabei eine Figur, die Mordechai Anielewicz porträtiert, den damals 24-jährigen Kommandeur einer *pro-sowjetischen Gruppe junger Zionisten*. Dass das Mahnmal an *jüdische* Kämpfer und Märtyrer erinnert, wird nicht an der Darstellung der Kämpfenden, sondern nur durch die Rahmung des Monuments (Doppellöwen mit Menora) sowie durch das Relief an seiner Rückseite erkennbar. Zur ikonographischen Analyse der Skulptur vgl. Schneider 2004: 176ff.

kann diese Geste ebenso auf die Ermordeten in ihrer Eigenschaft als polnische Staatsbürger, auf das polnische Volk sowie den polnischen Staat als dessen politische Repräsentanz bezogen werden.

Die Differenz Juden/Polen bzw. jüdischer Staat/polnischer Staat war in der damaligen Situation ein durchaus relevanter Unterschied: Der sogenannte Sechstagekrieg von 1967 zwischen Israel und den arabischen Staaten Ägypten, Jordanien und Syrien lag erst dreieinhalb Jahre zurück. Polen hatte (wie die meisten anderen Länder des damaligen Ostblocks) danach die diplomatischen Beziehungen zu Israel abgebrochen und noch nicht wieder aufgenommen. 1968 waren unter derselben polnischen Regierung, mit deren Vertretern Brandt 1970 zusammentraf, antisemitische Säuberungen in Partei, Staatsapparat und Streitkräften durchgeführt worden. Die unterschiedlichen Kollektive, denen die Opfer zugerechnet werden konnten, standen demnach für gegnerische Seiten innerhalb einer aktuellen politischen Konfliktsituation. Ermöglicht durch die ambige Identität der im Denkmal Abgebildeten, verhielt sich die sprachlose Geste Brandts indifferent gegenüber diesem Unterschied und blockierte so die Möglichkeit, als Stellungnahme für eine und gegen die andere Seite innerhalb dieser Konfliktkonstellation verbucht zu werden.

Eine weitere politische Konfliktlinie konnte auf diese Weise freilich nicht in den Bereich der Latenz gedrängt werden: Polen war ein Staat des Ostblocks mit der Sowjetunion als dessen Hegemonialmacht, die Bundesrepublik Teil des westlichen Bündnisses unter Führung der USA. Das Denkmal, vor dem Brandt auf die Knie fiel, wurde flankiert von polnischen Soldaten, das Gewehr mit aufgepflanzten Bajonetten präsentierend. Brandts Geste ließ sich insofern auch auf Polen als Staat und Mitglied des Warschauer Paktes beziehen. Im Rahmen dieses Staatsbesuches unterzeichnete Brandt den Warschauer Vertrag, in dem Deutschland die Westgrenze Polens ohne polnische Gegenleistung anerkannte und damit darauf verzichtete, Anspruch auf die Rückgabe ehemals deutscher Gebiete zu erheben. Vor diesem Hintergrund konnte Brandts Kniefall vor einem von polnischen Soldaten flankierten Mahnmal auch als *gestischer Ausdruck der politischen Unterwerfung* des deutschen Bundeskanzlers gegenüber den Ansprüchen eines feindlichen kommunistischen Satellitenstaates der Sowjetunion gelesen werden, wie sie aus der Perspektive der Gegner der Brandtschen Ostpolitik mit der Unterzeichnung dieses Vertragswerkes vollzogen worden war.

Betrachten wir nun, welche der skizzierten Bedeutungsmöglichkeiten in den massenmedialen Reaktionen auf Brandts Kniefall erkennbar werden und inwiefern der deutungsrelevante Kontext dabei noch durch Einbeziehung zusätzlicher Bedingungen erweitert wird.

Als nicht religiös motiviertes, stellvertretend abgelegtes Schuldbekenntnis und als Bitte um Vergebung wird Brandts Geste in einem Spiegelartikel gedeutet:

> „Wenn dieser nicht religiöse, für das Verbrechen nicht verantwortliche Mann (…) dort niederkniet – dann kniet er da also nicht um seinetwillen. Dann kniet er, der das nicht nötig hat, da für alle, die es nötig haben, aber nicht da knien – weil sie es nicht wagen oder nicht können oder nicht wagen können. Dann bekennt er sich zu einer Schuld, an der er selber nicht zu tragen hat, und bittet um eine Vergebung, derer er selber nicht bedarf, dann kniet er da für Deutschland" (Schreiber 1970: 29).

Das stellvertretende Schuldbekenntnis wird hier nicht auf Brandt in seiner Rolle als Bundeskanzler, sondern auf die Person („dieser … Mann") zugerechnet, die bereit ist, schuldlos für die Schuld anderer einzustehen und für sie um Vergebung zu bitten. Die Art der Darstellung löst den Vorgang von allen spezifischen Referenzen ab, abstrahiert Brandts Handlung zum Vollzug stellvertretender Schuldübernahme rein als solcher und damit zum Vollzug einer Handlung, für die im Kontext der Religion (an den bereits die Geste des Kniefalls erinnert) paradigmatisch die stellvertretende Übernahme der Sündenlast der Menschheit durch Jesus steht. Diese Parallele wird freilich nicht expliziert, sondern nur durch den Duktus der Darstellung evoziert, dabei aber ausdrücklich nicht religiös, sondern auf einen moralisch-säkularen Sinn hin pointiert. Auch der Hinweis fehlt nicht, dass Brandt vor allem für die Schuld seiner verblendeten Feinde auf die Knie fällt, nämlich „(…) als Stellvertreter eben derer, die ihn seit langem, und nun von neuem, des Verrats bezichtigen" (a.a.O.). Am Ende des obigen Zitats wird die generalisierte Figur der Schuldübernahme auf das politische Kollektiv hin respezifiziert, das der Erlösung von der auf ihm lastenden Schuld bedarf („Dann kniet er da für Deutschland"). Möglich wird diese Pointierung der Geste nur durch Einblendung von Elementen der Biographie Brandts (a.a.O. wird sein Engagement im Widerstand gegen den Nationalsozialismus erwähnt, das jede Zurechnung persönlicher Schuld ausschließt) in den als relevant markierten Kontext der Interpretation. Der Hinweis, dass Brandt nicht religiös sei, deklariert die Übereinstimmung des Kniefalls mit der insbesondere im Katholizismus üblichen Ausführung dieser Geste als Ausdruck religiöser Devotion zugleich als irrelevant.[21] Die *Analogie* zur Stellvertreterschaft Christi bei gleichzeitiger Betonung des nicht-religiösen Charakters von Brandts Kniefall, der aus jeder protokollarischen Routine ausschert, lässt diese Geste als eine Handlung

21 An anderer Stelle des Artikels von Schreiber (a.a.O.) heißt es dementsprechend: „Als er (Brandt; W.L.S.) in einer deutschen Zeitung die Formulierung findet, er, der ‚aus einer protestantischen Welt stammende Kanzler' sei vor einem jüdischen Mahnmal niedergekniet ‚wie ein guter polnischer Katholik', wird er beinah böse. Das, sagt er, ‚trifft doch nicht den Kern'. An Devotion, gar in einem konfessionellen Sinn, hat er gewiss nicht gedacht."

erscheinen, für die es kein Vorbild gibt, mit dem sie vollständig zur Deckung gebracht werden könnte. Das Schema konsistent/inkonsistent ist hier offensichtlich im Beobachtungsmodus zweiter Ordnung aktiviert und registriert nicht Reproduktion, sondern Innovation vor dem Hintergrund des Repertoires bekannter kultureller Muster, die nicht nur als abweichend markiert, sondern darüber hinaus in ihrer Eigenstruktur bestimmt wird. Im Vordergrund steht dabei der politisch-*moralisch* angemessene Umgang mit der deutschen Schuld. Die politische *Konfliktkonstellation* tritt demgegenüber als Kontext für die Interpretation von Brandts Geste in den Hintergrund.

Die Suche nach *Präzedenzfällen,* die als Bezugspunkt für die Deutung von Brandts Geste dienen können, ist noch deutlicher in einigen Leserbriefen zu erkennen, die in der gleichen Nummer des Spiegels wie der oben zitierte Artikel eine Woche nach den Ereignissen in Warschau veröffentlicht wurden. Als deutungsrelevanter Kontext steht dabei jeweils die politische Konfliktkonstellation im Zentrum (vgl. zum Folgenden Schneider 2004: 170ff.):

> "Der Kniefall des Bundeskanzlers hat in der Weltgeschichte nur eine Parallele: den Canossagang Heinrichs IV. im Jahre 1077".[22]

Bußfertige Unterwerfung des deutschen Kaisers (im Kontext des Investiturstreits) gegenüber Papst Gregor VII. mit dem Ziel der Lösung des päpstlichen Bannes, dafür steht der Topos vom Gang nach Canossa.[23] Oder knapper: ‚Normalisierung der Beziehungen' um den Preis der Unterwerfung des deutschen Kaisers gegenüber dem Papst. Die Analogie ist prägnant. Sie spielt die Wahrung von *Souveränität und Würde* im Konflikt mit einem Gegner gegen *würdelose Unterwerfung* aus. Als Kontext von Brandts Kniefall wird demnach eine Konstellation des *Konflikts zwischen feindlichen Mächten* unterstellt, deren Ansprüche auf Vorherrschaft miteinander konfligieren und von denen sich eine der beiden Mächte der anderen in würdeloser Weise unterwirft. Die Positionen der „feindlichen Mächte", die im Rahmen von Brandts Warschau-Besuch aufeinander treffen, können dabei auf zweierlei Weise besetzt werden: Deutschland vs. Polen, deren Gebietsansprüche bisher miteinander konfligierten, aber auch kommunistische Staaten vs. westliche Demokratien, die – unter der Vorherrschaft der Sowjetunion und der USA in den Bündnissystemen des Warschauer Paktes und der Nato organisiert – einander als gegnerische Blöcke gegenüberstehen. Als Kontext ignoriert wird dabei der im Namen des deutschen Volkes begangene millionenfache Mord an Juden und Polen. Ausschließlich fokussiert auf die zur Zeit des Brandt-Besuchs aktuelle politische Konfliktkonstellation, wird das Problem der Bewältigung moralischer Schuld, das in

22 So die Zuschrift von Walter Ruppel, im Spiegel Nr.52, vom 14.12.1970: 7.
23 Unter Historikern ist die Beurteilung des Canossagangs freilich kontrovers.

dem zuvor zitierten Artikel von Hermann Schreiber den Angelpunkt für die Deutung von Brandts Kniefall bildete, vollständig ausgeblendet.

In gesteigerter Form auf Konflikt, oder genauer: auf eine Konstellation absoluter Feindschaft gemünzt, die keine Kompromisse verträgt, erscheint die folgende Leserzuschrift:[24]

> "Da kniet der deutsche Judas vor den Polen, der langsam, aber sicher ganz Deutschland verkaufen wird."

Die Kennzeichnung „Judas“ deutet Brandts Handeln als *Verrat an den Feind.* Als „Feind“ galt Polen für viele Deutsche einerseits, weil es ehemals deutsches Gebiet besetzt hielt, andererseits in seiner Eigenschaft als „kommunistischer Staat“. Ein deutscher Kanzler, der deutsche Interessen gegenüber einem feindlichen Staat nicht wahrt, erscheint vor diesem Deutungshintergrund als Verräter. Brandts früheres Engagement als linker Sozialist im Widerstand gegen Nazi-Deutschland qualifiziert ihn biographisch in besonderer Weise für derartige Angriffe, die ihn als jemand attackieren, der dem kommunistischen Feind in die Hände arbeitet. 30 Silberlinge war der Lohn, den Judas erhielt. Welchen Preis Brandt nach Auffassung des Autors dafür erhält, dass er angeblich „langsam, aber sicher ganz Deutschland verkaufen wird“, lässt seine Zuschrift offen. Interessant ist, wer als Adressat des Kniefalls genannt wird: Der deutsche Judas kniet „vor den Polen“. Von den Juden des Warschauer Ghettos, denen diese Geste gilt, sagt der Leserbrief nichts. Sie erscheinen nicht als Gruppe mit einer eigenen abgrenzbaren Identität, sondern werden entweder völlig ignoriert oder per Implikation als Polen definiert.

Die Dimension *politischer Unterwerfung* steht erneut in der folgenden Leserzuschrift im Vordergrund (Spiegel: a.a.O.):

> „Die Polen werden beim Anblick des knienden Bundeskanzlers an das Wort des großen britischen Premiers Churchill erinnert worden sein: ‚Die Deutschen hat man entweder an der Gurgel - oder auf den Knien!’.“

Feindschaft und Kampf oder Unterwerfung erscheinen hier als die beiden Modalitäten der Beziehung der Deutschen zu ihren Nachbarn. Die spezifische Konfliktsituation zwischen Polen und der Bundesrepublik sowie die Blockmitgliedschaft beider Staaten in der Konstellation des ‚Kalten Krieges’ bleibt dabei ebenso ausgeblendet wie das Problem der moralischen Schuld Deutschlands oder die Juden als eigenständige Adressaten von Brandts Kniefall. Ohne Berücksichtigung bleibt auch, dass Brandt auf der Seite der Gegner des nationalsozialistischen Deutschland stand und deshalb als Person gerade nicht zu denjenigen Deutschen gerechnet werden kann, welche den Angriff Deutschlands auf seine Nachbarn billigten. Statt dessen wird, in Anlehnung an ein Wort Churchills, Brandts Kniefall als symptoma-

24 Ebenfalls veröffentlicht im Spiegel Nr.52, vom 14. Dezember 1970: 7.

tisch interpretiert für die Oszillation des Verhaltens „der Deutschen" zwischen zwei Extremwerten, nämlich zwischen dem durch kriegerische Gewalt betriebenen Versuch, andere Staaten zu unterwerfen einerseits und der kniefälligen Unterwerfung im Falle des Scheiterns und der Niederlage andererseits. Als implizit bleibende Normalitätsprämisse, von der das deutsche Verhalten abweicht, wird hier eine Beziehung zwischen Staaten angenommen, die weder auf Kampf und Feindschaft, noch auf Unterwerfung beruht, sondern – so kann man vermuten – auf *friedlichen Beziehungen zwischen souveränen Staaten.* Der Autor des Briefes platziert Brandts Geste in den Kontext einer nach seiner Ansicht bei „den Deutschen" historisch zu beobachtenden Sukzession komplementärer Ausprägungen kollektiven Verhaltens. Er deutet den Kniefall vor diesem Hintergrund als *Reproduktion eines bekannten Musters,* dessen Bedeutung sowohl von Brandt als Person wie auch von der spezifischen politischen Konstellation abgelöst erscheint, in die Brandts Geste eingebettet ist.

Die in den Leserbriefen artikulierten Deutungen arbeiten durchgängig mit (zum Teil paradigmatisch-personifizierenden) Abweichungszuschreibungen, ohne sich für alternative Konsistenzkriterien zu interessieren, die das als mit bestimmten Erwartungen inkonsistent beobachtete Verhalten erfüllen könnte. Sie prozessieren demnach im Beobachtungsmodus erster Ordnung. Zugleich lassen diese Deutungen erkennen, wie die Interpretation eines Verhaltens durch die Selektion derjenigen Bedingungen bestimmt wird, die jeweils als Kontext dieses Verhaltens markiert werden. Welche Bedingungen dies sind, ist eine nur empirisch zu beantwortende Frage. Es gibt keine Perspektive, von der aus sich ein vollständiger Kontext und alle daraus ableitbaren Bedeutungen bestimmen ließen. Der Kontext bleibt – mit Derrida formuliert – „ungesättigt", d.h. variabel, weil offen für andere Möglichkeiten der Selektion. Die Bedeutung des zu interpretierenden Verhaltens kann deshalb nicht endgültig fixiert werden. Sie ist weder in perspektivenneutraler Objektivität bestimmbar noch subjektivem Belieben anheim gestellt, sondern bleibt gebunden an die *objektive Realität unterschiedlicher Perspektiven möglicher Beobachtung*, wie in Anschluss an Mead und Whitehead formuliert werden kann (vgl. Mead 1927).

Unser Beispiel lässt deutlich erkennen, dass die verschiedenen Kontextuierungen nicht zufällig variieren, sondern sich um spezifische Schwerpunkte gruppieren: Der Fokussierung auf die Dimension *moralischer Schuld* steht die Fixierung auf die Dimension des *politischen Konflikts* gegenüber, der in einem *Freund/ Feind-Schema* interpretiert wird, in dem sich die historisch vorausgegangenen Konstellationen der beiden Weltkriege niederschlagen, wobei sich insbesondere die Frontlinien des zweiten Weltkrieges und die 1970 bestehende Konstellation des Kalten Krieges überlagern und die Übernahme einer moralisch-universalistischen Perspektive blockieren. Die kommunikative Konstruktion des jeweils relevant erscheinenden Kontextes macht dabei in besonderem Maße von der Bezugnahme auf *Präzedenzfälle* Gebrauch (Stellvertreterschaft Jesu; Gang nach Canossa; Verrat des Judas), mit denen das zu deutende Ereignis als mehr oder weniger übereinstimmend dargestellt wird. In der kommunikativen Registrierung von Ähnlichkeitsrelationen ist die Unterscheidung konsistent/inkonsistent – und damit „Kultur" als Beobachtungsschema – aktiviert. Welche Ähnlichkeitsrelationen dabei plausibel erscheinen – so könnte man in Anknüpfung an Stanley Fish (1980) vermuten – wird wesentlich über die Partizipation von Kommunikationsteilnehmern an „interpretive communities" mit unterschiedlichen kommunikativ reproduzierten „kollektiven Gedächtnissen" reguliert, die die Selektion relevanter Kontexte in divergierender Weise orientieren. Die Struktur „interpretativer Gemeinschaften", ihre Konstitution und Reproduktion wäre methodologisch durch die Kombination einer kommunikationstheoretisch angeleiteten (vgl. Schneider 2009: 435f.) mit einer wissenssoziologischen Perspektive zu untersuchen. Dies ist hier nicht mehr möglich.

VI. Resümee

Die wesentlichen Elemente des hier vorgeschlagenen Konzepts von Kultur lassen sich wie folgt zusammenfassen. Kultur wird –
(a) auf die Ebene der Reproduktion von *Kommunikation* bezogen und
(b) als *Gedächtnis* von Kommunikation bestimmt, das in der Kommunikation immer dann fungiert, wenn Erwartungsmuster bzw. Regeln und deren Anwendungskontexte aufgerufen und als Maßstab für die Beobachtung von kommunikativen und nicht-kommunikativen Handlungen unter Gesichtspunkten der Konsistenz bzw. Inkonsistenz eingesetzt werden. Dabei wird zwischen dem *operativen* Gebrauch des Schemas konsistent/inkonsistent und seiner Verwendung im Modus der *Beobachtung erster und zweiter Ordnung* als möglichen Vollzugsformen kommunikativer Konsistenzkontrolle sowie zwischen der Ebene der *Kulturreflexion* (als Reflexion der Differenz konsistent/inkonsistent) unterschieden.
(c) „Kultur" als *historischer* Begriff markiert die gesellschaftliche Verankerung und Normalisierung des *Beobachtungsmodus zweiter Ordnung*, in dem abweichendes, d.h. mit bekannten Erwartungserwartungen inkonsistentes Verhalten daraufhin beobachtet wird, welche alternativen Erwartungsstrukturen darin zum Ausdruck kommen. Abweichendes Verhalten wird damit nicht mehr als Normverletzung, Unwissenheit bzw. Zeichen „*mangelnder* Kultur" bzw. „Kultiviertheit" und insofern als *Negation* von Kultur registriert, sondern als Erscheinungsform einer „*anderen* Kultur". Im Blick auf die Beobachtung menschlichen Han-

delns wird „Kultur“ so zu einem universell einsetzbaren Begriff generalisiert, der mit „Natur“ als Gegenbegriff konfrontiert werden kann.
(d) Die *Reaktivierung des Problems der Kontingenz der Interpretation* von Erwartungserwartungen bzw. Regeln verlangt, dass dieses Problem auf der Ebene der operativen Reproduktion von Kultur kontinuierlich gelöst werden muss. Die Reproduktion von Kultur ist dabei *nicht deterministisch* zu denken. Stattdessen handelt es sich hier um einen offenen Deutungsprozess unter Bedingungen der Indeterminiertheit des relevanten Kontextes.
(e) Das Problem der Bestimmung des jeweils relevanten Kontextes ist *methodologisch* nur dadurch zu lösen, dass beobachtet wird, wie dieses Problem *in der Kommunikation selbst* registriert und gelöst wird. In welcher Weise dies möglich ist, habe ich exemplarisch gezeigt. Dabei kommt den Strukturen des kollektiven Gedächtnisses „interpretativer Gemeinschaften“ eine wesentliche Bedeutung für die Selektion der als relevant angenommenen Kontextbedingungen zu.

Gegen die hier vorgetragene systemtheoretische Reformulierung des Begriffs „Kultur“ könnte man einwenden, dass sie zu unspezifisch ist, wird doch die Unterscheidung konsistent/inkonsistent in Relation zu bekannten Strukturen in verschiedensten sozialen Kontexten mit unterschiedlicher Funktion aufgerufen. Im *Recht* etwa, um die Vereinbarkeit von Handlungen mit den geltenden Gesetzen oder von Gesetzen mit der Verfassung zu überprüfen und dadurch nicht nur abweichendes Verhalten zu identifizieren und zu sanktionieren, sondern auch die Übereinstimmung des Rechts mit sich selbst (d.h. dessen *interne* Konsistenz) zu sichern. In der *Wissenschaft* dient die Beobachtung der Konsistenz bzw. Inkonsistenz zwischen neuen Daten und bekannten Theorien deren Überprüfung und gegebenenfalls Revision. Methodisch bewährte Innovation (d.h. Inkonsistenz mit überliefertem Wissen) wird dabei sozial prämiert. Die *Wirtschaft* verwendet Profitabilität als Kriterium für die Entscheidung zwischen Fortsetzung und Veränderung von Investitionsprogrammen. Die *Kunst* verwirft bloße Wiederholung bekannter Muster als Ausdruck fehlender Originalität und Authentizität, benutzt also die Zuschreibung vollständiger Konsistenz mit bekannten Mustern als Rejektionswert, während partielle Übereinstimmungen (etwa als Zuordenbarkeit zu Kunstgattungen und Stilen) als Gesichtspunkte verwendet werden, die es ermöglichen, Kontinuitäten und Diskontinuitäten zu beobachten. Verschiedene Funktionssysteme organisieren und verwenden demnach ihr Gedächtnis, d.h. den beobachtenden Gebrauch der Unterscheidung konsistent/inkonsistent, in je unterschiedlicher Weise. Sie tun dies, weil sie dieses Gedächtnis zur Erfüllung ihrer gesellschaftlichen Funktion benötigen und deshalb in besonderem Maße auf „Kultur“ als Beobachtungsmodus angewiesen sind. Die Diltheysche Bezeichnung dieser verschiedenen gesellschaftlichen Teilsysteme als „Kultursysteme“ findet in diesem Sachverhalt ihre Berechtigung. Aber auch die Moral, obwohl kein Funktionssystem, hat ihr Gedächtnis. Ebenso Organisationen, soziale Netzwerke oder Interaktionssysteme. All dies ist freilich kein Einwand gegen den vorgeschlagenen Begriff von „Kultur", sondern verdeutlicht nur, dass „Kultur" nicht als gegenständlich eingrenzbarer Sonderbezirk zu betrachten ist, der Objekt einer speziellen Soziologie sein könnte, und es erklärt die Omnipräsenz dieses Begriffs in den Geistes- und Sozialwissenschaften. Der hier skizzierte Vorschlag gibt dem Begriff „Kultur" einen prägnanten Sinn in hoher Abstraktionslage, der dann aber – in Abhängigkeit von unterschiedlichen sozialen Kontexten – verschieden respezifiziert werden kann und muss.

Literatur

Baecker, Dirk (2001): Wozu Kultur? (2. erweiterte Auflage) Berlin: Kulturverlag Kamos

Bateson, Gregory (1983): Ökologie des Geistes. Anthropologische, psychologische, biologische und epistemologische Perspektiven. Frankfurt a.M.: Suhrkamp

Bourdieu, Pierre (1976): Entwurf einer Theorie der Praxis auf der ethnologischen Grundlage der kabylischen Gesellschaft. Frankfurt a.M.: Suhrkamp

Burkart, Günter (2004): Niklas Luhmann: Ein Theoretiker der Kultur? In: Burkart/Runkel (2004): 11–39

Burkart, Günter, Runkel, Gunter (Hg.) (2004): Luhmann und die Kulturtheorie. Frankfurt a.M.: Suhrkamp

Culler, Jonathan C. (1988): Dekonstruktion. Derrida und die poststrukturalistische Literaturtheorie. Reinbek bei Hamburg: Rowohlt Taschenbuch Verlag

Derrida, Jacques (1988): Signatur, Ereignis, Kontext. In: Ders.: Randgänge der Philosophie. Hg. von Peter Engelmann. Wien: Passagen-Verlag

Dilthey, Wilhelm (1883): Einleitung in die Geisteswissenschaften. Versuch einer Grundlegung für das Studium der Gesellschaft und Geschichte. Erster Band. In: Ders. (1966): Gesammelte Schriften, Band 1. (6. Aufl.) Stuttgart/Göttingen: B. G. Teubner Verlagsgesellschaft und Vandenhoeck & Ruprecht

Elias, Norbert (1977): Über den Prozess der Zivilisation. Band 1 (2. Aufl.). Frankfurt a.M.: Suhrkamp

Fish, Stanley (1980): Is There a Text in This Class? The Authority of Interpretive Communities. Cambridge/MA: Harvard University Press

Garfinkel, Harold (1967): Studies in Ethnomethodology. Englewood Cliffs/New Jersey: Prentice-Hall

Günthner, Susanne (1993): Diskursstrategien in der interkulturellen Kommunikation. Analysen deutsch-chinesischer Gespräche. Tübingen: Max Niemeyer Verlag

Habermas, Jürgen (1976): Zur Rekonstruktion des Historischen Materialismus. Frankfurt a.M.: Suhrkamp

Hahn, Alois (2004): Ist Kultur ein Medium? In: Burkart/Runkel (2004): 40–57

Heritage, John (1984): Garfinkel and Ethnomethodology. Cambridge: Polity Press

Kotthoff, Helga (1992): Disagreement and Concession in Disputes. On the Context Sensitivity of Preference Structures. Fachgruppe Sprachwissenschaft der Universität Konstanz. Arbeitspapier Nr. 43. Konstanz

Lévi-Strauss, Claude (1975): Strukturale Anthropologie II. Frankfurt a.M.: Suhrkamp

Luhmann, Niklas (1980–1995): Gesellschaftsstruktur und Semantik. 4 Bände. Frankfurt a.M.: Suhrkamp

Luhmann, Niklas (1995): Kultur als historischer Begriff. In: Ders.: Gesellschaftsstruktur und Semantik, Studien zur Wissenssoziologie der modernen Gesellschaft, Band. 4. Frankfurt a.M.: Suhrkamp: 31–54

Luhmann, Niklas (1984): Soziale Systeme. Grundriss einer allgemeinen Theorie. Frankfurt a.M.: Suhrkamp

Luhmann, Niklas (1990): Die Wissenschaft der Gesellschaft. Frankfurt a.M.: Suhrkamp

Luhmann, Niklas (1996): Die Realität der Massenmedien. (2. erweiterte Aufl.) Opladen: Westdeutscher Verlag

Luhmann, Niklas (1997): Die Gesellschaft der Gesellschaft. 2 Bände. Frankfurt a.M.: Suhrkamp

Mannheim, Karl (1984): Konservatismus. Ein Beitrag zur Soziologie des Wissens. Hg. von David Kettler, Volker Meja und Nico Stehr. Frankfurt a.M.: Suhrkamp

Mead, George H. (1927): Die objektive Realität der Perspektiven. In: Hans Joas (1983) (Hg.): George Herbert Mead. Gesammelte Aufsätze. Band. 2 (1. Aufl.). Frankfurt a.M.: Suhrkamp: 211–224

Merton, Robert K. (1949): Social Structure and Anomie. In: Anshen, Ruth N. (Hg.): The Family: Its Function and Destiny. Deutsche Übersetzung. In: Robert K. Merton (1995): Soziologische Theorie und soziale Struktur. Hg. von Volker Meja und Nico Stehr. Berlin: Walter de Gruyter: 127–154

Oevermann, Ulrich (2002): Klinische Soziologie auf der Basis der Methodologie der objektiven Hermeneutik – Manifest der objektiv hermeneutischen Sozialforschung. http://www.ihsk.de/publikationen.htm

Parsons, Talcott (1967 [1937]): The Structure of Social Action. 2 Bände. New York/London: The Free Press

Parsons, Talcott (1982): The Superego and the Theory of Social Systems. In: Ders.: On Institutions and Social Evolution. Selected Writings. Hg. von Leon H. Mayhew. Chicago/London: The University of Chicago Press: 129–144

Reckwitz, Andreas (2008): Unscharfe Grenzen. Perspektiven der Kultursoziologie. Bielefeld: transcript

Reckwitz, Andreas (2008a): Wie bürgerlich ist die Moderne? Bürgerlichkeit als hybride Subjektkultur. In: Ders. (2008): 197–216

Rehberg, Karl-Siegbert (1986): Kultur versus Gesellschaft? Anmerkungen zu einer Streitfrage in der deutschen Soziologie. In: Kölner Zeitschrift für Soziologie und Sozialpsychologie (Sonderheft 27: Kultur und Gesellschaft). Opladen: Westdeutscher Verlag: 92–115

Reuter, Julia/Wieser, Matthias (2006): Postcolonial, gender und science studies als Herausforderung der Soziologie. In: Soziale Welt 57, 2: 177–191

Searle, John R. (1971): Sprechakte. Ein sprachphilosophischer Essay. Frankfurt a.M.: Suhrkamp

Schneider, Wolfgang Ludwig (2004): Brandts Kniefall in Warschau. Politische und ikonographische Bedeutungsaspekte. In: Bernhard Giesen/Christoph Schneider (Hg.): Tätertrauma. Nationale Erinnerungen im öffentlichen Diskurs. Konstanz: UVK Verlag: 157–194

Schneider, Wolfgang Ludwig (2008a): Verstehen und Erklären bei Ulrich Oevermann. In: Rainer Greshoff; Georg Kneer; Wolfgang Ludwig Schneider (Hg.): Verstehen und Erklären. Sozial- und kulturwissenschaftliche Perspektiven. München: Wilhelm Fink Verlag: 333–363

Schneider, Wolfgang Ludwig (2008b): Systemtheorie und sequenzanalytische Forschungsmethoden. In: Herbert Kalthoff; Stefan Hirschauer; Gesa Lindemann (Hg.): Theoretische Empirie. Zur Relevanz qualitativer Forschung. Frankfurt a.M.: Suhrkamp Verlag: 129–162

Schneider, Wolfgang Ludwig (2009): Grundlagen der soziologischen Theorie, Band 3: Sinnverstehen und Intersubjektivität – Hermeneutik, funktionale Analyse, Konversationsanalyse und Systemtheorie. (2. Aufl.). Wiesbaden: VS Verlag

Schreiber, Hermann (1970): Ein Stück Heimkehr. Spiegel-Reporter Hermann Schreiber mit Bundeskanzler Brandt in Warschau. In: Der Spiegel: 24, 51; 14. Dez. 1970: 29–30

Scott, Marvin B./Lyman, Stanford M. (1968): Accounts. In: American Sociological Review 30: 46–62

Spiegel, Der: 24, 51; 14. Dez. 1970, Rubrik „Briefe“: 7

Tenbruck, Friedrich H. (1989): Die kulturellen Grundlagen der Gesellschaft. Opladen: Westdeutscher Verlag

Wittgenstein, Ludwig (1977): Philosophische Untersuchungen. Frankfurt a.M.: Suhrkamp

Kultur im System
Einige programmatische Bemerkungen zu einer systemtheoretisch informierten Kultursoziologie

Armin Nassehi

Kultur ist ohne Zweifel einer der schwierigsten Begriffe der Sozialwissenschaften – zugleich ist er einer der meistgebrauchten Begriffe, weil sein Gegenstand letztlich unklar ist. Was Kultur sei, ist insofern schwierig zu sagen, als sich nicht einfach ein Gegenbegriff finden lässt oder ein abgrenzbarer Gegenstandsbereich, dessen Grenze qualifizieren könnte, was Kultur ist und was nicht. Vielleicht war deshalb der strukturfunktionalistische Begriff der Kultur lange Zeit so überzeugend, weil er irgendwie aus der Not eine Tugend gemacht hat: Kultur versorgt uns demnach mit Chiffren darüber, was wie und für wen bedeutsam ist. Sprachliche und symbolische, praktische und alltägliche Bedeutung habe Kultur zu vermitteln – und könne das vor allem deshalb tun, weil dies den Akteuren und Situationen, in denen auf diese Funktion zurück gegriffen wird, weitgehend unsichtbar bleibt. Parsons hatte im allgemeinen Handlungssystem der Kultur eine Latenzfunktion zugewiesen (vgl. Parsons 1966: 26; 1972: 12ff.) – und damit tatsächlich ein doppeltes Ziel erreicht, indem letztlich die merkwürdig latente Voraussetzung des Kulturellen in der Theoriekonstruktion selbst die Funktion des Latenten zugesprochen bekam. Kultur war dann gewissermaßen alles – aber eben dadurch, dass es vorausgesetzt werden konnte und nicht weiter qualifiziert werden musste. Bei Parsons kann dann tatsächlich alles kulturell sein – wobei er nicht in ontologische Probleme gerät, denn es geht diesem Denken nicht darum, was Kultur ist, sondern es geht um die Funktion des Kulturellen. Und die Funktion liegt dann letztlich darin, mit Bedeutungsmitteln versorgt zu werden, deren Kontingenz unsichtbar bleiben muss, um wirken zu können.

Wer Zweifel an der Potenz funktionalistischen Denkens hat, sollte bereits hier ansetzen und sehen lernen, dass das Denken in Substanzen bzw. an Definierbarem anders funktioniert als das Denken in Relationen von Problem und Lösung (vgl. Nassehi 2008). Fürs strukturfunktionalistische Denken ist Kultur also eine Funktion – und erst hier wird es nun interessant: Was wir beobachten müssen, ist, dass die Funktion der Unbeobachtbarkeit bzw. des Unbeobachtetbleibens des Kulturellen derzeit durch Dauerbeobachtung des Kulturellen korrumpiert wird. An nichts scheinen Beobachter der Welt mehr interessiert zu sein als an Kulturen – also an der Qualifizierung von etwas, das im Vergleich zu Anderem anders erscheint und damit „Kultur" wird. Am Bekanntesten ist diese Kulturalisierung des Ethnischen – aber letztlich ist alles kulturfähig, und der besondere Siegeszug der Kulturwissenschaften und *cultural studies* verdankt sich weniger überzeugendem Raisonnement über Kultur als der Erfindung immer neuer Kulturen, mit denen sie sich beschäftigen. Man werfe nur einen Blick in Vorlesungsverzeichnisse weltweiter Universitäten, um einen Eindruck davon zu bekommen, wie der Kulturbegriff strategisch eingesetzt wird, um die Dinge zu einem Gegenstand machen zu können, den man erforschen kann. *Queer-, Gay- and Lesbian-Studies* oder *Carribean & Latin American Literature & Culture* gehören ebenso dazu wie *Fashion, Appearance & Consumer Identity*, auch *Black German Culture*[1] und inzwischen sogar *Fat Studies*, in denen einerseits die Vorurteile über Übergewichtige und deren Diskriminierung auf den Begriff gebracht werden wie auch eine politische Agenda verfolgt wird, um solche Diskriminierung zu vermeiden. Wer sich einen Überblick über die Vielfalt der gegenwärtigen *Cultural Studies* verschaffen will, sei auf die Web-Site der *Popular Culture Association/American Culture Association* (www.pcaaca.org) verwiesen. Selbst für *Animal Culture* findet sich dort ein Eintrag, der auf das *Muskingom College* in New Concord, Ohio, verweist.

Es geht mir hier nicht darum, gegen solcherlei *cultural studies* zu polemisieren. Es soll vielmehr gezeigt werden, dass der Begriff der Kultur in seiner empirischen, seiner praktischen, seiner performativen Bedeutung keineswegs nur ein analytischer Begriff ist, sondern selbst das erzeugt, wovon er handelt: Kulturen nämlich. Es hat dies alles eine merkwürdige, aber dann doch unbeholfene Form der Aufklärung, die das, worüber sie aufklärt, irgendwie selbst erschafft – und reichlich Material für Emanzipationserzählungen aller Art liefert. Da die hübschen Inhalte dieser akademischen Kulturalisierungen sich entweder mit wirklich coolen Themen befassen oder mit der Thematisierung von entrechteten und geknechteten Gruppen (zumindest mit solchen, deren Unrecht darin besteht, dass sie in keiner kuturellen/kulturalisierten Landkarte verzeichnet sind), verhalten sie sich zu der latenten Funktion der Kultur so ähnlich wie die oberbayerische Lebensform zu ihrer folkloristischen Aufbereitung durch die entsprechenden Fremdenverkehrsämter.

Wo ist das Latente der Kultur, oder besser: die Latenzfunktion geblieben, wenn Kultur nun in dieser Weise explizit, thematisch, manifest wird? Einerseits wird man konzedieren müssen, dass das, was in der strukturfunktionalistischen Theorie als Latenzfunktion beschrieben wurde, nach wie vor von Bedeutung ist

1 Damit sind keineswegs Studien über die oberbayerische CSU gemeint.

– letztlich hat Kultur hier die Funktion, mit Unschärfe umzugehen, d.h. einen Rahmen zu liefern, der latent bleiben kann, also nicht reflexiv werden muss bzw. darf und so Anschlussmöglichkeiten schafft, die im Falle ihrer nachträglichen Thematisierung dann beobachtet werden können. Andererseits lässt sich an der soziologischen Theoriebildung beobachten, dass sich die Idee der Latenz des Kulturellen bei allem Interesse an der expliziten Kultur nach wie vor hält. Ich interpretiere das starke Interesse an Fragen des Habitus, der körperlichen Praxis, auch der gegenwartsbasierten Operativität als diejenigen soziologischen Thematisierungsstellen, an denen sich das niederschlägt, was bei Parsons einst die Latenzfunktion der Kultur war. Die Thematisierung von körperlichen Praxen, von vorreflexiven Formen des Verhaltens, von alltäglichem Handeln mit Formen der „dumpf hingenommenen Gewöhnung“, wie es bereits bei Max Weber (1972: 192) hieß, ist für die Soziologie derzeit vielleicht attraktiver als die die strukturfunktionalistische Idee der Latenzfunktion, die niemand mehr lesen zu wollen scheint. Man kann dann so tun (vgl. Reckwitz 2003), als entdecke man einen neuen Gegenstandsbereich und kann daran vorbei lesen und denken, dass die Funktion dahinter in der Soziologie bereits vorgedacht war. Und man kann gerade an dieser Konjunktur des Vorreflexiven in der soziologischen Theoriebildung sehr schön sehen, dass das Denken in Funktionen womöglich doch einen kognitiven Mehrwert hat, denn es ermöglicht es, in Äquivalenten zu denken und dies auf die soziologische Theoriebildung selbst anzuwenden. Vielleicht ist es mühsamer, in Funktionen zu denken, klüger wird man damit allemal, wenn man die Funktionen selbst nicht wieder in der Weise reifiziert, dass man sie wie eine endliche und unveränderliche Menge von Gegenständen behandelt (vgl. Nassehi 2008).

Endlich bin ich bei meinem Thema, nämlich, gemäß meiner Aufgabenstellung, einer systemtheoretischen Betrachtung dessen, was sich soziologisch über Kultur sagen lässt. Dabei wird sich erweisen, dass anders als bei Parsons Kultur nicht mehr *als* System geführt werden kann. Es geht auch nicht um die Kultur *des* Systems. Ich spreche von *Kultur im System*, um darauf aufmerksam zu machen, wie Kultur thematisiert, operativ als Topos erzeugt und behandelt wird.

Meine recht unsystematische Einleitung führt mich dabei zu drei Thesen, die ich im Folgenden entfalten möchte: *erstens* nämlich zu der These, Kultur nicht mehr als Grundbegriff, sondern als Reflexionsbegriff zu führen; *zweitens* zu der These der Kultur als eines Generators von Sprechern; *drittens* schließlich zu einer kurzen Polemik über den „Dialog der Kulturen“, an dem sich wunderbar die Fallen des Kulturellen darstellen lassen.

1. Kultur als Reflexionsbegriff

Das Design der Systemtheorie hat ein Grundprinzip: *Sparsamkeit*. Das impliziert keinen sparsamen Anspruch, auch keine Sparsamkeitsregel im Hinblick auf verhandelbare Themen und Gegenstände, schon gar keine Sparsamkeit im Hinblick auf Textproduktion und knappe Darstellungsformen. Sparsam ist die Systemtheorie allerdings in der Wahl ihrer Grundbegriffe. Viele Begriffe, die in den meisten soziologischen Theorien an vorderster Front soziologischer Grundbegriffe stehen, kommen in der Systemtheorie erst in der zweiten Reihe vor, dort, wo die Gegenstände Platz nehmen, nicht der Begriffsapparat selbst. Subjekte und Akteure etwa, selbst Handeln und Handlungen sind dem systemtheoretischen Denken nicht soziologische Begriffe im engeren Sinne, sondern *empirische* Begriffe. Das bedeutet, dass die Systemtheorie an Akteuren keineswegs desinteressiert ist, wie ein stabiles Vorurteil suggeriert. Sie interessiert sich für Akteure freilich nur insofern, als in sozialen Prozessen tatsächlich Akteure als Zurechungspunkte empirisch erscheinen – was den Vorteil hat, dass man genauer angeben kann, wie Akteure in und durch soziale Prozesse formiert, erzeugt und ermöglicht werden. Das macht es übrigens auch möglich, den Akteur mit all seinen Restriktionen, Potenzen und Impotenzen wirklich ernst zu nehmen, weil man nicht immer schon weiß, wer er ist und was er tut bzw. tun kann.

Ich erwähne dies nur, um den theoretischen Ort genauer bestimmen zu können, an dem die Kultur in der Systemtheorie auftaucht. Selbstverständlich markiert auch Luhmann so etwas wie Kultur als die „Sinnform der Rekursivität sozialer Kommunikation" (Luhmann 1995: 47), die als universalistisches Phänomen allen, auch den einfachsten Sozialformen eignet. Die Funktionsstelle Latenz wird hier gewissermaßen vorausgesetzt, so dass es keines grundbegrifflichen Kulturbegriffs bedarf, weil Kultur damit tatsächlich mit der Sinnförmigkeit sozialer Systeme zusammenfällt – man könnte sagen: mit der Nicht-Beliebigkeit von Anschlüssen, die Prozessen eine wiederholbare und damit erwartbare Struktur gibt. Diese Sinnformen erscheinen nicht unbedingt als Kultur – wirken aber so.

Dass Sinnformen allerdings als Kultur erscheinen, ist laut Luhmann erst das Ergebnis moderner Beobachtungsverhältnisse, in denen Welt-Bilder nicht invariant gesetzt werden, sondern im Horizont anderer Möglichkeiten erscheinen und somit in ihrer historischen und systematischen Kontingenz sichtbar werden. Wenn man Sinnformen dieser Art in den Blick nimmt, stößt man auf Vergleichbarkeit, darauf, dass alles auch anders möglich wäre und damit auf Unterschiede möglicher Möglichkeiten. Wer rekursive Prozesse *als Kultur* beobachtet, beobachtet vergleichend – und wer vergleichend beobachtet, stößt nicht auf Kultur im Sinne eines Grundbegriffs, sondern auf Kultur*en* im Sinne empirischer und historischer Erscheinungsformen von etwas, das grundbegrifflich Kultur wäre, bräuchte man einen solchen Begriff. Bei Luhmann heißt es:

> „Vor allem liegt schon in der vergleichenden Intention, dass das, was verglichen wird, auch anders möglich [ist] (…), und eben das belastet die Kultur mit dem Geburtsfehler der Kontingenz." (Luhmann 1995: 48)

Kultur wird hier also als historischer Begriff eingeführt, als eine Semantik, die einem Beobachter dann erscheint, wenn er in seiner Beobachtung per Vergleich, also durch Registrierung beobachteter Differenzen dazu kommt, bestimmte Muster als Kultur beschreiben zu müssen. Einerseits werden damit zuvor unsichtbare Regelmäßigkeiten entdeckt, dann als Besonderheit auf den Begriff gebracht, andererseits entbirgt sich jede Kultur als andere Kultur einer anderen Kultur. Funktionalistisch betrachtet, reagiert das Beobachtungsschema Kultur darauf, dass die Dinge auch anders sein und anders beobachtet werden können, mit der Hervorhebung der Besonderheiten des gerade beschriebenen kulturellen Phänomens. Zugleich wird damit aber gerade das sichtbar gemacht, was durch das Schema verdeckt werden sollte: dass es auch anders möglich ist, denn es kann keinen Vergleich ohne die Visibilisierung des Anderen geben. Oder anders gewendet: *keine Beobachtung ohne Unterscheidung.*

Die paradoxe Wirkung des Beobachtungsschemas Kultur liegt in dem Versuch der Kontingenzbewältigung durch Betonung von Kontingenz. Es macht deutlich, dass die Dinge beobachtet werden, d.h. dass man sie auch anders sehen kann. Stabile Kulturen sind letztlich keine, denn sie sind in der Lage, ihre Beobachtung so zu kontrollieren, dass sie die Möglichkeit alternativer Beobachtungen völlig ausschließen. Solche Stopp-Regeln lassen sich spätestens dann nicht mehr in die Beobachtung einbauen, wenn es zu gepflegten Formen des Vergleichs kommt, der empirisch nachweist, dass auch die eigene Beobachtung nur eine Beobachtung ist, die auch anders hätte ausfallen können. Das Beobachtungsschema Kultur ist gefangen in der Dynamik der Geschlossenheit seiner Beobachtung, seiner Unterscheidungspraxis – und es bleibt dann nur die historisch probate Lösung, die Kontingenz der Unterscheidung wenigstens durch stabile Asymmetrien unsichtbar zu machen. Die andere Seite – der Wilde für den Zivilisierten, der Franzose für den Deutschen, der Prolet für den Bürger, der Protestant für den Katholiken, der Orientale für den Europäer usw. – dient dann dazu, ein *crossing* auf die andere Seite der Unterscheidung unmöglich zu machen. Das Beobachtungsschema Kultur stabilisiert sich also durch seine Instabilität. Es macht aus der Not der Geschlossenheit seiner Unterscheidungspraxis die Tugend der Stabilität, die präferierte Seite der Unterscheidung mit Erhabenheit zu belegen und so ein *crossing* zu unterbinden. Das Schema Kultur erzeugt damit stabile Kontexturen mit relativ eindeutigen Präferenzwerten – und erkauft sich all das doch durch die permanente Konfrontation mit anderen Möglichkeiten.

Modern ist dieser explizite Rekurs auf Kultur vor allem aus zwei Gründen. Er reagiert *einerseits* darauf, dass in einer seit ca. 300 Jahren sich entwickelnden Weltgesellschaft unterschiedliche Möglichkeiten gleichzeitig beobachtbar werden. Die Kulturalisierung etwa der innereuropäischen Nationen nach dem Ende überethnischer Reiche hat jeder Sprecherposition ein kulturelles Kleid angezogen, das man letztlich nicht ausziehen konnte. Die wohlfeile gegenwärtige Kritik am kulturellen, politischen und methodologischen Nationalismus (vgl. Beck 2000) ist historisch naiv und blind, weil sie nicht einmal eine Ahnung davon hat, dass jene kulturalisierenden Binnenperspektiven auf das Bezugsproblem der kulturellen Differenz reagieren, es gewissermaßen voraussetzen und eine stabile Lösung anbieten. Entscheidend ist die *Funktion* einer solchen Selbst- und Fremdkulturalisierung, nicht die Tatsache als solche – woran wiederum deutlich wird, welchen Unterschied es macht, ob man in Funktionen denkt oder nur in Substanzen.

Dass es dann nicht mehr nur die ethnische/nationale Kultur war, die Sprecherpositionen hervorgebracht hat, sondern auch Religion als Kultur erschien, schichtspezifische Lebensstile als Kultur beschrieben wurden (bürgerliche vs. proletarische Kultur) und schließlich letztlich alles kulturfähig wurde, wenn sich nur eine Gelegenheit fand, es so zu beschreiben (vgl. Saake/Nassehi 2004), hat mit dem zweiten Modernitätsgrund zu tun. Nicht nur regional und schichtenmäßig hat sich die moderne Gesellschaft an unterschiedliche Sprecherpositionen gewöhnt, sondern v.a. im Hinblick auf funktionale Differenzierung, die sich auf der operativen Ebene v.a. dadurch auszeichnet, dass inkompatible, aber voneinander abhängige Sprecherpositionen entstehen, deren wechselseitige Anordnung nicht per se von Integration, also Einschränkung der Teile zugunsten eines Ganzen geprägt ist (vgl. Nassehi 2004).

In diesem ersten Schritt sollte die theoretische Verortung des Kulturbegriffs aus systemtheoretischer Perspektive deutlich geworden sein. Es geht nicht um die Kultur *des* Systems – hier wäre tatsächlich an Parsons' Latenzidee anzuschließen. Aber daraus einen Kulturbegriff zu destillieren würde letztlich voraussetzen, die Struktur solcher latenter Formen viel zu genau bestimmen zu müssen. Insofern wäre auch in die Systemtheorie jene Idee praxistheoretischer Gegenwartsunmittelbarkeit zu integrieren, die analog zur gegenwartsbasierten Operativität autopoietischer Systeme die je für sich intransparente Gegenwärtigkeit als Praxis entschlüsselt. Für Kultur *als* System ist dann kein Platz mehr – lediglich für Kultur *im* System, als Generator von Identitäten nämlich, als Vergleichsgesichtspunkt und nicht zuletzt als Kampfbegriff, zum Sprecher in Stellung zu bringen. Und dies ermöglicht es nun, die wissenschaftliche Thematisierung des Kulturellen selbst in den Blick zu nehmen – als eine prominente Form von Kulturalisierungspraxis nämlich.

2. Kultur als Generator von Sprechern

Kultursoziologie/-wissenschaft und *Cultural Studies* untersuchen nicht einfach Kulturen, indem sie sie in ihrem Gegenstandsbereich vorfinden und dann analysieren. Vielmehr erzeugen sie Figuren, denen, bei aller Betonung von Kontingenz, so etwas wie eine besondere authentische Würde eignet – vielleicht deshalb, weil man an ihnen sehen könnte, wie Authentizität erzeugt werden kann. Ich habe solche Figuren an anderer Stelle *epistemologische Geschwister* benannt und stelle hier zwei von ihnen vor, nämlich den postkolonialen Migranten und den Transsexuellen – beide Figuren, an denen man das besondere Interesse der Kulturforschung nachvollziehen kann[2]:

Postkoloniale Migranten
Seit einigen Jahren sorgt der sogenannte *Postkolonialismus* für Aufsehen, der die vom Westen geradezu aufgezwungene Alternative zwischen westlichem Universalismus und dem Partikularismus der Dritten Welt nicht akzeptiert. So beschreibt etwa Homi Bhabha – der theoretische Kopf des *Postkolonialismus* – Migrationsfolgen der Weltgesellschaft weniger als das Aufeinandertreffen stabiler Kulturen, also festgefügter Beobachtungskategorien, die sich für Harmonie oder Konflikt entscheiden könnten. Die epistemologisch privilegierte Position sogenannter nicht-westlicher Perspektiven in den Metropolen des Westens sieht Bhaba darin, dass diese weder das eine noch das andere sind, sondern das *Dazwischen*, das dadurch zum Ausdruck kommt, dass weder das eine noch das andere sich gleich bleibt, wenn es sich globaler Beobachtung stellt. Die postkoloniale Perspektive ist die, die sich nicht auf diese oder jene Kultur, auf erste oder dritte Welt, auf aufklärerischen Universalismus oder traditionell partikularen Perspektivismus festlegen lassen will. Bhaba sieht nicht nur ein *international*, sondern v.a. ein *translational problem*. Es ist das Problem der perennierenden Übersetzung, die Übertragung des einen ins andere, die stete Fortentwicklung der Welt, die geradezu explosive Gegenseitigkeit von Beobachtungen, die keine Originale, keine Präsenz mehr zulassen kann, die nichts so hinterlässt, wie es war – weder das Übersetzte, noch den Übersetzer. Die Position des westlich kontaminierten Angehörigen nicht-westlicher Kultur, der das Sowohl-als-auch

2 Zum Folgenden vgl. Nassehi 2003: 237ff. Das dritte epistemologische Geschwister, den menschlichen Klon nämlich, lasse ich hier weg.

wie das Weder-noch verkörpert, repräsentiert – so Bhabha – das Problem der Repräsentation selbst (vgl. Bhabha 1994: 227). Er symbolisiert die Arbitrarität, die Kontingenz, das Gewordensein, den Zufall, das Chaos und die *différance* (Derrida) jeder Kulturproduktion (vgl. Bhabha 1994: 173f.).

Die – v.a. literaturwissenschaftlich geführte – Postkolonialismus-Debatte ist ohne Zweifel ein wenig massenwirksamer Spezialdiskurs. Er bietet eine radikalisierte Lesart an, die gewissermaßen in der Dekonstruktion des Gedankens stabiler, sich nicht permanent verändernder Kulturen liegt. Indem die Figur des westlich kontaminierten Angehörigen nicht-westlicher Kultur auf die *différance* jeder Kulturproduktion selbst verweist, auf die paradoxe selbsttragende Konstruktion jedes vermeintlich festen Bodens, besteht seine „Realität" gerade darin, die Instabilität aller Realität zu repräsentieren. Aber man muss jenseits dieser intellektuellen Selbstbeschreibungen gar nicht lange nach realen Beispielen suchen. Selbst in einem erklärten Nicht-Einwanderungsland wie der Bundesrepublik Deutschland gelingen eindeutige Zurechnungen kultureller Identität bei einigen Millionen Abkömmlingen wenn nicht kolonialer, dann doch industrieproletarischer Migranten nicht mehr, wie wir spätestens der Debatte um die doppelte Staatsbürgerschaft entnehmen können. Diese hat eine paradoxe Wirkung, weil sie Angehörigkeit keineswegs verdoppelt, sondern den Mechanismus der sozialen Angehörigkeit und Zugehörigkeit grundlegend in Frage stellt. Selbst und Ort, Identität und Raum, soziale Schließung und Territorium treten auseinander und zerstören die dörfliche Idylle des nationalstaatlichen „Behälters".

Der postkoloniale, hybride Migrant ist deshalb letztlich der prototypische Bewohner der Weltgesellschaft. Er repräsentiert multikulturelle Identität und Nicht-Identität zugleich, und seine Repräsentation im Diskurs ist keineswegs an seiner statistischen Repräsentanz für die Bevölkerung der Weltgesellschaft zu messen. Er ist freilich auch kein leuchtendes Beispiel, kein Erbe des „guten Wilden", in den Ethno-Eklektiker westlicher Bildungsschichten all das hineinprojizieren, was ihnen die Gewöhnlichkeit des modernen Alltags verwehrt – Naturnähe und Ursprünglichkeit, unverdächtige Traditionalität und emotionale Lockerheit, sexuelle Attraktivität und gegenmoderne Sozialität.

Und umgekehrt lässt sich die postkoloniale Perspektive auch nicht auf die bloße Umkehrung vormaliger Machtverhältnisse bzw. Wertigkeiten ein, wie sie vor allem in der US-amerikanischen Öffentlichkeit zu beobachten ist, wenn Angehörige von Minderheiten ihre zuvor herabgewürdigten Zuschreibungen nun mit Selbstbewusstsein den früheren Peinigern entgegenhalten. In einem Essay des Literaturwissenschaftlers Edward W. Said heißt es:

> „Hatte man Schwarze zuvor stigmatisiert und ihnen eine den Weißen untergeordnete Position zugewiesen, so ist es seither geboten, das Schwarzsein nicht zu verleugnen und nicht nach dem Weißsein zu trachten, sondern vielmehr das Schwarzsein zu akzeptieren und zu feiern, ihm sowohl poetisch als auch metaphysisch Würde zu verleihen. Die *négritude*, die zuvor ein Zeichen der Herabwürdigung und Minderwertigkeit gewesen war, gelangte auf diese Weise zu einem positiven Sein." (Said 1997: 86)

Und – so darf man hinzufügen – sie beteiligt sich daran, jene von den vormaligen Peinigern aufgezwungene „Identität" zu kopieren, eine homogene Gruppe mit „identischen" Merkmalen zu sein. Das rassistische *„Die sind doch alle gleich!"* und das widerstehende *„Wir!"* sind – bei aller Differenz – epistemologische Geschwister, die durch soziale Praxis eine Identität erst erzeugen, die es ohne sie nicht gäbe, an denen wir aber gerade deswegen nicht vorbeisehen können, weil die Bezeichnung unseren Blick erzeugt, ja unser Blick *ist*. Oder haben Sie schon einmal einen Schwarzen *nicht* gesehen?

Der postkoloniale Diskurs verzichtet – wenn es gut läuft – auf die sozialromantische Attitüde der Ursprünglichkeit der Unterdrückten, ebenso wie darauf, das Andere, das Dazwischen mit einer besonderen Würde zu versehen. Said schreibt,

> „dass die bloße Existenz als unabhängiger, postkolonialer Araber oder Schwarzer oder Indonesier weder ein Programm noch ein Prozeß noch eine Vision ist. Sie ist vielmehr nichts weiter als ein geeigneter Ansatzpunkt, an dem die wirkliche Arbeit, die harte Arbeit, beginnen könnte" (Said 1997: 88).

Die wirkliche, die harte Arbeit ist freilich die, nicht den postkolonialen Araber, den Schwarzen oder den Indonesier als Hybriden zu entlarven – das dürfte uns (sic!) nicht schwerfallen. Wirklicher und härter ist es, dies auch bei Westfalen, bei Bayern, bei Deutschen, Franzosen und Wallisern, bei Schotten, Andalusiern und Lombarden, bei Eidgenossen, Polen und Russen zu tun. Die Weltgesellschaft und ihre Verwerfungen zwingen geradezu zum ethnologischen Blick auf uns selbst.

Transsexuelle

Der akademische Feminismus hat zunächst damit begonnen, Frauen als Bewohnerinnen der Welt überhaupt sichtbar zu machen und Wissen über ihre Lagerung im sozialen Raum zu produzieren und zu verbreiten. Der eher politische Feminismus hat dieses Wissen in politische Programme und Aktionsformen umgesetzt und Frauen als Subjekte von Politik angesetzt. Erst in einem zweiten Schritt jedoch tauchte die Frage auf, mit wem es solche Analysen, Aktionen und

Postulate eigentlich zu tun haben, wenn von *Frauen* die Rede ist. Am wirksamsten sind sicher die Fragen von Judith Butler gewesen. Bei ihr heißt es:

> „Gibt es eine Gemeinsamkeit unter den ‚Frauen', die ihrer Unterwerfung vorangeht, oder verdankt sich das Band zwischen den ‚Frauen' einzig und allein ihrer Unterdrückung?" (Butler 1991: 19)

Zunächst scheint es eine solche Gemeinsamkeit zu geben: Frauen sind – zumindest biologisch gesehen – Frauen, doch *„Biologie ist kein Schicksal"*, lautete eine der publikumswirksamen Parolen, daraus allein lässt sich weder eine Subordination von Frauen noch eine sonstige *kulturelle* Bestimmung der Geschlechter ableiten. Um dies auszudrücken, wurde die Unterscheidung von *sex* und *gender* eingeführt, um mit dem natürlichen Geschlecht, dem *Sexus*, nicht auch das kulturelle Geschlecht, die Geschlechtsidentität, *gender* mitzudenken. Und auf den ersten Blick scheinen damit alle Probleme gelöst zu sein. Butlers diskursanalytische Arbeit freilich konnte zeigen, dass die Rede vom natürlichen Geschlecht nichts anderes ist als *Rede* vom natürlichen Geschlecht. Die These, in der sich letztlich das derzeitige Credo kulturwissenschaftlicher Zumutungen präsentiert, lautet: Es gibt keine Möglichkeit, aus dem Reich der Kommunikation und der kulturellen Bezeichnungen, aus dem Zeichenuniversum der Sprache und der Bedeutungen oder wenigstens der Erfahrungen herauszutreten. Es lässt sich nichts Unbedingtes denken, das nicht mindestens noch durch seine Bezeichnung bedingt wäre, durch seine kulturelle sprachliche oder auch nichtsprachliche Repräsentation. Und das gilt auch für Natur. Noch die Unterscheidung von *Natur* und *Kultur* ist eine *kulturelle Unterscheidung*, und so ist auch die Unterscheidung von *sex* und *gender* eine solche, die auch auf der Seite der Natur bezeichnen muss, ergo nur *gender* hervorbringt.

Wem das zu diskursanalytisch unkonkret, zu poststrukturalistisch versponnen, zu abgehoben erscheint, der muss nur einen Blick in die Forschung über Transsexuelle wagen, um neben der theoretischen die *praktische* Dekonstruktion des natürlichen Geschlechts zu beobachten. Nach dem Modell der klassischen mikrosoziologischen Untersuchungen von Harold Garfinkel (1967), Erving Goffman (1996), Susann Kessler und Wendy McKenna (1978) wird etwa von Stefan Hirschauer (1993) und Gesa Lindemann (1994) gerade am Prozess der Geschlechtsumwandlung das *doing gender* (Candace/Zimmerman 1991), die interaktive, praktisch-alltägliche Konstruktion von Geschlechtszugehörigkeit (Hirschauer 1989) empirisch untersucht. Die Ergebnisse solcher Untersuchungen zeigen, dass Geschlechtswechsel weder schlicht mit der Veränderung der körperlichen Ausstattung vonstatten geht, noch mit einer bloßen Veränderung von Name, Sprache und „Identität". Dieser Wechsel muss vielmehr praktisch erarbeitet werden, er muss quasi natürlich werden, und zeigt doch gerade darin, dass er nicht im Geringsten auf Natur basiert. Die Stabilität der Geschlechterpolarität unserer Kultur zeigt sich darin, dass sowohl das leiblich-affektive Selbstverhältnis als auch der soziale Habitus als leibliche Person ganz und gar eingelassen ist in die *gender*-spezifische Polarität der Subjektkonstitution. Die erwähnten Forschungen zeigen, wie sich die Leib-Verhältnisse ändern, wenn sie einem *gender-shifting* ausgesetzt werden. Und sie zeigen zugleich, wie die Person im Prozess der Geschlechtsumwandlung zu einem unbezeichenbaren *Dazwischen* mutiert, dem keine Bedeutung mehr anhaften kann und das geradezu sozial verschwindet. Der Leib wird so selbst Teil des Diskurses.

Die empirische Analyse der Transsexualität bestätigt jedenfalls die diskursanalytische und poststrukturalistische These von der Unhintergehbarkeit der Bezeichnung und der Geschlossenheit des Zeichenuniversums. Sie bestätigt die Annahme, dass auch *sex* eine *gender*-Kategorie ist, also der Leib keine Natur im Sinne unbedingten So-Seins ist. Sie bestätigt aber auch, wie wirksam und geradezu unausweichlich die Ergebnisse kultureller Konstruktionsprozesse sind. Die neuen kulturwissenschaftlichen Debatten beschreiben nicht nur die *Konstruktion von Wirklichkeit*, sondern auch die *Wirklichkeit von Konstruktionen*, d.h. ihre ungeheure Wirkmächtigkeit und ihren quasi-natürlichen Status. Bornierte Kritiker des epistemologischen und soziologischen Konstruktivismus, also jener Theorieannahme, die alles, was auf dem kulturellen Feld geschieht, als Ergebnis sozio-kultureller Konstruktionsprozesse ansieht, verwechseln Konstruktivismus mit *Beliebigkeit*, als könne man sich, wenn einem diese Welt nicht passe, beliebig eine andere konstruieren – mitnichten! Auch wird niemand bestreiten, dass es Männer und Frauen „gibt", dass es männliche und weibliche Körper „gibt", ja dass es überhaupt Körper „gibt" – nur: dass es das bloße „es gibt" ohne, jenseits oder außerhalb kultureller Konstruktionsprozesse geben könnte, das lässt sich schon bestreiten. Insofern sind auch Körper Kultur, wie ihre Bezeichnungen zu Natur gerinnen.

Das Radikale solcher konstruktivistischer Ideen ist, *sowohl* den konstruktiven Charakter von Kulturerscheinungen *als auch* ihre Wirkmächtigkeit, ihre herrschaftliche Wirkung und ihr gewaltsames Potential zu reflektieren. Das *doing gender*, also die jeweils praktisch-interaktive Herstellung von Geschlechtsidentität scheint geradezu unausweichlich zu sein, und deshalb erscheint die Legitimation als *Natur* auch so praktikabel. Und wer den Konstruktivismus – wie *radikal* er sich auch immer geriert – nur auf sprachliche Zeichen und Diskurse beschränkt und nicht auch auf Körper, technische Gegenstände und räumliche Konstellationen, bleibt immer noch in der naiven Kontextur der ontologischen Natur/Kultur-Dichotomie gefangen. Schon deshalb kann man am Körper nicht vorbeisehen, und schon deshalb beteiligt er sich immer schon am

Konstruktionsprozess der Geschlechter. In diesem Sinne ist der Körper nicht nur Konstrukt, sondern auch Konstrukteur!

In ihrem berühmten Aufsatz *Doing Gender* fragen Candace West und Don Zimmerman (1991: 32) am Ende: „Can we avoid doing gender?" Man kann die Frage letztlich nicht beantworten. Ganz ohne Zweifel bringt die moderne Gesellschaft zunehmend Handlungsbereiche hervor, die weniger geschlechtlich geprägt sind als frühere, dort jedoch, wo konkrete Personen miteinander interagieren – und wo ist das eigentlich nicht so? – dort also treten Subjekte immer *gegendered* auf, weil unser Blick nichts anderes sehen kann. Und wer diesen Blick *vermeiden* will, wer ein *undoing gender* versucht, der muss exakt das aktiv tun – und das wäre ein erneutes *gendering*, oder? Oder haben Sie schon einmal eine Frau *nicht* gesehen?

Die Unausweichlichkeit und die Paradoxie dieses Blicks werden in der feministischen Debatte als Problem angemessener Geschlechterpolitik diskutiert. Ähnlich wie schon am Beispiel des Rassismus hat auch sowohl das Subjekt wie das Objekt der Geschlechterpolitik das Problem, jene Identität, die es zu bekämpfen gilt, mitzuerzeugen und zu stabilisieren. Ein Satz wie *„Diese Stelle muss mit einer Frau besetzt werden, weil das Geschlecht keine Rolle spielen darf!"* ist sowohl auf eine geradezu erfrischende Weise naiv, als auch auf eine geradezu tragische Weise reflexiv: In ihm spiegelt sich die Unausweichlichkeit des *doing gender* auch dort, wo seine Folgen Gegenstand politischer Aktionen sind; und in ihm spiegelt sich – auf geradezu Adornitische Weise – die Verwobenheit noch der Kritik in ihren Gegenstand. Die Figur der Transsexualität jedenfalls ist im Diskurs um die angemessene Rede vom Geschlecht zum Prototyp dessen geworden, der zugleich Konstrukteur und Konstrukt, Täter und Tat, Subjekt und Objekt ist.

Diese beiden Figuren – der postkoloniale Migrant und der Transsexuelle – stehen im kulturwissenschaftlichen Diskurs vielleicht für diejenigen Figuren, an denen sich das praktische Spiel der Bedeutungen und der Generierung von Identitäten am prominentesten nachverfolgen lässt. Diese Figuren sind epistemologische Geschwister und damit die prototypischen Bewohner einer Welt, in der die eindeutige Repräsentation einer radikalen Krise unterliegt. Sie sind die unfreiwilligen Helden einer Erzählung, die nur noch sich selbst erzählen kann und auf nichts weiter verweist als auf die epistemischen Praktiken ihrer selbst. Die einzige Legitimation dieser Erzählung ist sie selbst. Diese Helden sind die Helden eines Sprachspiels, das sich in den Kulturwissenschaften daran gemacht hat, alles, was geschieht, als Sprachspiel zu entlarven – als Spiel freilich, das jegliche spielerische Lockerheit verloren hat und aus dessen kairologischer Faszination man nicht mehr so einfach in die chronologische Selbstverständlichkeit des Alltags zurückkehren kann. Diese Helden schlagen zurück. Sie schlagen zurück auf die epistemologische Sicherheit der Moderne, in der Bezeichnungen immer noch *für etwas* standen.

Bewohner der modernen Welt waren unhintergehbar und unbefragt Menschen, die Angehörige eines Volkes/einer Kultur/einer Nation waren und dies in jedem Falle als Mann oder Frau – und diese Formen der Zugehörigkeit hatten quasi-natürlichen, also unbedingten Charakter. Diese Unbedingtheit ließ ihre Bezeichnungen – Nation, Kultur, Mensch, Mann/Frau – gewissermaßen naturalistisch daherkommen. Die kulturelle Differenz von Bezeichnung und Bezeichnetem war unsichtbar, weil sie unbefragt blieb. Das Bezeichnete fügte sich der Metaphysik der Substanz und hatte eine körperliche Bio-Natur: als Volkskörper der Nation und als Textkorpus der Kultur, als menschlicher Körper, als männlicher und weiblicher Körper. *Kultur repräsentierte* – sowohl in Begriffssystemen wie in der Sozialform des Katheders an höheren Schulen und Universitäten durch professorale Hoheitsgebiete für die Deutung des Erhabenen sowie in der Abendrobe in Konzertsaal, Theater und literarischem Salon.

Neuere kulturwissenschaftliche Zumutungen behaupten dagegen eine Krise der Repräsentation – zunächst im philosophischen Expertendiskurs, der etwa vom Strukturalismus eines Ferdinand de Saussure bis zum Poststrukturalismus eines Jacques Derrida die unhintergehbare Differenz von Präsenz und Repräsentation betont sowie die Unmöglichkeit, aus dem Zeichenuniversum auszubrechen (Derrida 1988), oder mit Michel Foucault, der die Macht der Bilder auf die Macht des Blicks zurückführt (Foucault 1976), oder mit Donna Haraways Beschreibung der Welt als „polymorphes Informationssystem“ (Haraway 1995: 48). Diese theoretischen Dekonstruktionen haben den akademischen Blick zu schärfen geholfen, sie lassen erkenntnistheoretische, text- und sozialwissenschaftliche Konstruktionsprobleme deutlich werden, und sie trainieren den selbstkritischen Blick der Kulturwissenschaften, die zu lange in dem Gestus verharrten, die Welt nur zu kritisieren und verändern zu wollen – *es kommt aber auch darauf an, die Welt unterschiedlich zu interpretieren.* Die Kulturwissenschaften werden gewahr, dass sie selbst wie ihr Gegenstand involviert sind in die *Produktion* ihres Gegenstandes. Sie werden gewahr, dass sie bei der Dekonstruktion der Welt auch auf sich selbst stoßen und verlieren damit alle Netze und doppelten Böden, die den Szientismus der Moderne mit denknotwendigen Aprioris, ontologischen Realitäten und objektiven Perspektiven abgesichert hatten.

Das kulturwissenschaftliche/kultursoziologische Programm, das darin aufscheint, ist ein praxistheoretisches Programm, an dem man lernen kann, wie die Latenzbedingungen, die noch Parsons als Grundfunktion vorausgesetzt hatte, praktisch erzeugt werden – und damit letztlich wieder: latent, also *in praxi* unsichtbar. Das hier explizierte kultursoziologische Programm plädiert also nicht für die Faszination des Gegenstandes – Fremde und Transsexuelle –, denen man aufgrund ihrer Andersartigkeit und ihres Exotismus besondere Zuwendung zuspricht, gepaart womöglich mit dem schlechten Gewissen dessen, der westlich autochthon und geschlechtsstabil, womöglich gar männlich, keine Geschichte erzählen kann, keine exotische Geschichte, eine Emanzipationsgeschichte schon gar nicht. Dieses Programm plädiert für eine Dekonstruktion der Dekonstruierten – gewissermaßen für eine zweite Kolonialisierung. Das Land, das es hier zu entdecken gibt, ist das der Generierung von Bedeutung und praktischer Anschlussfähigkeit. Diese Kolonialisierung führt nach Hause – zu den Praxen, die man im ersten Moment eben nicht *als* Kultur beschreibt, die aber nach den gleichen Mustern funktionieren. Die empirische Frage ist dann tatsächlich, was als Kultur beschreibbar ist und was nicht.

In der Einleitung habe ich darauf hingewiesen, wie die akademische Dignisierung des Kulturellen in den *Cultural Studies* dazu dient, Emanzipationsgeschichten zu generieren, woraus sich dann authentische Sprecherpositionen generieren lassen. In ihnen lässt sich aus der *epistemologischen* Diagnose, dass das Erzählen der Sinn des Erzählens ist, die *politische* Diagnose ableiten, dass das Erzählen jedermanns Recht sei. Der Funktionssinn von Authentizität besteht denn auch darin, dass man ihm nicht widersprechen kann. Kulturalisierung dieser Art blendet die Sachdimension in der Kommunikation aus und verschiebt alles in die Sozialdimension. Nicht *was* gesprochen wird, ist dann die Frage, sondern *wer* für *welche* Kultur spricht, ist die entscheidende sachliche Information (vgl. Saake/Nassehi 2004).

Die kulturwissenschaftliche Manifestation latenter Strukturen hat damit eine erhebliche epistemologische Aufklärungsfunktion – bringt aber paradoxer Weise auch das Gegenteil dessen hervor, was sie epistemologisch anstrebt: *authentische Sprecher* nämlich, die weniger die epistemologische Verunsicherung zu schätzen wissen, die solcher Art Forschung hervorbringt, sondern an jener epistemologischen Sicherheit teilhaben wollen, die angeblich für die nie in Zweifel gezogenen „Kulturen" gelten bzw. galten. Der Diskurs ist leider politisiert und verliert dadurch an Erkenntniskraft. Am deutlichsten lässt sich das am kulturwissenschaftlichen Kosmopolitismus nachverfolgen, der den Dialog der Kulturen zum Programm hat – argumentationsschwach, aber normativ stark.

3. Dialog der Kulturen

In Absetzung vom kosmopolitischen Dialog der Kulturen lässt sich genauer verdeutlichen, welche Potenz in einer sich aufs Epistemologische kaprizierenden Kultursoziologie/-theorie stecken könnte.[3] Ich setze noch einmal an der Selbstreflexion sogenannter hybrider Intellektueller an. Auf die Hybridität des Kulturellen, auf die geradezu künstliche Konstruktion kultureller Identitäten durch sich hybride inszenierende Sprecher habe ich oben bereits hingewiesen, auf die *nicht-westliche Perspektive in den Metropolen des Westens*, wie Homi Bhabha (1994; vgl. auch Spivak 1987; Said 1991; Gilroy 1993) formuliert. Die poststrukturalistische, die postkoloniale Kritik an der Produktion von „Kulturen" wurde insbesondere von solchen Autoren vorgetragen, die selbst im wahrsten Sinne des Wortes *inkarnierte, Fleisch gewordene* Folgen europäischer Kolonialpolitik geworden sind, lehrend an den Eliteuniversitäten Englands und Nordamerikas und damit die Hybridität des Westens symbolisierend. Edward Said etwa prangert eine kulturwissenschaftliche „Politik der Identität" an: „Diese Politik musste davon ausgehen, ja fest daran glauben, dass alles, was für Orientalen oder Afrikaner zutrifft, ganz sicher *nicht* für Europäer zutreffen kann." (Said 1997: 85) Diese (literaturwissenschaftliche) Kritik an der Konstruktion des „Orients" und seiner Kultur machte darauf aufmerksam, wie hybride auch die westliche Kultur ist – letztlich machte diese Kritik auch „den Westen" zur Kultur. Und die Attraktivität dieser poststrukturalistischen Kritik für die wohlgenährte akademische Jugend des Westens besteht wohl im wohligen Schauer, dass auch die eigene Authentizität zum Thema werden konnte, nicht immer nur die der Geknechteten, der anderen, der Fremden. Irgendwie war man nun selbst kolonisiert, kolonisiert durch fremde Zumutungen des eigenen Territoriums und durch die Borniertheit der eigenen universalistischen Tradition. So ein bisschen partizipiert man dann an der Würde der Verdammten und der Unterdrückten. Aber was war der Ausweg? Sollte man auf Kulturalisierung verzichten?

Was Said geradezu paradox vorschlägt, ist so etwas wie ein *echter* Dialog, nicht ein Dialog der Kulturen, sondern einer, der sich den reifizierenden, Identitäten konstruierenden „Kulturen" geradezu entzieht und *wirklich* authentische Sprecher einsetzt. Als Literaturwissenschaftler geht es Said um die Frage, wie man im Westen mit der Literatur aus Asien und Afrika umzugehen hat. Er schreibt:

> „Wenn wir Werke miteinander in Verbindung bringen, entreißen wir sie der Missachtung und Zweitklassigkeit, zu der sie zuvor aus verschiedenen politischen und ideologischen Gründen verurteilt waren. (…) Nur indem man diese Werke *als* Literatur untersucht, als Ausdruck eines Stils, als Unterhaltung und als Erhellung, kann man sie mit einbeziehen und sozusagen nicht mehr loslassen. Andernfalls wird man lediglich aufschlussreiche ethnographische Zeugnisse in ihnen sehen (…)" (Said 1997: 92).

3 Zum Folgenden vgl. Nassehi 2006a: 33ff.

Als Literatur heißt als Text auf gleicher Augenhöhe jenseits seiner kulturellen Indizierung. Said will die „Kultur“ zugunsten eines wirklichen Dialogs vermeiden – heraus kommt aber letztlich eine noch authentischere Form der „Kultur“, eine Kultur nämlich, die nun deshalb kulturfähig ist, weil sie wirklich das repräsentieren darf, was sie ist. Dabei werden die „Kulturen“ in den Singular versetzt, und nun sieht man nicht mehr „einen winzigen, hermetisch geschlossenen Winkel der Welt, sondern das große, mit vielen Fenstern ausgestattete Haus der menschlichen Kultur als Ganzheit“ (Said 1997: 93) – der einen menschlichen Kultur.

Said ist insofern aufschlussreich, als er die Kultur wegschreibt, um ihr dann doch wieder auf den Leim zu gehen. Denn die Konsequenz seiner Kultur-Kritik ist nicht die Abschaffung des Schemas „Kultur“. Er bringt das Schema vielmehr zu seiner eigentlichen Blüte. Jedenfalls vertraut Said nicht wie etwa Niklas Luhmann auf den intellektuell abgeklärten Umgang mit Kontingenz. Luhmann behandelt den Kulturbegriff als historischen, als empirischen Begriff, als einen empirischen Begriff, der mit seiner vergleichenden Intention darauf verweist, „dass das, was verglichen wird, auch anders möglich [ist] (…), und eben das belastet die Kultur mit dem Geburtsfehler der Kontingenz“ (Luhmann 1995: 48). Ohne es freilich ausdrücklich zu sagen, macht Luhmann darauf aufmerksam, dass man die Sprengkraft des Kulturellen dadurch überwindet, dass man neben sich treten kann, weil man ja weiß, dass Kulturen nur Vergleichsinstrumente zur wechselseitigen Stabilisierung sind. Die historisch so folgenreiche Lösung, die Kontingenz der Unterscheidung wenigstens durch stabile *Asymmetrien* unsichtbar zu machen, scheint wenigstens epistemologisch gebannt.

Anders als Luhmann setzt Said freilich nicht auf den nun möglichen abgeklärten Umgang mit Kontingenz, sondern darauf, die Stabilität einer asymmetrischen Unterscheidung durch die Instabilität einer symmetrischen Unterscheidung zu ersetzen. Der andere soll *als Kultur* sichtbar werden, aber das nun auf gleicher Augenhöhe. Besonderheiten in der *einen menschlichen Kultur* machen nun Sprecher sichtbar, deren Authentizität von nun an nicht mehr relativiert werden kann – weder durch den abgeklärten Hinweis auf den *Geburtsfehler der Kontingenz*, noch durch legitime Asymmetrien der klassischen Beschreibung von Kulturen (vgl. Saake/Nassehi 2004: 114f.). Es sind immer neue, authentische Sprecherpositionen, die aus einer solchen Praxis entstehen. Die Legitimation des Sprechens wird nun das Sprechen selbst. Wer authentisch *als Kultur* spricht, muss nur sprechen, um sich zu legitimieren – er ist dann kein ethnographisches Beispiel mehr, das man als Kuriosum auf dem Jahrmarkt fremdartiger Merkwürdigkeiten vorzeigen kann, sondern Sprecher. *Man kann ihn verachten. Aber man muss ihn anhören.*

Ist eine solche Etablierung symmetrischer Sprecherverhältnisse nicht die beste Voraussetzung für den *Dialog der Kulturen*? Ja und Nein! Ja, weil tatsächlich ein Dialog entsteht, nein, weil dieser ganz anders aussieht, als man es sich womöglich erträumt hatte. Ich komme auf dieses Argument zurück. Zunächst sei jedoch betont, dass mit der Erfahrung der Multiplikation von Sprechern auf gleicher Augenhöhe nicht nur mehr Kommunikation stattfindet und nicht nur mehr Sprecher sichtbar werden, sondern auch weniger Widerspruch denkbar wird. Kulturell authentische Sprecher lassen sich letztlich nicht kritisieren – sie nutzen die Ressource, authentische Kultur zu sein, und erzeugen damit authentische, politisierbare Kollektive, die strategisch in Anspruch genommen werden können. An der Politisierbarkeit solcher Positionen erweist sich ihre Modernität, und die Ressource „Kultur" kann dann sogar westliche Großstädter mit für sie eher gewöhnungsbedürftigen normativen Erwartungen versöhnen. Um nur zwei Beispiele zu nennen: Shalini Randeria (2004) etwa beschreibt, wie indisches Kastenrecht dadurch zivilgesellschaftliche Qualität bekommt, dass es politisierbar wird und seine kulturelle Bedeutung reflektiert. Oder Veena Das (2004) führt den Nachweis, dass so genannte kulturelle Rechte vor individuellen Rechten durchaus bestehen können, wenn sie in der Lage sind, ihre Kollektivitätsorientierung zu reflektieren.

Die moderne Weltgesellschaft nimmt an sich selbst wahr, dass es kein Außen mehr gibt, dass aber die Innenverhältnisse komplizierter geworden sind. Man trifft nicht nur auf authentische, sondern auch auf selbstbewusste „Kulturen", die insofern „modern" geworden sind, als sie die selben praktischen Formen in Anspruch nehmen, mit denen sie vom modernen Westen traktiert wurden: elektronische Medien, politische Mobilisierbarkeit, die *Theodizee der Zukunft*[4] und nicht zuletzt das politische Versprechen der Versöhnung individueller Lebensentwürfe und kollektiver Lösungen in selbstbewussten Staaten. Insofern wiederholt sich womöglich im Orient das, was zuvor in Europa stattgefunden hat: Haben „wir" zunächst den „Orient" erfunden, erfindet dieser nun den „Westen" neu und zwingt uns zu authentischer Stellungnahme. Wer „kulturell" vorgibt, dass seine religiösen Gefühle durch Karikaturen verletzt wurden, die er nie gesehen hat, dem werden wenigstens solcher Art Gefühle zugestanden – und bald muten wir uns selbst womöglich ähnliche Gefühle zu.

In der globalisierten Weltgesellschaft, in der sich Beobachter und Sprecher wechselseitig wahrnehmen und aufeinander reagieren, kommt man am Beobachtungsschema Kultur gar nicht vorbei. Insofern ist die Kulturalisierung, i.e.

4 Unter der „Theodizee der Zukunft" verstehe ich das Versprechen, dass aus politischer Mobilisierung Lösungen für die Zukunft erwartet werden können – ein Modell, das das Nationalstaatssystem des 19. Jahrhunderts in Europa etabliert hat und das nun in allen Weltregionen strukturell wiederholt wird (vgl. dazu Nassehi 2006b: 384ff.).

Ethnisierung und Konfessionalisierung globaler und lokaler politischer Konflikte in der Weltgesellschaft unvermeidbar – und selbst wer auf die alten Asymmetrien pochen will, sieht sich der Erfahrung ausgesetzt, dass es auf kugelförmigen Gebilden keine Peripherie geben kann. Die Welt wird multizentrisch, sie etabliert Sprecher überall – und macht sie damit zu „Kulturen", die verglichen werden wollen. Nur diejenigen, die den „Dialog der Kulturen" propagieren, ob mit den noch protestierenden Mitteln Edward Saids oder mit der ethischen Maxime einer „Dialogkultur", scheinen die Kulturalisierung zu unterlaufen und wirkliche Sprecher zu installieren, die einerseits zu ihrem kulturellen Gewand stehen, es aber nicht mehr wie einen Herrenmantel vor sich her tragen. Diese Position setzt tatsächlich voraus, was sie anstrebt: eine „Kultur" des Dialogs – doch das führt, wie man an Edward Said demonstrieren kann, doch wieder nur zur Kulturalisierung von Positionen.

Die Position, man müsse einen „Dialog der Kulturen" führen, wird nun selbst zur „Kultur". Man denke an zwei prominente Protagonisten einer solchen Kulturen unterlaufenden Kultur: etwa an Hans Küngs wahrhaft katholische Idee des „Weltethos", das, Gleichheit und Verschiedenheit versöhnend, letztlich in der Aufhebung aller Kultur kulminiert: „Jeder Mensch muss menschlich behandelt werden." (Küng 1997: 154) Ähnlich hört sich das bei Ulrich Beck an: „Kosmopolitismus meint: die Anderen als verschieden und gleich zu bejahen." (Beck 2004: 92) Auch das sind authentische Sätze, denen man nicht widersprechen kann – aber ihr sachlicher Gehalt tendiert asymptotisch gegen Null, weil sie nicht einmal versteckt nur normativ gebaut sind und argumentative durch moralische Würde ersetzen. Sie nehmen nicht die Dignität der Herkunft und des Autochthonen in Anspruch, sondern die Dignität des Ethischen und ziehen damit doch wieder kulturalisierende Grenzen. Denn die ethische Reflexion der Moral reflektiert nur selten, dass Moral nur dann greift, wenn man sie nicht braucht: wenn alle Beteiligten denselben moralischen Standards folgen oder sich wenigstens von ihnen beeindrucken lassen. So nimmt die Ethik des Dialogs eben selbst die Form der Kultur an, indem sie Sprecherpositionen etablieren – zweifellos aber *andere* Sprecherpositionen *anderer* Sprecherpositionen. Das Merkwürdige an dieser „Kultur des Dialogs der Kulturen" besteht darin, dass sie wie jegliche kulturelle Stellungnahme nur die Zahl der Sprecher erhöht und damit darauf hinweist, dass das, was sie einfordert, geradezu unmöglich ist. Auch hier wird Kultur als Ressource verwendet – nicht freilich eine bestimmte ethnische oder nationale, eine bestimmte religiöse oder weltanschauliche Stellungnahme zur Welt, sondern als Versuch, all das aufzuheben. Aber auch das muss *gesagt* werden, auch das erfordert sichtbare *Sprecher* – und ist damit doch nur eine kulturelle Stellungnahme unter vielen.

Um nicht falsch verstanden zu werden: Ich spreche hier weder gegen ein Weltethos, das den Menschen menschlich behandeln will, noch soll irgendetwas gegen den Kosmopolitismus einer neuen soziologischen Moralwissenschaft gesagt werden. Wie denn auch? Und wozu denn auch? Demonstrieren möchte ich nur, dass auch der Appell, die kulturellen Grenzen zu überwinden, nur eine kulturelle Stellungnahme sein kann und letztlich ästhetisch eine ähnliche Form annimmt wie all jene, die Kultur als Ressource in Anspruch nehmen. Auf den „Dialog der Kulturen" zu setzen, ist damit selbst eine kulturalisierende Reaktion auf die Differenzen und Unterschiede, die sich in weltgesellschaftlich inszenierbaren Konflikten zeigen. Auf den „Dialog der Kulturen" zu setzen, bedeutet, sich in Differenz zu setzen zu solchen „Kulturen", die sich dem verweigern.

Finis

Ich möchte aus meiner Argumentation die folgenden kurzen Konsequenzen ziehen: Das hier vorgestellte kultursoziologische Programm schlägt vor, an Luhmann anschließend den Kulturbegriff nicht als Grundbegriff zu führen, sondern als empirischen und historischen Begriff. Anders als bei Luhmann wird hier aber nicht eine gewisse Überlegenheit kultureller Reflexivität suggeriert. Ich möchte darauf hinweisen, einen empirischen Blick auf solche Praxen zu lenken, die die Funktion der kulturellen Selbst- und Fremdidentifikation in Anspruch nehmen. Angedeutet habe ich das im Hinblick auf die epistemologische Aufklärungsfunktion der Selbstreflexion postkolonialer Migranten oder von Transsexuellen; angedeutet habe ich es auch an kulturalisierenden Emanzipationsgeschichten etwa der *cultural studies*; angedeutet habe ich schließlich den paradoxen Versuch der kosmopolitischen Überwindung des Kulturellen, der selbst wieder nur zu einer Kultur wird.

Gerade an Letzterem lässt sich lernen, dass die Sozialwissenschaften sich keinen Gefallen damit tun, wenn sie sich selbst zum Mitspieler des kulturalisierenden Spiels machen. Das gilt gleichermaßen für die emanzipatorischen Partikularerzählungen der *cultural studies* wie für einen normativen Kosmopolitismus, den man normativen Ethiken vielleicht zugestehen mag (vgl. etwa Appaduraj 2006). Eine kultursoziologische Perspektive dagegen muss ein *sacrificium intellectus* bringen, wenn sie kulturelle Differenz nur als normatives Problem ansieht und nicht als ein empirisches Phänomen. An Becks kosmopolitischer Soziologie lässt sich dies am besten nachvollziehen: Sie scheint mehr vom schlechten Gewissen der europäischen Provinz getragen zu sein als vom besseren Wissen darum, welche Funktion Selbst- und Fremdkulturalisierung weltgesellschaftlich hat. Das hier entfaltete Programm einer Kultursoziologie, die sich für einen empirischen Kulturbegriff stark macht, möchte explizit eher auf besseres Wissen als auf schlechtes Gewissen setzen. Dann lässt sich vielleicht auch soziologisch über die politische Dimension kosmopolitischer Ansprüche nachdenken – statt sie mit zu vollziehen. Weit ist ein solches kultursoziologisches Programm dann übrigens nicht von gesellschaftstheoretischen Fragestellungen entfernt – aber das wäre ein weiteres Feld als das, das hier zu verhandeln ist.

Literatur

Appaduraj, Kwame Anthony (2006): Cosmopolitanism. Ethics in a World of Strangers. New York: Norton.

Beck, Ulrich (2000): The cosmopolitan perspective: sociology of the second age of modernity. In: British Journal of Sociology 51: 79–105

Beck, Ulrich (2004): Der kosmopolitische Blick oder: Krieg ist Frieden. Frankfurt a.M.: Suhrkamp

Bhabha, Homi K. (1994): The Location of Culture. London/New York: Routledge

Butler, Judith (1991): Das Unbehagen der Geschlechter. Frankfurt a.M.: Suhrkamp

Das, Veena (2004): Gemeinschaften als politische Akteure. Die Frage der kulturellen Rechte. In: Shalini Randeria; Martin Fuchs; Antje Linkenbach (Hg.): Konfigurationen der Moderne. Diskurse zu Indien. Soziale Welt-Sonderband 15. Baden-Baden: Nomos: 137–154

Derrida, Jacques (1988): Die différance. In: Ders.: Randgänge der Philosophie. Wien: Passagen Verlag: 29–52

Foucault, Michel (1976): Die Geburt der Klinik. Eine Archäologie des ärztlichen Blicks. Frankfurt a.M./Berlin/Wien: Ullstein

Garfinkel, Harold (1967): Studies in Ethnomethodology. Englewood Cliffs/N.J.: Prentice-Hall

Gilroy, Paul (1993): The Black Atlantic. Modernity and Double Consciousness. London: Verso

Haraway, Donna (1995): Die Neuerfindung der Natur. Primaten, Cyborgs und Frauen. Frankfurt a.M./New York: Campus

Hirschauer, Stefan (1989): Die interaktive Konstruktion von Geschlechtszugehörigkeit. In: Zeitschrift für Soziologie 18: 100–118

Hirschauer, Stefan (1993): Die soziale Konstruktion der Transsexualität. Über die Medizin und den Geschlechtswechsel. Frankfurt a.M.: Suhrkamp

Kessler, Suzanne J./Wendy McKenna (1978): Gender. An Ethnomethodological Approach. Chicago/London: University of Chicago Press

Küng, Hans (1997): Weltethos für Weltpolitik und Weltwirtschaft, München: Piper

Lindemann, Gesa (1993): Das paradoxe Geschlecht. Transsexualität im Spannungsfeld von Körper, Leib und Gefühl. Frankfurt a.M.: Fischer Taschenbuch Verlag

Lindemann, Gesa (1994): Die Konstruktion der Wirklichkeit und die Wirklichkeit der Konstruktion, in: Theresa Wobbe; Gesa Lindemann (Hg.): Denkachsen. Zur theoretischen und institutionellen Rede vom Geschlecht. Frankfurt a.M.: Suhrkamp: 115–146

Luhmann, Niklas (1995): Gesellschaftsstruktur und Semantik. Studien zur Wissenssoziologie der modernen Gesellschaft, Band. 4. Frankfurt a.M.: Suhrkamp

Nassehi, Armin (2003): Geschlossenheit und Offenheit. Studien zur Theorie der modernen Gesellschaft. Frankfurt a.M.: Suhrkamp

Nassehi, Armin (2004): Die Theorie funktionaler Differenzierung im Horizont ihrer Kritik. In: Zeitschrift für Soziologie 33, 2: 98–118

Nassehi, Armin (2006a): Dialog der Kulturen – wer spricht? In: Aus Politik und Zeitgeschichte. Beilage zu „Das Parlament": 28–29

Nassehi, Armin (2006b): Der soziologische Diskurs der Moderne, Frankfurt a.M.: Suhrkamp

Nassehi, Armin (2008): Rethinking functionalism. Zur Empiriefähigkeit systemtheoretischer Soziologie. In: Herbert Kalthoff et al. (Hg.): Theoretische Empirie. Die Relevanz qualitativer Forschung. Frankfurta.M.: Suhrkamp: 79–106

Parsons, Talcott (1966): Societies. Evolutionary and Comparative Perspectives. Englewood Cliffs: Prentice-Hall

Randeria, Shalini (2004): Verwobene Moderne: Zivilgesellschaft, Kastenbindungen und nicht-staatliches Familienrecht im (post)kolonialen Indien. In: Shalini Randeria; Martin Fuchs; Antje Linkenbach (Hg.): Konfigurationen der Moderne. Diskurse zu Indien. Soziale Welt-Sonderband 15, Baden-Baden: Nomos: 155–178

Reckwitz, Andreas (2003): Grundelemente einer Theorie sozialer Praktiken. Eine sozialtheoretische Perspektive. In: Zeitschrift für Soziologie 32: 282–301

Saake, Irmhild/Nassehi, Armin (2004): Die Kulturalisierung der Ethik. Eine zeitdiagnostische Anwendung des Luhmannschen Kulturbegriffs. In: Günter Burkart; Gunter Runkel (Hg.): Niklas Luhmann und die Kulturtheorie. Frankfurt a.M.: Suhrkamp: 102–135

Said, Edward (1991): Orientalism. Western Concepts of the Orient, Harmondsworth: Penguin

Said, Edward (1997): Die Politik der Erkenntnis. In: Elisabeth Bronfen; Benjamin Marius; Therese Steffen (Hg.): Hybride Kulturen. Beiträge zur anglo-amerikanischen Multikulturalismusdebatte. Tübingen: Stauffenburg Verlag: 81–96

Spivak, Gayatri Chakravorty (1987): In Other Worlds. Essays in Cultural Politics. London/New York: Methuen

Weber, Max (1972): Wirtschaft und Gesellschaft. (5. Aufl.) Tübingen: Mohr

West, Candace/Don H. Zimmerman (1991): Doing Gender. In: Judith Lorber; Susan A. Farrell (Hg.): The Social Construction of Gender. Newbury Park/London/New Delhi: 13–37

Die Kultur und ihre Soziologie – wissenschaftssoziologische Überlegungen

Andreas Göbel

1.

‚Kultur' ist ein bekanntlich undefinierbarer Begriff. Die Zeiten sind zwar gottlob vorbei, in denen man den Revolver entsichern zu müssen glaubte nur beim Hören des Begriffs. Eher schon gilt umgekehrt: man kann sich vor ihm nicht retten. Das macht es aber nicht einfacher. Denn eine Abgrenzung der soziologischen Wissenschaft von der Kultur von anderen Bindestrichsoziologien oder allgemein von der theoretischen Prominenz anderer Begriffe wird durch seine Inflationierung eher noch schwieriger. Hinzu kommt, dass ‚Kultur' kein rein wissenschaftlich-analytischer Begriff ist, sondern ein alltagssprachlich ubiquitärer, der zudem vor allem in diesen Zusammenhängen eine eindeutig normative Tönung hat. Hinter „Kultur" stehen (häufig genug zumindest) Distinktionsabsichten.

Will man darob nicht einfach verzweifeln, ‚Kultur' zum an-die-Wand-genagelten Pudding erklären und ‚Kultursoziologie' als den Tanz ums goldene Kalb (der Beliebigkeit, solange man nur ‚Kultur' sagt) beschreiben, bleibt nur, die verschiedenen Verwendungsweisen des Begriffs zu klären. ‚Kultur' wird benutzt, der Begriff hat, sagt man neuerdings, eine ihm eigentümliche Performativität. Er steht in einem ihn strukturierenden Kontext (dem der Akzentuierung von ‚Performativität' etwa) und hat in diesem Verständnis seine je eigentümliche ‚Kultur'. Man kann seine Antonyme entziffern, seinen Variationsgrad ermitteln, sein Verschweigen für beredsam halten, seine subkutane Normativität beobachten.

Ähnliches soll auch in den folgenden Bemerkungen zur Geltung kommen. Sie möchten die Verwendung des Kulturbegriffs und mit ihm eines spezifischen Verständnisses von Kultursoziologie in dem sehr speziellen Ausschnitt der deutschsprachigen Soziologie rekonstruieren, der seit den späten 70er Jahren als Adresse den Status der „Sektion Kultursoziologie" erhalten hat, dessen kulturtheoretische Überlegungen freilich durchaus älteren Datums sind und der sich vor allem mit den Schriften Friedrich Tenbrucks verknüpft. An diese Tradition zu erinnern ist einerseits eine notwendige historische Reminiszenz, weil angesichts der neueren Referenz auf ‚Kultur' und Kulturtheorien speziell diese Tradition gerne vergessen wird.[1] Seine Aktualität hat dieses Ansinnen andererseits darin, dass die Inflationierung des Kulturbegriffs sowohl in theoretischen wie in außertheoretischen wie in außerwissenschaftlichen Kontexten diese spezifische jüngere deutsche Tradition der Kultursoziologie in eine Krise gebracht hat. Provoziert durch die (insgesamt sehr breite und vielgestaltige) Bewegung der Cultural Studies, provoziert sicher auch durch Entwicklungen im Bereich der soziologischen Theorie, gegen deren Parsons-Gestalt sich diese Form von Kultursoziologie profiliert hatte, ist seit geraumer Zeit unklar, wie und in welcher Gestalt sich dieses Programm mutatis mutandis fortsetzen ließe.[2]

Man kann in diesem Zusammenhang dann auch auf die Idee kommen, die bereits erwähnte Normativität des Kulturbegriffs selbst offensiv zum Programm einer sich neu begründenden Kultursoziologie zu machen und ihr dementsprechend die Aufgabe stellen, die außerwissenschaftlich nur diffusen und heterogenen qualitativen Merkmale des Kulturbegriffs mit den Weihen wissenschaftlicher Seriosität zu versehen. Die Kultursoziologie wäre dann der wissenschaftliche Produzent eines qualitativen Kulturbegriffs.[3]

Die Frage „Brauchen wir einen qualitativen Kulturbegriff?" ist freilich – so gestellt – kaum beantwortbar. Das „Ja" oder „Nein", das ihr folgen könnte, wäre nichts als eine Präferenzartikulation. Damit kann sich eine Wissenschaft – auch eine solche der Kultur – nicht zufrieden geben. Wie so häufig kann man sich der Frage aber umwegig, hier: über eine historische Vergegenwärtigung und Reflexion auf die Funktionsbedingungen eines verwendeten qualitativen Kulturbegriffs auch im Bereich der Soziologie nähern.

Bereits in diesem Ansinnen besteht, recht besehen, ein Unterschied ums Ganze. Es geht zum einen nicht um Begriffslogik, sondern um Begriffsgeschichte. Auf eine offensiv formulierte Logik des Kulturbegriffs wird man sich kaum noch einlassen können. Und zum anderen ist diese historische Vergegenwärtigung kein bloßes Präliminarium, sondern vorlaufende Bedingung für eine

1 Moebius 2009 etwa reserviert ihr kein eigenes Kapitel, referiert auf sie nur – widersinnig, mindestens missverständlich – als Auftakt für einen cultural turn in den Sozialwissenschaften; vgl. Moebius 2009, 77ff. Wichtige Bezugnahmen finden sich bei Gebhardt 2001 und Lichtblau 2001; mit Lauermann 1989 ließe sich im Sinne von Faber (Hg.) 2000 auch an eine ‚Soziologie moderner Intellektuellenassoziationen' denken.

2 Zur Auseinandersetzung mit den Cultural Studies vgl. Albrecht, Göttlich, Gebhardt (Hg.) 2002, zum Versuch eines Rekurses auf ein Verständnis bürgerlicher Kultur Albrecht (Hg.) 2004.

3 Ich referiere hier auf das Thema der Sitzung der Sektion Kultursoziologie auf dem Soziologentag zu Jena 2008, in dessen Rahmen ein Teil der hier publizierten Überlegungen vorgetragen wurde.

Erörterung der dann noch möglichen Form von Kultursoziologie. Anders formuliert: „Kultursoziologie heute“ kann nicht anders denn ihre eigene Tradition als Wissenschaft mit zu reflektieren, weil nur auf dieser (selbstreflexiven) Basis sowohl die Schwierigkeiten wie auch die noch bleibenden Möglichkeiten eines ‚doing cultural sociology’ sich vergegenwärtigen lassen. Ohne dieses Minimalmoment einer differenzierungstheoretisch belehrten Form von Wissenschaftssoziologie wird sich eine Kultursoziologie kaum plausibilisieren lassen.

Auch hinter dieser Lesart steht die Skepsis, den bekanntlich undefinierbaren Begriff der Kultur in seinen zumal außerwissenschaftlichen Konnotationen zum Ankerpunkt für die dann ‚Neuen Aufgaben der Kultursoziologie’ zu machen. Zwischen einem fachwissenschaftlich als methodologischer Leitfaden fungierenden Kulturbegriff – wie immer der im Detail aussehen mag – und einem Kulturbegriff au trottoir besteht ein Unterschied ums Ganze. Ihn um der Strategie einer kultursoziologischen Partizipation an Diskursen der Kulturkritik einebnen zu wollen, bedeutete, sich des eigenen Status als Wissenschaft (von der kulturellen Dimension der Gesellschaft) zu begeben und die rupture epistemologique zwischen der Sinndimension Wissenschaft und ihren externen Bezugspunkten aufzugeben.

Aber diese Skepsis, um dies noch einmal zu betonen, ruht nicht allein auf der These einer notorischen begrifflichen Unschärfe. Denn es geht nicht um die (selbst als normativ interpretierbare) Abwehr eines normativ getönten Kulturbegriffs als solchen, sondern um die Differenz zwischen einem auf die Produktion unwahrscheinlichen Wissens hin orientierten Sinnkomplex namens Wissenschaft einerseits und einem mit anderen Sinnfermenten, Erwartungshorizonten und Selektionskriterien ausgestatteten Bereich, der in seiner Heterogenität kaum zu benennen ist; eine Verlegenheitsvokabel wäre ‚kulturelles Feld’. Die Unterscheidung zwischen einem wertneutralen und einem normativ geladenen, qualitativen Kulturbegriff ist lediglich *ein* Aspekt dieser Differenz, die sehr viel grundsätzlicher die – um den Feldbegriff Bourdieus hier tentativ weiterzuführen – doxai, illusiones und weitere Operationsbedingungen im differenzierten Pluriversum der Moderne betreffen.

Dass die ältere Kultursoziologie trotz der Unschärfe des Kulturbegriffs eine im Ganzen erfolgreiche Konsolidierungs- und Forschungsgeschichte aufzuweisen hat, ist einer rekonstruierbaren, spezifischen, geschichtlich-eigentümlichen Konstellation der Disziplin Soziologie und der Position der Kultursoziologie innerhalb dieses Faches geschuldet. An sie muss man erinnern, um die Möglichkeiten der Kultursoziologie – zumindest derjenigen, der diese Tradition eine relevante ist – seriös erörtern zu können.

2.

Georg Simmel hatte Kultur als den Weg der Seele zu sich selbst beschrieben (vgl. Simmel 2001 [1911]). Hinter diesem mit dem Pathos des Humboldtschen Bildungsbegriffs und der Rhythmik der Hegelschen Geschichtsphilosophie formulierten Anspruch verbarg sich bei Simmel eine Tragik. Weil der Stand der objektiven Kultur – Simmels Chiffre für die Differenzierungsform der Moderne – einen Ausdifferenzierungsgrad erreicht hat, der die Logik ihrer Entwicklung ihrer eigenen Autonomie überlässt, steht sie der subjektiven Seele auf dem Weg zu sich selbst fremd, verhängnisvoll und wie ein Durkheimsches fait social gegenüber. Die Logik dieser Beziehung kann dann bekanntlich nur tragisch enden: der Einzelne ist vielleicht noch der Autor seiner Produkte; aber sofern diese einerseits Ausdrucksform des Selbstbildungsprozesses seiner Seele sein mögen, so andererseits nur in den seltensten Fällen zugleich auch ein avancierter Teil der objektiven Kultur. Die Diskrepanz „zwischen Sachbedeutung und Kulturbedeutung (Simmel 2001 [1911]: 210), oder – um diesem Dilemma mit Blumenberg eine subjektive Formulierungswendung zu geben – zwischen Lebenszeit und Weltzeit, ist unaufhebbar.

Von solchen kultursoziologischen Überlegungen des späten bürgerlichen 19. Jahrhunderts sind wir heute, so scheint es, weit entfernt. Die Diagnose tragischer Weltverhältnisse ist selbst eine Ausdrucksform des Bürgertums. Der sich bei Simmel noch zur Geltung bringende Bildungsbegriff ist einem Potpourri sehr viel heterogenerer Selbst- und Selbstverwirklichungsansprüche, Biographien und Karrieren gewichen, und die in all dem leitende Unterscheidung von Individuum und Gesellschaft ist soziologisch zwar nicht obsolet geworden, aber doch kaum noch so dramatisch durchzubuchstabieren, wie es einem Kulturindividualismus in seinem Anspruch, auf der Höhe, der Ausdruck und der Inbegriff seiner Zeit zu sein, eigentümlich war.

Das Programm, das dann sehr viel später in der Deutschen Gesellschaft für Soziologie unter dem Sektionsstichwort ‚Kultursoziologie' startete,[4] zehrte zwar partiell durchaus noch von diesem kulturkritisch-normativen Hintergrund, konnte und wollte ihn aber nur noch sehr vermittelt zur Geltung bringen. Dieser gegenüber der soziologischen Klassik weitergehende Vermittlungsstatus war selbst Effekt einer komplexen Geschichte. Er hat selbstredend viel mit der von der frühen deutschsprachigen Nachkriegssoziologie selbstverordneten Abkehr von den sozialphilosophischen Konnotationen und Grundierungen der frühen Soziologie zu tun, ist also in dieser Weise ein Effekt eines spezifischen Ver-

4 Vgl. Lipp/Tenbruck 1979.

ständnisses von Verwissenschaftlichung qua Empirisierung.[5] Dahinter konnte man, konnte auch eine kultursoziologische Bewegung offensiv kaum zurückzugehen. Aus heutiger Perspektive kann man aber im Detail und genauer beobachten, welche Konturen der Kulturbegriff erhält, wenn er in dieses Rahmenprogramm eingebettet wird.

Von Anfang an zehrt der spezifisch kultursoziologische Einspruch, wie er programmatisch in den Schriften Friedrich Tenbrucks seine Gestalt gewonnen hat, von einer doppelten und nicht immer trennscharfen Stoßrichtung. Er hat einerseits eine *Theoriegestalt* (III) und andererseits eine *Interventionsform* (IV). Beide kann man getrennt benennen; wichtiger freilich ist der integrale Zusammenhang, in dem sie stehen (V).

3.

Die Theoriegestalt artikuliert zunächst mit dem neukantiantischen Kulturbegriff Webers und Fermenten der amerikanischen Kulturanthropologie den Akzent auf die Sinn- bzw. Bedeutungsdimension sozialen Handelns. Damit aber nicht genug: Der Kultursoziologie und ihre Kultivierung in den 70er Jahren ist von Anfang an ein agonales Moment eigentümlich. Mit anderen Worten: sie hat einen Gegner. Ohne die Frontstellung gegen die Übermacht strukturfunktionalistischer Theorietraditionen und eine sehr spezifischen Interpretation dieser Tradition ist das Gegenprojekt unter dem Stichwort ‚Kultur' im Grunde nicht ernsthaft zu denken. Die Selbstverortung in diesem zentralen Dual von Struktur-Kultur ist unabdingbar – und sie reproduziert sich sogar (bzw. nicht zuletzt) dort, wo das Dual programmatisch aufgehoben werden soll – dies aber in einer Terminologie geschieht, die eben diese Differenz reproduziert.

In der 1985er Vorrede zum 1979 in der „Kölner Zeitschrift" publizierten programmatischen Text über „Die Aufgaben der Kultursoziologie" heißt es bei Tenbruck deutlich: „Stets muss die Soziologie mit Strukturen rechnen. Aber mit Parsons' Theorie (...) avancierten die ‚Strukturen' zur Gesellschaft selbst, so dass alle sonstigen Tatsachen entweder ganz übergangen oder aus ihnen abgeleitet werden müssten" (Tenbruck 1985: 48). Für Kultur „als eigenständige Größe" sei in diesem struktur(funktionalen) Verständnis „kein Platz"; ihr bliebe „bestenfalls ein Gnadenbrot übrig" (Tenbruck 1985: 50). Das ist zwar, beobachtet man genauer, nur die halbe Wahrheit. Denn bei aller konzedierbaren Prominenz des Strukturbegriffs im Rahmen des strukturfunktionalistischen Paradigmas:

5 Eine vielfältig dokumentierte Entwicklungslinie der deutschsprachigen Soziologie nach bzw. seit 1945; vgl. pars pro toto Lüschen (1979) sowie Papcke (1986).

‚Kultur' kommt bei Parsons ja – in freilich anderer, nicht kultursoziologiekompatibler Weise – durchaus und mit gar nicht geringer Prominenz vor, sei es im Rahmen der strukturfunktionalistisch-klassischen Trias von Kultur, Gesellschaft und Persönlichkeit, sei es im Kontext der späteren, strikter systemtheoretisch agierenden L-Funktionen des Allgemeinen Handlungssystems oder auch des Sozialsystems. Das freilich, soviel lässt sich vorab markieren, ist ganz offenbar nicht der Sinn des Verständnisses von ‚Kultur', den die deutsche Kultursoziologie akzentuieren möchte.

Ihr Programm sei es demgegenüber, so Tenbruck, „daran zu erinnern, dass die soziale Wirklichkeit nun einmal Struktur und Kultur in stets ungeschiedener, nur analytisch trennbarer Einheit enthält. Alle Kultur ist in Strukturen eingelagert, alle Struktur durch Kultur erfüllt." (ebd.) Daraus erhellt zwar nicht per se die differentia specifica einer Kultursoziologie, und auch die weiteren Explikationen erschließen dabei nicht unbedingt soziologisches Neuland. Dass Kultur nicht „substanzielle(n) Wesen(s), vielmehr … lebendige Erscheinung" (Tenbruck 1985: 52) sei, der Mensch als Kulturwesen in der Tradition Herders, Cassirers, Plessners und Gehlens zu begreifen sei, dass das methodisch dazu parallele Verständnis der Soziologie das einer Kulturwissenschaft im Sinne des Weberschen Rückgriffs auf den Neukantianismus sei und ein dazu passendes Verständnis von Kultursoziologie die Bedeutungsförmigkeit aller sozialen Beziehungen zu akzentuieren habe, wird man in seinem Ungefähren akzeptieren können, ohne diese Hinweise für soziologisches Neuland halten zu müssen. Das ‚Neue' daran, also der Informationswert erschließt sich im Grunde nur durch den zusätzlichen Hinweis, dass in der Interpretation Tenbrucks der mainstream der von Parsons beeinflussten Soziologie diese theoretischen und methodologischen Prämissen vergessen habe. Einzig das, wie mir scheint, für Tenbruck selbst sicher wichtigste Stichwort – eine einer Theorie sozialer Differenzierung abgelesene Differenzierung (in) der Kulturentwicklung, die auf eine Unterscheidung von Hochkultur, Alltags- resp. Volkskultur und Repräsentativkultur abzielt – hat hier einen programmatisch ernsthaft neuen Anspruch.[6]

Interessanter freilich als diese in sich vielgestaltigen Hinweise ist die Klammer, mit der sie versehen werden. Diese Klammer ist der negativ konno-

6 Das müsste man im Detail entfalten, wofür hier freilich nicht der Ort ist. Man wird auf jeden Fall nur in einem sehr eingeschränkten Verständnis das Programm der Tenbruckschen Kultursoziologie als gegen einen differenzierungstheoretische(n) Kulturbegriff" (Moebius 2009: 77) gerichtetes lesen können. Sofern damit Parsons' L-Funktion mit Systemqualität gemeint ist, wird man zustimmen können, nicht aber, wenn man ‚Differenzierungstheorie' in strikter gesellschaftsgeschichtlicher Tradition interpretiert. Man lese nur, parallel zum Tenbruckschen Programmaufsatz, den Aufsatz über „Gesellschaft und Gesellschaften: Gesellschaftstypen" (Tenbruck 1972), um zu sehen, wie die Begriffe der Hoch-, Repräsentativ- und Volkskultur von der gewussten Differenz von stratifikatorischer und funktionaler Differenzierung zehren.

tierte Gesellschaftsbegriff. Dem Strukturfunktionalismus (und parallel der Tradition des Soziologieverständnisses seit Durkheim) wird pauschal vorgeworfen, „dass die Gesellschaft mit ihrer Struktur gleichgesetzt, die Soziologie folglich auf deren Analyse eingeengt wird.“ (Tenbruck 1985: 50) Dieser „reduktiven Verkümmerung des Gesellschaftsbegriffs“ (ebd.) auf einen entsprechenden Strukturbegriff gilt der Kern des kultursoziologischen Einwands. Begrifflich-strategisch könnte man dementsprechend formulieren: weil der Strukturbegriff in der Durkheim-Parsons-Tradition mit einem spezifischen Verständnis von Soziologie als Theorie der Gesellschaft identifiziert wird, transformiert sich das Dual von Struktur – Kultur, das die eigene Position der Kultursoziologie polemisch konturiert, zum Dual Gesellschaft – Kultur. Damit gelingt es Tenbruck endgültig, die Kultursoziologie von allen bindestrichsoziologischen Einschränkungen auf die Befassung mit der Sozialdimension des Schönen zu befreien. Kultursoziologie ist nicht einfach Kunstsoziologie.[7] Die Gegnerschaft Parsons' sichert ihr den Anspruch, eine Alternative zu einem fachuniversalen Anspruch soziologischer (Gesellschafts-)Theorie aufzubieten. Entsprechend hat es die Kultursoziologie „nicht mit einem abtrennbaren Sonderbereich zu tun, der neben der Gesellschaft steht; vielmehr sind Gesellschaft und Kultur nötige Scheidungen einer Wirklichkeit, in der sich beide ständig durchdringen. Die Kultursoziologie darf bei gegebener Lage des Faches nicht ein neues Sondergebiet sein, sie muss ihre Tatsachen und Perspektiven in die allgemeine Soziologie einbringen.“ (Tenbruck 1985: 51) Kultursoziologie, ließe sich deshalb auch formulieren, ist als allgemeine Soziologie Gesellschaftstheorie ohne Gesellschaftsbegriff.

Dieses Verständnis von Kultursoziologie ist deshalb – disziplinhistorisch gesehen – so auffällig, weil Tenbruck in früheren Schriften zwar dasselbe Argumentationsmuster verwendet, um denselben Anspruch auf fachuniversale Einheit zu formulieren, dabei freilich einen anderen binnendisziplinären Gegner im Auge hat und dementsprechend auch mit anderen Begriffen und Gegenbegriffen arbeitet. In den frühen 60er Jahren nämlich konzentriert sich seine polemische Stoßrichtung auf die auf empirische Forschung hin ausgedünnte Nachkriegssoziologie. Mit Blick auf sie notiert Tenbruck im Jahre 1963:

> „Nun ist es keine Frage, dass unsere Gegenwart solcher konkreter Studien an allen Ecken und Enden bedarf, und es ist auch keine Frage, dass die saubere Beherrschung nicht etwa nur der Techniken und Methoden, sondern gerade auch der erforderlichen theoretischen Kenntnisse (...) heute zur Ausrüstung des Soziologen vom Fach gehören. Aber es ist auch wahr, dass mit solchen Arbeiten das Feld soziologischer Aufgaben noch nicht abgeschritten, geschweige denn gepflügt und gesät ist.

7 Für diese fungiert sie freilich im Forschungskontext der Soziologie parallel auch als Adresse.

> Wie zahlreich und wie gut diese Präparierungen am lebenden Körper unserer Gesellschaft auch sein mögen, so antworten sie am Ende noch nicht auf die Frage, was nicht dieser oder jener *Teil* unserer Gesellschaft, sondern was unsere *Gesellschaft* sei." (Tenbruck 1963: 27)

Tenbruck betont in der Tat (und aus späterer kultursoziologischer Perspektive erstaunlich deutlich): „Gesellschaft", und fährt fort:

> „Immer stärker hat sich in der Forschungslogik wie in der Praxis die Einsicht verbreitet, dass selbst das Einzelne und Konkrete nur in dem Maße erkennbar wird, wie die allgemeinen, aber nicht weniger wirklichen und wirksamen Grundzüge der Gesellschaft erkannt sind." Diese „Grundzüge sind diejenigen, mit dem Instrument der soziologischen Analyse freizulegenden Grundstrukturen, aus denen die beobachtbaren Phänomene allererst abzuleiten und zu verstehen, ja überhaupt nach ihrer Bedeutung und Realität erst abzuschätzen sind." (Tenbruck 1963: 27)

Will man das nicht als Plädoyer für eine Theorie der Gesellschaft lesen – und man sieht, dass man das bei Tenbruck 1962 durchaus noch kann! –, sondern es kompatibel halten mit der später deutlicher akzentuierten Wendung zum Kulturbegriff (der in dieser Weise ja ein Nachfolgebegriff für die ursprünglich am Gesellschaftsbegriff markierten Desiderate darstellt), dann fällt auf, dass – einmal mit dem Gesellschafts-, ein anderes Mal mit dem Kulturbegriff – hier ein Einspruch formuliert wird, der beide Male gegen die hegemonialen Tendenzen der Soziologie – ein Schwundstufenbegriff von Empirie und sozialer Wirklichkeit einerseits und ein theorie(hyper)integratives Programm namens Strukturfunktionalismus andererseits – zielt.

4.

Schon bei den soziologischen Klassikern – bei Simmel, bei Weber zumal – fällt, auch wenn diese sich nicht dezidiert als Kultursoziologen beschreiben, eine gerade für den Kulturbegriff typische suggestive Verknüpfung unterschiedlicher Verwendungsweisen auf. Die grundsätzliche methodologische Option, die sich im Hinweis entweder auf die anthropologische Dimension des Menschen als Kulturwesen oder auf die konstitutiv interpretatorisch erschlossenen Sinngehalte der sozialen Welt konzentriert, kann derart verknüpft werden mit einer wertenden und deutenden Stellungnahme zur Welt. In dieser Form steckt im Kulturbegriff der Klassiker allemal eine mit ihm integral verwobene Normativität. In Webers „dass wir Kulturmenschen sind" konzentriert sich deshalb immer beides: der theoretische Hinweis auf die konstitutive Sinnförmigkeit menschlichen Handelns und zugleich das Pathos eines Zeitgenossen mit dem Anspruch, „zur Welt *Stellung* zu nehmen". Mit dem Kulturbegriff ist die Soziologie immer zugleich auch Intellektuellenfach.[8] Die Theorie interveniert, artikuliert sich als Zeitgenossenschaft.

Das tut auch das Tenbrucksche Kultursoziologieprogramm, und in dieser Weise ist ihm eine Interventionsform eigentümlich. Sie profiliert einen normativ gehaltvollen, anspruchsvollen (faktisch: bürgerlichen) Begriff von Kultur. Die Tenbrucksche Rede von den „Grundzügen“ einer Gesellschaft, um die sich die Soziologie neben aller empirischen Orientierung bemühen möge, zielt neben Gesellschaftstheorie eben auch auf eine modifizierte Fortsetzung ihres orientierungswissenschaftlichen Anspruchs. Die Erinnerungen an ihre Qualität als Intellektuellenfach sind, wenn auch mit leiser Skepsis versehen (und darin anderen damaligen soziologischen Theorien des Intellektuellen ähnlich), deshalb durchaus präsent. Hinweise darauf findet man weniger in den kultursoziologisch-programmatischen Schriften, als vielmehr in den Analysen, die sich etwa den neuen Medien widmen. Eine Musiksoziologie, die in terms von „rohe(m) Geschmack“, „primitiven Effekte(n)“ und „niederen Affekte(n)“ operiert und gegen die „Unterhaltungsmusik“, der all dies eigen sei, den „Geist der europäischen Musik“ (Tenbruck 1989: 258) beschwört, den der moderne Jazz (Coltrane? Monk?) ignoriert; eine Mediensoziologie, die angesichts des Fernsehens von der „Auslaugung des Kulturerbes“ spricht, die „Buchreligionen“ und allgemein die „Schriftkultur“ und ihre Bildungseffekte als Formen „moralische(r) Vergewisserung und bürgerliche(r) Verständigung“ (Tenbruck 1990: 269) akzentuiert und dagegen die Leere, Nichtigkeit und Trivialität der ‚Fernsehkultur’ anprangert, u.a.m.: das ist gegenüber der Klassik noch einmal forcierte Kulturkritik, die im übrigen in anderer Weise einen Ton auch der Kritischen Theorie Adornos imitiert. Und wenn diese auch ihre Kulturkritik kapitalismustheoretisch zu begründen versuchte, so bleibt doch bei beiden der Anspruch, nicht singuläre Geschmacksurteile aus bürgerlicher Perspektive zu formulieren, sondern eine Gesamttransformation der Kultur als Ganze zu beobachten.

Deshalb auch kann es, wenn man dies aus heutiger Perspektive beobachtet, nicht um eine Entscheidung darüber gehen, ob diese Werturteile triftig sind oder an den sozialen (hier also: musikalischen und medialen) Realitäten und auch an den disziplinär selbstverordneten ‚Freiheiten’ resp. Werturteils-Neutralitäten vorbeizielen. Das mag je in Einzelfällen triftig sein. Gravierender wirkt aber insgesamt, dass das Programm eines erweiterten soziologischen Wirklichkeitsbegriffs, den man der kultursoziologischen Akzentuierung mit ihrer triftigen Kopplung an die Forschungszusammenhänge der weiteren Geistes- oder Kulturwissenschaften in ihren historischen wie systematischen Dimensionen durch-

8 Karl-Siegbert Rehberg hat mehrfach und für mehrere Autoren und Konzepte darauf hingewiesen.

aus noch, trotz der partiellen Unschärfen einer pauschalisierenden Parsons-Kritik, abgewinnen kann, hier doch zunächst nachhaltig irritiert und gebrochen wird durch eine deutliche Präferenz für einen qualitativen und normativ offensiv eingesetzten Kulturbegriff.

5.

Daran zu erinnern, will mehr sein als eine Kritik der Kulturkritik. Es geht vielmehr um etwas anderes: Beides, Theoriegestalt und Interventionsform, ist, scheint mir, integral miteinander verwoben und nicht zu trennen – und ich vermute, dass dies nicht zufällig so ist. Denn das eine ist ohne das andere nicht zu haben. Will sagen: unter den spezifischen (nicht logisch begründeten, aber historisch überkommenen und insofern als Institution fungierenden) Bedingungen der Produktion und Reproduktion von Wissenschaft wäre eine Kultursoziologie, die nichts anderes wäre denn eine mit dem Etikett der Wissenschaftlichkeit auftretende Brutstätte soziologischer Intellektueller, heillos verloren. Die Tenbrucksche Strategie dagegen funktioniert, weil sie sich einerseits einen innerdisziplinären Gegner aussuchen kann und in der wissenschaftlichen Auseinandersetzung mit ihm andererseits zugleich auch ihre interventionistische (gesamt)-kulturkritische Strategie entfalten kann. Worum es dieser Form von Kultursoziologie geht, ist, mit anderen Worten, die Fortsetzung eines Selbstverständnisses der Soziologie als einer Intellektuellendisziplin, ist in dieser Weise die – mutierte – Fortsetzung des Implikationenreichtums der soziologischen Klassik, die bei aller beginnenden fachlich verdichteten Analyse nie auf den Anspruch verzichtet hat, ihre eigene Zeit in Gedanken zu fassen. Dieser Anspruch verschärft sich unter den sich ihrerseits verschärfenden Ansprüchen an Wissenschaftlichkeit – was in der soziologisch-historisch so merkwürdigen Soziologie der 50er und 60er Jahre immer heißt: die Verdünnung des wirklichkeitsanalytischen Anspruchs auf empirisch-quantitative Validität.

Dagegen opponiert die Kultursoziologie – und zwar, mit der Terminologie, von Hirschman formuliert, nicht durch *exit*, sondern durch *voice*. Kultursoziologie ist der binnensoziologische Einspruch gegen die schiere Reduktion der Soziologie auf Sozialforschung – und binnensoziologisch heißt konkret: mit dem fortgeführten und dabei erweiterten Anspruch, disziplinär gebundene Wissenschaft zu betreiben. Will man dieses Motiv hochtreiben, könnte man in der Tat von dem Anspruch der Kultursoziologie als einer Art Reflexionsinstanz der Soziologie qua Disziplin sprechen, oder auch, will man es mit den Mitteln der soziologischen Systemtheorie haben, als einer Selbstbeschreibung der Soziologie in dem genauen Sinn, der Selbstbeschreibungen eigentümlich ist: Sie sind ge-

genstandsaffin, gegenstandsloyal und vor allem: sie betreiben selbst, was sie beschreiben, unterwerfen sich also dergestalt den Prämissen ihres Gegenstandes, als dessen Teil sie sich begreifen.

Man muss diese innersoziologische Stellung und Absicht der Kultursoziologie in der Phase ihrer programmatischen Ausrichtung durch Tenbruck und Lipp deutlich mitsehen. Sie profiliert sich im Kern als ein alternatives Theorieunternehmen der allgemeinen Soziologie und versteht sich in dieser Weise als ein Einspruch gegen die Theoriedominanz des Strukturfunktionalismus. Seine Prädominanz liest sie aber zugleich auch als Hinweis auf eine Soziologisierung nicht nur der Soziologie, sondern der Gesellschaft bzw. Gesamtkultur insgesamt. Sie ist gleichsam der theoretische Einspruch dagegen, dass Soziologen Soziologie und nur noch Soziologie studieren und dadurch den Kontakt zu den klassischen Geisteswissenschaften, aus deren Fundus das Fach doch ursprünglich seine intellektuellen Energien gezogen hatte, verloren haben. Die Theoriekritik hat damit zugleich auch einen kulturkritischen Fluchtpunkt.

Beides ist, wie gesagt, integral miteinander verwoben und fokussiert sich derart, nimmt man eine differenzierungstheoretische oder wissenschaftssoziologische Perspektive ein, auf zwei Fluchtpunkte. Der eine ist binnendisziplinärer Natur und bezieht sich auf die Identität der Soziologie, der andere ist gesamtgesellschaftlicher (oder gesamtkultureller) Natur und bezieht sich damit auf die Rolle der Soziologie als einer kulturrelevanten Intellektuellendisziplin. Derart verstand sich die Kultursoziologie als Sektion immer als der implizite Identitätsgarant für die Einheit eines in heterogene Forschungsstrategien und wissenschaftstheoretische Selbstverständnisse verstrickten Faches. Der Affront gegen den Hegemon Parsons war in dieser Weise immer auch ein Kampf um die hegemoniale und als Identitätsadresse fungierende Position im Feld der Disziplin insgesamt und konnte in dieser – und nur in dieser! – Gestalt zugleich auch stärker implizite Ansprüche an gesellschaftskulturell-effektive qualitative Kulturkommunikation zur Geltung bringen. Oder, in noch einmal anderer Wendung: nur über den Anspruch auf disziplinär-einheitliche Repräsentation konnte auch der Anspruch auf gesamtkulturelle bzw. -gesellschaftliche Reflexion (vielleicht gar: Repräsentation) aufrechterhalten und suggestiv mitkommuniziert werden.

6.

Das Problem der Kultursoziologie heute freilich – zumindest solange man ihre Programmatik ernst nimmt – ist, dass ihr vorderhand der innersoziologische Gegner abhanden gekommen ist. Konnte sie mit einem gewissen Recht noch in den 70er Jahren und im Verbund mit der Konjunktur der interpretativen Soziologien – einem auf Identitätstheorie reduzierten Symbolischen Interaktionismus, der Ethnomethodologie, avancierteren Rollentheorie u.a.m. – ihren Einspruch gegen eine Reduktion der Soziologie auf Strukturtheorie im damaligen Verständnis formulieren, so zeigt sich an der Entwicklung sowohl des engeren Zusammenhangs soziologischer Theorien wie auch an der eines weiteren kulturwissenschaftlichen Konsenses im Sinne eines generalisierten, ethnographisch-vergleichenden Kulturbegriffs,[9] dass die Leit-Unterscheidung, deren eine Seite durch den Kulturbegriff besetzt ist, gleichsam in sich selbst zusammenklappt. Wenn einerseits soziale Strukturen als kulturimprägniert, weil bedeutungstragend beschrieben werden und Kultur andererseits in ihrem (Handlungs-) Strukturierungswert akzeptiert wird, dann fällt die Unterscheidung in sich zusammen: the different is the same. Ob man dann von der Kultur oder von der Struktur funktionaler Differenzierung oder einer Organisation oder der modernen Massenmedien oder (…) spricht, macht – auf dieser Ebene – keinen Unterschied.[10] Auf der Theorieseite zumindest – soviel Recht wird man der Reckwitzschen These einer Transformation der Kulturtheorien geben können (vgl. Reckwitz 2000) – ist Kultur keine Ausnahme mehr, sondern ein Regelbegriff; so sehr, dass man gegen seine Prominenz gelegentlich schon wieder den Struktur- oder den Institutionenbegriff stark machen möchte.

Programmatisch (oder auch: theoretisch) verliert sich damit der kulturbegriffliche Einspruch der Kultursoziologie. Dem Kulturbegriff eignet keine agonale Qualität mehr. Davon kann aber dann, sollten die vorstehenden Überlegungen am Beispiel der Tenbruckschen Kultursoziologie sich als triftig erweisen, auch die Artikulationsform eines qualitativen Kulturbegriffs nicht unberührt bleiben. Mit anderen Worten: Wenn derart mit dem Kulturbegriff kein *theoretischer* Distinktionsgewinn mehr zu haben ist, was wird dann mit seinem außerwissenschaftlich möglichen und als Beschreibung der Gesamtkultur intendierten qualitativen Implikationenreichtum? Das Qualitative an einem von der Tenbruckschen Kultursoziologie profilierten Kulturbegriff ruhte ja nicht auf dem besseren Wissen von dem, was als ‚gute' oder ‚wahre' Kultur und von dem, was entsprechend als eine Verfallsform zu gelten hatte. Es ruhte vielmehr auf dem gesamtgesellschaftlich gemeinten und über das Medium der Disziplin realisier-

9 Für diesen mag etwa Clifford Geertz und die Rezeption seiner Schriften stehen. Vgl. klassisch dessen „Dichte Beschreibung" und dort den Hinweis, „dass der Mensch ein Wesen ist, das in selbstgesponnene Bedeutungsgewebe verstrickt ist, wobei ich Kultur als dieses Gewebe ansehe." (Geertz 1983: 9)

10 Ein Befund, den man in anderer Weise selbst mit Blick auf die – von Seiten der neueren Kultursoziologie gerne in die Strukturtheorieecke gestellten – Luhmannschen Systemtheorie vermerken kann. Auch deren Semantik-Begriff (ein Kulturvermeidungsbegriff!) fokussiert auf die Strukturqualität dieser Semantiken, will sie gleichwohl aber mit Strukturen (dann offenbar anderer Provenienz) korrelieren.

ten Repräsentationsanspruch; nur so ist die Präferenz für bürgerliche Kultur jenseits purer Geschmacksfragen zu begreifen. Wenn freilich die historische Rekonstruktion zeigen kann, dass die spezifische Position der Kultursoziologie im disziplinären Feld der Soziologie sich geändert hat, dann müssen auch ihre gesamtkulturellen Ansprüche, die sich in ihren qualitativen Bemerkungen zur Geltung bringen, davon betroffen sein, weil sie derart ihren feldspezifischen Ankerpunkt verlieren.

Die Semantik eines auch wissenschaftlich ertragreichen Kulturbegriffs zehrt in ihrem Ungefähren und Uneindeutigen von einem historisch eindeutigen Einsatzpunkt. Solange der Gegner klar ist, sind auch die Implikationen dessen, was man mit Kultur meint, eindeutig genug für weitere Anschlüsse. Wenn das fehlt, müsste man mindestens den Kulturbegriff normativ vereindeutigen. Das wäre aber als eine Art materiale Wertästhetik selbst den Klassikern nicht in den Sinn gekommen, und im Angesicht der aktuellen kulturwissenschaftlichen Forschungslandschaft käme das einer Selbst-Exkommunikation aus den Gepflogenheiten wissenschaftlichen Argumentierens gleich.

Das Problem dahinter hat einen systematischen Gehalt, und dem kommt man vielleicht mit Blick auf den Diskurs über das gegenwartsdiagnostische Potential der Soziologie ein wenig auf die Spur. Denn auch dieser Diskurs laborierte in Teilen an dem Problem einer nicht zureichenden Unterscheidung zwischen der unmittelbaren Effektivität soziologischer Schriftsteller einerseits und den sehr viel mittelbareren Effekten soziologischer Theorieproduktion andererseits, deren Selektionshorizont eben nicht auf außerwissenschaftliche, massenmediale Publizität, sondern auf das eigentümliche Problemniveau binnendisziplinärer Diskussionen hin orientiert ist. Stellt man dann ‚Erlebnis'- oder ‚Risikogesellschaft' und ‚Funktionale Differenzierung' als ‚Zeitdiagnosen' so nebeneinander, als ginge es nur um die rechte Darstellung des Faches in der Öffentlichkeit, verkennt man die zunächst rein wissenschaftlichen Selektionskriterien, die ihre gesamtgesellschaftlich wirksamen Selbstbeschreibungseffekte nicht intentione recta, sondern nur auf verschlungenen, nicht steuerbaren Wegen zu erzielen vermag. Damit freilich muss eine Wissenschaft, auch eine historisch reflektierte Kultursoziologie, die sich als Teil der Wissenschaft weiß, leben. Schärfer formuliert: man umgeht oder löst die Selbstidentifikationsproblematik der Kultursoziologie nicht, indem man die qualitativen (um nicht zu sagen: normativen) Kulturbegriffs*im*plikationen nun *ex*pliziert und das Programm der Kultursoziologie zugunsten einer Lehre von der rechten Kultur um ihre Wissenschaftsdimensionen kürzt. In dieser Linie wäre die Exposition eines qualitativen Kulturbegriffs nichts weiter als eine Unterwerfungsgeste unter die Selektionskriterien entweder der Massenmedien oder einer auf Steuerung des Ganzen fixierten Politik. Sie verzichtete auf Wissenschaft und im Übrigen auch auf ihren

Status als mögliche Selbstbeschreibung einer Disziplin. Denn sie betriebe dann nicht mehr, was sie beschriebe.

7.

Rezepte sind in dieser Situation sicher nicht zu haben. Man könnte zwar, gleichsam geschult an den Strategien der Älteren, daran denken, einen neuen innersoziologischen Gegner zu finden. Kandidaten dafür fänden sich in einem paradigmatisch pluralen Feld sicher einige. Aber selbst wenn die Suche gelänge und ein Popanz aufgebaut werden könnte: die Strategie suggerierte Steuerbarkeiten mit Blick auf Kontexte, von denen man soziologisch wissen kann, dass sie nicht steuerbar sind. Der offensive Rekurs auf ein Rollenselbstverständnis als Experten der Kultur und die Selbstofferierung eines solchen Expertenstatus bricht sich nicht nur an Wissenschafts- bzw. allgemeiner: Differenzierungskriterien. Sie bliebe auch außerwissenschaftlich erwartbar resonanzlos. Die Suche und das Begehren nach Expertensicherheiten in unsicheren Zeiten mag ein neues Motiv sein; zugleich weiß man aber aus vielen Bereichen wissenschaftlicher Forschung über die Relation von Forschung und außerwissenschaftlicher gesellschaftlicher Praxis – der Verwertungsforschung, der Relation von Politikwissenschaft und politischer Planung, der Rolle von Wissenschaftsgutachten in Kontexten politischer Entscheidungen insgesamt –, dass auch dies, neben aller Inflationierung dieser Rolle, nicht steuerbar ist. Die einzige Rolle, an die man bei dieser Art von Vermittlung zwischen einer auf die Pflege und Tradierung von Fachwissen konzentrierten Expertenkultur und einer kulturellen Öffentlichkeit (wie man dies mit Habermas formulieren würde) denken könnte, wäre die des klassischen Intellektuellen. Die freilich ist selbst ein Erosionseffekt derjenigen und derselben Transformationen, denen auch ein klassisches Verständnis von Kultursoziologie unterlag. Zu dieser im Grunde schon von der älteren Kultursoziologie – wenn auch wehmütig – abgewunkenen Figur führt ersichtlich kein Weg zurück.

Angesichts dieses Sachstandes ist es dann vielleicht doch plausibler, die Situation mit genuin soziologischen Instrumenten – und dazu gehörte wahrscheinlich weniger der Kulturbegriff selbst als vielmehr eine differenzierungstheoretisch belehrte Wissenschaftssoziologie der (Kultur)Soziologie – zu reflektieren. Die Fragilitäten und Unentscheidbarkeiten – psychologisch müsste man von Ambiguitätstoleranz sprechen –, die daraus für die Frage der (wissenschaftlichen) Praxis der Kultursoziologie resultieren, sind nicht unerheblich. Wenn man etwa sieht, wie selbst eine Gesellschaftstheorie wie die Luhmannsche, die sich dezidiert als ein Selbstbeschreibungsangebot der modernen Gesellschaft beschreibt, zum Abschluss ihres opus magnum konzedieren muss, dass sie gesamtgesellschaftliche Resonanz „nur anbrüten, aber nicht durchsetzen kann" (Luhmann 1997: 1108), weil sie über die Nachrichtenwertqualitäten der Massenmedien nun einmal nicht verfügt, die dafür vonnöten wären, kann das durchaus skeptisch stimmen. Man könnte das, um noch einmal an Simmel zu erinnern, in ganz anderer Weise tragisch nennen, neutraler vielleicht: ein Folgeproblem funktionaler Differenzierung, das man aber weder durch Selbstreduktion auf massenmedial taugliche keywords noch durch Profilierung eines qualitativen Kulturbegriffs löst.

Aus solchen Bestandsaufnahmen resultieren keine offensiven Handlungsanweisungen – aber die sind in der Wissenschaft, trotz aller ‚vereinbarten' Ziele und Leistungen, ohnehin nicht zu haben. Sie könnten aber, ernsthaft durchgeführt und nicht nur, wie vorstehend, grob angedeutet, immerhin ex negativo markieren, was nicht mehr geht. Zugleich fällt einem rückwärtigen Blick mit Absicht auf erneuerte Zeitgenossenschaft auf, dass sich die thematischen und formalen Konturen dessen, was heute unter dem Label „Kultursoziologie" firmiert, gegenüber den klassischen kultursoziologischen Selbstverständnissen maßgeblich verändert hat. Der Grundton wird poststrukturalistischer – in dem unendlich ungefähren Verständnis, das dieser Titel mittlerweile hat. Von Ferne erinnert das Präfix noch an entsprechende Gegnerschaften, ganz im Stile der älteren Kultursoziologie. Aber Parsons und Lévi-Strauss waren damals Zeitgenossen, gegen deren Deutungshoheit eine Alternative formuliert wurde. Und selbst die Studien des frühen CCCS vollzogen mit ihrem unerwartbaren Rückgriff auf die Gramscische Hegemonietheorie einen wirklichen cultural ‚turn' in der Klassenanalyse. Dieser Entzauberungsgestus freilich, den selbst noch – in kulturpolitisch sicher vollkommen anderer Richtung – die Tenbruckschen Schriften hatten, kann mittlerweile als erschöpft gelten. Das ‚doing', ‚spacing', ‚queering', ‚visualizing', die insgesamt also auf dauerhaftes ‚turning' angelegte Geste all dessen, was sich unter dem Titel ‚Kultur' in theoretischer Absicht versammelt, droht deshalb mittlerweile zur Pose zu verdampfen. Ein selbstverordneter Avantgardismus stolpert gleichsam über sich selbst. Auch darin kann man das Symptom verlorener Theoriegegnerschaft sehen.

Zu dieser Impression fügt sich eine weitere: Eine Kultursoziologie verstand sich, ob in ihrer retrospektiv so interpretierten Form bei Weber und Simmel oder in ihrer späteren Gestalt bei Tenbruck und anderen, immer als eine Theorie der Moderne. Diese Theorie freilich hatte eine genuin historische Ausrichtung. Das hieß unter anderem: Die eigene Zeitgenossenschaft, konnte, musste sich aber nicht in aktuellen Themen offenbaren. Sie konnte sich ebenso gut in prima vista vollkommen abgelegenen Themenstellungen zeigen. Sie konnte sich als Perspektivierung, als eine Form der Beobachtung, als die Wahl eines Tons konturieren, auf einer Ebene, die man wissenssoziologisch-rekonstruktiv mit Karl Mannheim als die ‚Aspektstruktur' eines Textes qualifizieren könnte. Von dieser thematisch latenten und nur in der Perspektivierung manifesten Gegenwartsorientierung sind aktuelle kultursoziologische Ansätze recht weit entfernt. Den Bezug zur Geschichtswissenschaft, mindestens einen genuin historischen Sinn, in dessen Profil sich das Selbstverständnis der sektionierten Kultursoziologie mit der disziplinären Stoßrichtung der Klassikergeneration verband, sucht man heute vergeblich.

Das verweist aber zugleich darauf, dass ‚Kultursoziologie' in einer spezifischen Weise mit der Differenz ‚latent – manifest' umzugehen verstand und ihren ‚Bewegungscharakter' darin zu bündeln wusste. Ob in deren Neuprofilierung eine Orientierungsmöglichkeit liegt, ist endgültig sicher nicht abzuschätzen. Aber ein Teil der Faszination, die die ältere Kultursoziologie hatte, lag sicher auch darin.

Eine soziologische Wissenschaft von der ‚Kultur', die den Anspruch nicht ganz aus dem Auge verliert, nicht nur binnendisziplinäre Effekte zu erzeugen, sondern auch wissenschaftsexterne Effekte liefern zu können, die aber diesen Anspruch, differenzierungstheoretisch belehrt, nicht als einen der Steuerung, sondern als einen des mitgelieferten Tons bei aller Musik versteht – Tenbruck hatte gelegentlich von „Konnotationen" gesprochen –: zu diesem Profil bestehen keine Alternativen. Einen qualitativen Kulturbegriff zu profilieren, hieße, den Ton zur Musik zu machen – und die Musik dabei auf der Strecke zu lassen. Die Kultursoziologie, sofern sie sich noch als in einer Tradition stehend identifiziert, muss Musik bleiben und ihren Ton unter Latenzschutz stellen. Mehr wird man ihr nicht zumuten können, mehr wird sie sich auch selbst nicht zumuten dürfen. Aber ist das so wenig?

Literatur

Albrecht, Clemens/Göttlich, Udo/Gebhardt, Winfried (Hg.) (2002): Populäre Kultur als repräsentative Kultur. Die Herausforderung der Cultural Studies. Köln

Albrecht, Clemens (Hg.) (2004): Die bürgerliche Kultur und ihre Avantgarden. Würzburg: Ergon

Faber, Richard (Hg.) (2000): Kreise – Gruppen – Bünde. Zur Soziologie moderner Intellektuellenassoziationen. Würzburg: Königshausen & Neumann

Gebhardt, Winfried (2001): Vielfältiges Bemühen. Zum Stand kultursoziologischer Forschung im deutschsprachigen Raum. In: Soziologie. Forum der Deutschen Gesellschaft für Soziologie 2: 40–52

Geertz, Clifford (1983): Dichte Beschreibung. Beiträge zum Verstehen kultureller Systeme. Frankfurt a.M.: Suhrkamp

Lauermann, Manfred (1989): Ist Kultursoziologie institutionalisierbar? Zur Gründung der Sektion Kultursoziologie in der Deutschen Gesellschaft für Soziologie. In: Helmuth Berking; Richard Faber (Hg.): Kultursoziologie – Symptom des Zeitgeistes? Würzburg: Königshausen & Neumann: 287–304

Lichtblau, Klaus (2001): Soziologie als Kulturwissenschaft? Zur Rolle des Kulturbegriffs in der Selbstreflexion der deutschsprachigen Soziologie. In: Soziologie. Forum der Deutschen Gesellschaft für Soziologie 1: 5–21

Lipp, Wolfgang/Tenbruck, Friedrich H. (1979): Zum Neubeginn der Kultursoziologie. In: Kölner Zeitschrift für Soziologie und Sozialpsychologie 31, 3: 393–398

Lüschen, Günter (Hg.) (1979): Deutsche Soziologie nach 1945. Entwicklungsrichtungen und Praxisbezug. Opladen: Westdeutscher Verlag (Sonderheft 21 der Kölner Zeitschrift für Soziologie und Sozialpsychologie)

Luhmann, Niklas (1997): Die Gesellschaft der Gesellschaft. Frankfurt a.M.: Suhrkamp

Moebius, Stephan (2009): Kultur. Bielefeld: transcript

Papcke, Sven (Hg.) (1986): Ordnung und Theorie. Beiträge zur Geschichte der Soziologie in Deutschland. Darmstadt: Wiss. Buchgesellschaft

Reckwitz, Andreas (2000): Transformation der Kulturtheorien. Zur Entwicklung eines Theorieprogramms. Weilerswist: Velbrück

Simmel, Georg (2001 [1911]): Der Begriff und die Tragödie der Kultur. In: Ders.: Aufsätze und Abhandlungen 1909–1918. Band 1, hg. von Rüdiger Kramme und Angela Rammstedt. Frankfurt a.M.: Suhrkamp: 194–223

Tenbruck, Friedrich H. (1963): Über Kultur im Zeitalter der Sozialwissenschaften. (Zitiert nach dem Wiederabdruck.) In: Friedrich H. Tenbruck (1996): Perspektiven der Kultursoziologie. Hg. von Clemens Albrecht, Wilfried Dreyer, Harald Homann. Opladen: Westdeutscher Verlag: 27–47

Tenbruck, Friedrich H. (1972): Gesellschaft und Gesellschaften: Gesellschaftstypen. (Zitiert nach dem Wiederabdruck) In: Friedrich H. Tenbruck (1989): Die kulturellen Grundlagen der Gesellschaft: der Fall der Moderne. Opladen: Westdeutscher Verlag: 59–79

Tenbruck, Friedrich H. (1985): Die Aufgaben der Kultursoziologie. (Zitiert nach dem Wiederabdruck) In: Friedrich H. Tenbruck (1996): Perspektiven der Kultursoziologie. Hg. von Clemens Albrecht, Wilfried Dreyer, Harald Homann. Opladen: Westdeutscher Verlag: 48–74

Tenbruck, Friedrich H. (1989): Die Musik zwischen europäischer Kultur und globaler Zivilisation. (Zitiert nach dem Wiederabdruck) In: Friedrich H. Tenbruck (1996): Perspektiven der Kultursoziologie. Hg. von Clemens Albrecht, Wilfried Dreyer, Harald Homann. Opladen: Westdeutscher Verlag: 251–262

Tenbruck, Friedrich H. (1990): Die Bedeutung der Medien für die gesellschaftliche und kulturelle Entwicklung. (Zitiert nach dem Wiederabdruck) In: Friedrich H. Tenbruck (1996): Perspektiven der Kultursoziologie. Hg. von Clemens Albrecht, Wilfried Dreyer, Harald Homann. Opladen: Westdeutscher Verlag: 263–281

Autorinnen und Autoren

Hartmut Esser, Prof. Dr.

Geb. 1943. Professor emeritus für Soziologie und Wissenschaftslehre der Universität Mannheim.

Jürgen Gerhards, Prof. Dr.

Geb. 1955. Lehrt Soziologie an der Freien Universität Berlin.

Andreas Göbel, PD Dr.

Geb. 1961. Lehrt Soziologie an der Universität Duisburg-Essen.

Andreas Hepp, Prof. Dr.

Geb. 1970. Lehrt Kommunikationswissenschaft an der Universität Bremen.

Stefan Hirschauer, Prof. Dr.

Geb. 1960. Lehrt Soziologische Theorie und Gender Studies an der Johannes-Gutenberg-Universität Mainz.

Angela Keppler, Prof. Dr.

Geb. 1954. Lehrt Medien- und Kommunikationswissenschaft an der Universität Mannheim.

Hubert Knoblauch, Prof. Dr.

Geb. 1959. Lehrt Allgemeine Soziologie/Theorie moderner Gesellschaften an der Technischen Universität Berlin.

Thomas Luckmann, Prof. Dr.

Geb. 1927. Professor emeritus für Soziologie der Universität Konstanz.

Armin Nassehi, Prof. Dr.

Geb. 1960. Lehrt Soziologie an der Ludwig-Maximilians-Universität München.

Andreas Reckwitz, Prof. Dr.

Geb. 1970. Lehrt Allgemeine Soziologie und Kultursoziologie an der Universität Konstanz.

Karl-Siegbert Rehberg, Prof. Dr.

Geb. 1943. Lehrt Soziologische Theorie, Theoriegeschichte und Kultursoziologie an der Technischen Universität Dresden.

Gabriele Rosenthal, Prof. Dr.

Geb. 1954. Lehrt Interpretative Sozialforschung an der Georg-August-Universität Göttingen.

Wolfgang Ludwig Schneider, Prof. Dr.

Geb. 1953. Lehrt Allgemeine Soziologie an der Universität Osnabrück.

Paula-Irene Villa, Prof. Dr.

Geb. 1968. Lehrt Soziologie und Gender Studies an der Ludwig-Maximilians-Universität München.

Johannes Weiß, Prof. Dr.

Geb. 1941. Professor emeritus für Soziologische Theorie und Philosophie der Sozialwissenschaften sowie Kultursoziologie an der Universität Kassel.

Monika Wohlrab-Sahr, Prof. Dr.

Geb. 1957. Lehrt Kultursoziologie an der Universität Leipzig.

Zur aktuellen Bildungsdebatte

> Zentrale Ursachen für sozial ungleiche Bildungschancen

Rolf Becker / Wolfgang Lauterbach (Hrsg.)

Bildung als Privileg
Erklärungen und Befunde zu den Ursachen der Bildungsungleichheit

3. Aufl. 2008. 440 S. Geb.
EUR 39,90
ISBN 978-3-531-16116-7

Erhältlich im Buchhandel oder beim Verlag.
Änderungen vorbehalten.
Stand: Juli 2009.

Der Inhalt: Elternhaus und Bildungssystem als Ursachen dauerhafter Bildungsungleichheit – Bildungsungleichheit im Primar- und Sekundarbereich – Berufliches Ausbildungssystem und Arbeitsmarkt – Konsequenzen für Politik und Forschung

Im Anschluss an kontroverse Diskussionen über dauerhafte Bildungsungleichheiten stellt das Buch detailliert aus sozialwissenschaftlicher Perspektive zentrale Ursachen für sozial ungleiche Bildungschancen in den Mittelpunkt der Betrachtung. Daher werden der aktuelle Stand empirischer Bildungsforschung diskutiert und neue Analysen vorgelegt.

Ziel ist es, in systematischer Weise soziale Mechanismen aufzuzeigen, die zur Entstehung und Reproduktion von Bildungsungleichheiten beitragen.

www.vs-verlag.de

VS VERLAG FÜR SOZIALWISSENSCHAFTEN

Abraham-Lincoln-Straße 46
65189 Wiesbaden
Tel. 0611.7878-722
Fax 0611.7878-400

Das neue Buch von Georg Vobruba

> aus der Reihe Neue Bibliothek der Sozialwissenschaften

Georg Vobruba

Die Gesellschaft der Leute

Kritik und Gestaltung der sozialen Verhältnisse

2009. 162 S. (Neue Bibliothek der Sozialwissenschaften) Br.
EUR 19,90
ISBN 978-3-531-16289-8

Inhalt: Leute in Gesellschaft - Intellektuelle zwischen Macht und Kritik - Gesellschaftskritik in der Gesellschaft - Soziale Sicherheit in der Kritischen Theorie - Soziale Sicherheit und Gesellschaftsgestaltung - Autonomiegewinn in der Gesellschaft der Leute - Schluss: Sicherheit und Selbstgestaltung

„Die Gesellschaft der Leute" bezeichnet den Gegenstand soziologischer Beobachtung. Die Soziologie nimmt in den Blick, wie die Gesellschaft in der Gesellschaft beobachtet und interpretiert wird, woraus sich die Beobachtungen und Interpretationen ergeben und was daraus folgt.
Diese Einstellung der Soziologie auf Beobachtungen zweiter Ordnung führt zum Programm der soziologischen Gesellschaftstheorie.
Georg Vobruba entwickelt dieses Programm und führt es anhand seiner Schlüsselbegriffe Gesellschaftsgestaltung, Kritik, Sicherheit, Autonomiegewinne und Selbstgestaltung durch.

Erhältlich im Buchhandel
oder beim Verlag.
Änderungen vorbehalten.
Stand: Juli 2009.

www.vs-verlag.de

VS VERLAG FÜR SOZIALWISSENSCHAFTEN

Abraham-Lincoln-Straße 46
65189 Wiesbaden
Tel. 0611.7878-722
Fax 0611.7878-400

MIX
Papier aus verantwortungsvollen Quellen
Paper from responsible sources
FSC® C105338

If you have any concerns about our products,
you can contact us on
ProductSafety@springernature.com

In case Publisher is established outside the EU,
the EU authorized representative is:
Springer Nature Customer Service Center GmbH
Europaplatz 3, 69115 Heidelberg, Germany

Printed by Libri Plureos GmbH
in Hamburg, Germany